故宮

博物院藏文物珍品全集

故宮博物院藏文物珍品全集

文房四寶·筆墨

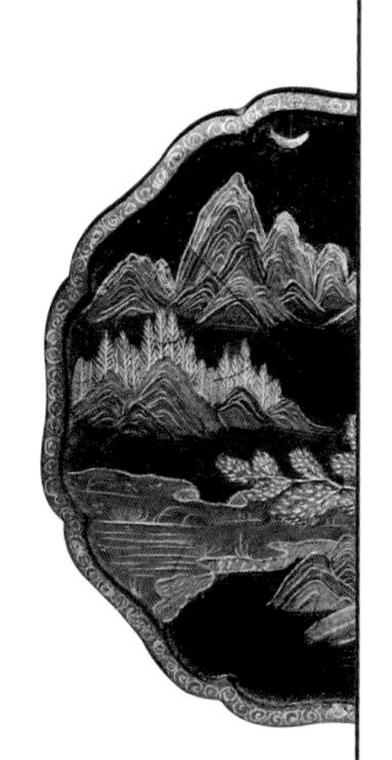
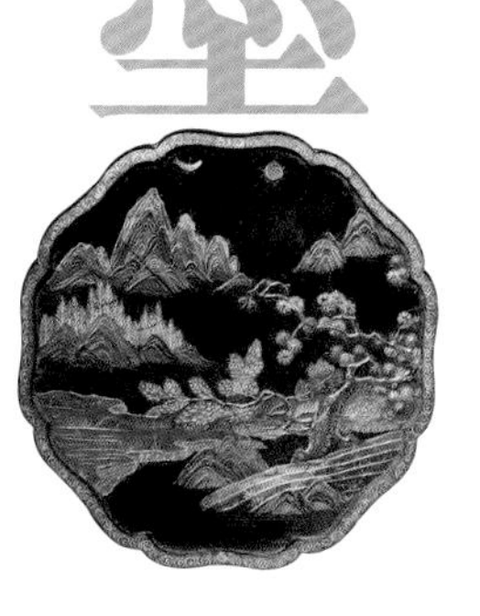
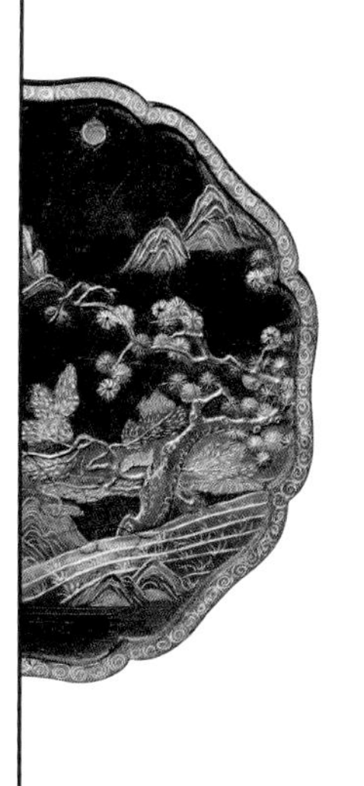

主編：張淑芬
楊　玲

商務印書館

文房四寶・筆墨

The Four Treasures of the Study – Inksticks and Writing Brushes

故宮博物院藏文物珍品全集

The Complete Collection of Treasures of the Palace Museum

主　編 …………………… 張淑芬　楊　玲
編　委 …………………… 吳春燕　趙麗紅　羅　揚　張　彤
攝　影 …………………… 趙　山

出 版 人 …………………… 陳萬雄
編輯顧問 …………………… 吳　空
責任編輯 …………………… 段國強
出　版 …………………… 商務印書館（香港）有限公司
香港筲箕灣耀興道 3 號東滙廣場 8 樓
http: // www.commercialpress.com.hk
發　行 …………………… 香港聯合書刊物流有限公司
香港新界大埔汀麗路 36 號中華商務印刷大廈 3 字樓
製　版 …………………… 深圳中華商務聯合印刷有限公司
深圳市龍崗區平湖鎮春湖工業區中華商務印刷大廈
印　刷 …………………… 深圳中華商務聯合印刷有限公司
深圳市龍崗區平湖鎮春湖工業區中華商務印刷大廈
版　次 …………………… 2005 年 12 月第 1 版第 1 次印刷

ISBN 962 07 5352 6

All inquiries should be directed to:
The Commercial Press (Hong Kong) Ltd.
8/F., Eastern Central Plaza, 3 Yiu Hing Road, Shau Kei Wan, Hong Kong.

故宮博物院藏文物珍品全集

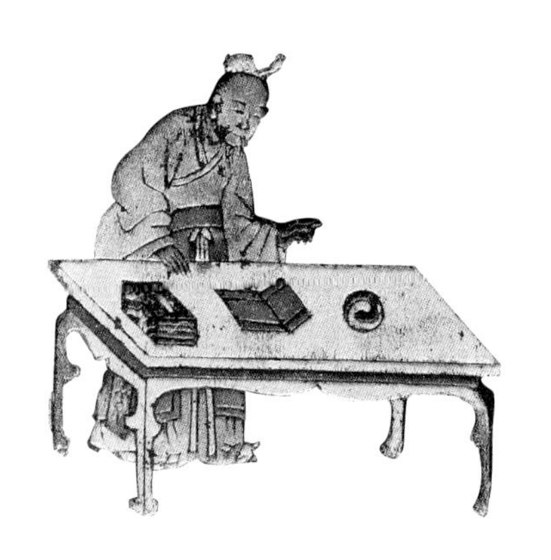

總序

楊新

故宮博物院是在明、清兩代皇宮的基礎上建立起來的國家博物館，位於北京市中心，佔地72萬平方米，收藏文物近百萬件。

公元1406年，明代永樂皇帝朱棣下詔將北平升為北京，翌年即在元代舊宮的基址上，開始大規模營造新的宮殿。公元1420年宮殿落成，稱紫禁城，正式遷都北京。公元1644年，清王朝取代明帝國統治，仍建都北京，居住在紫禁城內。按古老的禮制，紫禁城內分前朝、後寢兩大部分。前朝包括太和、中和、保和三大殿，輔以文華、武英兩殿。後寢包括乾清、交泰、坤寧三宮及東、西六宮等，總稱內廷。明、清兩代，從永樂皇帝朱棣至末代皇帝溥儀，共有24位皇帝及其后妃都居住在這裏。1911年孫中山領導的"辛亥革命"，推翻了清王朝統治，結束了兩千餘年的封建帝制。1914年，北洋政府將瀋陽故宮和承德避暑山莊的部分文物移來，在紫禁城內前朝部分成立古物陳列所。1924年，溥儀被逐出內廷，紫禁城後半部分於1925年建成故宮博物院。

歷代以來，皇帝們都自稱為"天子"。"普天之下，莫非王土；率土之濱，莫非王臣"（《詩經・小雅・北山》），他們把全國的土地和人民視作自己的財產。因此在宮廷內，不但匯集了從全國各地進貢來的各種歷史文化藝術精品和奇珍異寶，而且也集中了全國最優秀的藝術家和匠師，創造新的文化藝術品。中間雖屢經改朝換代，宮廷中的收藏損失無法估計，但是，由於中國的國土遼闊，歷史悠久，人民富於創造，文物散而復聚。清代繼承明代宮廷遺產，到乾隆時期，宮廷中收藏之富，超過了以往任何時代。到清代末年，英法聯軍、八國聯軍兩度侵入北京，橫燒劫掠，文物損失散佚殆不少。溥儀居內廷時，以賞賜、送禮等名義將文物盜出宮外，手下人亦效其尤，至1923年中正殿大火，清宮文物再次遭到嚴重損失。儘管如此，清宮的收藏仍然可觀。在故宮博物院籌備建立時，由"辦理清室善後委員會"對其所藏進行了清點，事竣後整理刊印出《故宮物品點查報告》共六編28

冊，計有文物117萬餘件（套）。1947年底，古物陳列所併入故宮博物院，其文物同時亦歸故宮博物院收藏管理。

二次大戰期間，為了保護故宮文物不至遭到日本侵略者的掠奪和戰火的毀滅，故宮博物院從大量的藏品中檢選出器物、書畫、圖書、檔案共計13427箱又64包，分五批運至上海和南京，後又輾轉流散到川、黔各地。抗日戰爭勝利以後，文物復又運回南京。隨着國內政治形勢的變化，在南京的文物又有2972箱於1948年底至1949年被運往台灣，50年代南京文物大部分運返北京，尚有2211箱至今仍存放在故宮博物院於南京建造的庫房中。

中華人民共和國成立以後，故宮博物院的體制有所變化，根據當時上級的有關指令，原宮廷中收藏圖書中的一部分，被調撥到北京圖書館，而檔案文獻，則另成立了"中國第一歷史檔案館"負責收藏保管。

50至60年代，故宮博物院對北京本院的文物重新進行了清理核對，按新的觀念，把過去劃分"器物"和書畫類的才被編入文物的範疇，凡屬於清宮舊藏的，均給予"故"字編號，計有711338件，其中從過去未被登記的"物品"堆中發現1200餘件。作為國家最大博物館，故宮博物院肩負有蒐藏保護流散在社會上珍貴文物的責任。1949年以後，通過收購、調撥、交換和接受捐贈等渠道以豐富館藏。凡屬新入藏的，均給予"新"字編號，截至1994年底，計有222920件。

這近百萬件文物，蘊藏着中華民族文化藝術極其豐富的史料。其遠自原始社會、商、周、秦、漢，經魏、晉、南北朝、隋、唐，歷五代兩宋、元、明，而至於清代和近世。歷朝歷代，均有佳品，從未有間斷。其文物品類，一應俱有，有青銅、玉器、陶瓷、碑刻造像、法書名畫、印璽、漆器、琺瑯、絲織刺繡、竹木牙骨雕刻、金銀器皿、文房珍玩、鐘錶、珠翠首飾、家具以及其他歷史文物等等。每一品種，又自成歷史系列。可以說這是一座巨大的東方文化藝術寶庫，不但集中反映了中華民族數千年文化藝術的歷史發展，凝聚着中國人民巨大的精神力量，同時它也是人類文明進步不可缺少的組成元素。

開發這座寶庫，弘揚民族文化傳統，為社會提供了解和研究這一傳統的可信史料，是故宮博物院的重要任務之一。過去我院曾經通過編輯出版各種圖書、畫冊、刊物，為提供這方面資料作了不少工作，在社會上產生了廣泛的影響，對於推動各科學術的深入研究起到了良好的作用。但是，一種全面而系統地介紹故宮文物以一窺全豹的出版物，由於種種原因，尚未來得及進行。今天，隨着社會的物質生活的提高，和中外文化交流的頻繁往來，無論是中國還是西方，人們越來越多地注意到故宮。學者專家們，無論是專門研究中國的文化歷史，還是從事於東、西方文化的對比研究，也都希望從故宮的藏品中發掘資料，以探索人類文明發展的奧秘。因此，我們決定與香港商務印書館共同努力，合作出版一套全面系統地反映故宮文物收藏的大型圖冊。

要想無一遺漏將近百萬件文物全都出版，我想在近數十年內是不可能的。因此我們在考慮到社會需要的同時，不能不採取精選的辦法，百裏挑一，將那些最具典型和代表性的文物集中起來，約有一萬二千餘件，分成六十卷出版，故名《故宮博物院藏文物珍品全集》。這需要八至十年時間才能完成，可以說是一項跨世紀的工程。六十卷的體例，我們採取按文物分類的方法進行編排，但是不囿於這一方法。例如其中一些與宮廷歷史、典章制度及日常生活有直接關係的文物，則採用特定主題的編輯方法。這部分是最具有宮廷特色的文物，以往常被人們所忽視，而在學術研究深入發展的今天，卻越來越顯示出其重要歷史價值。另外，對某一類數量較多的文物，例如繪畫和陶瓷，則採用每一卷或幾卷具有相對獨立和完整的編排方法，以便於讀者的需要和選購。

如此浩大的工程，其任務是艱巨的。為此我們動員了全院的文物研究者一道工作。由院內老一輩專家和聘請院外若干著名學者為顧問作指導，使這套大型圖冊的科學性、資料性和觀賞性相結合得盡可能地完善完美。但是，由於我們的力量有限，主要任務由中、青年人承擔，其中的錯誤和不足在所難免，因此當我們剛剛開始進行這一工作時，誠懇地希望得到各方面的批評指正和建設性意見，使以後的各卷，能達到更理想之目的。

感謝香港商務印書館的忠誠合作！感謝所有支持和鼓勵我們進行這一事業的人們！

1995年8月30日於燈下

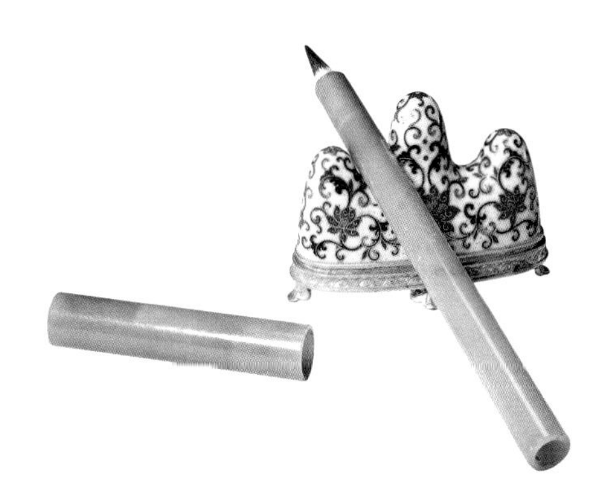

目錄

總序 6

文物目錄 10

導言：文房四寶——筆、墨 16

圖版

墨 1

筆 131

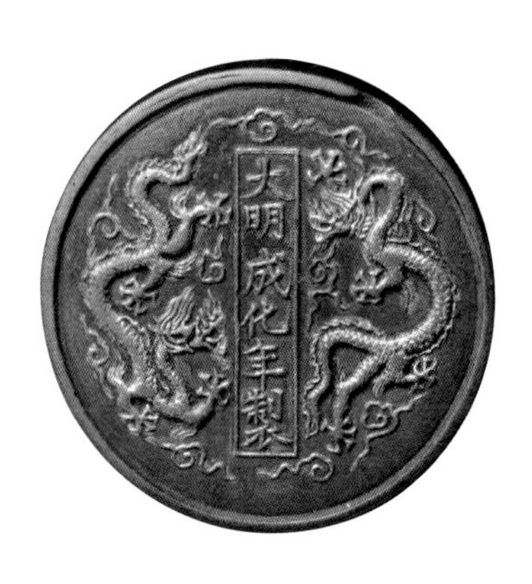

文物目錄

墨

1
龍香御墨
明宣德 2

2
龍香御墨
明宣德 4

3
龍香御墨
明成化 5

4
舒霞飛碧彩墨
明成化 6

5
雙螭墨
明嘉靖 8

6
江正玄玉墨
明嘉靖 9

7
羅小華世寶墨
明嘉靖 10

8
羅小華半桃核墨
明嘉靖 11

9
龍香御墨
明隆慶 12

10
程君房寥天一墨
明萬曆 13

11
程君房玄元靈氣墨
明萬曆 14

12
程君房盤帶式墨
明萬曆 15

13
程君房荔枝香墨
明萬曆 16

14
方于魯天符國瑞墨
明萬曆 17

15
方于魯文犀照水綵彩墨
明萬曆 18

16
方于魯文彩雙鴛鴦綵彩墨
明萬曆 20

17
方林宗鳩硯式墨
明萬曆 22

18
汪元一大國香墨
明萬曆 23

19
汪文憲青麟髓墨
明萬曆 24

20
汪春元神品彩墨
明萬曆 25

21
汪鴻漸玄虬脂墨
明泰昌 26

22
邵瓊林楊梅墨
明萬曆 27

23
黃長吉玉蘭墨
明萬曆 28

24
詹雲鵬世寶墨
明萬曆 29

25
潘方凱雲裹帝城雙鳳闕墨
明萬曆 30

26
葉玄卿東岳泰山墨
明萬曆 31

27
葉向榮文嵩友墨
明萬曆 32

28
孫瑞卿三秋圖墨
明萬曆 33

29
孫瑞卿神品墨
明萬曆 34

30
方維桂花墨
明天啟 35

31
潘嘉客集錦墨
明天啟 36

32
金玄甫一品珠墨
明天啟 38

33
潘嘉客荷瓣觀音墨
明 39

34
吳去塵墨光歌墨
明崇禎 40

35
方景耀狻猊墨
明崇禎 41

36
程惟亮芸臺玄寶墨
明崇禎 42

37
田弘遇墨寶墨
明崇禎 43

38
嗚球玄金墨
明崇禎 44

39
吳聞詩秋水閣墨
明崇禎 45

40
程公瑜鳳麟膠墨
明末 46

41
程公瑜卿雲露墨
清順治 47

42
朱一涵青麟髓墨
明 48

43
吳叔大鳳九雛墨
明 49

44
吳叔大千秋光墨
明崇禎 50

45
吳元養赤水珠龍紋墨
明 51

46
孫隆清謹堂墨
明 52

47
王俊卿琴書友墨
明 53

48
程鳳池靈椿年墨
明 54

49
程鳳池紫龍涎墨
清順治 55

50
龍門氏為龍為光墨
清順治 56

51
程公望此君筍式墨
清康熙 57

52
吳尹友詩中畫集錦墨
清康熙 58

53
曹素功紫玉光集錦墨
清康熙 59

54
曹素功耕織圖集錦墨
清康熙 61

55
曹素功香玉五珏集錦墨
清康熙 63

56
胡星聚天府上珍集錦墨
清康熙 64

57
胡星聚卧獸墨
清康熙 65

58
曹冠五書畫舟集錦墨
清康熙 66

59
吳天章雙連束錦墨
清康熙 67

60
吳天章龍賓十友集錦墨
清康熙 68

61
葉公侶世珍家藏集錦墨
清康熙 69

62
吳吳生琴式墨
清康熙 70

63
王麗文五經笥集錦墨
清康熙 71

64
王麗文琴式集錦墨
清康熙 72

65
汪時茂漢玉鎮紙墨
清康熙 73

66
吳守默尚書奏草墨
清康熙 74

67
吳守默滄浪亭墨
清康熙 75

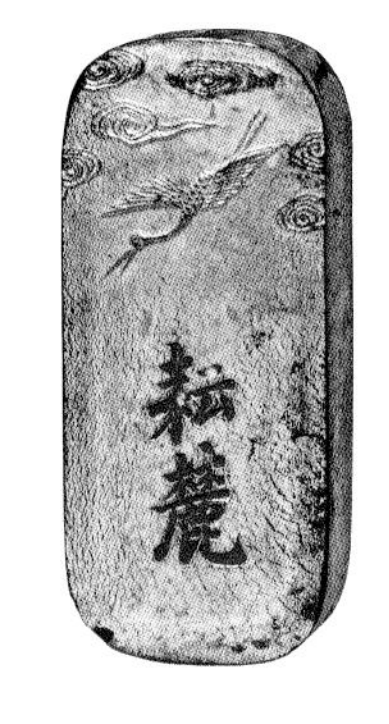

68
葉靖公雙捲束錦墨
清康熙 76

69
汪次侯荷葉硯式墨
清康熙 77

70
梁清標蕉林書屋墨
清康熙 78

71
胡修五文林共賞墨
清康熙 79

72
劉光美恭進雲行雨施萬國咸寧集錦墨
清康熙 80

73
和素恭進集錦墨
清康熙 81

74
詹鳴岐文華上瑞墨
清康熙 84

75
方椅邨集錦墨
清康熙 85

76
萬壽無疆墨
清康熙 86

77
端凝鑑賞墨
清康熙 87

78
淵鑑齋摹古寶墨
清康熙 88

79
嵩呼萬歲墨
清雍正 89

80
張大有恭進萬壽無疆墨
清雍正 90

81
湛兒晴御墨
清雍正 92

82
瀛黛珠胎御墨
清雍正 93

83
程一卿鳳玦墨
清乾隆 94

84
江秋史泉刀式墨
清乾隆 95

85
汪近聖輞川圖詩集錦墨
清乾隆 96

86
詹從先羣仙高會墨
清乾隆 97

87
汪節菴西湖十景集錦色墨
清乾隆 98

88
汪節菴書冊式墨
清乾隆 100

89
方振魯竹胎墨
清乾隆 101

90
吳勝友紀曉嵐鈔書墨
清乾隆 102

91
胡開文小巫山樵書畫墨
清乾隆 103

92
胡開文樂老堂錄古訓墨
清乾隆 104

93
詹成圭竹燕圖詩集錦墨
清乾隆 105

94
劉墉如石墨
清乾隆 107

95
陳淮恭進天書煥彩集錦色墨
清乾隆 108

96
彭元瑞恭進四靈詩集錦墨
清乾隆 109

97
天保九如彩花御墨
清乾隆 111

98
御製墨雲室記墨
清乾隆 112

99
御製四庫文閣詩集錦墨
清乾隆 114

100
御製題畫詩集錦墨
清乾隆 117

101
御製石鼓文集錦墨
清乾隆 118

102
御製月令七十二候詩集錦墨
清乾隆 119

103
御製淳化軒硃墨
清乾隆 121

104
御製棉花圖詩墨
清乾隆 122

105
御製國寶五色墨
清乾隆 123

106
蒼璧御墨
清嘉慶 124

107
金棫清嘯閣集錦墨
清嘉慶 125

108
曹堯千五老圖集錦墨
清嘉慶 126

109
程怡甫黃金不易集錦墨
清嘉慶 127

110
文煥齋雲漢為章墨
清道光 128

111
潘怡和千秋光墨
清道光 129

112
曹雲崖八寶龍香劑墨
清咸豐 130

筆

113
彩漆描金雲龍紋管花毫筆
明宣德 132

114
黑漆描金雲龍紋管兼毫筆
明宣德 133

115
黑漆描金龍鳳紋管花毫筆
明宣德 134

116
紅雕漆牡丹紋管兼毫筆
明宣德 135

117
彩漆描金雙龍紋管花毫筆
明嘉靖 136

118
雕漆紫檀管貂毫提筆
明嘉靖 137

119
彩漆描金龍鳳紋管花毫筆
明萬曆 138

120
紅雕漆人物圖管紫毫筆
明 139

121
紅雕漆松下高士詩句管紫毫筆
明 140

122
剔犀雲紋管筆
明 142

123
朱漆描金夔鳳紋管兼毫筆
明 143

124
黃檀木雕龍鳳紋管花毫筆
明萬曆 144

125
檀香木雕龍鳳紋管花毫筆
明萬曆 145

126
留青竹雕文林便用管貂毫筆
明萬曆 146

127
玳瑁管紫毫筆
明 147

128
竹管大霜毫筆
清早期 148

129
竹管白潢恭進天子萬年紫毫筆
清康熙 149

130
竹管大書畫紫毫筆
清康熙 150

131
青花團龍紋管羊毫提筆
清康熙 151

132
彩漆纏枝蓮紋管紫毫筆
清乾隆 152

133
彩漆雲龍紋黃流玉瓚管紫毫筆
清乾隆 153

134
雕填彩漆花卉紋管兼毫筆
清乾隆 154

135
墨漆描金百壽圖管紫毫提筆
清乾隆 155

136
彩漆靈仙紋管黃楊木斗紫毫提筆
清乾隆 156

137
彩漆雲蝠紋管牙雕蟠螭紋斗紫毫提筆
清乾隆 157

138
黑漆灑螺鈿管竹絲迴紋斗狼毫提筆
清乾隆 158

139
彩漆描金管鬃毫抓筆
清乾隆 159

140
彩漆百壽圖管鬃毫提筆
清乾隆 160

141
留青竹雕百壽圖管紫毫筆
清乾隆 161

142
斑竹留青花蝶紋管紫毫筆
清乾隆 162

143
留青竹雕鳳紋管紫毫筆
清乾隆 163

144
竹絲管紫毫筆
清乾隆 164

145
竹雕珠圓玉潤管兼毫筆
清乾隆 165

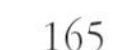

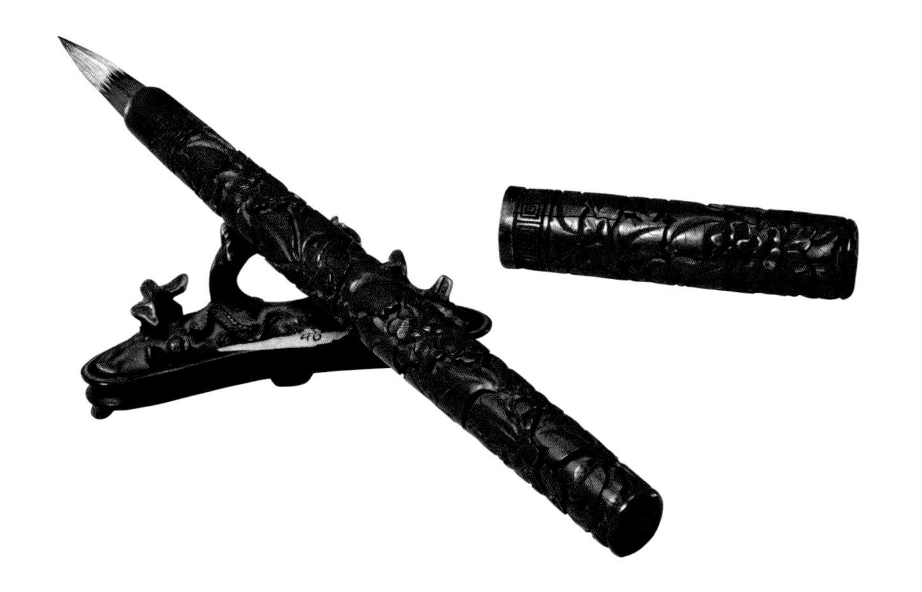

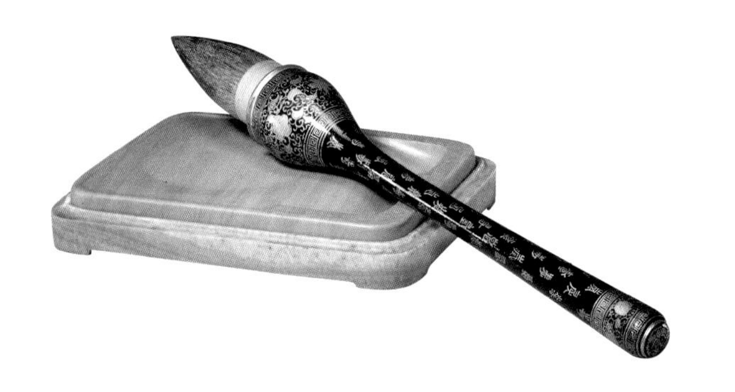

146
竹管牙斗兼毫提筆
清乾隆 166

147
竹雕靈仙祝壽管紫漆斗紫毫提筆
清乾隆 167

148
烏木彩漆雲蝠紋管紫毫筆
清乾隆 168

149
紫檀木雕蟠螭紋管紫毫筆
清乾隆 169

150
紫檀木剛健中正管貂毫筆
清乾隆 170

151
紫檀木嵌玉管鬃毫抓筆
清乾隆 171

152
紫檀木管嵌牙刻花填金斗紫毫提筆
清乾隆 172

153
檀香木雕纏枝花紋管紫毫筆
清乾隆 173

154
檀香木彩繪福壽紋管紫毫筆
清乾隆 174

155
檀香木雕百壽圖管紫毫提筆
清乾隆 175

156
雞翅木萬邦作孚管兼毫筆
清乾隆 176

157
花梨木管鬃羊毫抓筆
清乾隆 177

158
青玉管碧玉斗紫毫提筆
清乾隆 178

159
青玉雕龍紋管琺琅斗狼毫提筆
清乾隆 179

160
青玉雕繩紋管嵌寶石斗狼毫提筆
清乾隆 180

161
白玉雕夔鳳紋管碧玉斗紫毫提筆
清乾隆 181

162
碧玉管狼毫提筆
清乾隆 182

163
牙雕錢紋管紫毫筆
清乾隆 183

164
青花紅彩雲龍紋管鬃毫提筆
清乾隆 184

165
牙雕八仙人物圖管狼毫筆
清乾隆 185

166
牙雕寶翰宣綸管狼毫筆
清乾隆 186

167
牙雕花卉紋管紫檀嵌銀絲斗紫毫提筆
清乾隆 187

168
牙雕管紅木斗羊毫提筆
清乾隆 188

169
牛角管紫毫筆
清乾隆 189

170
玳瑁雕錢紋管紫毫筆
清乾隆 190

171
玳瑁經文緯武管羊毫筆
清乾隆 191

172
御製詩花卉紋各式管紫毫筆
清乾隆 192

173
竹雕河清海宴管紫毫筆
清中期 194

174
青玉管紫毫筆
清中期 195

175
青玉管紅木斗鬃毫提筆
清中期 196

176
牙雕御用加料純羊毫提筆
清中期 197

177
牙雕纏枝花紋管牛角斗紫毫提筆
清中期 198

178
牙管染牙雕螭紋斗狼毫提筆
清中期 199

179
染牙雕福壽紋管兼毫提筆
清中期 200

180
牙雕百蝠流雲管鬃毫抓筆
清中期 201

181
斑竹管牛角斗羊毫提筆
清晚期 202

182
琺琅花卉紋管羊毫抓筆
清晚期 203

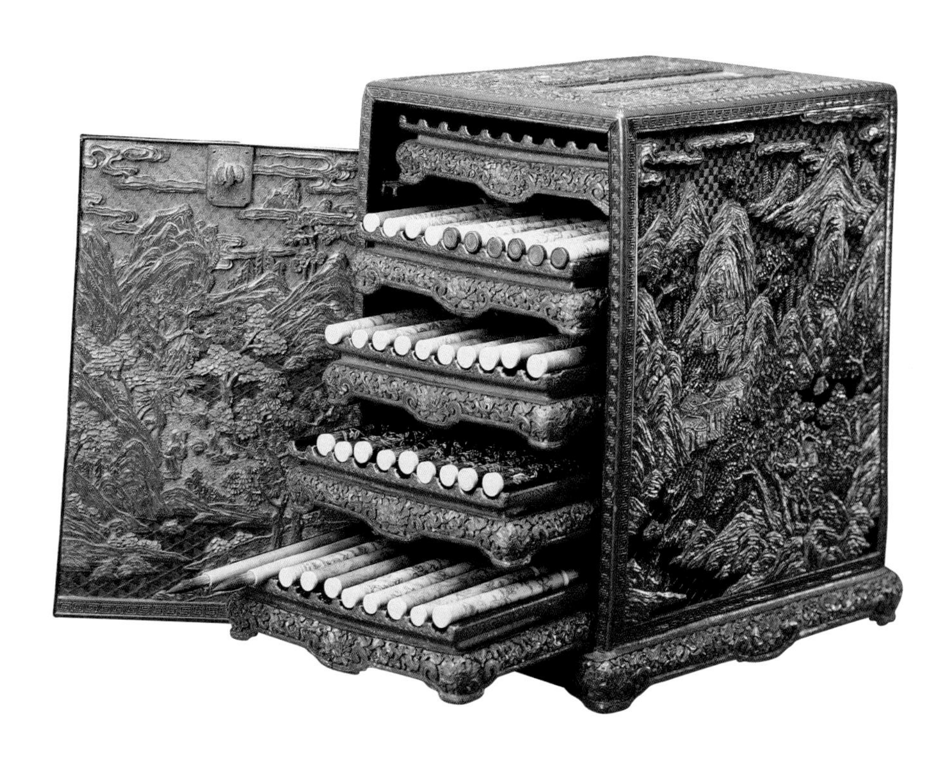

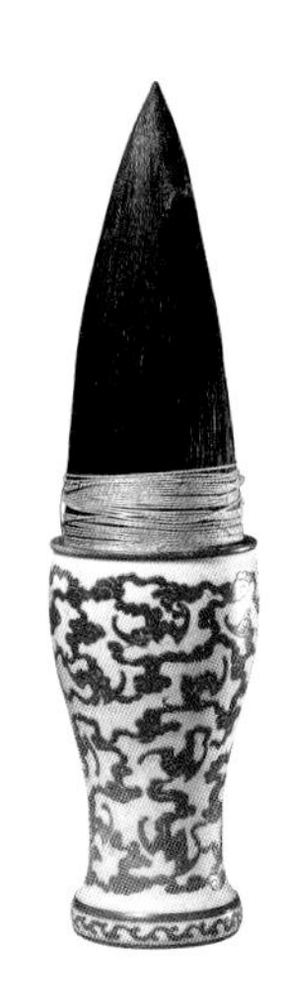

文房四寶——筆、墨

導言

張淑芬
楊玲

筆、墨、紙、硯被稱為“文房四寶”，是中國獨特的文書用具，它們不僅是文化傳播的工具，也為書法、繪畫等藝術的發展提供了良好的基礎。它們在發展中不斷改進和完善，從最初只注重實用價值，逐漸成為兼具鑑賞價值的藝術品。其製作集詩詞、書法、繪畫、雕刻等藝術於一身，成為一種獨特的藝術形式，歷來為文人所喜愛和收藏。由於筆、墨、紙皆屬消耗品，加之脆弱不易保存，故傳世品稀少。

故宮博物院收藏文房四寶及相關的文具珍品近八萬件之多，無論數量和質量在中國都是首屈一指，其主要來源，一是明清皇家御用作坊按照宮廷要求特製的御用品；二是各地官吏向皇帝進獻的貢品；還有就是1949年以後陸續徵集和一些著名收藏家的捐獻品。可謂精品薈萃，反映了不同時期、不同流派作品的面貌。本卷收錄其中的墨、筆精品，均為明清時期製作，代表明清墨、筆工藝的最高水平。

墨

墨在五色中是書寫、繪畫都離不開的顏料，用途最廣，耗量最多，因而得以獨立於其他顏色成為四寶之一。其原材料由取自天然礦物發展成人為製作，由實用進而成為可供賞玩的珍藏品，在漫長的發展過程中，歷代文人賦予其豐富的文化內涵。

從天然墨到人工墨

中國使用墨的歷史悠久，早在新石器時代，就開始使用天然石墨及器物燒烤留下的炭黑作顏料。商周甲骨上也有墨書和硃書文字。《述古書法纂》載，西周“邢夷始製墨，字從黑土，煤煙所成，土之類也。”但這些都屬於非人工製造的天然墨。

現存最早的人工墨實物是湖北雲夢睡虎地秦代墓葬出土的殘墨塊，同時出土的還有研磨器具。墨塊顏色純黑，顆粒粗糙，成圓柱狀，是以松煙拌以漆、膠製成的松煙墨。這時，墨不成形，未製成錠，不能直接在硯上研磨，必須以研石碾壓後才能使用。山西渾源畢村西漢墓出土的半圓形錐狀體墨，其表面有壓格紋，同時出土有硯，可知此時已有成形的墨，這在製墨史上有重要意義。據記載，漢代隃麋（今陝西千陽）是當時墨的主要產地，《漢官儀》說："尚書令、僕、丞、郎"等官員月賜"隃麋大墨一枚，小墨一枚"。這時期墨的主要原料為松煙，已有大小規格之分，並以"枚"、"丸"計算，有了香墨之稱，說明製墨工藝有了相當水平。三國魏韋誕（字仲將）以製墨著名，其製墨有"仲將之墨，一點如漆"之譽。北魏賈思勰《齊民要術》記載，仲將製墨"參以真珠、麝香，搗細合煙下鐵臼，搗三萬杵"。甘肅酒泉西溝村魏晉墓中，出土了堅緻而光潤的長方形墨，墨質堅實，係用模壓製而成，拌膠合製，說明此時墨的質量大為提高。

隋唐五代重視製墨，官方設廠，產地亦發展到多松樹的易水（今河北易縣）、上黨（今山西長治）等地。當時社會需求大，墨業興盛。元陶宗儀《輟耕錄》載，唐明皇時抄寫四書，每年供給書手的上谷（易水）墨竟達300餘丸。見於著錄的當時製墨名家有祖敏、奚鼎、奚超（李超）、張遇等，祖敏還被任命為專管朝廷製墨事務的"墨務官"。唐末戰亂，大批士族文人南遷，也促使製墨業南移。河北易水墨工奚超帶領全家落腳黃山腳下的歙州（今安徽歙縣），這裏有上好的大片松林，於是重振墨業，並改進搗松和膠技術，造出了豐肌細膩、光澤如漆、萬載存真的佳墨。後來奚超子廷珪被南唐後主李煜命為"墨務官"，賜姓李。李廷珪製墨注重選料，用膠得法，嚴於配方，講究工藝，墨中加十幾種名貴藥材，還要和生漆搗十萬杵，當時有"黃金易得，李墨難求"之說。歙州自此成為全國的製墨中心。新疆吐魯番阿斯塔那唐墓出土一錠舌形"松心真"墨，為松煙墨，體輕色黑，簡潔清新的造型風格，反映了唐代製墨的成就。

宋元時期，地處東南的徽州（宋改歙州為徽州）沒經戰亂，經濟文化保持了繁榮，製墨業十分興盛，形成了"今歙州人家傳戶習"，"新安人倒工製墨"的盛況。這時選料有了松煙和油煙兩條途徑，對墨模的要求也提高了。見於著錄的製墨高手就有60餘人，如潘谷、葉茂實、張遇、戴彥衡等。安徽祁門北宋墓出土了"文府"墨，呈扁長方形，為桐油煙墨，先用墨模塑出素面墨錠，再用墨印在墨面上鈐字，墨體光潤，質堅體重，埋藏千年而質地形狀未變。安徽合肥市郊出土北宋

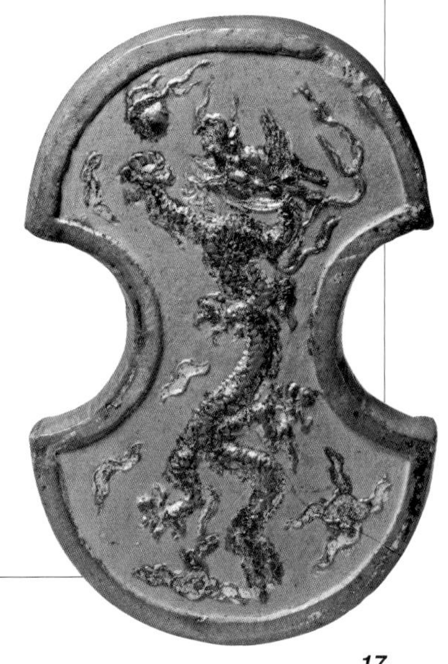

墨兩錠，一錠“九華朱覲墨”，是油煙墨，長梭形，正面楷書墨名，背面繪鳳紋，兩端各書“香”字。據元陸友《墨史》記載，朱覲是九華山人，宋製墨名家，善用膠，作軟劑出光墨，堂號為“愛山堂”，是中國最早的製墨家堂號。另一錠圭角形墨，正面線框內陽文篆書“歙州黃山張谷□□□□”，似松煙墨。張谷係北宋著名製墨家張遇之子。兩錠墨均用墨模製成，是宋代現存最大的模製墨，“大墨最難搜和”，說明製作之難。兩墨用膠得法，在墓中經近千年浸泡仍膠性不敗，錠形尚存，光澤依舊。江蘇武進村南宋墓出土半枚長條形墨，其墨堅細如玉，光澤似漆，一面有模印貼金字，另一面長方框內殘存“實製”二字，應是南宋著名墨工葉茂實製。葉茂實是一位卓越的製墨家，其墨“清黑不凝滯”，但葉氏製墨不見傳世，因而此墨具有重要的研究價值。從考古發掘的實物看，宋以前墨的造型、紋飾比較單調，宋代開始有了圖案、貼金字裝飾及製墨家款識等，此時墨已從純實用開始轉向鑑賞珍玩。山西大同元代馮道真墓出土的 “中書省”墨，舌形，墨質堅實細膩，一面鐫刻龍戲珠紋，一面陽文篆書“中書省”三字，墨形、圖案已開明清製墨新風。

明清名家製墨的繁榮

明代工商業發展，製墨業出現了新的局面，打破了“家傳世襲”的局限，從一家一戶家庭手工業發展為僱傭勞動，走向商業化生產，除松煙外，廣泛使用桐油煙和漆煙，並出現了成套叢墨——集錦墨，發展為具觀賞性的藝術品，製墨業極為興盛。特別是萬曆以後，無論從製作的數量、規模、質量、花紋、圖案、和膠、造型等都有很大的發展和提高，據明代麻三衡《墨誌》記載，當時安徽徽州地區有墨店120多家，墨工甚多，名家輩出，多集中於歙縣和休寧，形成了明代製墨業的兩大流派。

歙派多文人兼營墨業，又結交達官貴人，所造墨有煙細膠清、雋雅大方之特點，得到官府喜愛，常進獻朝廷，受皇帝讚賞。代表人物有羅小華、程君房、方于魯、潘嘉客等。

羅小華不光善製墨，並改進了墨的配方，其墨被譽為“堅如石，紋如犀，黑如漆，一螺值萬錢”，曾被皇家搜羅。本卷收入羅小華的世寶墨（圖7）、半桃核墨（圖8），都是供觀賞的墨中珍品。

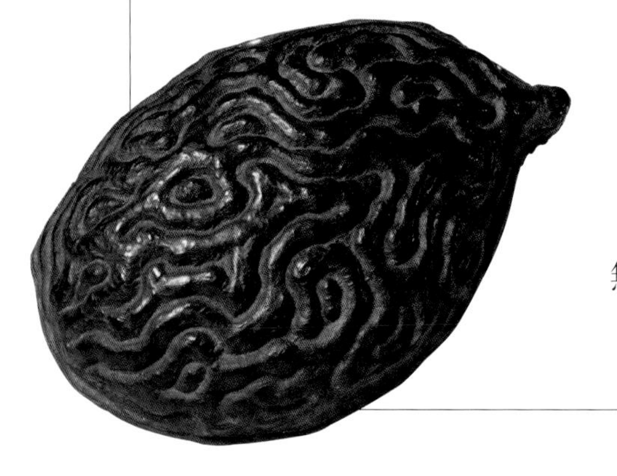

程君房是明代最負盛名的製墨家，被稱作李廷珪後第一人。他除用油煙製墨外，還創製了漆煙墨，光彩奪目，馳名於時。他自詡 “我墨百年可化黃金”。明代書畫家董其昌用“百年之後，無君房而有君房之墨；千年之後，無君房之墨而有君房之名”來讚賞他在製墨上的重大成就。明代書法家邢侗總結程君房墨的特點：“堅而有光，黝而能潤，舐筆不膠，入紙不暈”。程氏墨模大多是當時徽派著名版畫家和刻工作品，因此，程氏製墨不僅實用，在藝術上亦有很高成就。著有《程氏墨苑》一書，記墨500式。本卷收錄的幾錠程君房墨，俱為稀世之珍：玄元靈氣墨（圖11），長方形，通體漆衣，一面鐫墨名，一面銘語，頂端有“乙巳”（明萬曆三十三年，1605）款，係君房晚年精品；寥天一墨（圖10），長方形，通體漆衣，兩面過枝牡丹花，圖案設計絕妙。此兩種墨，為程君房墨中最上乘者。荔枝香墨（圖13），似宋代剔紅漆器，又似宋緙絲，巧而別致。這些名品製作精細，墨色黝黑，光澤如漆，有玉潤珠圓之感，為程氏墨的代表之作。

與程君房齊名的方于魯，亦為歙派名家，他創製了髹彩墨，又首創漆皮，即將墨之外體施以刮磨，成為明清製墨的主要裝飾手法。方于魯製墨以桐油取煙，配以麝香、龍膽等名貴藥材，和墨不用漆而用廣膠，解膠不用梣皮而用靈草汁，使墨質純正，清雅芬芳，久不變質。其墨模亦多出自名家之手。刻有《方氏墨譜》，有385式墨，此書與《程氏墨苑》的插圖均出於當時著名畫家丁雲鵬、吳左千、李松貞、汪伯玉等人之手。本卷所收方于魯文彩雙鴛鴦彩墨（圖16）、文犀照水墨（圖15）均為髹彩墨，傅以石綠、金、碧、朱、藍、絳等色，絢麗多彩；天符國瑞墨（圖14），八方形，通體漆皮，一面鐫墨名，一面鐫辟邪，墨質堅瑩，雕鏤精湛，為明墨珍品。

潘一駒，字嘉客，為明代晚期製墨家。原任廣東通判，棄官返鄉後，精心製墨，以集錦墨最為著名。本卷收入的潘嘉客集錦墨（圖31），共五錠，除一錠方形外，餘皆長方形，有龍、鳳、馬等圖案，署有“天啟壬戌年製”（1622）款，配以三屜朱漆描金盒，墨質、雕刻、書法俱佳，是唯一存世的明代歙派集錦墨。潘嘉客荷瓣觀音墨（圖33），造型別致，雕刻精工，亦為傳世名品。

休寧派多為墨工出身，具有豐富的製墨經驗與熟練的技巧，其墨多飾以金銀彩色，華麗精美，帶漆衣的集錦墨較多。代表人物有汪中山、邵青田、邵瓊林、吳去塵、汪春元等。

休寧邵氏家族從事製墨的很多，如邵青田、邵瓊林、邵賓王、邵正林等。本卷收有邵瓊林的楊梅墨（圖22），小巧玲瓏，如仿古玉佩，溫潤而澤，縝密似栗，令人愛不釋手。

吳拭，字去塵，清康熙《徽州府誌》說他“生平製墨及漆器精妙，人爭寶之，其墨值白金三倍”。製於明崇禎年間的墨光歌墨（圖34），可稱吳去塵第一墨品。

汪氏為徽州鉅族，嘉靖時即以製墨出名，自汪中山始，後有晴川、春元、俊賢等。汪春元墨傳世極少，本卷所錄他的神品彩墨（圖20），墨面鐫繪蟠螭銜靈芝紋，塗金，填藍、綠彩，鮮艷奪目，側面鐫繪有纏枝松竹梅，六面凹心，形狀奇特，堪稱絕品。

吳叔大，墨品多仿古，形式豐富，墨面飾紋極有神采，製作巧妙。清代曹素功家族《曹氏墨林·墨品讚》中稱其墨“黝兮如漆，堅兮如石”，“不減龍香之劑”。千秋光墨（圖44），通體漱金，墨面內凹如玉璧形，飾纏枝錦紋，為其代表之作。

此外，明代後期的汪鴻漸、葉玄卿、程季元、程公瑜、程鳳池等人，製墨各具特色，亦為當時所推重，被後世視為珍品。汪鴻漸為休寧製墨世家，創製琴形墨，為清代墨家所效仿（圖21）。葉玄卿，先為汪元一“桑林里”製墨，後獨立製墨，子孫容五、元英等承其墨業，至清康熙間而不衰。葉氏墨凸起的漆邊，似古琴斷紋，極古樸、厚重，存世以東岳泰山墨（圖26）等最為著稱。程公瑜，精製文人自怡墨，始於明崇禎，盛於清康熙初年，卿雲露墨（圖41）乃是第一品。程鳳池，知名於天啟、崇禎間，三代沿襲，至康熙初年而名不衰，製墨不用漆衣，保持墨之本色，靈椿年墨（圖48），質堅、煙潤，光彩耀目，墨模雕刻精工，為晚明精製者。

明代製墨具有鮮明的特點，首先是外形多樣，除傳統的長方形、舌形外，還有圓形、八方形、半舌形，以及動物形、花果形、仿古器形等等，墨已成為小巧精緻的文玩工藝品。其次，圖案紋飾豐富，以吉祥圖案為主，有花鳥魚蟲、祥瑞動物、神話典故等，具有豐富的文化內涵。第三，墨品質地大有提高。從來品墨講究煙輕、膠陳、料勻、杵到，讚墨有“十萬杵”之說，可謂“杵多益愈”。存世明墨多墨色黝黑、味清香、質地細膩，符合佳墨的標準。此外，明代製墨大多將四邊施以漆皮，正背面為本色，漆皮醇厚，墨表面有松紋，絲起髮理，風格古樸。

清代特別是康（熙）、雍（正）、乾（隆）三朝，經濟發展，社會安定，手工業繁榮，以歙縣、休寧為中心的製墨業達到高峯，文人書畫家參與製墨之風盛行。清代製墨，許多不涉實用，更注重賞玩、收藏，在墨質、墨模、裝潢等方面更為精美，尤其盛行集錦

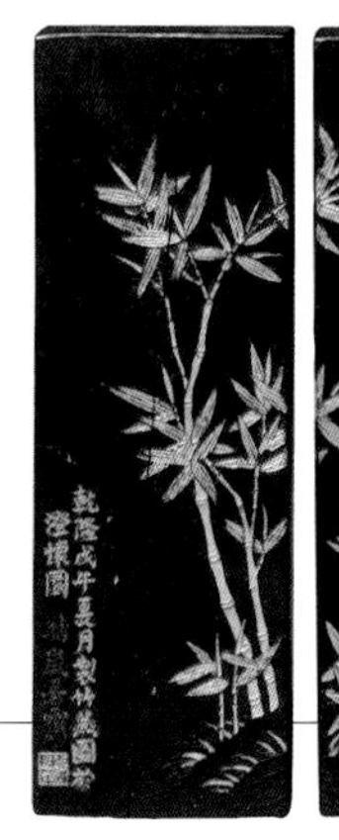
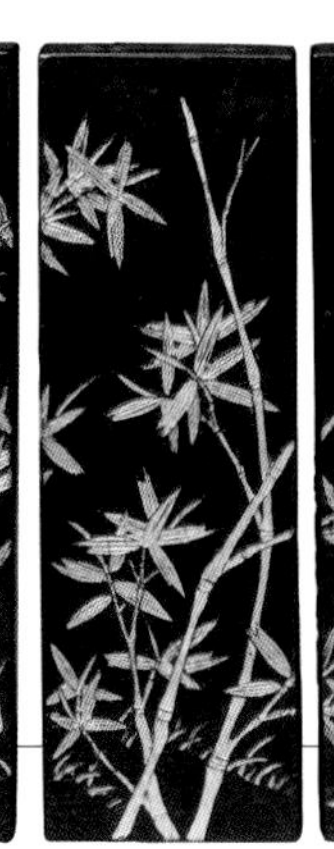
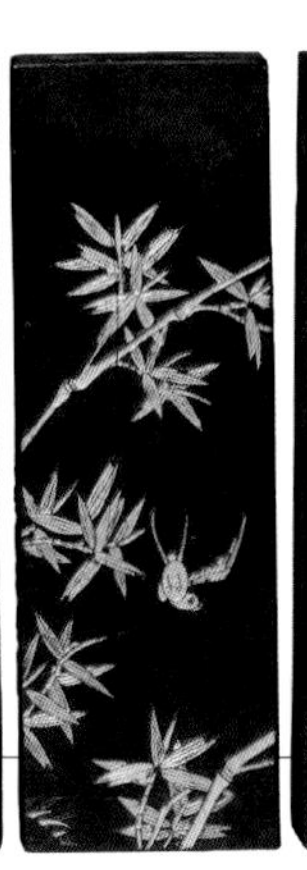
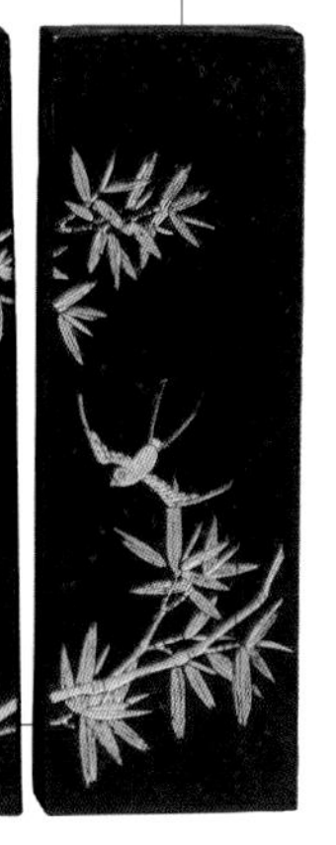

墨，極具觀賞性。清代墨家輩出，其中曹素功、汪近聖、汪節菴、胡開文被稱為四大名家。

曹素功，名聖臣，以號行，安徽歙縣人，在四家中居首位，清初享有很高聲譽。他繼承了吳叔大墨業的基礎，包括墨名、墨模，改吳齋號“玄粟齋”為“藝粟齋”，所製墨堅實細膩，內蘊光彩，繪圖精緻。相傳康熙皇帝南巡時，素功獻墨，頗得賞識，遂賜“紫玉光”三字，於是名聲大振。當時有“天下之墨推歙州，歙州之墨推曹氏”之説。素功死後，子孫世傳其業，所見到的有十三世孫。製於康熙時的紫玉光集錦墨（圖53）、耕織圖墨（圖54）、香玉五珏集錦墨（圖55）等，為其精品。耕織圖集錦墨，一套47錠，形式多樣，分裝在兩個黑漆描金龍紋漆盒內。墨模極為精工，面積雖小，但鐫刻細緻，人物形態生動，各盡其妙。墨質堅細，邊角切線“刀可截楮（紙），鋒可削木”。

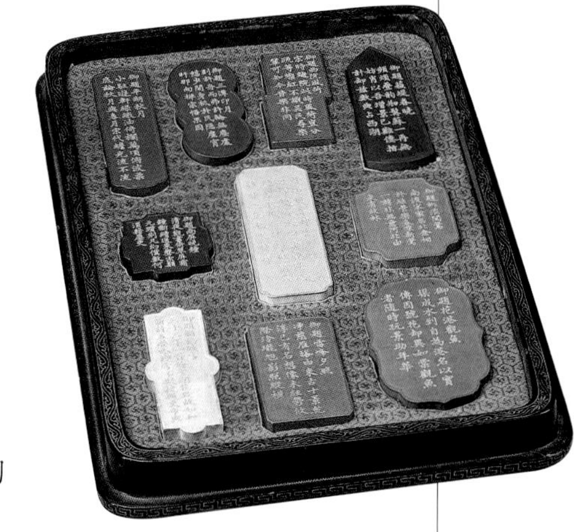

汪近聖，清乾隆、嘉慶時傑出製墨家，原是曹素功家墨工，後獨立經營墨業。乾隆時其子汪惟高應詔入宮任“製墨教習”，傳授家傳技藝，主持皇家製墨，名聲大振。汪近聖向宮廷進呈了不少貢墨，當時人讚他“今日近聖，即昔日之廷珪也”。其後代將汪氏祖孫之墨圖輯為《鑑古齋墨藪》。輞川圖詩集錦墨（圖85），製於乾隆時，是根據唐代詩人、畫家王維《輞川圖》製成21錠通景圖，山巒重疊，雲水飛動，表現出山川景色之美。墨模雕刻極精工，筆力雄勁，所謂“鋒可以截，比德於玉，縝密而栗”（《鑑古齋墨藪》），為汪墨的代表之作。

汪節菴，乾隆時嶄露頭角，墨肆“函璞齋”。常被請為名家製墨，受到著名文人阮元、曹振鏞等好評，其精品常被選作貢品，當時人韓廷秀説：“江南大吏，多獻方物，入選之墨，必用汪氏”。他精製桐煙墨，有“萬杵桐華青，劑以香麝郁”之譽。製於乾隆時的西湖十景集錦色墨（圖87），一套十錠，形狀顏色各異，色彩純淨艷麗，為名貴的貢品墨。

胡開文，馳名於乾隆年間，“蒼佩室”墨是以胡家老法製造，最受人歡迎。他一方面製零錠墨，集錦墨則長期被當作貢品。故宮博物院所藏的胡開文墨，年代最早的是乾隆年製，以後各朝均有直到民國。本卷所選的兩件乾隆年款小巫山樵書畫墨（圖91）、樂老堂錄古訓墨（圖93），配料和工藝極其精緻，色澤黑潤，香味濃郁，為墨之精品。其後代繼承了他的墨業，四家之中，胡開文墨傳衍最久。

四家之外，清代享盛名的製墨家還很多，如歙派的吳守默，是康熙時製墨家，墨肆名“延綠齋”，其墨流傳甚稀，故宮僅存十多錠，均為康熙年款。尚書奏草墨（圖66），仿玉圭形，通體漱金，一側有“康熙年製”款，墨質黝黑而堅，為珍稀墨品。程一卿，乾隆時製墨家，墨肆名“佩韋齋”，是一位經學家兼營墨業，乾隆《歙縣誌》中說他“精鑑而兼自怡，一身合兩流”。明清以來，文人自怡製墨成風，促進了造墨業的發展。所製鳳玦墨（圖83），墨質極其堅細，造型雅致，就屬文人自用墨精品。程怡甫，自稱“受法於一卿氏，造墨於尺木堂”，其墨多為嘉慶時期製品，如黃金不易集錦墨（圖109），頂端有“嘉慶壬申”年款，長方形，凹面拱邊，是嘉慶墨的特點。江秋史，乾隆年間製墨家，首創以古代刀布形製墨，故宮藏有其存世孤品乾隆年款泉刀式墨（圖84），墨質清潤，黝黑而堅，為稀世之珍。

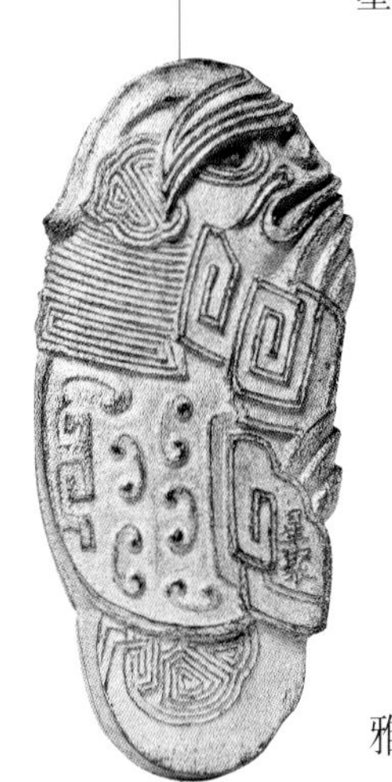

清代製墨的鮮明特點：首先是製作精巧，尤喜髹漆敷彩，多飾以金、銀、綠、藍諸彩，典雅華麗；墨質堅瑩，黝黑亮澤，線條剛勁有力。二是造型多樣，除了長方、圓形外，半圓管形、雙連束錦、葵瓣、竹根形、鐘磬、仿漢玉鎮、劍形、鎮尺、硯形、臂擱、竹簡、書冊式等等；紋飾題材廣泛，多具有裝飾圖案風格。如吳天章雙連束錦墨（圖59）、胡星聚卧獸墨（圖57）、汪節菴書冊式墨（圖88）等。三是多集錦墨，注重裝潢，成為供人品玩的工藝品。如王麗文琴式集錦墨（圖64），製成套琴墨，裝入琴式彩漆盒內，是當時文人怡情養性風氣的反映。

除歙縣、休寧外，明清婺源製墨家作品亦有特色（婺源今屬江西，明清時隸徽州），墨形變化不多，樸素無華，注重實用。以詹姓為多，故宮博物院藏詹氏一姓製墨就有五十多家，作品從明末至清代咸豐均有。最早為明萬曆時詹雲鵬的世寶墨（圖24），構圖古樸，為明墨中上品；清康熙時詹鳴岐文華上瑞墨（圖74），方柱形，三螭纏繞，圖案設計巧妙，墨質黝黑，是其佳作；乾隆時詹成圭竹燕圖詩集錦墨（圖92），四錠為通景，構圖頗有新意，為詹氏墨中稀品，詹成圭乾隆時還曾製造過御墨。

墨的實用性與觀賞性

墨是用松枝、桐油等燒出的煙炱再拌以牛皮膠、麝香、冰片、金箔等製成，加入藥材是起防腐、增光、助色等作用。製造工序主要有煉煙、刻模、和料、做墨、晾墨、打磨、填字（塗金、施彩）、製盒、包裝等，成型的墨錠是經過墨模扣壓而成，墨模材料有銅、木等，上雕紋飾圖案、銘文。

墨有黑色、彩色和藥用幾種。黑色墨分油煙墨、松煙墨和漆煙墨。油煙墨是用桐油等煉煙，具有色澤黑潤，香味濃郁，舐筆不膠，入紙不暈，書畫皆宜，歷久不褪色之特點。一般在墨頂端有“超漆煙”、“頂煙”、“桐油煙”等字樣。如吳勝友紀曉嵐鈔書墨（圖90）。松煙墨是用松枝作煙料製成，質細色燥，不帶油膩，易附色，適宜畫工筆畫。墨頂端多刻有“黃山松煙”、“大卷松煙”、“松煙”等字樣。如潘方凱雲裏帝城雙鳳闕墨（圖25）。漆煙墨是以生漆作煙料，精黑發光，經久不褪，宜畫。明清製墨煙料主要為松煙和油煙。油煙性柔，松煙性剛；油煙性潤，松煙性燥；油煙和而靜，松煙介而烈；油煙墨色紫，松煙墨色黑；油煙體重，松煙體輕。明代屠隆謂 “松煙墨深重而不姿媚，油煙墨姿媚而不深重”，說明兩種墨的效果是不一樣的。

彩色墨有朱、黃、藍、綠、白等色，主要以硃砂等礦物顏料製成，用於批文和繪畫，有質細且不易褪色的優點。本卷所收的舒霞飛碧彩墨（圖4）、龍香御墨（圖9）、汪節菴西湖十景集錦色墨等，均屬此類。

藥墨可入藥，故名。始於唐代，製墨時加珍珠、麝香、冰片、丁香、豬膽汁等，以松煙調製而成，有止血、消炎、生肌膚等作用。《清內廷法製丸散膏丹各藥配方》中載有此方。藥墨有些署墨家名款，有些直接署藥店名。一般標有重量，便於醫用時掌握劑量，如曹雲崖八寶龍香劑墨（圖112），除刻有墨名外，還標有“重二錢五分”字樣。

墨除實用外，還可用於玩賞、收藏及作饋贈等。此類墨多造型獨特，小巧精緻，選用最上品的煙料，墨模雕刻極精，多出自名家之手，極具藝術性，如程君房荔枝香墨（圖13）、吳聞詩秋水閣墨（圖39）、吳叔大鳳九雛墨（圖43）、葉靖公雙捲束錦墨（圖68）等。

最具觀賞性的是集錦墨，又稱“瑤函墨”、“豹囊叢墨”，是帶有裝飾的成套叢墨，少者幾錠、十幾錠為一套，多者達幾十錠，甚至百錠。其形式、名稱、圖案均精心設計，有的每錠墨形式相同，圖案和題識不同，還有的連形式也不同。集錦墨創始於明代中晚期，盛行於清，潘家客集錦墨是目前所見明代最早的集錦墨。清代製墨名家，均以精製集錦墨為能事，四大墨家均有集錦墨傳世。集錦墨裝潢亦十分考究，盒匣或彩漆描金，或嵌螺鈿，或以珍貴的硬木製成；有的將每錠墨配以錦盒，內有黃、白綾套囊，製作精巧；還有的設計成奇巧的書冊式、手卷式等等。

製墨有名家製墨、自製墨和御墨之分。上述明清製墨家的作品，多屬名家製墨，數量、品種最為豐富。

御墨是專門為皇帝製作的墨。故宮博物院藏明清墨中，御墨為其中具有特色的品種之一。御墨主要包括兩類，一是由宮廷專門製造的，稱御製墨；一是大臣進貢的，稱貢墨。御墨的墨模、圖案、裝潢精美，又揀選上等煙料，因此不單實用，還成為觀賞藝術品，在製墨史上有重要的地位。

文獻記載，宋代時張遇就製有“供御墨”，但未見有實物流傳。故宮收藏的明代御製墨有數十錠，大部分一面雕龍戲珠圖案，一面刻“龍香御墨”字樣，有“宣德”、“成化”、“隆慶”、“萬曆”等年款，形式有舌形、方形、圓形、圓柱形、碑形、八方形、長方委角形、如意雲頭式等多種，不僅有黑墨，還有綠、石青、紫、朱、赭、黃、白等色墨。本卷收錄最早的明代龍香御墨為“宣德元年（1426）製”（圖1），另一件“宣德年製”，有“臣胡進言督造”款（圖2），俱為舌形，形制質樸，為明代御製墨中的上品。

清代御墨始自康熙朝。不僅數量多，而且質量精。清代吳振棫《養吉齋叢錄》記：“供御之文房四事，別類稱名，不可勝記”，“端凝殿為乾清宮東配殿，三楹藏康熙、雍正、乾隆所用墨硯。墨為御書處所製，三朝各二千梃，其形式亦不一也”。康熙淵鑑齋摹古寶墨（圖78）、雍正嵩呼萬歲墨（圖79）、湛兒晴御墨（圖81）等，造型簡潔工整，墨質黝黑光亮，為康、雍朝上等御墨。乾隆皇帝重視製墨業的發展，在乾隆六年（1741）曾徵調徽州製墨高手如汪近聖之子汪惟高、吳慶祿等人進京，在御書處墨作傳授三年，大為改進內府御製墨的水平。此外，一些徽州墨家如汪近聖“鑑古齋”等，也承製了一些御墨的製造。乾隆御製墨製作精工，多以成套形式出現，本卷收錄了其中的精品。如御製四庫文閣詩集錦墨（圖99），一套五錠，造型各異，兩面分別飾以文淵閣、文源閣、文津閣、文溯閣圖及乾隆御製詩，墨質堅凝光細，製作精工，是乾隆御製墨的代表之作。御製題畫詩集錦墨（圖100），將元、明畫家作品摹刻墨上，再配上乾隆的題畫詩，墨質精良，詩、書、畫、印並美。御製月令七十二候詩集錦墨（圖102），墨形豐富、獨特，有綠、黃、紅、藍、白五色，墨面刻各時氣候圖，墨背為乾隆御製七十二候詩，製作、裝潢均極為考究，特別是一套竟達72錠，為乾隆御製墨精品。天保九如彩花御墨（圖97），墨形呈花朵式，填綠、紅、藍、金諸色，色彩絢麗，是為乾隆祝壽而作，極富宮廷特色。

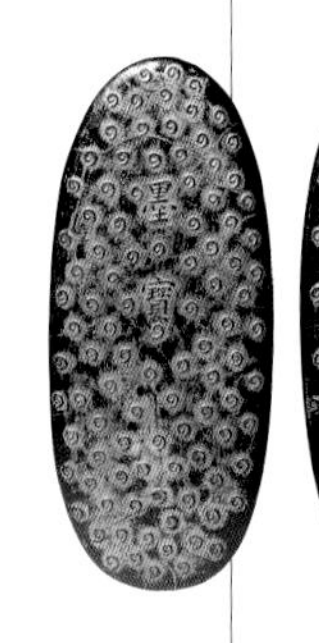

貢墨大多沒有製墨者款，只署進呈者名，稱“臣字款”貢墨。此類墨最早見於明代，田弘遇墨寶墨（圖37）、孫隆清謹堂墨（圖46）等，為明代貢墨珍品。清代貢墨數量最多，有署“臣（或奴才）某某恭進”、“恭製”、“恭造”、“恭呈”、“謹呈”等字樣，有的在

"臣"前面加上官職，如"安徽巡撫"、"江西巡撫"、"總督漕運"等。康熙朝和素恭進集錦墨（圖73），一套十錠，形式、圖案各異，紋飾精緻，特別是以滿文書"和素獻呈"款，較為少見。劉光美恭進雲行雨施萬國咸寧集錦墨（圖72），四錠墨裝在一個書冊式錦盒裏，盒內分兩層，裝黃綾套，上書"貢墨"二字，裝潢備極精湛，為康熙時貢墨的常見樣式。張大有恭進萬壽無疆墨（圖80），劑料凝細，墨質堅密，模雕極細，一面雕飛龍，一面雕"萬壽無疆"四字，每個字被一龍圍繞，圖案新奇。

自製墨，即是按照自己的意願請墨家專門製作的自用墨，多作贈送禮品和自藏珍玩之用，製墨者有官吏、士紳、文人書畫家等，墨上署有製者名款和墨家名款，也有只署製者名款。清代自製墨成風，如曹冠五書畫舟集錦墨（圖58）、梁清標蕉林書屋墨（圖70）、劉墉如石墨（圖94）等，均是自製墨中精品。

筆

作為主要的書寫、繪畫工具，筆在中國古代社會生活中具有重要的作用。西晉成公綏《棄故筆賦》中說："治世之功，莫尚於筆，能舉萬物之形，序自然之情，及聖人之志，非筆不能宣，實天地之偉器也。" 對筆的作用高度評價。在長期的應用中，筆不斷地改進，同時，製筆工藝的改進，反過來又促進了文化藝術的發展。筆不僅是書寫、繪畫的工具，還是一種載體，承載豐富的歷史文化信息。

毛筆是實用消耗品，筆毫又易蟲蛀，難於保存，所以傳世古筆極為稀少。故宮博物院收藏數以千計的明清宮廷用筆，頗為珍貴難得，特別是有明代年款的筆，世間罕見，可稱絕品，是研究明代製筆工藝的珍貴資料。本卷收入明、清兩代毛筆精品，具有鮮明的時代和宮廷特色，是此時期製筆工藝水平的代表。

毛筆發展的歷史

中國製筆有悠久的歷史。湖南長沙左家公山戰國楚墓中，出土了一支完整的竹桿毛筆，筆桿一端劈開，將筆頭插入當中，再用細絲線纏緊，外面封漆固定，筆毫用上等的兔箭毛，筆鋒完好，是中國最早的毛筆實物。湖北雲夢睡虎地秦墓出土三支竹管毛筆，筆桿一端鏤空成毛腔，筆頭納入腔內，已與現代毛筆相似。筆桿髹以黑漆，並繪有朱色線條。秦代不僅改進了毛筆的製作，而且開始用漆髹飾筆桿，是製筆工藝上的進步。湖北江陵鳳凰山西漢墓出土毛筆和筆套，筆桿一端有毛腔，筆毛已朽，筆桿插於筆套裏。甘肅武威磨咀子 2 號漢墓和 49 號漢墓分別出土毛筆，形狀、製法基本相同，桿前端中空以納筆頭，紮絲髹漆加固，筆尾削

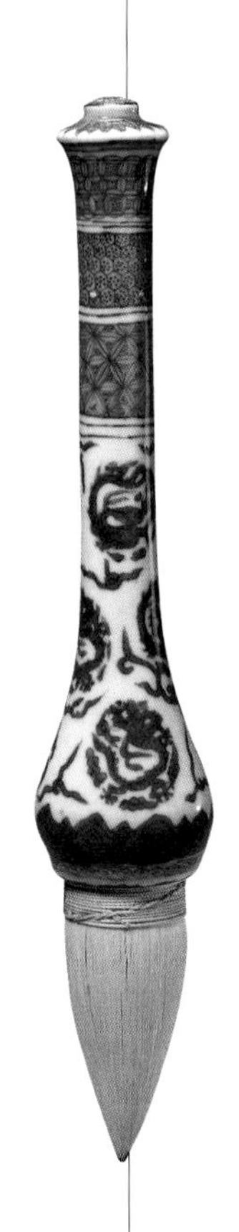

尖便於簪髮。筆桿上留有筆工名款“史虎作”、“白馬作”。特別是筆頭中含長毫為柱，外披短毫，使筆易於蓄墨，稱為“披柱法”，表明製筆工藝已經成熟。東晉王羲之《筆經》及北魏賈思勰《齊民要術》中亦記載，用兔箭毛為筆柱，以黃鼠狼毛為外披，使毛筆含墨量加大，達到剛柔相濟，以適應書寫要求。另外，筆桿除竹製外還出現了琉璃、象牙管等，説明毛筆製作已開始注重裝飾性。

唐宋時期，宣州（今安徽宣城）成為製筆中心，唐代陳氏、宋代諸葛氏製筆均名聞一時。從新疆出土的唐代毛筆看，筆桿增粗，筆頭相應加粗，筆鋒呈短鋒型。日本正倉院收藏的唐代斑竹鑲牙管筆，與之相似。宋人諸葛高改進筆毫，以一種或兩種獸毛參差散立紮成，其毫長寸半，藏一寸於管中，一筆可抵他筆數枝，稱“散卓筆”。梅堯臣詩讚曰：“筆工諸葛高，海內稱第一。”記載中“散卓筆”毫長寸半，結合江蘇金壇南宋周瑀墓、安徽合肥宋墓出土的毛筆來看，長鋒毛筆在宋代已盛行。

南宋偏安杭州，筆工南流，因浙江湖州（今吳興）地區位於太湖南岸，盛產白山羊毛，毛長色白，粗細均勻，鋒穎尖鋭，柔韌適中，特別適宜製作長鋒羊毫筆，有“毛穎之技甲天下”之譽，因此，優良的湖筆逐漸取代宣筆。元代湖州製筆名家輩出，《湖州府舊誌》説：“元時馮應科、陸文寶善製筆，其鄉習而精之，故湖筆名於世。”特別是馮應科的筆，與趙孟頫的字、錢舜舉（選）的畫並稱為“吳興三絕”。

明清宮廷製筆達高峯

明清時期，湖州已成為新的製筆中心，製筆工藝達到高峯，無論數量、質量以及品種都超過了以往，並作為當時宮廷御用筆的主要製作基地。明清製筆，在筆毫選料、筆管質地以及裝飾工藝上，都具有鮮明的時代特色。

首先，筆毫取材更為廣泛，在實用性之外還注重裝飾性。除常見的羊毫、紫毫（兔）、狼毫、兼毫（兩種或以上毫毛）外，還有貂毫、馬毫、豬鬃以及人鬚、胎毛、雞毛、鵝毛等。筆的專用性更強了，按筆毫性質有軟、硬之分，按鋒穎長短，有長鋒、中鋒和短鋒之別，使用者更加得心應手、揮灑自如。古人稱筆毫有四德“尖、齊、圓、健”，即達到了筆鋒尖韌、修削整齊、豐圓勁健，才可視為佳筆。明代筆毫在形狀上有筍尖形、葫蘆形、蘭蕊形等多種樣式。清代更加注意筆毫的修飾，有的還將毫根染成各種顏色，更有在毫根外層以彩色羽毛為披。清代唐秉鈞《文房肆考圖説》中説：“凡筆外飾之毛，或以雉尾蓋之，則五色可愛”。康熙竹管大書畫紫毫筆（圖130）、乾隆青玉管碧玉斗紫毫提筆（圖158），筆毫色彩絢爛，極為美觀。

第二，筆的形式增多，根據書寫字體大小的需要，分別有管筆、提筆（斗筆）、抓筆等。管筆最常見，主要寫小字。提筆，因筆頭形如斗又稱斗筆，用於懸肘書寫大字，如雕漆紫檀管貂毫提筆（圖118）。抓筆，又稱揸筆，筆管短粗，以五指抓握，專為書寫榜書大字，如彩漆描金管鬃毫抓筆（圖139）。

第三，筆管質地豐富，特別是宮廷製筆，更是不惜成本，計有竹、玉、漆、木、瓷、象牙、金銀、琺瑯、犀角、玳瑁等。裝飾手法多樣，髹漆、雕刻、彩繪、鑲嵌、燒製等等，製作精美。筆不獨為實用，更是精美的工藝美術品。

竹管筆質輕，經濟實用，最為常見。竹管大書畫紫毫筆、竹雕珠圓玉潤管兼毫筆（圖145）等，精選竹枝作管，除刻有筆名外少加裝飾，以選毫精緻為其特色，為清代實用筆的代表。留青竹雕文林便用管貂毫筆（圖126）、留青竹雕百壽圖管紫毫筆（圖141），採用留青竹雕手法，雕工精湛，反映了明清竹雕工藝的水平。竹絲管紫毫筆（圖144），筆管、筆帽均用竹絲編成，工藝新穎獨特，為竹管筆中極少見者。

漆管筆在明清十分盛行，包括了漆工藝的各種手法。明代漆管筆以黑漆或彩漆描金最為常見，紋飾主要是雲龍紋，並書有年款，色彩艷麗、華貴，具有濃郁的宮廷色彩，如彩漆描金雲龍紋管花毫筆（圖113）、黑漆描金龍鳳紋管花毫筆（圖115）、彩漆描金雙龍紋管花毫筆（圖 117）等。雕漆工藝十分精湛，如宣德年間的紅雕漆牡丹紋管兼毫筆（圖116），滿飾的牡丹花紋肥碩飽滿，具有浮雕效果；紅雕漆松下高士詩句管紫毫筆（圖121），在盈寸之地上雕刻山水人物，遠近層次分明，並刻有行書詩句，極具畫意；剔犀雲紋管筆（圖122），通體剔犀雲紋，明暗對比，紅、黑色相間，具有獨特的裝飾效果。清代漆器工藝更加成熟、多樣化，除彩漆描金、雕漆、剔犀外，還出現了一些新的工藝，如黑漆灑螺鈿管竹絲迴紋斗狼毫提筆（圖138），筆管為黑漆地灑細碎螺鈿裝飾，流光溢彩，較為少見；雕填彩漆花卉紋管兼毫筆（圖134），運用漆工藝中雕填技法，做工精細，漆色協調，為清宮御筆珍品。

木管筆大多是以貴重木料製成，如紫檀木、檀香木、烏木、雞翅木、花梨木等。這些木質一般都生有天然美麗的紋理和色彩，因原料稀少而愈顯珍貴。明清木管筆或少加雕飾以突顯其自然天成的紋理，或以彩繪、雕刻、描金等手法使之更添皇家富貴氣息。明代黃檀木雕龍鳳紋管花毫筆（圖124），筆管通體淺浮雕龍鳳花卉紋，筆端還刻有“大明萬曆年製”款，雕刻精美，為珍貴的明代宮廷御用筆。清代檀香木彩繪福壽紋管紫毫筆（圖154），彩繪描金折枝花卉、靈芝、蝙蝠、壽桃等，以福壽吉祥為題材，並有濃郁香味，為清宮御用珍品。花梨木管鬃羊毫抓筆（圖157），以整塊花梨木雕成，通體光素，以顯示木料的天然紋理，質樸而不失雅致。

清代宮廷玉材豐富，以玉製筆管較為常見。青玉雕龍紋管琺瑯斗狼毫提筆（圖159），以青玉為管，玉質瑩潤，玉色白中閃綠，通體雕龍紋，雕工圓熟流暢，不見敗刀，管頂鏤空，筆斗用掐絲琺瑯製成，做工極精。青玉雕繩紋管嵌寶石斗狼毫提筆（圖160），筆管雕弦繩紋，筆斗雕成蓮花形，嵌寶石。一些玉製提筆，筆管、筆斗使用不同玉材，如白玉雕夔鳳紋管碧玉斗紫毫提筆（圖161），筆管為淺浮雕夔鳳紋白玉製，管頂嵌翠，碧玉筆斗，色彩豐富，搭配和諧，具有觀賞價值。

瓷管筆明代已有，但傳世稀少，故宮博物院所藏俱為清代製品，時代有清康熙、乾隆、道光等朝，主要為青花瓷，因體重，主要為觀賞品。青花團龍紋管羊毫提筆（圖131），具有康熙青花典雅純正的特點。青花紅彩雲龍紋管鬃毫提筆（圖164），以釉下青花與釉上紅彩相結合，紋飾精美，做工考究，是清代製瓷最盛時期的精品。

此外，還有牙雕錢紋管紫毫筆（圖163）、牙雕八仙人物圖管狼毫筆（圖165）等，採用貴重的象牙為筆管，質地堅硬，潔白細膩，雕刻精工，為帝王專用。玳瑁管紫毫筆（圖127）、玳瑁雕錢紋管紫毫筆（圖170）、玳瑁經文緯武管羊毫筆（圖171），以玳瑁甲作筆管，黑、黃、褐色相間，有自然光澤，實用、觀賞俱佳。

第四，筆管書字成為時尚。在筆管上書字歷史悠久，漢代已見有筆管上鐫刻筆工或作坊名，唐代詩人白居易《紫毫筆》詩中也有"管勒工名充歲貢"句。明代筆管書字漸多，清代更成為製筆的一大特色。書體有楷、行、隸、篆各體，手法有書寫、雕刻、填色等。明代書寫內容多為製作年款，如"大明宣德年製"、"大明嘉靖年製"、"大明萬曆年製"。清代書字內容豐富，有標榜筆質優良的，如"剛健中正"（圖150）、"珠圓玉潤"；有標明筆毫性質、用途的，如"大霜毫"（圖128）、"加料純羊毫"（圖176）、"大書畫"；歌頌帝王功德、粉飾太平的，如"天子萬年"（圖129）、"萬邦作孚"（圖156）、"河清海晏"（圖173）；還有宣揚儒家倫理的"中和位育"，祈福吉祥的"河洛呈祥"等。

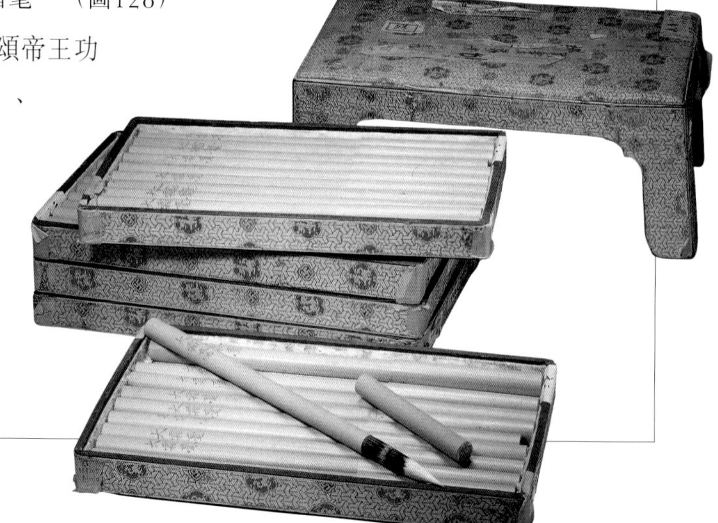

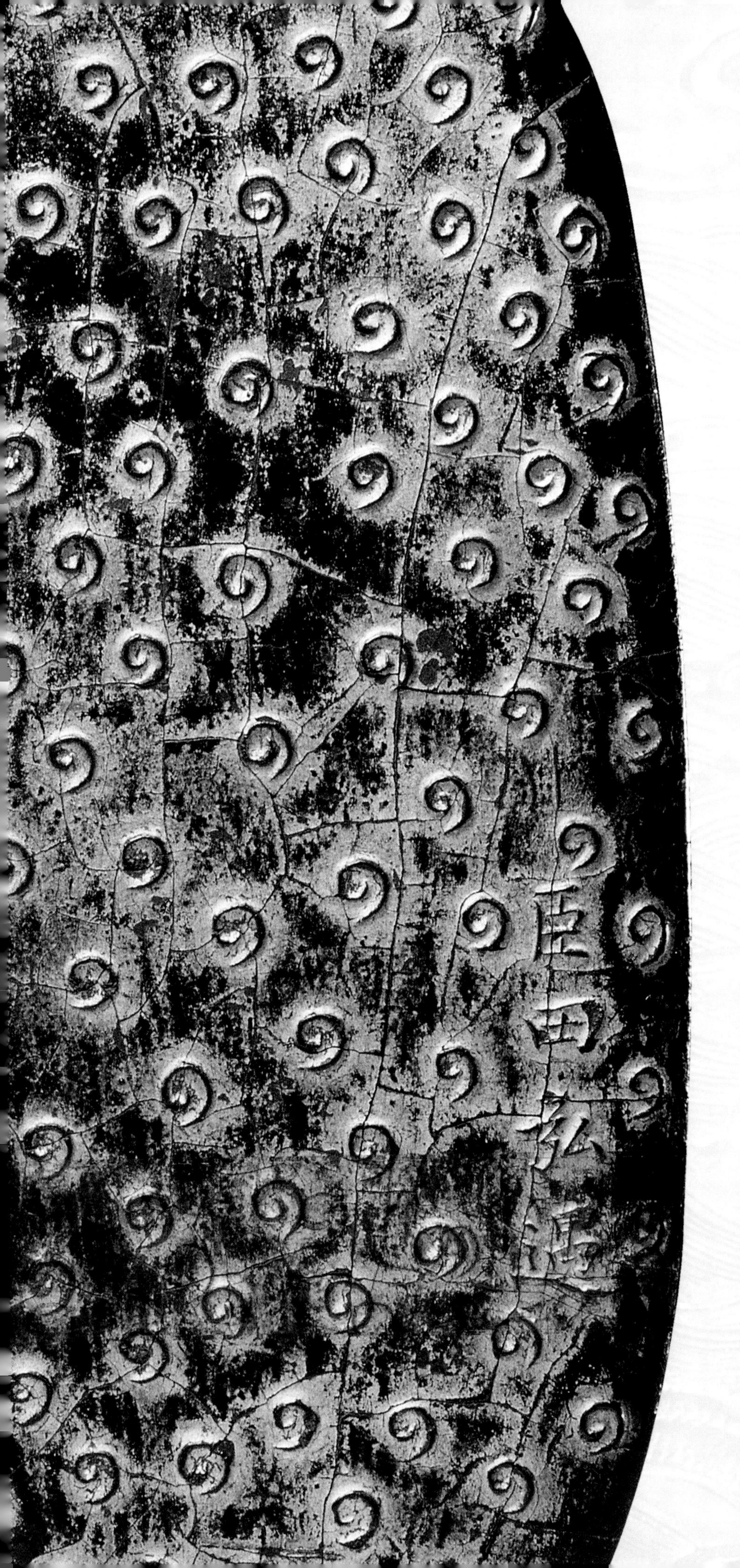

墨

Inksticks

1

龍香御墨

明宣德

高9.1厘米　寬3.3厘米　厚2.5厘米

Imperial Inkstick with characters Long Xiang Yu Mo

Xuande period, Ming Dynasty

Height: 9.1cm　Width: 3.3cm

Thickness: 2.5cm

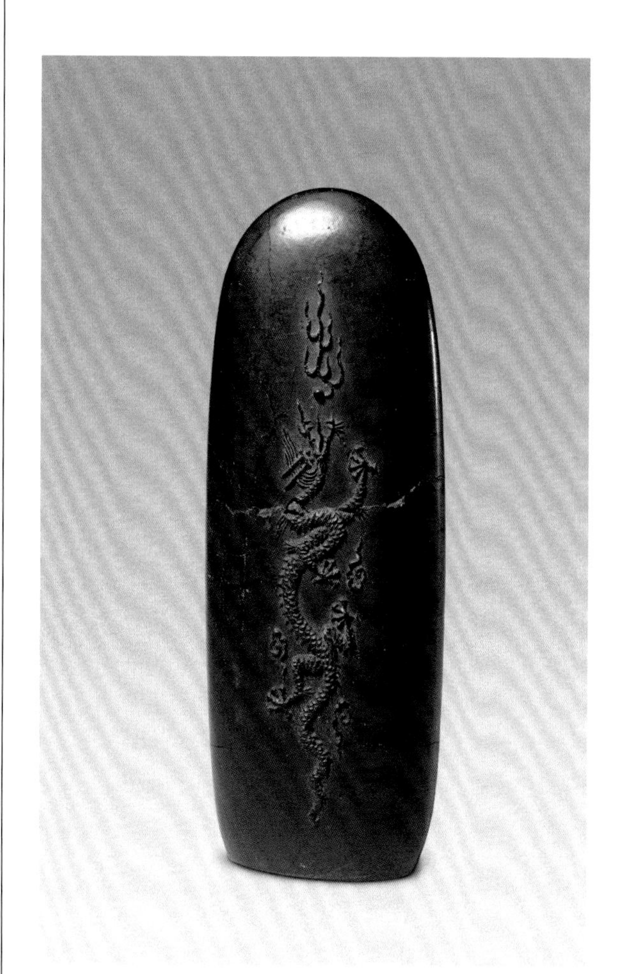

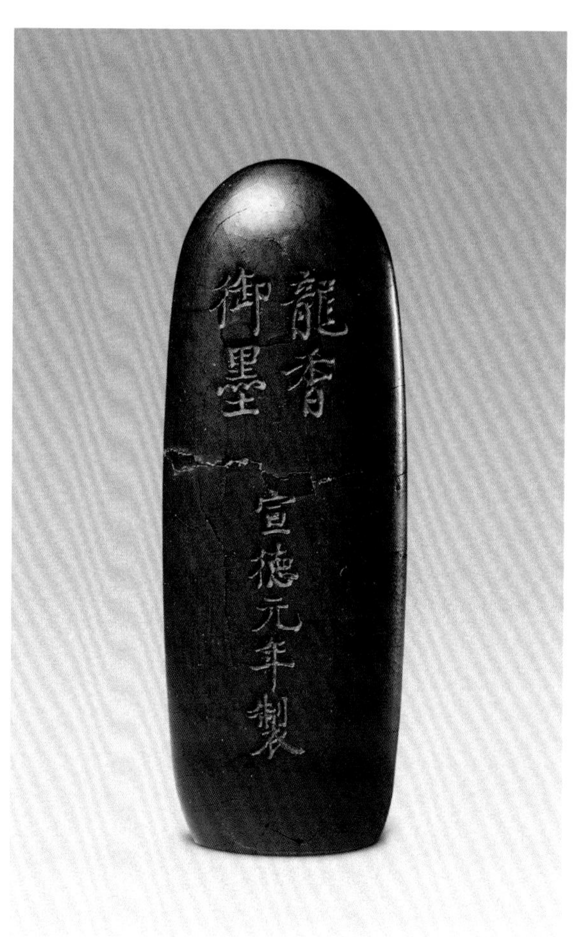

舌形。墨面雕龍戲火焰珠紋。墨背陰文填金楷書："龍香御墨　宣德元年(1426)製"。已使用。

製墨在油煙中加入腦麝金箔等名貴原料者稱龍香劑。御墨係專為皇帝所造之墨，品質多屬上乘。此墨飛龍刻畫細緻入微，片鱗隻甲一絲不苟，字體端莊秀麗，為明代御墨中的佼佼者。張子高、張絅伯、尹潤生、葉遐菴《四家藏墨圖錄》著錄。

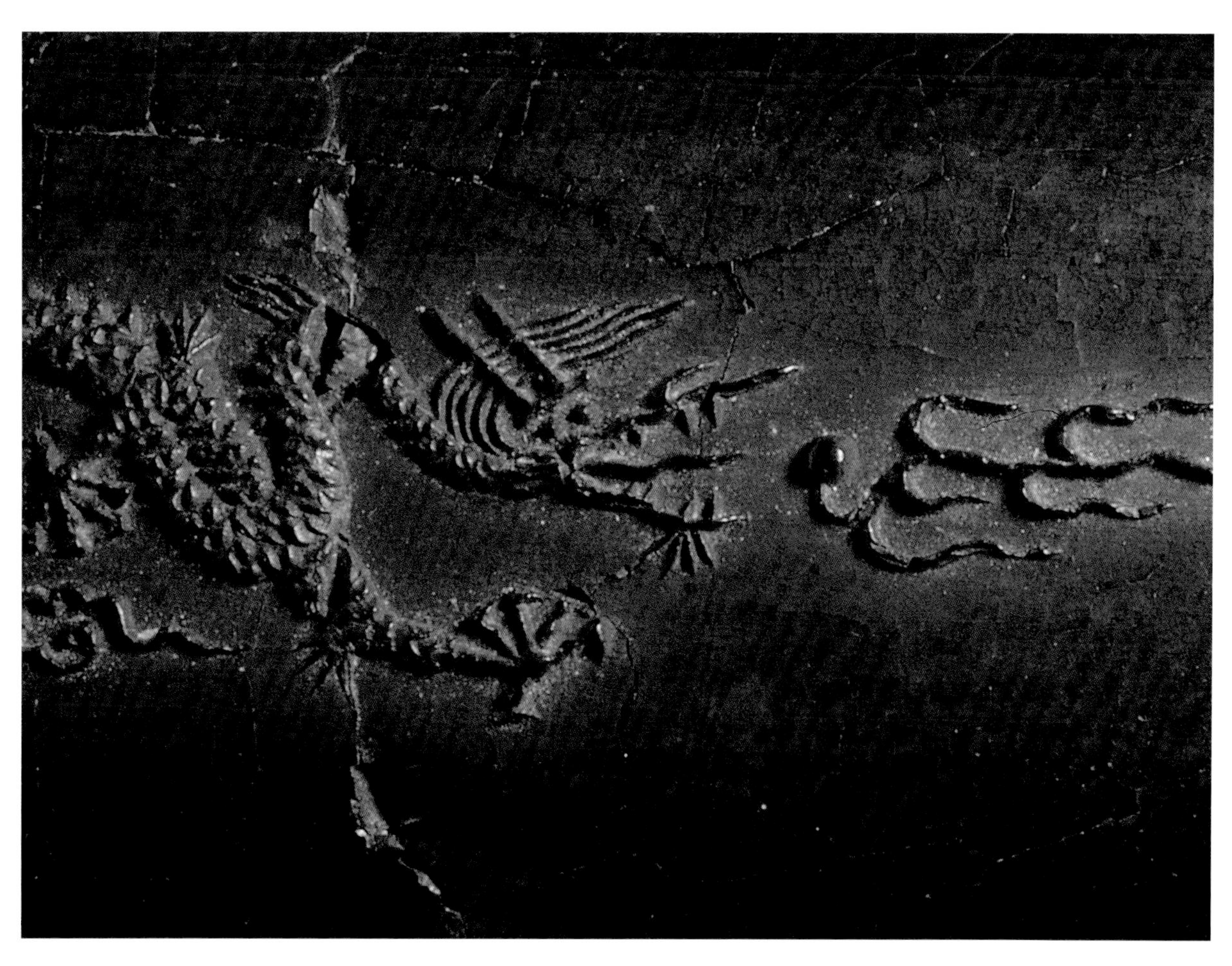

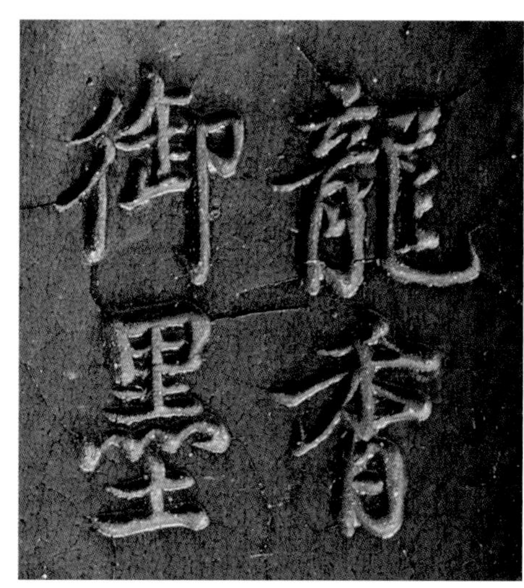
龍香
御墨

2

龍香御墨

明宣德
高8.6厘米　寬2.9厘米　厚0.9厘米
清宮舊藏

Imperial Inkstick with characters Long Xiang Yu Mo

Xuande period, Ming Dynasty
Height: 8.6cm　Width: 2.9cm
Thickness: 0.9cm
Qing Court collection

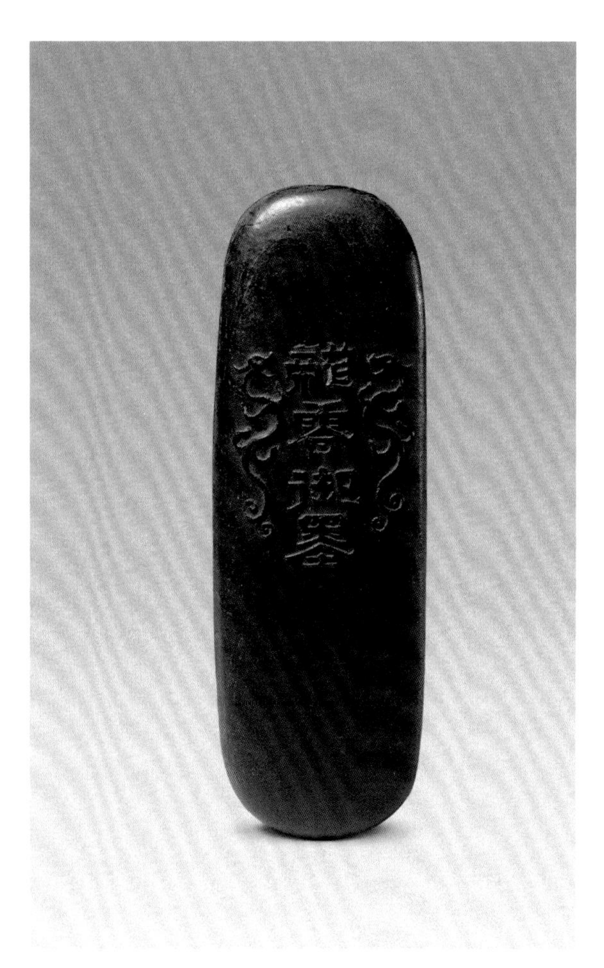

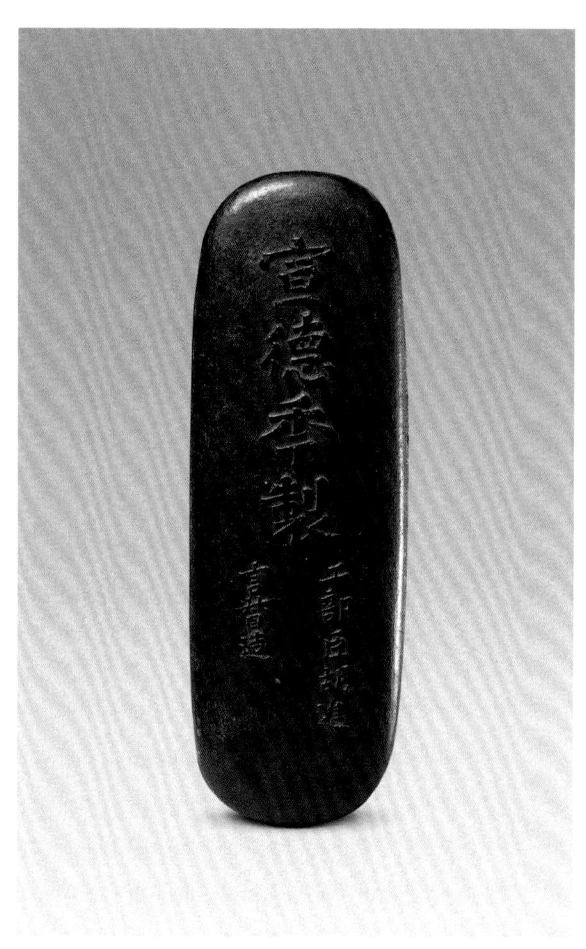

舌形。墨面雙螭相抱，陽文隸書："龍香御墨"。背陽文楷書："宣德年製　工部臣胡進言督造"。

此墨係安徽休寧墨肆為明宮廷特製，做工極為精細，裝飾圖案對稱工整。墨模挖刻較深，故墨面圖文高高凸起，字跡清晰醒目。為明代御墨珍品。

3

龍香御墨

明成化

徑5.9厘米　厚1.2厘米

Imperial Inkcake with characters Long Xiang Yu Mo

Chenghua period, Ming Dynasty

Diameter: 5.9cm　Thickness: 1.2cm

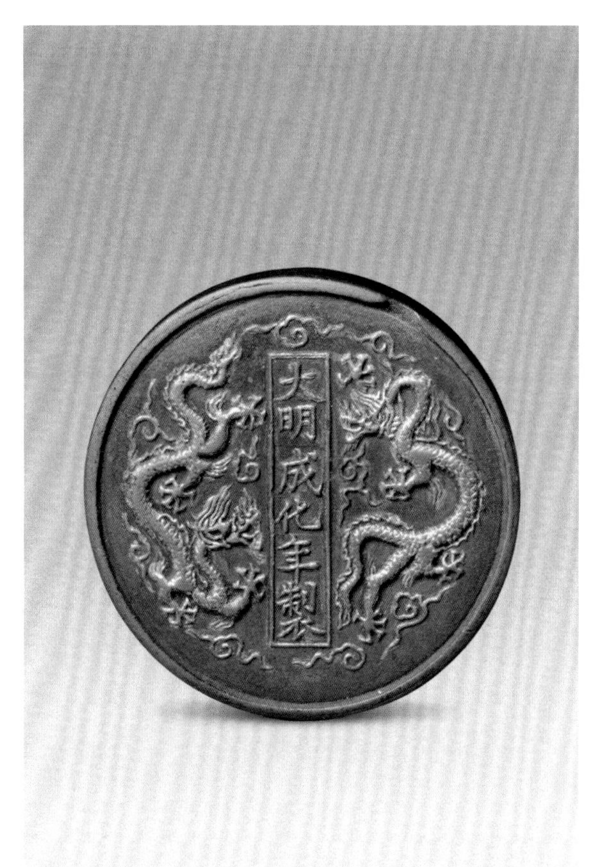

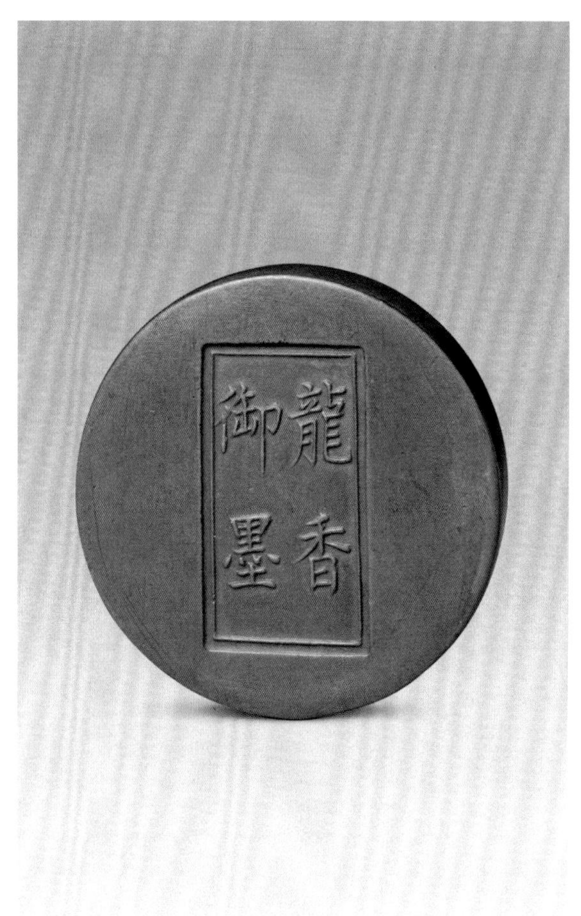

圓形，石青色。墨面起邊框，中央長方框內陽文楷書款："大明成化年製"，兩旁對峙塗金龍紋。墨背陰地陽文楷書："龍香御墨"。

此墨模雕刻用刀渾圓，工藝精緻，為珍貴的宮廷御墨，又是明代成化年間難得的標準器。

4

舒霞飛碧彩墨

明成化

高15厘米　寬3.5厘米　厚1厘米

Coloured Inkstick with characters Shu Xia Fei Bi

Chenghua period, Ming Dynasty

Height: 15cm　Width: 3.5cm

Thickness: 1cm

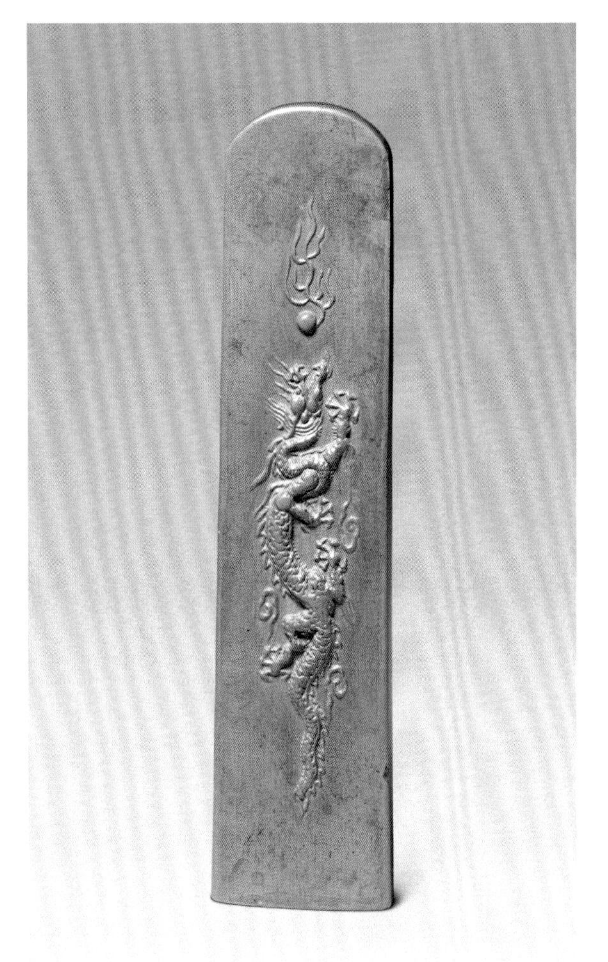

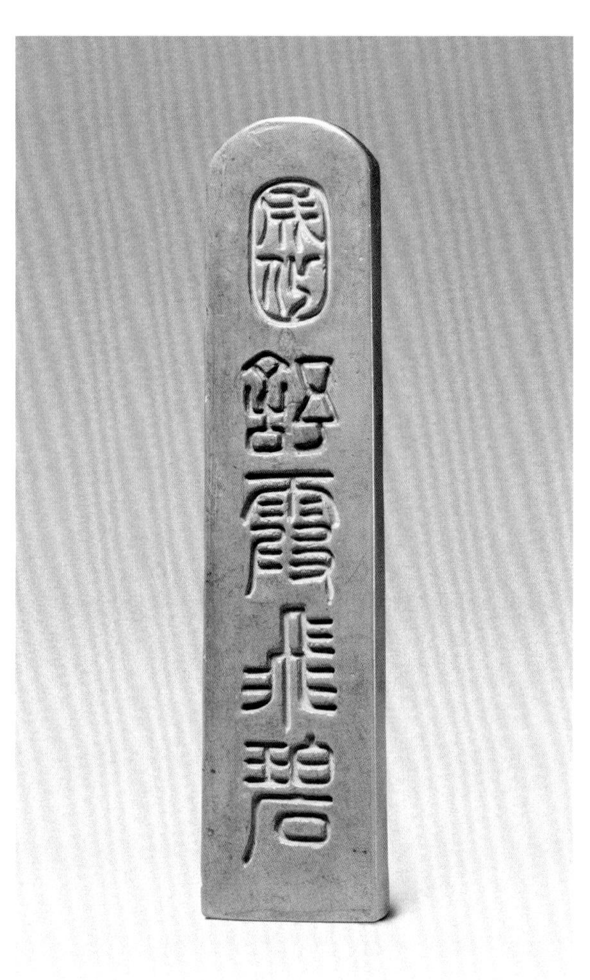

長方形，碣式圓首，紫色。墨面漱金蟠龍逐火焰珠紋。背陰文篆書："舒霞飛碧"，"成化"長圓印。

彩墨又稱色墨，為採用天然植物或礦物色配製，多用於繪畫。此墨比重較大，當含硃砂之類顏料。圖案起凸甚高，有很強的立體效果，紋路刻畫細緻，毫髮畢現。龍身、火珠原漱金色已大半脱落。早期色墨不多見，成化年款尤罕見，此是珍貴的宮廷御墨。民國袁勵準《中舟藏墨錄》著錄。

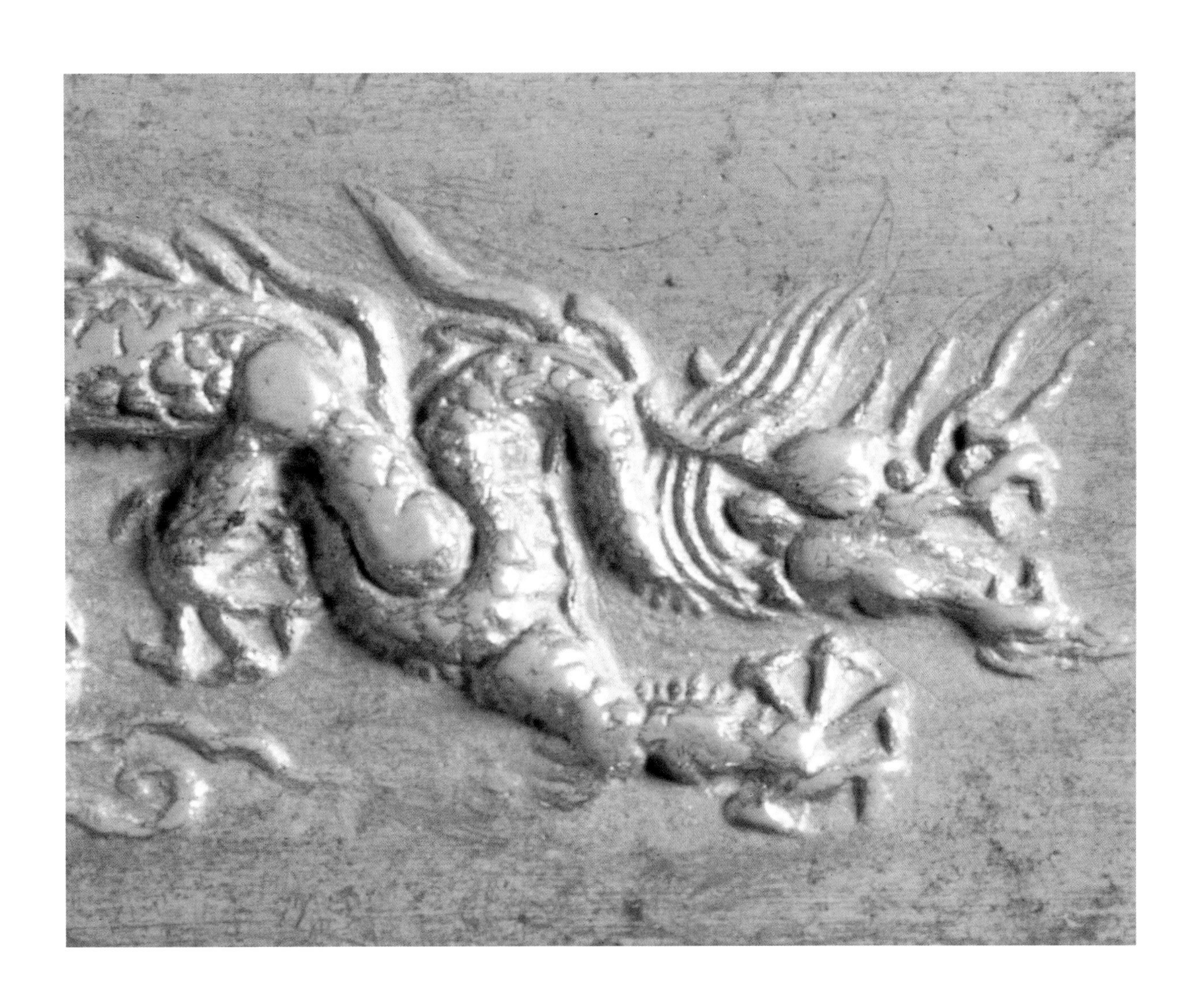

5

雙螭墨
明嘉靖
徑6.5厘米　厚0.8厘米
清宮舊藏

Inkcake with double Hydra Design
Jiajing period, Ming Dynasty
Diameter: 6.5cm　Thickness: 0.8cm
Qing Court collection

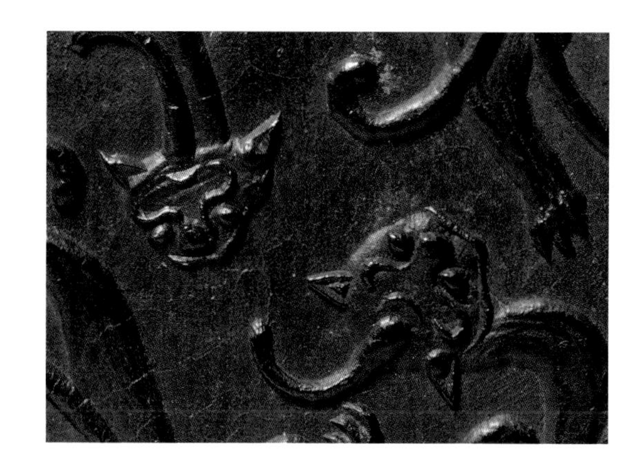

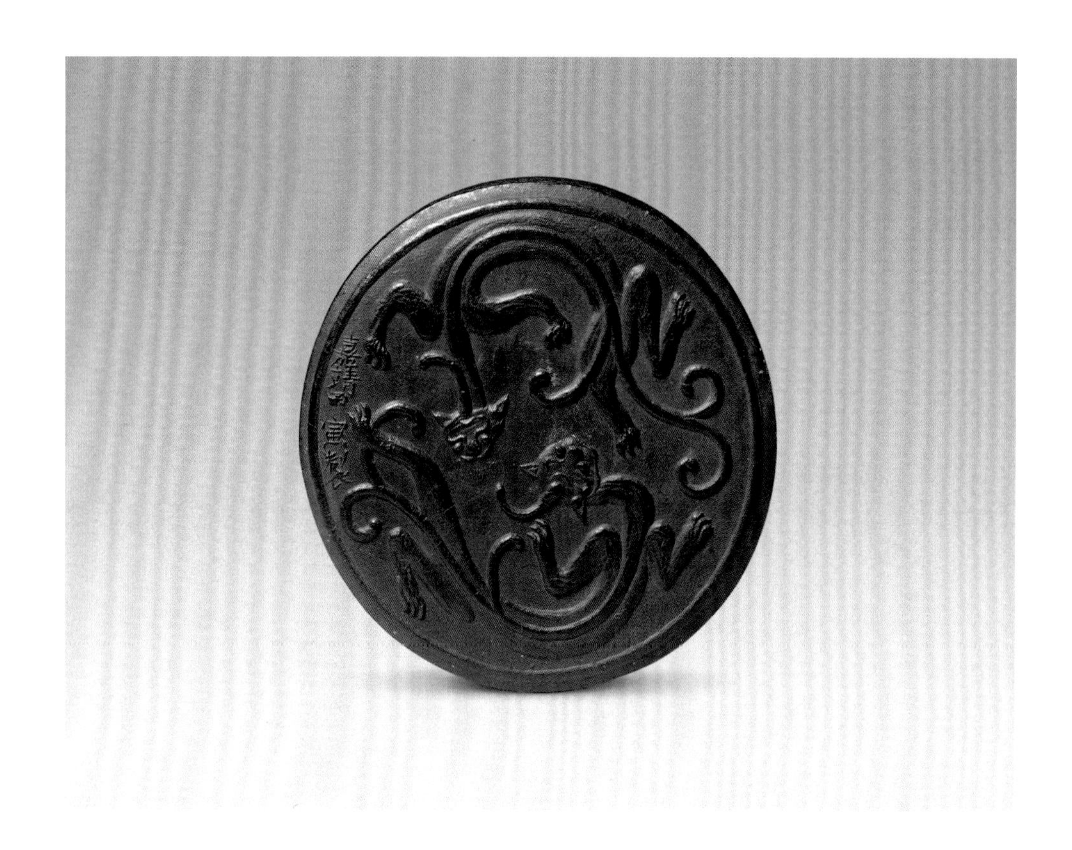

圓形，兩面心凸起，至周邊漸薄。兩面紋飾均為對稱環繞的雙螭圖案，角、鼻、眼、爪清晰，立體感較強。一側面陽文楷書："嘉靖甲寅(1554)製"。

此墨為安徽休寧製品，有準確的紀年，是明墨珍品。

6

江正玄玉墨
明嘉靖
徑8.1厘米　厚0.9厘米

Inkcake with characters Xuan Yu, by Jiang Zheng
Jiajing period, Ming Dynasty
Diameter: 8.1cm　Thickness: 0.9cm

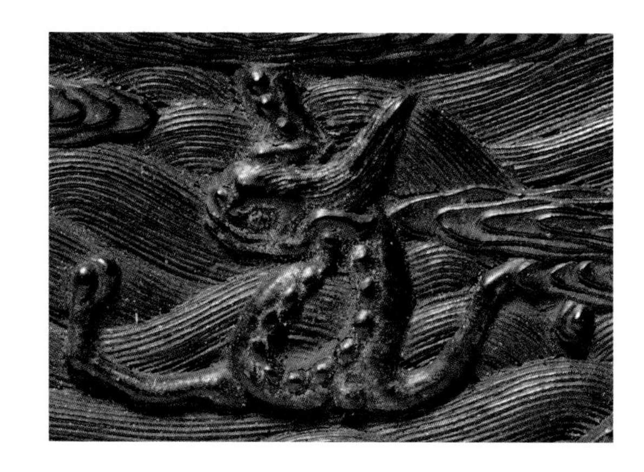

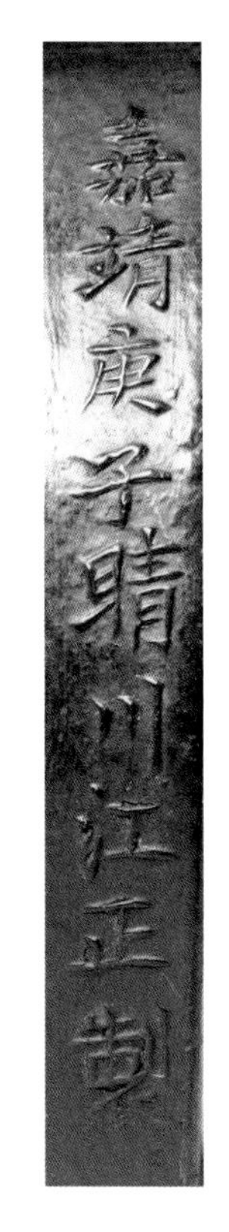

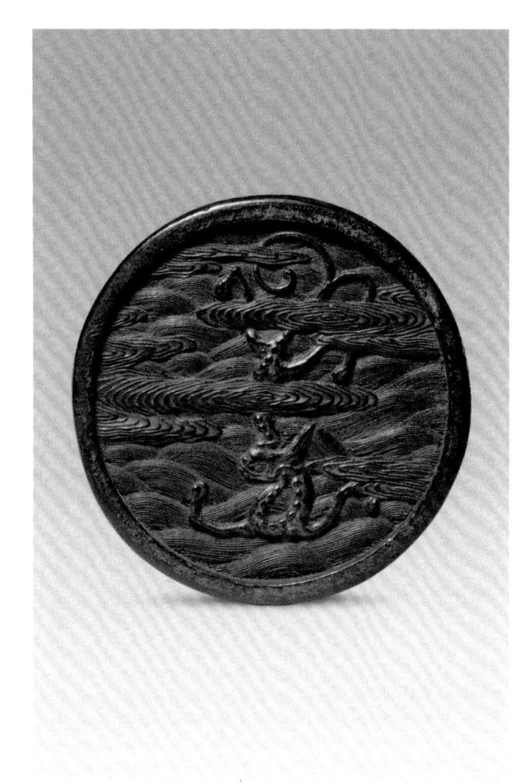

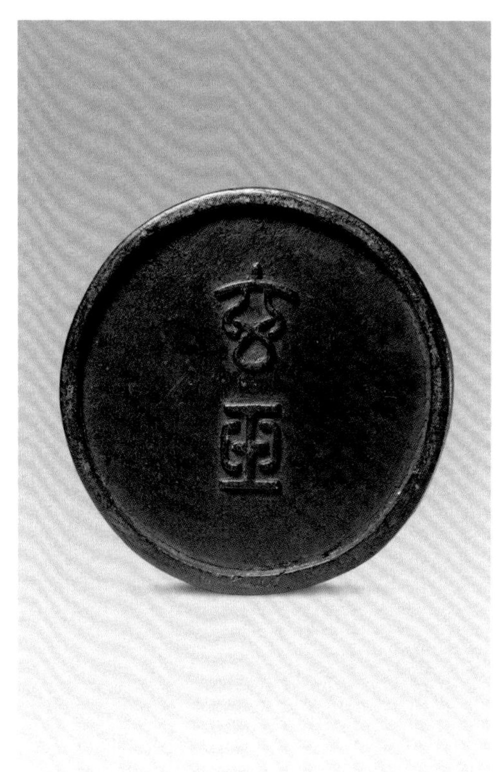

圓形，兩面起邊框，框塗金。面雕一游螭出沒於水波間，波紋層層相迭，似在湧動，螭脊飾凸起串珠紋。墨背中心陽文篆書墨名："玄玉"。側面陽文楷書款"嘉靖庚子晴川江正製"。圖文原潄金，現已大部脫落。

江正，明代安徽歙縣人，嘉靖時製墨家。其墨品在明代別具一種風格。此墨為其傳世孤品。《中舟藏墨錄》著錄。

7

羅小華世寶墨

明嘉靖
高6.1厘米　寬3.6厘米　厚1厘米
清宮舊藏

Inkstick with characters Shi Bao, by Luo Xiaohua

Jiajing period, Ming Dynasty
Height: 6.1cm　Width: 3.6cm　Thickness: 1cm
Qing Court collection

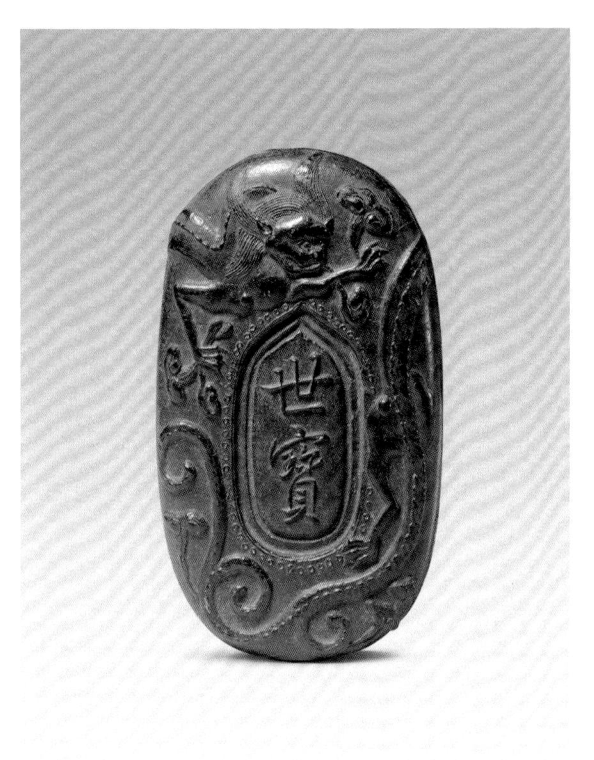

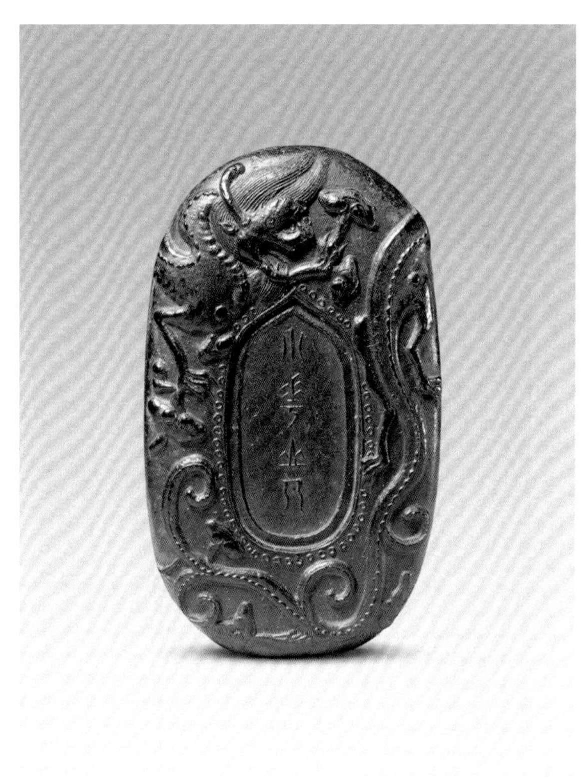

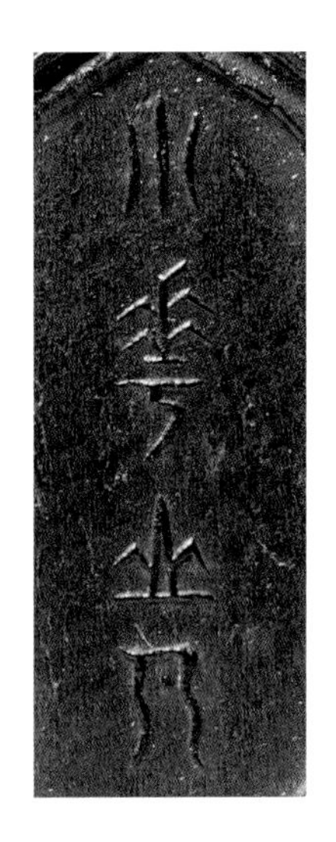

橢圓形。通體飾蟠附環繞的雙螭，首足處飾朵雲。中心蓮瓣形開光內題銘，面陽文楷書："世寶"，背陽文篆書"小華山人"款。

羅小華，名龍文，字含章，號小華山人，明成化至嘉靖時安徽歙縣人，歙派製墨代表人物。其墨有"堅如石、紋如犀、黑如漆，一螺值萬錢"之譽，在當時售價便極高昂。此墨模壓紋飾格外精細，鬚髮畢現，顯然出模後又經過細心剔刻，為羅氏製墨精品。

8

羅小華半桃核墨

明嘉靖

高4.7厘米　寬3.1厘米　厚1.1厘米

Inkstick in the shape of half-walnut, by Luo Xiaohua

Jiajing period, Ming Dynasty

Height: 4.7cm　Width: 3.1cm

Thickness: 1.1cm

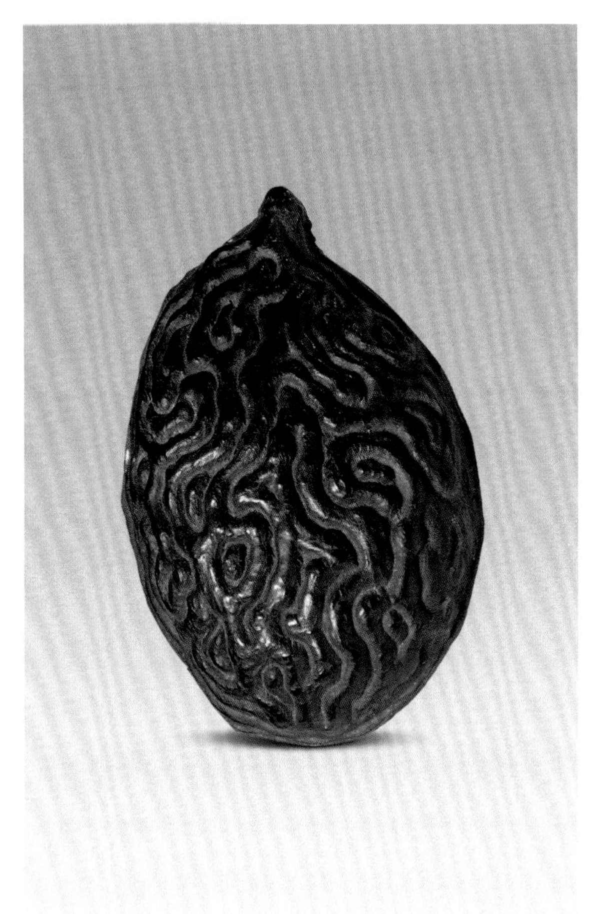

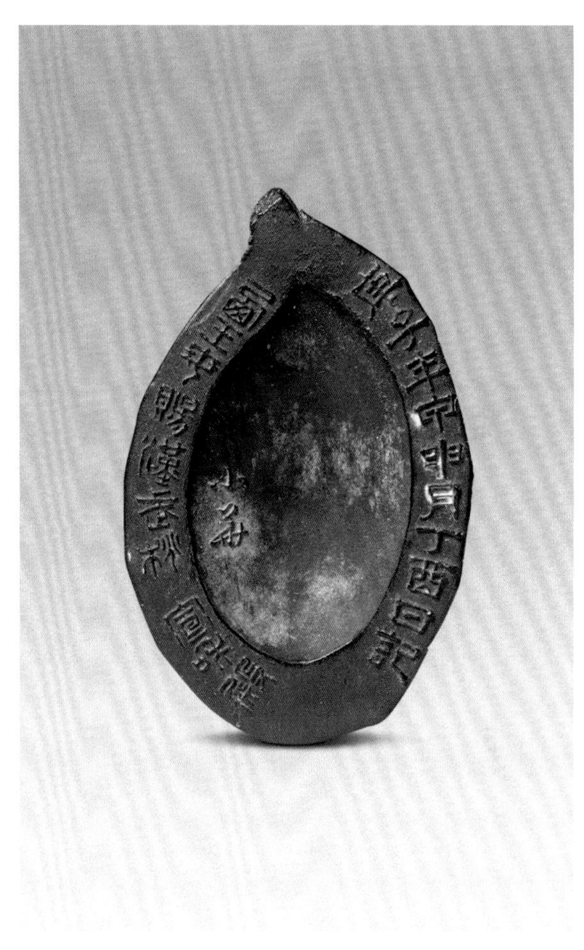

半剖桃核狀，殼邊緣一側陽文隸書："庚子年(1540)甲申月丁酉日記"，另一側篆書："西王母賜漢武桃　宣和殿"，核心行書款"小華"。

此墨造型新穎別致，大小恰如實物，造型、紋飾逼真，係玩賞之墨。在凹處注水用筆舔墨，即可書寫小楷短箋。《中舟藏墨錄》著錄。

9

龍香御墨

明隆慶

高9.2厘米　寬6.1厘米　厚1.9厘米

清宮舊藏

Imperial Inkstick with characters Long Xiang Yu Mo

Longqing period, Ming Dynasty

Height: 9.2cm　Width: 6.1cm　Thickness: 1.9cm

Qing Court collection

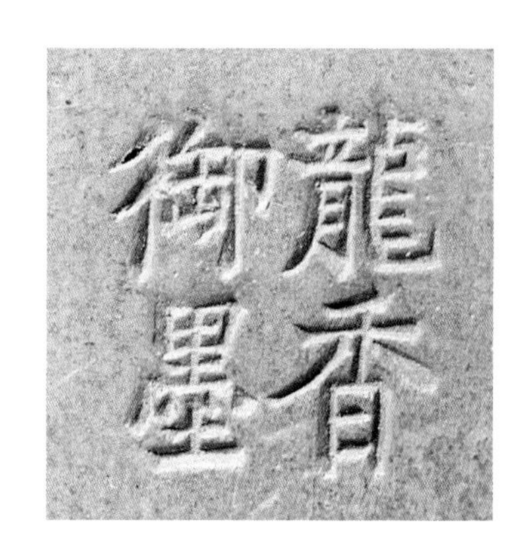

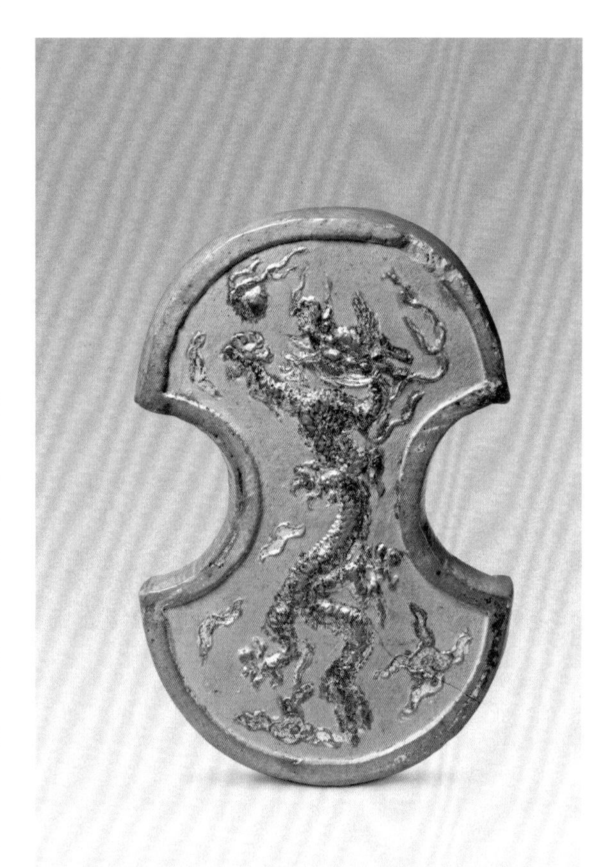

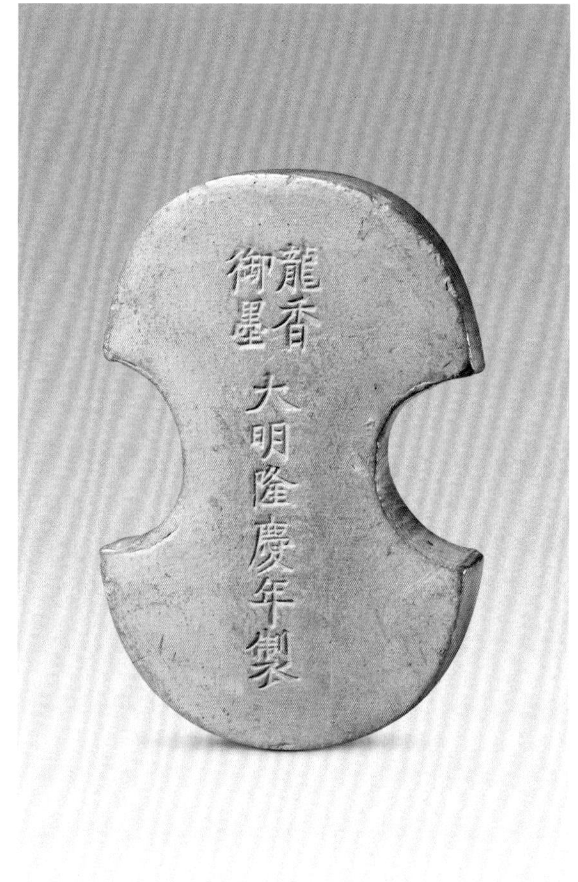

銀錠式，綠色。面飾龍戲珠紋，周邊飾朵雲。背上部陰文雙行楷書："龍香御墨"，下部"大明隆慶年製"款。圖文原漱金，現已大部剝落。

此墨造型獨特，為明代御墨特有的形制。

10

程君房寥天一墨
明萬曆
高8.5厘米　寬2.3厘米　厚1厘米
清宮舊藏

Inkstick with characters Liao Tian Yi, by Cheng Junfang
Wanli period, Ming Dynasty
Height: 8.5cm　Width: 2.3cm　Thickness: 1cm
Qing Court collection

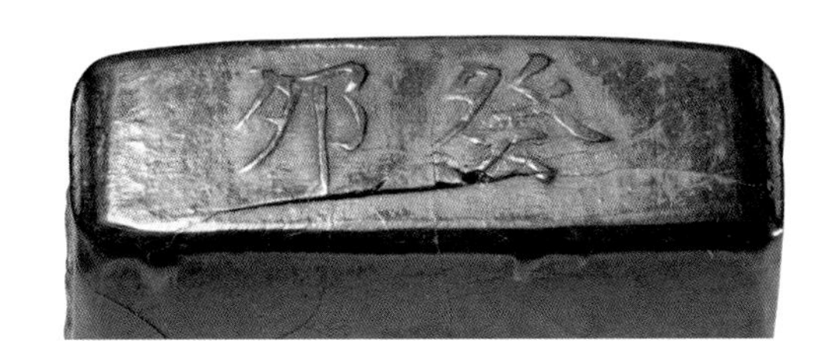

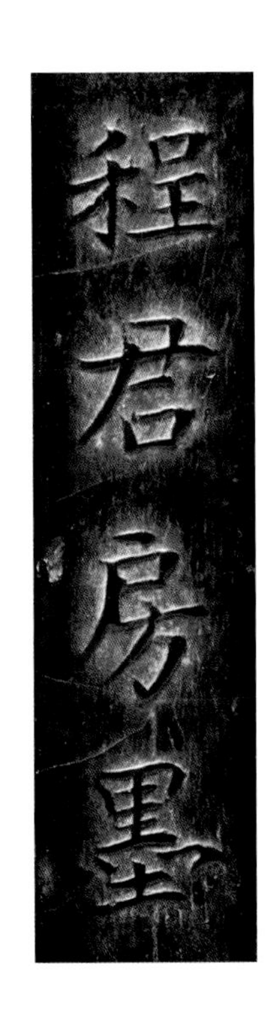

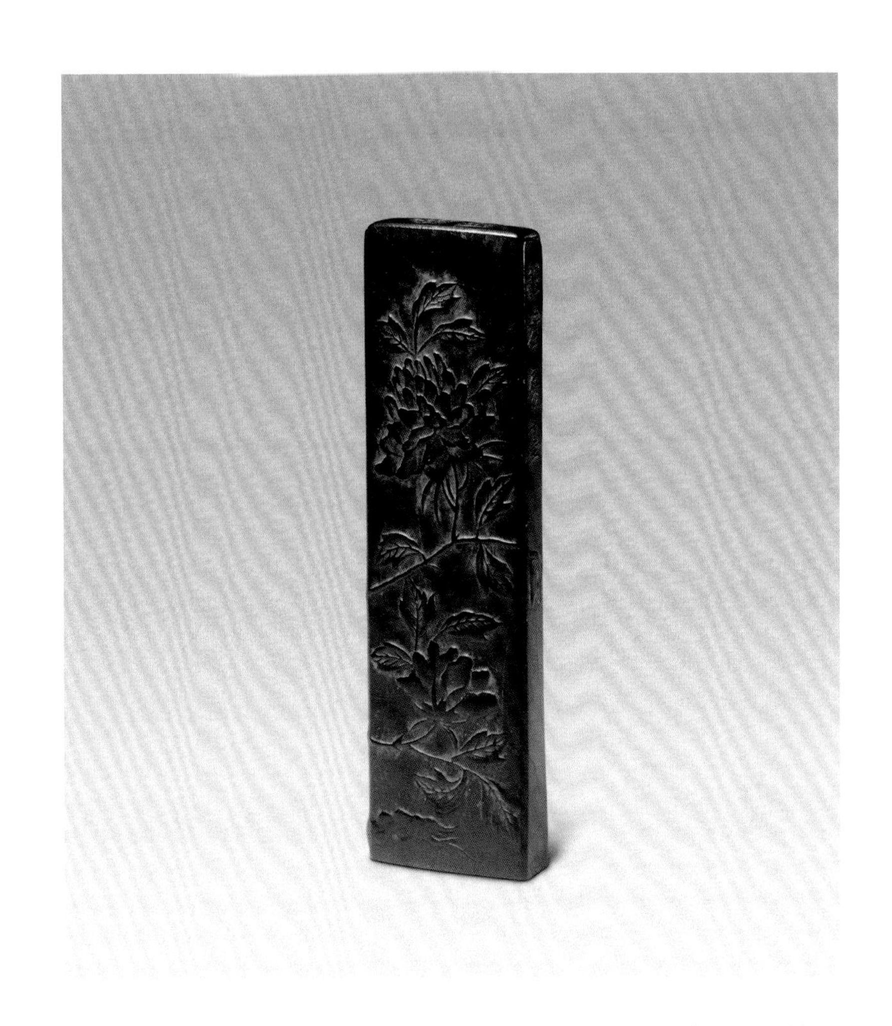

長方形，通體漆皮。兩面浮雕過枝牡丹花，面上方陽文楷書墨名："寥天一"，左下角鈐"程大約印"陽文方印。側面陽文楷書："程君房墨"。頂端陽文楷書年款"癸卯"(1603)。

程君房，字大約，號幼博，明萬曆時安徽歙縣人，歙派製墨代表人物。製墨講究方法，墨品精良。輯有《程氏墨苑》一書，記有墨名、墨式五百種，對後世有很大影響。《莊子》中稱太虛之境為"寥天一"。此墨模刻製精細，起凸雖不高，然深淺隨形自然變化，形象生動，精美至極，為程君房墨之珍品。

11

程君房玄元靈氣墨

明萬曆
高7厘米　寬1.9厘米　厚0.9厘米
清宮舊藏

Inkstick with characters Xuan Yuan Ling Qi, by Cheng Junfang

Wanli period, Ming Dynasty
Height: 7cm　Width: 1.9cm　Thickness: 0.9cm
Qing Court collection

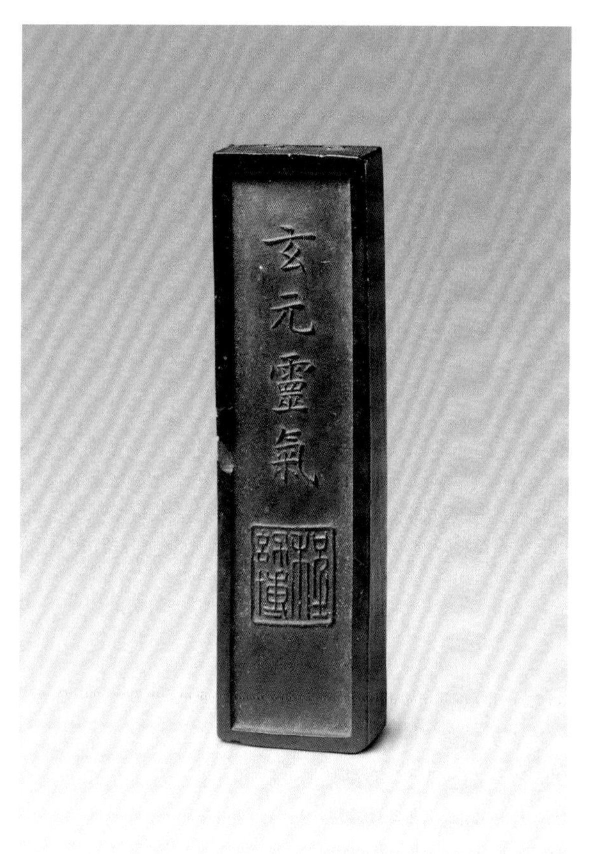

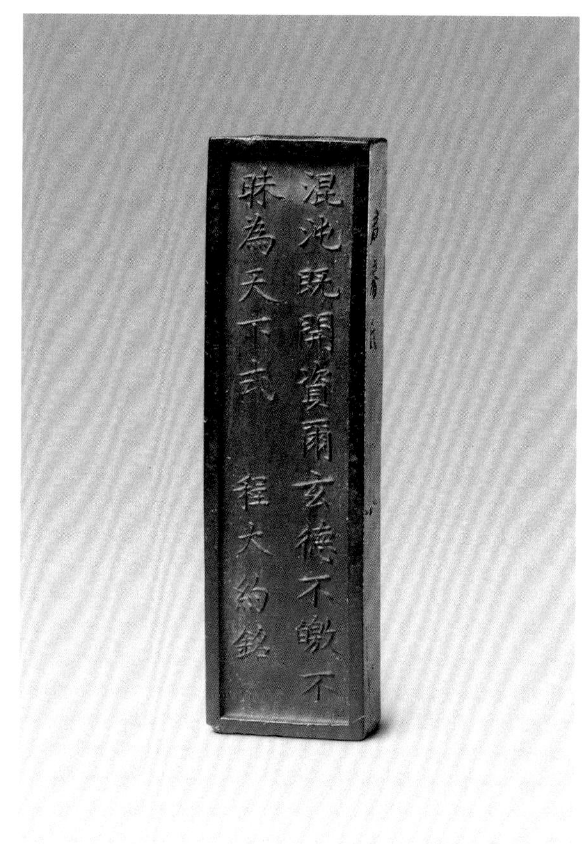

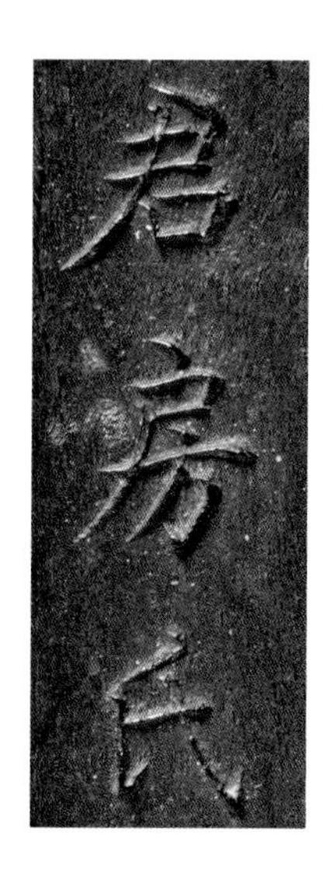

長方形，兩面起邊框，漆皮邊，中心微凸起。面陽文楷書墨名："玄元靈氣"，下鈐"程幼博"陽文方印。背陽文楷書："混沌既開，資爾玄德，不皦不昧，為天下式。程大約銘"。側面陽文楷書款"君房氏"，頂端陽文楷書"乙巳"(萬曆三十三年，1605年)年款。

漆皮是指在墨體施以刮磨，使之光潤似漆，故名。唐代尊道家始祖老子為"玄元皇帝"，此墨銘以讚道家之名，行誇自家墨之實。煙輕質堅，顏色純正，了無華飾，是實用墨中的佳品。

12

程君房盤帶式墨

明萬曆

高4.2厘米　寬2.6厘米　厚0.9厘米

Inkstick in the shape of bow tie, by Cheng Junfang

Wanli period, Ming Dynasty

Height: 4.2cm　Width: 2.6cm

Thickness: 0.9cm

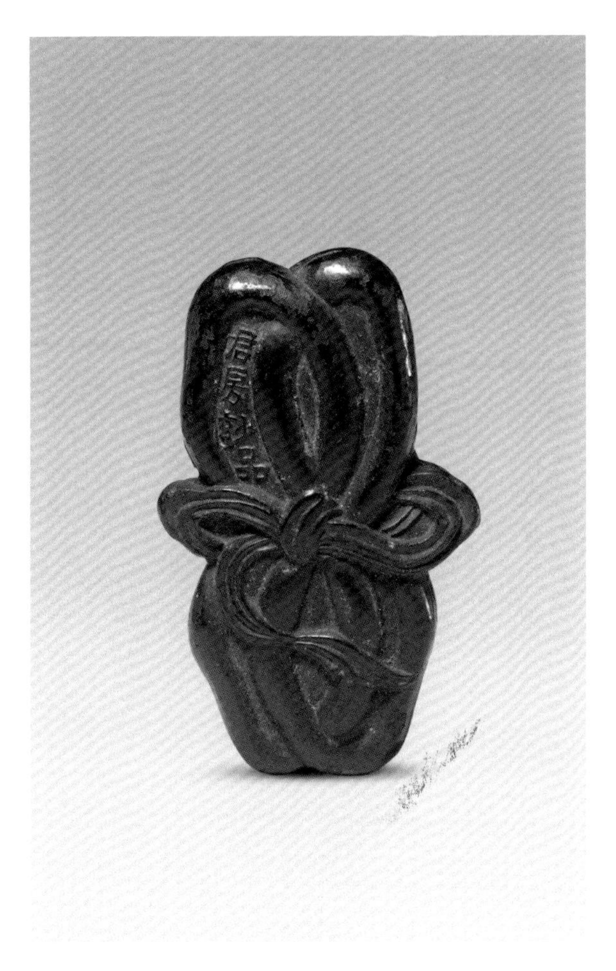

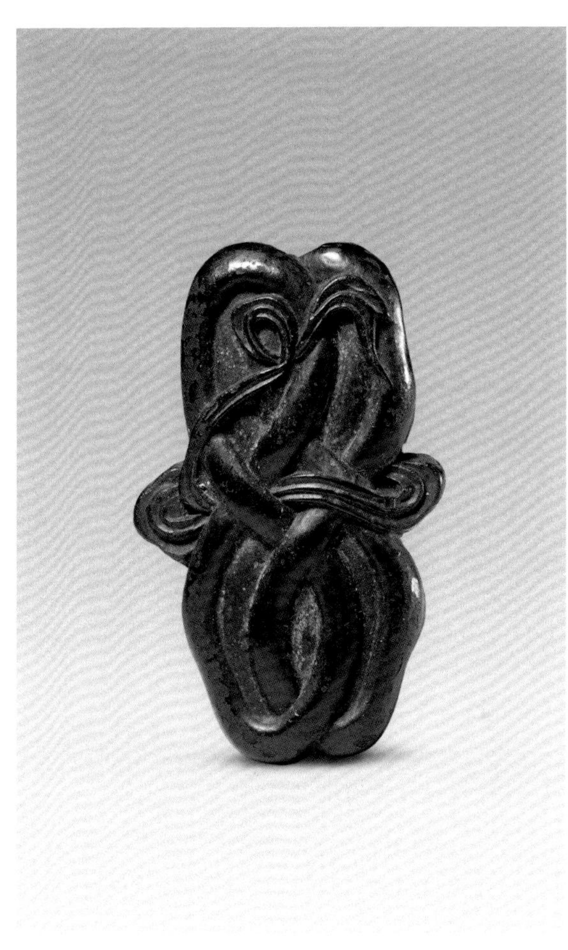

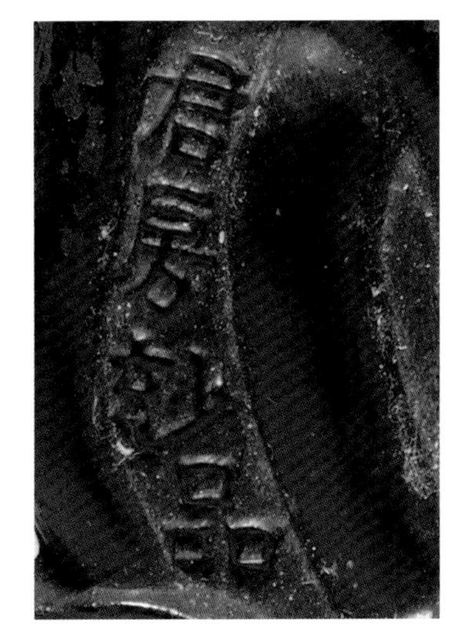

盤帶式，腰際束以同心結，形如佛教八寶之盤腸。左上方陽文楷書："君房妙品"。

程君房製墨造型不拘一格，唯求美觀。此墨造型小巧奇特，為供賞玩之用。《中舟藏墨錄》著錄。

13

程君房荔枝香墨

明萬曆

高5.8厘米　寬2.5厘米　厚1.3厘米

Inkstick with characters Li Zhi Xiang, by Cheng Junfang

Wanli period, Ming Dynasty

Height: 5.8cm　Width: 2.5cm

Thickness: 1.3cm

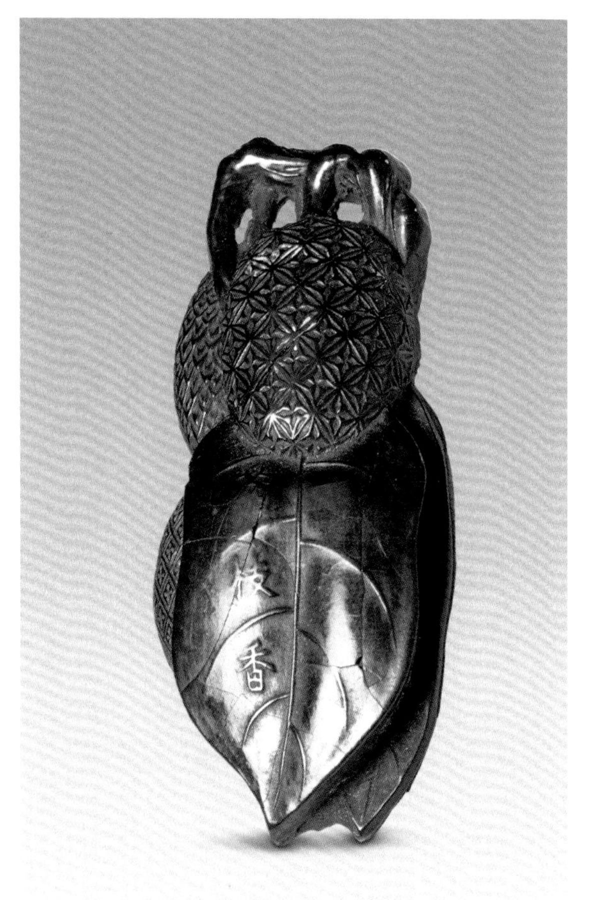

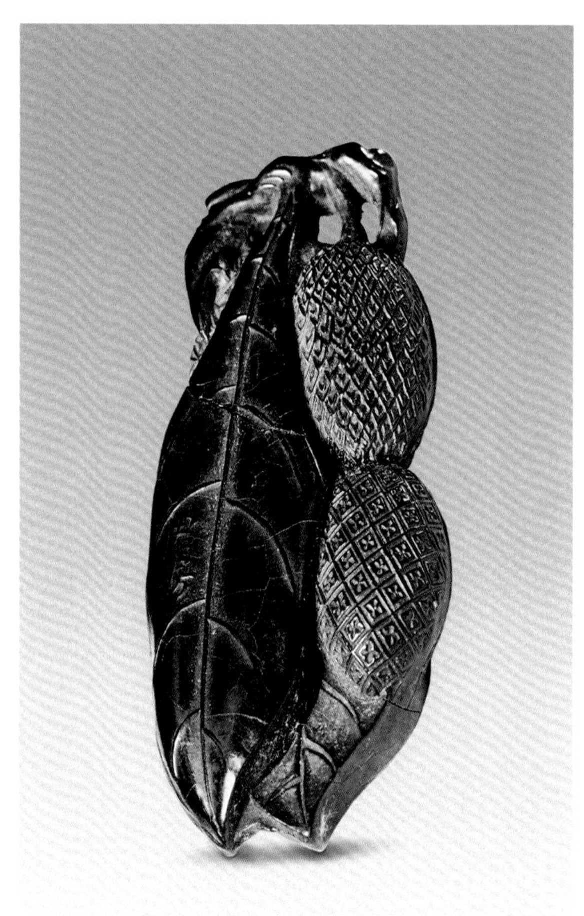

折枝荔枝果式，通體漆皮。荔枝果為三顆，果身分飾不同式樣錦紋，並刻出蒂葉，起烘托扶持作用。葉一面陽文楷書墨名："荔枝香"，一面楷書"君房"款。

此墨仿荔枝形貌但並非完全寫實，較實物扁小，果殼飾以圖案化紋樣，別具一格，屬玩賞墨品。《中舟藏墨錄》著錄。

14

方于魯天符國瑞墨

明萬曆

高9.2厘米　寬8.9厘米　厚1.3厘米

Inkstick with characters Tian Fu Guo Rui, by Fang Yulu

Wanli period, Ming Dynasty

Height: 9.2cm　Width: 8.9cm

Thickness: 1.3cm

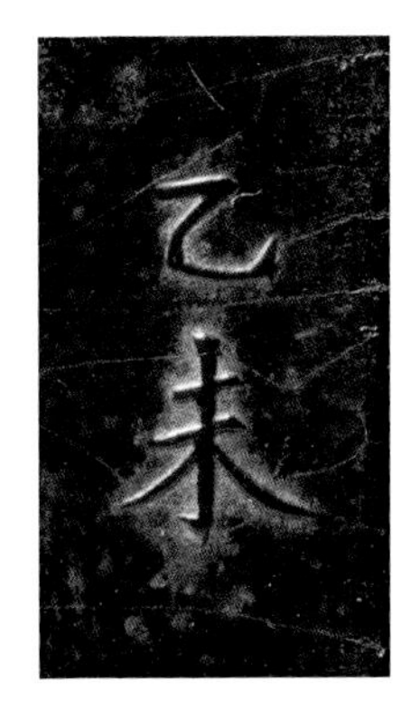

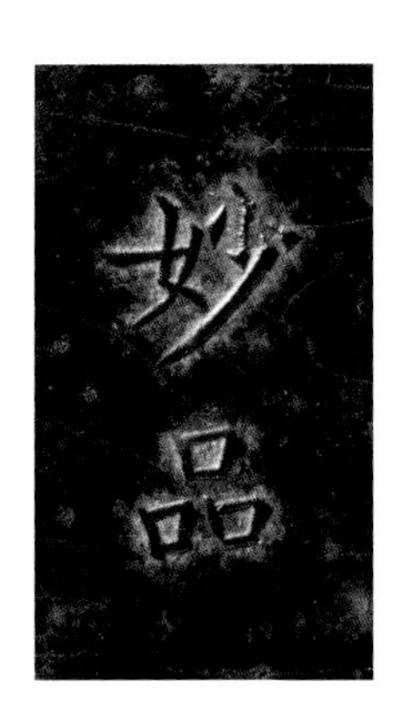

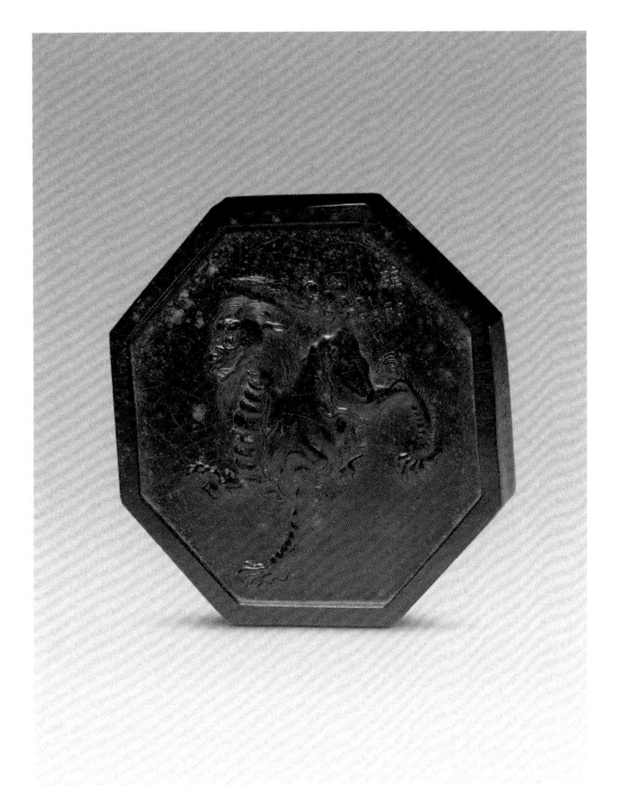

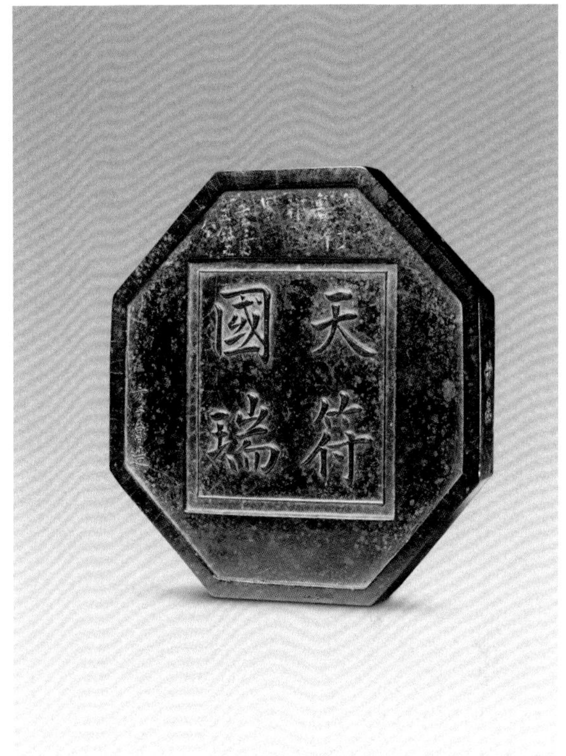

八邊形，兩面起邊框，通體漆皮。面雕辟邪，右上方陽文楷書獸名：“辟邪”。背中心方欄內陽文楷書墨名：“天符國瑞”，左下方陽文楷書款：“方于魯造”。兩側面分別陽文楷書“乙未”(萬曆二十三年，1596)、“妙品”。

方于魯，初名大激，字于魯，後以字行，改字建元，號太玄。明代安徽歙縣人，是與程君房齊名的萬曆歙派墨家的代表人物。其製墨注重裝飾，創製髹彩墨及墨體漆皮。輯有《方氏墨譜》，收自造墨385式，對後世墨家影響極大。子嘉樹，承墨業，父子親自經營墨店。此墨形制、文圖製作規整，為其代表墨品。《四家藏墨圖錄》著錄。

15

方于魯文犀照水鬃彩墨
明萬曆
徑12.7厘米　厚1.6厘米

Coloured Inkcake with characters Wen Xi Zhao Shui, by Fang Yulu
Wanli period, Ming Dynasty
Diameter: 12.7cm
Thickness: 1.6cm

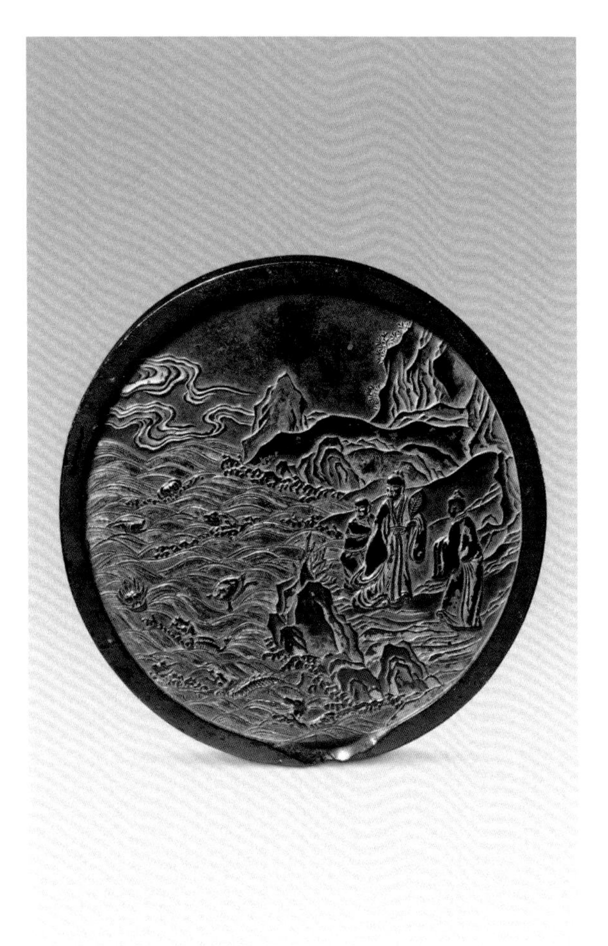

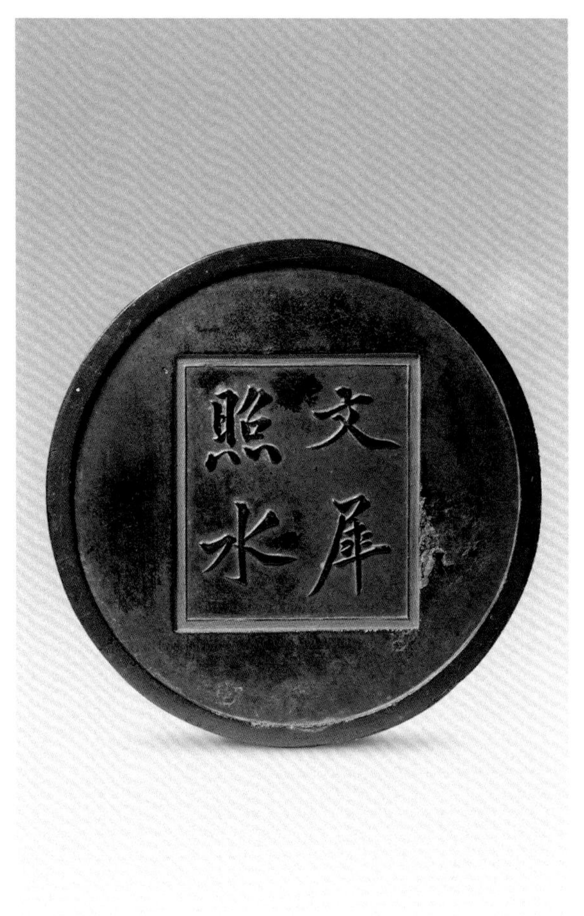

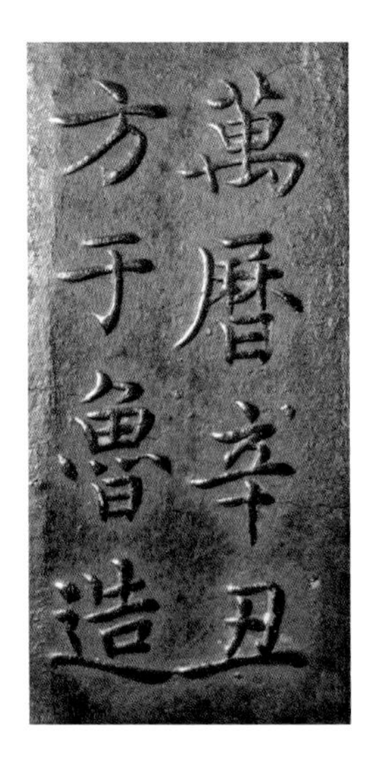

圓形，兩面起紫漆邊框。面雕燃犀照水圖，鬃紅、綠、金等彩，效果如剔彩漆器。背朱漆方欄內陽文楷書墨名："文犀照水"。側面陽文楷書款："萬曆辛丑"(公元1601年)方于魯造"，另一面"蓀竹居監製"。"蓀竹居"當為方氏墨坊名。

《晉書．溫嶠傳》載，晉時，溫嶠至牛渚磯，水深不可測，其下多怪物，嶠遂以犀角焚燒，水怪皆覆火。後以"文犀照水"喻能洞察事理。文犀，有紋理的犀角。此墨與文彩雙鴛鴦鬃彩墨是方于魯鬃彩墨中負盛名者，工藝水平很高。《中舟藏墨錄》著錄。

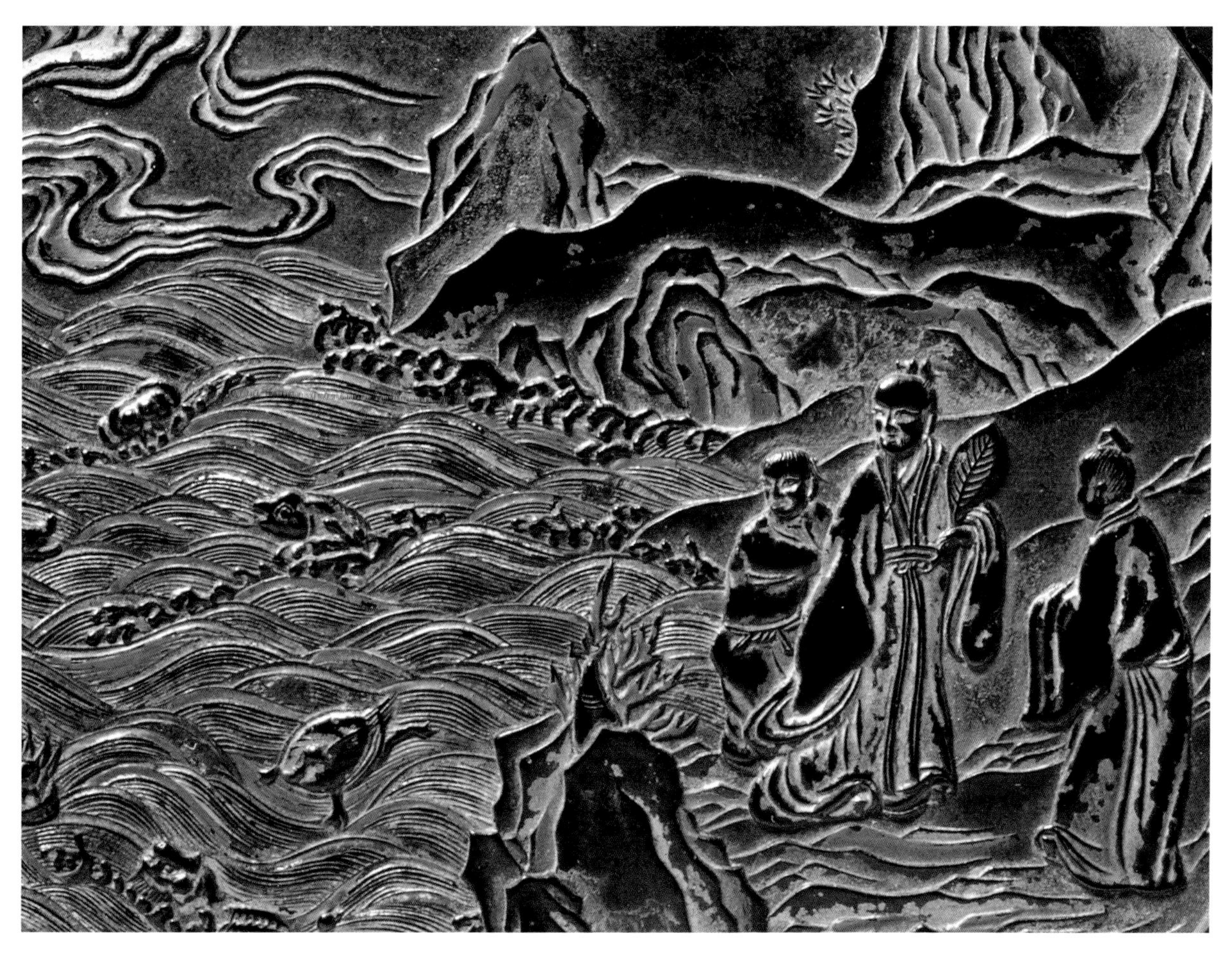

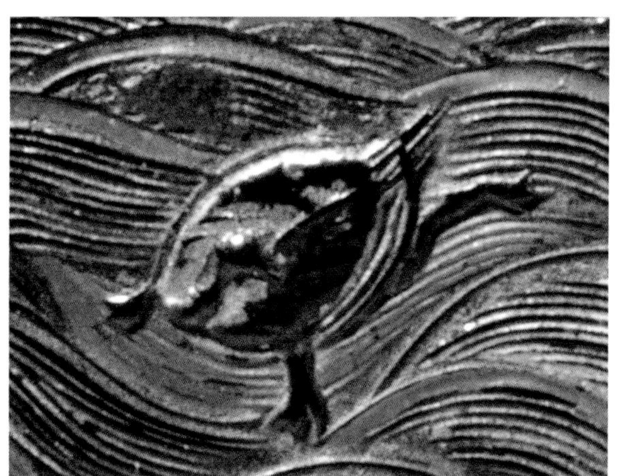

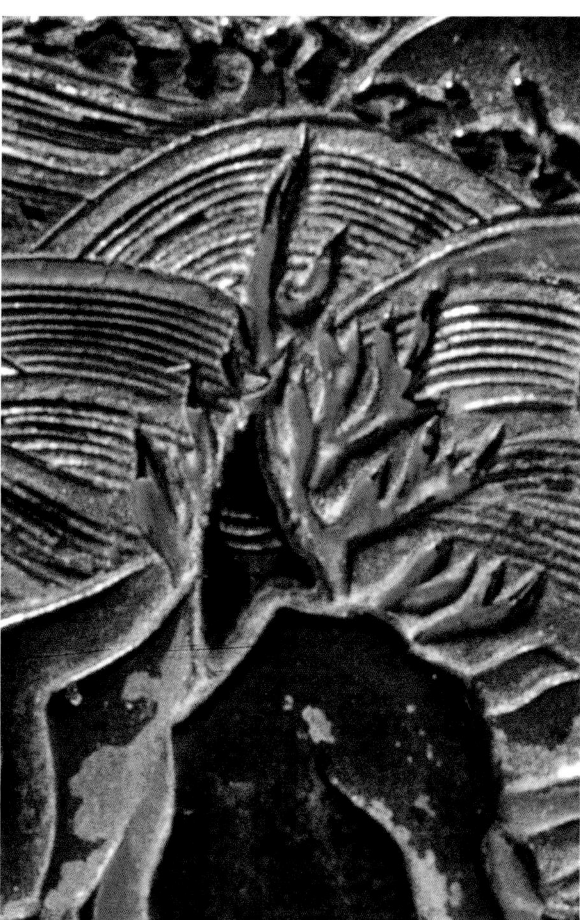

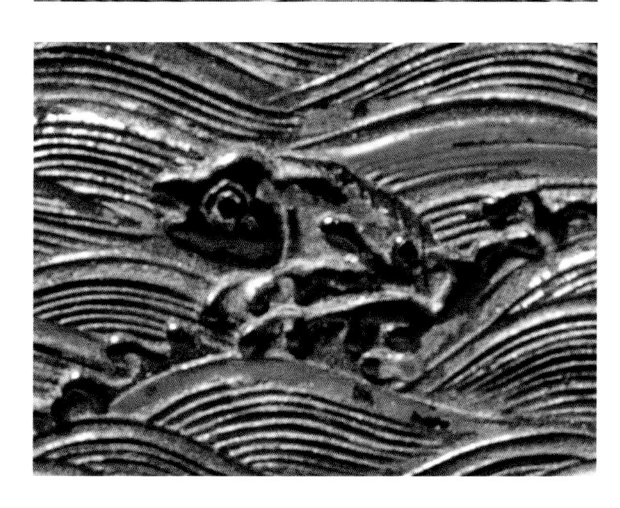

16

方于魯文彩雙鴛鴦髹彩墨

明萬曆

徑9.8厘米　厚1.6厘米

Coloured Inkcake carved with two mandarin ducks, by Fang Yulu

Wanli period, Ming Dynasty

Diameter: 9.8cm

Thickness: 1.6cm

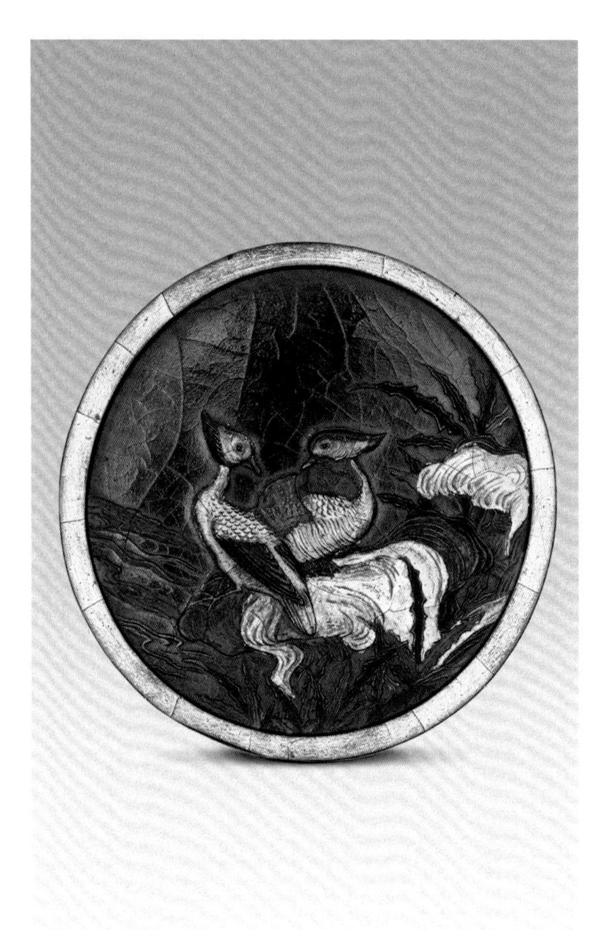

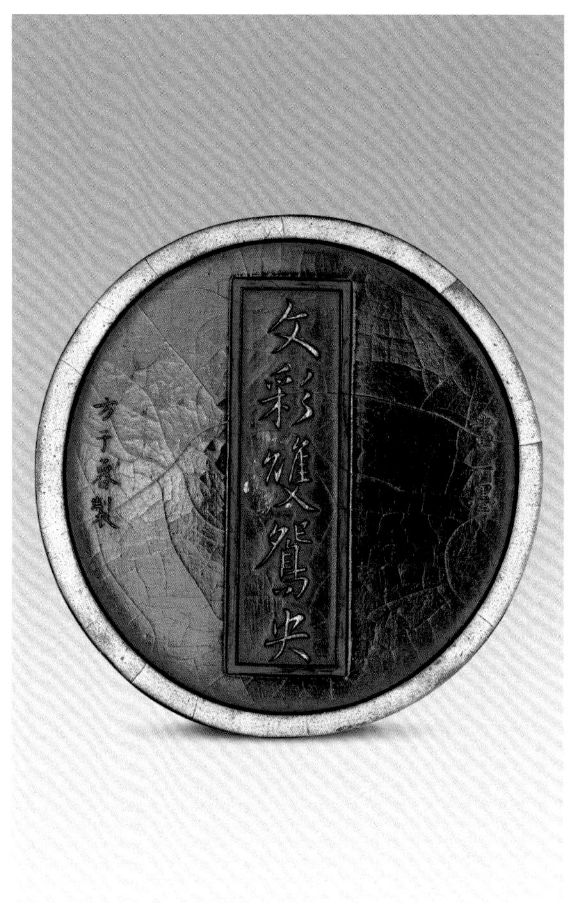

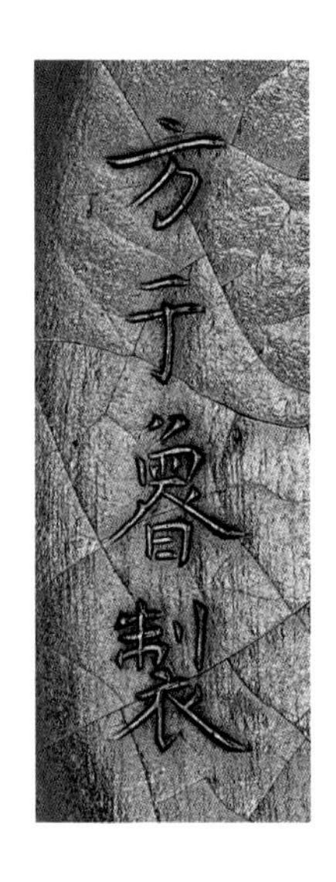

圓形，兩面起塗金邊框，通體漆皮。面刻繪兩隻相對而視的鴛鴦立於湖石之上，石間水草繁茂，湖面水波起伏，髹金、碧、朱、藍、絳等色。背中心長方形界欄，內陰文填金行書："文彩雙鴛鴦"，右邊框陽文楷書"畫一墨"，左邊框"方于魯製"款。側面書："大國香"。

方于魯髹彩墨存世有六錠，此為代表作之一。墨模雕鏤精湛，墨質堅瑩，為明墨珍品。《方氏墨譜》著錄。

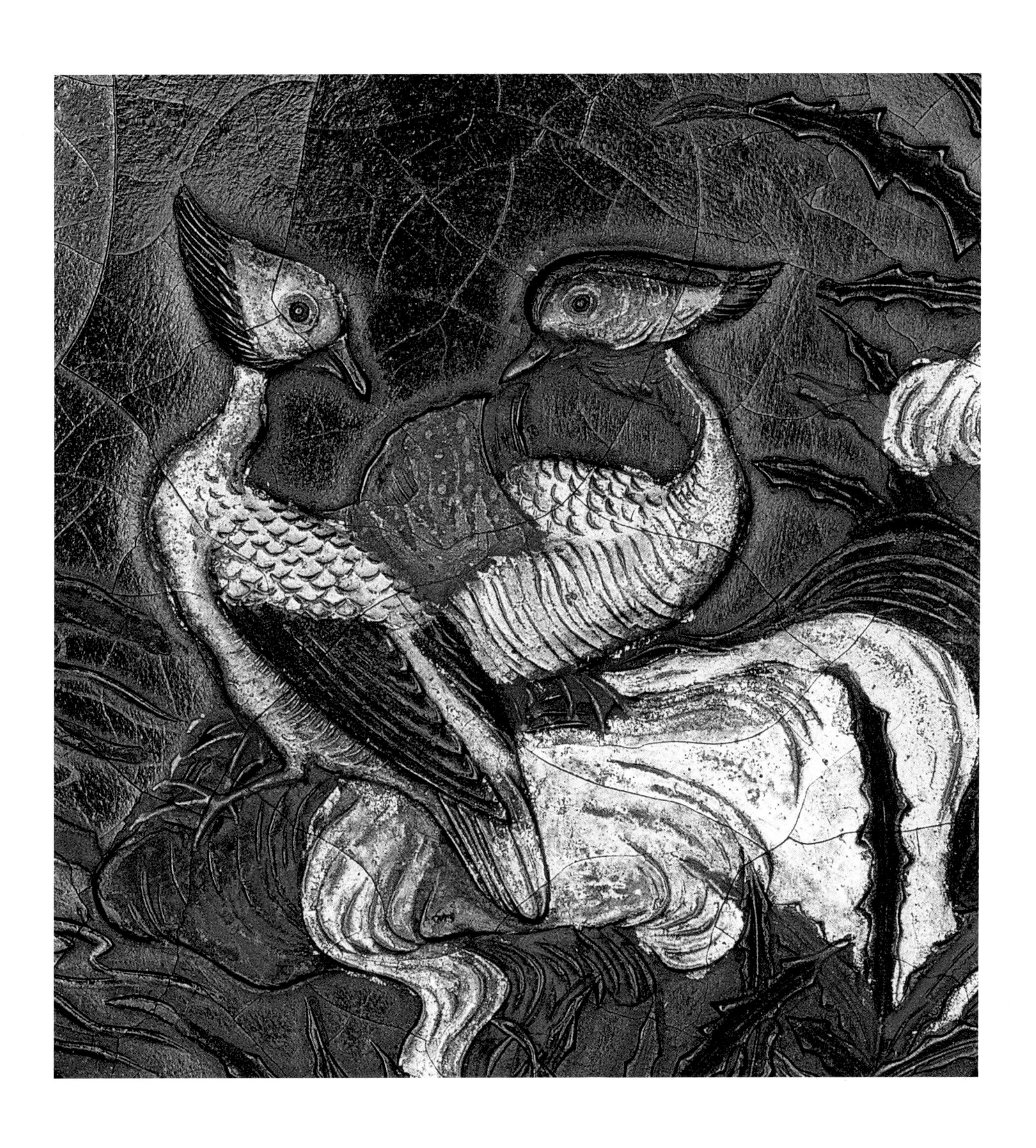

17

方林宗鳩硯式墨

明萬曆

高6.4厘米　寬3.1厘米　厚0.6厘米

Inkstick in the shape of turtledove, by Fang Linzong

Wanli period, Ming Dynasty

Height: 6.4cm　Width: 3.1cm

Thickness: 0.6cm

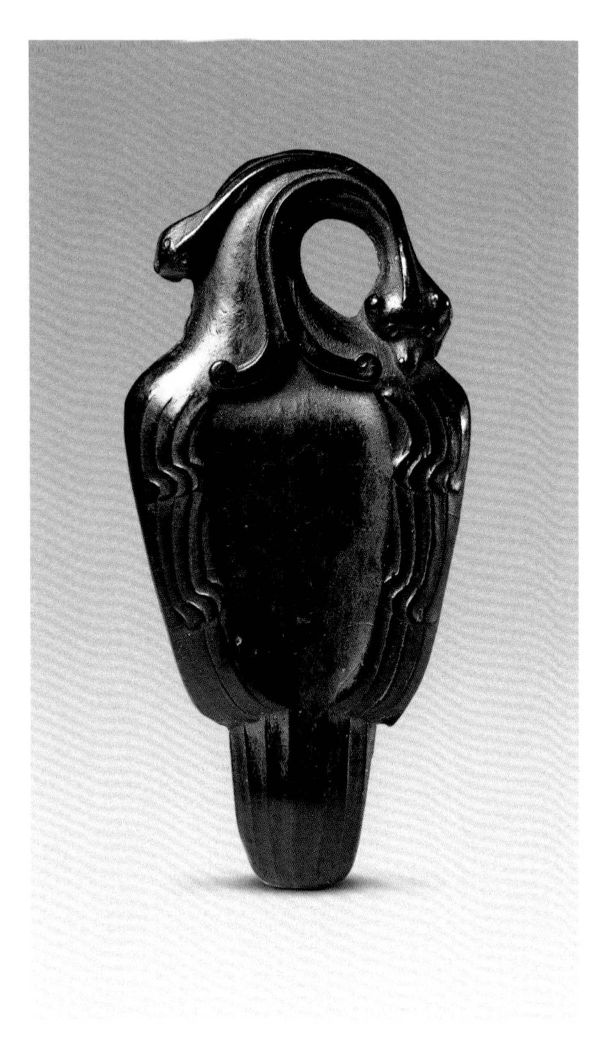

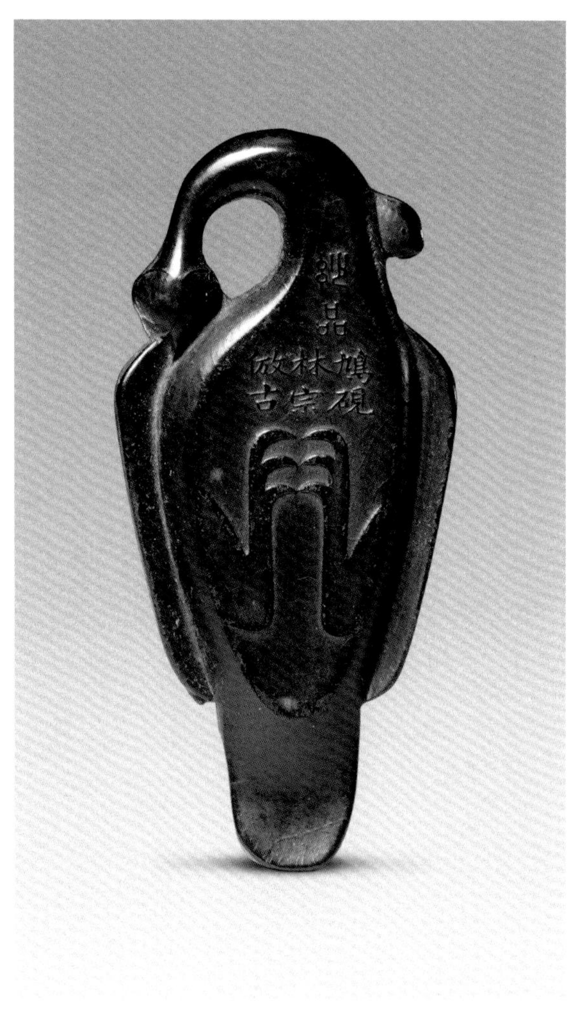

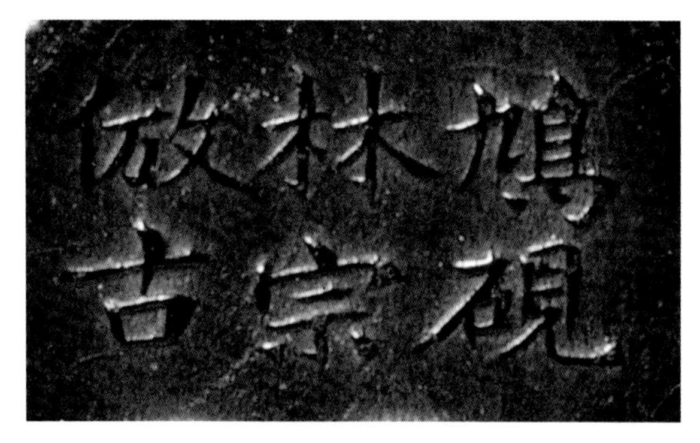

仿宋代鳩硯形，通體漆皮。鳩背凹下，挖出硯堂，周圍雕羽紋。鳩腹雕雙爪，胸部陽文篆書："妙品"，下為楷書："鳩硯　林宗仿古"。

方林宗，明萬曆歙縣製墨家，生平不詳。清代宋犖《漫堂墨品》中錄有方林宗青藜光墨一錠。此墨將兩種文房用具結合於一體，構思巧妙。明人萬壽祺《墨表》將鳩硯墨列入"戲墨"之類，可見是為供賞玩之用。《中舟藏墨錄》著錄。

18

汪元一大國香墨

明萬曆
高8.5厘米　寬2.3厘米　厚1.1厘米

Inkstick with characters Da Guo Xiang, by Wang Yuanyi

Wanli period, Ming Dynasty
Height: 8.5cm　Width: 2.3cm
Thickness: 1.1cm

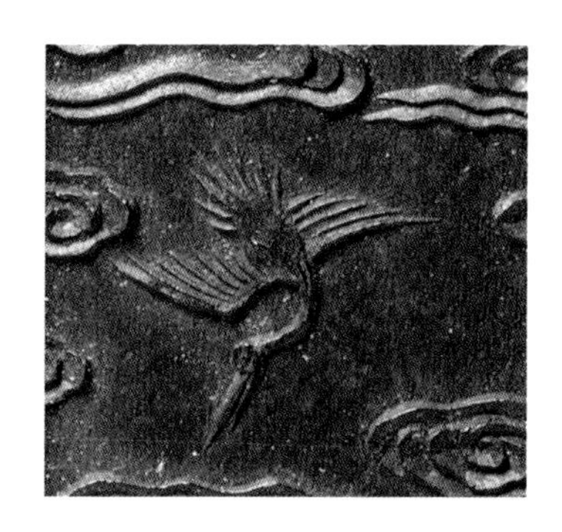

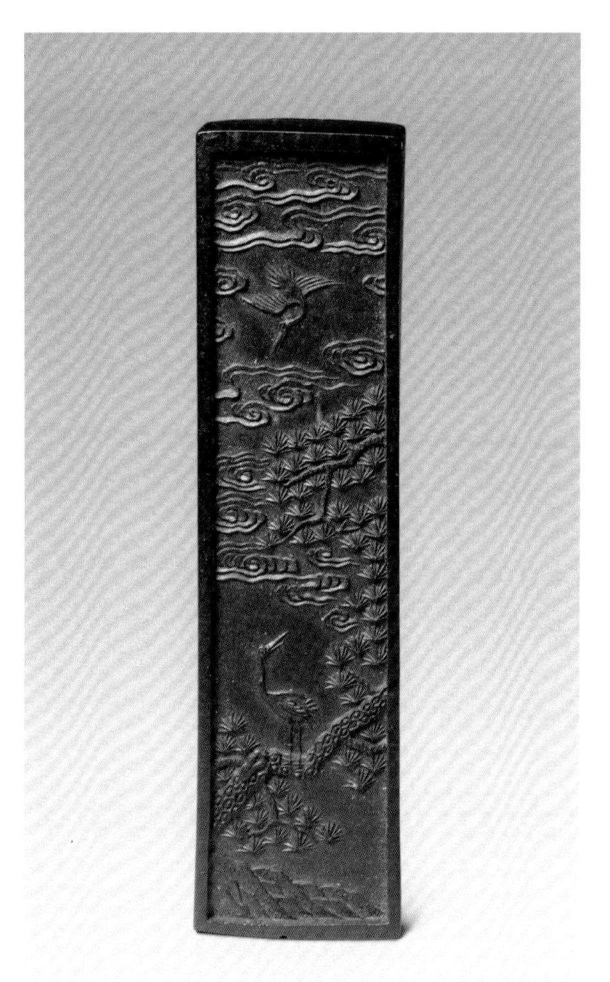

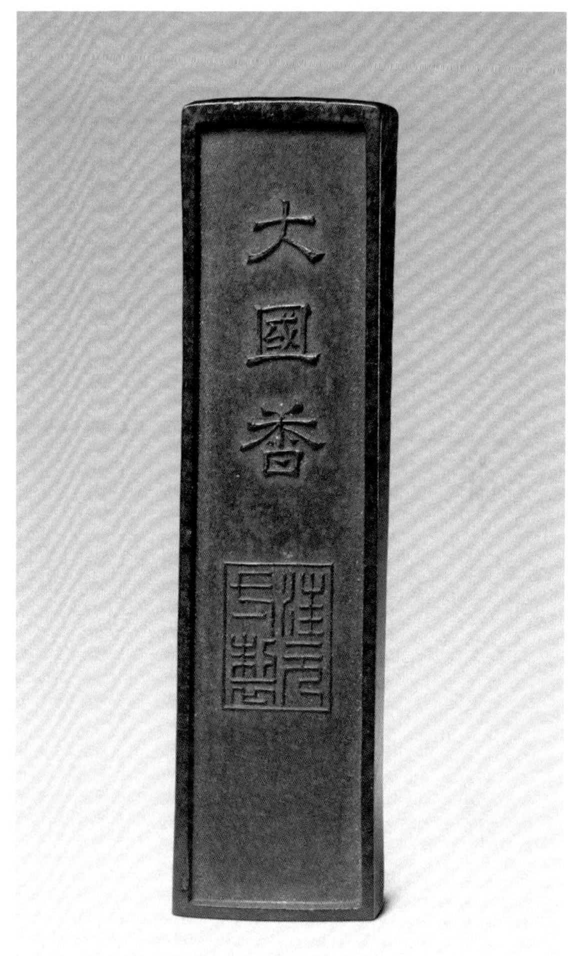

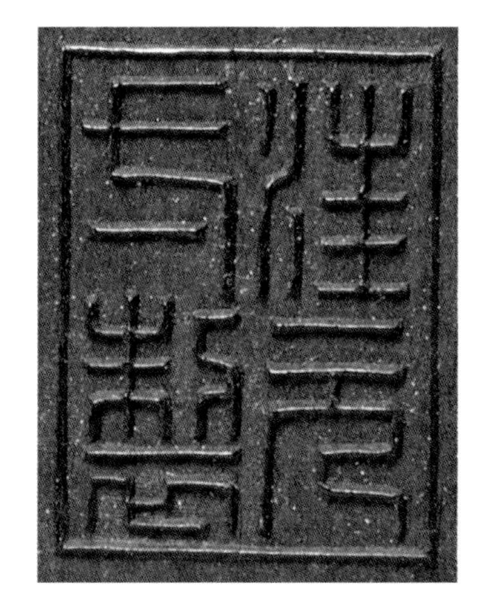

長方形，兩面起邊框，漆皮邊。面雕松鶴圖，襯以雲紋。背陽文隸書墨名："大國香"，下鈐"汪元一製"　陽文長方印。

汪元一，字仲綏，明萬曆時海陽(今安徽休寧)人，製墨家，墨肆名桑林里。此墨模雕刻精細至極，松幹紋路清晰，松針、鶴羽根根畢現。"國香"，指蘭花，大國香係傳統墨品。《中舟藏墨錄》著錄。

19

汪文憲青麟髓墨

明萬曆

高8.2厘米　寬2.5厘米　厚1.3厘米

Inkstick with characters Qing Lin Sui, by Wang Wenxian

Wanli period, Ming Dynasty

Height: 8.2cm　Width: 2.5cm　Thickness: 1.3cm

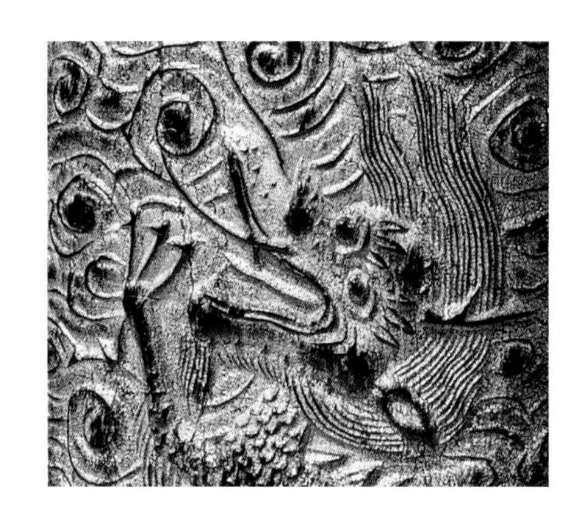

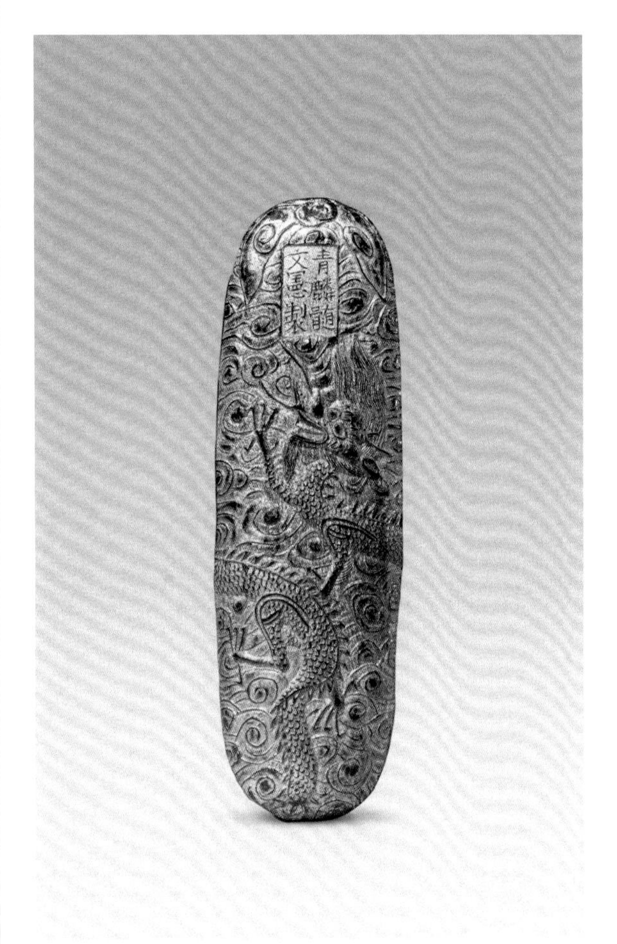

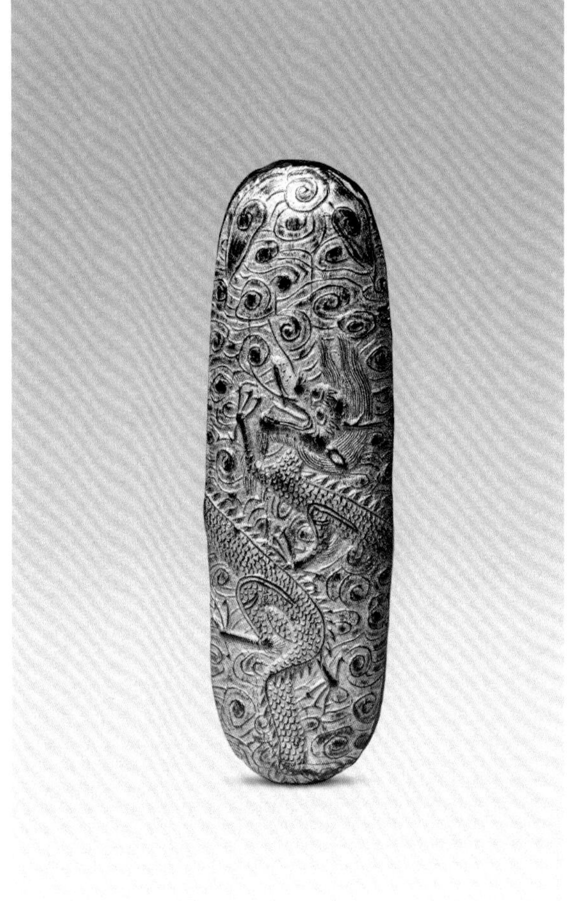

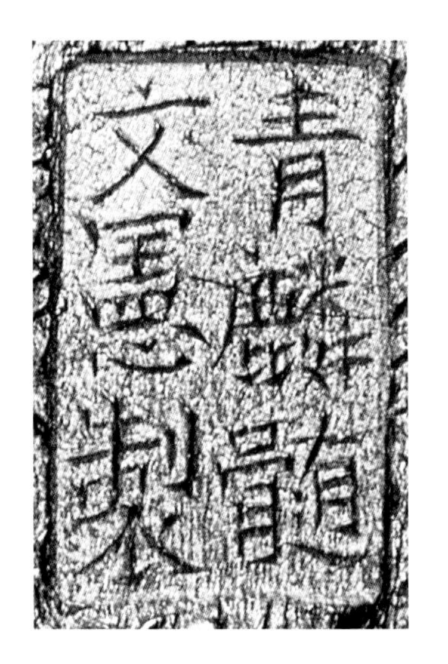

橢圓形，通體漱金。通體滿雕雲龍紋，二龍盤繞，間飾流雲。面陽文楷書："青麟髓　文憲製"。

汪文憲，明萬曆製墨家，明代麻三衡《墨誌》中僅錄其名，生平不詳。"青麟髓"為傳統墨品，讚墨珍稀精絕之意，許多墨家均用此墨名。此墨模雕刻細緻入微，龍身鱗片均細心刻出，十分精美。民國郭恩嘉《知白齋墨譜》著錄。

20

汪春元神品彩墨

明萬曆
高8厘米　寬2.2厘米　厚1厘米
清宮舊藏

Coloured Inkstick with characters Shen Pin, by Wang Chunyuan

Wanli period, Ming Dynasty
Height: 8cm　Width: 2.2cm　Thickness: 1cm
Qing Court collection

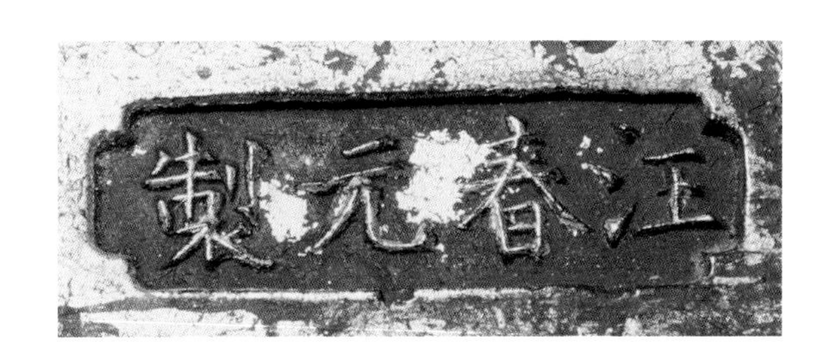

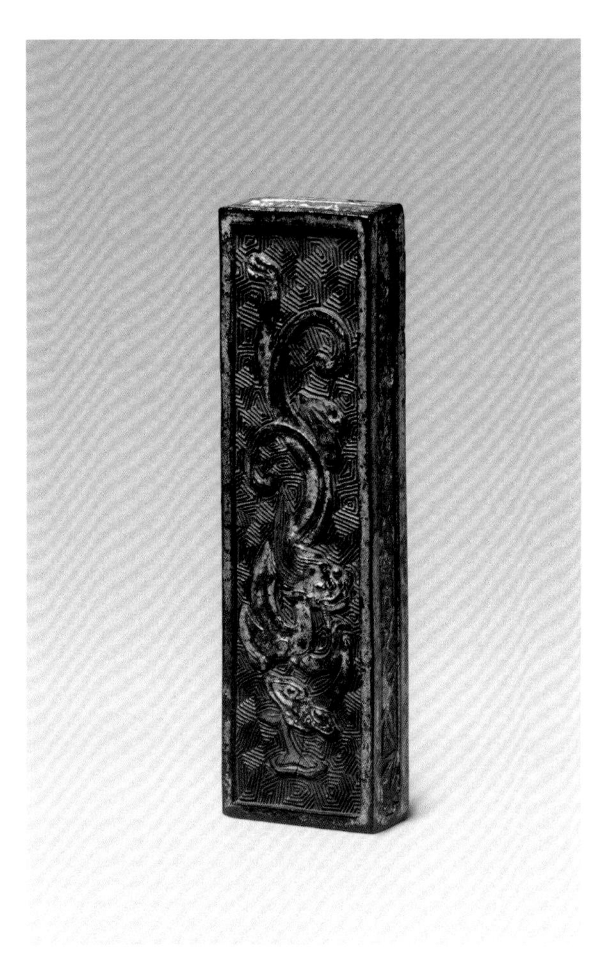

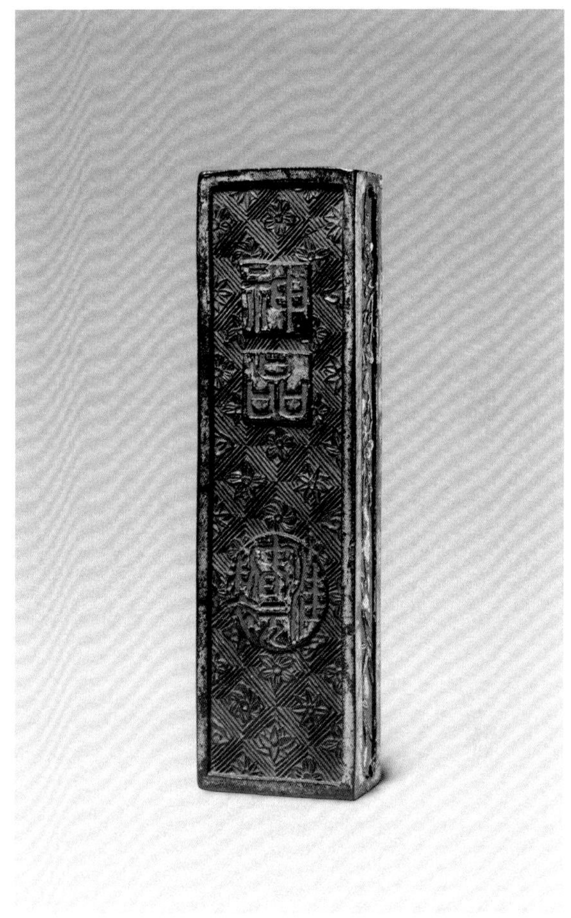

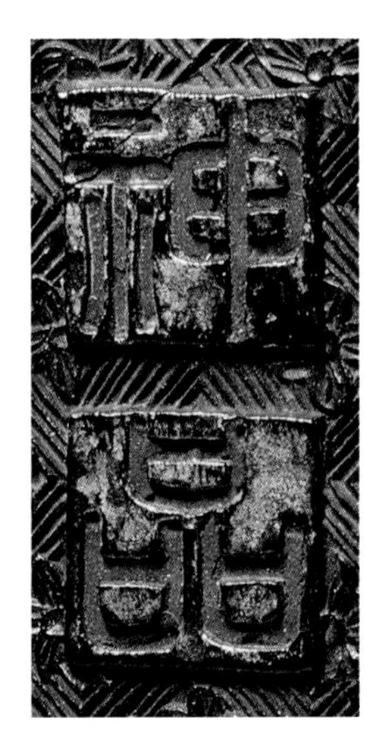

長方形，兩面起邊框，邊框塗金。面雕蟠螭紋，通體髹金，鬣填藍，口銜靈枝填綠。背飾朵花迴紋錦地，上方陰文填藍篆書："神品"，下鈐"汪春元製"陰文圓印。側面飾髹金梅花、竹葉。

汪春元，明代安徽休寧人，隆慶、萬曆間墨家。汪家為徽州鉅族，世以製墨擅名。他自詡造墨"誠哉乎玉質犀紋，鋒刃可以截紙"。其傳世墨品極少，故極為珍貴。此墨髹彩用色適度，不奪墨本色。"神品"、"妙品"、"極品"為墨家自譽，此墨當無愧。

21

汪鴻漸玄虯脂墨

明泰昌

高8.4厘米　寬2.3厘米　厚1.1厘米

Inkstick with characters Xuan Qiu Zhi, by Wang Hongjian

Taichang period, Ming Dynasty

Height: 8.4cm　Width: 2.3cm

Thickness: 1.1cm

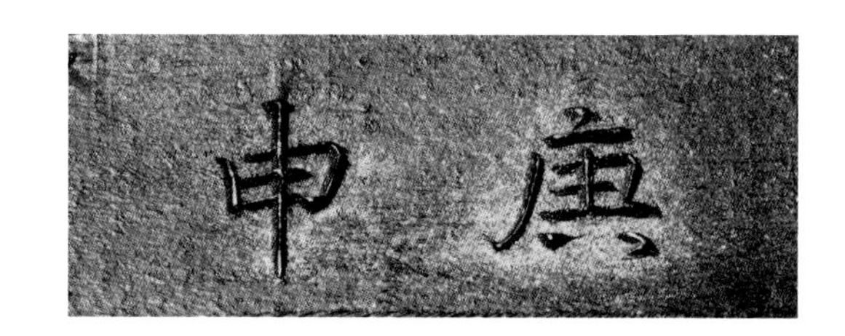

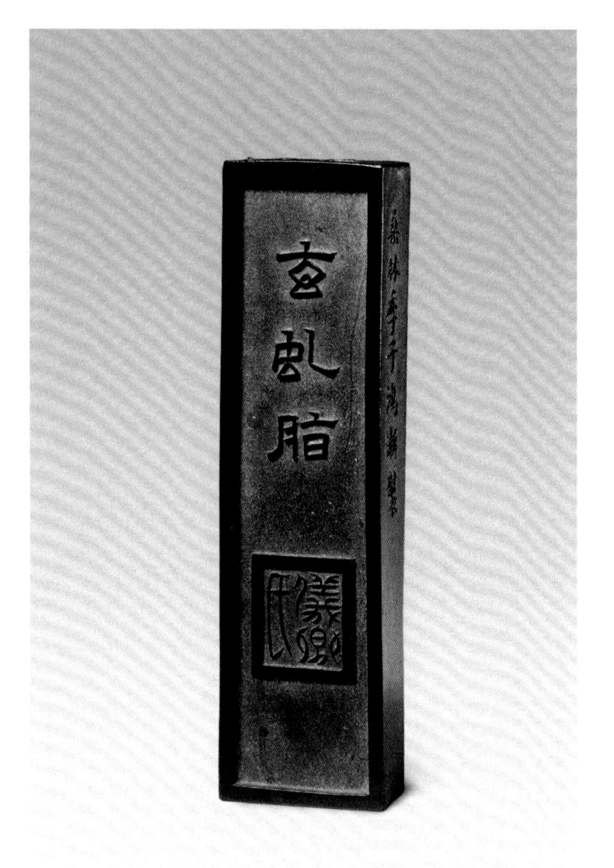

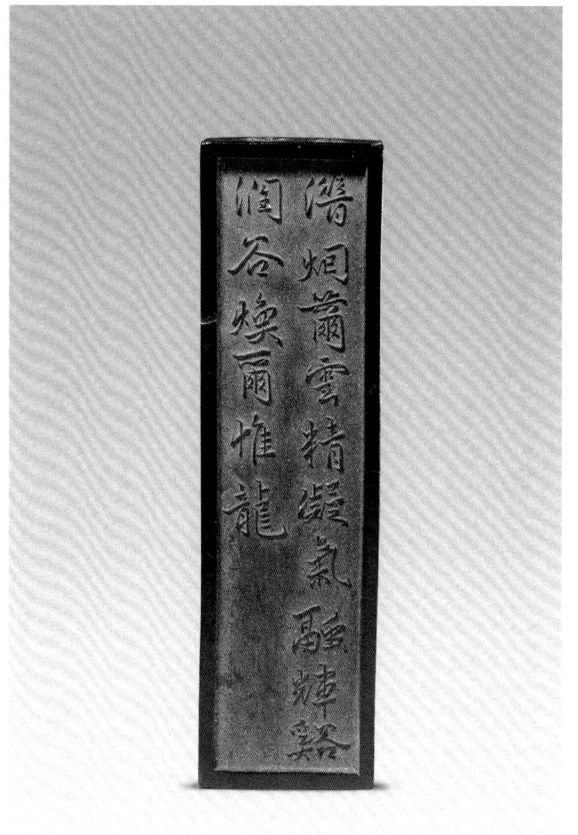

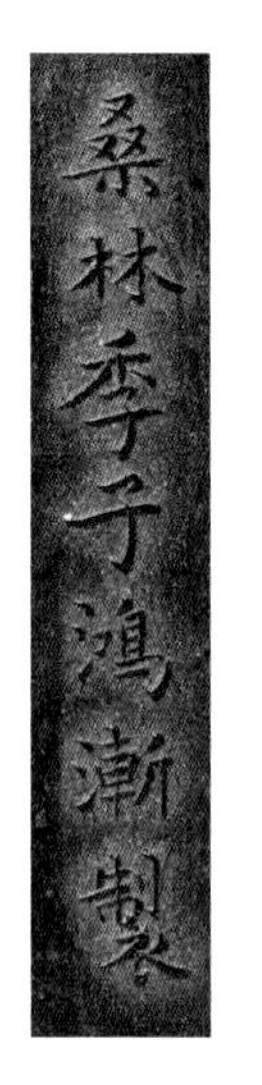

長方形，兩面起邊框，漆邊，通體漱金。墨面陽文隸書品名："玄虬脂"，下鈐 "儀卿氏" 陽文方印。背陽文行書："潛煙籥雲，精凝氣融，輝溪潤谷，煥爾惟龍"。一側陽文行書款："桑林季子鴻漸製"。頂端有陽文楷書："庚申"，即明泰昌元年（1620）。

汪鴻漸，字儀卿，明代休寧墨派的後起者，精製墨，首創琴形墨，為休寧墨工所仿效。署號又玄室。其墨傳世較多，質色俱佳，被後世藏墨家所珍重。汪元一墨肆名桑林里，汪鴻漸自稱"桑林季子"，應為汪元一後裔。此墨精巧別致，質理堅瑩，為汪鴻漸第一墨品。

22

邵瓊林楊梅墨

明萬曆

高3.5厘米　寬3厘米　厚1.4厘米

Inkstick in the shape of red bayberry, by Shao Qionglin

Wanli period, Ming Dynasty

Height: 3.5cm　Width: 3cm

Thickness: 1.4cm

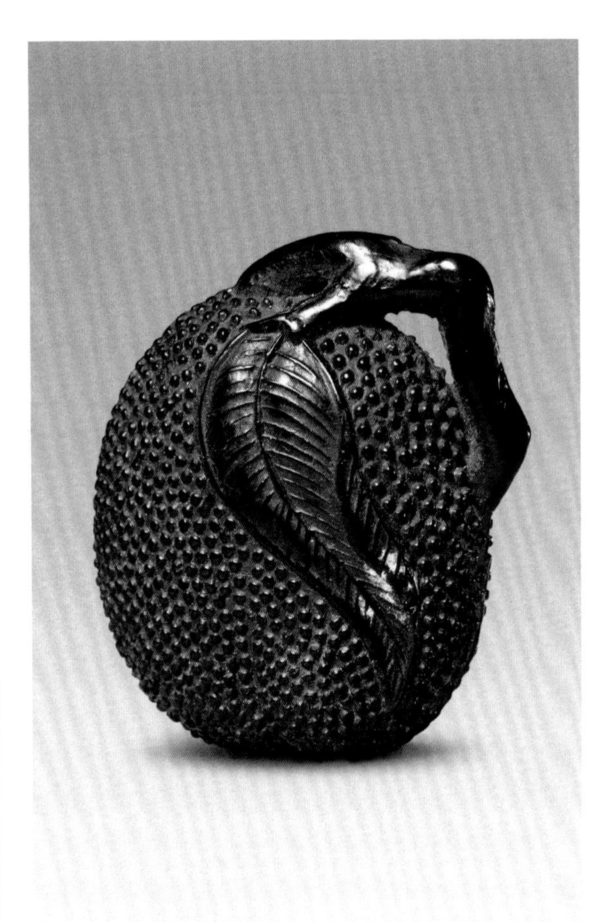

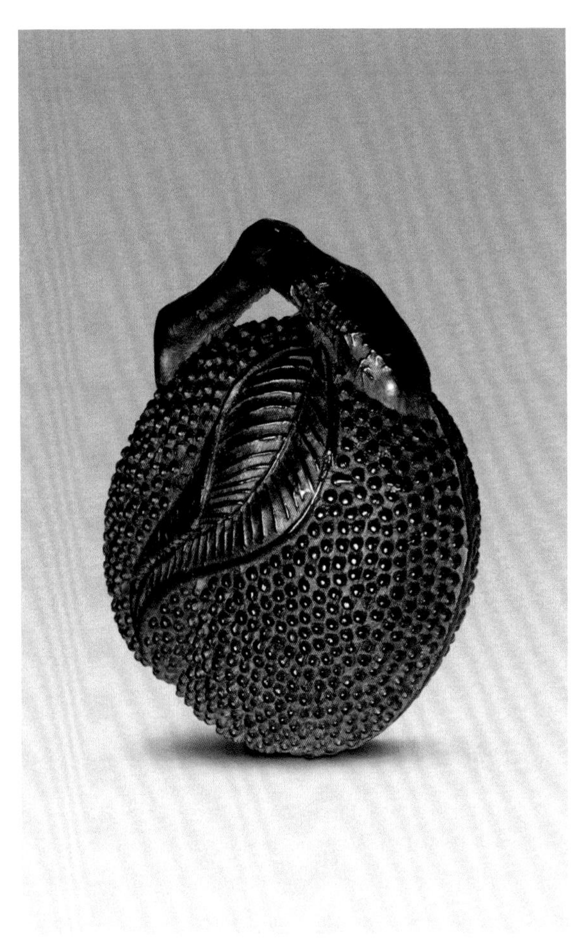

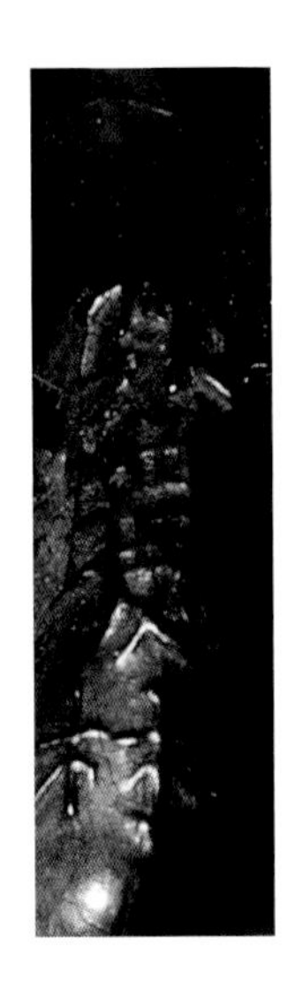

折枝楊梅果式，蒂生兩葉，果上凸起粟紋。枝上陽文楷書款："邵瓊林"。

邵瓊林，明代安徽休寧人，嘉靖至萬曆時休寧派墨家，其名品堪與方于魯、羅小華墨相匹敵，但傳世品甚少。此墨小巧玲瓏，屬珍賞墨品。《中舟藏墨錄》著錄。

23

黃長吉玉蘭墨

明萬曆

高6.8厘米　寬2.3厘米　厚1.1厘米

Inkstick in the shape of Magnolia Flower, by Huang Changji

Wanli period, Ming Dynasty

Height: 6.8cm　Width: 2.3cm

Thickness: 1.1cm

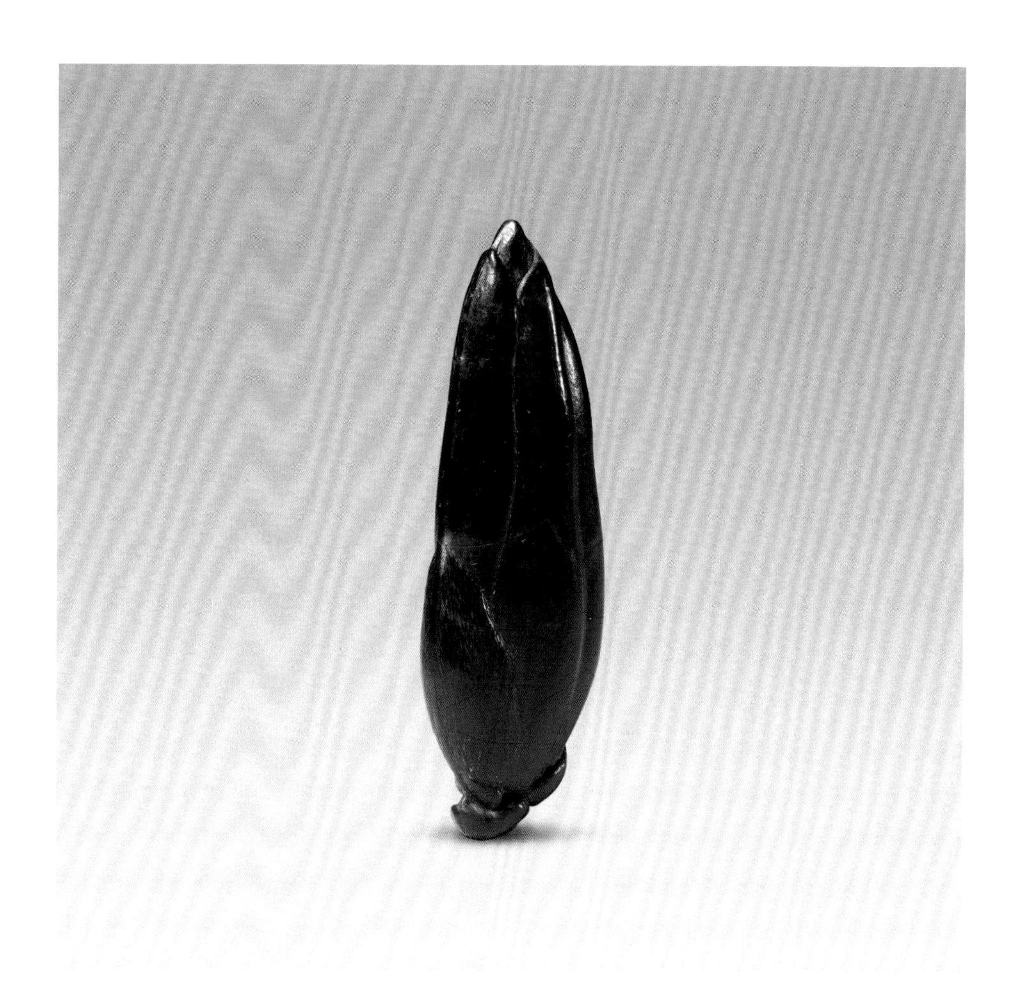

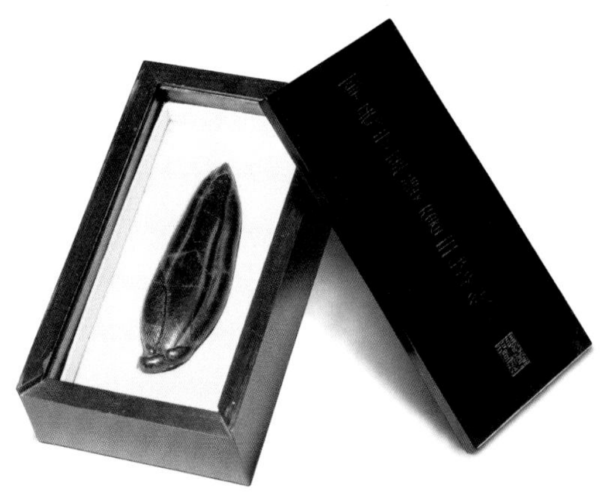

墨呈含苞待放的玉蘭花式，通體漆衣。一面鈐有"長吉"陽文長方印。盛於烏木嵌金銀絲匣內，蓋嵌銀絲篆書："黃長吉玉蘭重三錢九分"，下鈐"鬱華閣藏"陽文長方印。

黃長吉，明代製墨家，亦擅畫工筆山水，麻三衡《墨誌》記有其名。"鬱華閣主人"名盛昱，係清宗室，光緒朝進士，儲墨甚豐，著有《鬱華閣藏墨錄》。此墨造型雅致，色澤光鮮，屬珍賞墨。《中舟藏墨錄》著錄。

24

詹雲鵬世寶墨

明萬曆

徑6.8厘米　厚1.2厘米

Inkcake with characters Shi Bao, by Zhan Yunpeng

Wanli period, Ming Dynasty

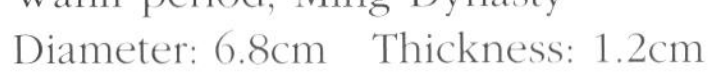
Diameter: 6.8cm　Thickness: 1.2cm

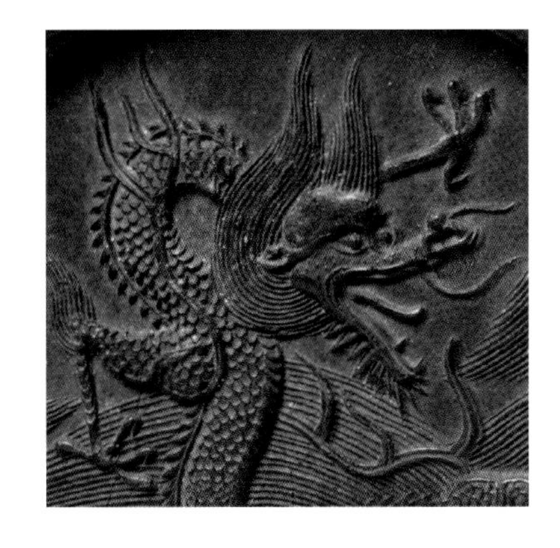

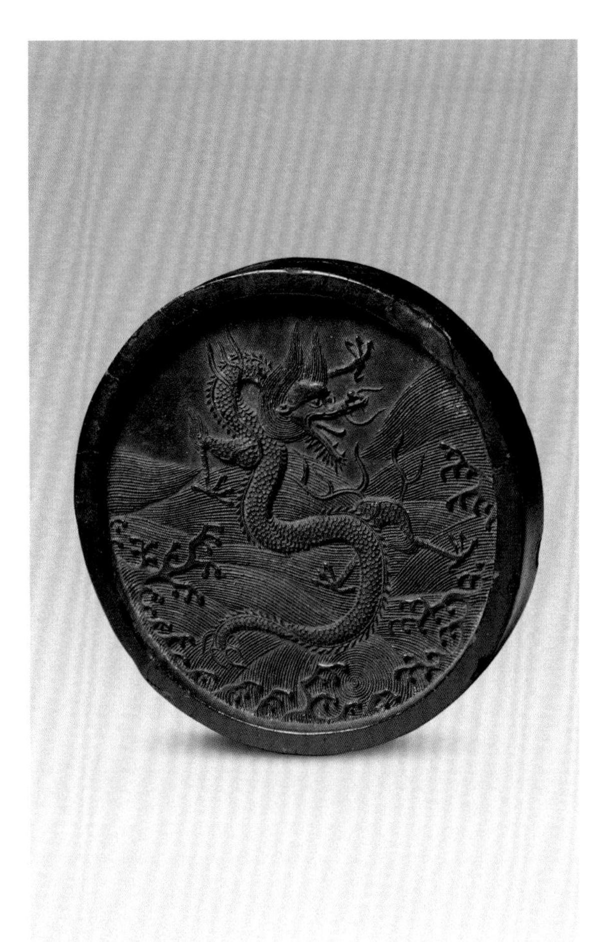

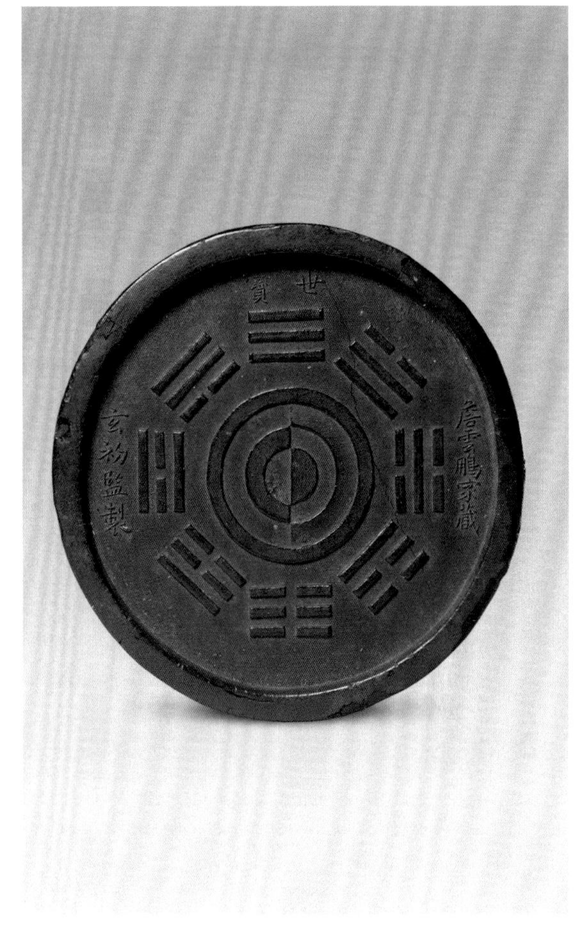

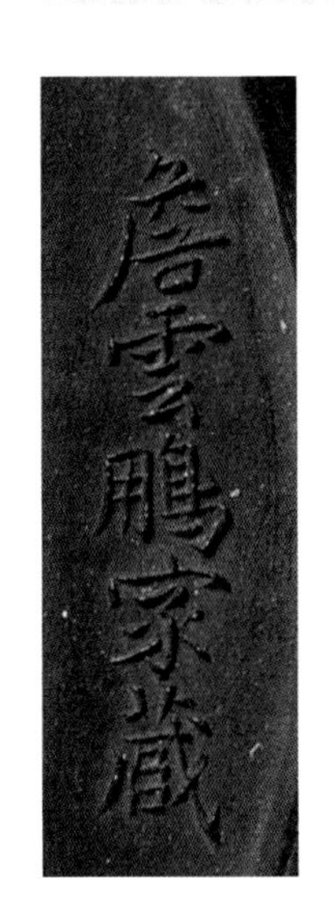

圓形，兩面起邊框。面為龍騰於海水之上，呈浮雕效果。背環佈八卦圖，上方書："世寶"，左側"玄初監製"，右側"詹雲鵬家藏"，俱陽文楷書。

詹雲鵬，明代徽州婺源人，製墨家。製墨風格樸素，傳世品較為罕見。此墨形體厚重，雕刻雄渾，為明萬曆時期風格。

25

潘方凱雲裏帝城雙鳳闕墨

明萬曆

徑12.6厘米　厚1.9厘米

Inkcake carved with two Imperial Palaces in cloud, by Pan Fangkai

Wanli period, Ming Dynasty

Diameter: 12.6cm　Thickness: 1.9cm

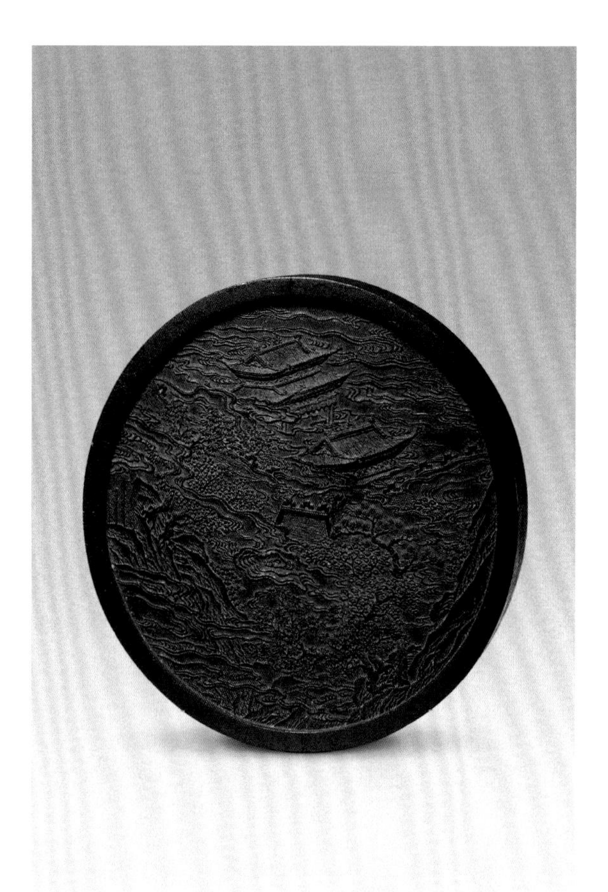

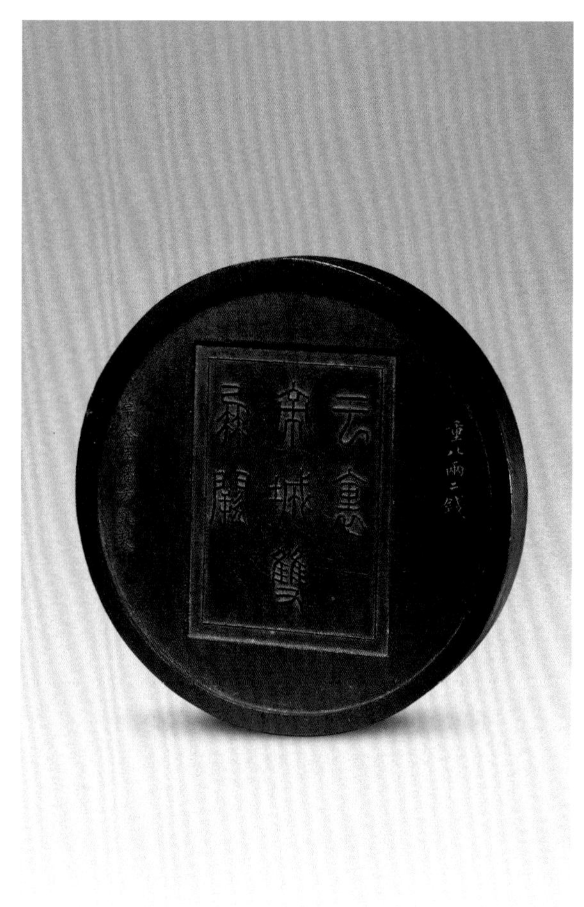

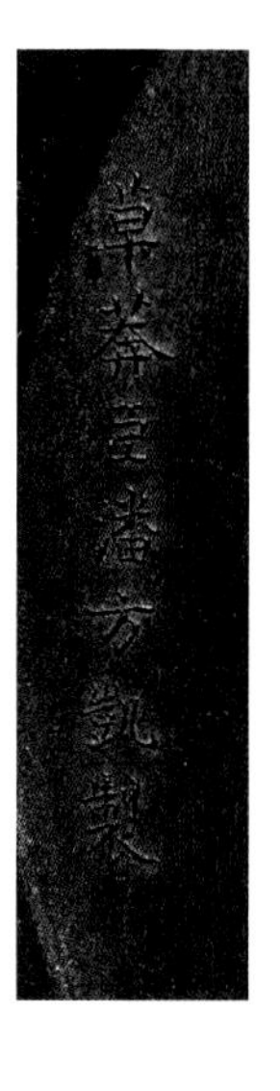

圓形，兩面起邊框。面為雲霧瀰漫中浮現兩座樓闕，宛如仙境。背雙綫長方框內陽文篆書："雲裏帝城雙鳳闕"，左側陽文楷書款："草莽臣潘方凱製"。側面陽文楷書："大國香"。

潘方凱，字膺祉，明萬曆時安徽新安人，宋代製墨名匠潘谷後裔。製墨遵循"蚪松取煙，鹿膠相揉，九蒸四澤，百杵力扣"的古法，墨品有黝如漆，堅如犀之美。著有《潘膺祉墨許》。此墨體大堅實，質密色潤，雕刻既細膩流暢，又不失粗獷豪放，為傳世佳作。《中舟藏墨錄》著錄。

26

葉玄卿東岳泰山墨

明萬曆

高13.7厘米　寬7.75厘米　厚1.55厘米

Inkstick with characters Dong Yue Tai Shan and carved Mount Tai on the other side, by Ye Xuanqing

Wanli period, Ming Dynasty

Height: 13.7cm　Width: 7.75cm　Thickness: 1.55cm

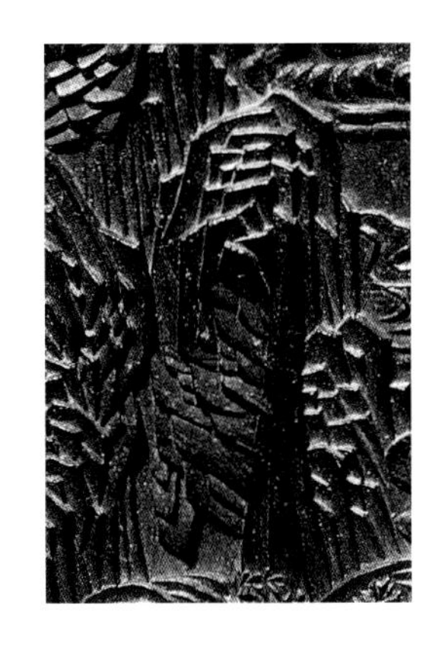

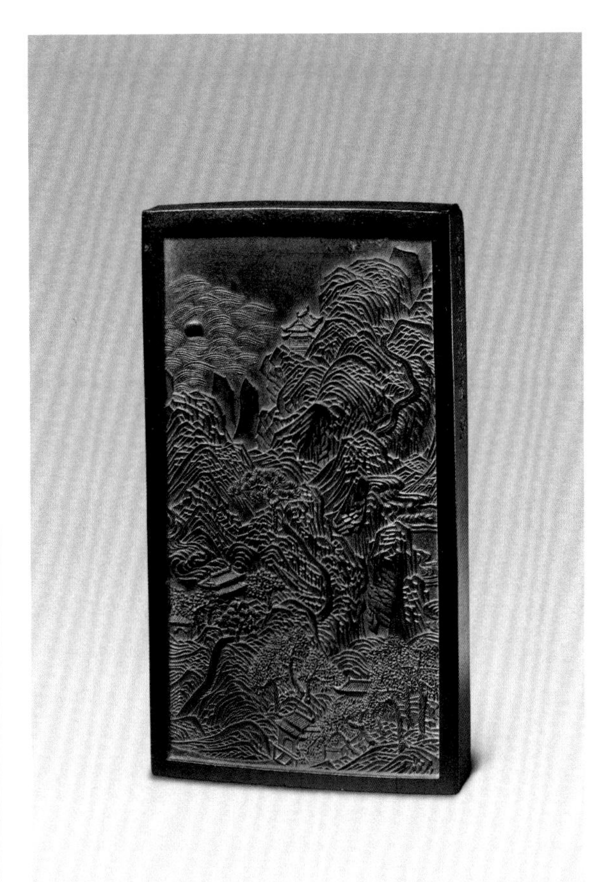

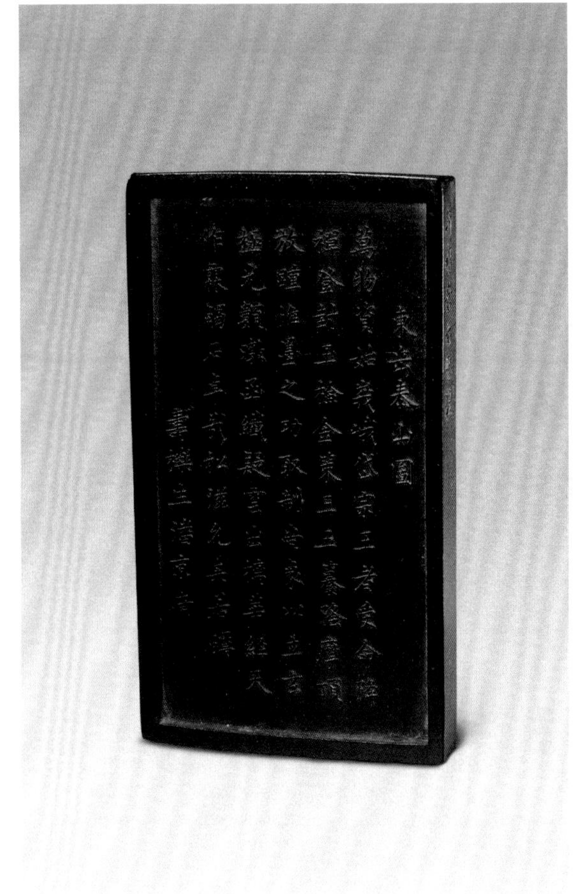

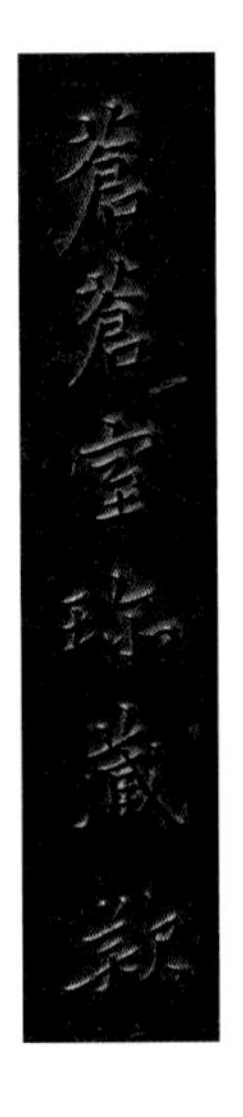

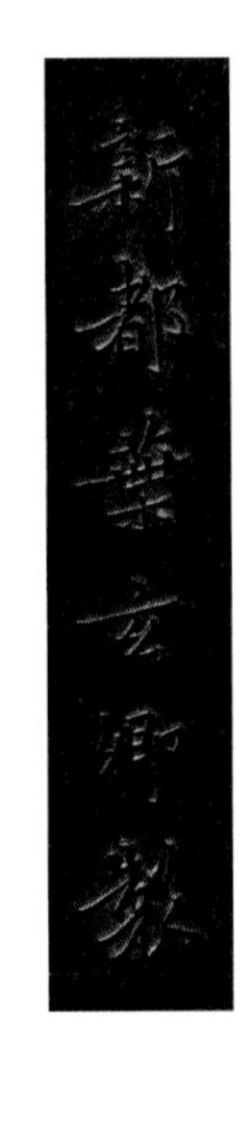

長方形，兩面起邊框。面為東岳泰山，層巒疊嶂，樓閣、古樹隱現其中，雲霧在山間繚繞，太陽從雲海中升起。背陽文楷書“東岳泰山圖”詩，款署：“壽櫟生潘京南”。兩側面分書陽文楷書款“蒼蒼室珍藏款”、“新都葉玄卿製”。

葉玄卿，明萬曆時安徽休寧人，初為汪元一桑林里門下墨工，後獨立開設墨業，名蒼蒼室。後裔葉容五、葉元英承其業，清初仍興盛昌隆。康熙時期避諱，稱葉元卿。自古製墨，大者難為，此墨體形較大，但規整、精緻，反映葉氏製墨的高超水平。

27

葉向榮文嵩友墨

明萬曆

高5厘米　寬2.85厘米　厚0.9厘米

Inkstick with characters Wen Song You, by Ye Xiangrong

Wanli period, Ming Dynasty

Height: 5cm　Width: 2.85cm　Thickness: 0.9cm

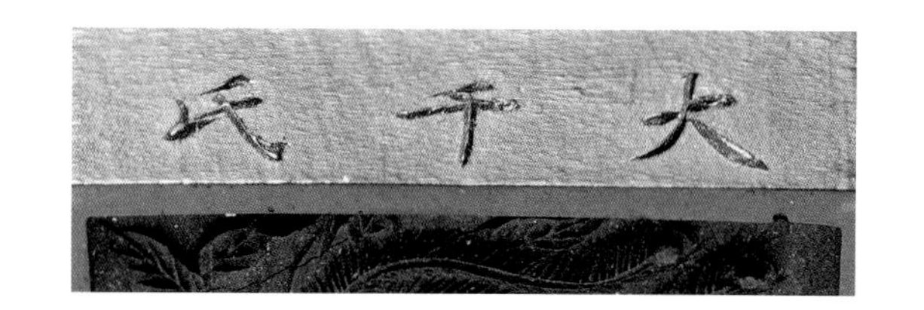

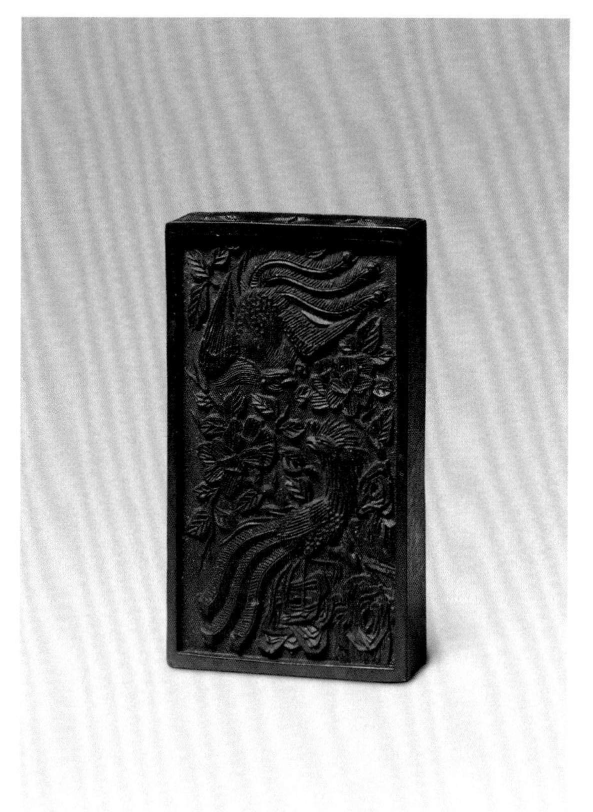

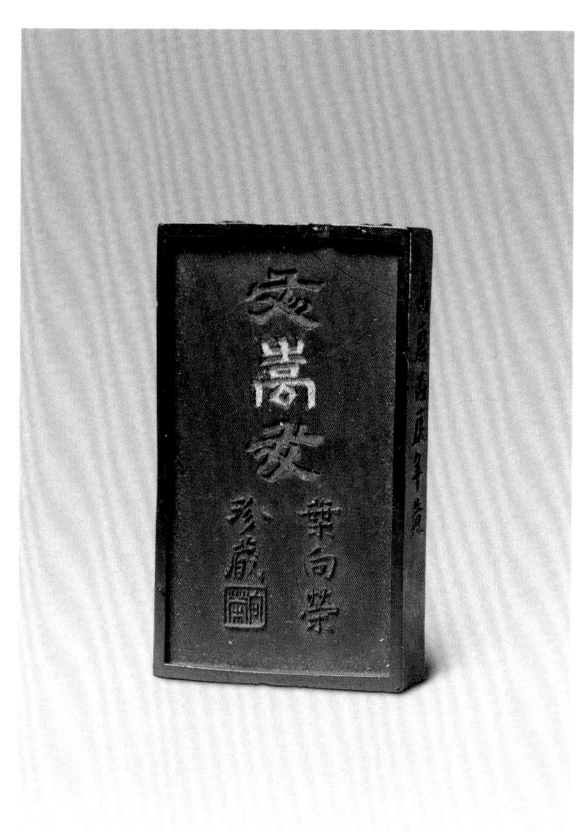

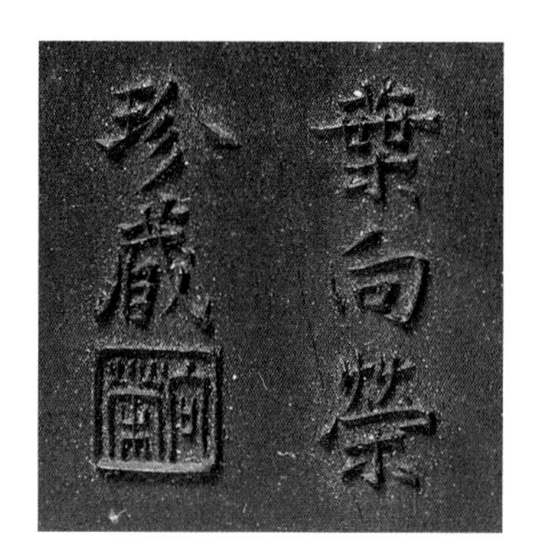

長方形，兩面起邊框，漆邊。面為兩隻相向的鳳凰，間有花葉，呈淺浮雕狀。背陰文填金、填藍隸書：“文嵩友”，下為陽文楷書款：“葉向榮珍藏”，鈐“向榮”陽文方印。一側面陽文楷書：“萬曆丙辰年造”（1604），頂端楷書：“大千氏”。

葉向榮，明萬曆徽州婺源製墨家，傳世作品稀少。此墨有確切紀年，對研究葉向榮製墨有重要價值。

28

孫瑞卿三秋圖墨

明萬曆

徑12.4厘米　厚1.3厘米

Inkcake carved with three flowers in autumn, by Sun Ruiqing

Wanli period, Ming Dynasty

Diameter: 12.4cm

Thickness: 1.3cm

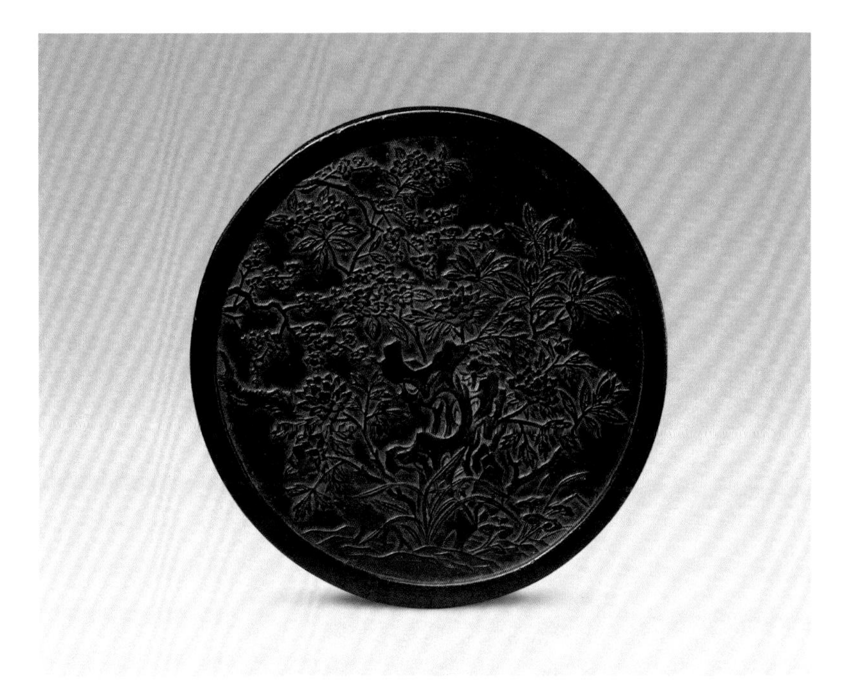

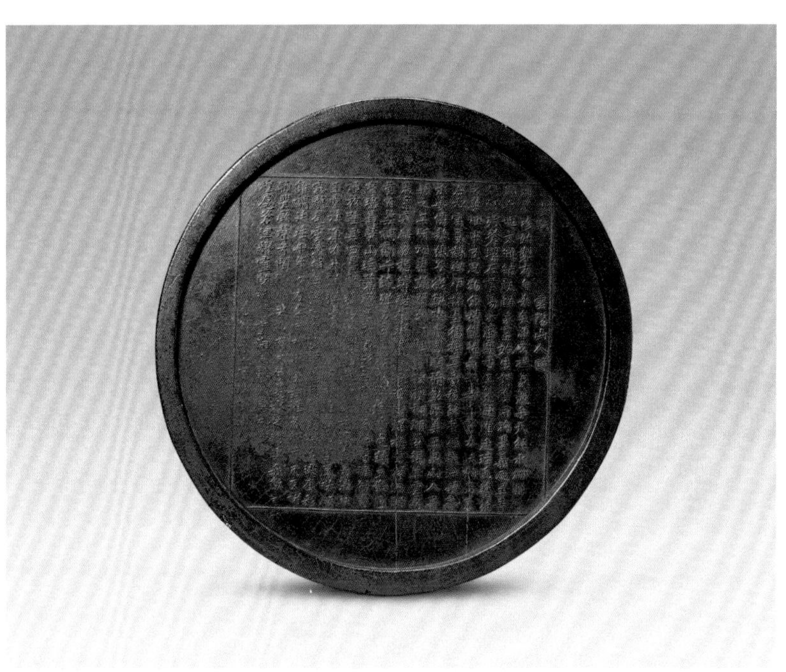

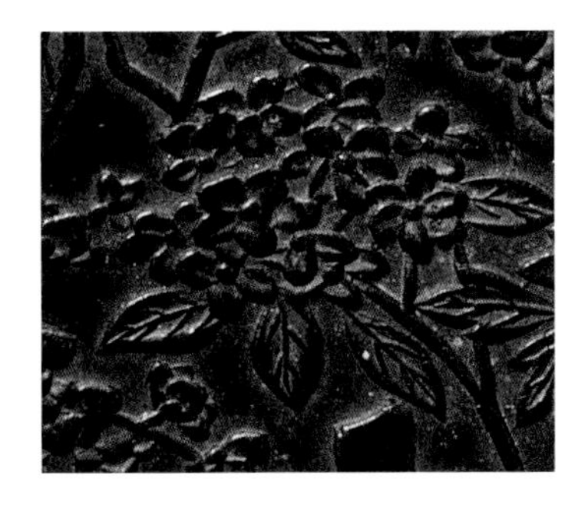

圓形，兩面起邊框。面雕芙蓉、桂花、紫薇等，因此三種花卉均為秋季盛開，故稱三秋圖。背陽文楷書雲陽山人“墨賦”，款署：“古歙玉泉孫瑞卿識”。

孫瑞卿，號玉泉，明萬曆時安徽歙縣人，製墨造詣深厚，對後世影響較大。此墨文、圖雕刻純熟，精湛。《中舟藏墨錄》著錄。

29

孫瑞卿神品墨

明萬曆

高19.5厘米　寬6厘米　厚1.4厘米

Inkstick with characters Shen Pin, by Sun Ruiqing

Wanli period, Ming Dynasty

Height: 19.5cm　Width: 6cm　Thickness: 1.4cm

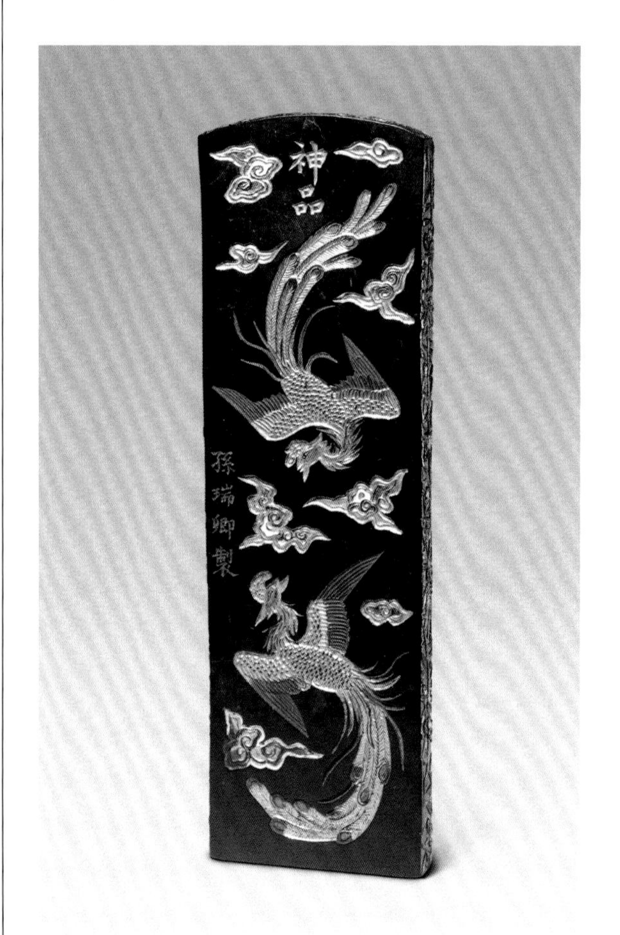

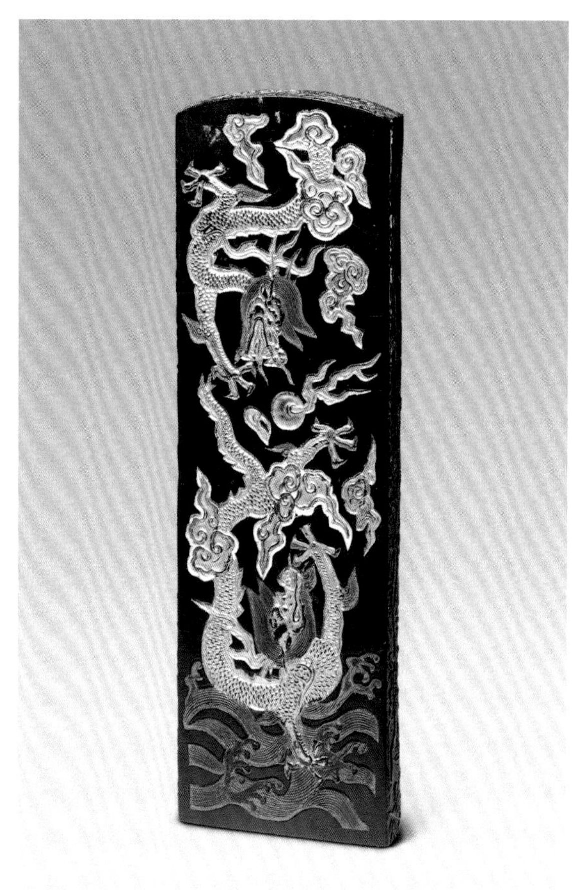

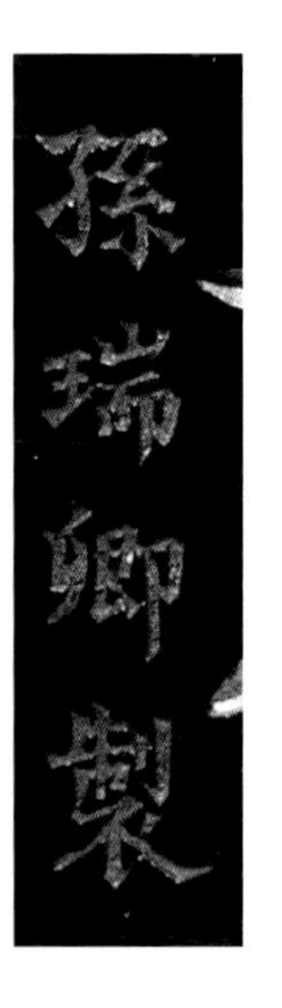

長方形，碑形首。面填金、藍雙鳳飛舞，間飾朵雲，額首填金楷書：“神品”，左側填藍楷書：“孫瑞卿製”。背填金、銀、藍、綠二龍戲珠，襯以海水、朵雲。頂端陽文楷書：“孫玉泉”。

此墨堅光如玉，龍鳳雕刻生動，所填金、銀、藍、綠彩使之神彩迸發，在明墨中獨具一格，為孫瑞卿代表墨品。《中舟藏墨錄》著錄。

30

方維桂花墨

明天啟

徑12.5厘米　厚1.7厘米

Inkcake with characters Gui Hua, by Fang Wei

Tianqi period, Ming Dynasty

Diameter: 12.5cm

Thickness: 1.7cm

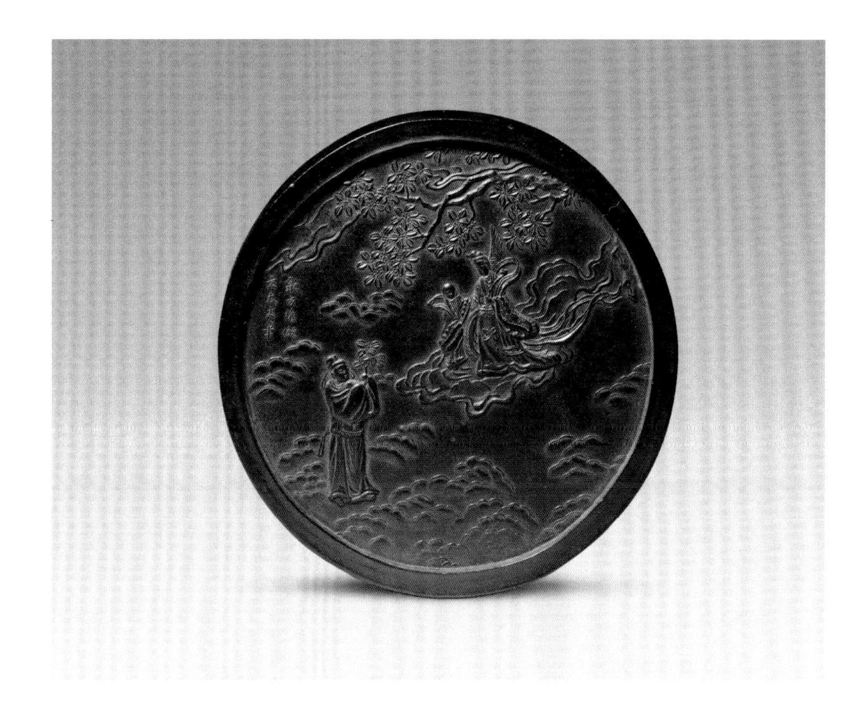

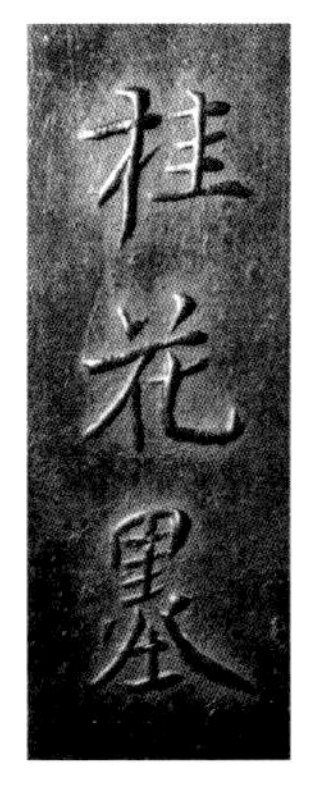

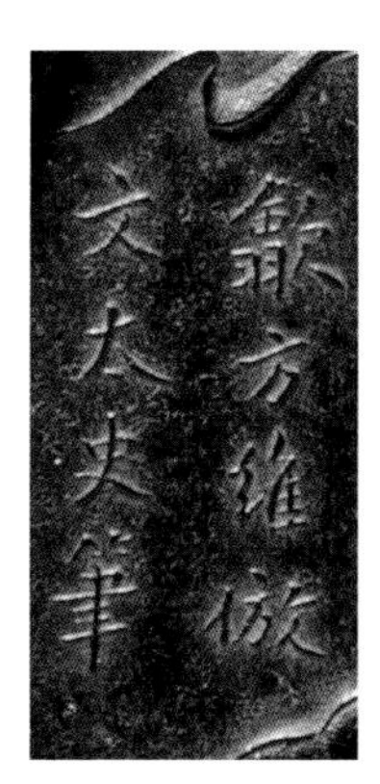

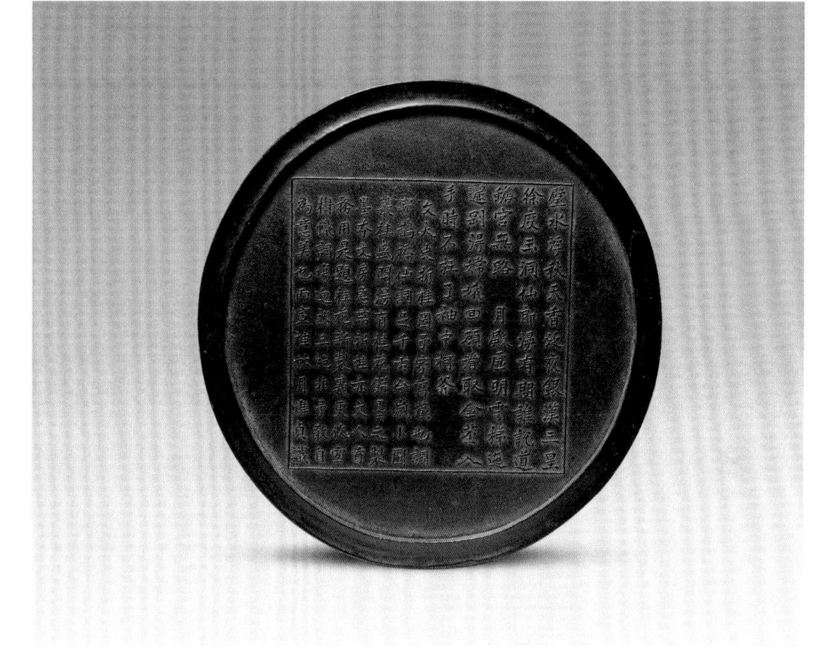

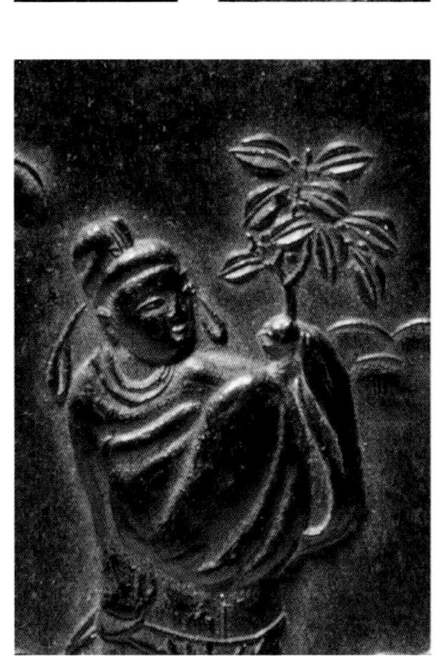

圓形，兩面起邊框。面雕一人在樹下折桂枝，仙人攜童子駕雲而至，題“歙方維仿文太史筆”。墨背陽文楷書“鵲橋仙詞”，款署：“文太史折桂圖予家舊藏也，調寄鵲橋仙詞足千古。今歲小園叢桂盛開，漫有桂花餅墨之製。墨本文房急需，折桂亦文人首務，用是題桂花新製，義更攸宜。樹幟詞場迥然三絕，非予敢自為意美也。丙寅（明天啟六年，1626）桂秋月惟貞識”。墨側陽文楷書：“桂花墨”。

“折桂”比喻科舉及第，因此為“文人首務”。“文太史”指明代畫家文徵明。此墨為典型的文人自娛墨。

31

潘嘉客集錦墨

明天啟

最高6.5厘米　寬6.2厘米　厚1.1厘米　5 錠

A set of five Inksticks collected in a box, by Pan Jiake

Tianqi period, Ming Dynasty

Height: 6.5cm　Width: 6.2cm　Thickness: 1.1cm

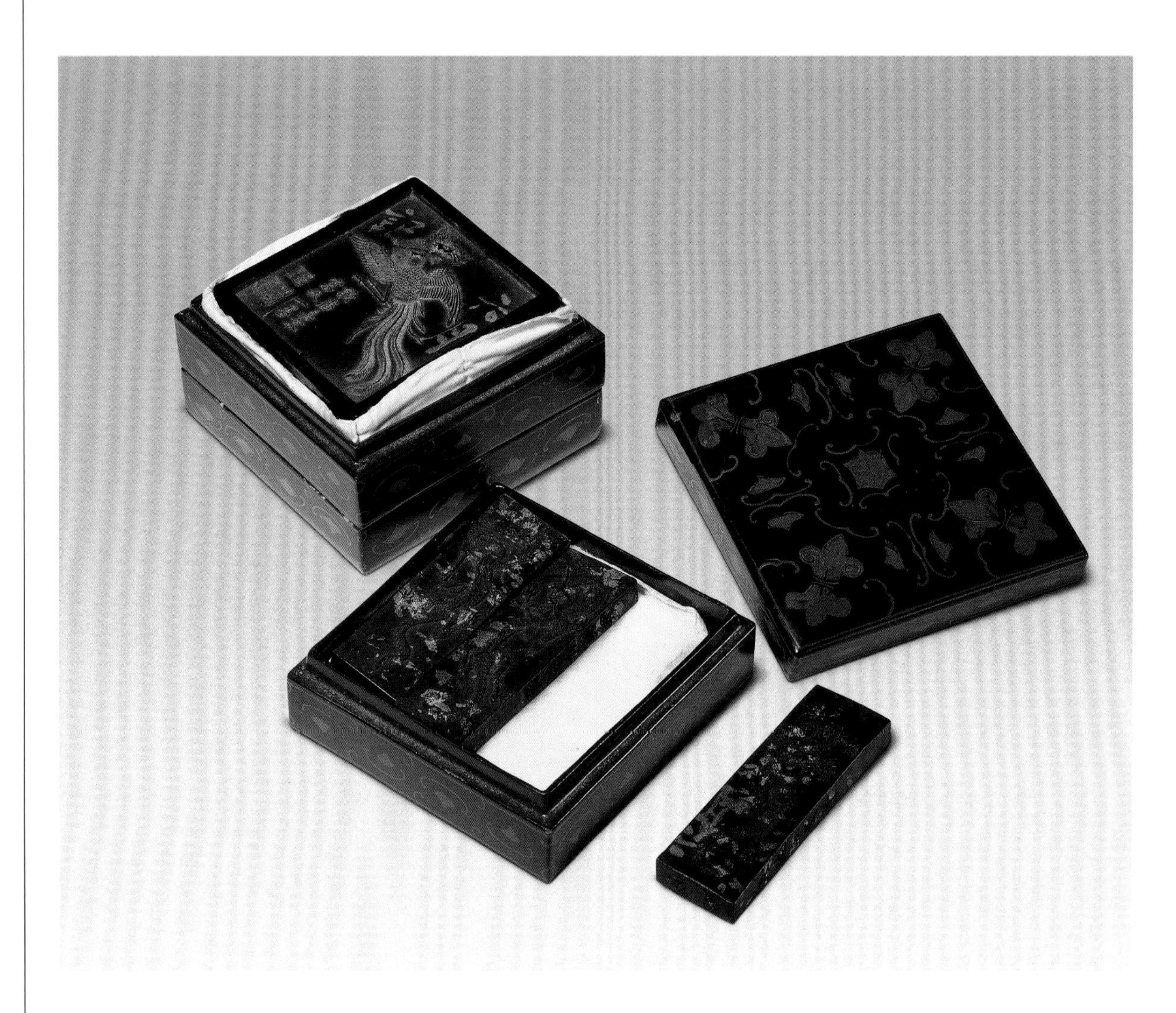

方形、長方形不等，其中三錠灑金裝飾。墨面雕龍、鳳、馬等紋，墨背陽文楷書詩文。款署："歙潘嘉客寥天一墨"，鈐"嘉客"、"慧業齋"等印，陽文楷書"天啟壬戌年（1622）製"。裝於三屜黑漆地朱漆花卉紋盒中，盒面有"嘉客瑤涵墨"印。

潘一駒，字嘉客，號蜨菴，一號客道人，明末安徽歙縣人。擅長製墨，署號慧業齋、餐秀亭。製墨僅供自用或貽贈友人。集錦墨又稱套墨，有幾錠到幾十錠不等，品名、紋飾有相關聯，亦有獨立不同者。此套墨文圖豐富、精美，藝術性很高，是目前明代歙派唯一存世的集錦墨。

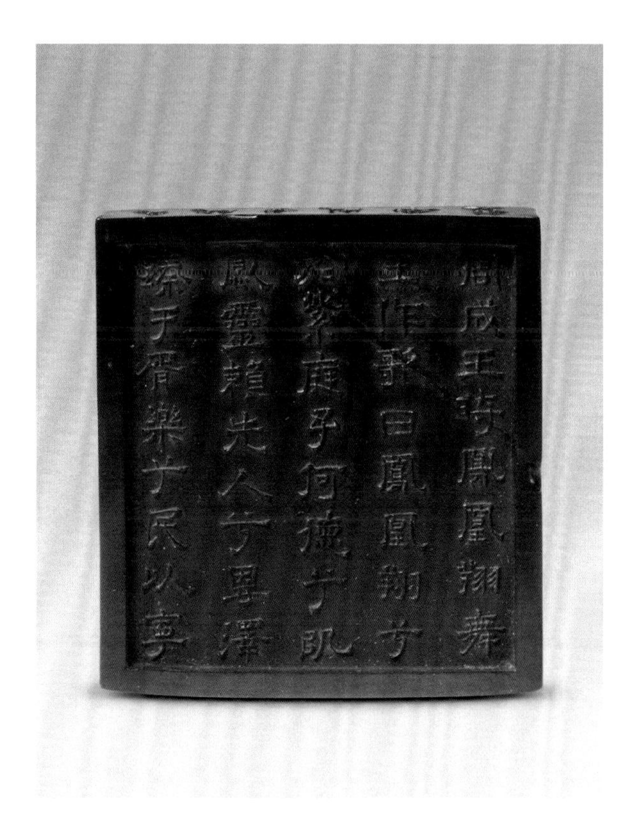

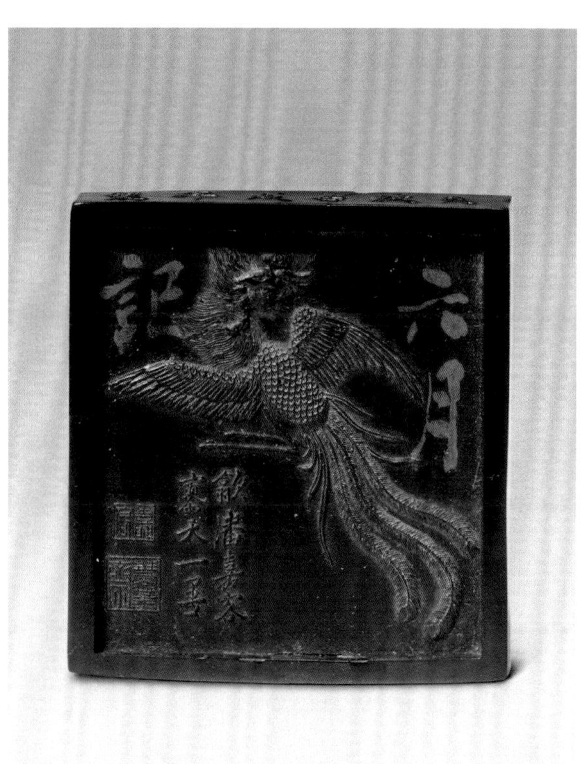

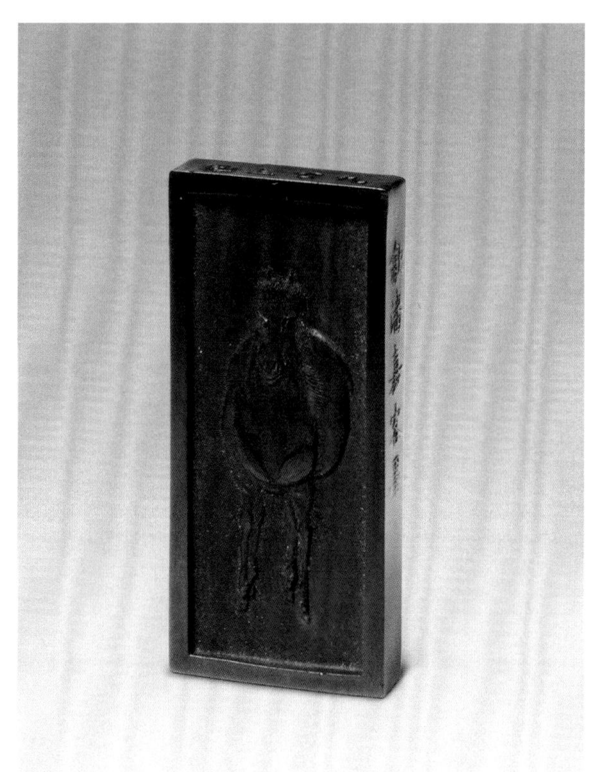

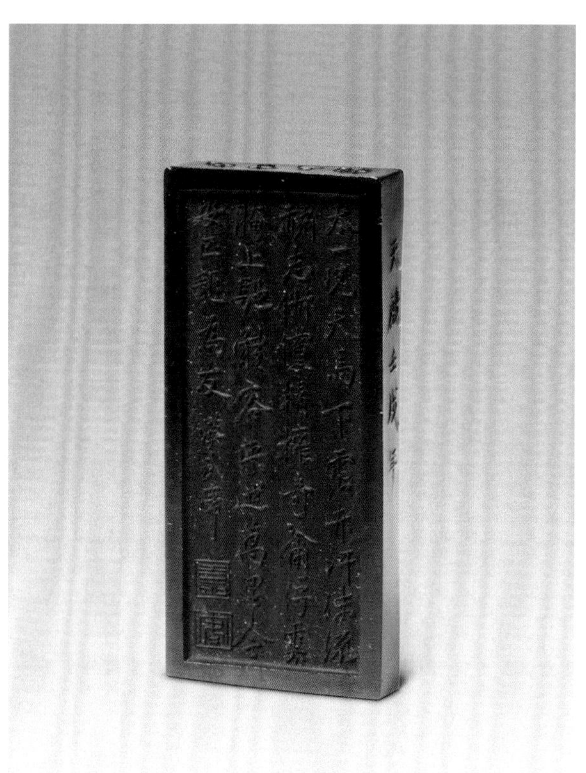

32

金玄甫一品珠墨

明天啟
高8.3厘米　寬2.2厘米　厚0.8厘米

Inkstick with characters Yi Pin Zhu, by Jin Xuanfu

Tianqi period, Ming Dynasty
Height: 8.3cm　Width: 2.2cm　Thickness: 0.8cm

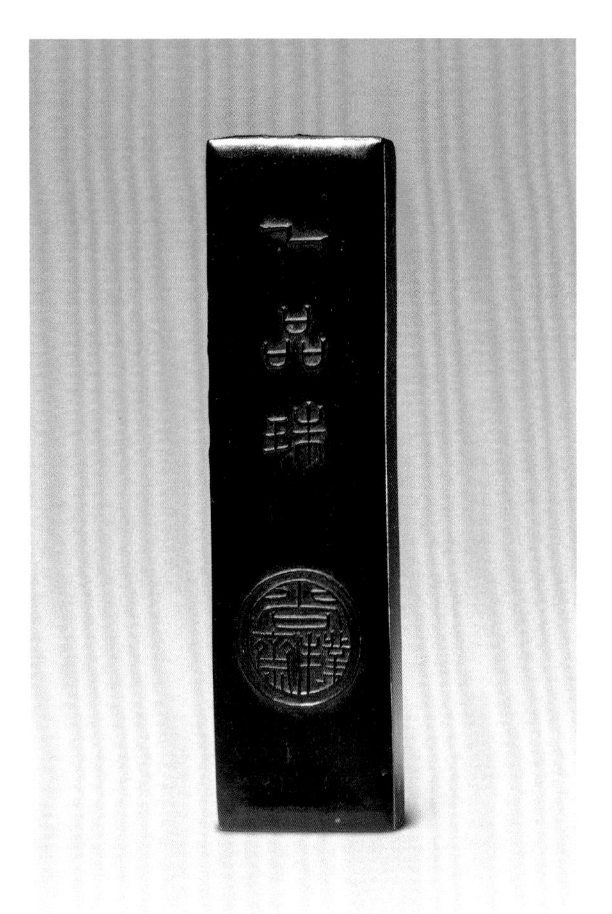

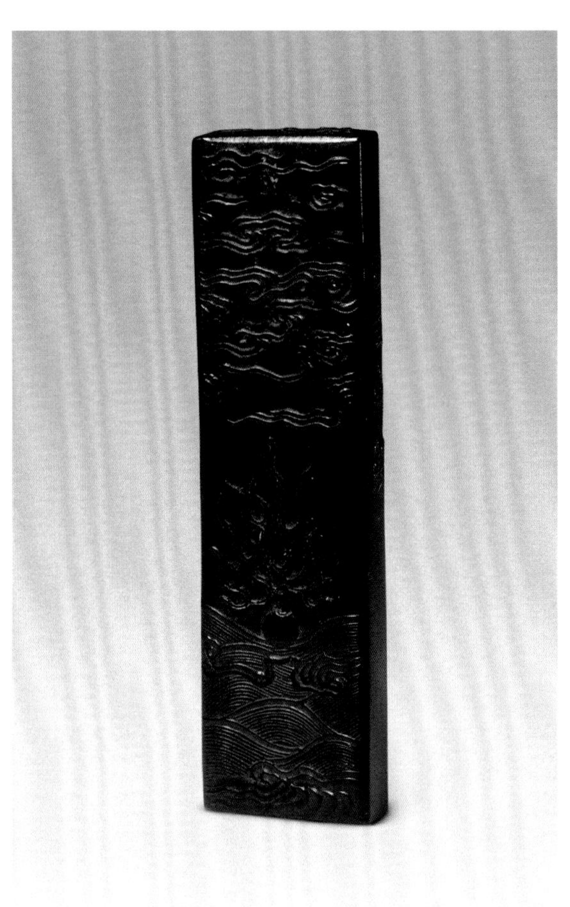

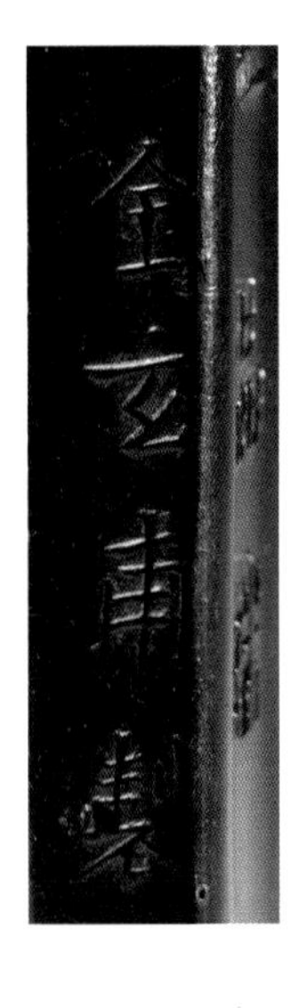

長方形，面心微凹，通體漆衣光潤。面雕刻流雲火珠紋。背陽文篆書墨名："一品珠"，下鈐"尚樸齋"陽文圓印。兩側面分別陽文楷書"金玄甫製"、"大國香"。頂端陽文楷書："寥天一"。

金玄甫，明代安徽休寧人，天啟崇禎間製墨家，署號尚樸齋、怡玄館。製墨膠法清醇，墨質縝密，光如古鏡，傳世墨品甚為稀少。《中舟藏墨錄》著錄。

33

潘嘉客荷瓣觀音墨

明

高6.5厘米　寬3.1厘米　厚0.6厘米

Inkstick in the shape of lotus petal with a figure of Avalokitesvara, by Pan Jiake

Ming Dynasty

Height: 6.5cm　Width: 3.1cm　Thickness: 0.6cm

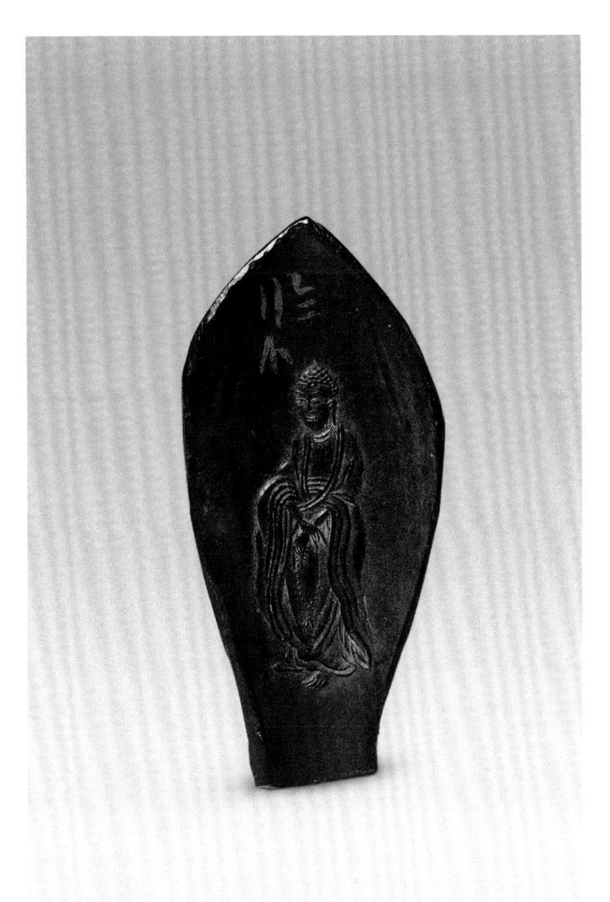

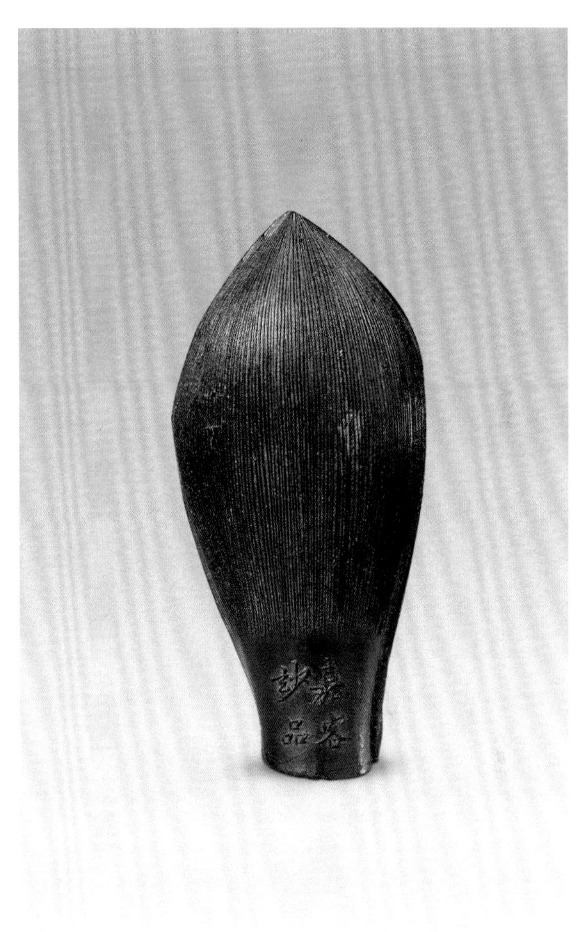

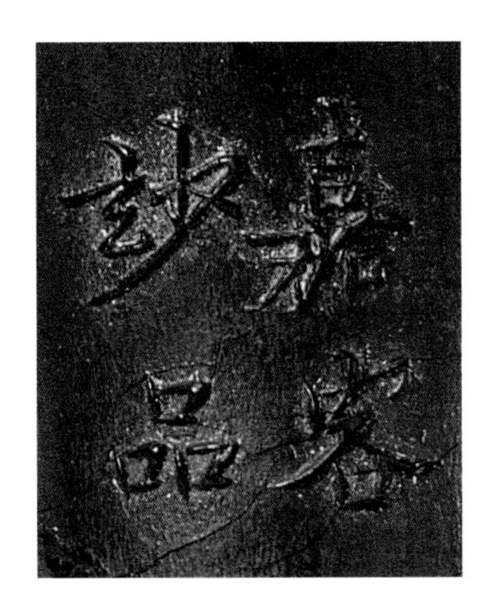

荷花瓣形。凹面浮雕赤腳觀音菩薩，眉目慈善，神態安詳。凸面刻飾荷花筋脈，下刻陽文行書名款："嘉客妙品"。

此墨煙細膠輕，造型精巧別致，雕刻流暢細膩，毫髮畢現，體現出潘嘉客製墨追求品味、別具一格的特點。

34

吳去塵墨光歌墨

明崇禎

高8.7厘米　寬4.2厘米　厚0.9厘米

清宮舊藏

Inkstick with the poem Mo Guang Ge, collected by Wu Quchen

Chongzhen period, Ming Dynasty

Height: 8.7cm　Width: 4.2cm　Thickness: 0.9cm

Qing Court collection

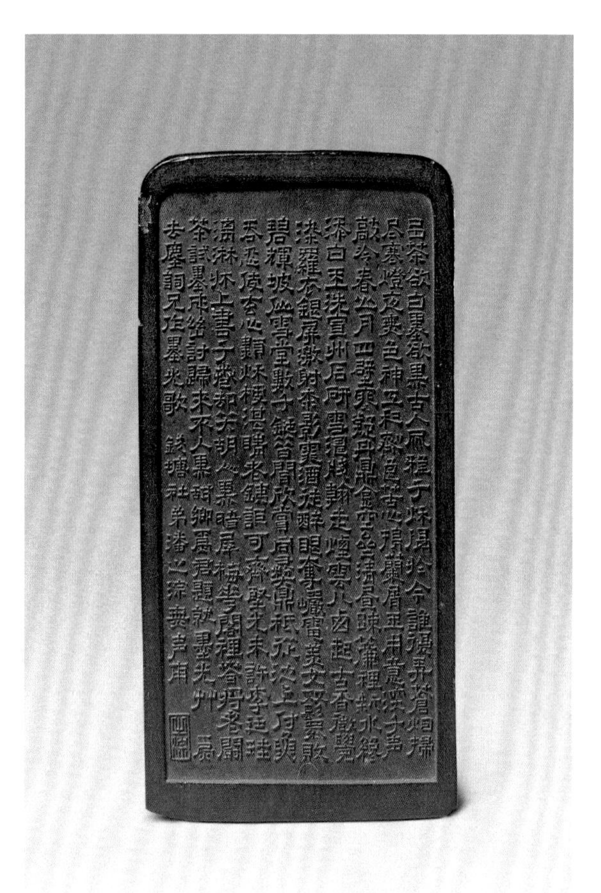

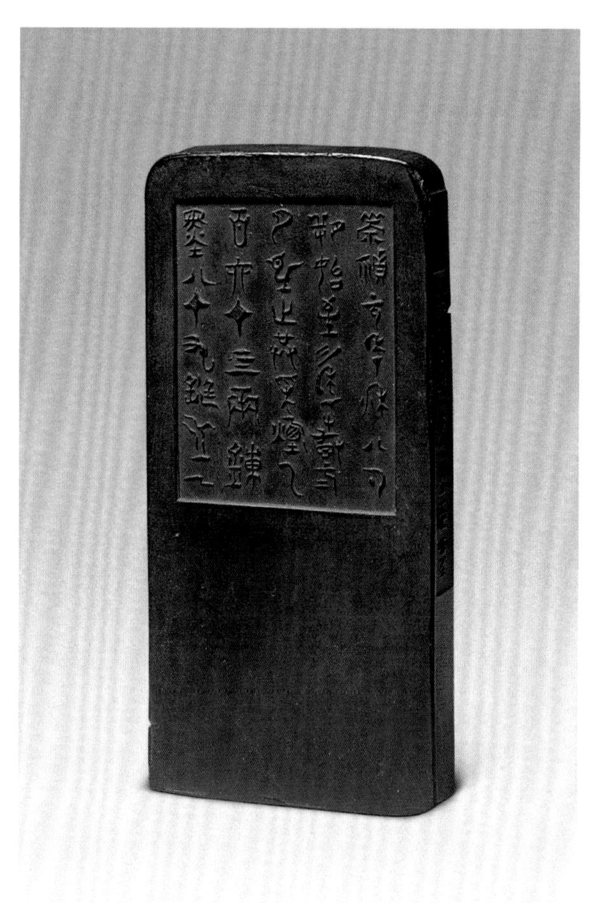

圓角長方形，兩面起邊框。面陽文隸書“墨光歌”詩，款署：“為去塵詞兄作墨光歌，錢塘社弟潘之淙無聲甫”，下鈐“之淙”陽文長印。背凹地內陽文篆書：“崇禎元年(1628)秋八月朔始，至三年春二月望止，共採煙一百六十四兩，煉墨八十九錠。之一。”墨側陽文篆書：“延陵吳去塵藏墨”。

吳拭，字去塵，別號逋道人，明末徽州休寧人。擅製墨，精詩畫。製墨仿易水(李廷珪)法，貌樸神完，深受清人推崇，有數十種墨見載於清代各類墨書中，製墨署號浴硯齋。此墨製作精湛，字小如粟，但點畫清晰、流暢，尤為珍貴。

35

方景耀狻猊墨

明崇禎
徑5.2厘米　厚1.5厘米
清宮舊藏

Inkcake in the shape of Suan Ni (lion), by Fang Jingyao

Chongzhen period, Ming Dynasty
Diameter: 5.2cm
Thickness: 1.5cm
Qing Court collection

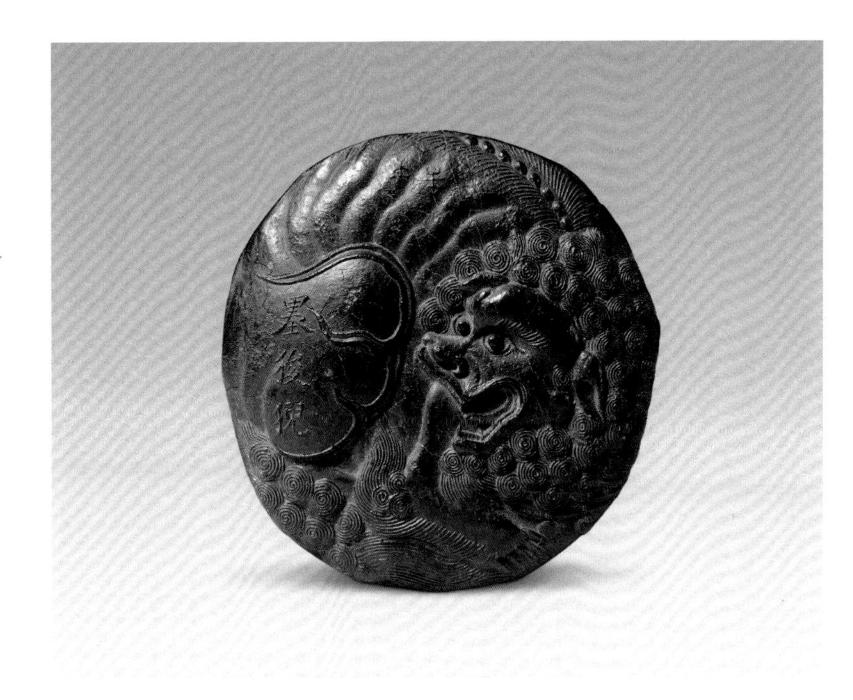

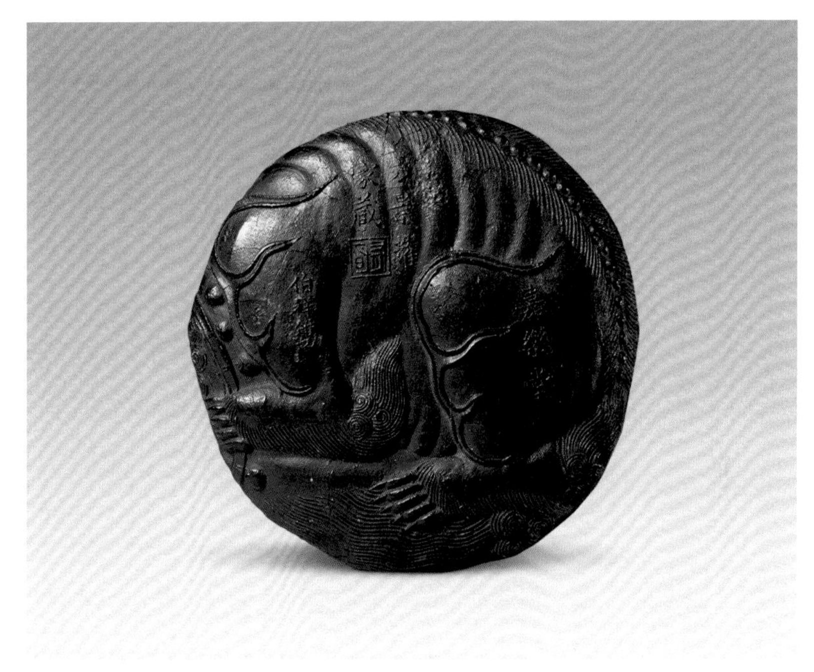

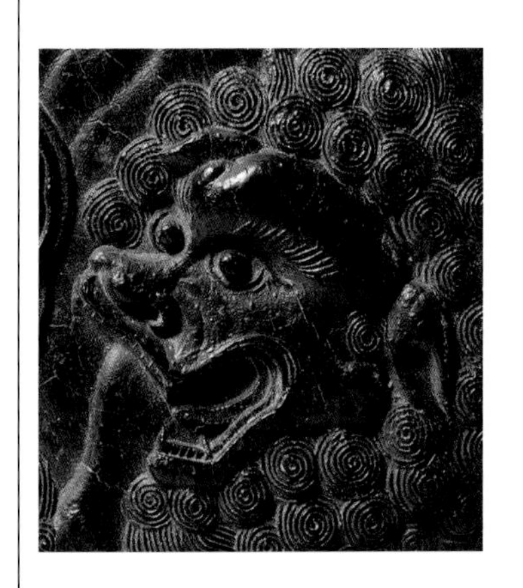

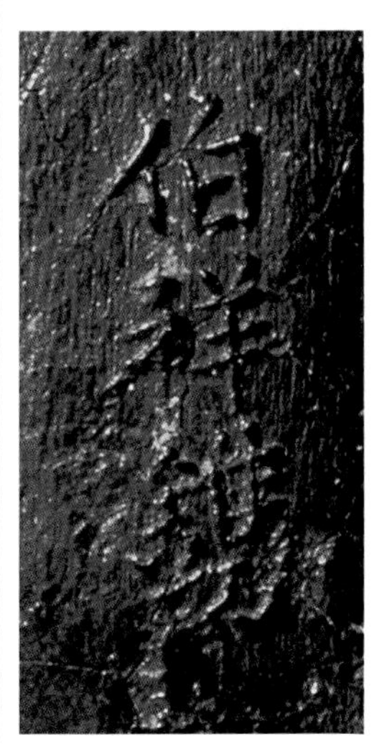

圓形，作狻猊團卧狀，兩面雕出身體細部。面陽文楷書："墨狻猊"，署"壬午"(明崇禎十五年，1642)篆書款。背上方題："方景耀家藏"，左右分書陽文楷書"伯祥鐫"、"嘉樂堂"。

狻猊即獅子，宋元祐時期著名墨工潘谷始以此題材製墨。"伯祥"為明天啟、崇禎時刻模工匠。墨上鐫刻模人款者十分罕見。

36

程惟亮芸臺玄寶墨

明崇禎
高5.5厘米　寬4.3厘米　厚0.7厘米

Inkstick with characters Yun Tai Xuan Bao, by Cheng Weiliang

Chongzhen period, Ming Dynasty
Height: 5.5cm
Width: 4.3cm
Thickness: 0.7cm

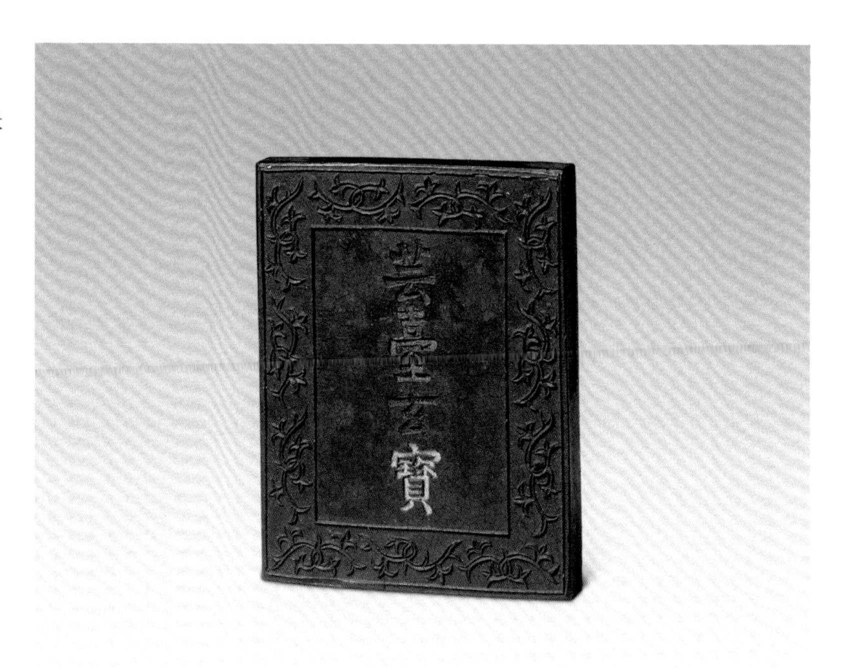

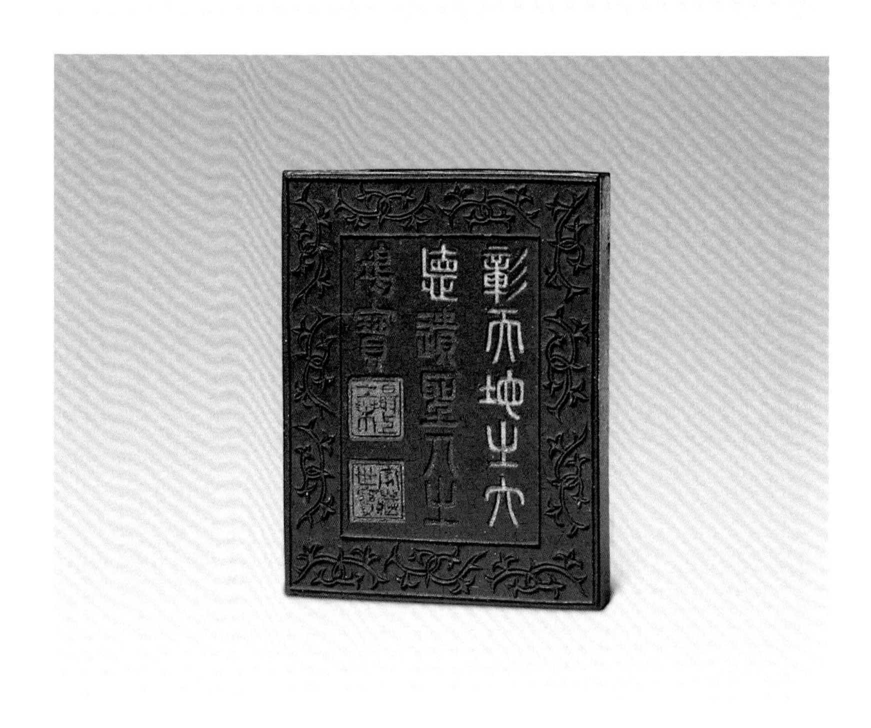

長方形。兩面飾纏枝紋邊欄。面陽文楷書："芸臺玄寶"，字口填金、藍、綠彩。背陽文篆書："彰天地之大德，遺聖人之鴻寶"，下鈐"最上乘"、"家藏世寶"印，字、印填金、藍、綠彩。墨側凹框內陽文楷書："丙子(明崇禎九年，1636)程惟亮製"。

程惟亮，生平不詳，墨品傳世極少。此墨用煙、文圖製作均精妙，十分珍貴。

37

田弘遇墨寶墨

明崇禎

高13.5厘米　寬 6 厘米　厚1.5厘米

Inkstick with characters Mo Bao, presented by Tian Hongyu to the Emperor

Chongzhen period, Ming Dynasty

Height: 13.5cm　Width: 6cm　Thickness: 1.5cm

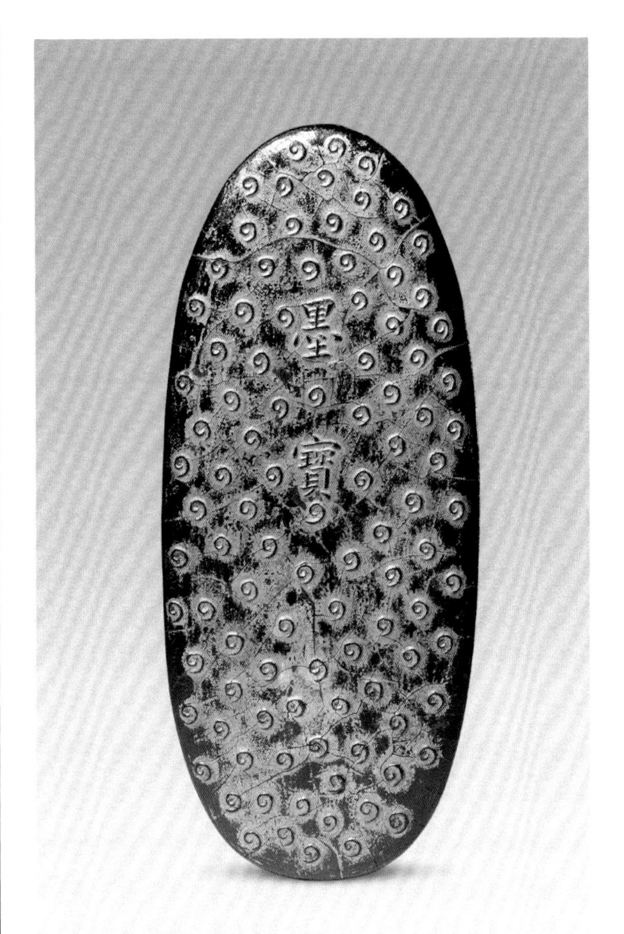

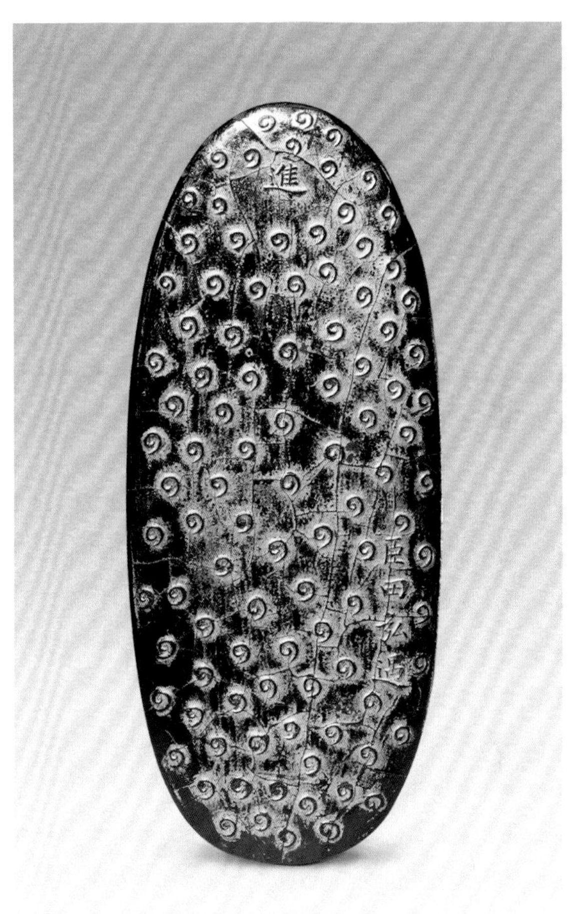

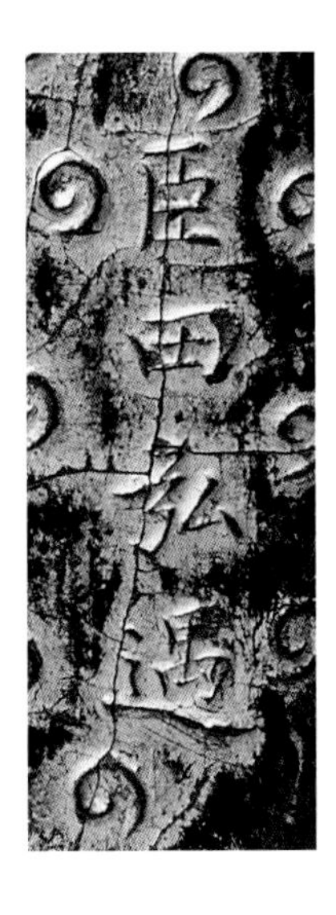

舌形，通體漱金，飾卧蠶紋。面陽文楷書：“墨寶”，背陽文楷書：“臣田弘遇進”。

田弘遇，陝西人，明崇禎帝田貴妃之父。以女貴，官左都督。此墨應是田弘遇命人精心製作的貢品，紋飾古樸，工藝精湛，為世所罕見的珍品。

38

鳴球玄金墨

明崇禎

徑5.5厘米　厚1.4厘米

Inkcake with characters Xuan Jin, collected by Ming Qiu

Chongzhen period, Ming Dynasty

Diameter: 5.5cm　Thickness: 1.4cm

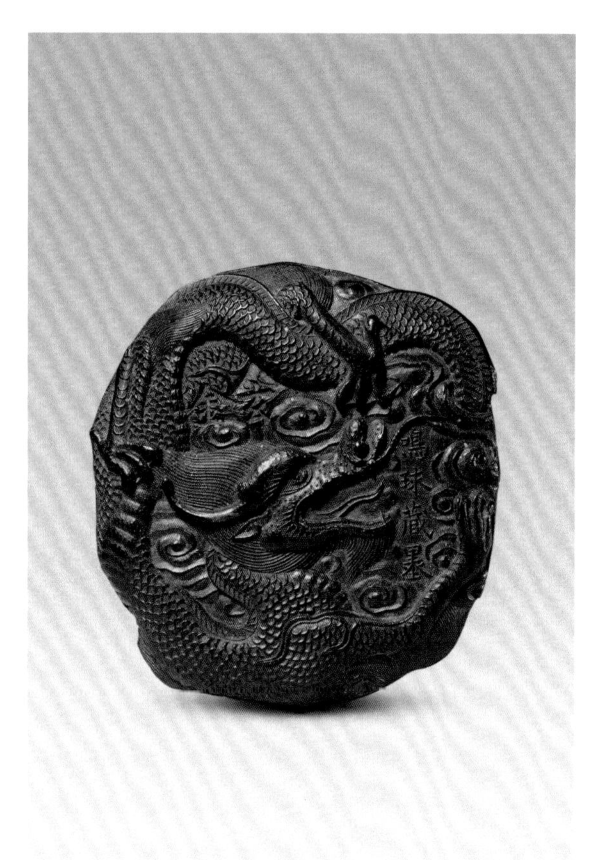

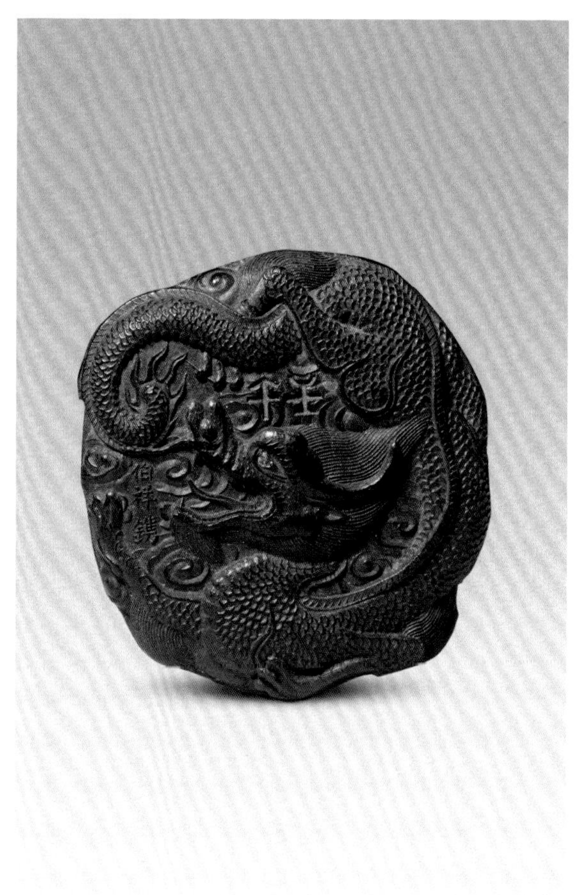

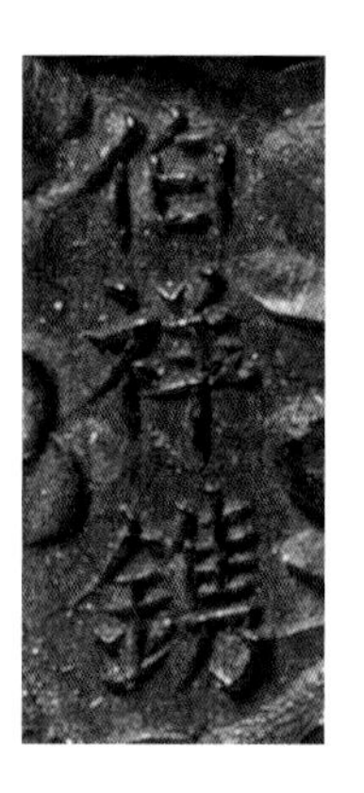

雙龍團卧形，龍體相互蟠繞，龍首各居一面。面上方填金楷書："玄金"，金已脱落；右側陽文楷書："鳴球藏墨"。背填金篆書："壬午"(1642)，左側陽文楷書："伯祥鐫"。

此墨造型新穎，風格古樸，有刻模人款更顯珍貴。

39

吳聞詩秋水閣墨

明崇禎

高10厘米　寬3.2厘米　厚0.9厘米

Inkstick with characters Qiu Shui Ge, presented by Wu Wenshi to his tutor

Chongzhen period, Ming Dynasty

Height: 10cm　Width: 3.2cm　Thickness: 0.9cm

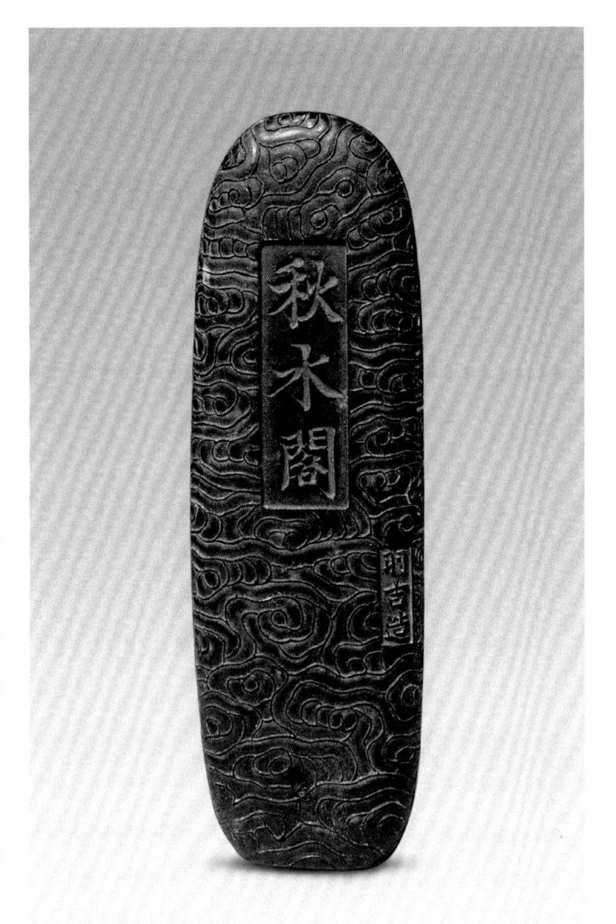

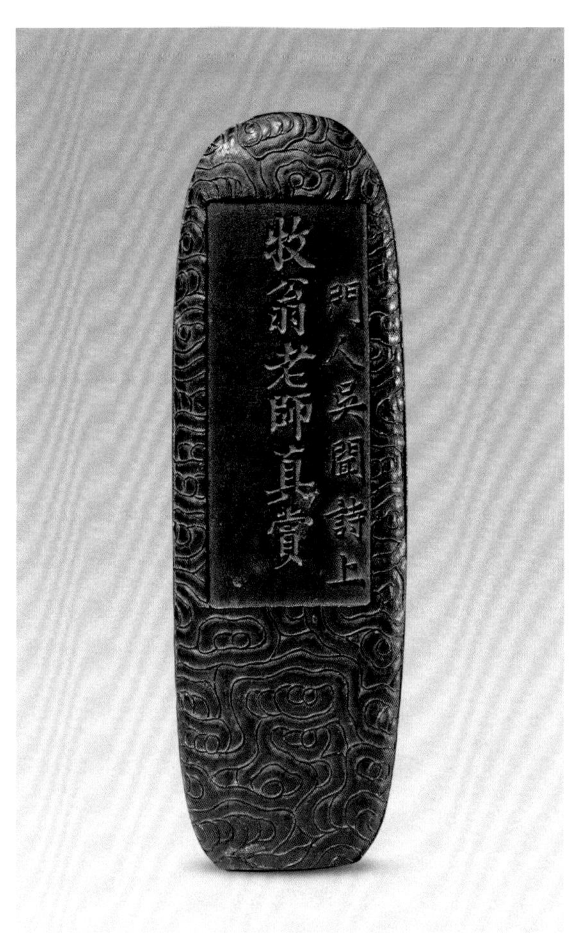

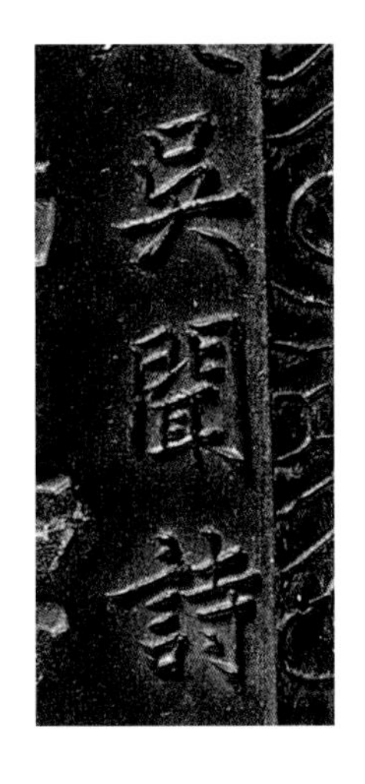

舌形，通體飾雲紋。面凹框內陰文填藍楷書："秋水閣"，右側陽文楷書："羽吉造"。墨背凹框內陰文填藍楷書："牧翁老師真賞"，陽文楷書："門人吳聞詩上"。

吳聞詩，字風之，明末安徽休寧人，祖籍浙江錢塘，錢謙益門徒。錢謙益，字受之，號牧齋，明末常熟(今屬江蘇)人，明萬曆進士，參與修《神宗實錄》、《明史》等，以詩詞文章顯赫東南，秋水閣位於其所建拂水山莊中。此墨係吳聞詩贈予老師的禮品墨。

40

程公瑜鳳麟膠墨

明末

高7.1厘米　寬1.9厘米　厚0.8厘米

Inkstick with characters Feng Lin Jiao, by Cheng Gongyu

Late Ming Dynasty

Height: 7.1cm　Width: 1.9cm　Thickness: 0.8cm

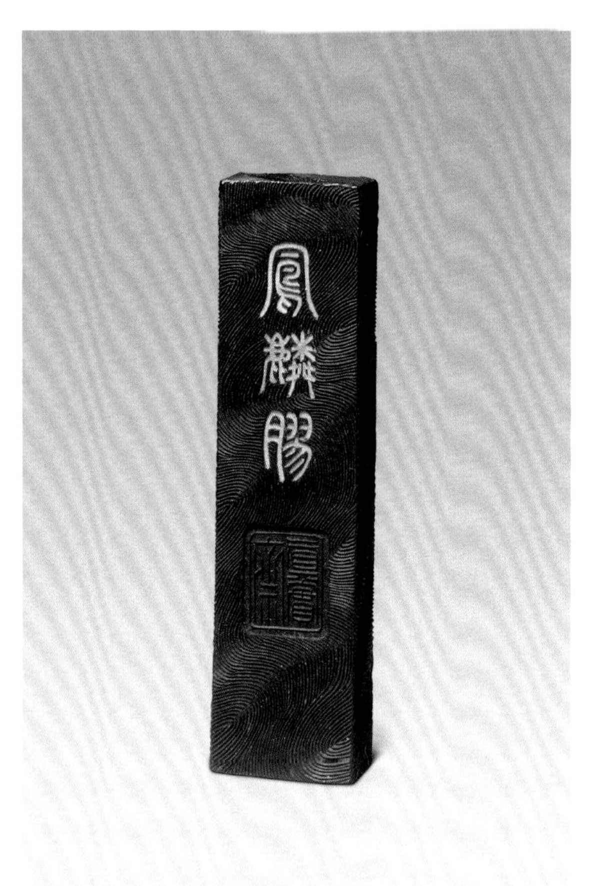

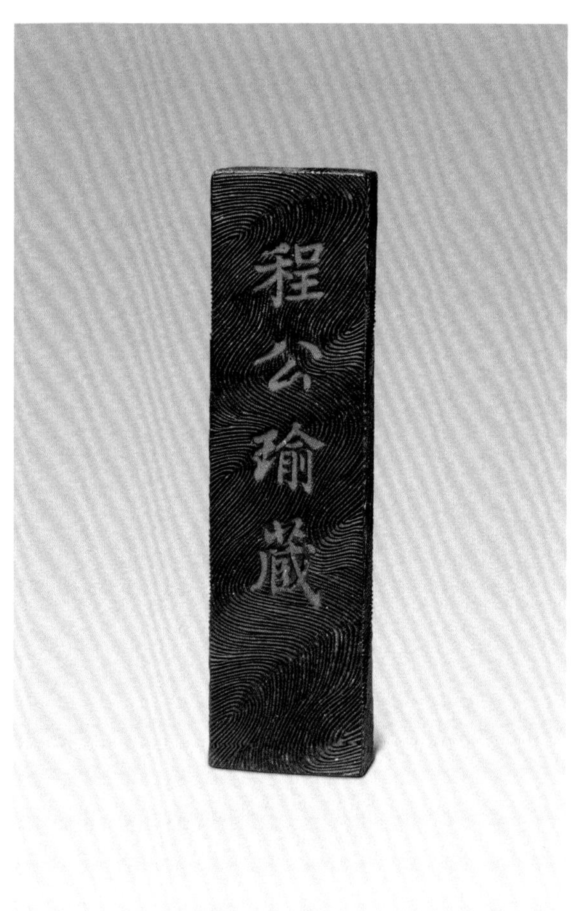

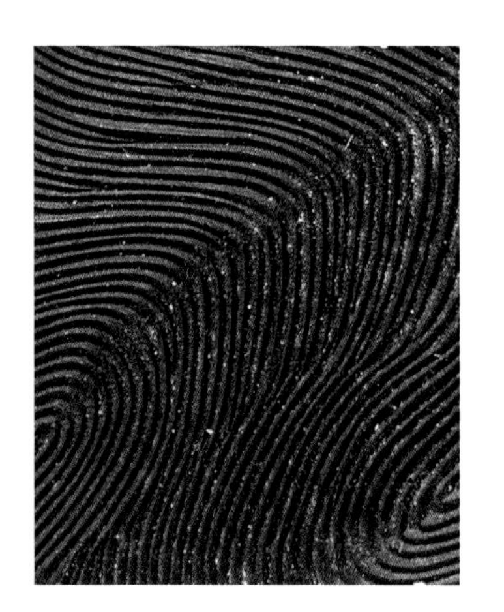

長方形，通體雕細如絲髮的水波紋，底面光素。墨面填金篆書：“鳳麟膠”，下鈐“真實齋”陽文方印。墨背填藍楷書：“程公瑜藏”。

程公瑜，號隱道人，明末清初安徽歙縣人，擅長製墨，名聲藹然，署號真實齋。古代傳説，西海有鳳麟州，州上仙人煮鳳喙、麟角成膠。漢武帝時，西海國進貢此膠，武帝用之接弓弦，名為“續弦膠”。後用“鳳麟膠”比喻夫妻間的感情，亦指對亡妻、亡夫的懷念。

41

程公瑜卿雲露墨

清順治

高5.65厘米　寬2.5厘米　厚0.7厘米

Inkstick with characters Qing Yun Lu, by Cheng Gongyu

Shunzhi period, Qing Dynasty

Height: 5.65cm　Width: 2.5cm　Thickness: 0.7cm

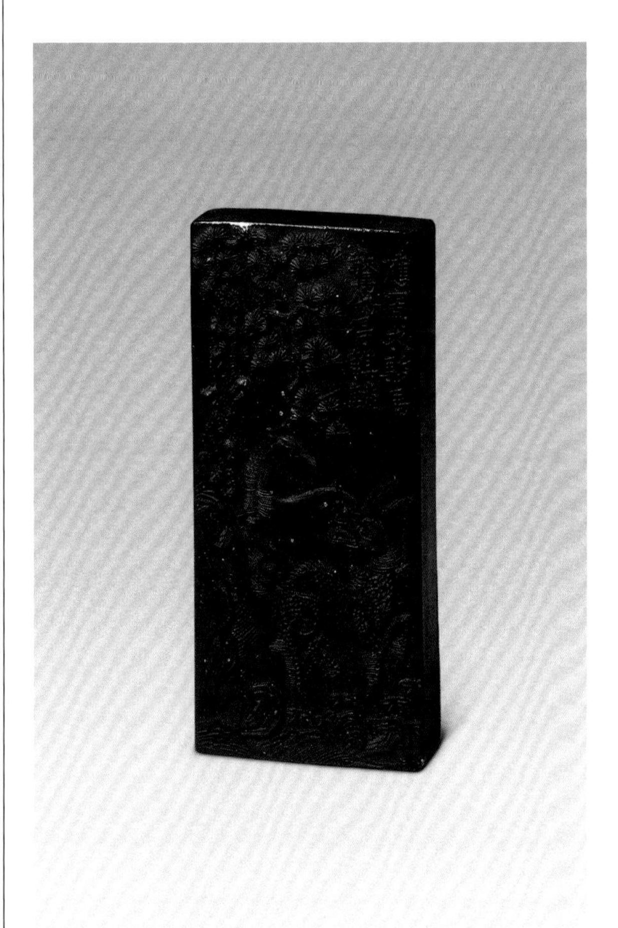

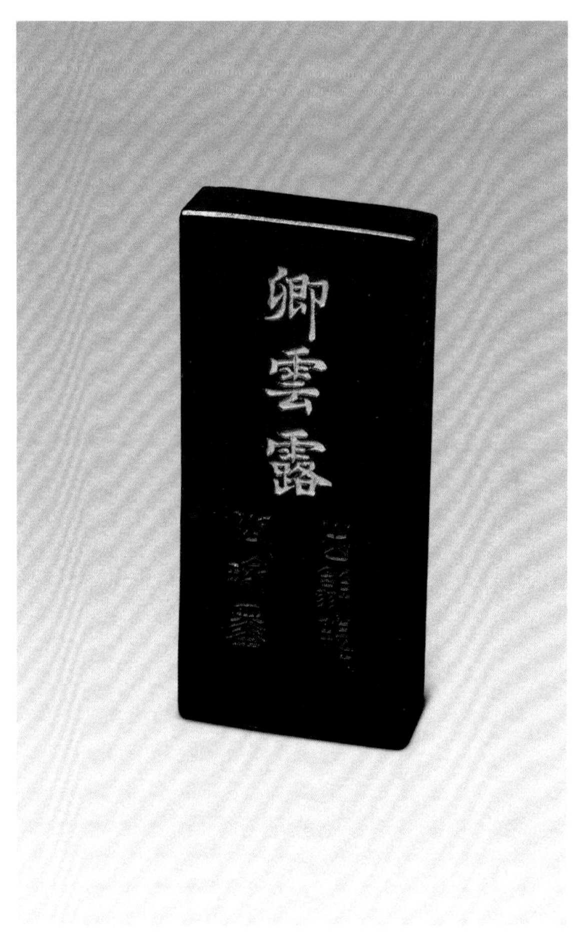

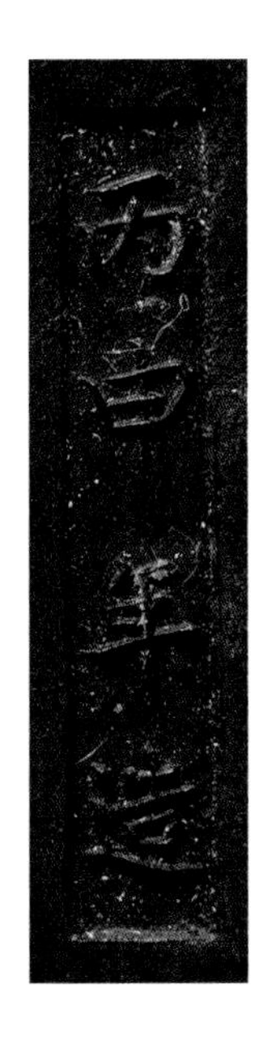

長方形。面雕古松下一隻雄健麒麟與一匹駿馬交錯回望，題書："應圖求駿馬，驚代得麒麟"。背陰文填金楷書："卿雲露"，陽文篆書："出歙程公瑜墨"。一側面凹框內陽文楷書："丙申 (清順治十三年，1656) 年造"。

此墨製於清代初期，為程氏第一墨品。

42

朱一涵青麟髓墨

明

高8.8厘米　寬2.4厘米　厚0.9厘米

Inkstick with characters Qing Lin Sui, by Zhu Yihan

Ming Dynasty

Height: 8.8cm　Width: 2.4cm　Thickness: 0.9cm

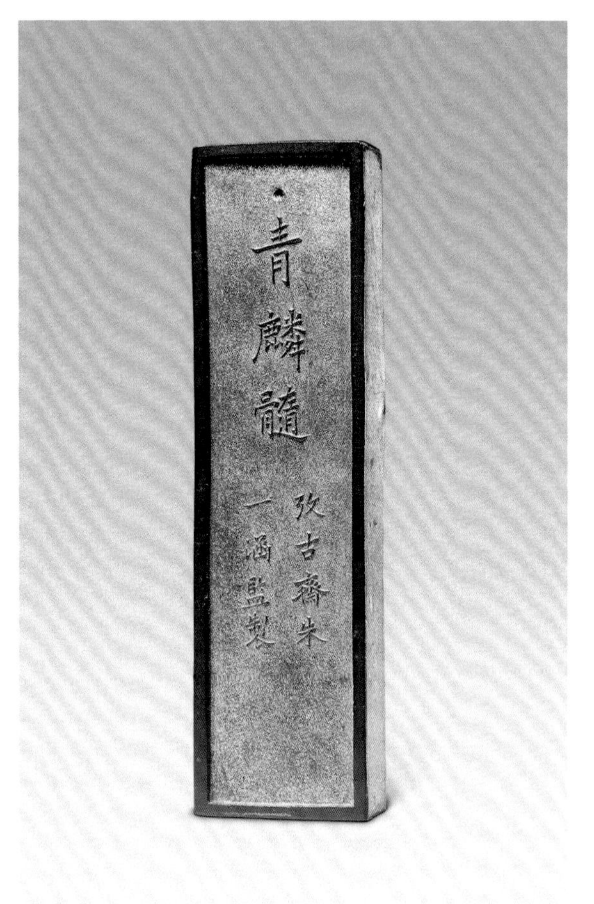

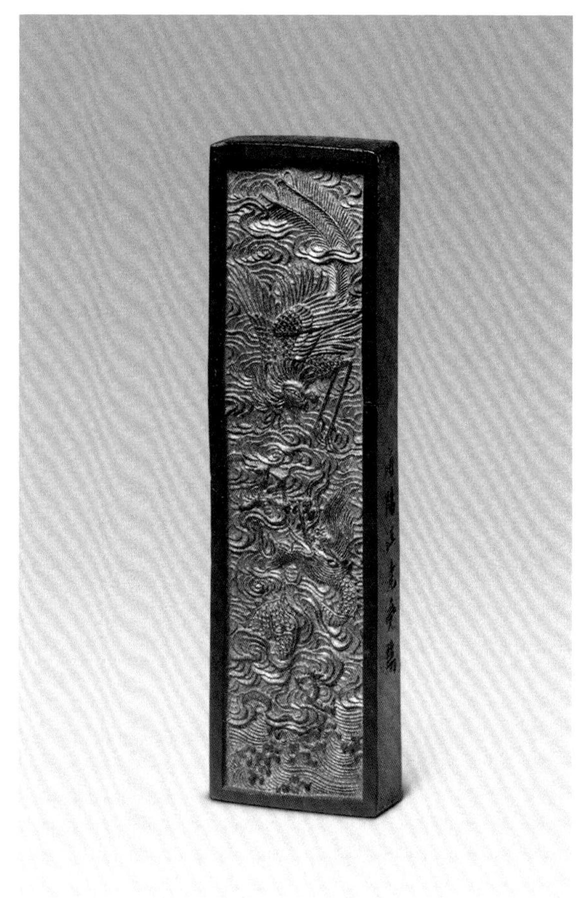

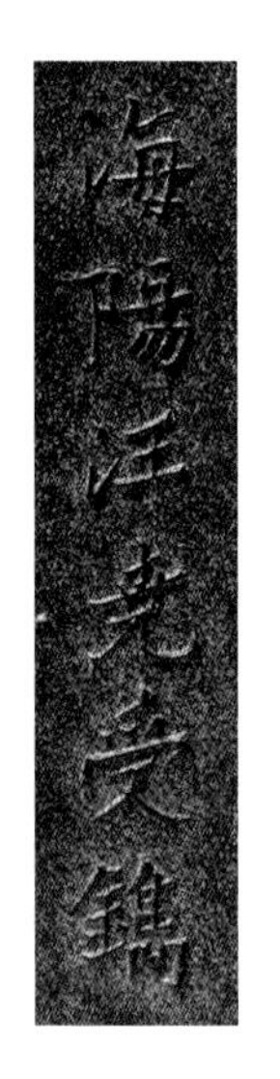

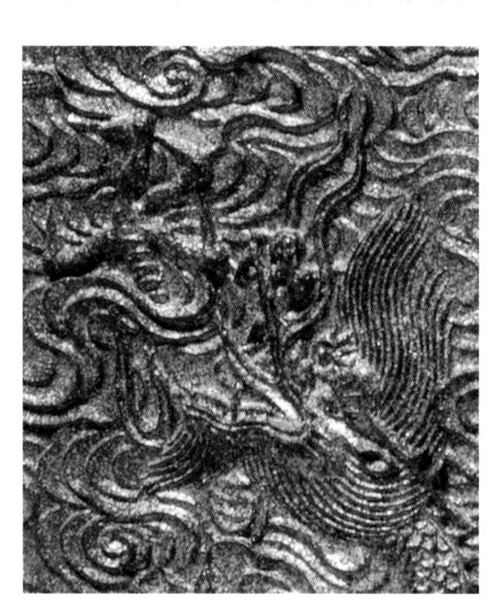

長方形，兩面起邊框，漆邊，通體漱金。面雕龍翔鳳舞，間飾雲紋。背陽文楷書：“青麟髓　考古齋朱一涵監製”。側陽文楷書刻模人款：“海陽汪堯受鐫”。

朱一涵，明安徽休寧人，天啟、崇禎時墨家，署號考古齋。製墨多漱金，鐫圖製範，務為精嚴，故傳世品甚少。此墨為其傳世精品。汪堯受，刻模工匠。傳世明墨中刻模工留名的只有三人。《四家藏墨圖錄》著錄。

43

吳叔大鳳九雛墨

明

徑12.1厘米　厚1.9厘米

Inkcake with characters Feng Jiu Chu and design of nine young phoenixes surrounding an old phoenix, by Wu Shuda

Ming Dynasty

Diameter: 12.1cm　Thickness: 1.9cm

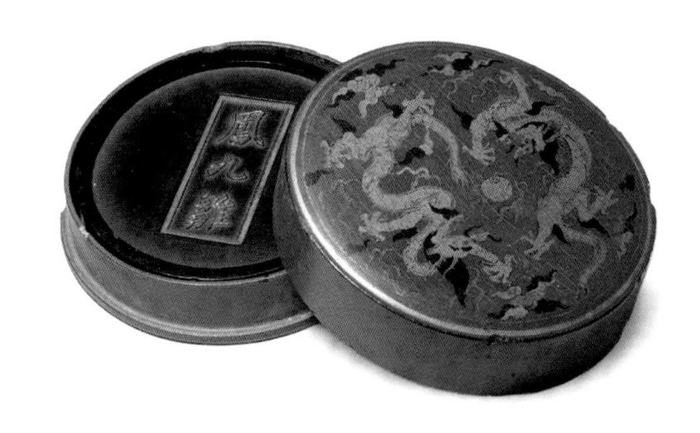

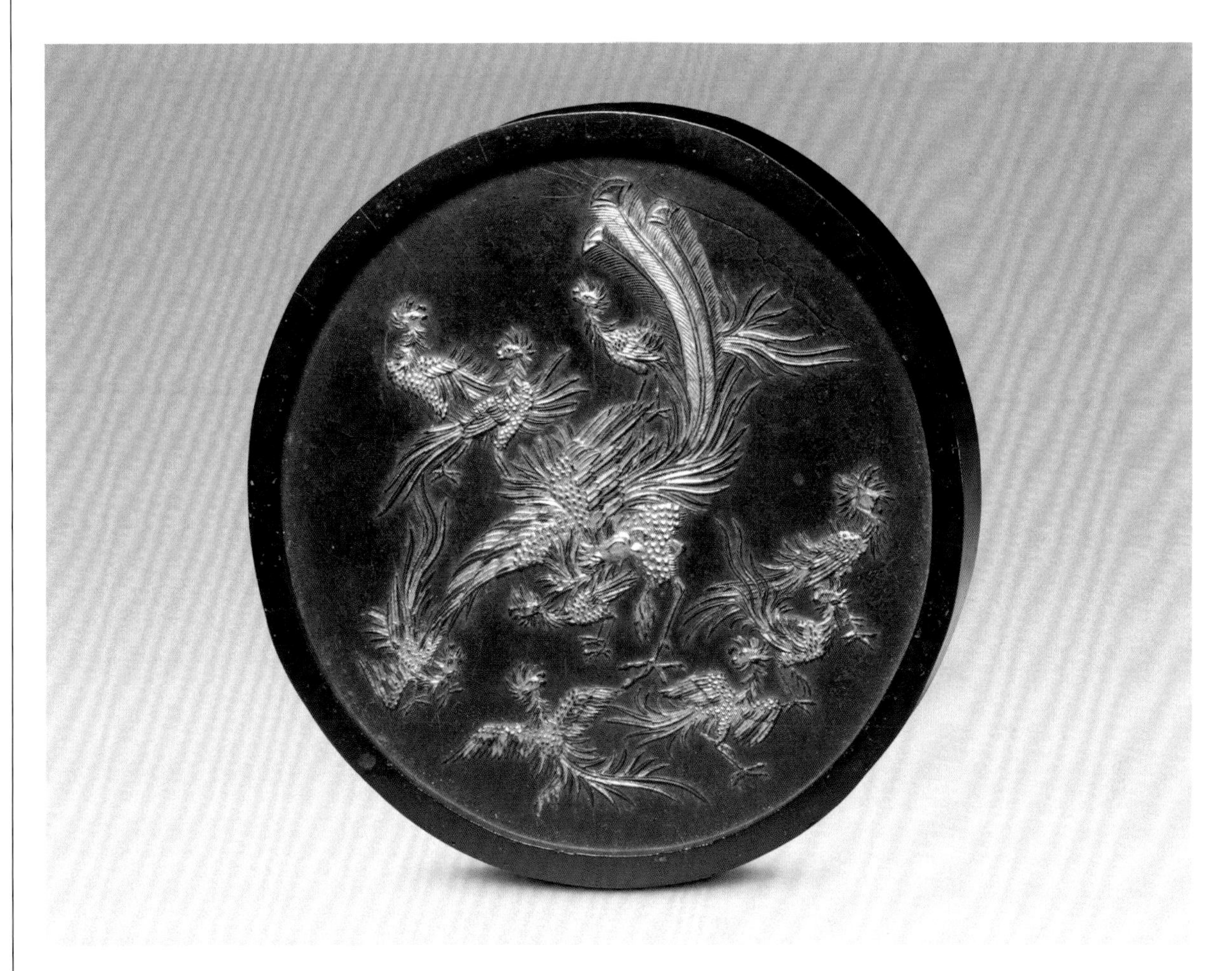

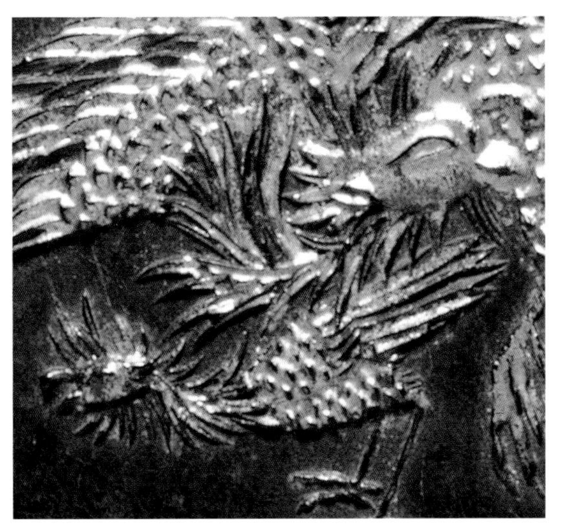

圓形，兩面起邊框。面刻十鳳，中間一大鳳，周環九小鳳，姿態各異，均描金，翅羽填綠。背填藍框內陽文描金楷書："鳳九雛"。側楷書款："大國香　吳叔大製"。盛一紅漆描金圓盒內，面繪雙龍戲珠紋。

吳叔大，安徽休寧人，明末清初製墨名家，墨肆玄粟齋。所製墨品多仿古。鳳九雛，象徵多子多孫，為婚嫁禮品墨的一種。此墨龍紋粗獷灑脱，具明墨特徵，為吳叔大墨中精品。《中舟藏墨錄》著錄。

44

吳叔大千秋光墨

明崇禎

高5.4厘米　寬4.3厘米　厚0.6厘米

Inkstick with characters Qian Qiu Guang, by Wu Shuda

Chongzhen period, Ming Dynasty

Height: 5.4cm　Width: 4.3cm　Thickness: 0.6cm

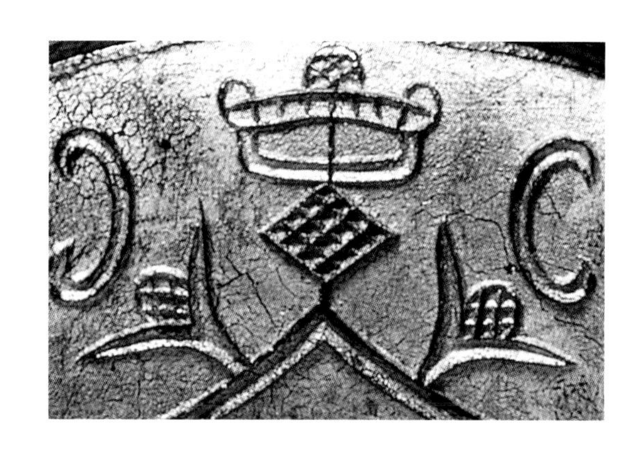

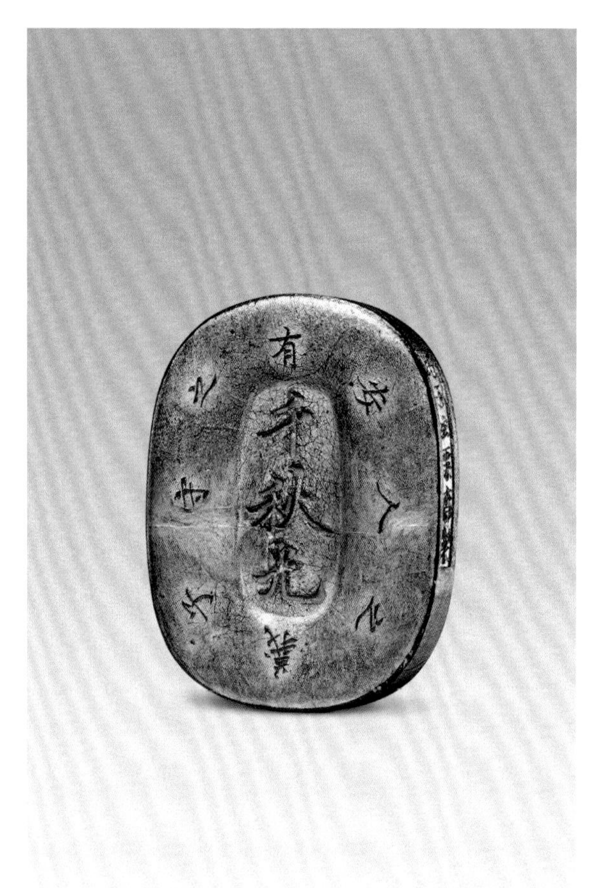

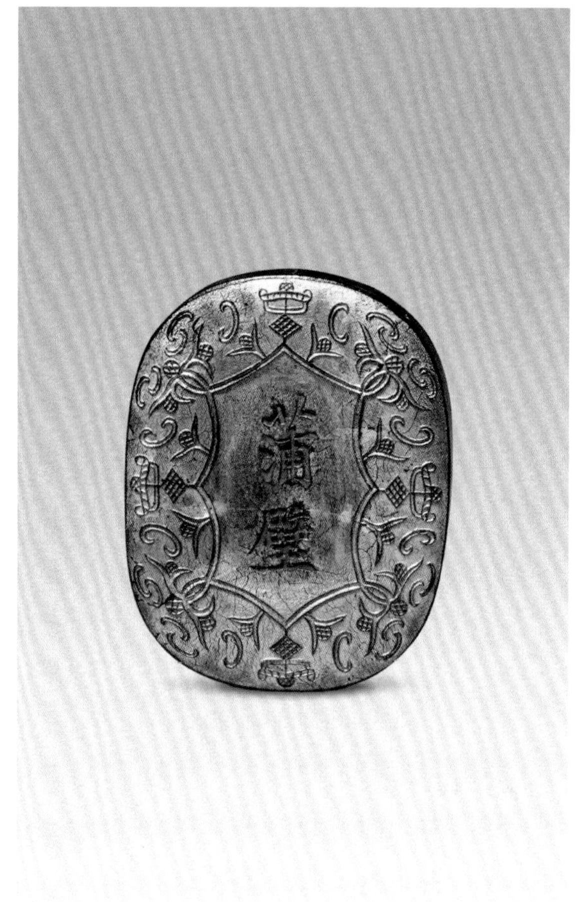

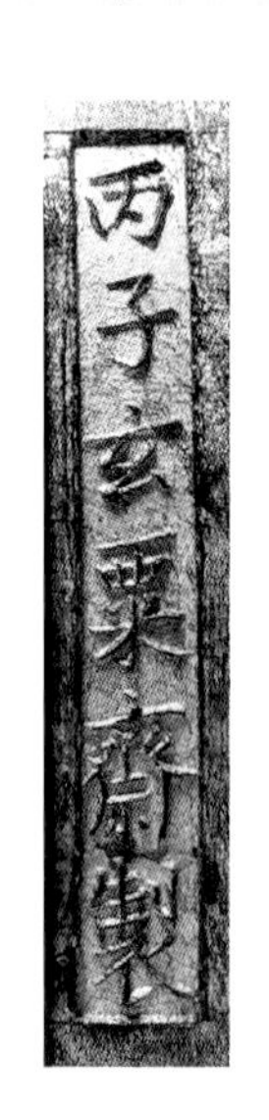

橢圓形，通體漱金。面心內凹如玉璧，陰文填藍楷書："千秋光"，外環陽文楷書："有安人之義子守之"。墨背中心填藍楷書："蒲璧"，外環飾纏枝花朵。一側面框內陽文楷書："丙子(明崇禎九年，1636)玄粟齋製"。

"蒲璧"，為飾有蒲紋的玉璧，是古代爵位的信物。此墨為吳叔大代表墨品之一。民國吳昌綬《十六家墨說》著錄。

45

吳元養赤水珠龍紋墨

明

徑7.2厘米　厚1.1厘米

Inkstick with characters Chi Shui Zhu and design of two dragons playing a pearl, by Wu Yuanyang

Ming Dynasty

Diameter: 7.2cm　Thickness: 1.1cm

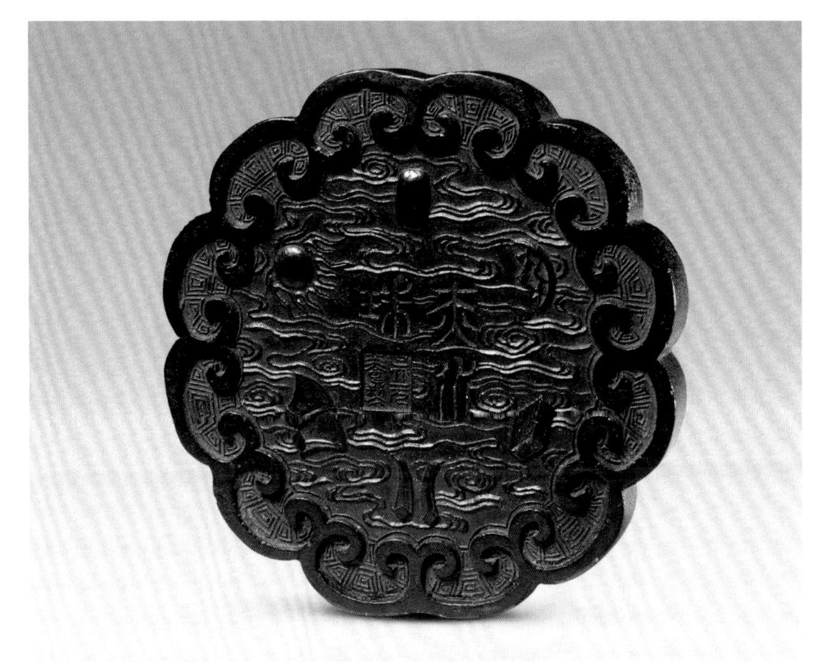

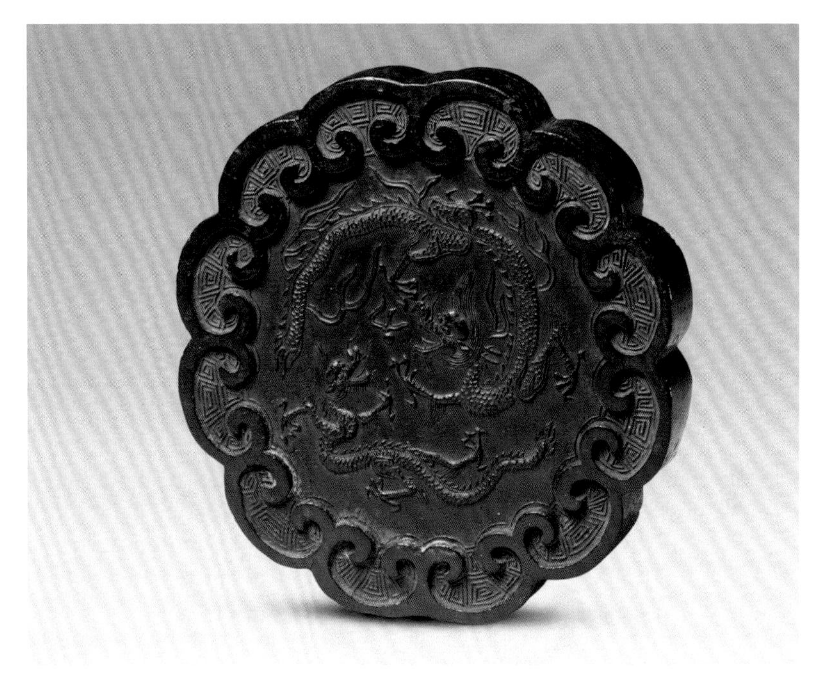

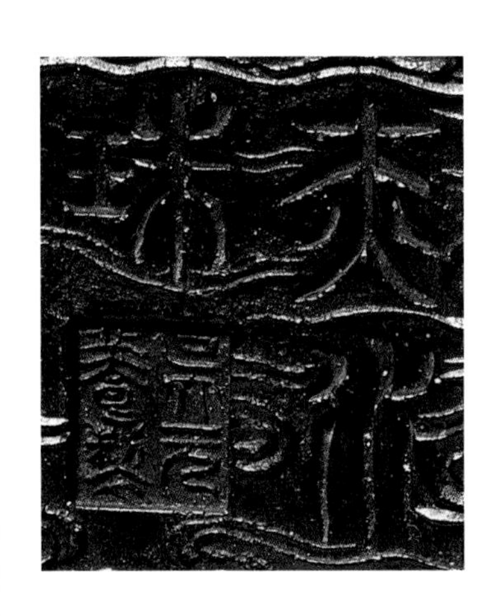

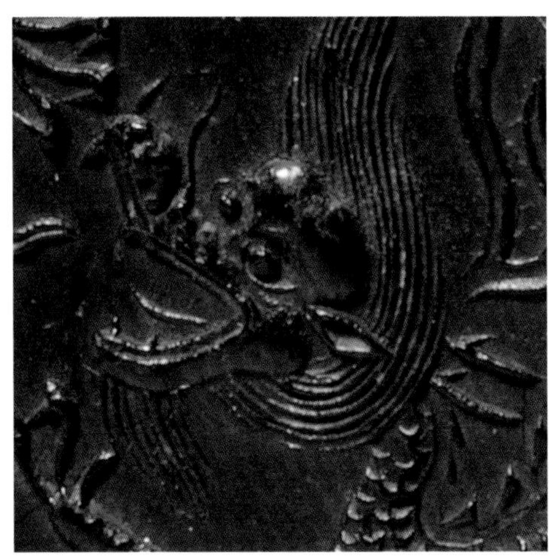

葵瓣形，兩面起如意雲紋邊框。面雲紋地，中央陰文篆書："赤水珠"，鈐"吳元養製"陽文方印，周圍環飾九錫紋。背雕二龍戲珠紋，如意雲紋框內雕迴紋。

吳元養，明末人，傳世墨不多見。程君房曾製葵瓣式墨。《四家藏墨圖錄》著錄。

46

孫隆清謹堂墨

明

高6厘米　寬2.2厘米　厚1.3厘米

清宮舊藏

Inkstick with characters Qing Jin Tang Zhi, by Sun Long

Ming Dynasty

Height: 6cm　Width: 2.2cm　Thickness: 1.3cm

Qing Court collection

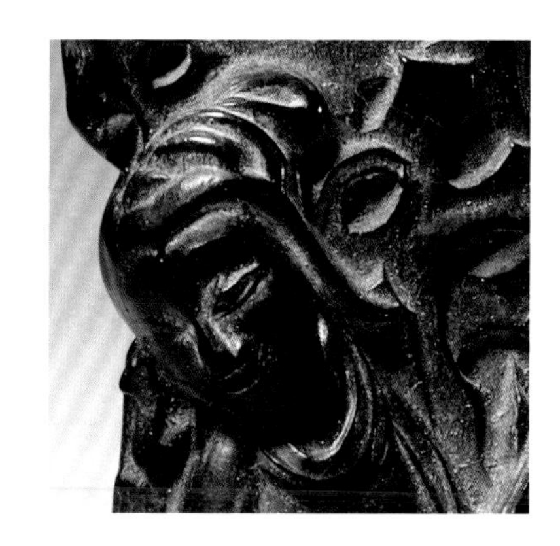

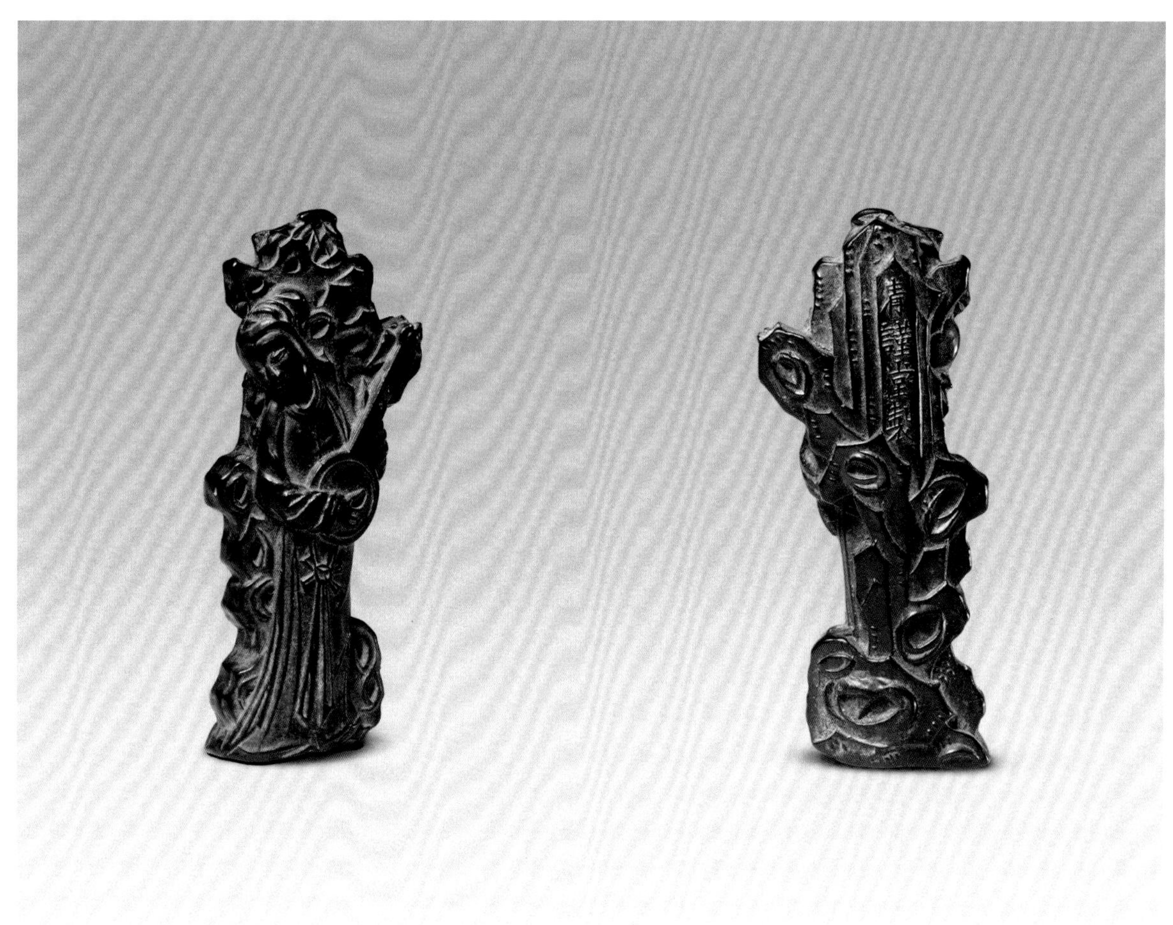

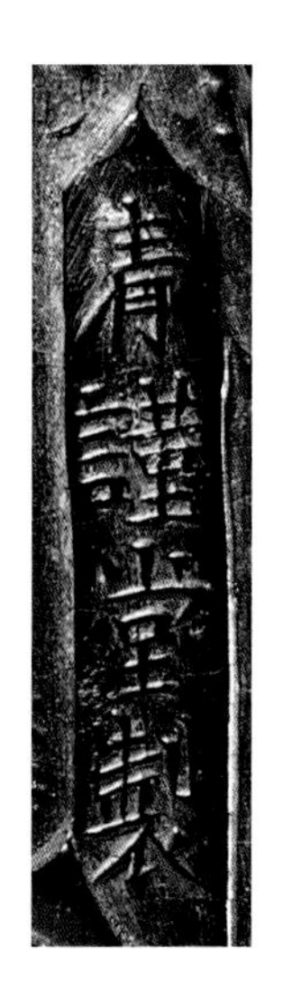

圓雕一女子背倚秀山靈石，彈撥阮咸。背雕湖石，陽文楷書款："清謹堂製"。通體漆衣。

清姜紹書《韻石齋筆談．墨考》記載："清謹堂墨，款式精巧，為織造內臣孫隆製。"孫隆，字東瀛，明萬曆時人，為蘇杭織造太監，其多學善書，從客儒雅，自製墨品供入內廷，頗得寵。此墨造型奇巧，雕刻生動，墨質細膩亮澤，在明代墨品中極少見。

47

王俊卿琴書友墨

明

琴墨高7.9厘米　寬2厘米　厚0.5厘米

畫卷墨高7.45厘米　寬2厘米　厚0.5厘米

Two inksticks with characters Qin Shu You, by Wang Junqing

Ming Dynasty

One in the shape of a lute:

Height: 7.9cm　Width: 2cm　Thickness: 0.5cm

One in the shape of a picture scroll:

Height: 7.45cm　Width: 2cm　Thickness: 0.5cm

兩錠，一為琴式，一為畫卷式，通體漱金。琴墨面雕出琴身、琴弦等，背填藍楷書："琴書友"，鈐"王俊卿製"陽文方印。畫卷式墨滿雕水波紋，卷中部雕填藍束帶，面填綠楷書："琴書友"，背填藍框內楷書："浣香齋"。

王俊卿，明末安徽休寧製墨家，署號浣香齋，墨品傳世較多。此墨造型頗顯文人情趣，為其名品。

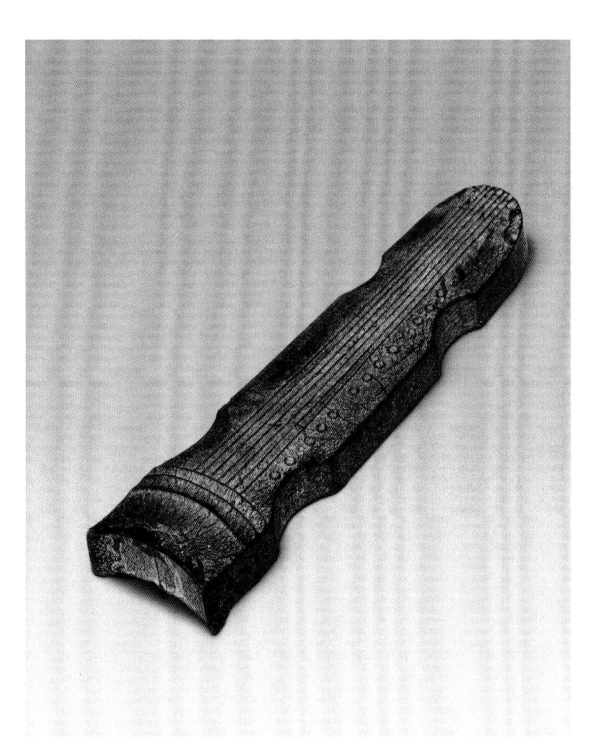

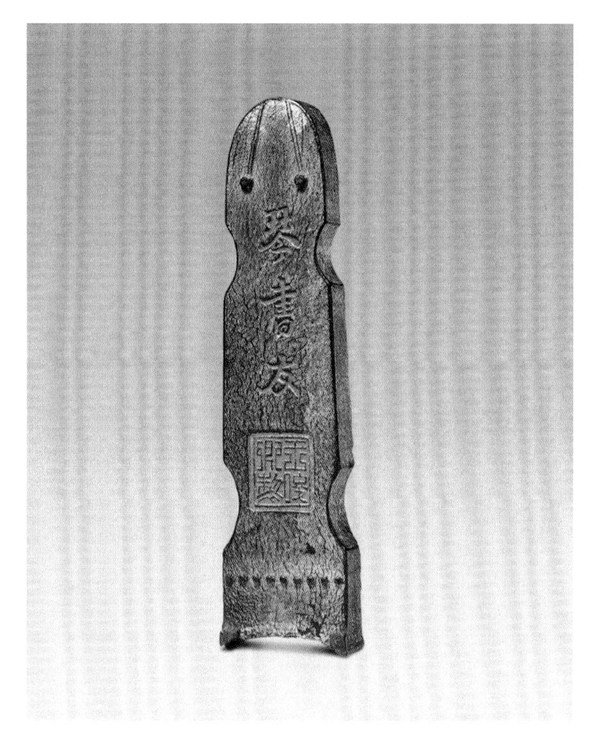

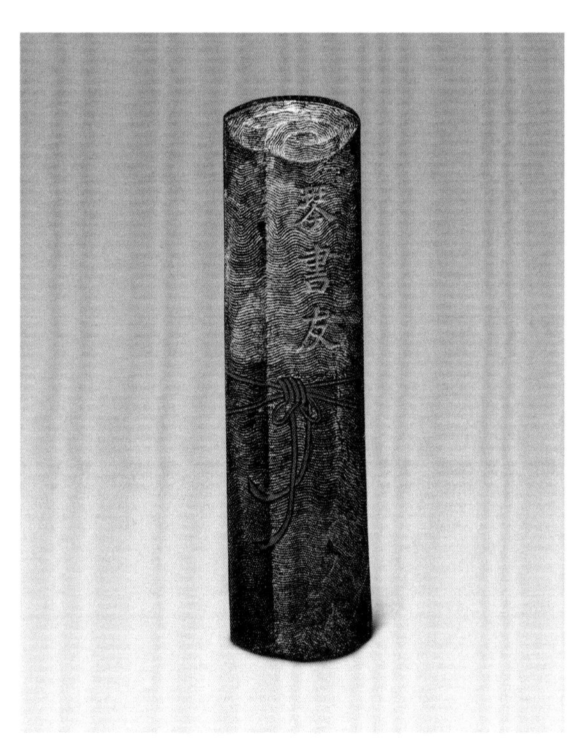

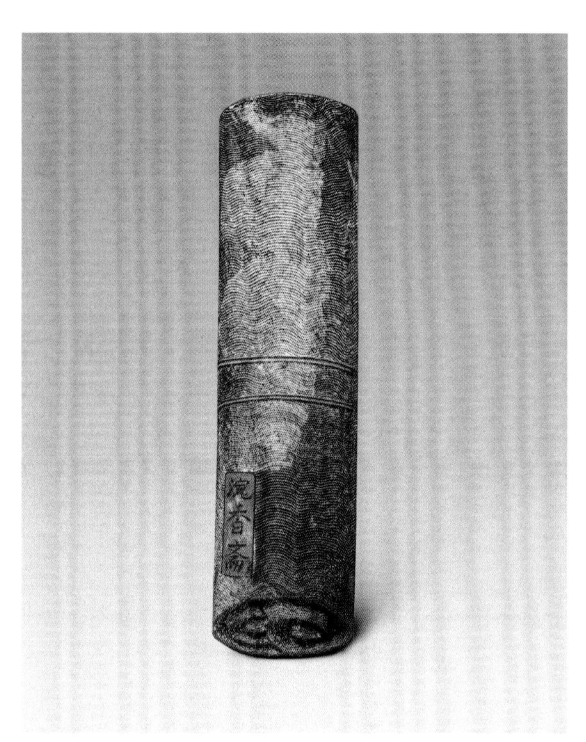

48

程鳳池靈椿年墨

明

高4.5厘米　寬2.7厘米　厚0.8厘米

Inkstick with characters Ling Chun Nian, by Cheng Fengchi

Ming Dynasty

Height: 4.5cm　Width: 2.7cm　Thickness: 0.8cm

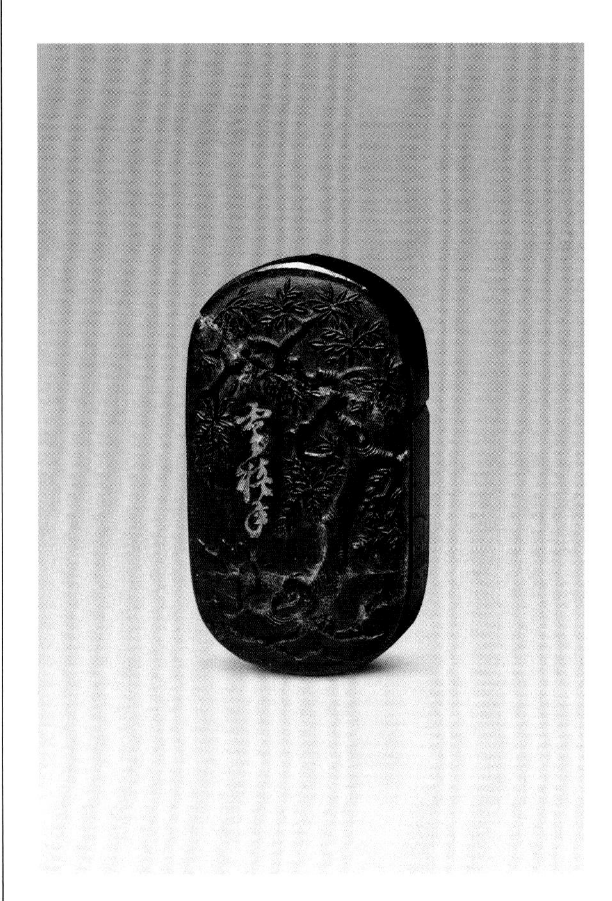

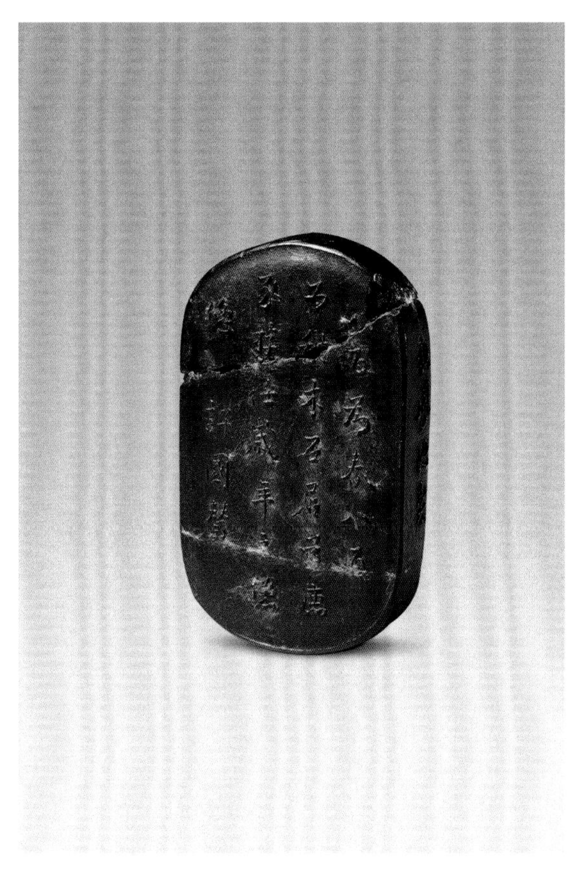

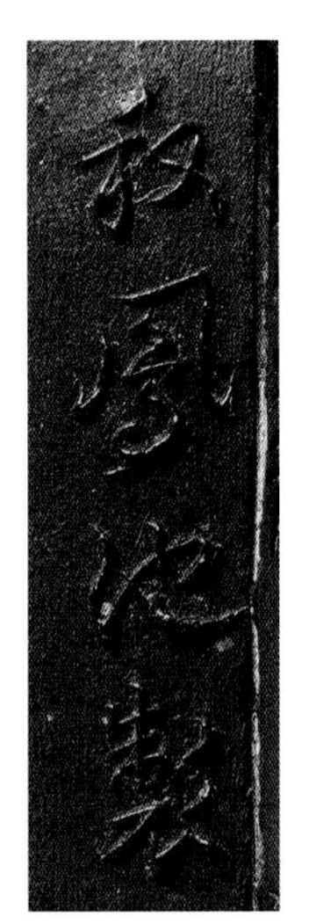

橢圓形。面雕一盤根錯節的古椿樹，樹間填金草書：“靈椿年”。背陽文行書：“八百為春，八百為秋，木石居首，鹿豕遊任，歲年之悠悠。許國贊”。側面陽文楷書：“程鳳池製”。

程鳳池，明萬曆時安徽歙縣人，著名製墨家，署號經義齋，子贊仲、孫暉吉繼承墨業，至清初仍盛名不衰。《莊子．逍遙遊》語：“楚之南有冥靈者，以五百歲為春，五百歲為秋。上古有大椿者，以八千歲為春，八千歲為秋。”後世以“椿年”、“靈椿”用作祝壽語。

49

程鳳池紫龍涎墨

清順治

高11.3厘米　寬3.6厘米　厚 1 厘米

Inkstick with characters Zi Long Xian, by Cheng Fengchi

Shunzhi period, Qing Dynasty

Height: 11.3cm　Width: 3.6cm　Thickness: 1cm

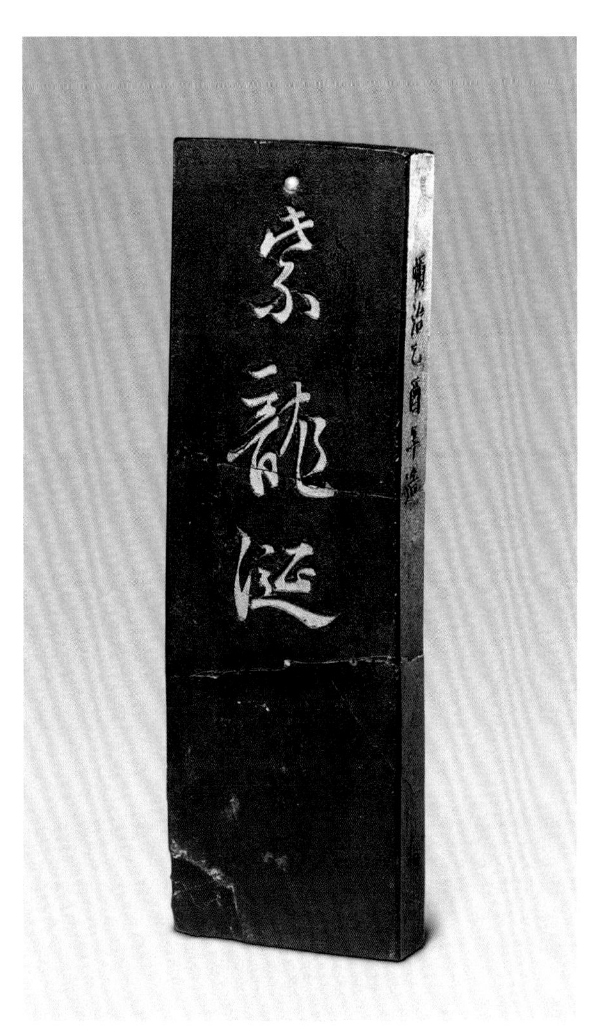

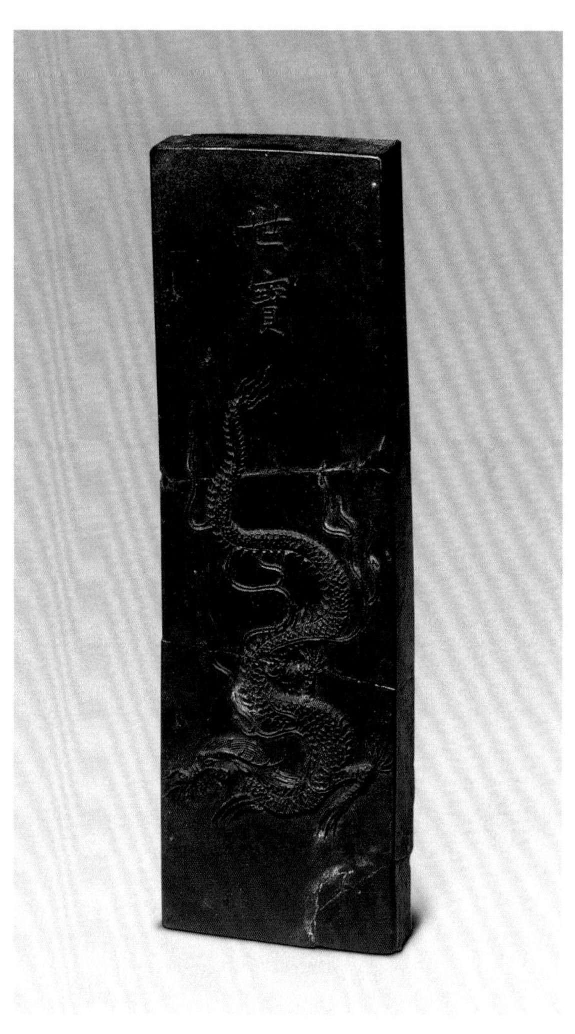

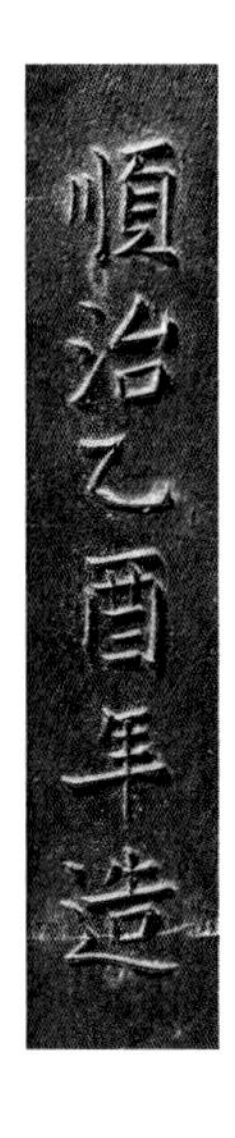

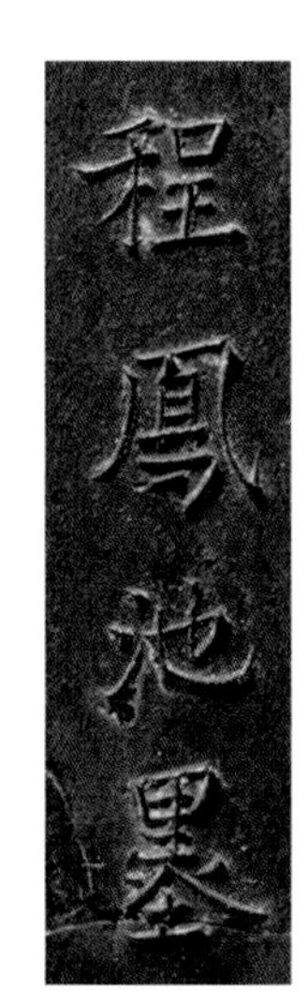

長方形。面額間嵌珠，填金行書墨名：“紫龍涎”。背陽文楷書：“世寶”，飾龍紋。兩側面陽文楷書“順治乙酉年(1645)造”、“程鳳池墨”款。

清代初，因社會動盪，製墨極少標署年款，此墨為存世寥寥者，故而十分珍貴。

50

龍門氏為龍為光墨

清順治
徑9厘米　厚1.5厘米
清宮舊藏

Inkcake with characters Wei Long Wei Guang, by Long Men Shi

Shunzhi period, Qing Dynasty
Diameter: 9cm　Thickness: 1.5cm
Qing Court collection

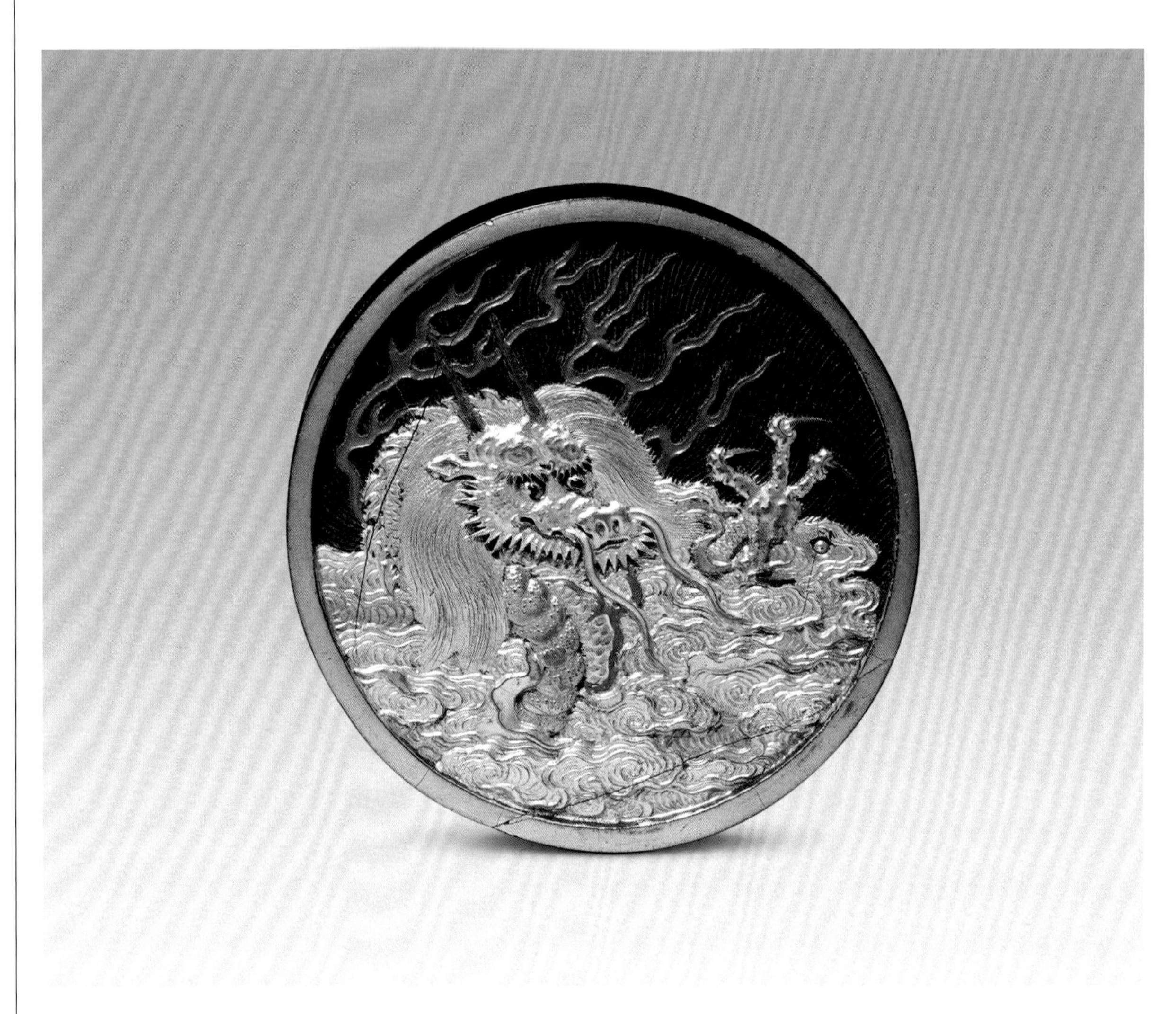

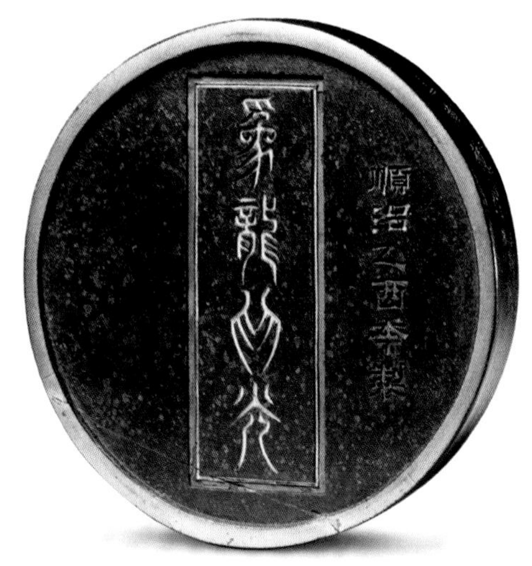

圓形，兩面起邊框，框描金。面雕描金雲龍戲珠，龍首披髮，四爪伸張，龍背出硃光火焰，形象威嚴。背填藍長方框內陰文填金篆書："為龍為光"，右側填金、藍隸書："順治乙酉年(1645)製"。兩側面陽文楷書"青麟髓"、"三韓龍門氏藏"款。

"龍門氏"名張學聖，奉天(今瀋陽)人，清代第一任徽州知府。傳世墨品極少，另有天保九如墨，形式、署款與此墨同。

51

程公望此君筍式墨

清康熙

高9.5厘米　寬1.6厘米　厚1厘米

Inkstick in the shape of bamboo shoots with characters Ci Jun, by Cheng Gongwang

Kangxi period, Qing Dynasty

Height: 9.5cm　Width: 1.6cm　Thickness: 1cm

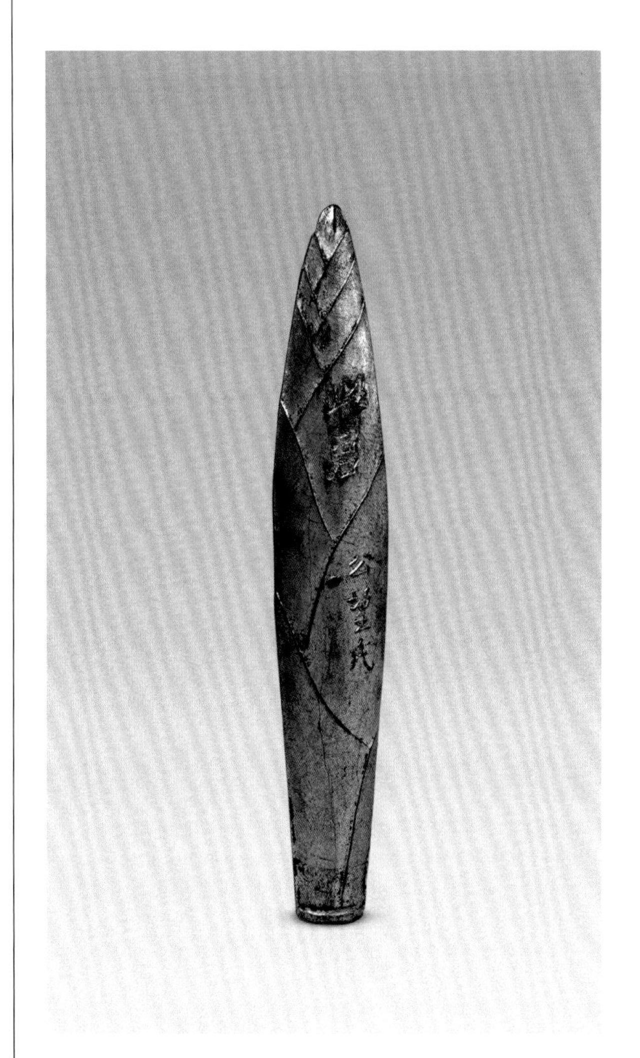

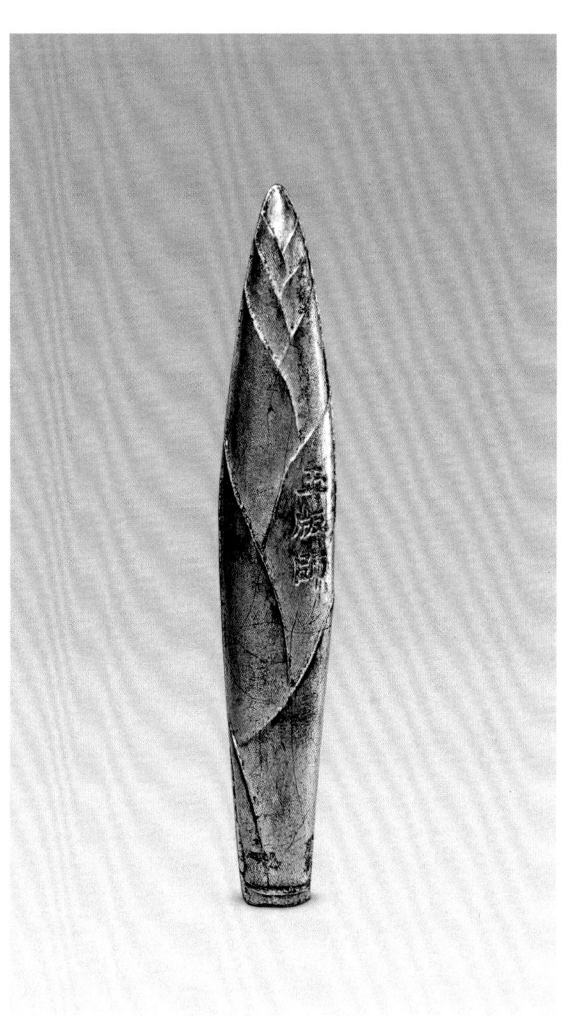

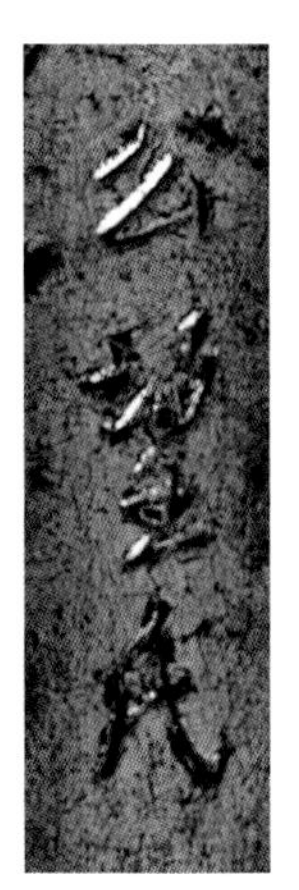

竹筍形，雕出筍節，通體漱金。面陰文行書："此君"，下署陽文行書款："公望氏"。背陰文楷書："玉版師"。

程公望，清代康熙製墨家，與明末墨家程季元、程仲彝同署清芬齋，傳世墨品罕見。"此君"指竹，晉朝書法家王羲之子徽之，愛竹如狂，謂不可一日無此君，故稱。此墨作破土的竹筍形，造型獨特，稍事雕琢，形象生動。

52

吳尹友詩中畫集錦墨

清康熙

高8.1厘米　寬2.7厘米　厚0.9厘米　8錠

A set of eight Inksticks with characters Shi Zhong Hua, by Wu Yinyou

Kangxi period, Qing Dynasty

Each one: Height: 8.1cm　Width: 2.7cm　Thickness: 0.9cm

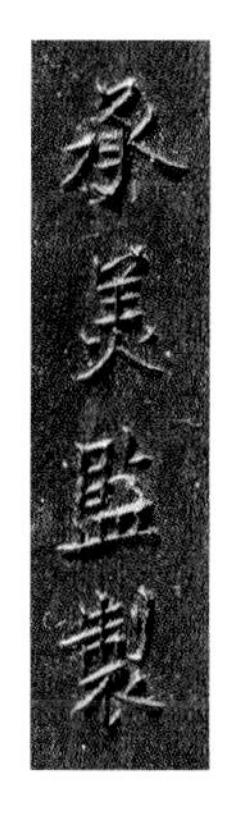

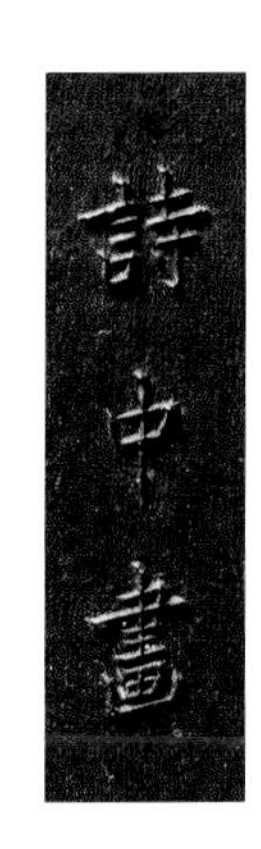

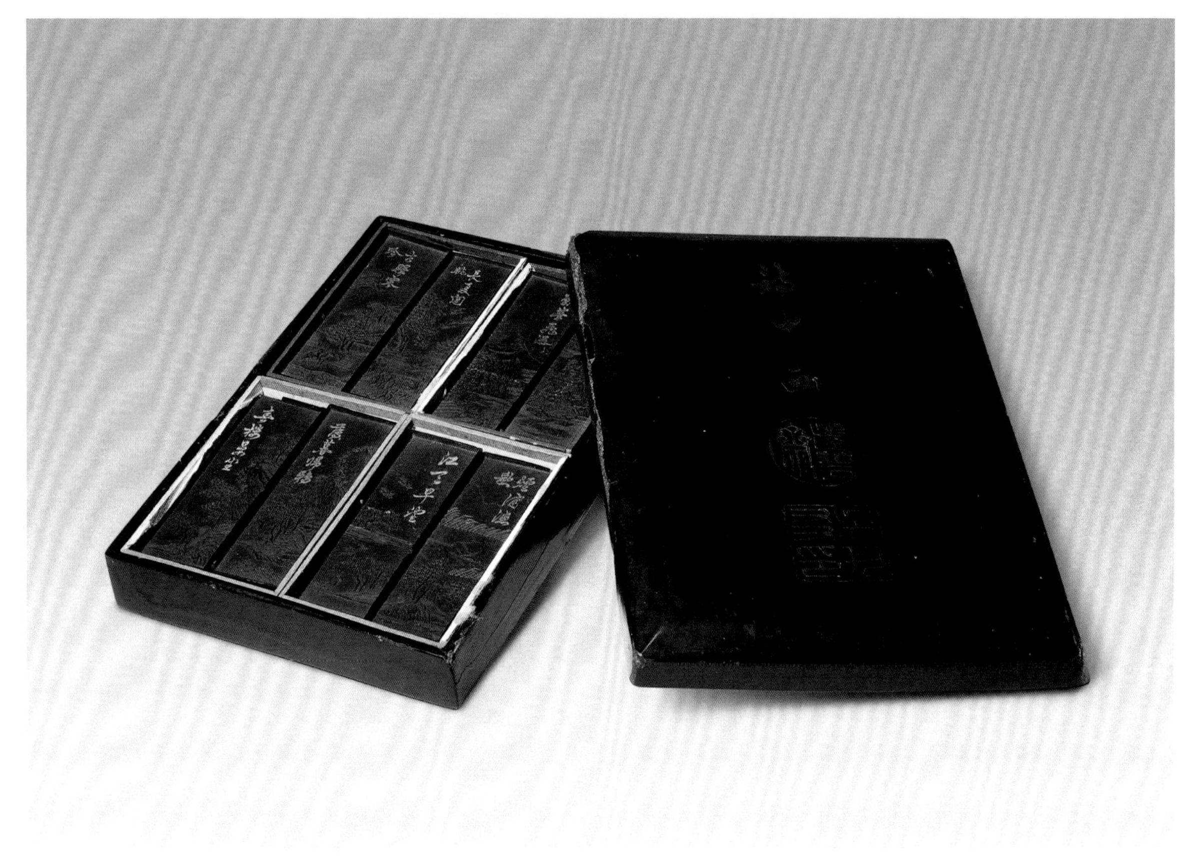

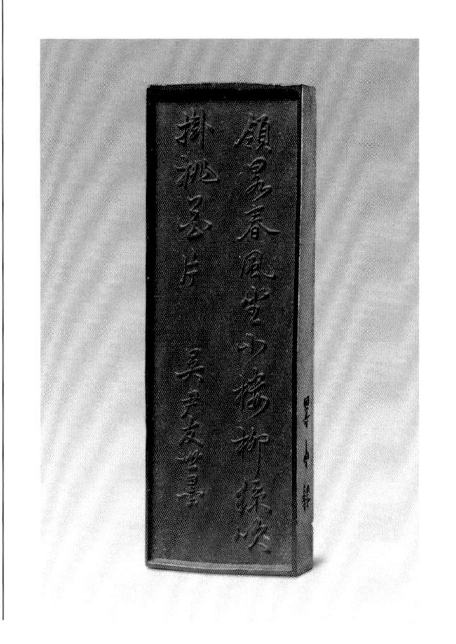

長方形，兩面起邊框。面為山水圖，分別題“春樓晏坐”、“水閣秋雲”、“甑峯飛瀑”、“薄暮歸鴉”、“江天早望”、“煙浦漁歌”、“古驛寒吟”、“長夏間眺”。背題詠畫詩。側面書：“詩中畫”。署款有“吳尹友世墨”、“承美監製”、“天都尹友氏”、“澄碧齋藏”，鈐“吳尹友”、“碧齋”、“尹友”等印。墨盛裝於黑漆盒中，盒蓋書：“詩中畫”，下鈐“澄碧齋”、“吳尹友印”印。

吳尹友，清康熙時安徽休寧人，以善製集錦墨聞名，齋號澄碧齋。此墨為其精品。

53

曹素功紫玉光集錦墨

清康熙

高5.9厘米　寬2.2厘米　厚0.8厘米　20錠

A set of twenty Inksticks with characters Zi Yu Guang, by Cao Sugong

Kangxi period, Qing Dynasty

Each one: Height: 5.9cm　Width: 2.2cm　Thickness: 0.8cm

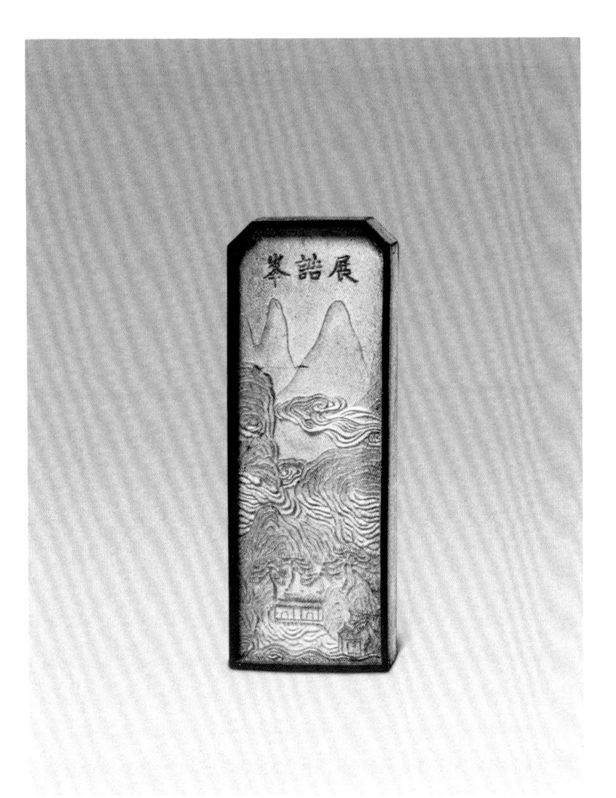

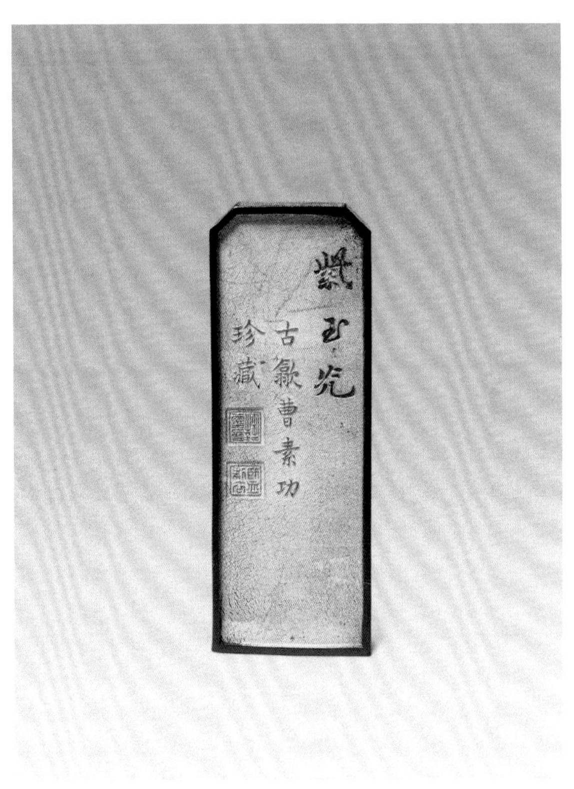

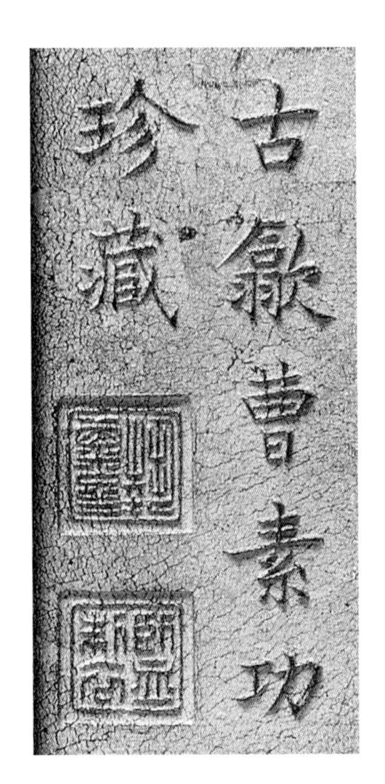

長方形、委角長方形不等，兩面起邊框，漆邊，漱金。面作通景“白岳山圖”，分題景名，背填藍行書：“紫玉光”。署款有“曹素功藏”、“天都曹素功製”、“藝粟齋主人仿古法墨”等，“康熙丁未年(1667)製”年款，鈐“玉堂清賞”、“子孫寶之”、“陶朱主人”、“笙簧文苑”等印。裝於朱漆描金匣內，蓋描金隸書“紫玉光銘”：“九轉之精，百煉之液。色奪天工，光逾蒼璧。神而化之，優入聖域。”

曹素功(1615—1689)，名聖臣，字昌言，號素功，清初安徽歙縣岩寺鎮人。與汪近聖、汪節菴、胡開文並稱清代四大墨家，齋號藝粟齋，著有《曹氏墨林》。墨品有十八種，紫玉光墨為第一，為康熙皇帝南巡時賜名。他還多為私人代製墨品。此套墨紋飾繁複，製作精細，為特供宮廷的貢墨。

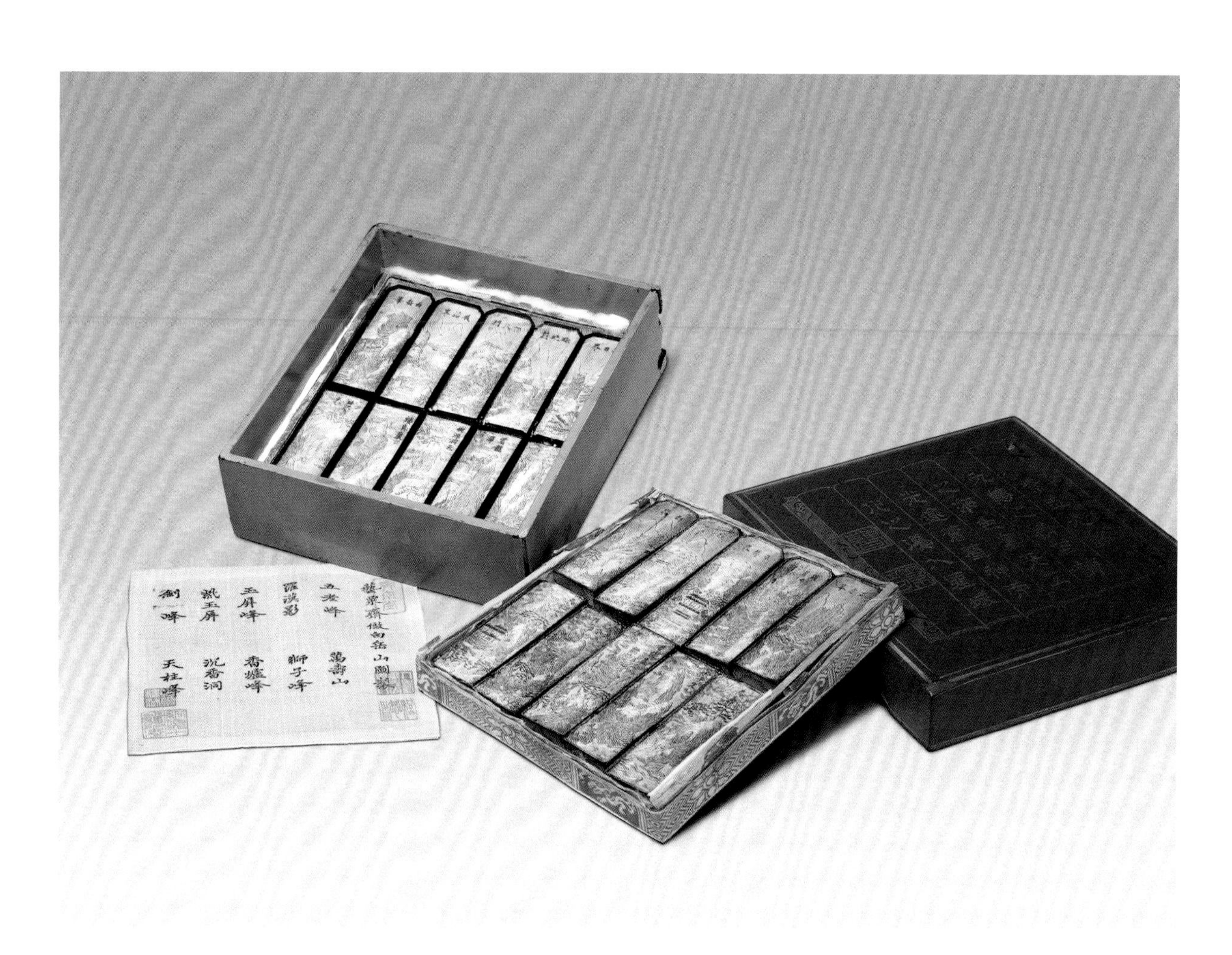
藝粟齋做白岳山圖墨
五老峰
萬壽山
獅子峰
玉屏峰
香爐峰
紫玉屏
沉香洞
天柱峰

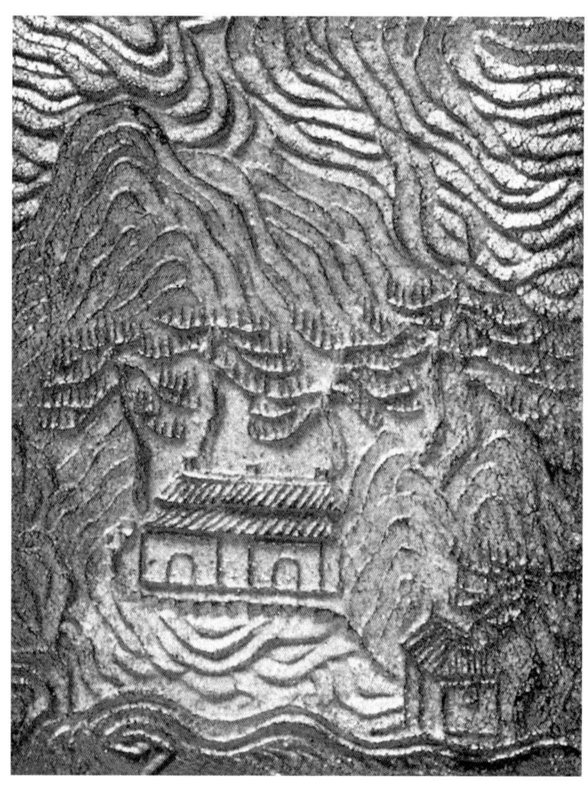

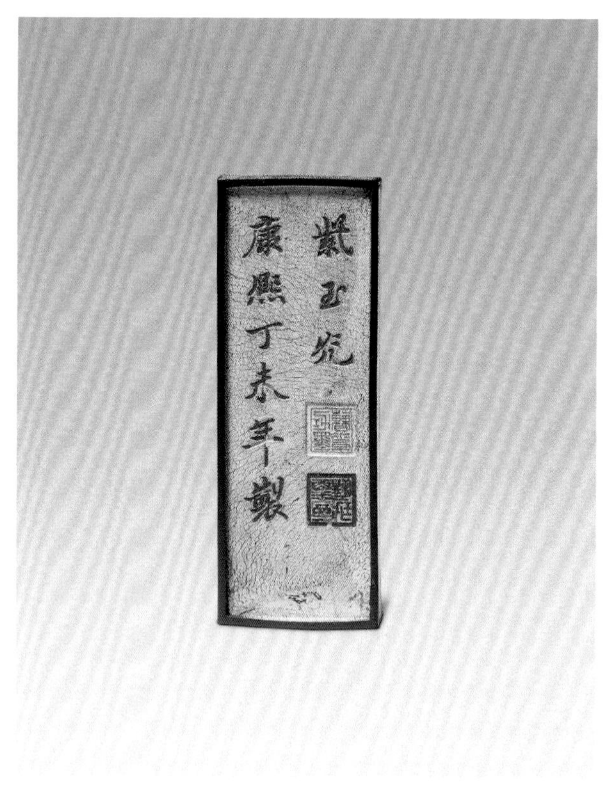
紫玉光
康熙丁未年製

54

曹素功耕織圖集錦墨

清康熙

最高10.8厘米　寬2.95厘米　厚0.85厘米　47錠

A set of forty-seven Inksticks with design of farming and weaving, by Cao Sugong

Kangxi period, Qing Dynasty

Maximum height: 10.8cm　Width: 2.95cm

Thickness: 0.85cm

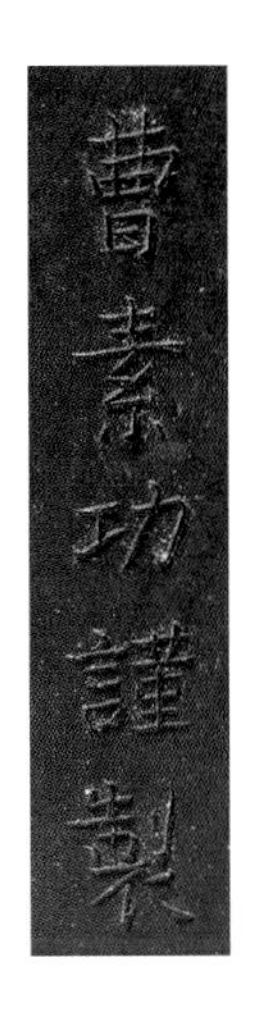

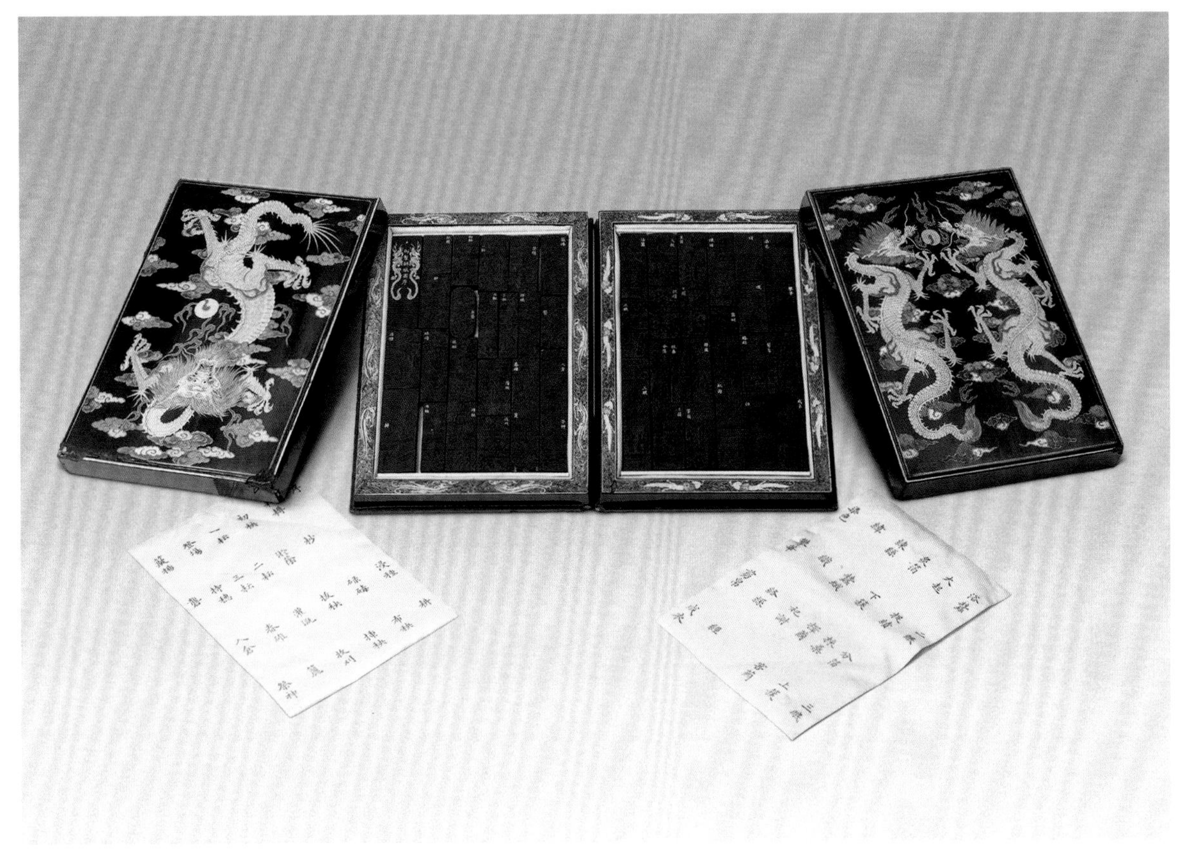

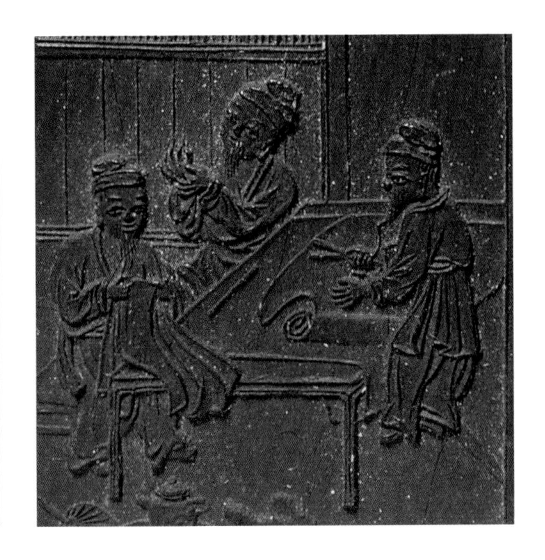

一錠為橢圓形，餘皆長方形。首錠“御製耕織圖序”，其餘摹雕焦秉貞《耕織圖》，反映水稻種植與桑蠶紡織的生產過程，每墨為一工序，右上填金楷書名稱。背填金行書康熙御製詩。側面陽文楷書款：“曹素功謹製”。分裝在兩個黑漆描金雙龍紋盒中。

《耕織圖》最早為南宋樓璹繪，清康熙時宮廷畫家焦秉貞重繪。以此題材入墨為曹素功所創。

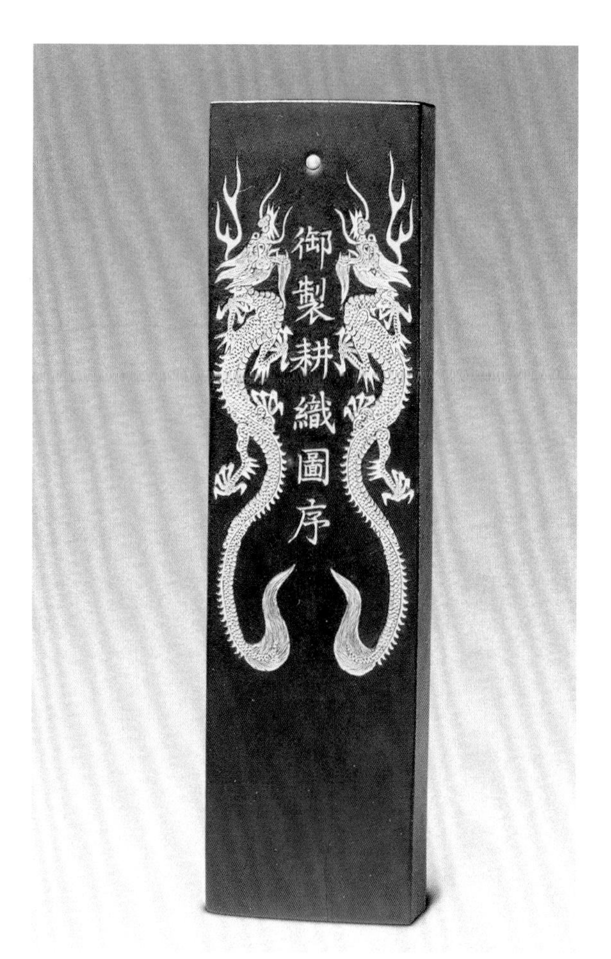
御製耕織圖序

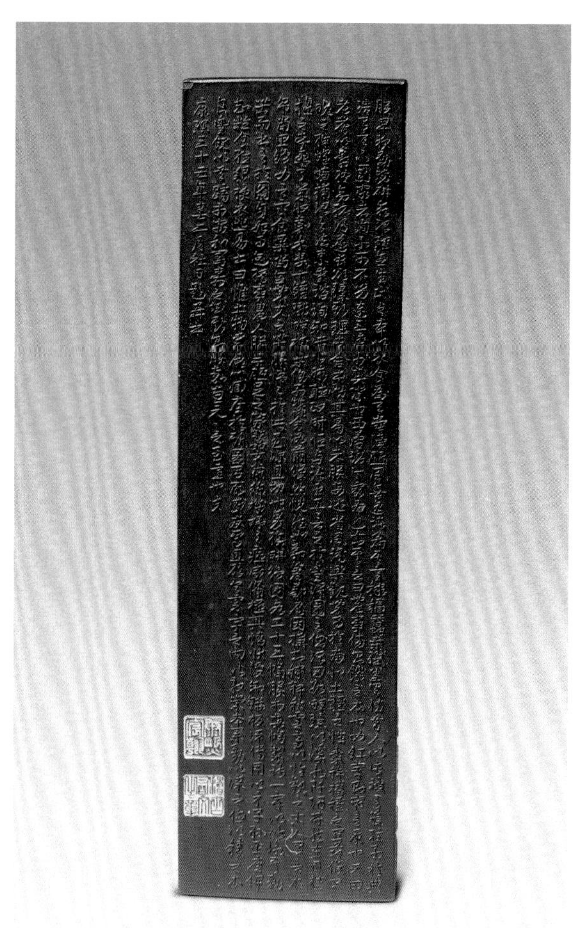

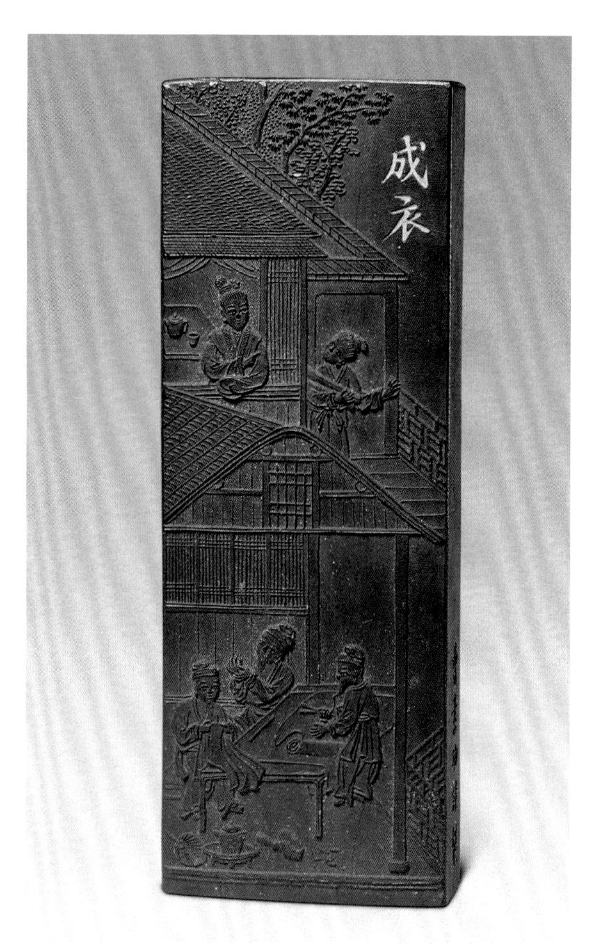
成衣

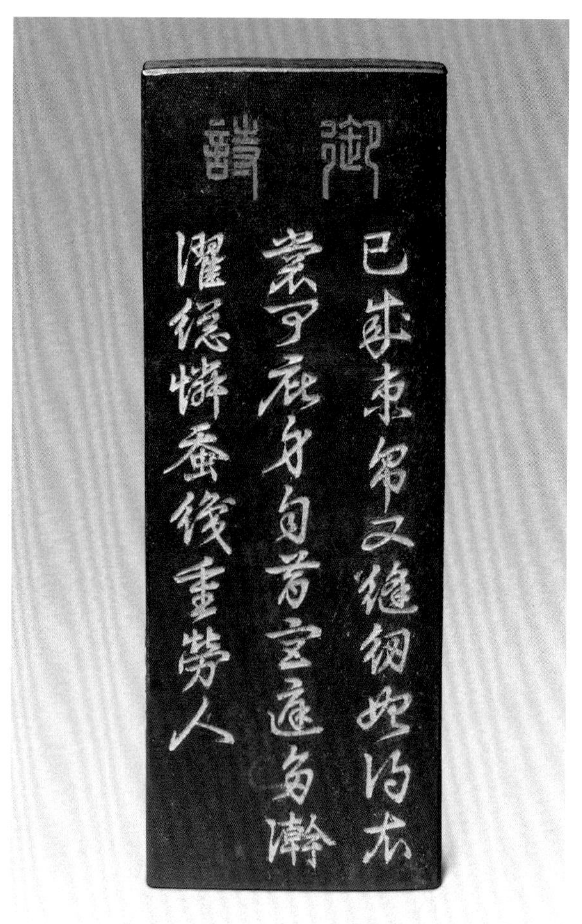
御詩
已成束帛又縫紉始得衣
裳可庇身自昔宮庭多澣
濯總憐蠶綫重勞人

55

曹素功香玉五珏集錦墨

清康熙

高5.9厘米　寬2.5厘米　厚0.7厘米　10錠

A set of ten Inksticks with characters Xiang Yu Wu Jue, by Cao Sugong

Kangxi period, Qing Dynasty

Each one: Height: 5.9cm　Width: 2.5cm　Thickness: 0.7cm

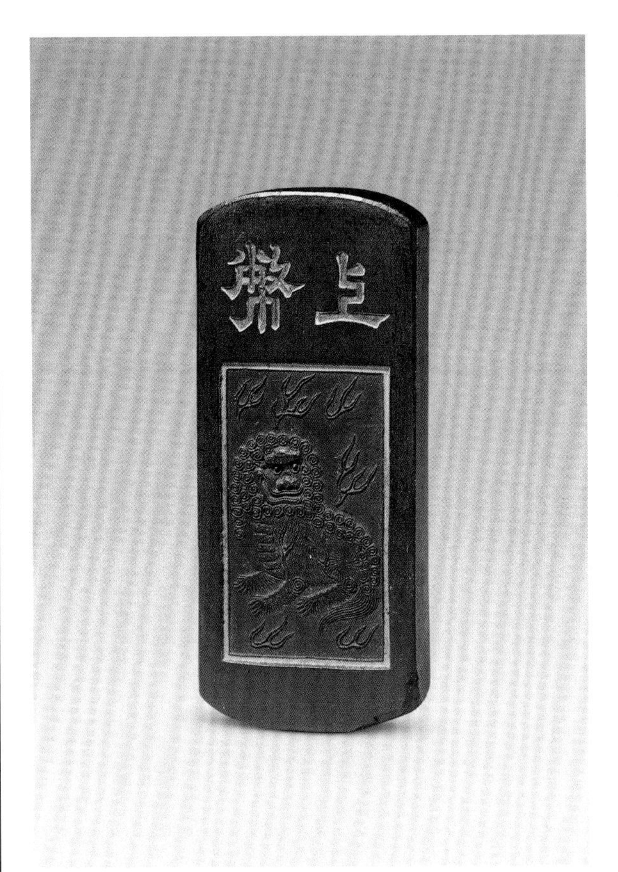

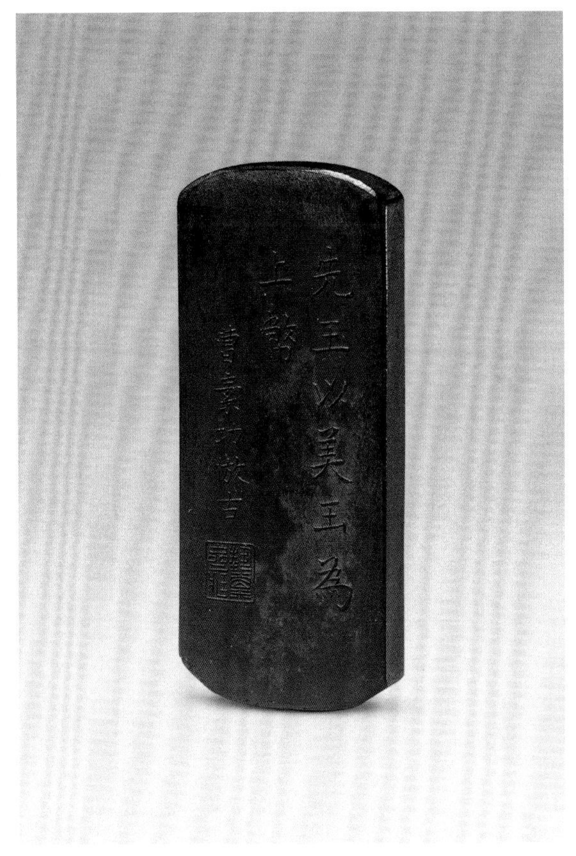

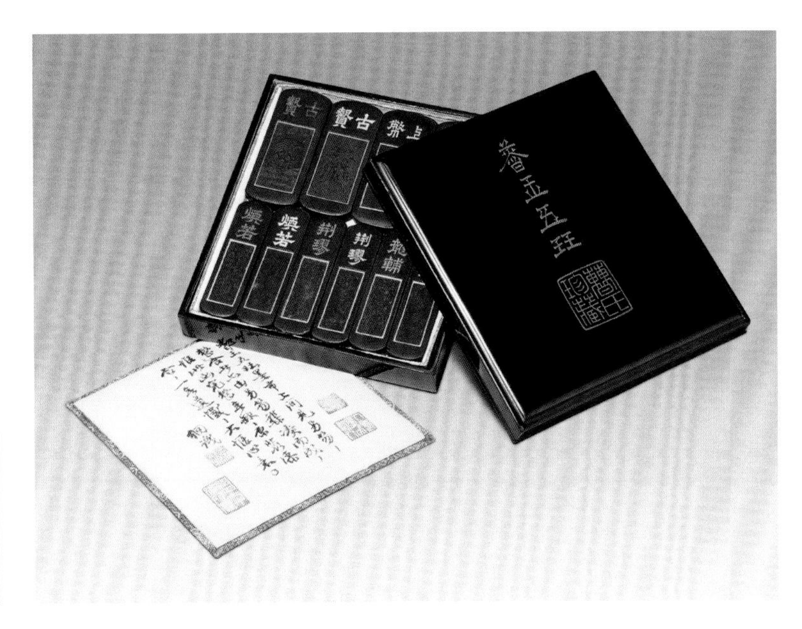

長圓形，兩錠一組。面填金框內雕獅、象、龍、魚、螭等紋，紋上填金、填綠隸書墨名："上幣"、"古贊"、"龍輔"、"荊璆"、"煥若"。背陽文楷書詩文。款署"曹素功仿古"、"藝粟齋主人"、"曹素功藏"，鈐"藝粟齋藏"、"曹素功氏"、"藝粟齋"、"素功"、"素功仿古"印。裝於黑漆匣內，蓋面描金隸書："香玉五珏"，鈐"曹氏珍藏"印。

二玉相合為珏，五珏為古代五種美玉名。

56

胡星聚天府上珍集錦墨

清康熙

最高9.2厘米　寬3.8厘米　厚0.9厘米　4錠

A set of four Inksticks collected in a box inscribed with characters Tian Fu Shang Zhen, by Hu Xingju

Kangxi period, Qing Dynasty

Maximum height: 9.2cm　Width: 3.8cm　Thickness: 0.9cm

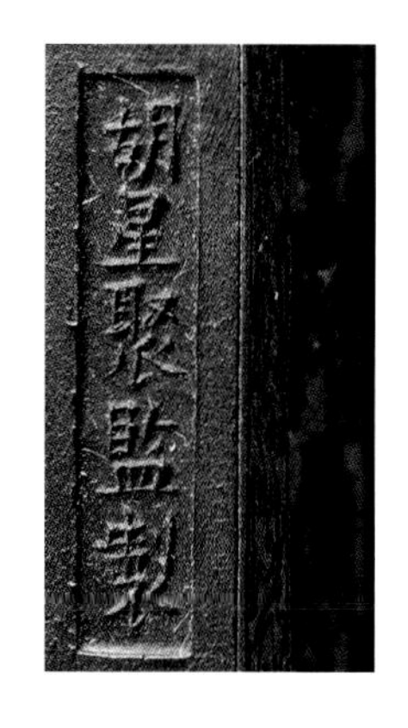

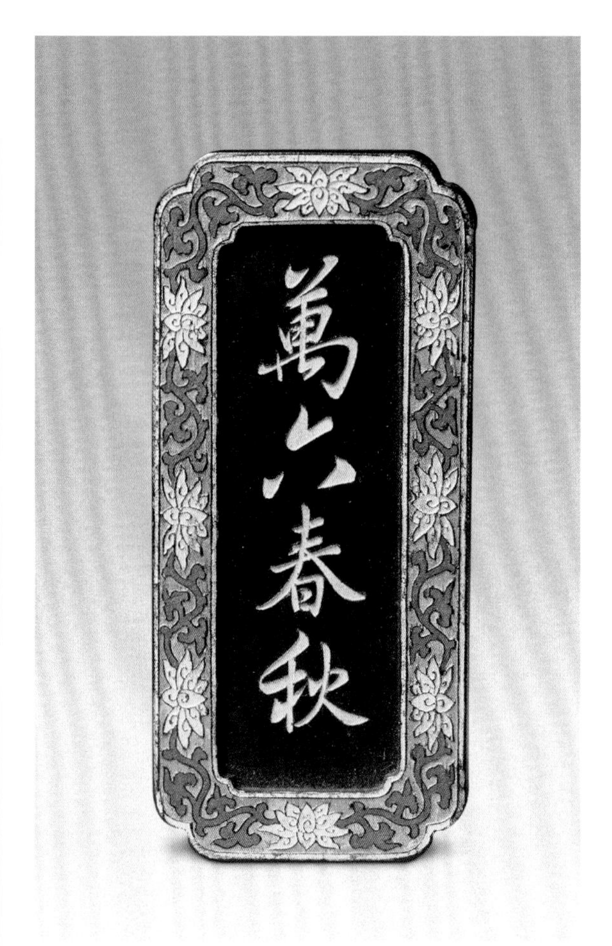

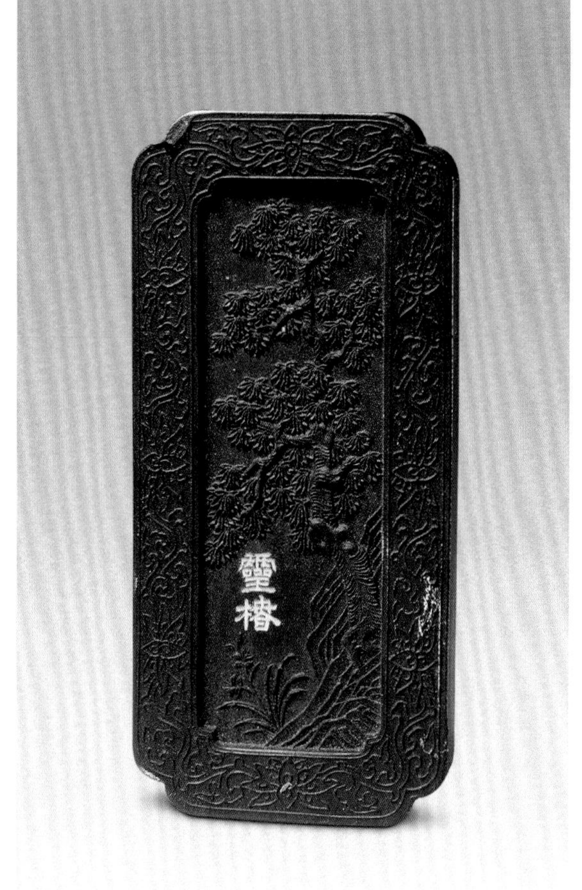

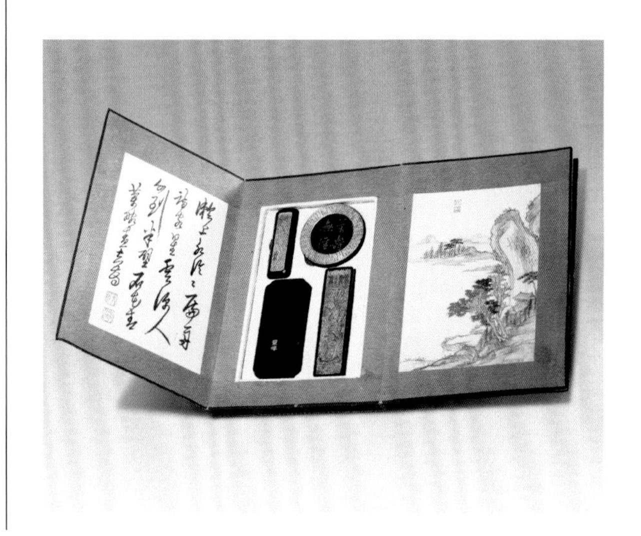

長方形、委角長方形、圓形不等。面分別填金、填藍行書："萬六春秋"、"龍鳳呈祥"、"萬壽無疆"、"萬年枝"，書體飄逸清秀。背雕椿樹、龍鳳等紋飾。署款有"胡星聚監製"、"熙寧貢墨"、"寶笏齋仿古式"、"星聚"等。共裝一冊頁式盒內，盒蓋一開繪山水畫，一開題識，面題："天府上珍"，裝潢精緻。

胡奎，字星聚，清代康熙時安徽休寧派製墨名家，齋號寶笏齋。擅長製集錦墨，墨品簡潔，多具文人氣質。此套墨為胡星聚寶笏齋特為供奉內廷的貢墨。

57

胡星聚卧獸墨

清康熙

高4.3厘米　寬2厘米　厚0.8厘米

Inkstick in the shape of a crouching animal, by Hu Xingju

Kangxi period, Qing Dynasty

Height: 4.3cm　Width: 2cm　Thickness: 0.8cm

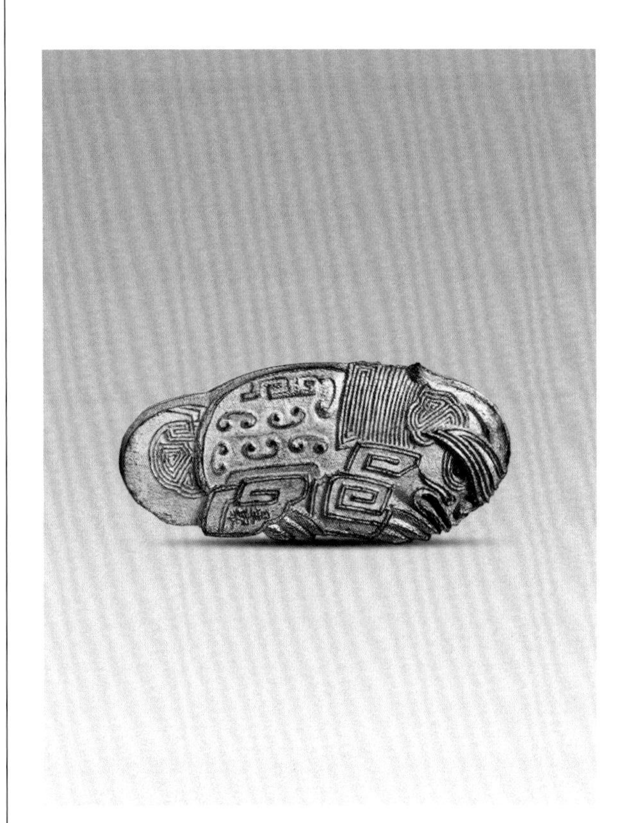

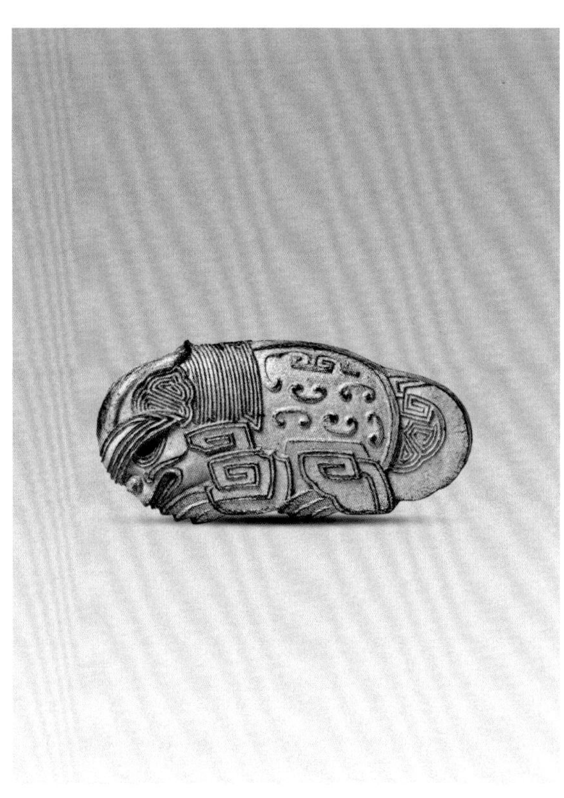

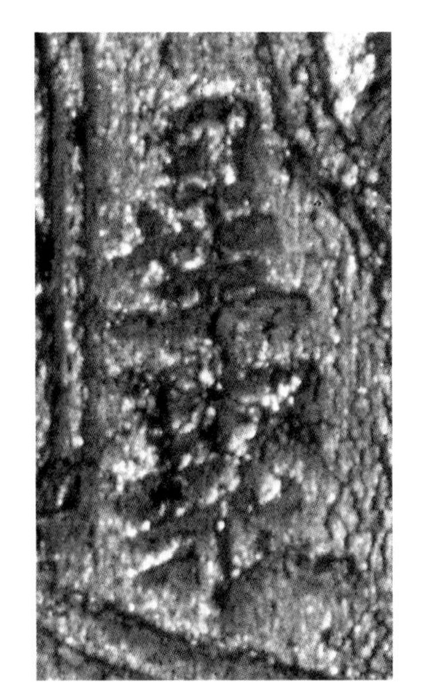

圓雕卧獸形，通體漱金。獸有粗眉，細鬚，背雕勾雲紋，尾飾迴紋。一面獸足上陽文楷書款："星聚"。

此墨製作精巧，造型獨特，是胡星聚墨中卓爾不羣的玩賞精品。

58

曹冠五書畫舟集錦墨

清康熙

高6.5厘米　寬1.6厘米　厚0.8厘米　12錠

A set of twelve Inksticks with characters Shu Hua Zhou, by Cao Guanwu

Kangxi period, Qing Dynasty

Each one: Height: 6.5cm　Width: 1.6cm　Thickness: 0.8cm

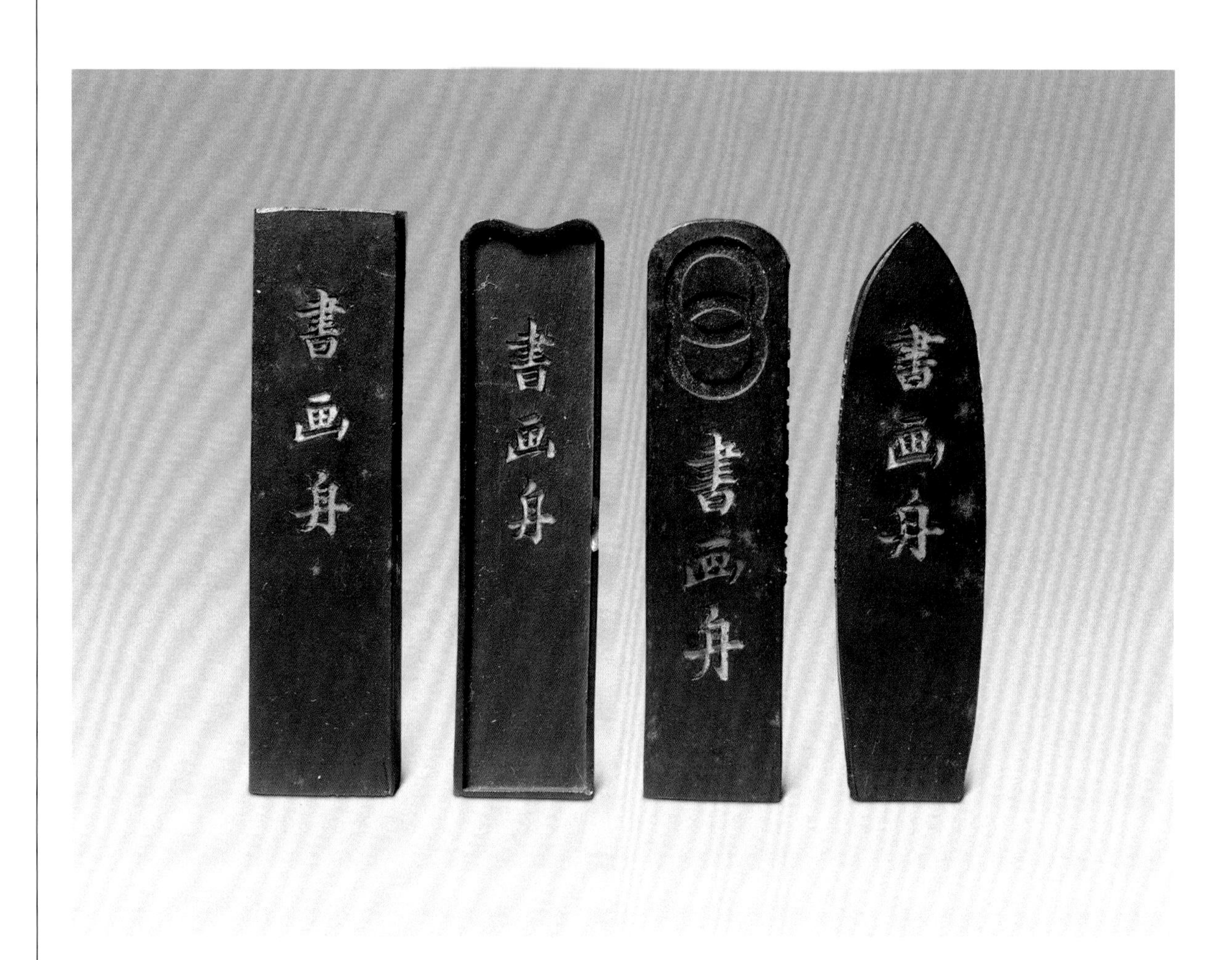

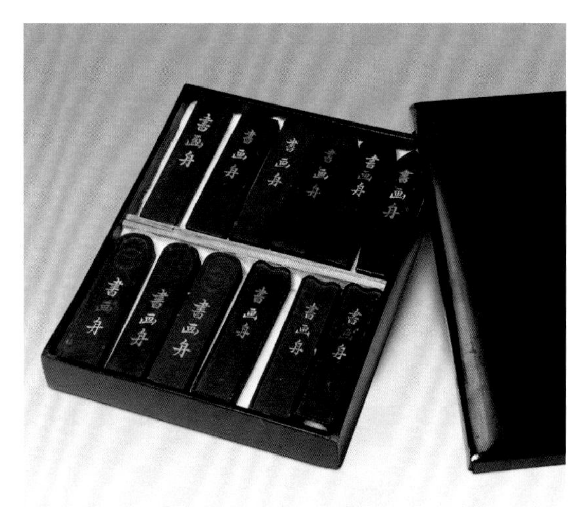

長方形、委角長方形、圭形不等。面填金、藍、綠楷書："書畫舟"。背署款："曹冠五藏墨"，書體各異，一方鈐"澹齋"印。側署年款："康熙己酉(1669)仲秋之吉"。盛於黑漆盒內。

曹鼎望，字冠五，號澹齋，清代直隸豐潤(今屬河北)人。順治十六年(1659)進士，授翰林庶吉士，官至陝西鳳翔知府，康熙初年曾任徽州知府。其傳世墨品有"天寶九如"、"珠胎"、"掌珠"、"書畫舟"墨等，多為程公瑜代製。此套墨形式規整，製作精緻，為文人書畫用墨。

59

吳天章雙連束錦墨

清康熙

高7厘米　寬2.5厘米　厚0.5厘米

Twin inksticks, by Wu Tianzhang

Kangxi period, Qing Dynasty

Height: 7cm　Width: 2.5cm　Thickness: 0.5cm

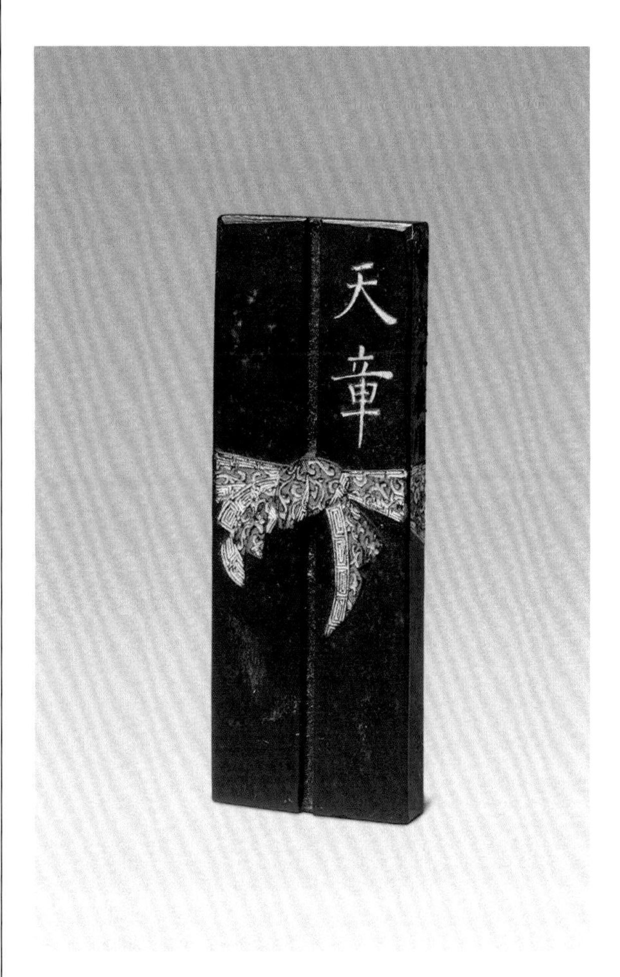

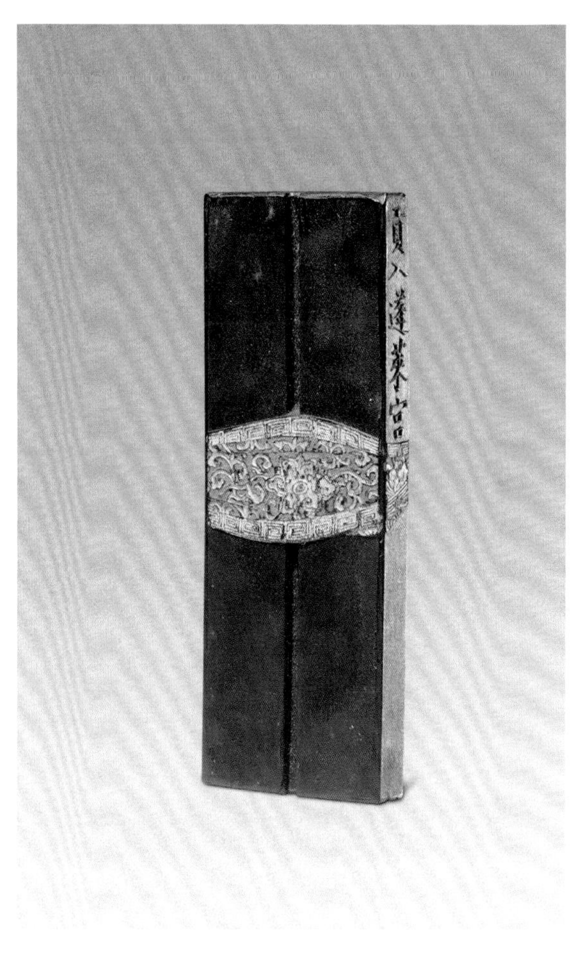

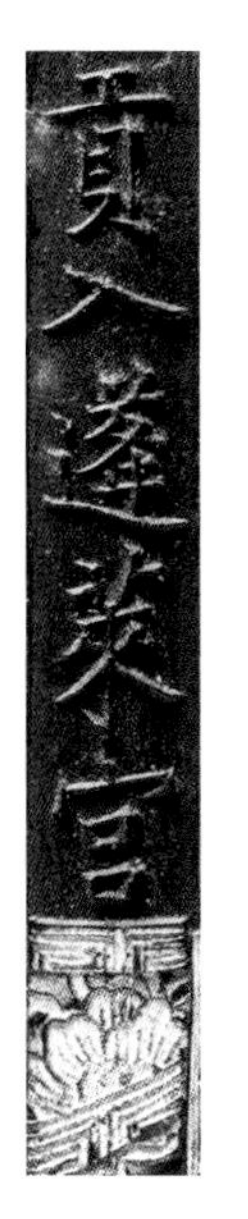

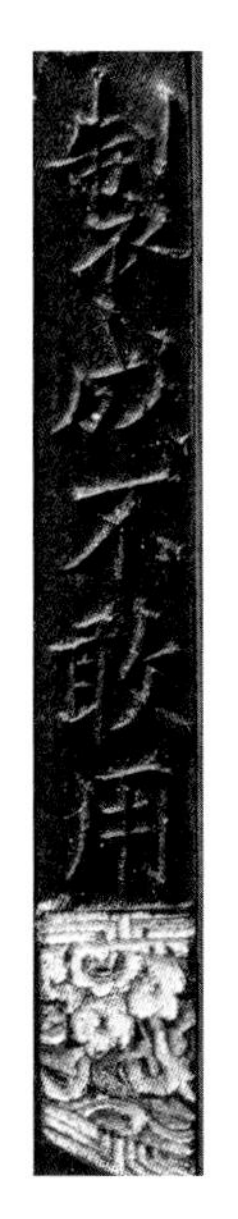

長方雙連式。腰部飾一周填金、藍纏枝束錦紋。面填金楷書：“天章”。兩側分別陽文楷書：“製成不敢用，貢入蓬萊宮”，詩出蘇軾讚潘谷墨句。

吳天章，名倬，字天章，生於明崇禎年間，清初徽州休寧派著名製墨家，齋名闇然室。此墨造型別致，圖文雅致。

60

吳天章龍賓十友集錦墨

清康熙

最高13.4厘米　寬1.27厘米　厚0.85厘米　10錠

A set of ten Inksticks collected in a box inscribed with characters Long Bin Shi You, by Wu Tianzhang

Kangxi period, Qing Dynasty

Maximum height: 13.4cm　Width: 1.27cm

Thickness: 0.85cm

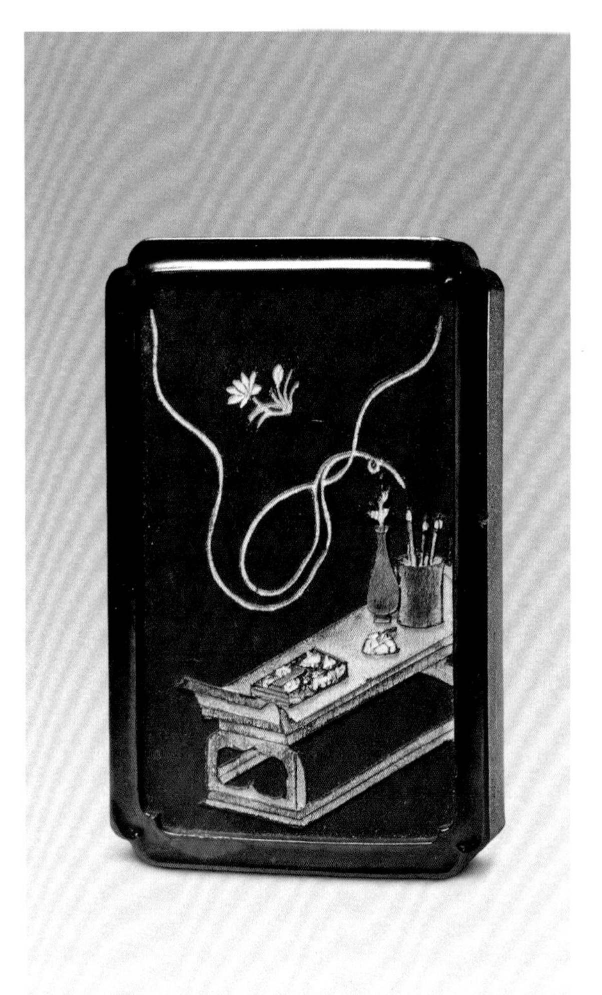

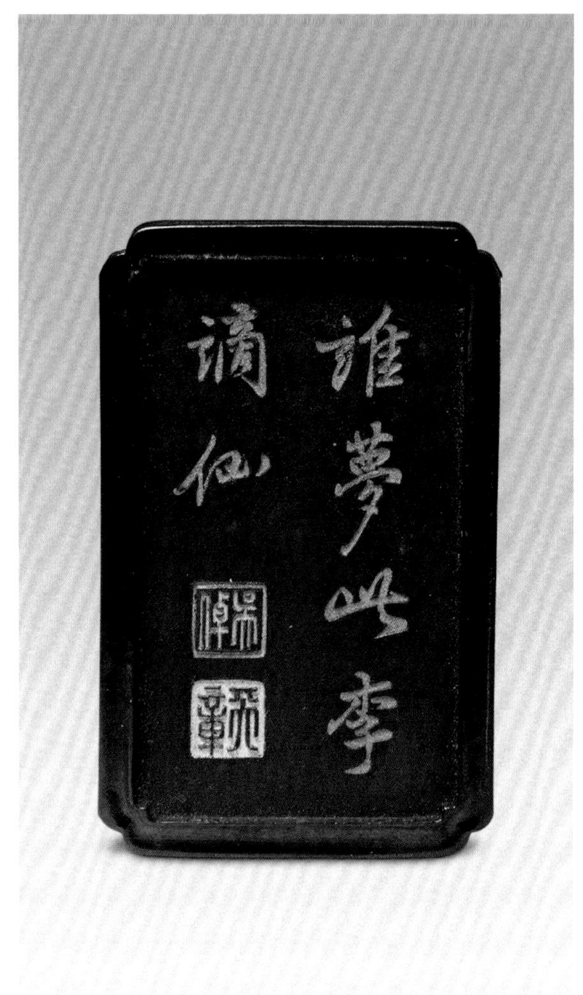

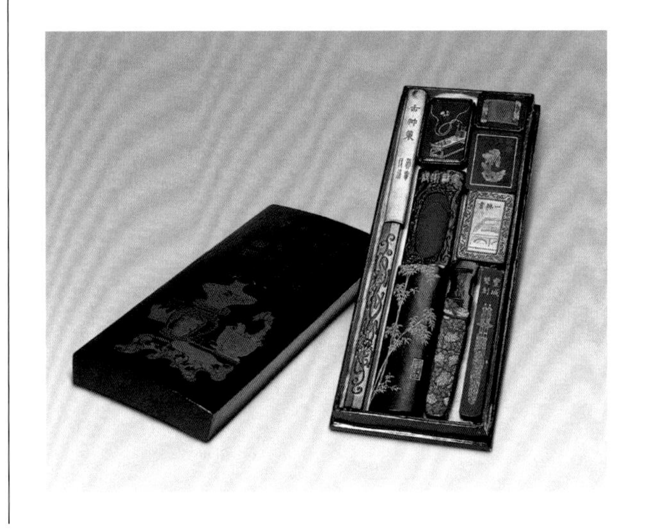

長方形、硯式、竹簡式、琴式、書鎮式不等。面雕築陽石、夢筆生花、豐城雙劍、一牀書、嶧山桐、此君、開卷有益、宣和御硯、古竹策等圖文。款署："天章氏仿古"、"闇然室"、"吳天章監製"、"天章氏摹"等。盛於黑漆盒中，盒面彩繪博古圖，描金篆書："龍賓十友，結契文房，金蘭膠漆，既堅且芳"，鈐"倬印"、"天章"印。

"龍賓"，為守墨之神。此套墨製作精良，髹彩絢麗，反映了清初集錦墨的工藝水平。

61

葉公侶世珍家藏集錦墨

清康熙

高6.9厘米　寬1.6厘米　厚0.8厘米　8 錠

A set of eight Inksticks with characters Shi Zhen Jia Cang, by Ye Gonglü

Kangxi period, Qing Dynasty

Each one: Height: 6.9cm　Width: 1.6cm　Thickness: 0.8cm

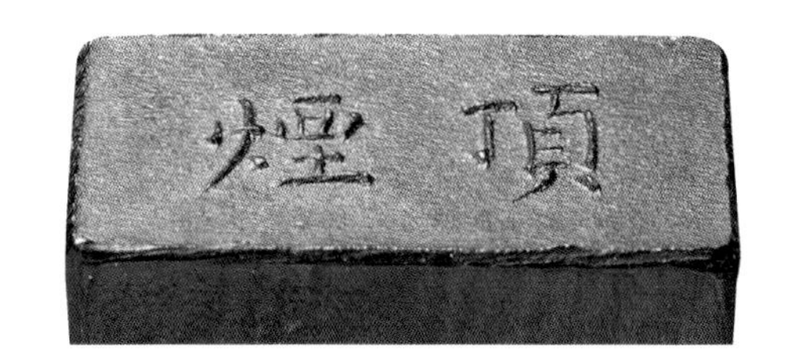

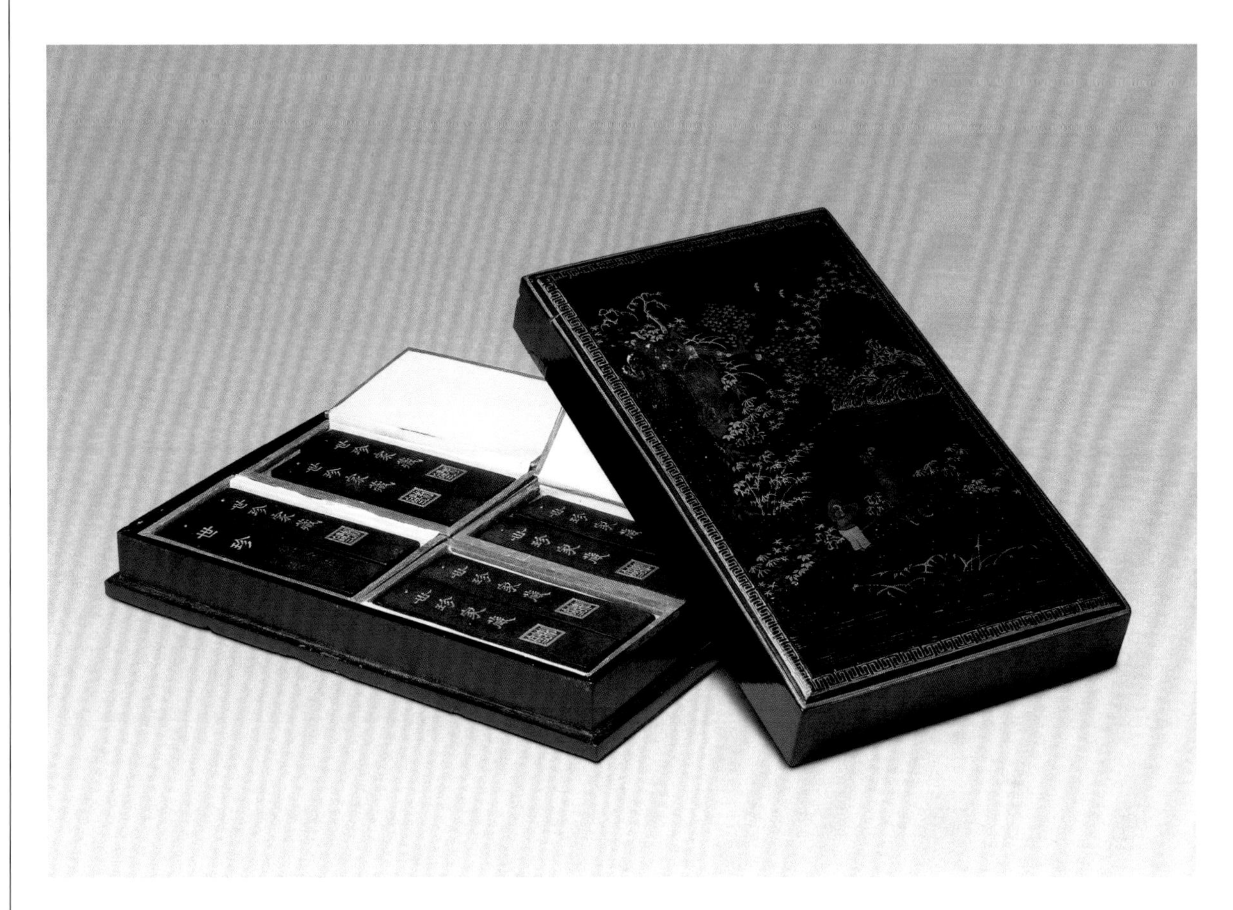

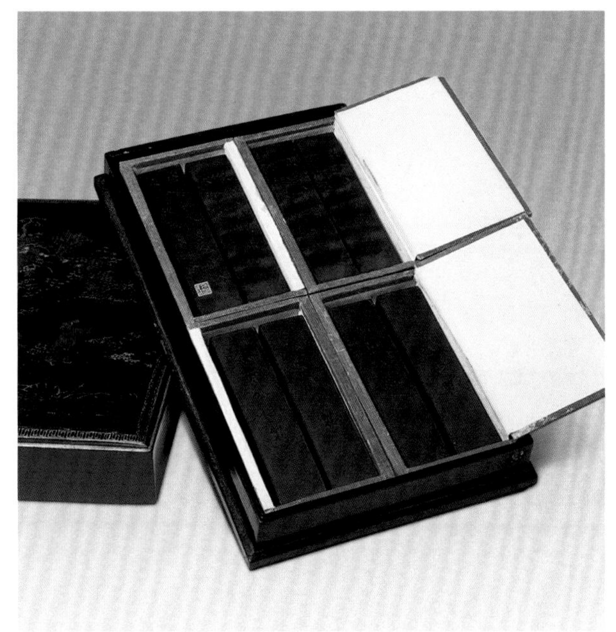

長方形，面額嵌珍珠一顆。第一錠墨面填金楷書：“世珍”，陽文楷書：“葉公侶監製”；墨背陽文楷書：“堅能削木，光鑑羣倫，遺之一袖，隔囊知珍”，鈐“一口氏”填金印。另七錠墨面填金、銀楷、隸書：“世珍家藏”，鈐“知白齋”方印；墨背陽文楷書：“歙葉公侶按易水法製”。墨頂陽文楷書：“頂煙”。盛黑漆盒中，盒面描金嵌螺鈿山水人物圖。

葉公侶，清康熙年間安徽休寧製墨家，墨肆知白齋。其製墨多為小巧精緻之品，以成套集錦墨最為著名。此墨用金、銀二色混填字口之中，工藝手法較為獨特。

62

吳吳生琴式墨

清康熙

高8.8厘米　寬1.9厘米　厚0.9厘米

Inkstick in the shape of a lute, by Wu Wusheng

Kangxi period, Qing Dynasty

Height: 8.8cm　Width: 1.9cm　Thickness: 0.9cm

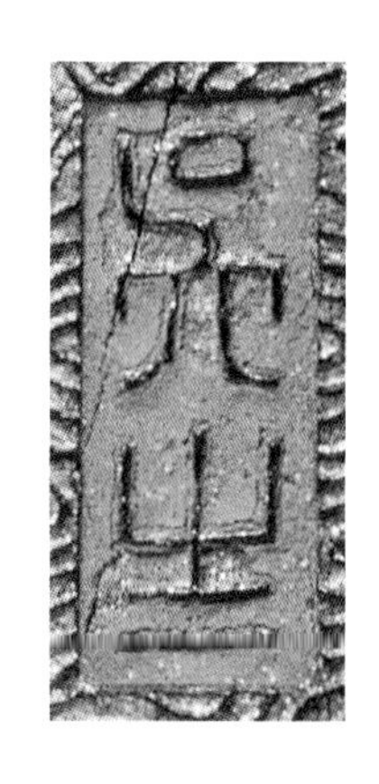

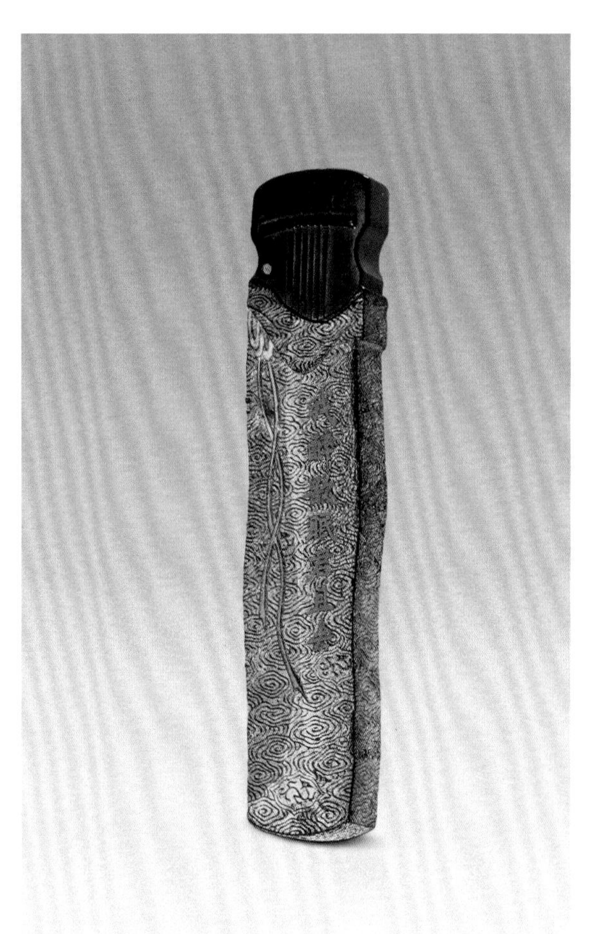

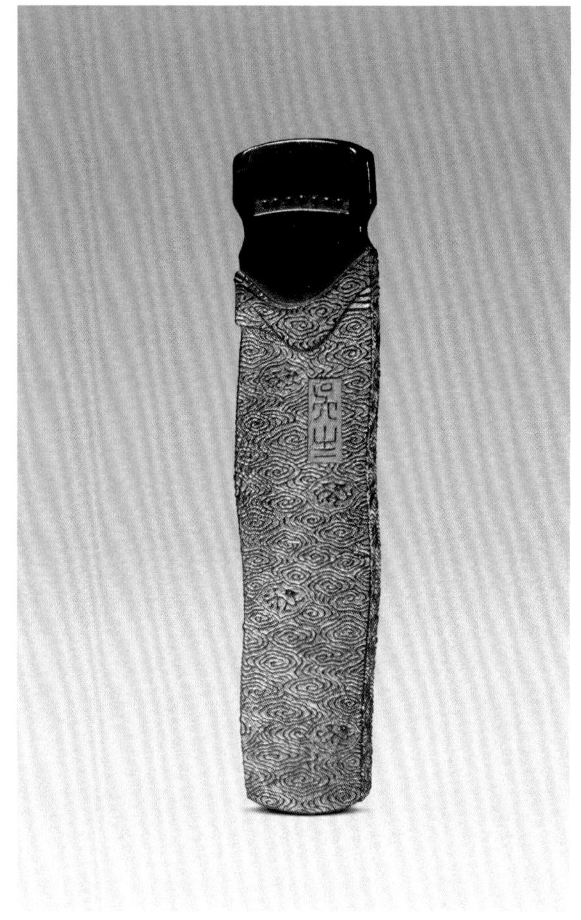

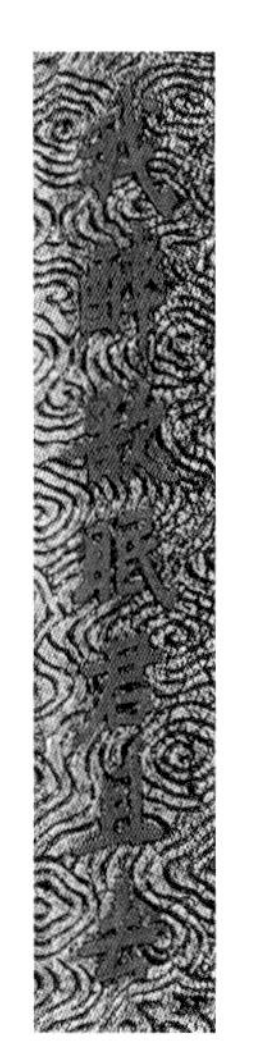

古琴形，琴身飾描金印花雲螭紋錦囊。面填藍楷書："我醉欲眠君且去"。背陽文填綠篆書印款："吳生"。

吳吳生，清初安徽休寧派製墨家，傳世墨品極少見，另有署名"澄碧齋"款琴式墨傳世，可見其善製琴式墨。《宋書．隱逸傳》載，陶淵明飲酒輒撫無弦琴，若先醉，便語客：我醉欲眠，卿可去。李白用其意，有句"我醉欲眠卿且去"。此墨造型新穎，製作精緻，為清初文人墨風格。

63

王麗文五經笥集錦墨

清康熙

最高11.8厘米　寬3.8厘米　厚1厘米　10錠

A set of ten Inksticks with characters Wu Jing Si Mo, by Wang Liwen

Kangxi period, Qing Dynasty

Maximum height: 11.8cm　Width: 3.8cm　Thickness: 1cm

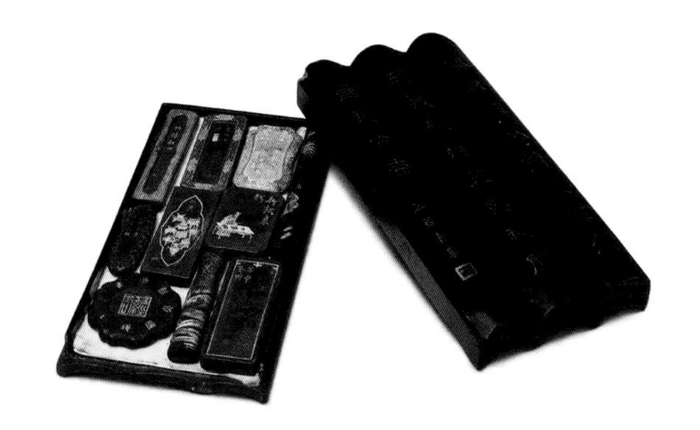

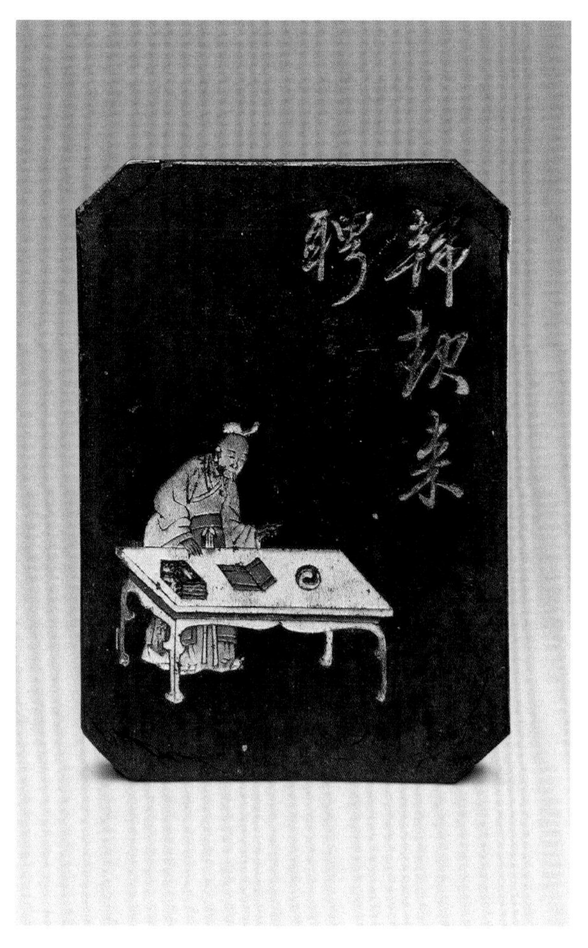

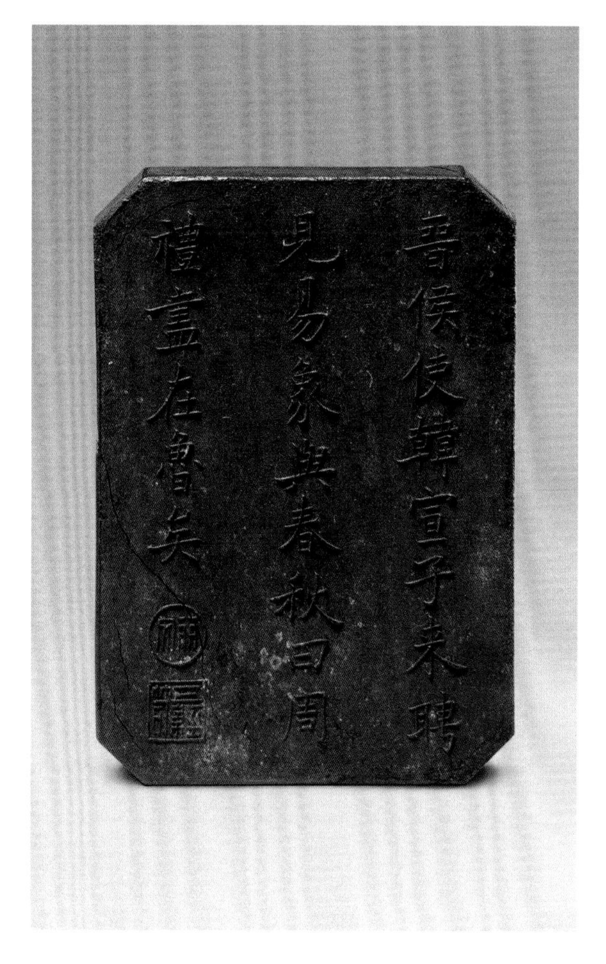

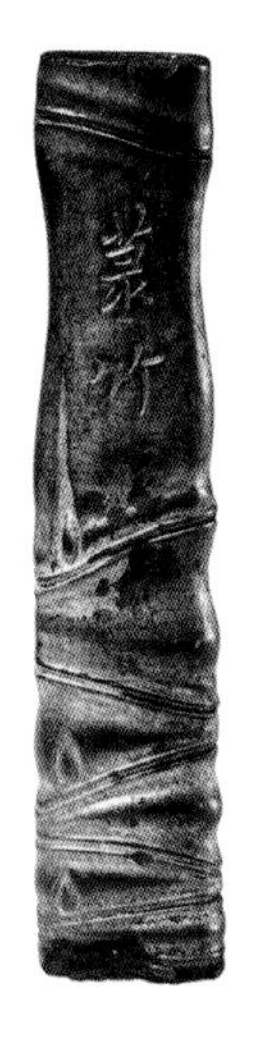

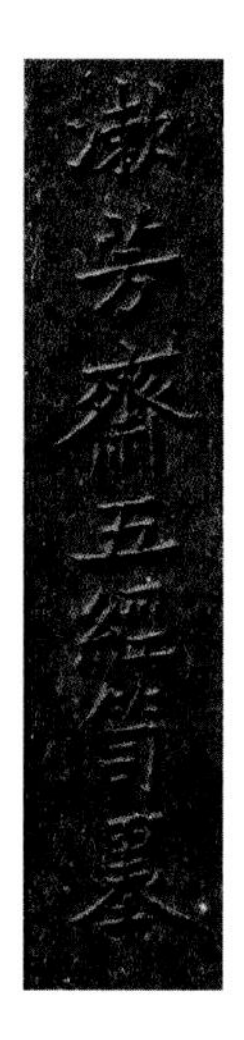

委角方形、長方形、圓柱形、竹根形、葵瓣形不等。墨面飾九鼎、人物、鳳等紋，題書："菉竹"、"鳳凰來儀"、"風雷火山澤天地水"、"韓起來聘"、"雲行雨施品物流行"、"君子佩玉"、"竹筠松心"、"九鼎"、"我有嘉賓德音孔昭"、"夢帝賚弼"。墨背書詩文。款署有"漱芳齋五經笥墨"、"麗文氏五經笥墨"等。共裝一竹簡式黑漆匣內，匣面描金隸書："漆書傳竹簡，孔壁久珍藏。誰換五經秘，開函挹古香。休邑漱芳齋五經笥墨"，鈐"麗文氏"陽文方印。

王麗文，名士鬱，為康熙年間安徽休寧墨派代表人物，墨肆漱芳齋。善製集錦墨，造型小巧精緻，裝潢精美。此套墨為王麗文集錦墨中精品。

64

王麗文琴式集錦墨

清康熙
最高9厘米　寬4.3厘米
厚0.9厘米　9 錠

A set of nine Inksticks in the shape of a lute, by Wang Liwen

Kangxi period, Qing Dynasty
Maximum height: 9cm
Width: 4.3cm
Thickness: 0.9cm

長方形、琴形不等。墨面雕鳳飛梧桐、老人撫琴、琴囊等紋，題書："鳳柯流韻"、"香華清響"、"焦尾奇材"、"青田逸賞"、"持此悦高情"、"桐絲新人倚玄雲"、"萬壑松"、"價重雙南金"、"中有太古聲"。墨背書詩文。款署："麗文識"、"麗文氏秀桐液墨"、"漱芳齋製"、"麗文"、"麗文氏"等。墨面漱金，文圖填金、填綠裝飾。盛於琴式黑漆匣內，盒上描金篆書："但得琴中趣，何勞弦上聲。　漱芳齋墨"，鈐"士欝"、"麗文氏"印。用螺甸嵌製琴徽，托出古琴神韻。

琴式墨在清初較為流行，有許多墨家均善製琴式墨。此套墨製成不同的古琴形，包裝亦為琴匣式，形式獨特。製作精細，裝飾華麗，極具觀賞效果。

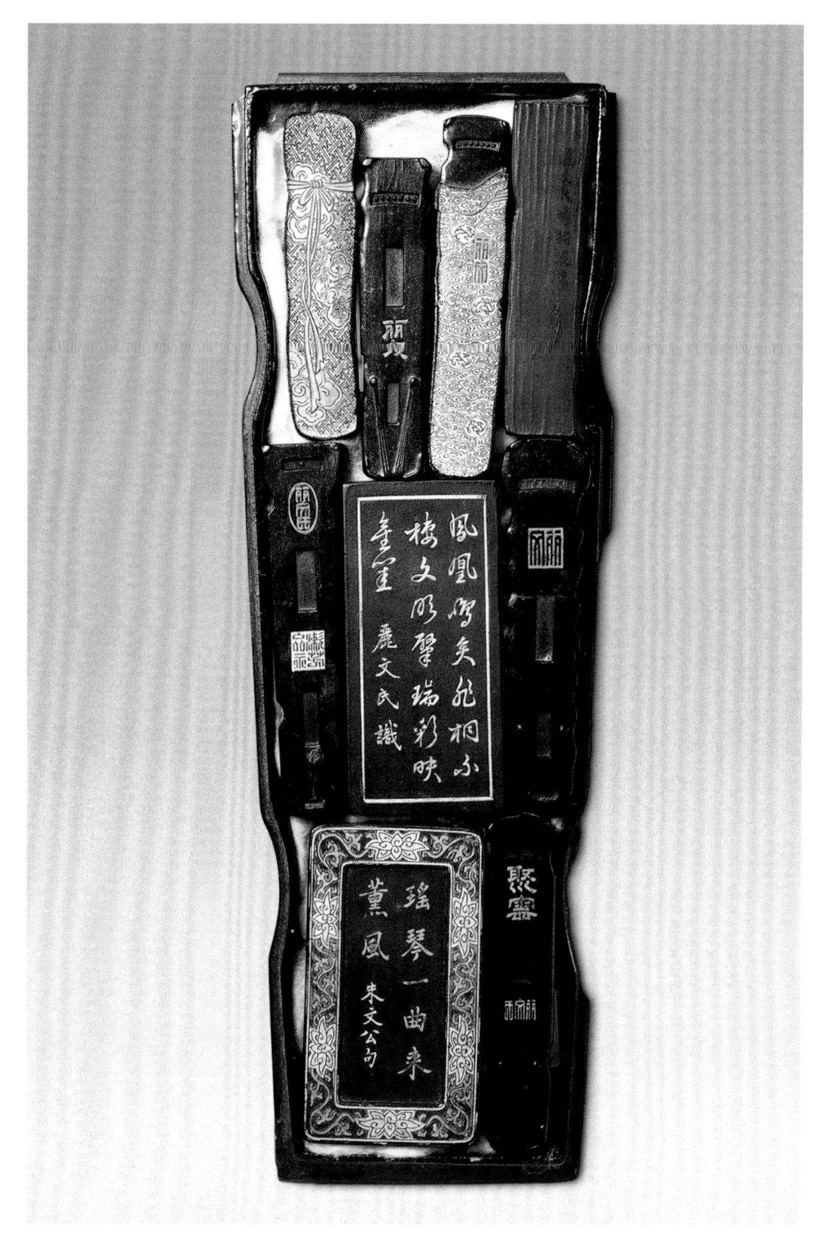

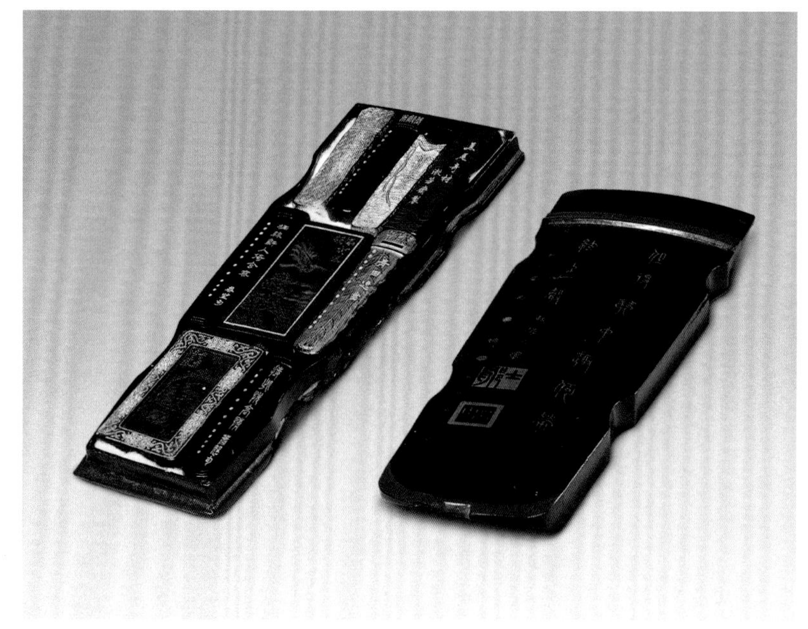

65

汪時茂漢玉鎮紙墨

清康熙

高5.3厘米　寬3.1厘米　厚1.2厘米

Inkstick with characters Han Yu Zhen Zhi, by Wang Shimao

Kangxi period, Qing Dynasty

Height: 5.3cm　Width: 3.1cm　Thickness: 1.2cm

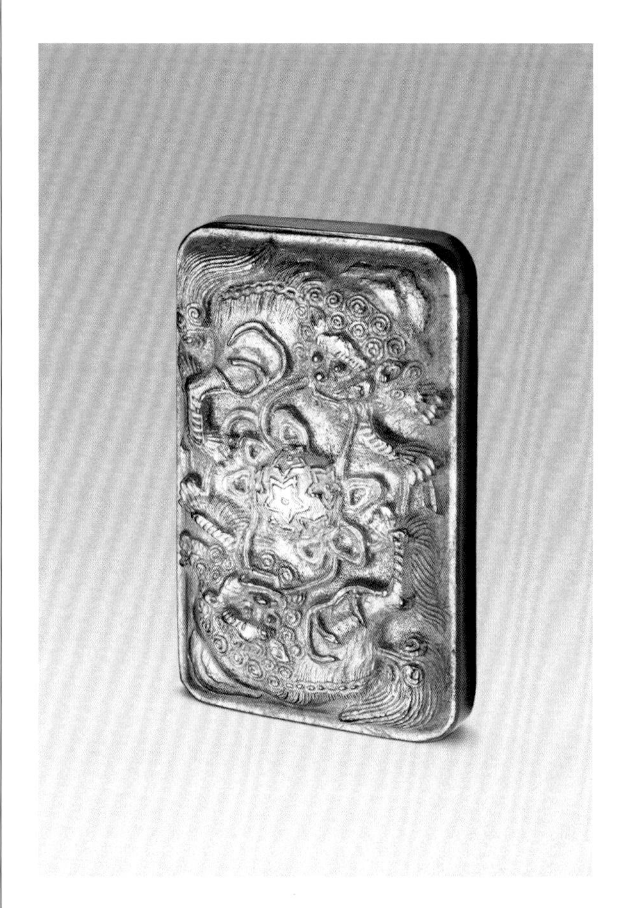

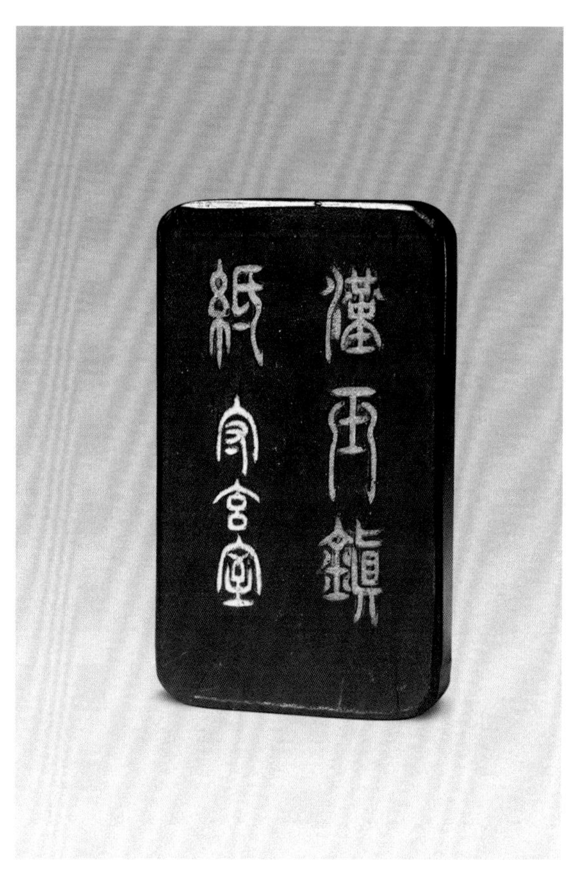

委角長方形。墨面漱金，凸雕雙獅戲球。背填藍篆書：“漢玉鎮紙”，填金篆書：“守玄室”。

汪時茂，清初製墨家，齋號守玄室，在清初與吳尹友、王麗文、胡星聚齊名。此墨造型小巧精緻，墨質黝黑，煙輕質細，為汪時茂精製墨品。

66

吳守默尚書奏草墨

清康熙

高7.1厘米　寬1.8厘米　厚0.8厘米

Inkstick with characters Shang Shu Zou Cao, by Wu Shoumo

Kangxi period, Qing Dynasty

Height: 7.1cm　Width: 1.8cm　Thickness: 0.8cm

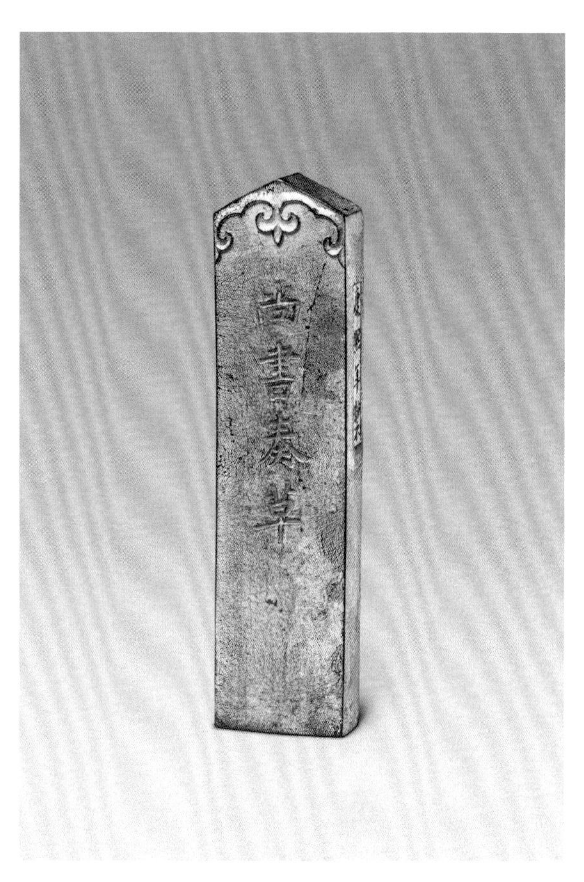

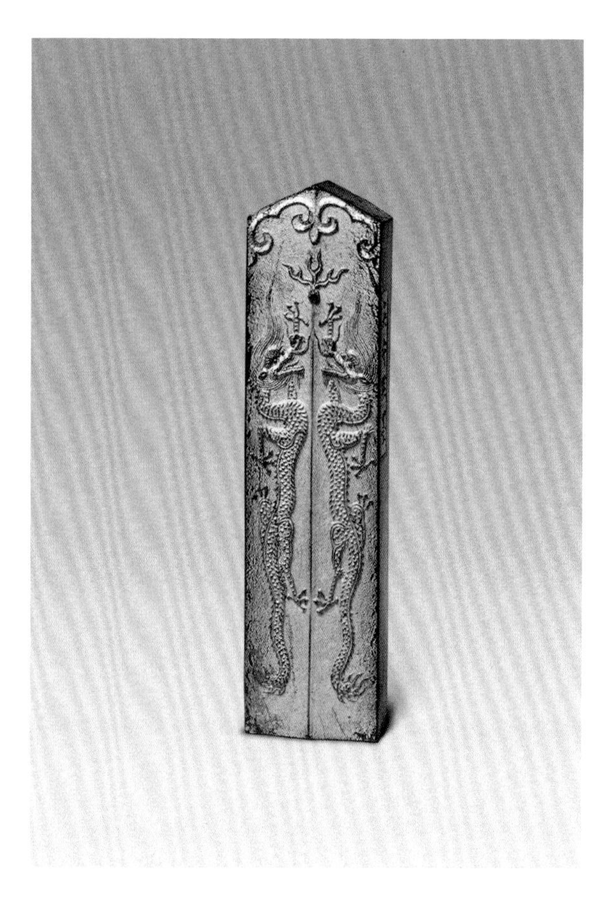

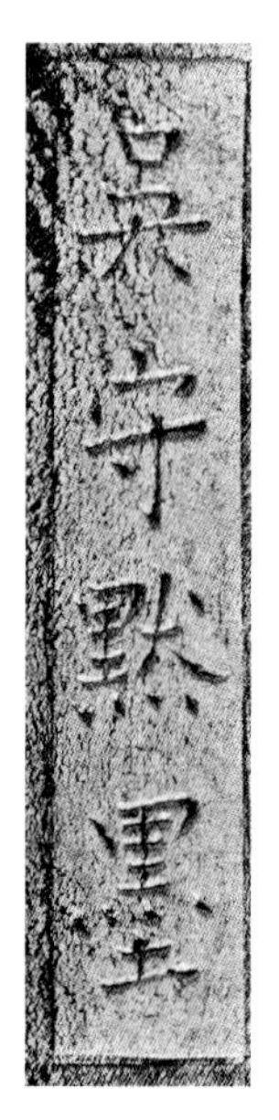

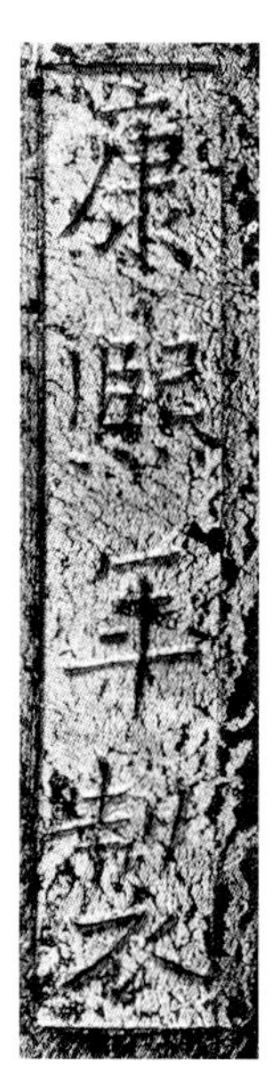

圭形，通體漱金。兩面上端均刻飾凸起的垂雲紋。墨面陰文填藍楷書："尚書奏草"。背雕雙龍戲珠紋。兩側面分書陽文楷書款："康熙年製"、"吳守默墨"。

吳守默，清代安徽歙縣人，墨肆延綠齋。其製墨匠心獨運，頗為自恃。康熙年間與曹素功齊名，雍正以後遂絕跡墨林。傳世墨品較為鮮見。

67

吳守默滄浪亭墨

清康熙

徑8.4厘米　厚1.5厘米

Inkcake carved with scenes in the famous garden "Cang Lang Ting", by Wu Shoumo

Kangxi period, Qing Dynasty

Diameter: 8.4cm　Thickness: 1.5cm

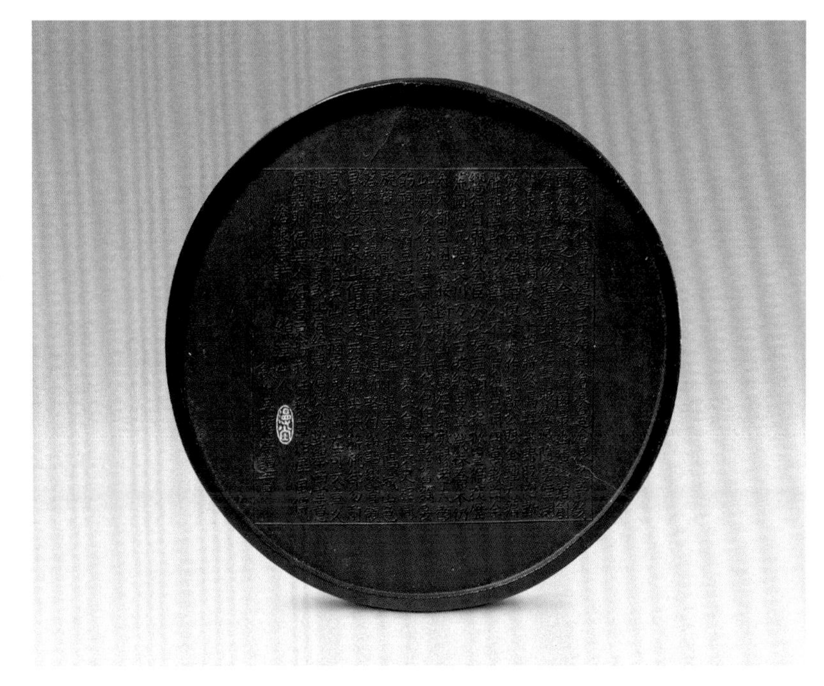

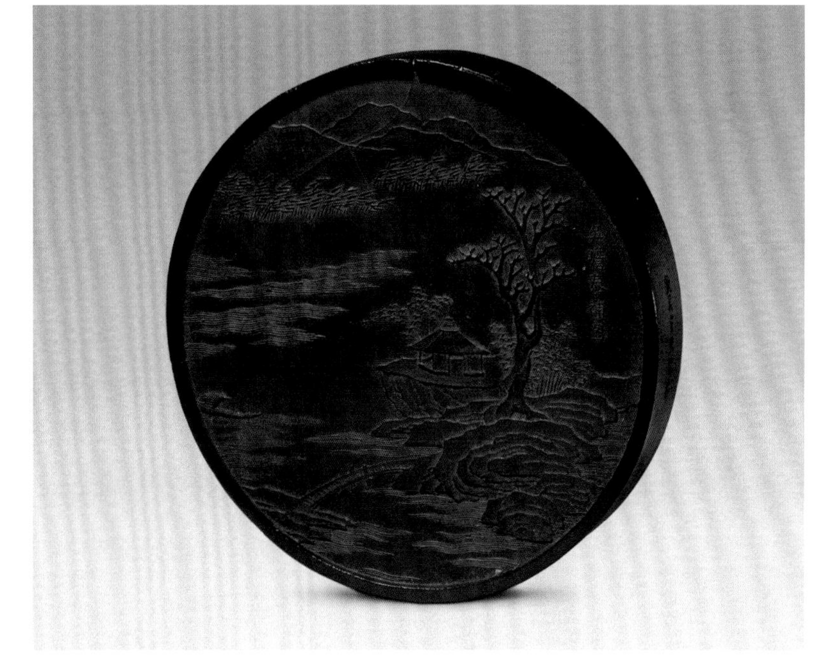

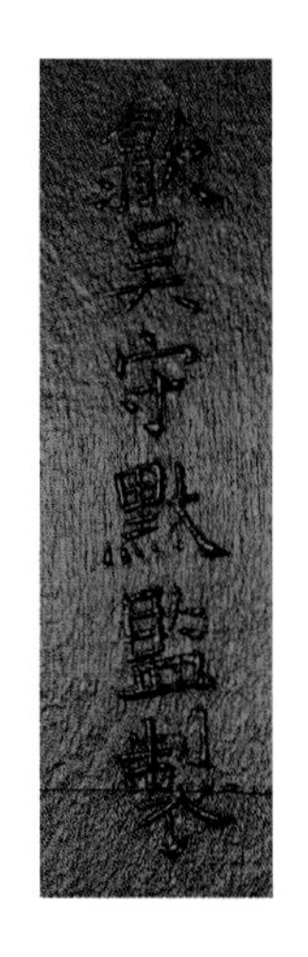

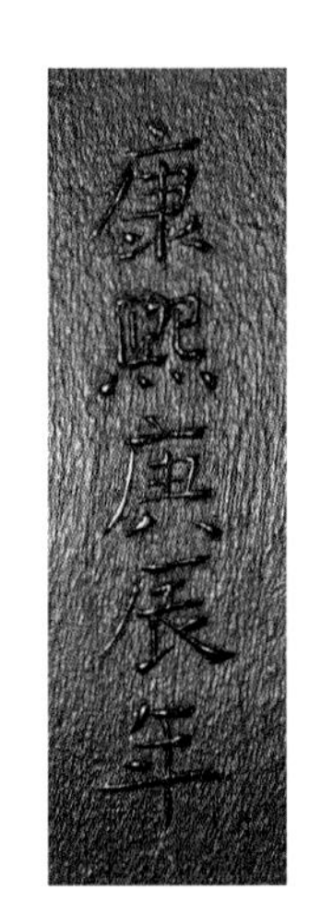

圓形，兩面起邊框。面刻滄浪亭風景，遠山近亭，亭邊叢竹，老樹參天，水面上一葉小舟蕩漾，題書："吳瞻泰補圖"。背陽文楷書滄浪亭詩，款署："滄浪亭詩　綿津山人　歙州吳瞻淇謹書"，鈐"漫堂"填金印。側面分別署"康熙庚辰年(1700)"、"歙吳守默監製"款。

滄浪亭是蘇州名園。"綿津山人"為清代收藏家宋犖，康熙中期，宋犖任江寧巡撫，曾重修滄浪亭。此墨雕刻精美，方寸之內書小楷數百字，筆筆精到，可見製作之精。現代周紹良《清代名墨談叢》著錄。

68

葉靖公雙捲束錦墨

清康熙

高7.7厘米　寬2.7厘米　厚0.8厘米

Inkstick in the shape of two book scrolls with brocaded design, by Ye Jinggong

Kangxi period, Qing Dynasty

Height: 7.7cm　Width: 2.7cm　Thickness: 0.8cm

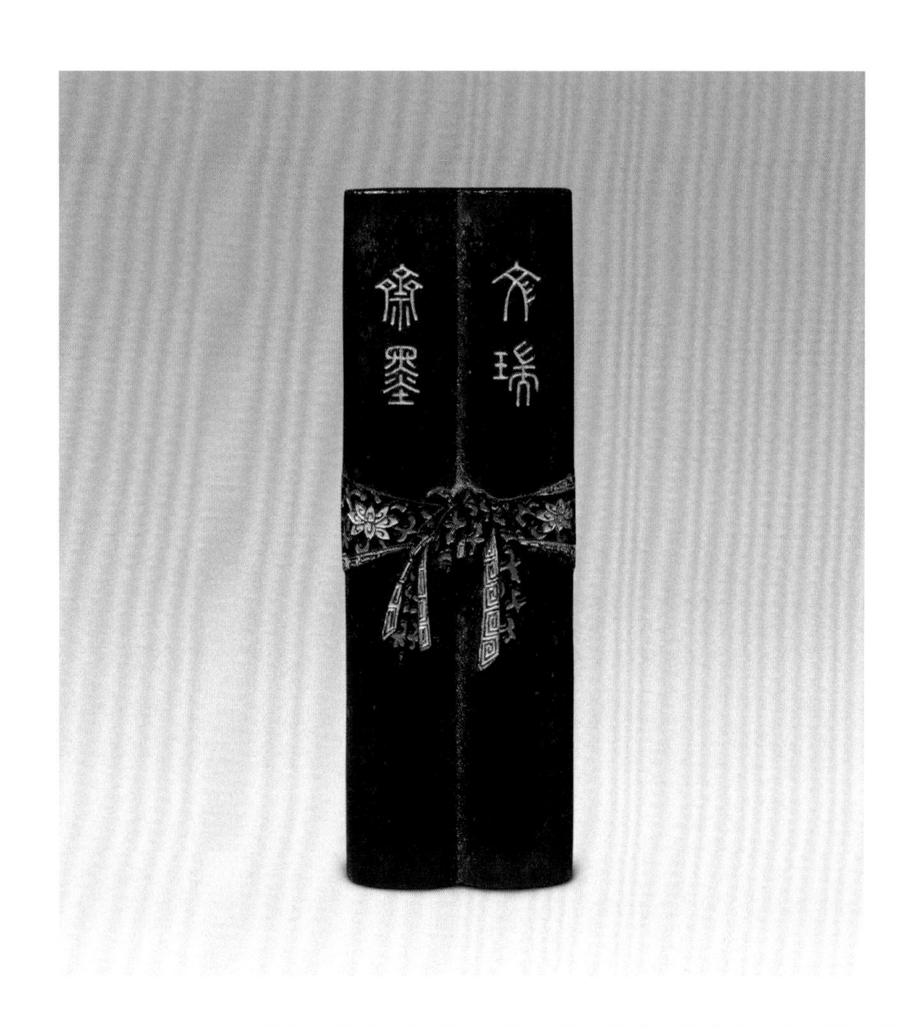

雙束書卷式，飾填金迴紋地纏枝蓮紋束錦裝飾。墨面填金雙行篆書："文瑞齋墨"。

葉靖公，名拱暉，齋名文瑞齋，清康熙時徽州休寧派墨家，傳世墨品甚少。此墨造型新穎，為文人玩賞墨品。

69

汪次侯荷葉硯式墨

清康熙

高6.7厘米　寬3.3厘米　厚0.7厘米

Inkstick in the shape of a lotus leaf inkslab, by Wang Cihou

Kangxi period, Qing Dynasty

Height: 6.7cm　Width: 3.3cm　Thickness: 0.7cm

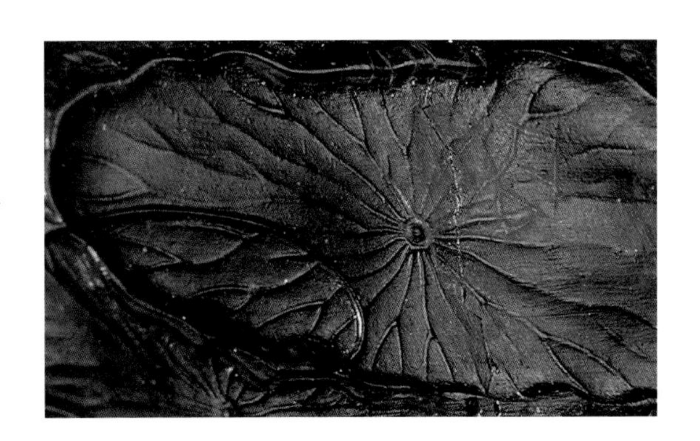

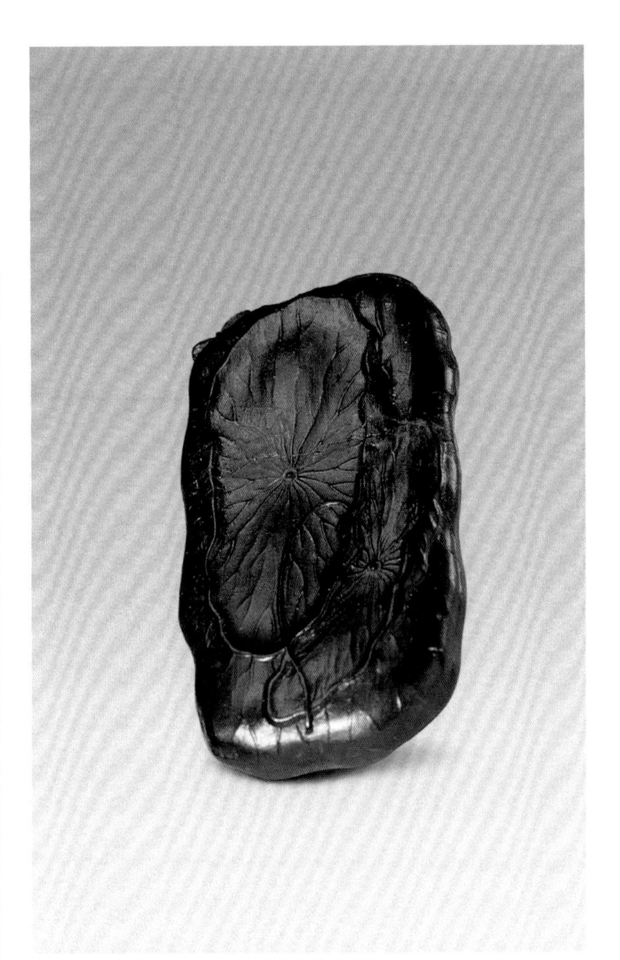

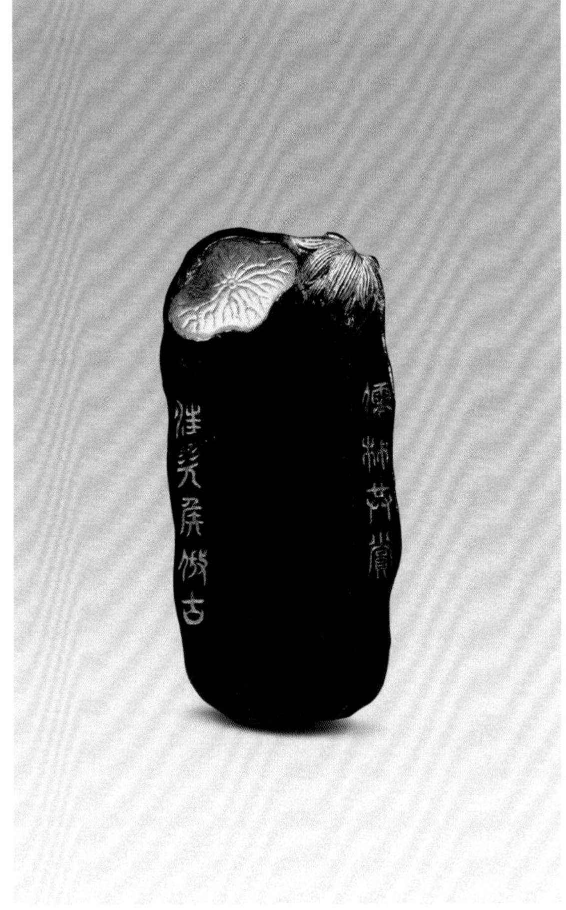

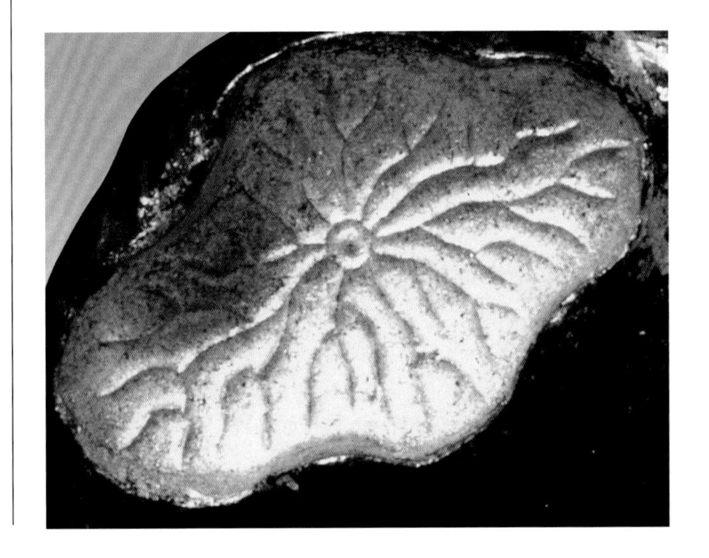

隨形荷葉硯式。面為硯池，上雕填金荷葉、荷花，硯兩邊填金篆書："儒林共賞　汪次侯仿古"。背雕兩片荷葉，葉脈紋理清晰。

汪次侯，清康熙年徽州休寧墨家，善製集錦墨，存世墨品有白岳凝煙墨、儒林共賞墨等。此墨作荷葉硯式，造型獨特，墨質輕而薄，色黝黑如漆，在清代墨中極少見。

70

梁清標蕉林書屋墨

清康熙

高7.1厘米　寬2厘米　厚0.7厘米

Inkstick with characters Jiao Lin Shu Wu, by Liang Qingbiao

Kangxi period, Qing Dynasty

Height: 7.1cm　Width: 2cm　Thickness: 0.7cm

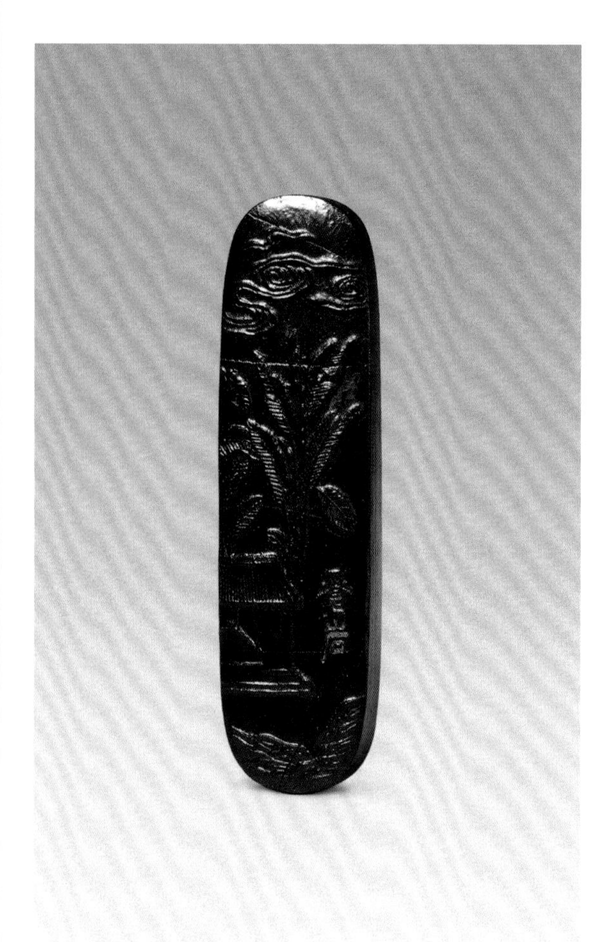

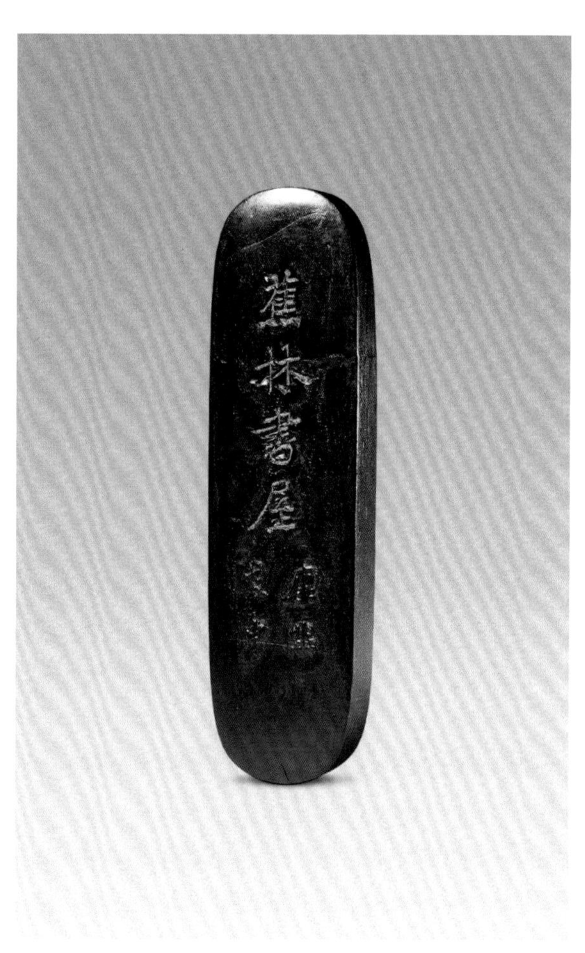

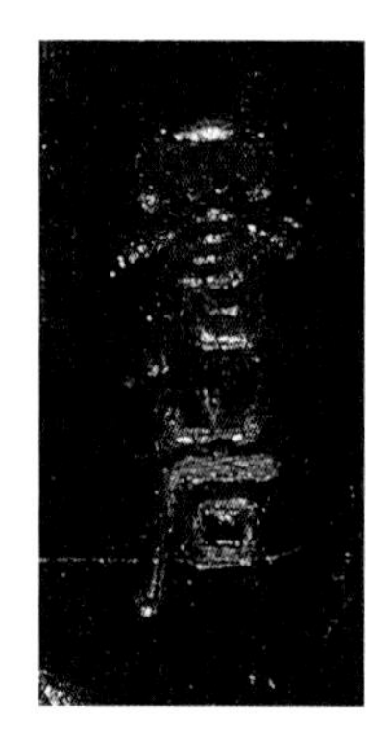

舌形。面雕芭蕉樹掩映下的書屋，填金篆書："蒼岩"。墨背填藍楷書："蕉林書屋"，雙行楷書款："康熙戊申"(1668)。

梁清標，字玉立，一字蒼岩，號棠村，又號蕉林居士，清代真定(今河北正定)人。明崇禎進士，清代累官戶部尚書、保和殿大學士等，精鑑賞，富收藏，詩文書畫均負時譽，著有《蕉林詩文集》、《棠村詞》等。"蕉林書屋"為其齋名。此墨質堅細，黝黑亮澤，形式古樸，為文人自製墨品。《墨林史話》著錄。

71

胡修五文林共賞墨

清康熙
高3.65厘米　寬3.1厘米
厚0.75厘米

Inkstick with characters Wen Lin Gong Shang, by Hu Xiuwu

Kangxi period, Qing Dynasty
Height: 3.65cm
Width: 3.1cm
Thickness: 0.75cm

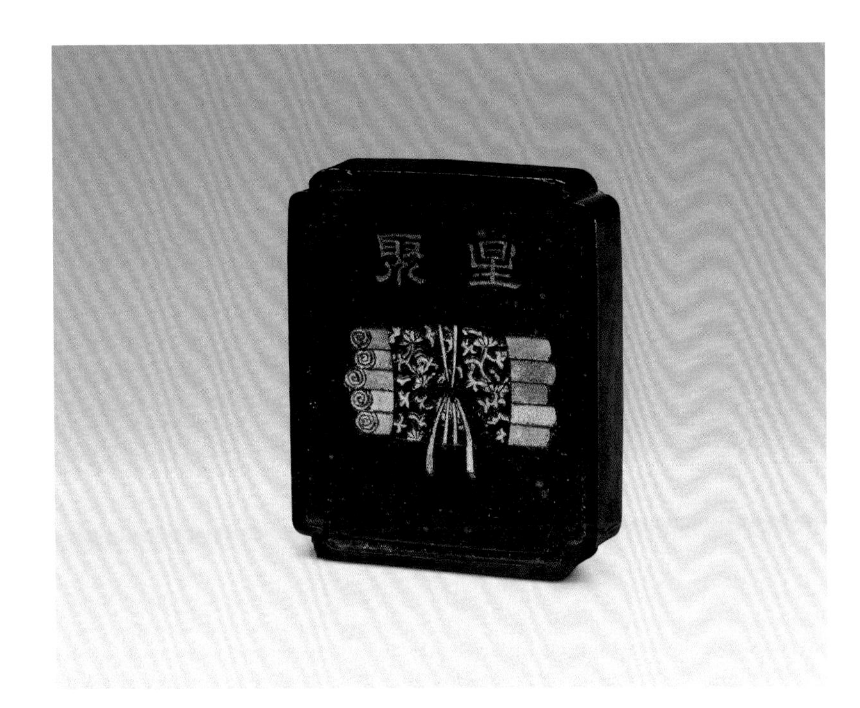

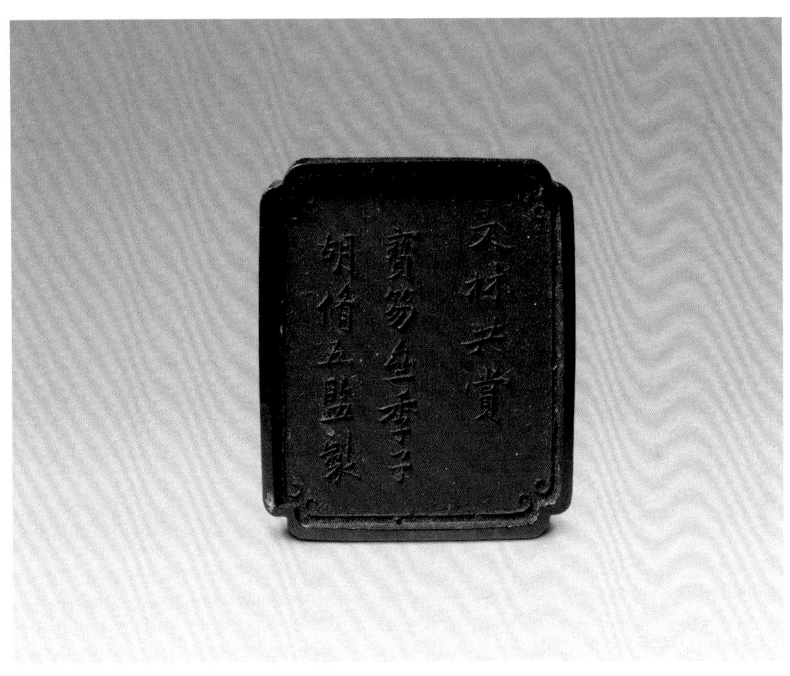

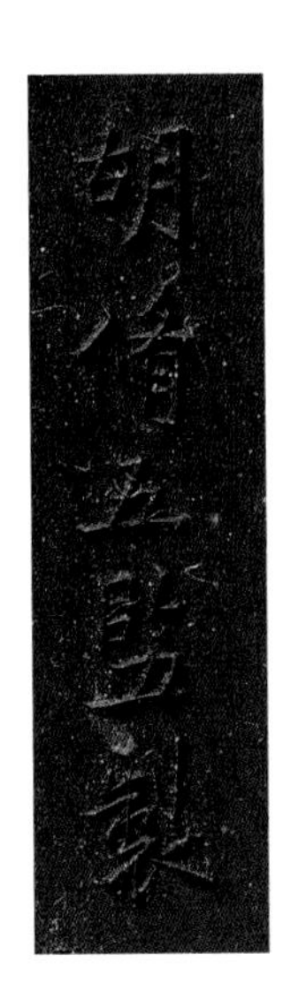

委角方形，兩面起邊框，框內一周捲雲紋。面雕填金束錦書卷，圖上填金隸書：“星聚”。墨背陽文楷書：“文林共賞　寶笏齋季子胡修五監製”。

胡修五，字去矜，胡伯圭季子，繼承家業，但傳世墨極少，十分珍貴。此墨造型小巧、雅致，製作規整，煙輕質細，漆邊亮澤。

72

劉光美恭進雲行雨施萬國咸寧集錦墨

清康熙

高9.1厘米　寬1.9厘米　厚0.9厘米　4 錠

A set of four Inksticks with characters Yun Xing Yu Shi, Wan Guo Xian Ning , presented by Liu Guangmei to the emperor

Kangxi period, Qing Dynasty

Height: 9.1cm　Width: 1.9cm　Thickness: 0.9cm

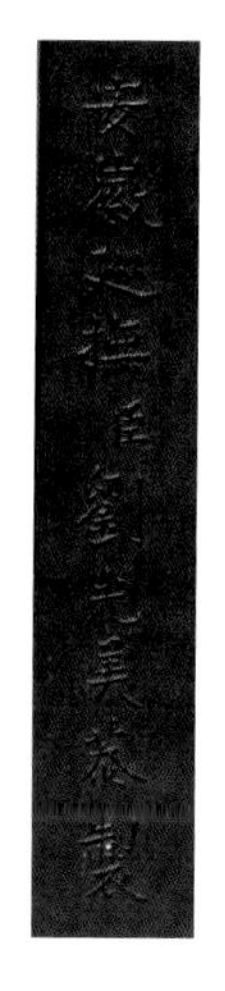

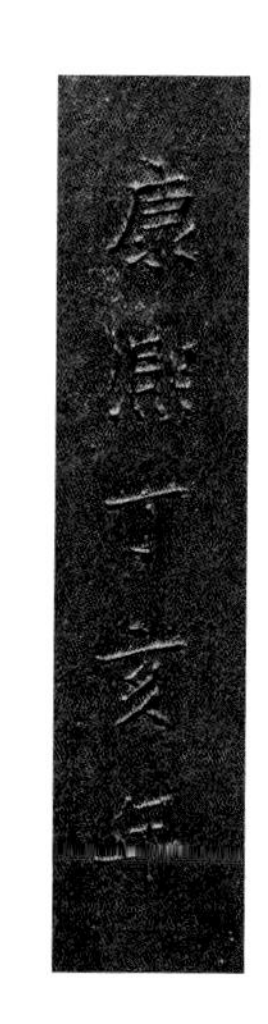

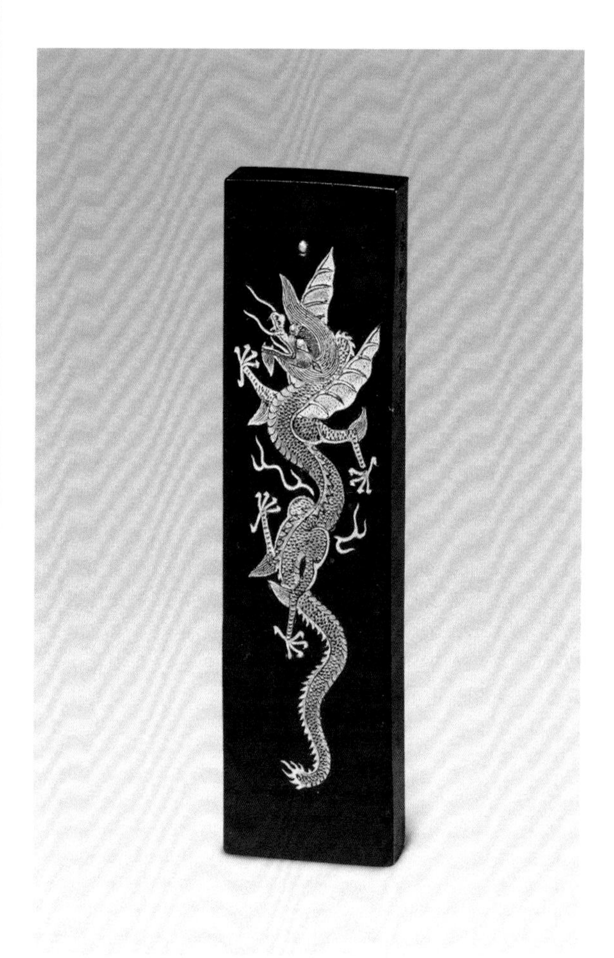

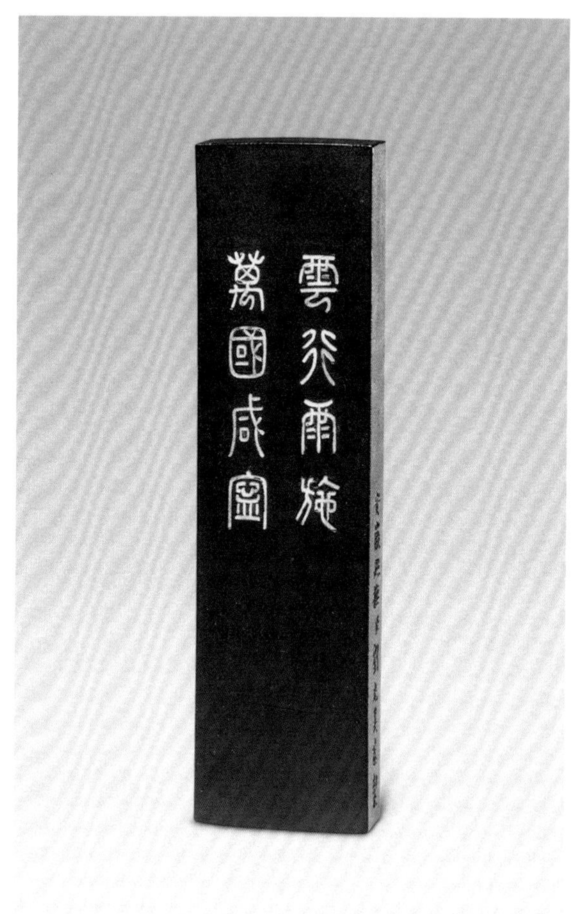

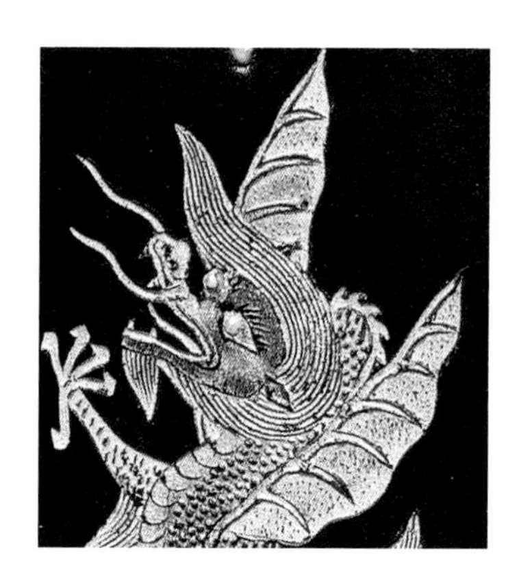

長方形。面飾填金騰龍，身有翅，雙目嵌珠。墨背填金篆書：“雲行雨施，萬國咸寧”。兩側分署楷書款：“康熙丁亥年(1707)”、“安徽巡撫臣劉光美恭製”。共裝於書冊式錦盒內，外套黃綾囊，上有朱書：“貢墨”。

劉光美，漢軍正紅旗人，康熙四十二年(1703)官安徽巡撫，任內曾多次向內廷進恭徽墨。此墨為專供內廷貢品，墨質精良，為康熙墨中珍品。

73

和素恭進集錦墨

清康熙

最高11.4厘米　寬4.1厘米　厚1.3厘米　10錠

A set of ten Inksticks, inkcakes etc, presented by He Su to the emperor

Kangxi period, Qing Dynasty

Maximum height: 11.4cm　Width: 4.1cm　Thickness: 1.3cm

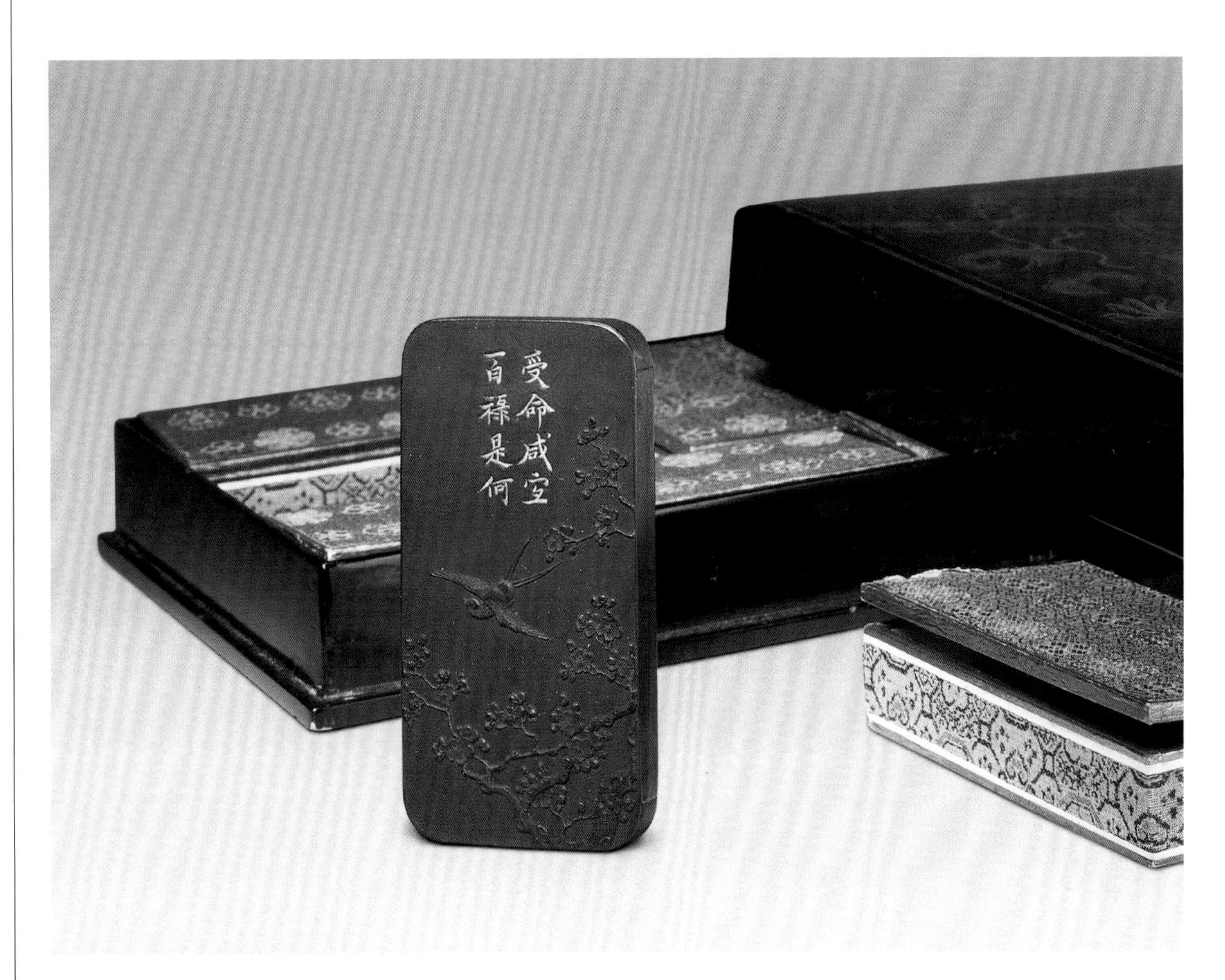

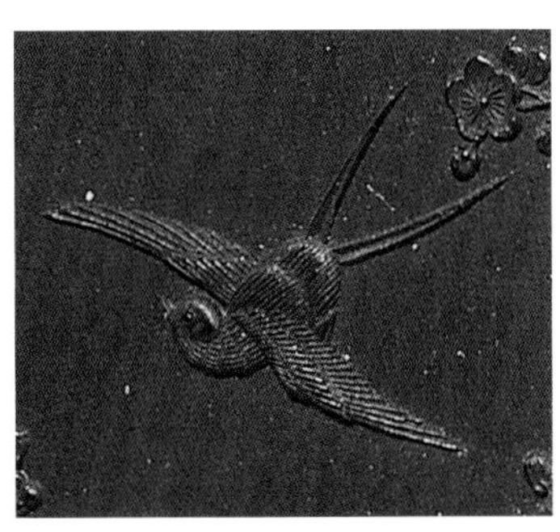

長方形、舌形、圓形不等。面雕玉璧、梅花、燕子、八寶、龍鳳、海水、雙環、椿樹、樓閣等紋飾，填金、藍各體書題銘："王者得此寶則五穀豐稔"、"受命咸宜，百祿是何"、"八吉祥"、"天府御香"、"五嶽四瀆"、"王者得此寶能令外國歸服"、"萬年枝"、"天老對庭"、"綸閣"、"龍鳳呈祥"。背填金滿文書："和素獻呈"。共裝一黑漆描金龍紋盒內。

和素，姓完顏，清滿洲鑲黃旗人。有學名，官內閣侍讀學士。此墨製作精緻，裝潢精美，特別是墨上書滿文極少見。

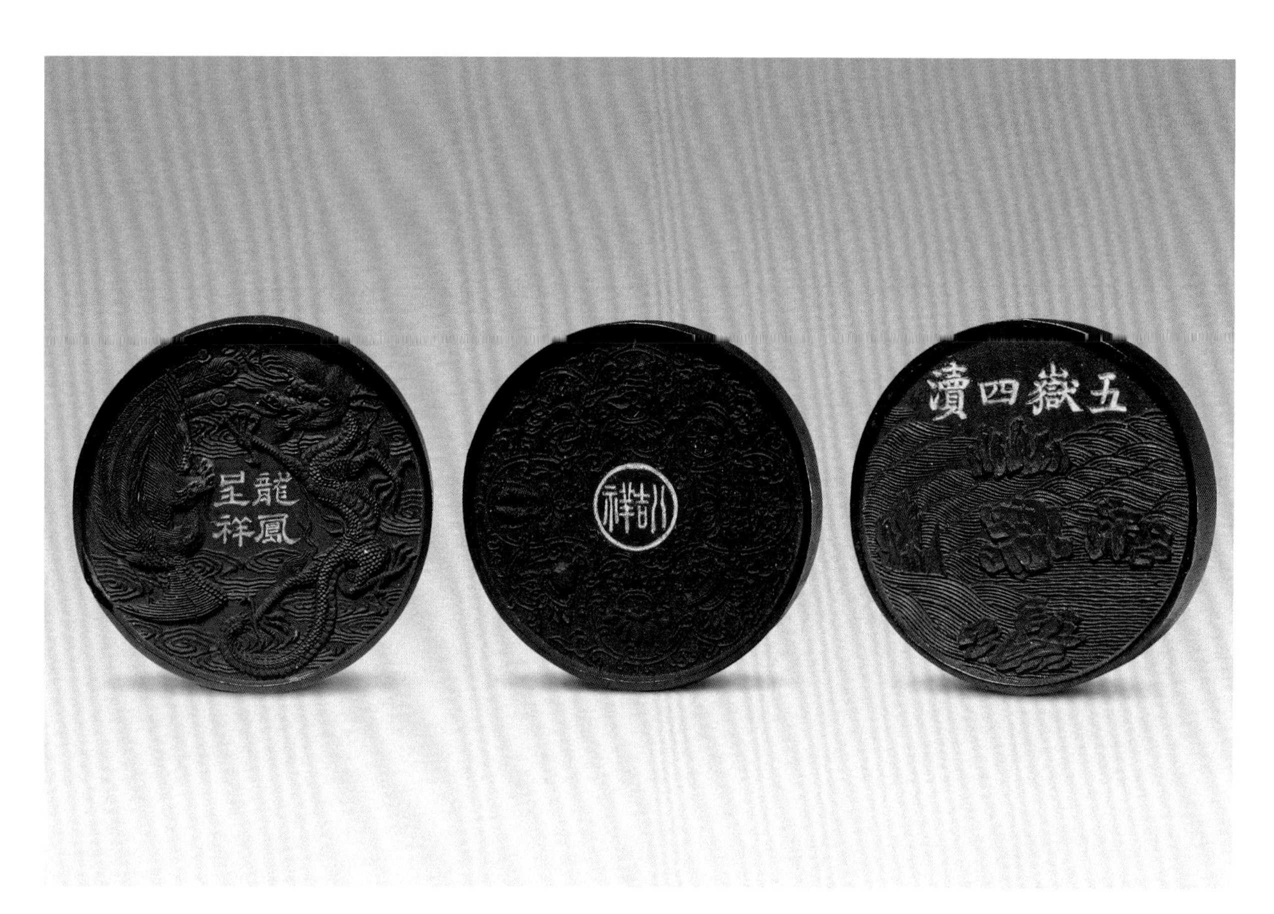
龍鳳呈祥
八吉祥
五嶽四瀆

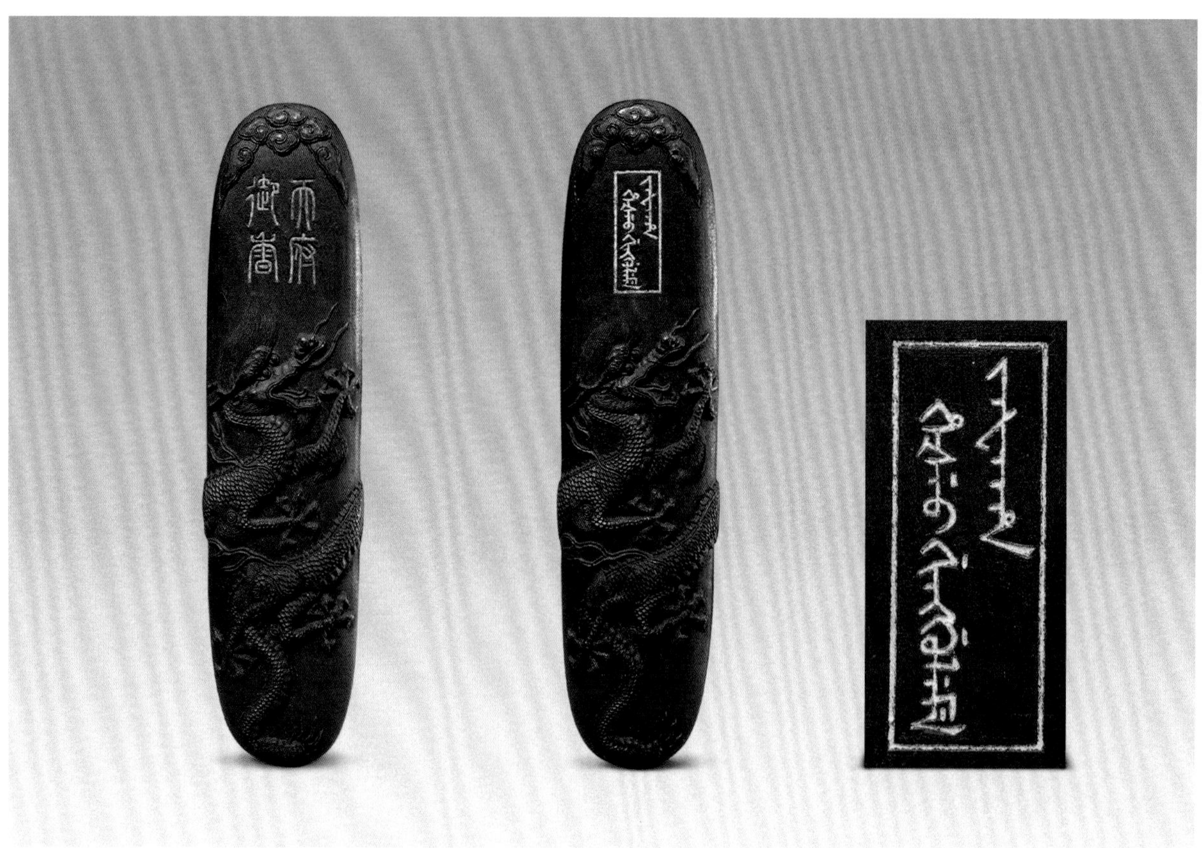
天府御香

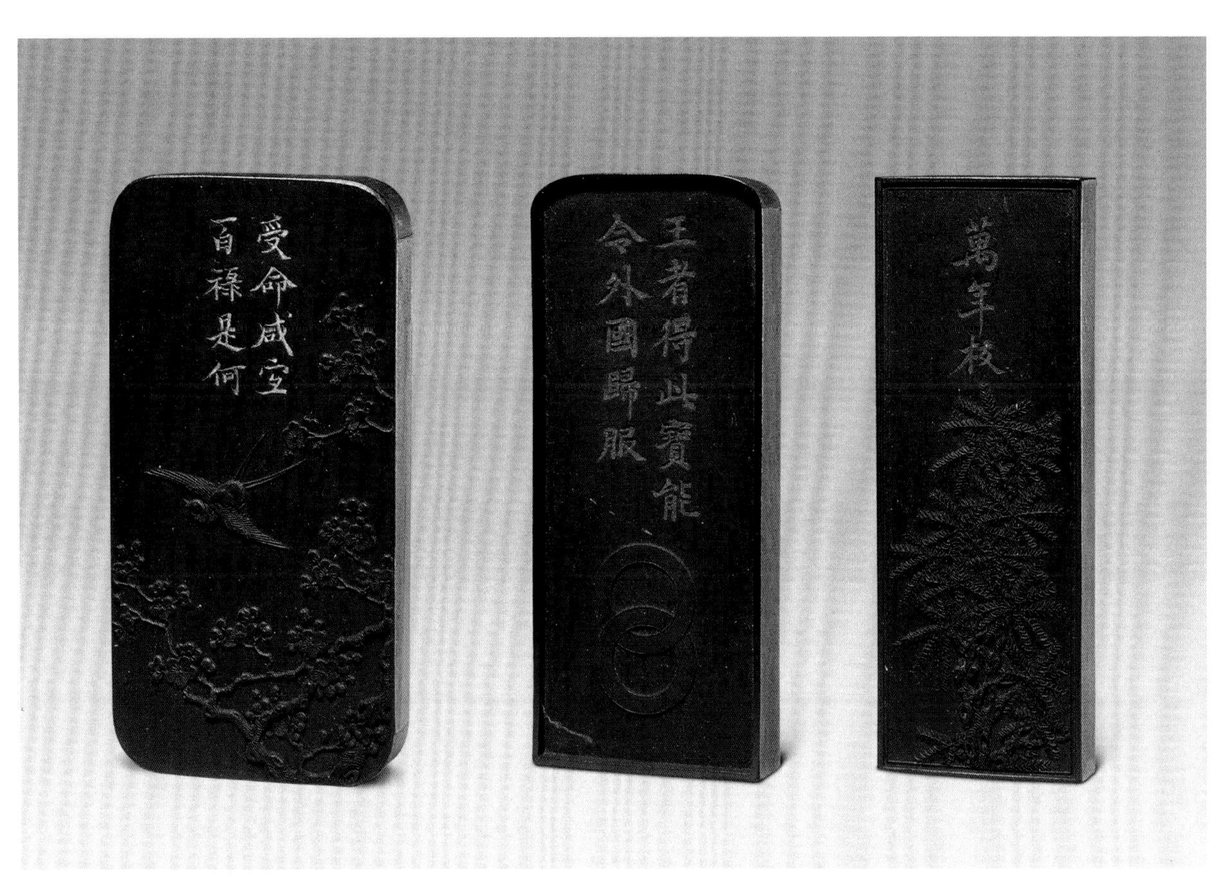
受命咸宜
百祿是何
王者得此寶能
令外國歸服
萬年枝

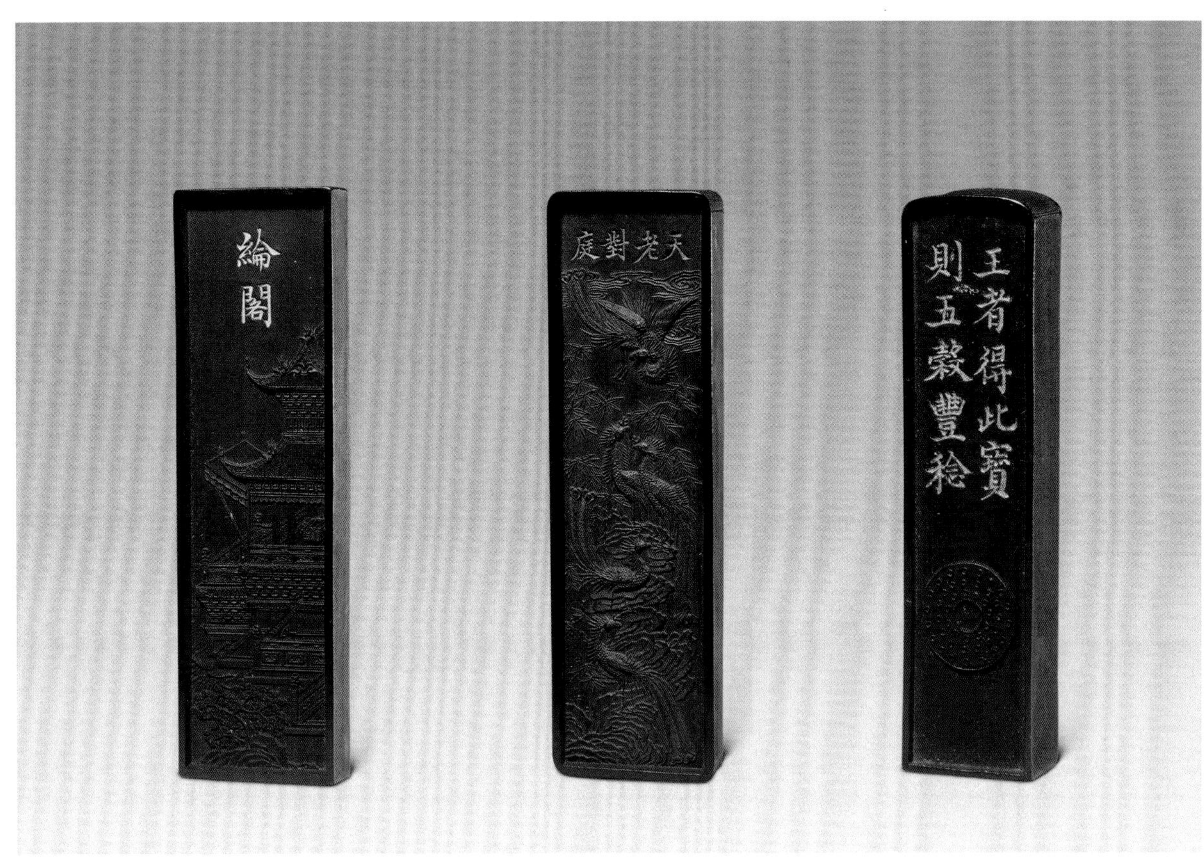
綸閣
天老對庭
王者得此寶
則五穀豐稔

74

詹鳴岐文華上瑞墨

清康熙

高8厘米　寬1.4厘米　厚1.35厘米

Inkstick with characters Wen Hua Shang Rui, by Zhan Mingqi

Kangxi period, Qing Dynasty

Height: 8cm　Width: 1.4cm　Thickness: 1.35cm

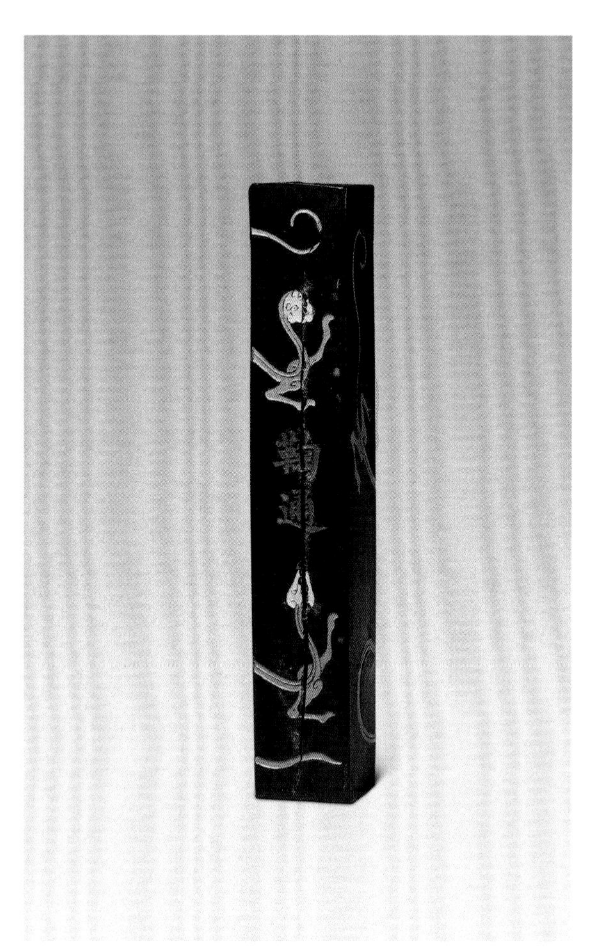

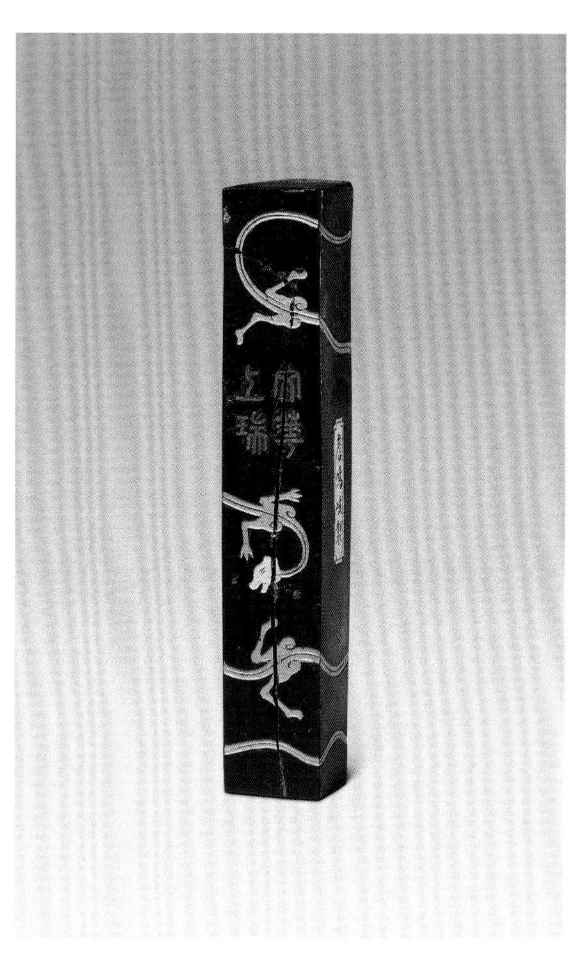

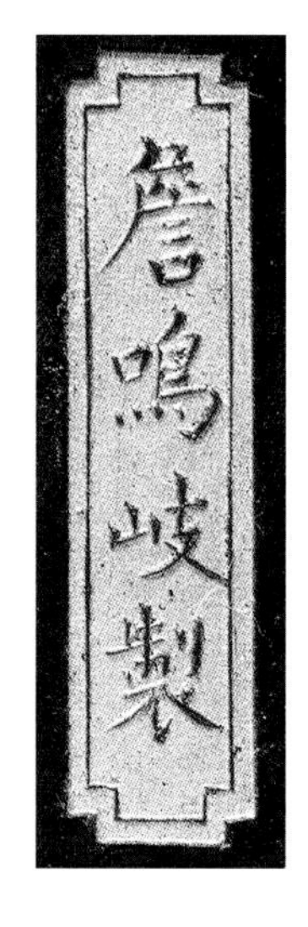

四方柱形，通體纏繞三填金螭紋。面填藍篆書："文華上瑞"。背填藍楷書："鞠通"。墨側委角填金框內小楷書："詹鳴岐製"。

明清時徽州婺源製墨家以詹姓為最多，但詹鳴岐墨傳世少見。此墨為清康熙時製品，造型渾厚、質樸，墨色光亮。《清代名墨談叢》著錄。

75

方椅邨集錦墨

清康熙

最高7.5厘米　寬3.2厘米　厚0.85厘米　10錠

A set of ten Inksticks, by Fang Yicun

Kangxi period, Qing Dynasty

Maximum height: 7.5cm　Width: 3.2cm　Thickness: 0.85cm

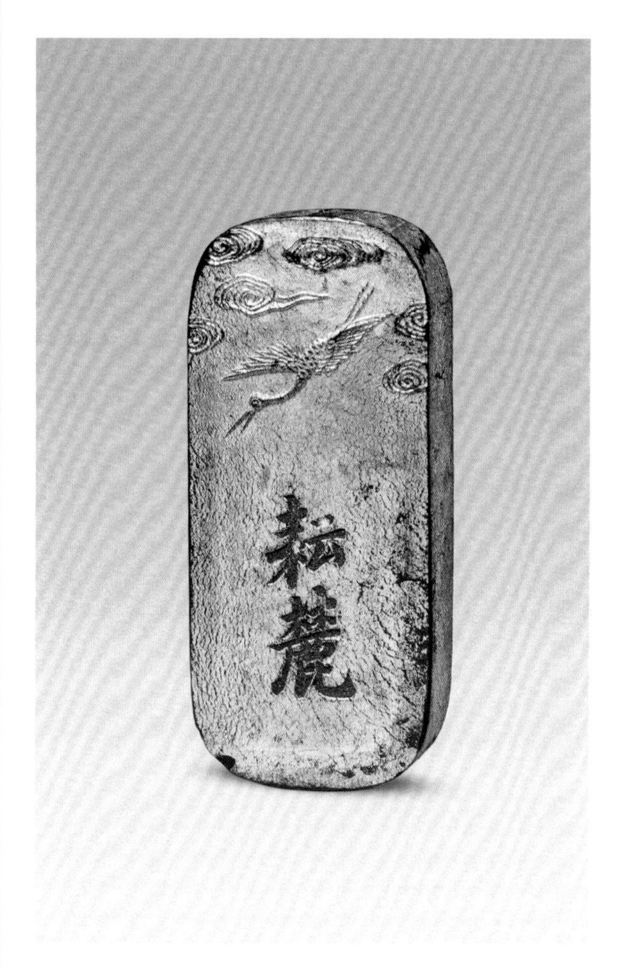

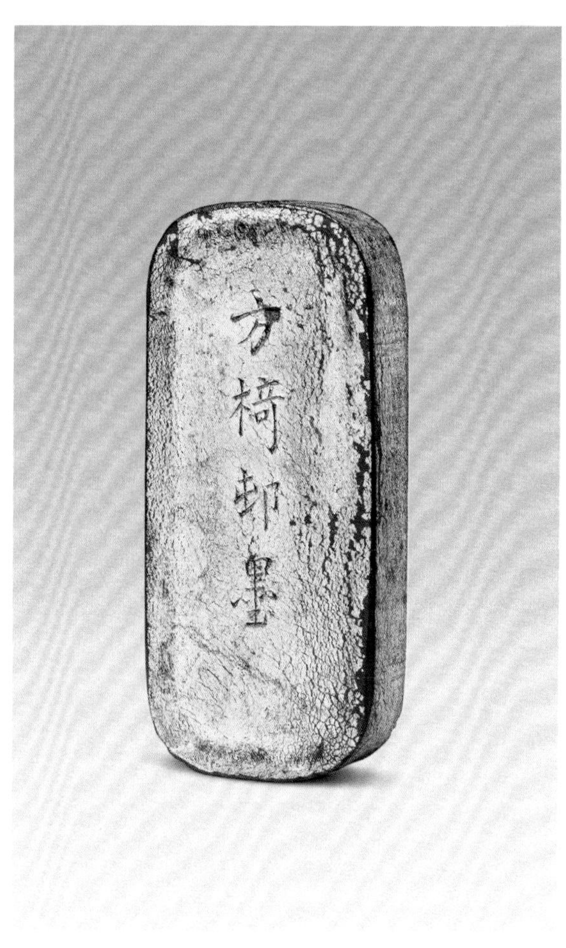

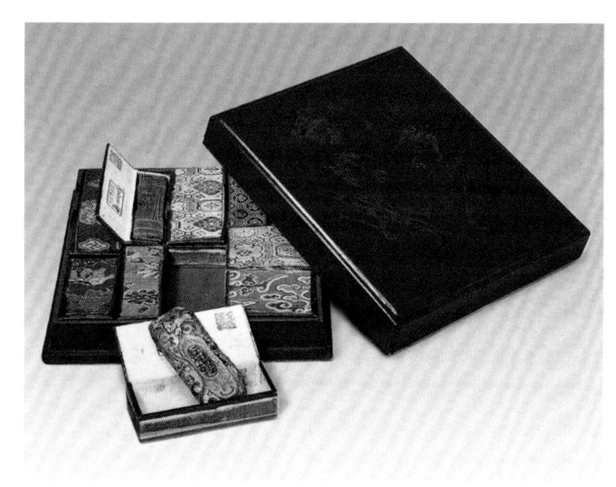

方形、八棱形、雞心佩式、碑形、橢圓形、長方形、竹節形、卷軸式不等，通體漱金。墨面分別雕雲鶴、竹、鵝等紋，題銘："耘麓"、"風閣奇珍"、"椅邨圖"、"耘麓軒"、"太平萬歲"、"鵝羣"等。題款有"方椅邨墨"、"歙方椅邨仿古"、"徽歙方椅邨珍賞"、"方椅邨法古"等。共裝一紅漆描金雲龍紋匣內。

方椅邨，清初歙縣製墨家。此套墨裝飾精美，鐫模精細，為方氏代表佳品。

76

萬壽無疆墨

清康熙

高8.55厘米　寬2.25厘米　厚0.9厘米

Inkstick with characters Wan Shou Wu Jiang, made for the imperial use

Kangxi period, Qing Dynasty

Height: 8.55cm　Width: 2.25cm　Thickness: 0.9cm

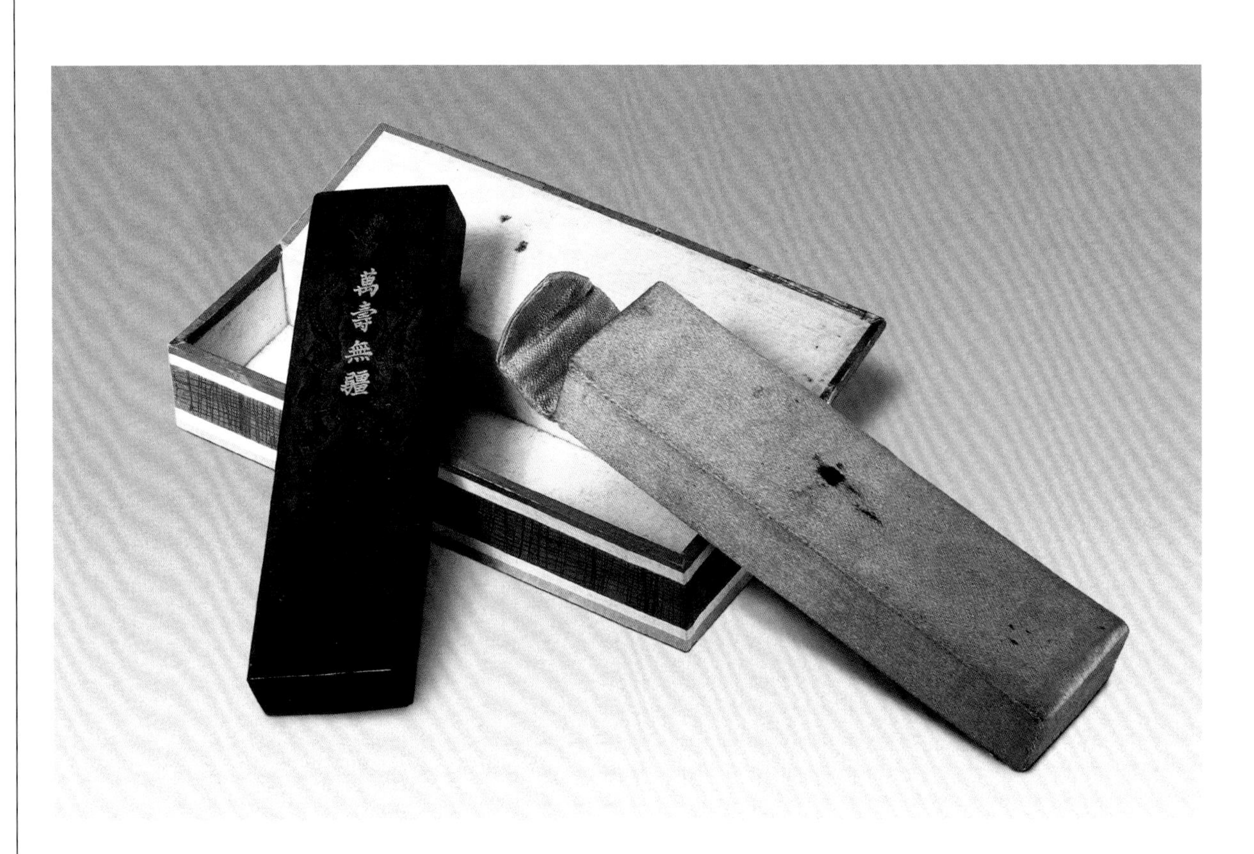

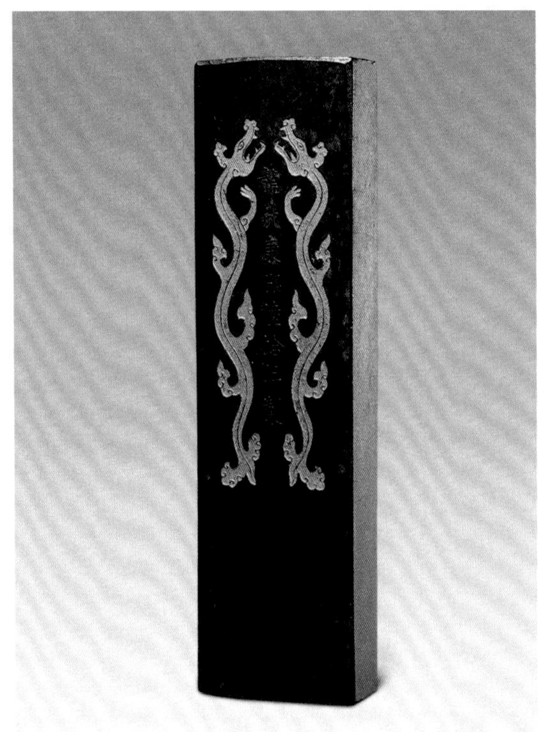

長方形。墨面雕刻二龍戲珠紋，紋間填金楷書："萬壽無疆"。墨背填金二龍紋，紋間陽文楷書："龍飛康熙陸拾年(1721)製"。墨外套黃綾，盛於錦盒內。

此墨造型簡潔，製作精細，署款形式罕見，為特製御用珍品。

77

端凝鑑賞墨

清康熙
高7.2厘米　寬1.6厘米　厚0.8厘米
清宮舊藏

Inkstick with characters Duan Ning Jian Shang, a tribute for the imperial use

Kangxi period, Qing Dynasty
Height: 7.2cm　Width: 1.6cm　Thickness: 0.8cm
Qing Court collection

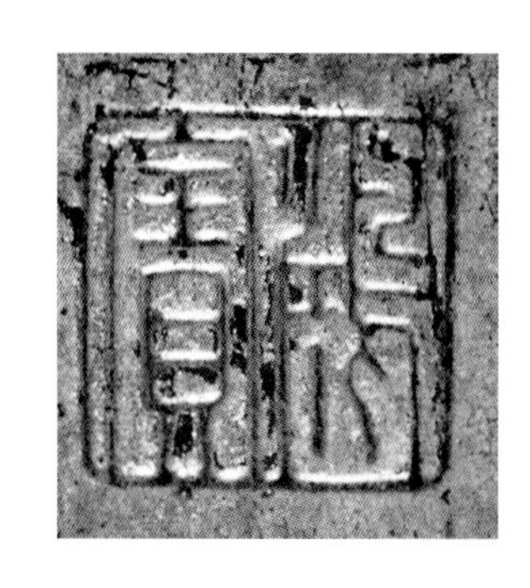

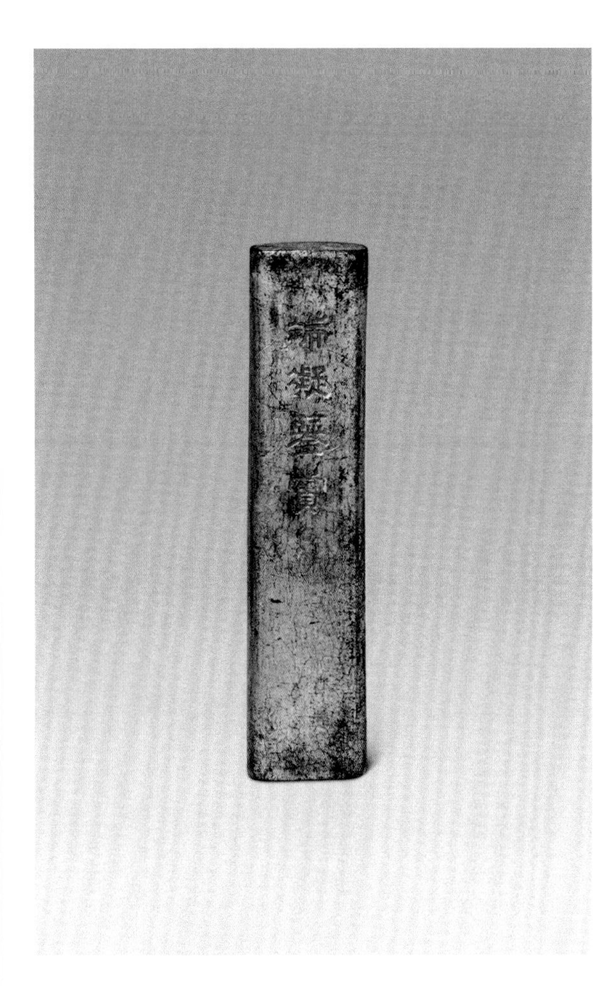

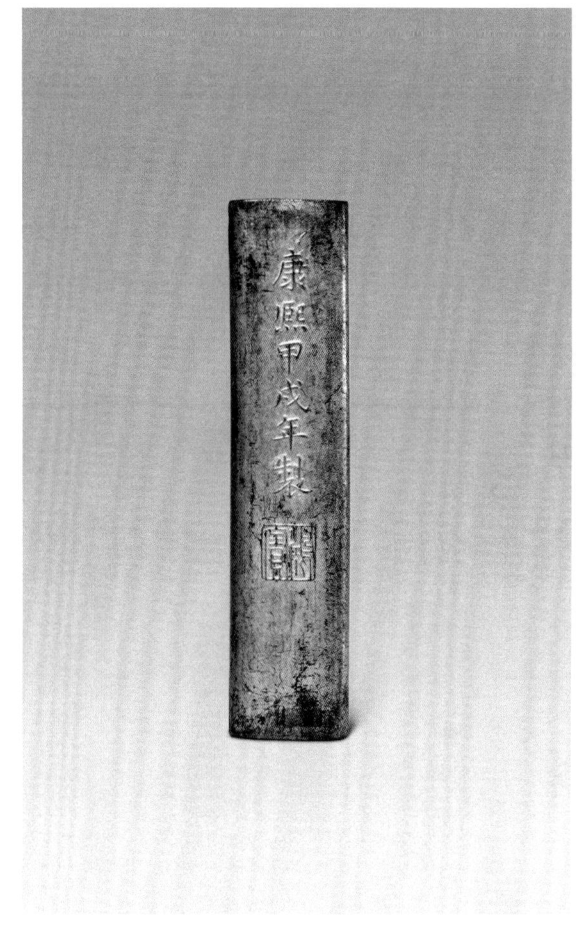

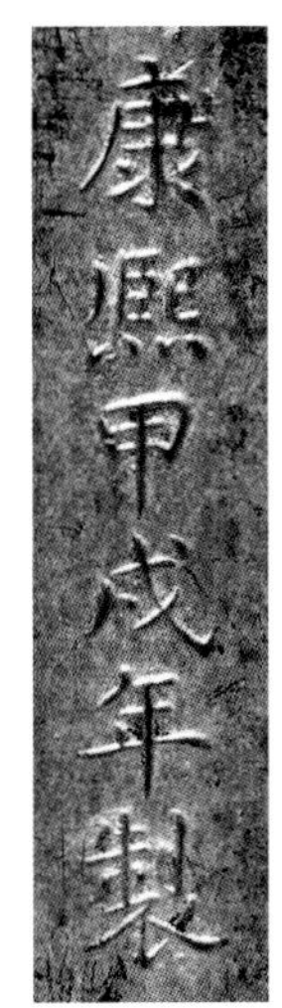

橢圓柱形，通體漱金。面填綠隸書："端凝鑑賞"。背陽文楷書："康熙甲戌年(1694)製"，鈐"鴻寶"陽文方印。

端凝殿在故宮乾清宮東配殿。此墨有準確紀年，是特供內廷御用貢品。

78

淵鑑齋摹古寶墨

清康熙

高13.5厘米　徑1厘米

清宮舊藏

Inkstick with characters Yuan Jian Zhai Mo Gu Bao Mo, made for the use of Emperor Kangxi

Kangxi period, Qing Dynasty

Height: 13.5cm　Diameter: 1cm

Qing Court collection

圓柱形，通體漆衣。兩面陰文填金楷書題字，一面“御用　淵鑑齋摹古寶墨”，一面“雲漢為章　大清康熙年製”。

“淵鑑齋”，在圓明園之暢春園內，康熙皇帝常在此活動。“雲漢為章”語出《詩．大雅．棫樸》：“倬彼雲漢，為章於天”。此墨為康熙皇帝御用墨，製作極精，漆黑光亮。乾隆、道光時有仿此墨而製的“淳化軒摹古寶墨”和“文煥軒摹古寶墨”。

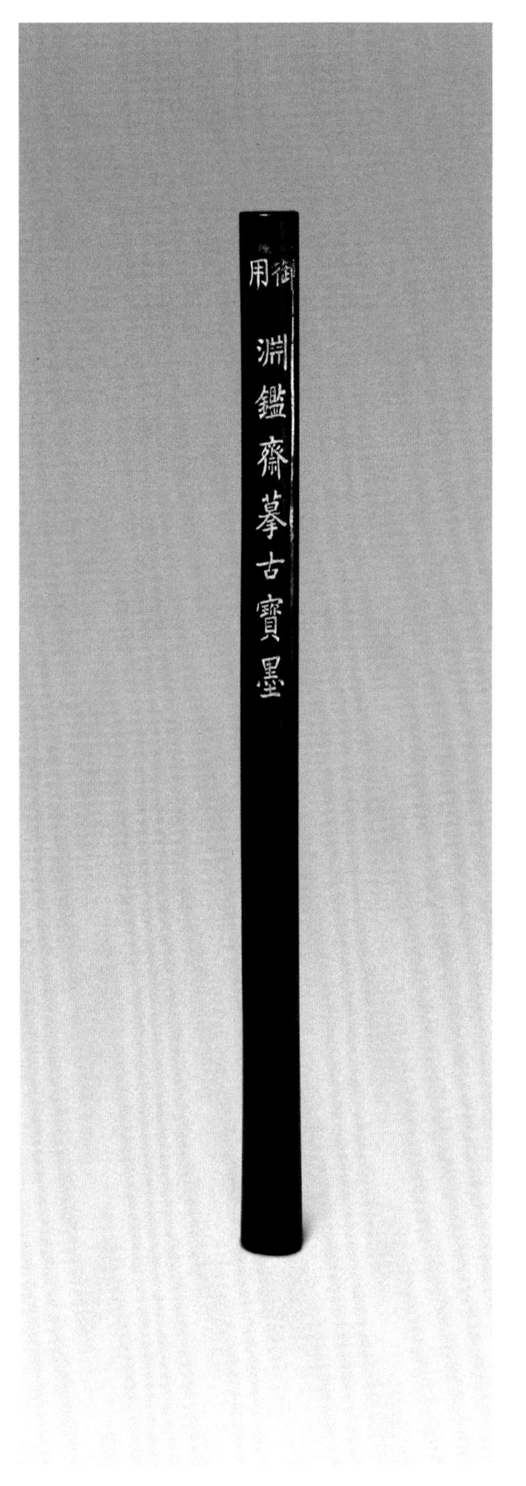

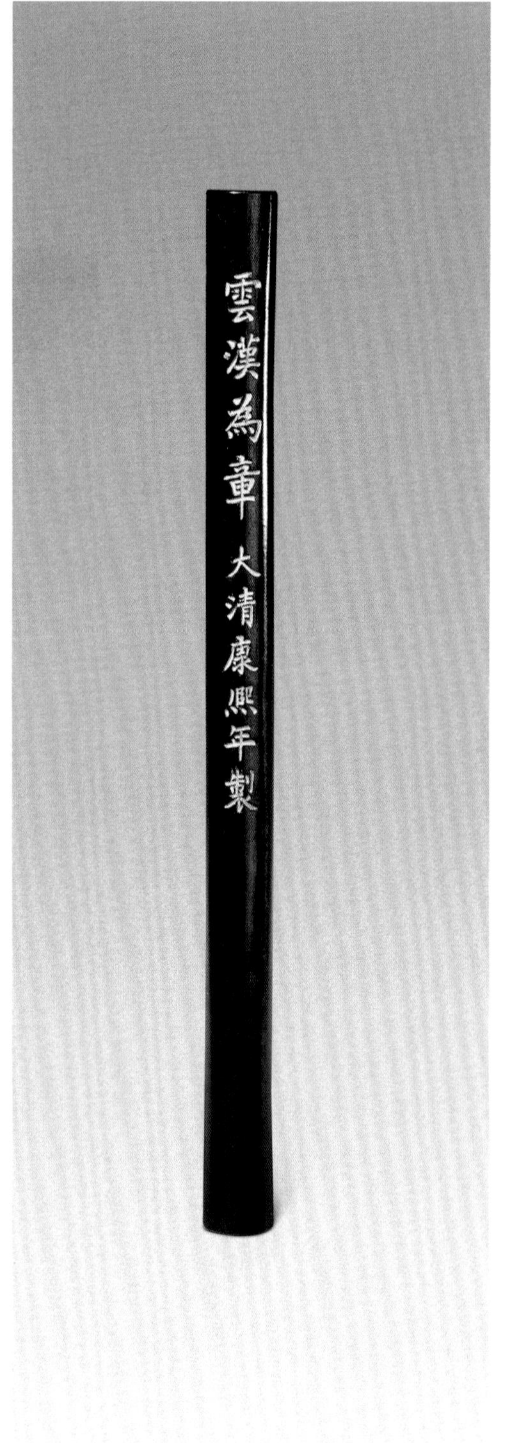

79

嵩呼萬歲墨

清雍正

高8.2厘米　寬2.2厘米　厚1厘米

Imperial Inkstick with characters Song Hu Wan Sui

Yongzheng period, Qing Dynasty

Height: 8.2cm　Width: 2.2cm　Thickness: 1cm

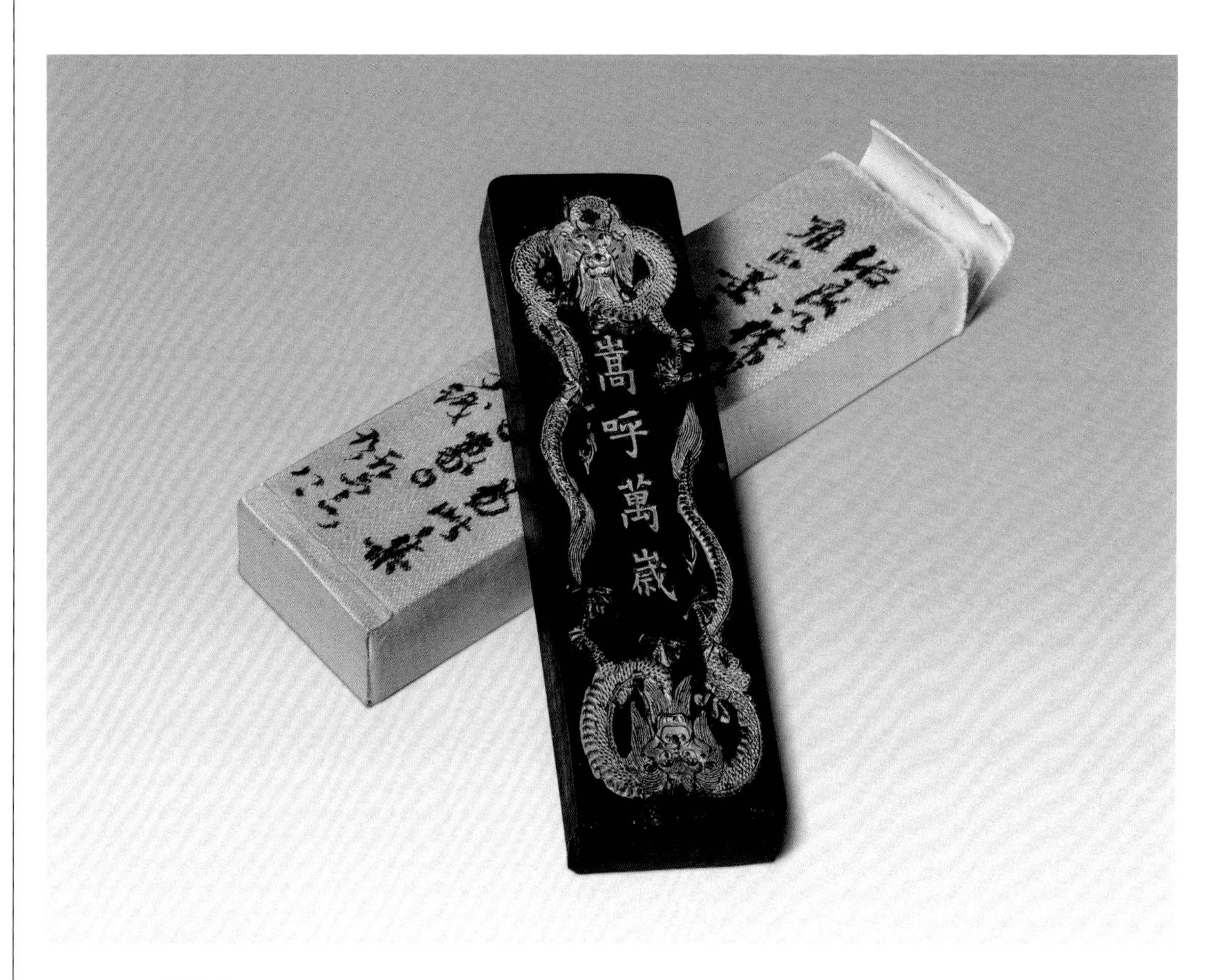

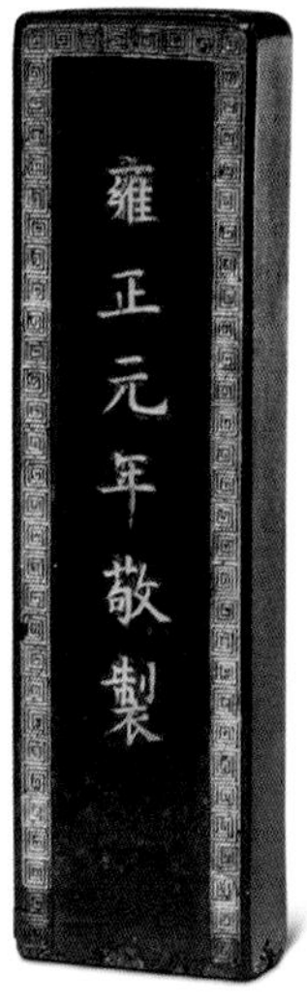

長方形。面填金楷書："嵩呼萬歲"，外環填金二龍，龍首相對。背填金迴紋邊框內填金楷書："雍正元年(1723)敬製"。

此墨鐫刻精細，墨質堅密，黝黑亮澤，為雍正御墨的一種形式。《清代名墨談叢》著錄。

80

張大有恭進萬壽無疆墨

清雍正

高8.7厘米　寬2.2厘米　厚1.2厘米　2錠

Two Inksticks with characters Wan Shou Wu Jiang, presented by Zhang Dayou to the emperor

Yongzheng period, Qing Dynasty

Height: 8.7cm　Width: 2.2cm　Thickness: 1.2cm

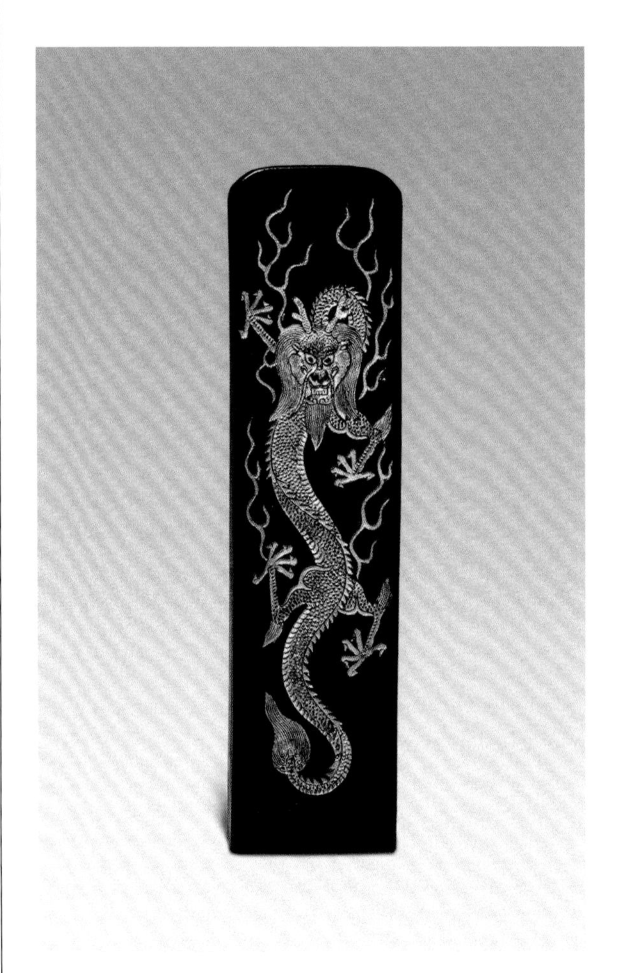

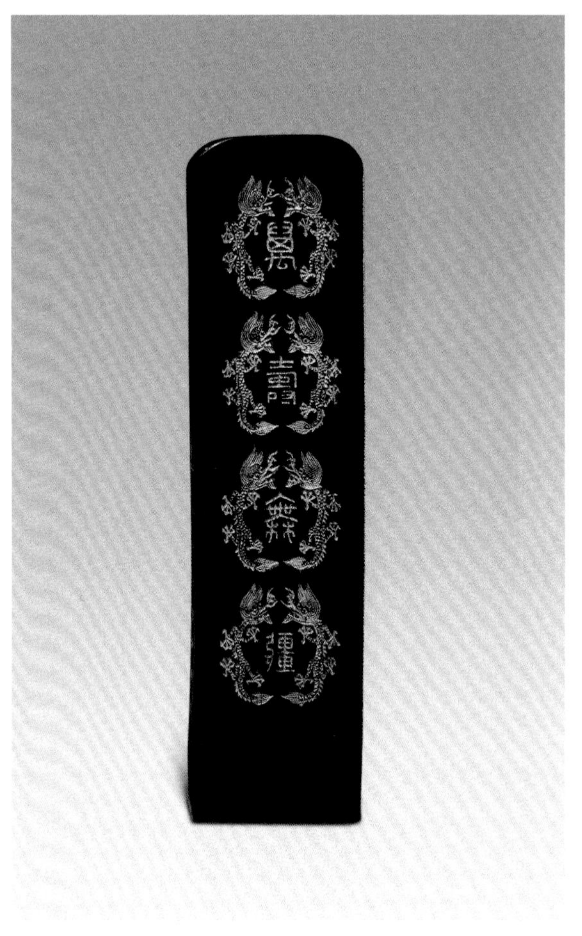

長方形。面雕填金、銀正龍，龍首高昂，雙目圓睜，氣勢雄偉。背填金篆書："萬壽無疆"，每字環繞雙龍。側面凹框內楷書："總督漕運臣張大有恭進"。素面黃綾套，共裝於錦匣內。

張大有，清代郃陽(今陝西合陽)人，康熙年進士，授編修，累官漕運總督、禮部尚書等。此墨為其任漕運總督時進貢宮廷墨品。《墨林史話》著錄。

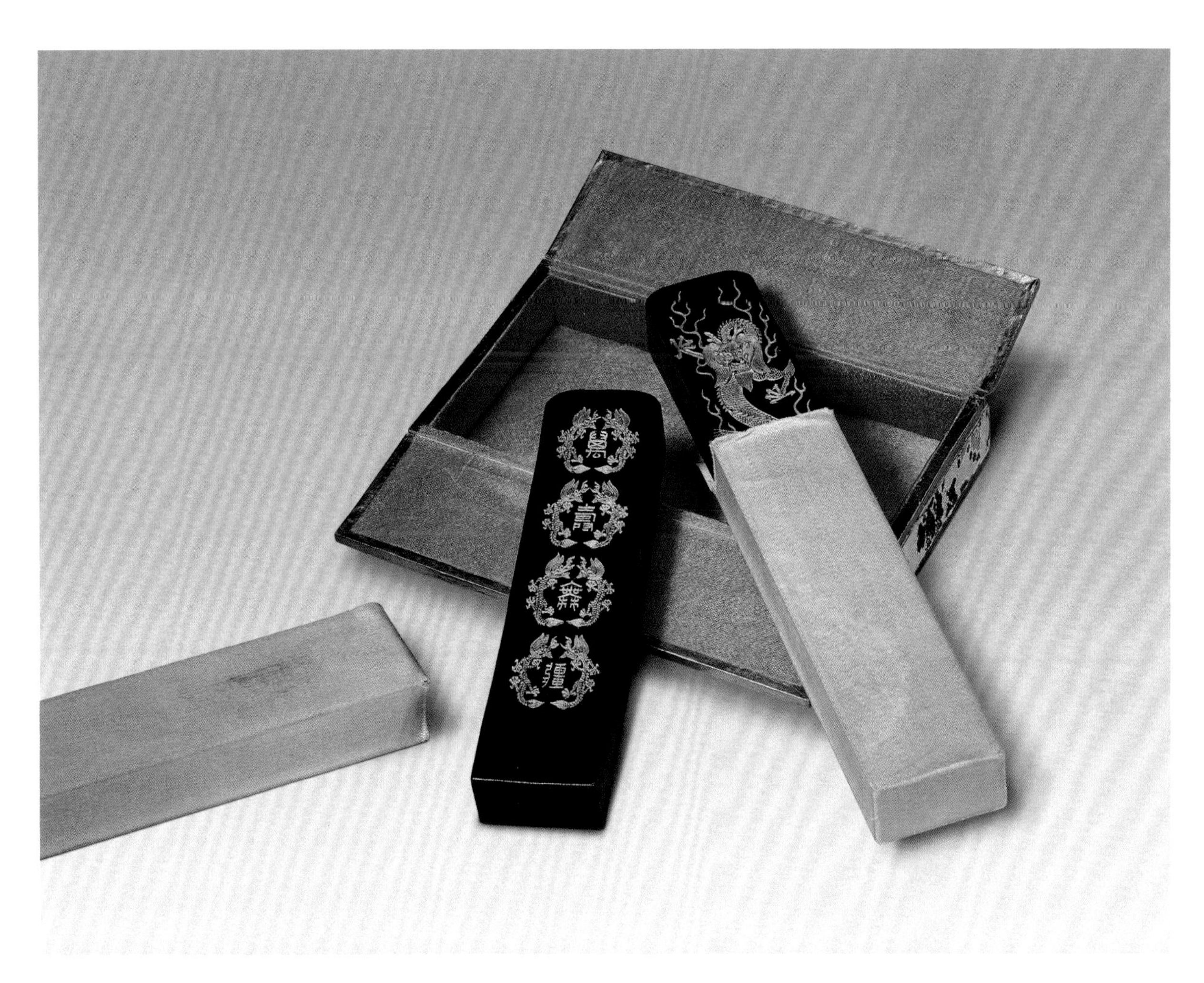

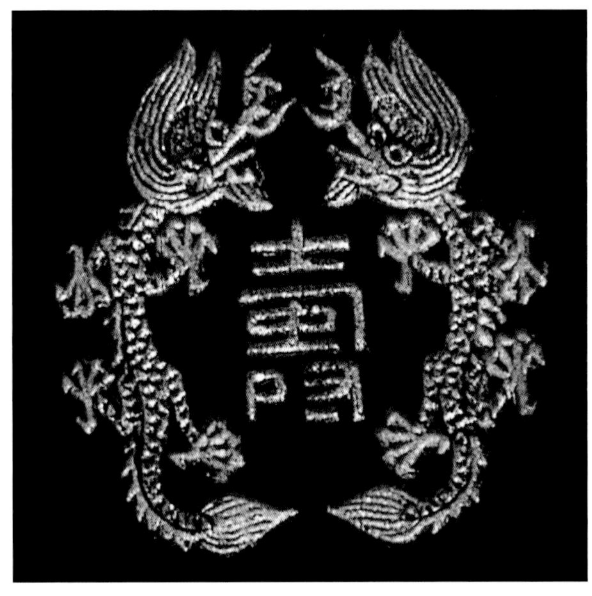

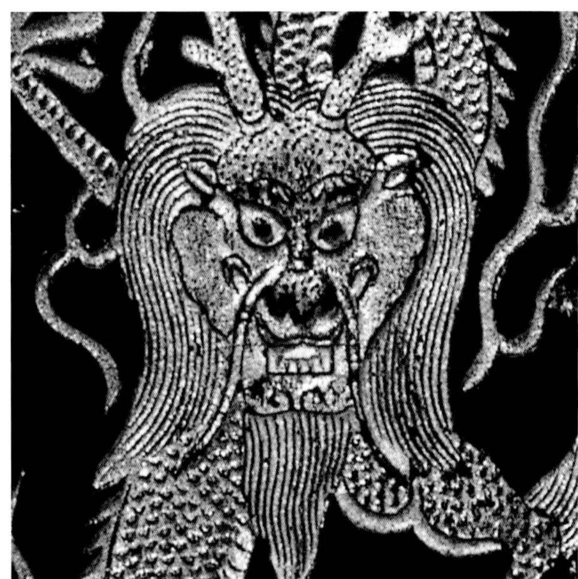

81

湛兒睛御墨

清雍正
高9.1厘米　寬1.9厘米　厚0.95厘米
清宮舊藏

Imperial Inkstick with characters Zhan Er Jing

Yongzheng period, Qing Dynasty
Height: 9.1cm　Width: 1.9cm　Thickness: 0.95cm
Qing Court collection

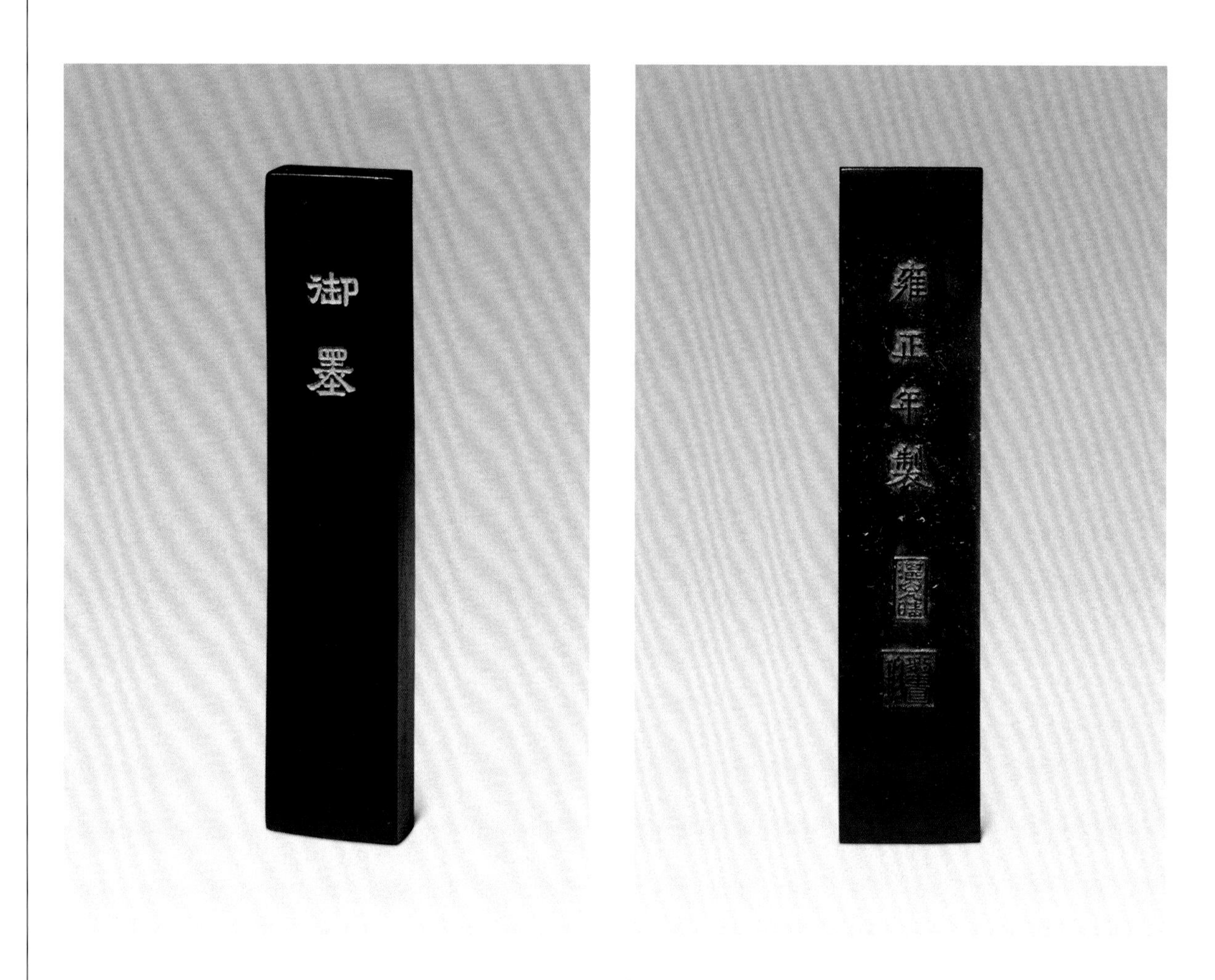

長方形。面填金隸書："御墨"。背陽文楷書："雍正年製"，鈐"湛兒睛"、"豹囊珍"印。

宋蘇東坡曰："要使其光清而不浮，湛湛如小兒目睛"，形容墨黑而光清。此墨造型簡潔，極工整，墨質細膩，黝黑亮澤，為雍正時期御用墨的特有形式。

82

贏黛珠胎御墨

清雍正
高8厘米　寬2.7厘米　厚0.7厘米
清宮舊藏

Imperial Inkstick with characters Ying Dai and Zhu Tai, made for the use of Emperor Yongzheng

Yongzheng period, Qing Dynasty
Height: 8cm　Width: 2.7cm　Thickness: 0.7cm
Qing Court collection

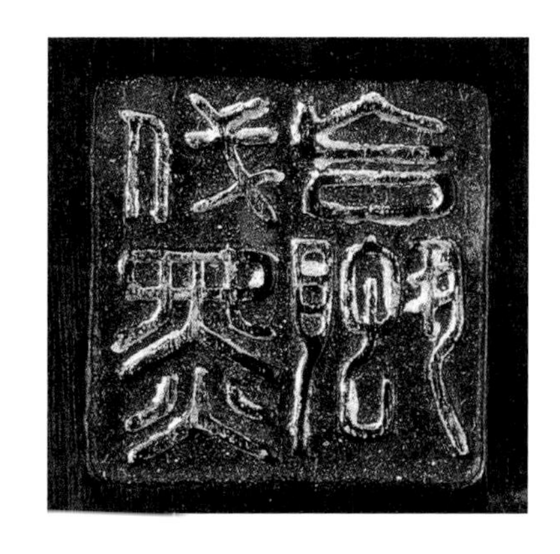

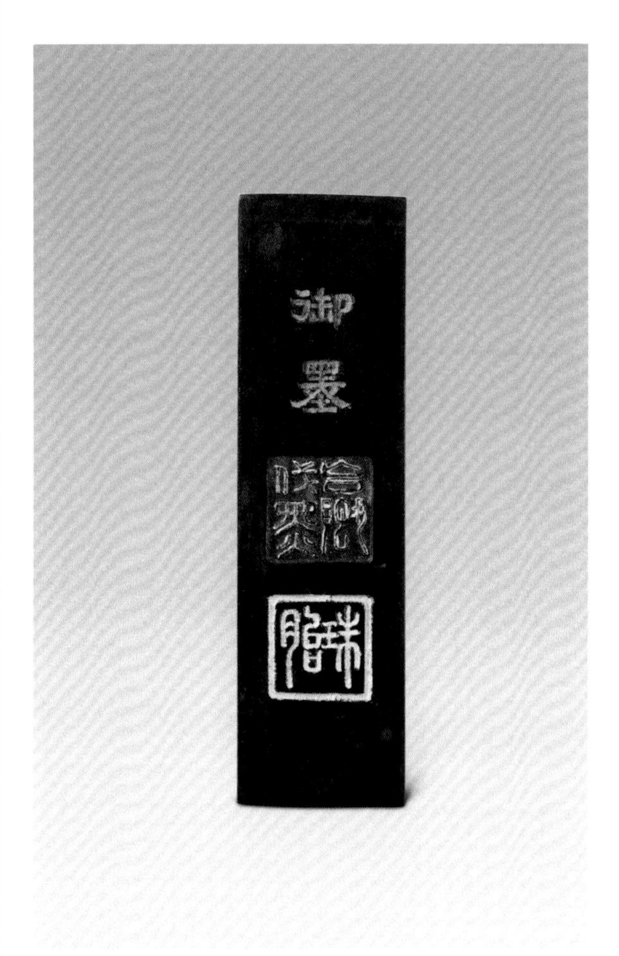

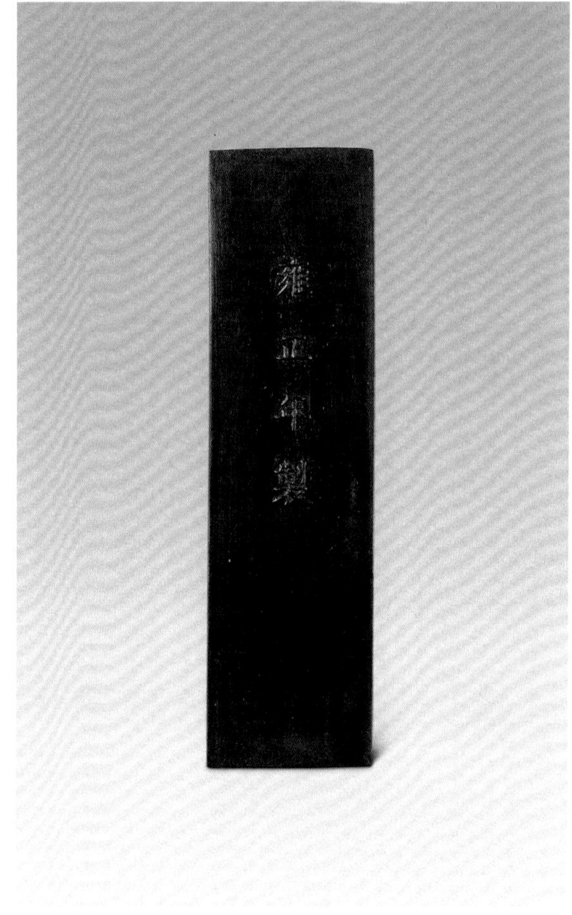

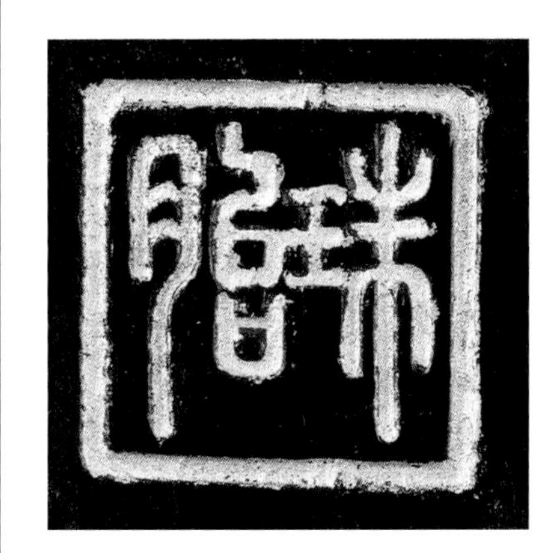

長方形。墨面陰文填綠隸書："御墨"，下鈐填金印式墨銘："贏黛"、"珠胎"。背陽文楷書款："雍正年製"。

"贏黛""珠胎"用以形容墨質精良，為古代常見墨銘。此墨製作工整，形制簡潔，為雍正御用墨。

83

程一卿鳳玦墨

清乾隆

高5.15厘米　寬2.9厘米　厚0.6厘米

Inkstick in the shape of a phoenix pendant with characters Feng Jue, by Cheng Yiqing

Qianlong period, Qing Dynasty

Height: 5.15cm　Width: 2.9cm　Thickness: 0.6cm

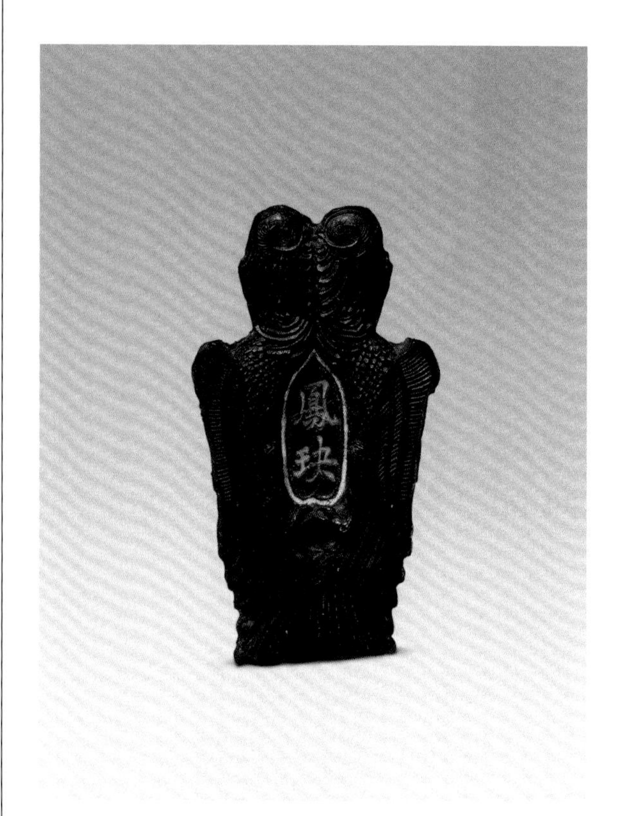

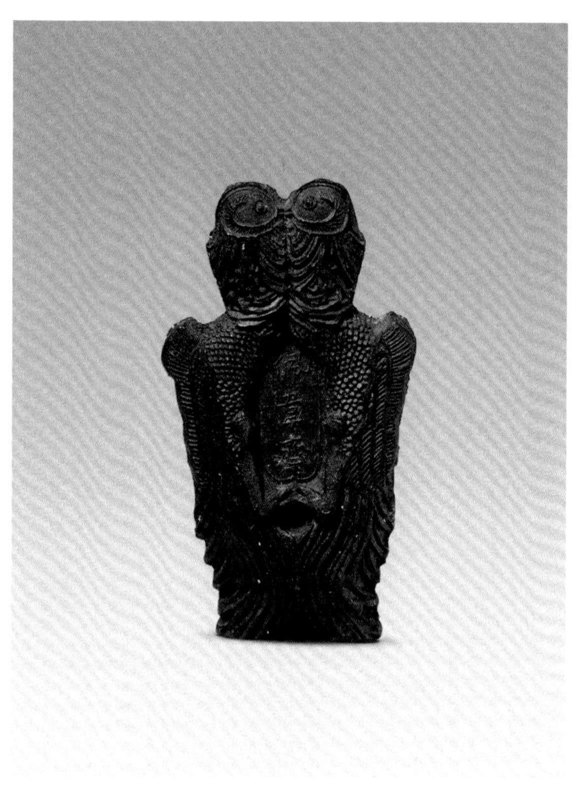

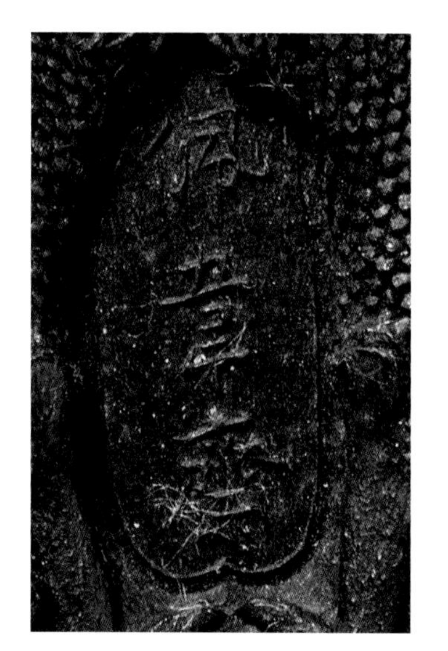

雙鳳雞心佩式，通體飾鳳紋。面內凹填金框，填藍楷書：“鳳玦”。背心內凹，陽文楷書：“佩韋齋”。

程一卿，清乾隆時經學家，兼營墨業，齋號佩韋齋。製墨主張“歸於適用”，嘉（慶）道（光）之後，製墨形式轉於樸素單純，即受程氏製墨的影響。此墨雙鳳紋雕刻精細，繁而有致。墨質黝黑，為程一卿墨特點之一。

84

江秋史泉刀式墨

清乾隆

高16.5厘米　寬2.6厘米　厚1.4厘米

Inkstick in the shape of knife-shaped coin, by Jiang Qiushi

Qianlong period, Qing Dynasty

Height: 16.5cm　Width: 2.6cm　Thickness: 1.4cm

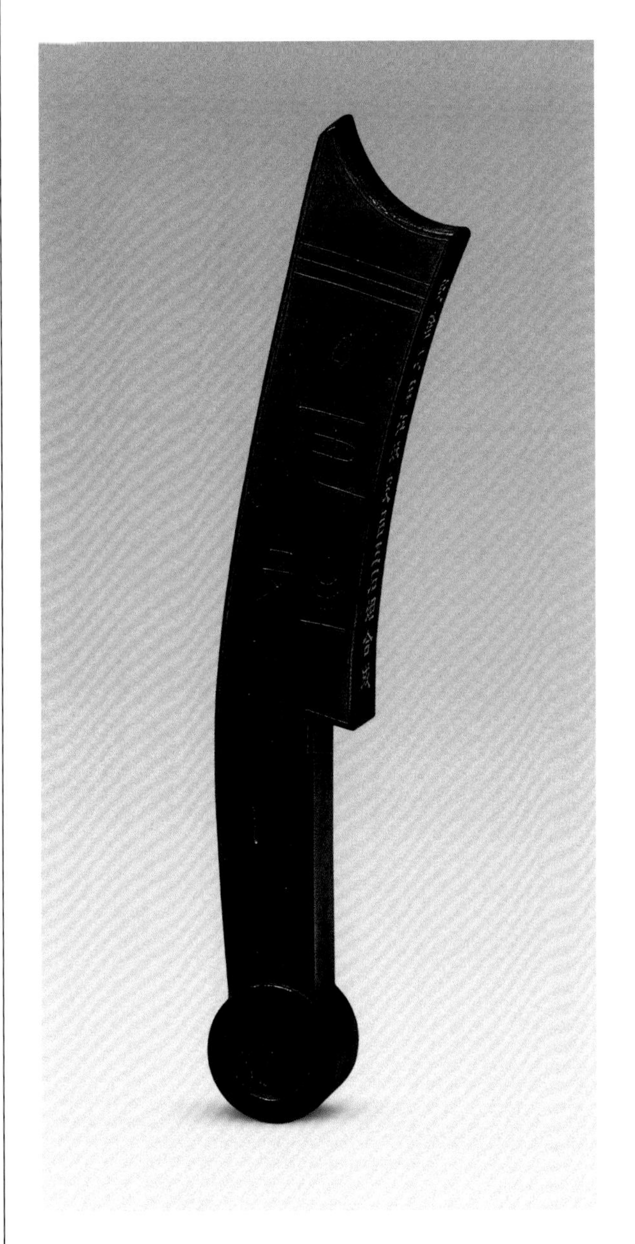

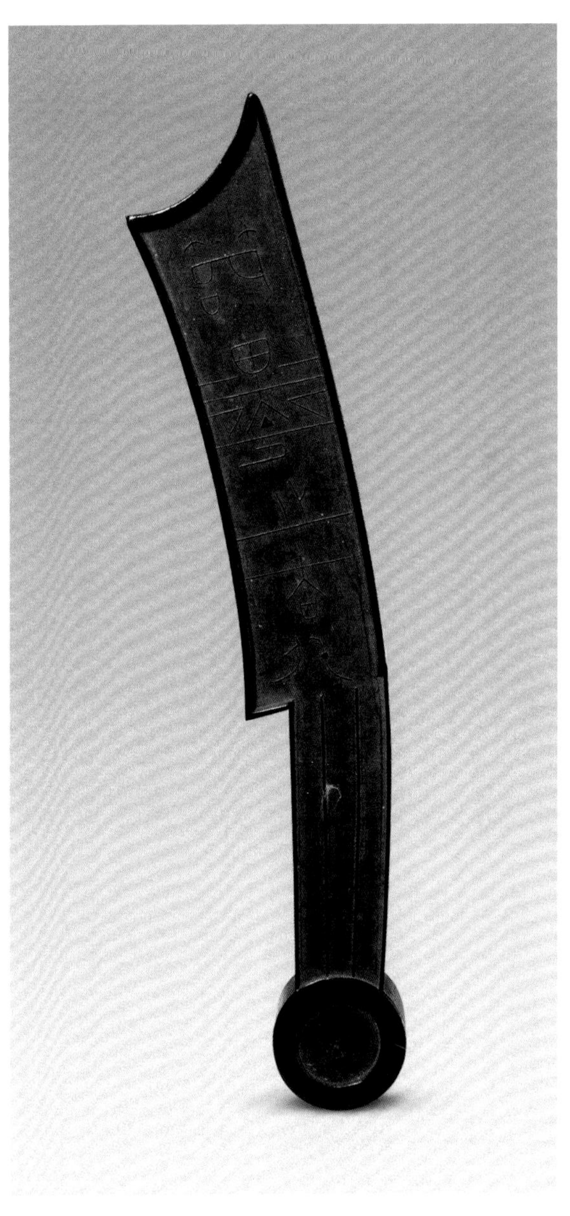

乾隆戊申江秌史吕五石烟合成

仿古刀布形。面陽文篆書："即墨之吉貨"。背陽文篆書："安陽"。刀背處陰文填金隸書："乾隆戊申(1788)江秋史以五石煙合成"。

江秋史，名德量，號秋史，江蘇儀徵人。乾隆年進士，曾官編修、御史等。好藏書畫、古錢，著有《泉誌》。刀布為東周時流行於齊、燕、趙等國的貨幣。此墨形、紋完全仿照刀布而製，造型新穎。墨質、墨色俱佳，極富收藏價值。《清代名墨談叢》著錄。

85

汪近聖輞川圖詩集錦墨

清乾隆

高9.8厘米　寬3厘米　厚1.1厘米　21錠

A set of twenty one Inksticks with the landscapes in the spirit of the poem Wangchuan, by Wang Jinsheng

Qianlong period, Qing Dynasty

Height: 9.8cm　Width: 3cm　Thickness: 1.1cm

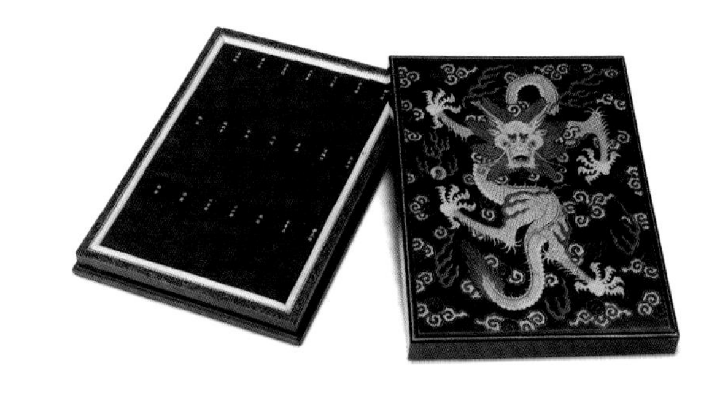

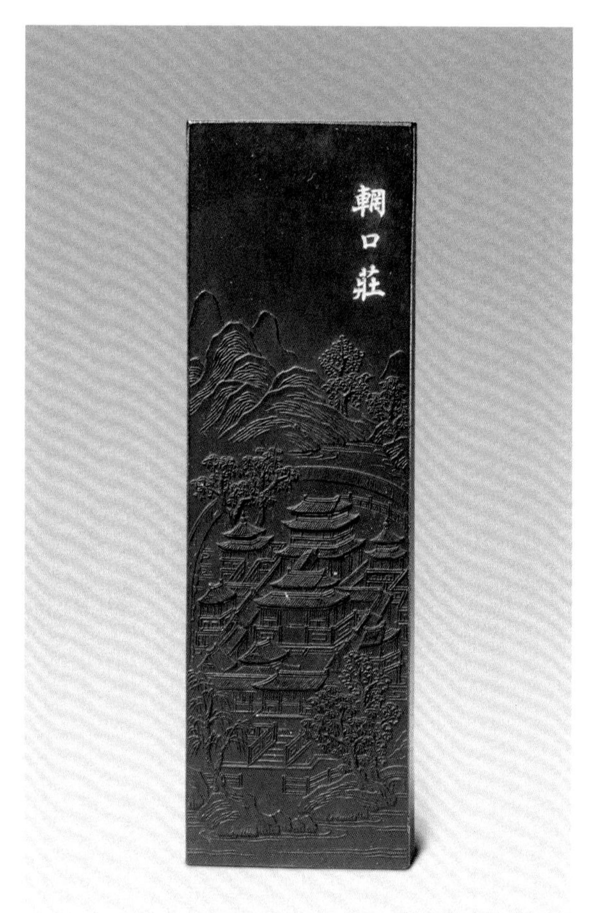

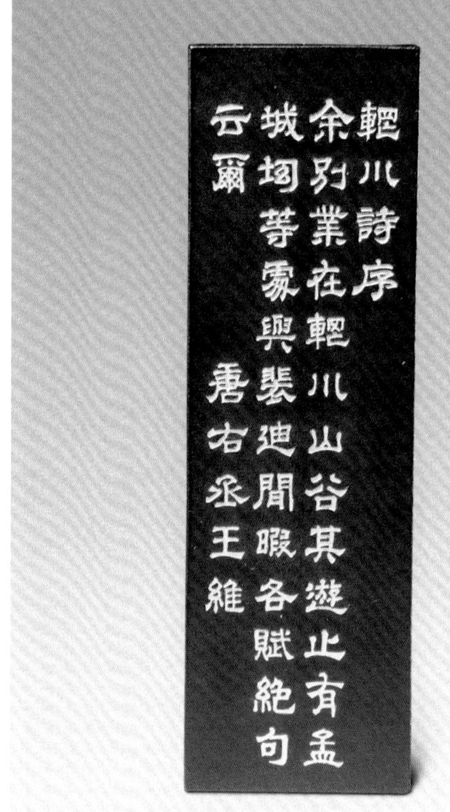

長方形。墨面雕輞川二十一景致，填金楷書景名，整套拼合成輞川別墅通景圖。背陰文填金楷書，首錠為王維《輞川詩序》，其餘為王維、裴迪唱酬五言詩一首。合裝一黑漆描金雲龍紋匣中，外罩金黃色萬字龜背紋錦套，簽題："輞川圖墨"。

汪近聖，清代安徽績溪人，為清代四大墨家之一，齋號鑑古齋。汪氏原為曹素功家墨工，後自立門戶，製墨質精藝絕，曾得到乾隆帝褒揚，謂其"得法真"，並奉詔製作御用墨，其次子惟高於乾隆六年(1741)應詔入宮指導造墨。

唐代詩人王維在陝西藍田輞川之畔有別墅，其地景色秀麗，王維常與詩友裴迪乘舟往來唱和，並各取二十首輯為《輞川集》，王維據此作山水圖。此套墨詩圖並茂，書法亦見功力，為汪氏貢墨中精品。

86

詹從先羣仙高會墨

清乾隆

高13.6厘米　寬7.05厘米　厚2.2厘米

Inkstick with characters Qun Xian Gao Hui and scenes of immortals gathering, by Zhan Congxian

Qianlong period, Qing Dynasty

Height: 13.6cm　Width: 7.05cm　Thickness: 2.2cm

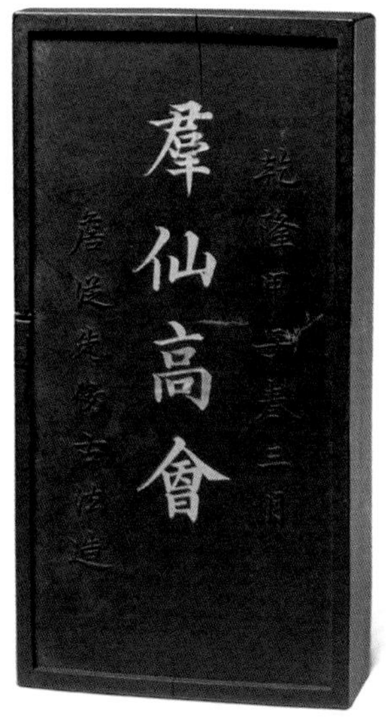

長方形，兩面起邊框。墨面雕八仙圖，襯以花樹、竹石、祥雲等，人物填金。背陰文填金楷書："羣仙高會"，款署："乾隆甲子(1744)春三月詹從先仿古法造"。

詹從先，名淳，字從先，號古愚，清安徽婺源人，造墨世家，墨坊名省吾齋。此墨為大型墨，質堅色潤，圖紋雕刻生動，有準確紀年，極具收藏價值。《清代名墨談叢》著錄。

87

汪節菴西湖十景集錦色墨

清乾隆

最高9.1厘米　寬5.2厘米　厚0.9厘米　10錠

A set of ten Inksticks inscribed with the Ten Views of the West Lake, by Wang Jie'an

Qianlong period, Qing Dynasty

Maximum height: 9.1cm　Width: 5.2cm　Thickness: 0.9cm

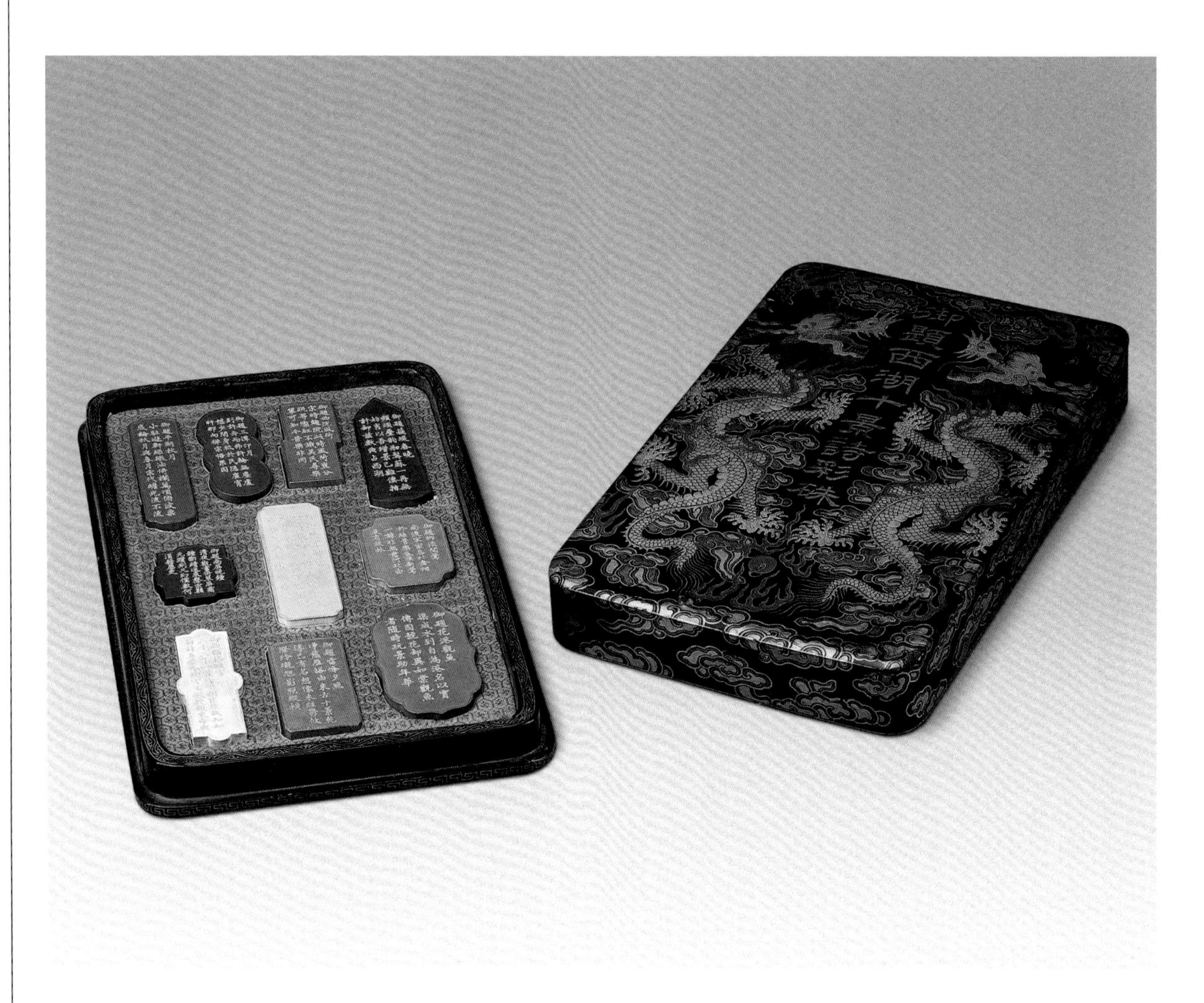

長方形、委角方形、長圓形、圭形不等，藍、紅、綠、黃、褐、白色。面雕杭州西湖十景圖，填金隸書景名。背陰文填金楷書乾隆帝御製詠景詩。署款："歙汪節菴恭造"。合裝一黑漆描金雲龍紋匣內，匣蓋隸書："御題西湖十景詩彩硃"。

汪節菴，名宣禮，字蓉塢，清安徽歙縣人，清代四大墨家之一，墨肆函璞齋。其製墨合劑配方很有法度，有"萬杵桐華青，劑以香麝郁"之譽，常被選作貢品。此套墨色澤鮮艷，造型富於變化，墨模雕刻極為精細，為專製貢墨。

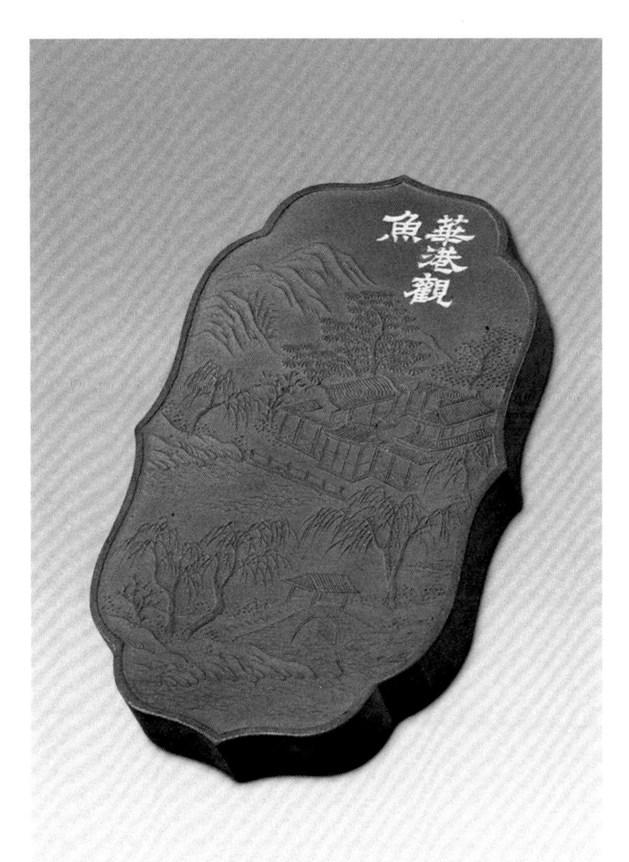
華港觀魚

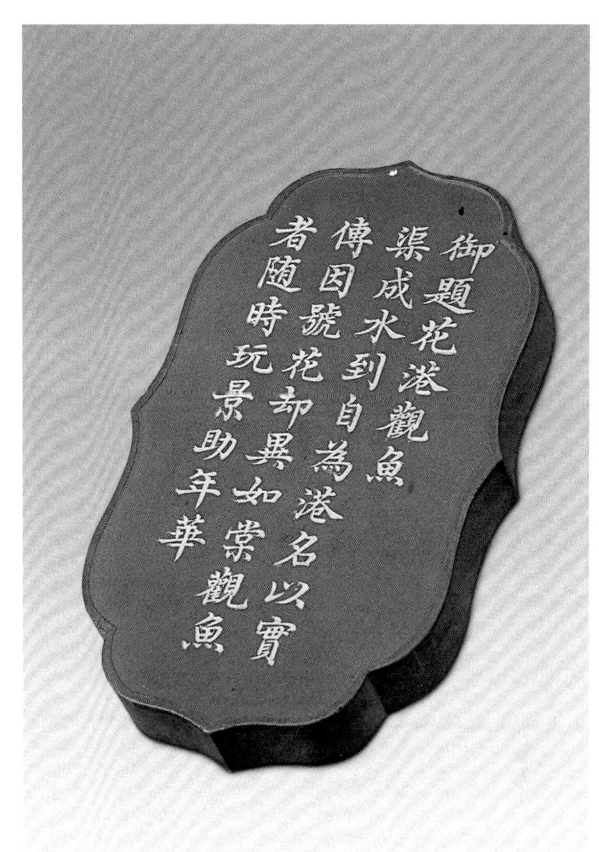
御題花港觀魚
渠成水到自為港名以實
傳因號花却異如棠觀魚
者隨時玩景助年華

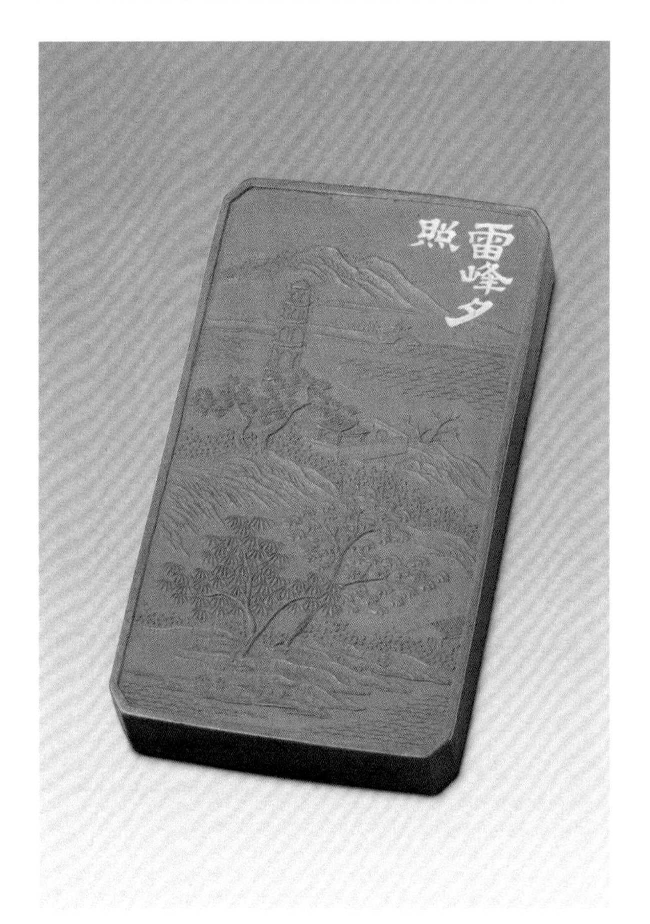
雷峰夕照

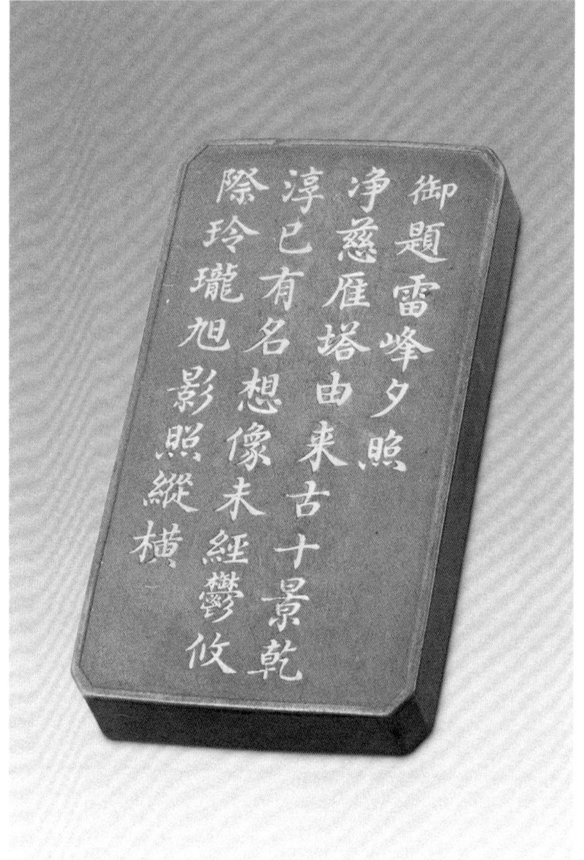
御題雷峰夕照
净慈雁塔由来古十景乾
淳已有名想像未經鬱攸
除玲瓏旭影照縱横

88

汪節菴書冊式墨

清乾隆

高7.85厘米　寬3.7厘米　厚1.7厘米

Inkstick in the shape of a slipcase, by Wang Jie'an

Qianlong period, Qing Dynasty

Height: 7.85cm　Width: 3.7cm　Thickness: 1.7cm

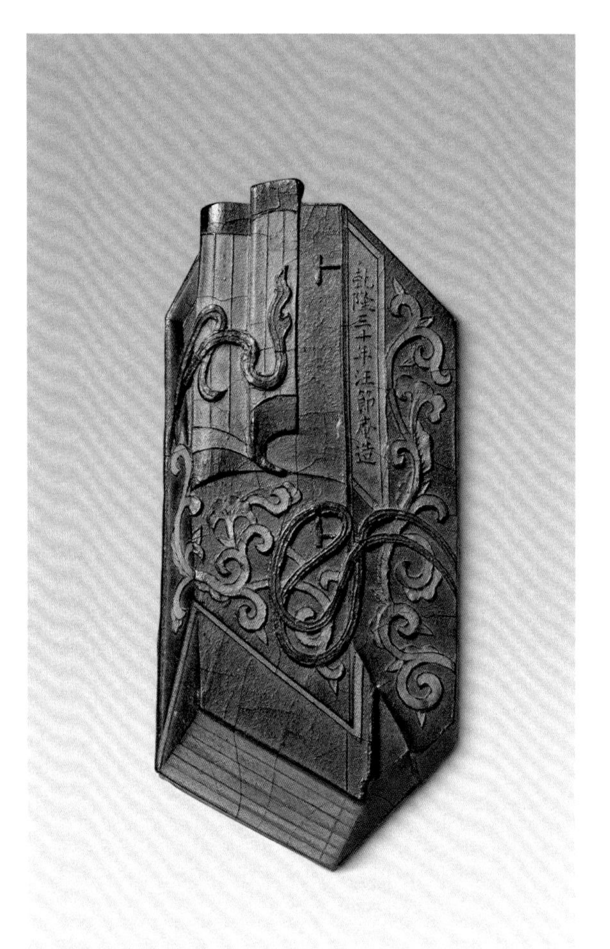

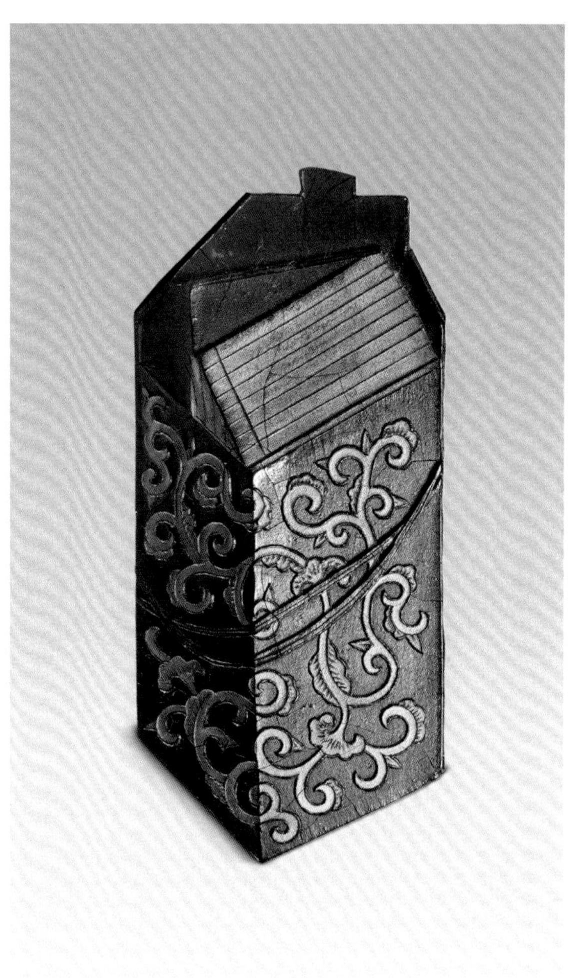

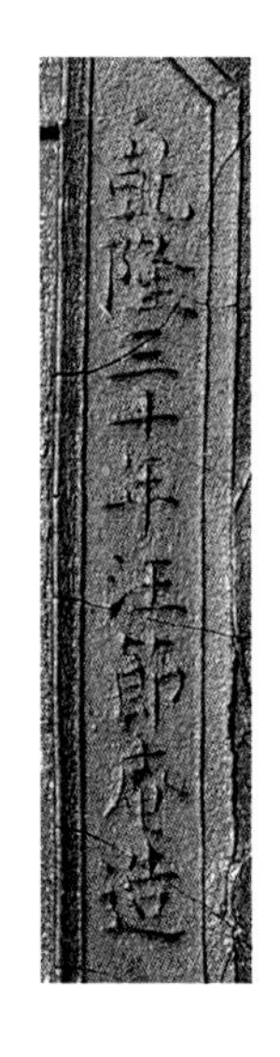

書函式，函套開啟露出書冊，書簽處陽文楷書款："乾隆三十年(1765)汪節菴造"。面飾纏枝蓮紋。圖文原描金，現已脫色。

私家造墨有準確紀年者較為少見。過去認為汪節菴造墨始於乾隆末年，而此墨將其製墨起始年提前到乾隆中葉。

89

方振魯竹胎墨

清乾隆

高6.9厘米　寬2.5厘米　厚0.9厘米

Inkstick in the shape of a bamboo shoot, by Fang Zhenlu

Qianlong period, Qing Dynasty

Height: 6.9cm　Width: 2.5cm　Thickness: 0.9cm

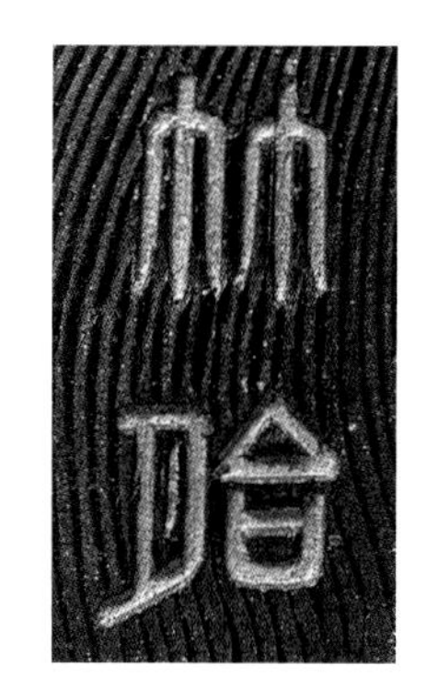

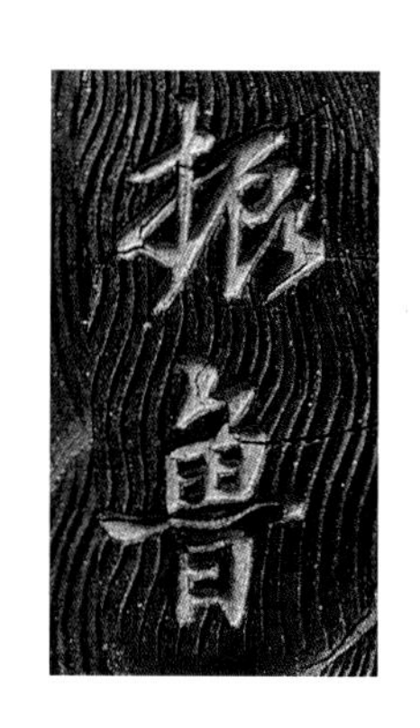

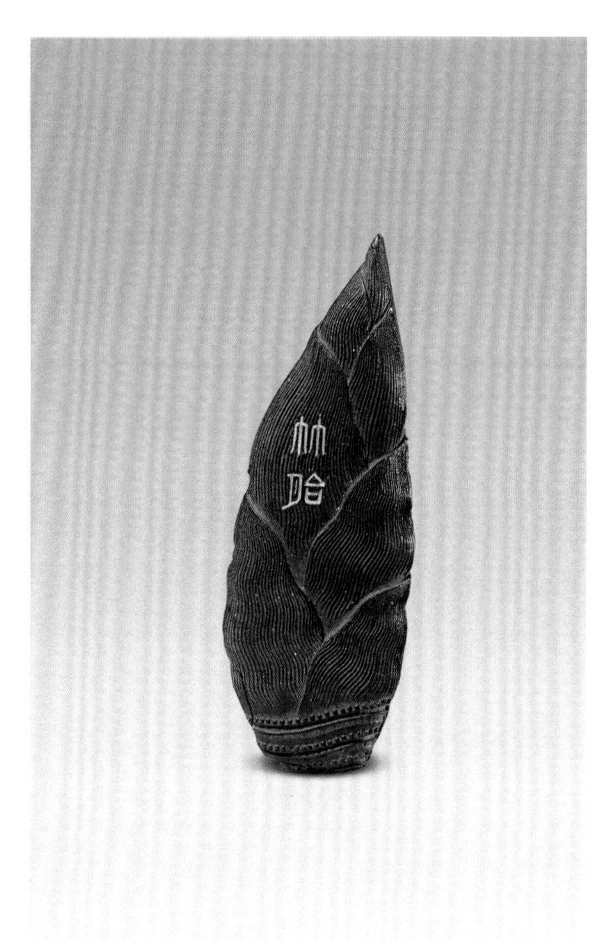

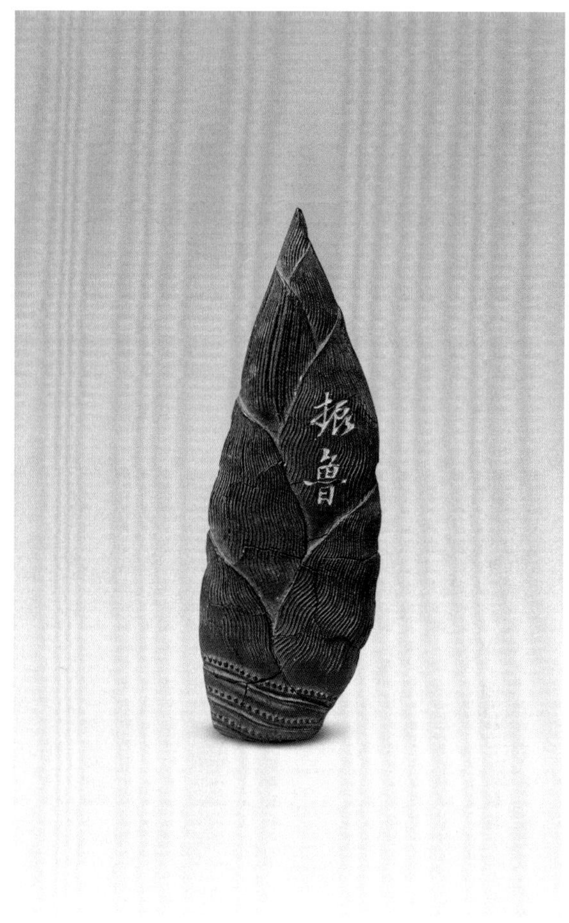

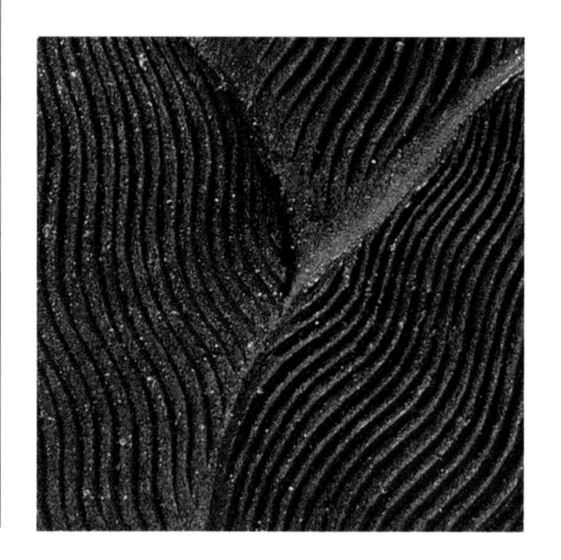

竹筍形，體扁，刻精細紋飾。墨面陰文填金篆書：“竹胎”。背陰文填金行書款：“振魯”。

方振魯，清安徽歙縣人，製墨名家。麻三衡在《墨誌》中曾說：“墨工製名多相蹈襲，冀其精藝追配前人”。明代墨家方于魯《方氏墨譜》中即有竹胎墨，看來方振魯不僅在名字而且墨品上也在蹈襲前人。此墨小巧玲瓏，為玩賞墨。

90

吳勝友紀曉嵐鈔書墨

清乾隆

高6.6厘米　寬1厘米　厚0.8厘米

Inkstick with characters Ji Xiao Lan Chao Shu Mo, by Wu Shengyou

Qianlong period, Qing Dynasty

Height: 6.6cm　Width: 1cm　Thickness: 0.8cm

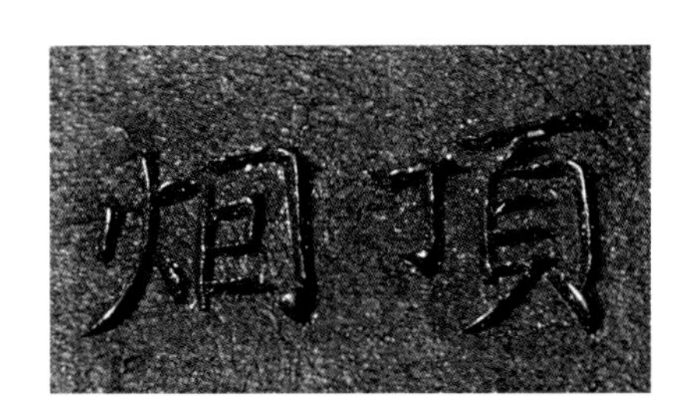

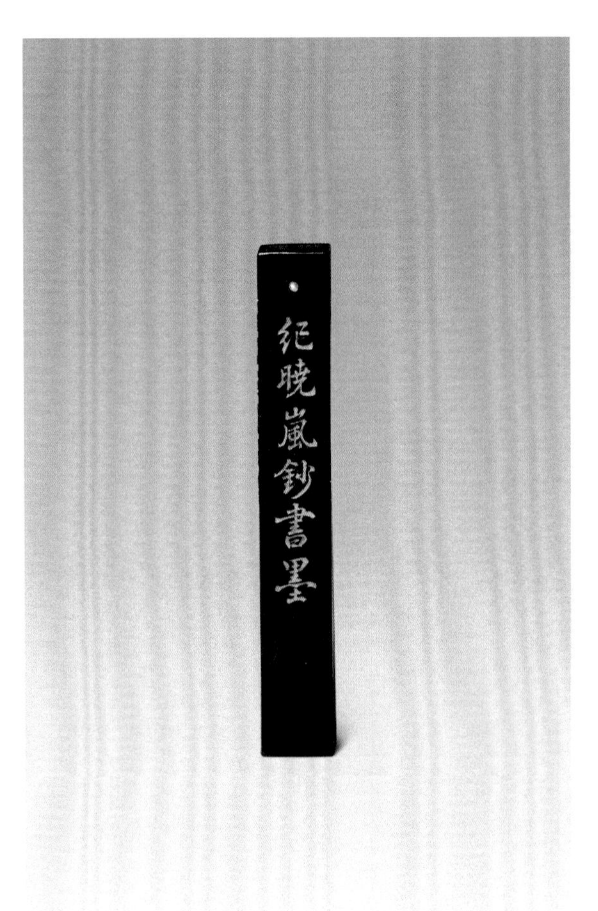

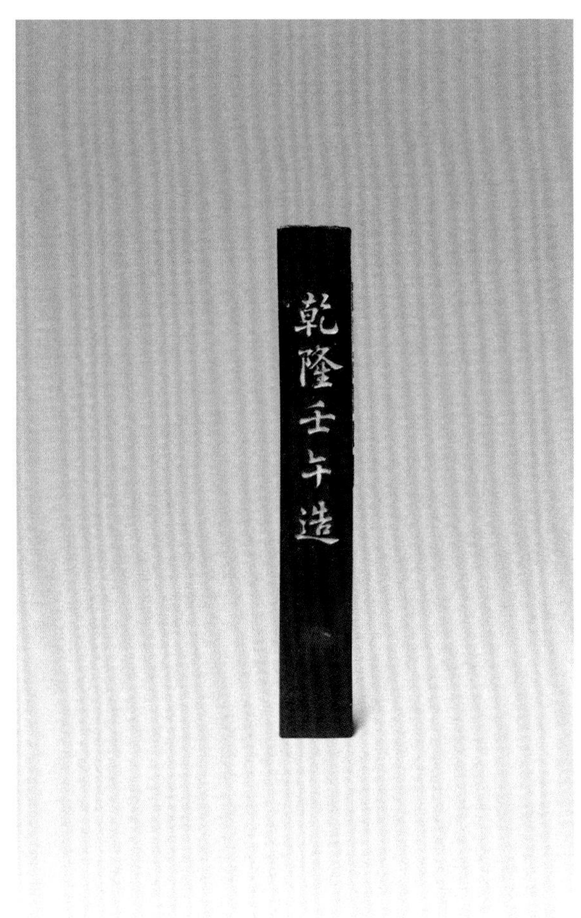

方柱形。面額嵌珠，陰文填金行書："紀曉嵐鈔書墨"。背陰文填金楷書："乾隆壬午（1762）造"。墨側陽文楷書款："海陽吳勝友製"。頂端陽文楷書："頂煙"。

紀曉嵐（1724—1805），名昀，字曉嵐，清直隸獻縣（今屬河北）人，官至禮部、兵部尚書，協辦大學士等，有學名，曾任《四庫全書》館總編官。吳勝友，清安徽休寧人，生平不詳，傳世墨品少見。此墨色澤黝黑，稜角鋒利，為吳勝友為紀曉嵐特製墨品。《清代名墨談叢》著錄。

91

胡開文小巫山樵書畫墨

清乾隆

高5.7厘米　寬1.7厘米　厚0.55厘米

Inkstick with characters Xiao Wu Shan Qiao Shu Hua Mo, by Hu Kaiwen

Qianlong period, Qing Dynasty

Height: 5.7cm　Width: 1.7cm　Thickness: 0.55cm

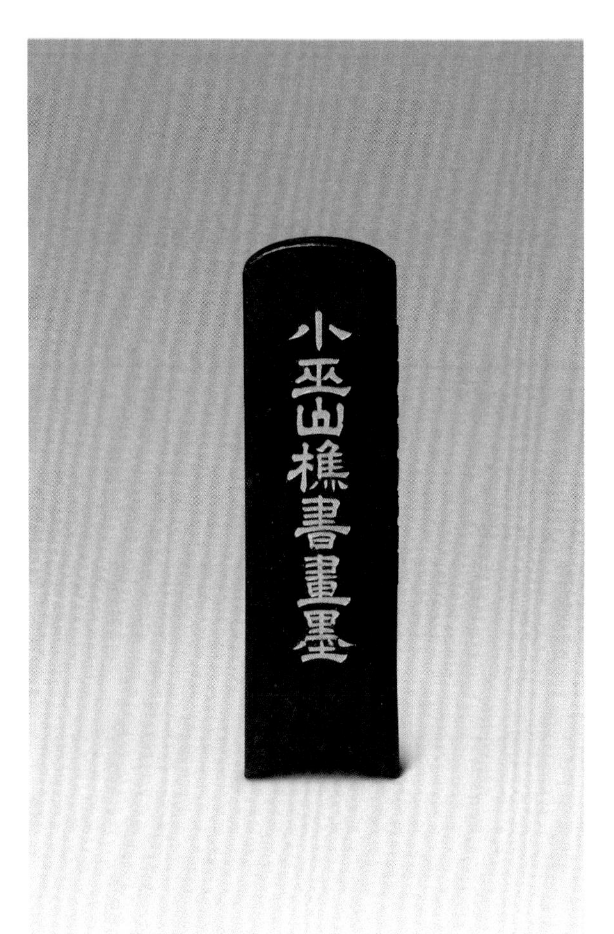

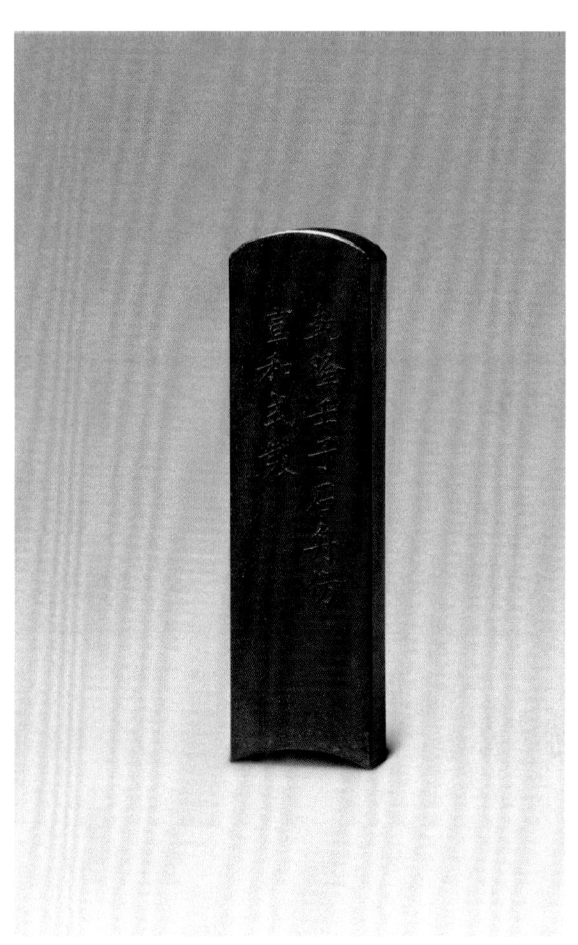

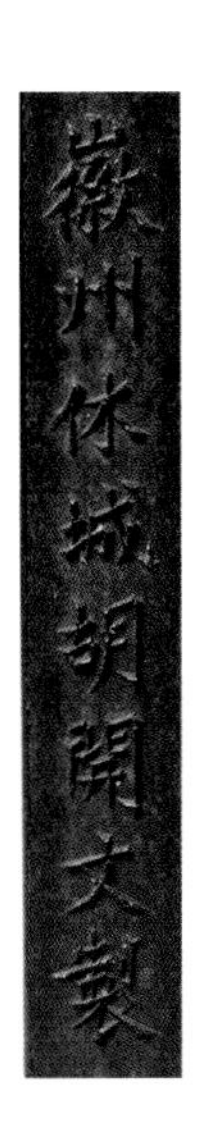

碑形，下端有凹弧。面微凸，陰文填金隸書：“小巫山樵書畫墨”。背微凹，陽文楷書：“乾隆壬子（1792）石舟仿宣和式製”。墨側陽文楷書款：“徽州休城胡開文製”。

胡開文，清安徽休寧人，乾隆時製墨名師，清代四大墨家之一，齋號蒼佩室，特製的蒼佩室墨常年貢進宮廷。此墨是胡開文墨坊為私人專製墨，“小巫山樵”為墨主號。北宋宣和年間有此墨形，故稱宣和式。

92

胡開文樂老堂錄古訓墨

清乾隆

高5.7厘米　寬1.7厘米　厚0.55厘米

Inkstick with characters Le Lao Tang Lu Gu Xun Mo, by Hu Kaiwen

Qianlong period, Qing Dynasty

Height: 5.7cm　Width: 1.7cm　Thickness: 0.55cm

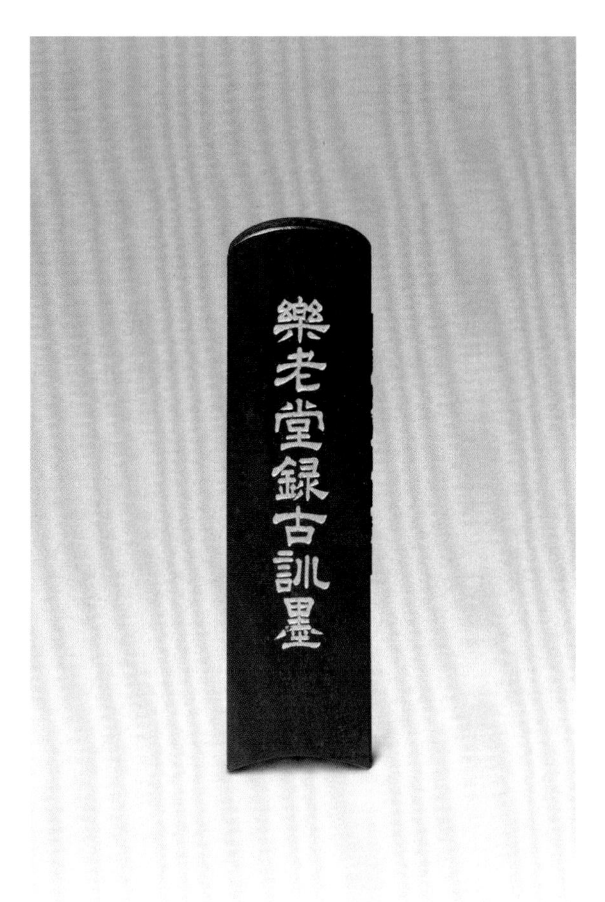

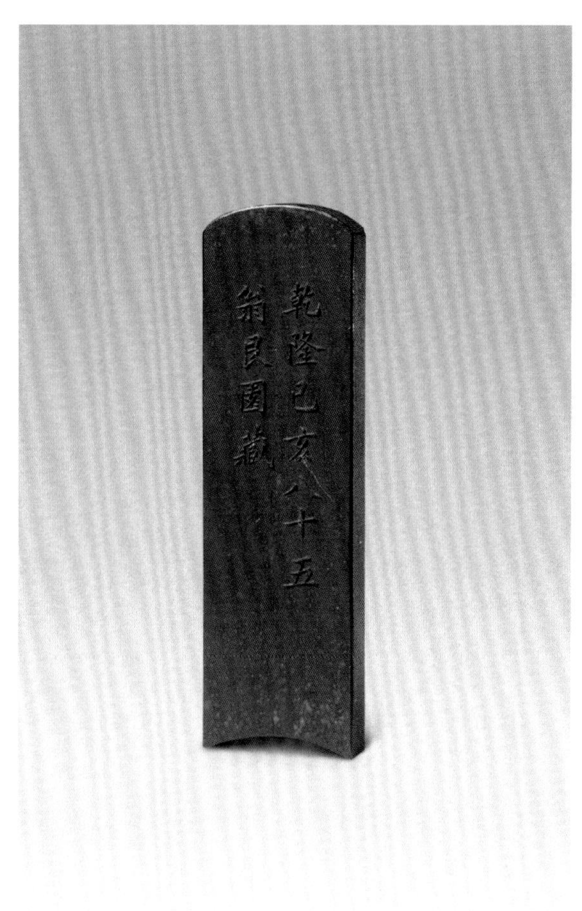

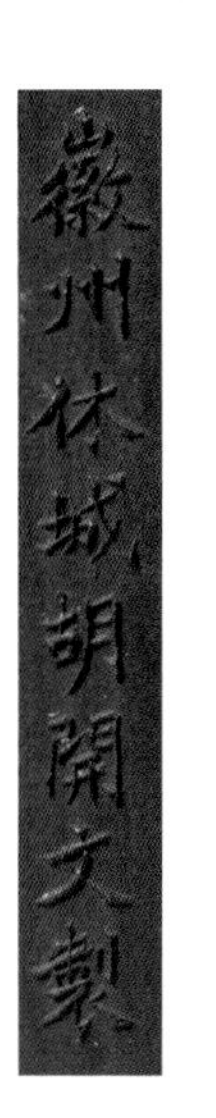

碑形，下端有凹弧。面微凸，陰文填金隸書：“樂老堂錄古訓墨”。背微凹，陽文楷書：“乾隆己亥(1779)八十五翁艮園藏”。墨側陽文楷書：“徽州休城胡開文製”。

此墨為胡開文早期作品，仿宋代墨形，是胡開文墨坊為私人專製墨。

93

詹成圭竹燕圖詩集錦墨

清乾隆

高7.7厘米　寬2.6厘米　厚1厘米　4錠

Four Inksticks with scenes in spirit of the poem Zhu Yan (swallows among bamboo grove), by Zhan Chenggui

Qianlong period, Qing Dynasty

Height: 7.7cm　Width: 2.6cm　Thickness: 1cm

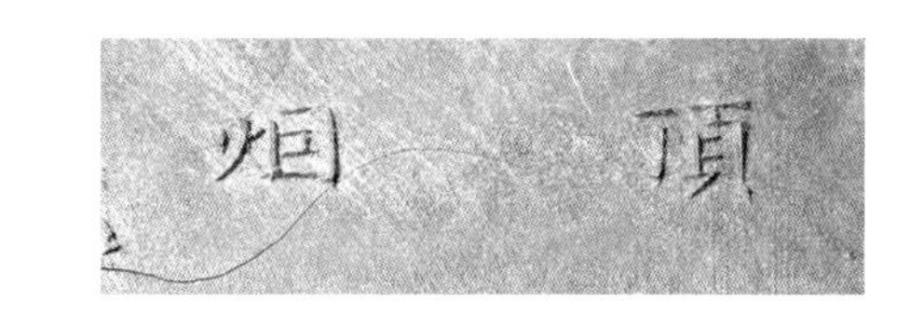

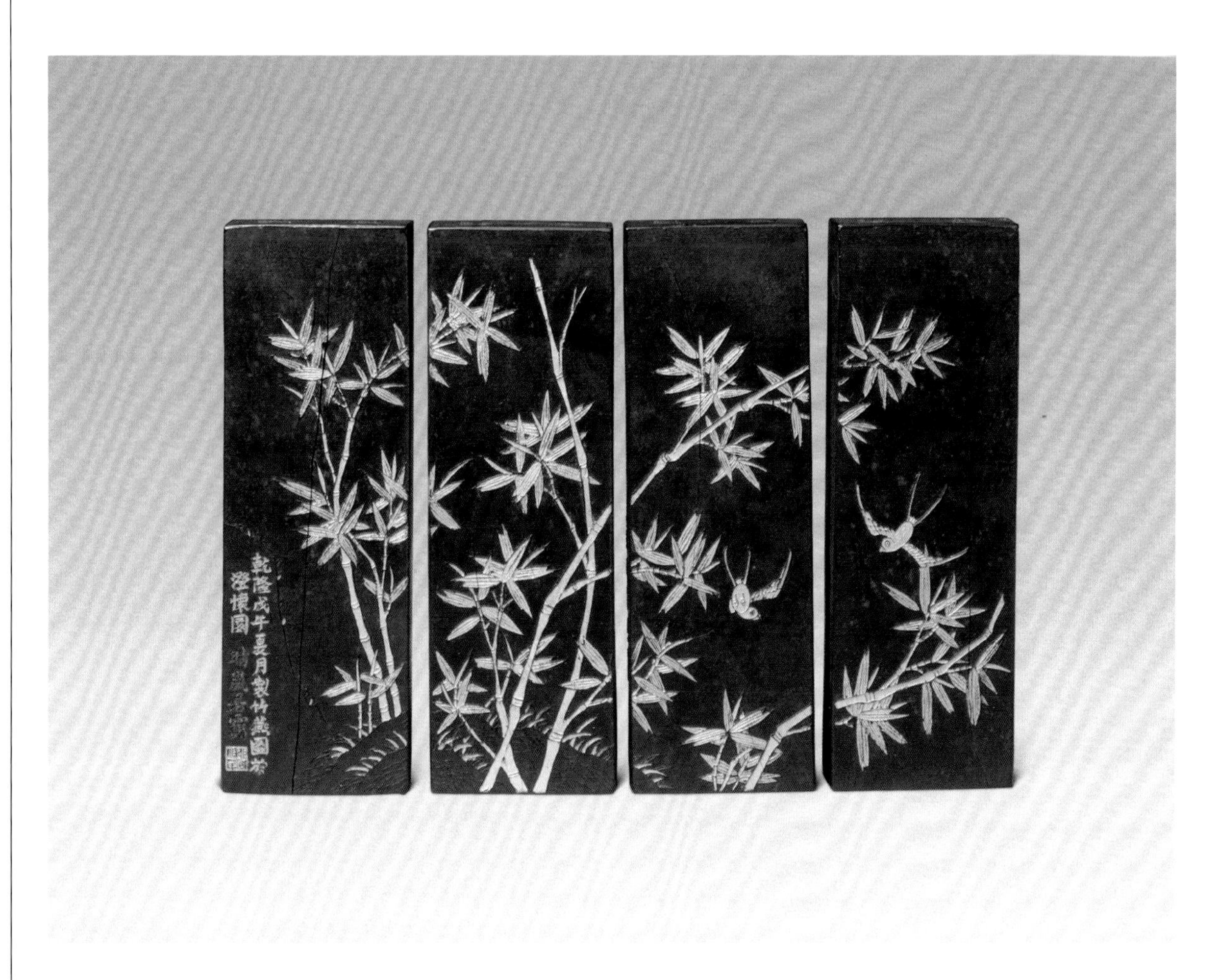

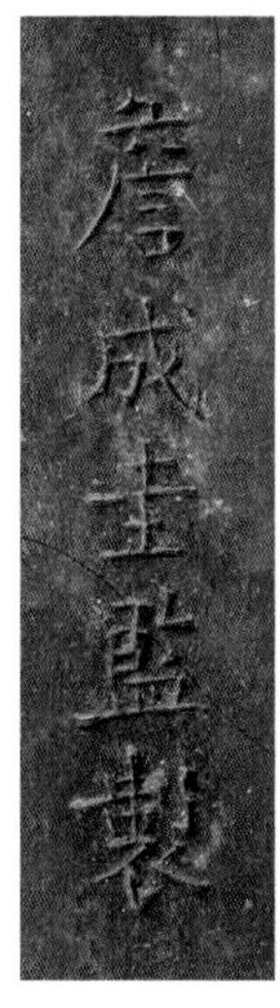

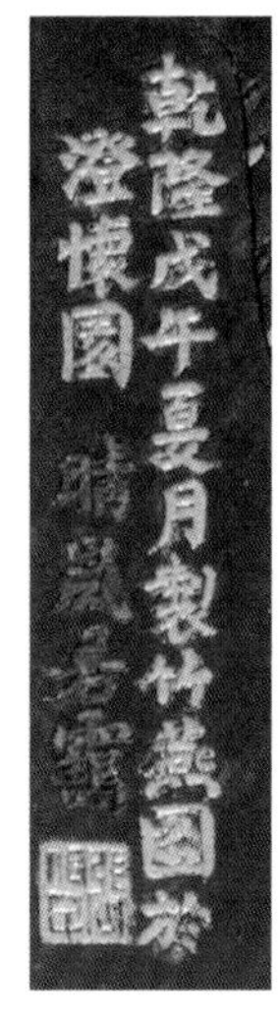

長方形。墨面拼合成通景填金竹燕圖，陰文填金、填藍楷書："乾隆戊午(1738)夏月製竹燕圖於澄懷園　晴嵐若靄"，鈐"張伯子"印。墨背陽文楷書汪由敦、嵇璜、梁詩正、彭啟豐題詩，填金款、印。側面陽文楷書款："詹成圭監製"。頂陽文楷書："頂煙"。合裝一錦匣內。

詹成圭，名元生，字成圭，清婺源虹關(今屬江西)人，康熙至乾隆年間在世，享年八十四歲。詹氏在蘇州開設墨店，齋名玉映堂，曾為皇家製造御墨。張若靄，字景采，號晴嵐，雍正進士，官至禮部尚書入內閣學士，工書善畫。題詩四人皆為張若靄同僚，均為乾隆朝重臣。

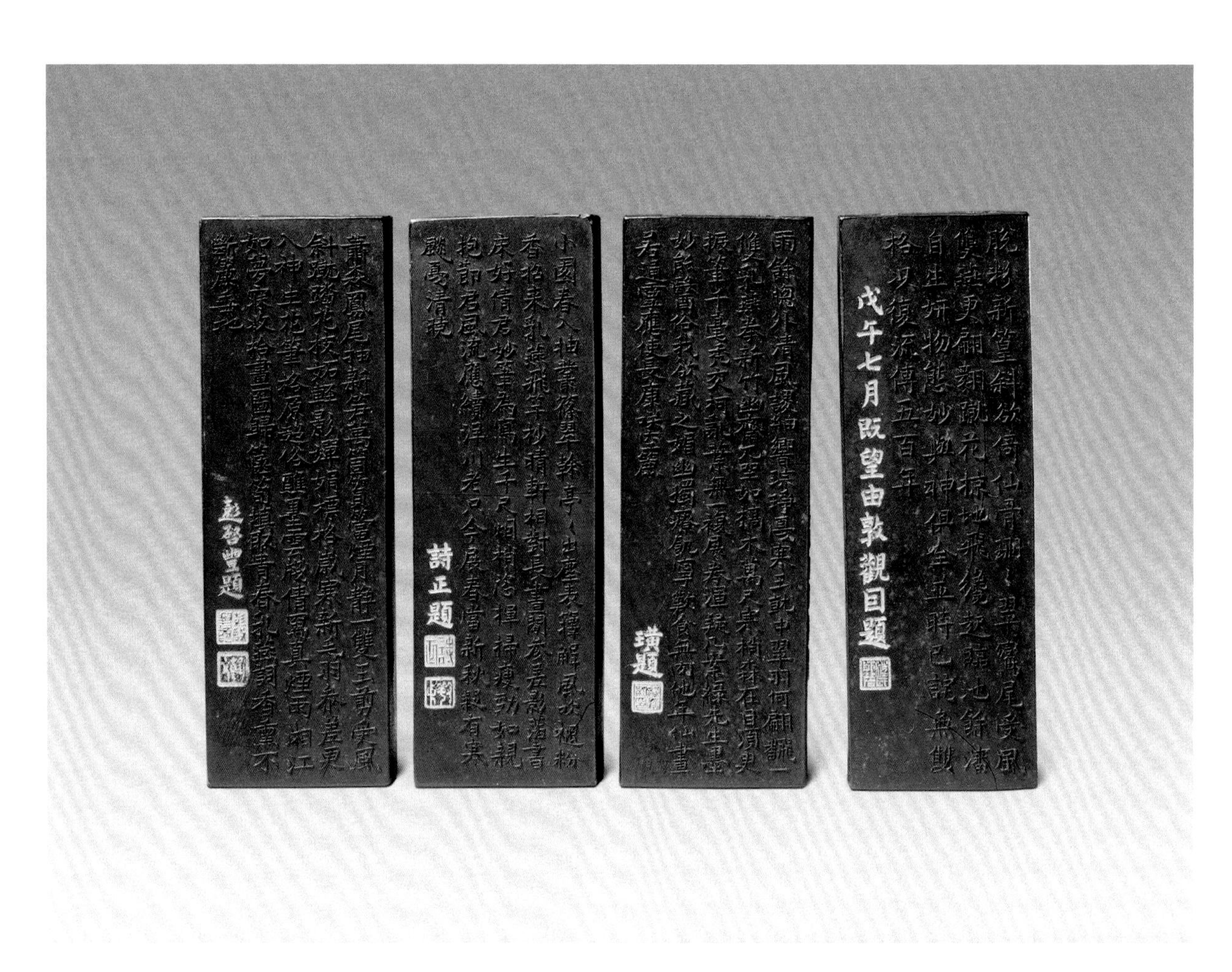
戊午七月既望由敦觀回題
詩正題
璜題
彭啓豐題

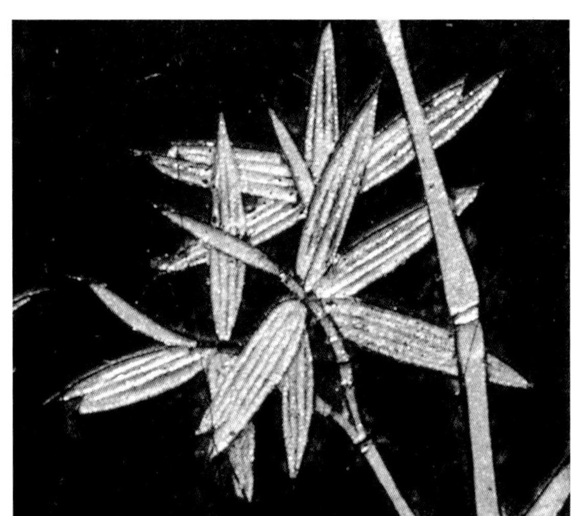

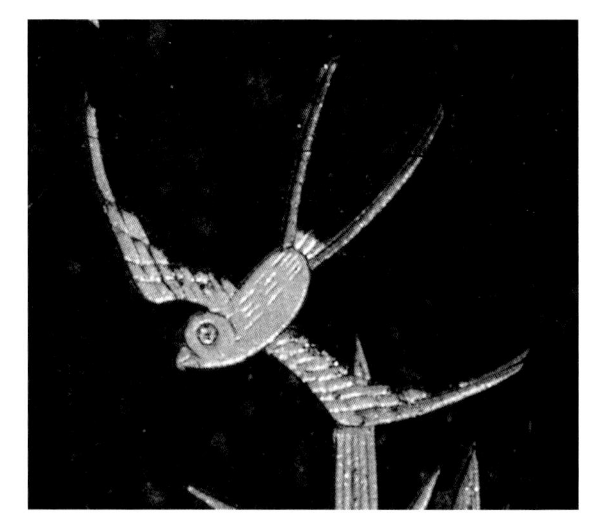

94

劉墉如石墨

清乾隆

高8.8厘米　寬2厘米　厚1.7厘米

Inkstick with characters Ru Shi, collected by Liu Yong

Qianlong period, Qing Dynasty

Height: 8.8cm　Width: 2cm　Thickness: 1.7cm

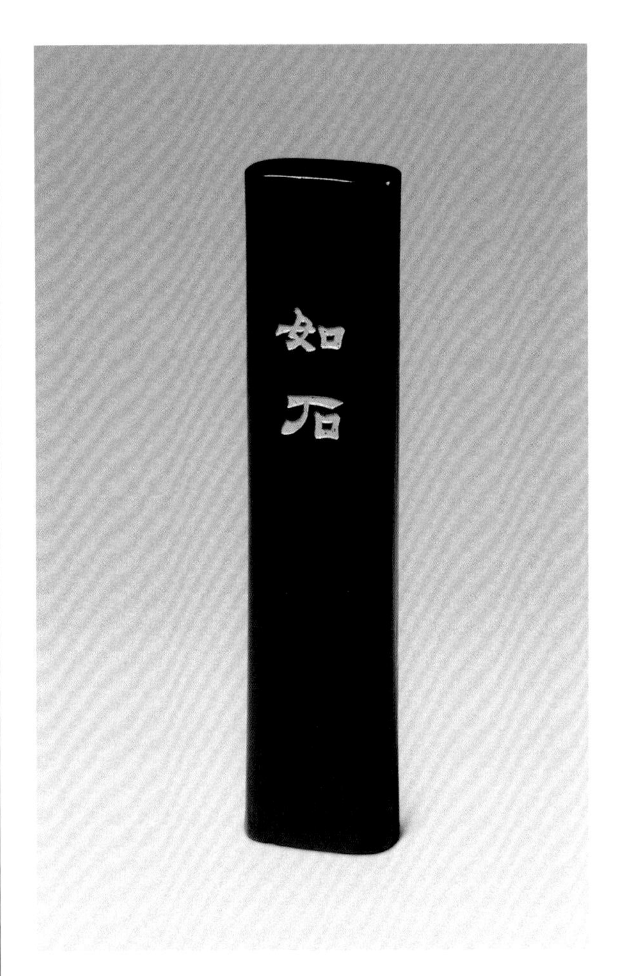

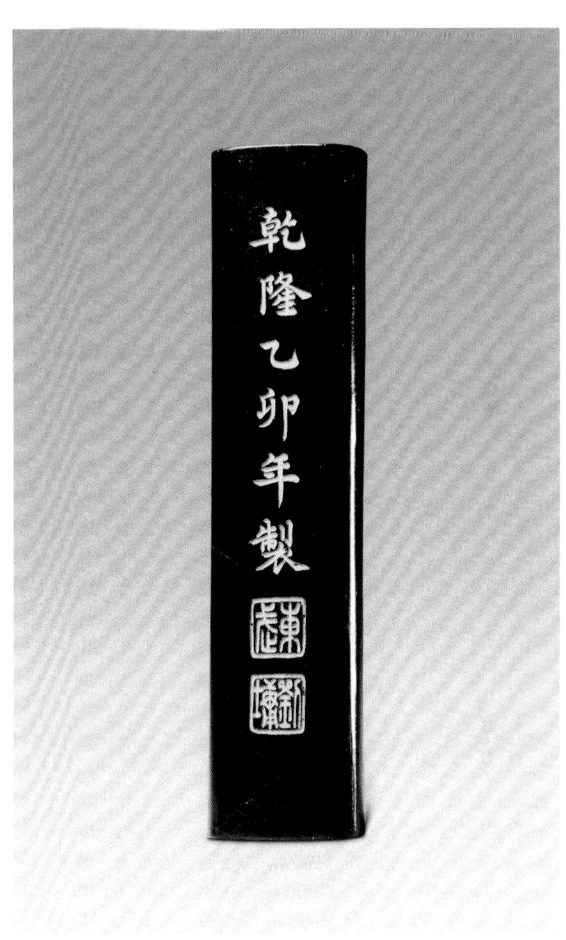

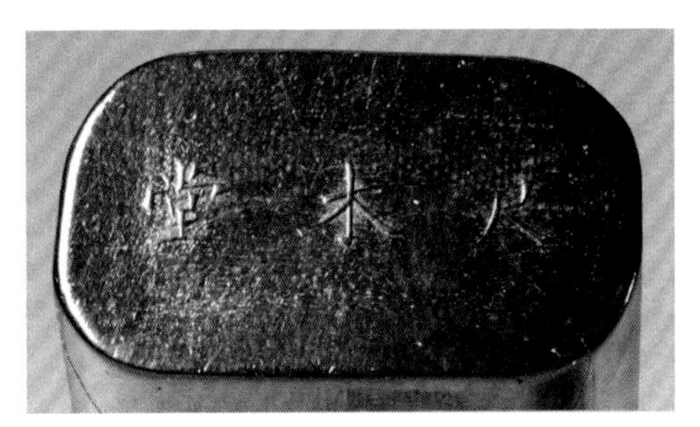

扁圓柱形，通體漆衣。墨面陰文填金隸書："如石"。背陰文填金楷書："乾隆乙卯年(1795)製"，鈐"東武"、"劉墉"印。頂陽文楷書："尺木堂"。

劉墉(1720—1804)，字崇如，號石菴，清山東諸城人，乾隆進士，官至體仁閣大學士。擅書法，為乾隆四家之一。此墨署"尺木堂"款，為程怡甫所製。

95

陳淮恭進天書煥彩集錦色墨

清乾隆

最高10.7厘米　寬3.7厘米　厚1.25厘米

5錠

A set of five Inksticks in different colours entitled Tian Shu Huan Cai, presented by Chen Huai

Qianlong period, Qing Dynasty

Maximum height: 10.7cm

Width: 3.7cm　Thickness: 1.25cm

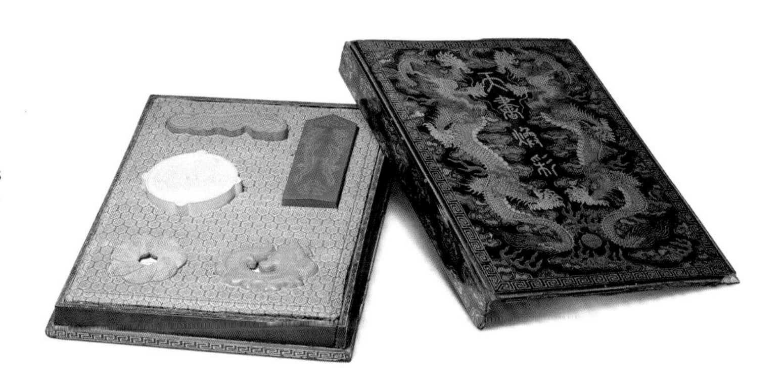

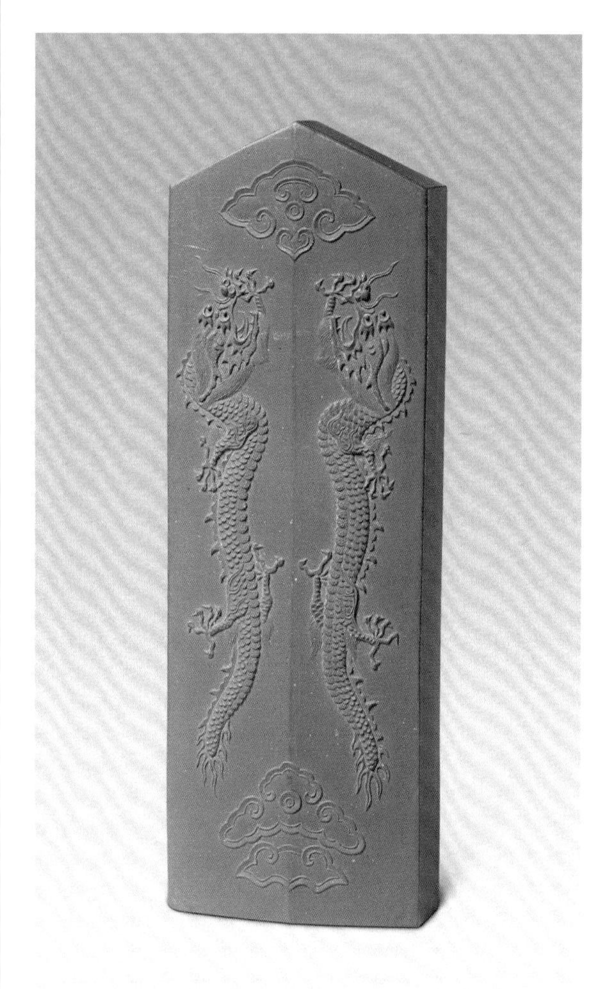

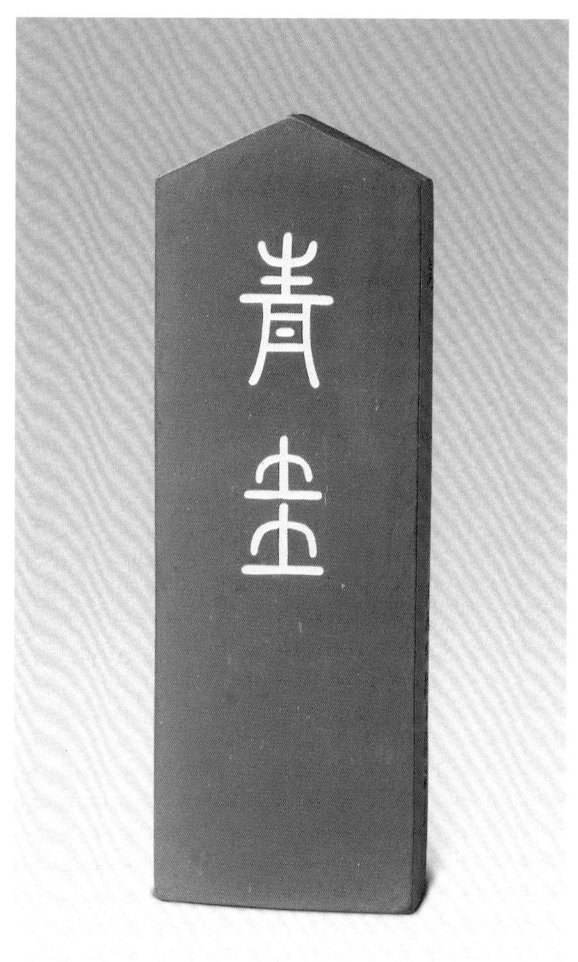

江西巡撫臣陳淮恭進

玉圭式、夔式、圓形、環形、團夔式，藍、朱、黃、絳、綠五色。面雕雙龍紋、團花紋、雷紋、夔紋等，填金篆書："青圭"、"如意寶輪"。墨側陽文楷書款："江西巡撫臣陳淮恭進"。合裝一黑漆泥金、描紅雙龍紋匣內，蓋篆書墨名："天書煥彩"。

此套墨為江西巡撫陳淮進貢。陳淮乾隆五十七年(1792)任江西巡撫，嘉慶元年(1796)被革職，墨當製於此期間。

96

彭元瑞恭進四靈詩集錦墨

清乾隆
最高16.2厘米　寬12.2厘米
厚2.1厘米　4 錠
清宮舊藏

A set of four Inksticks entitled Si Ling Shi (ode to the four spirit animals), presented by Peng Yuanrui to the emperor

Qianlong period, Qing Dynasty
Maximum height: 16.2cm
Width: 12.2cm　Thickness: 2.1cm
Qing Court collection

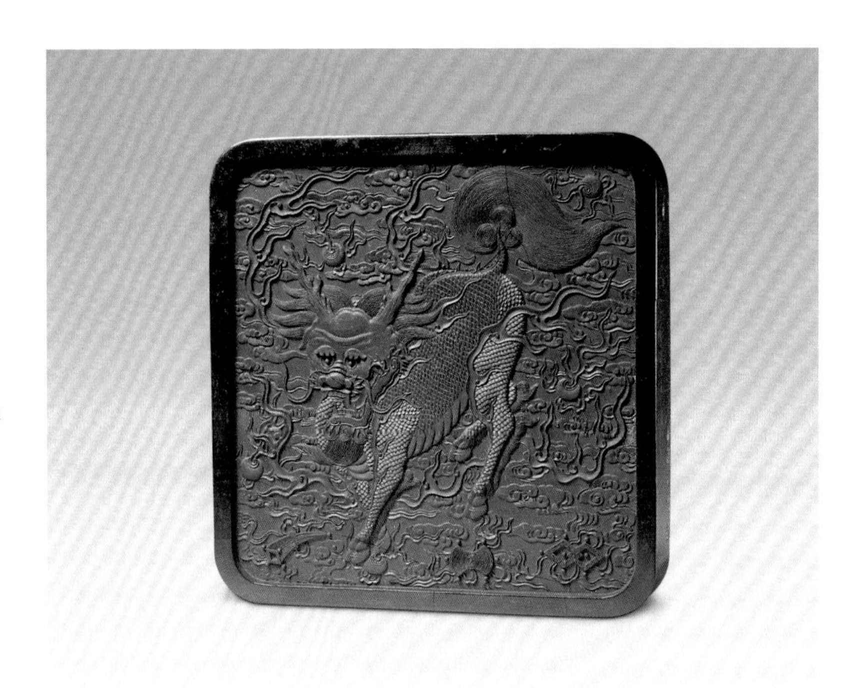

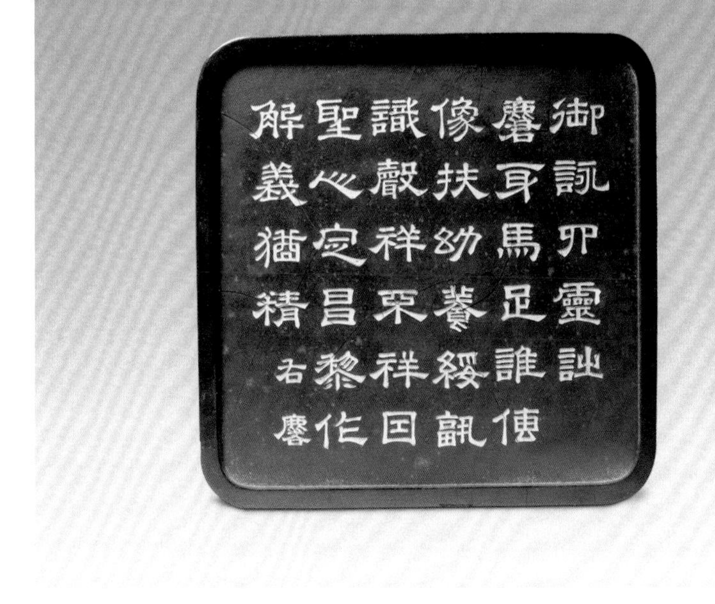

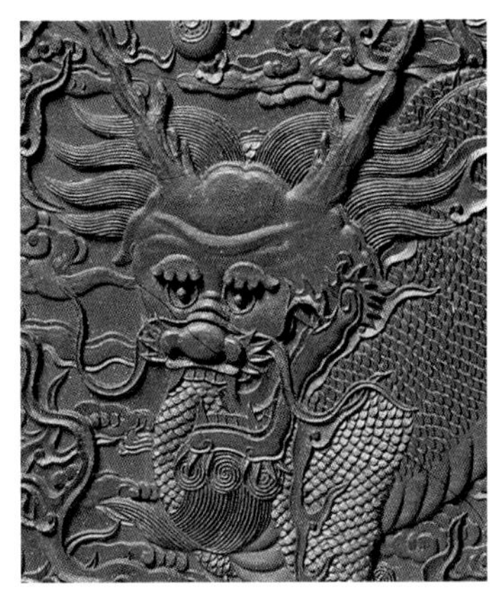

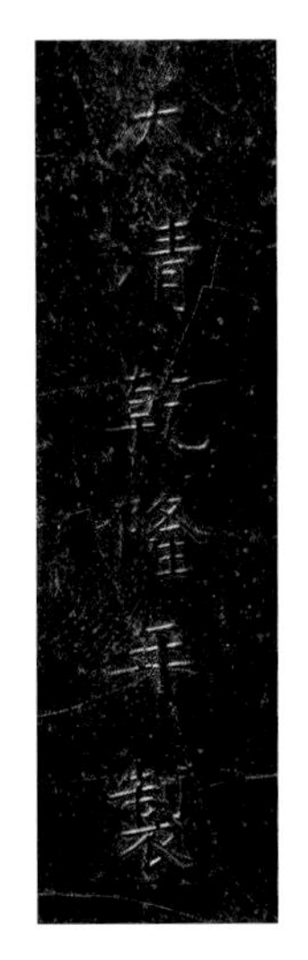

圓形、八邊形、圓角長方形、圓角方形，均兩面起邊框。墨面分雕龍、洛書圖、鳳、麒麟紋。背填金隸書分詠龍、龜、鳳、麟的“御詠四靈詩”。側面陽文楷書：“大清乾隆年製”，“臣彭元瑞恭進”。合裝於雕花木匣內，盒面雕牡丹花，陰文填藍隸書：“御詠四靈詩墨”。

彭元瑞，清江西南昌人，乾隆進士，歷工、戶、兵、吏諸部，通樸學、精詩文，深得乾隆帝賞識。此套墨為其進貢品，由汪近聖鑑古齋承造。

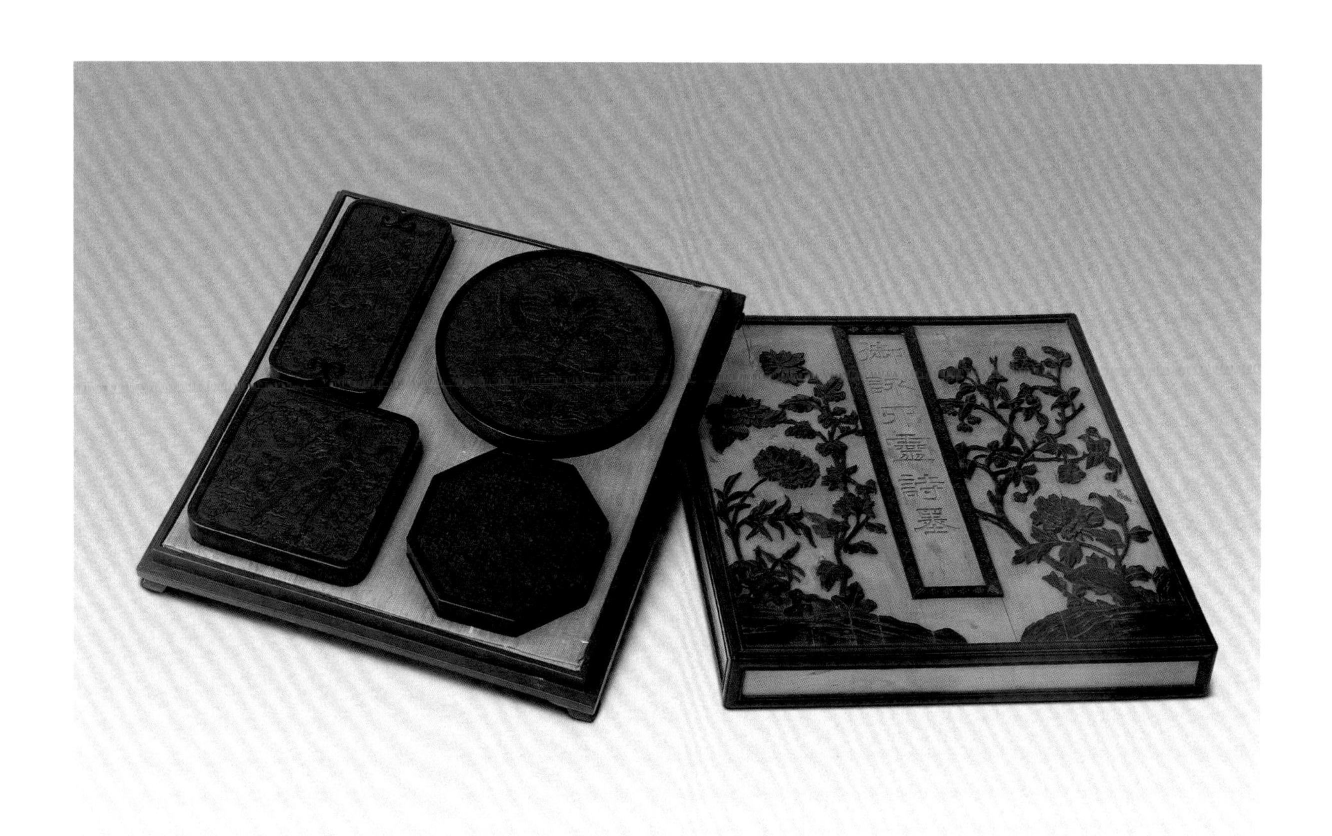

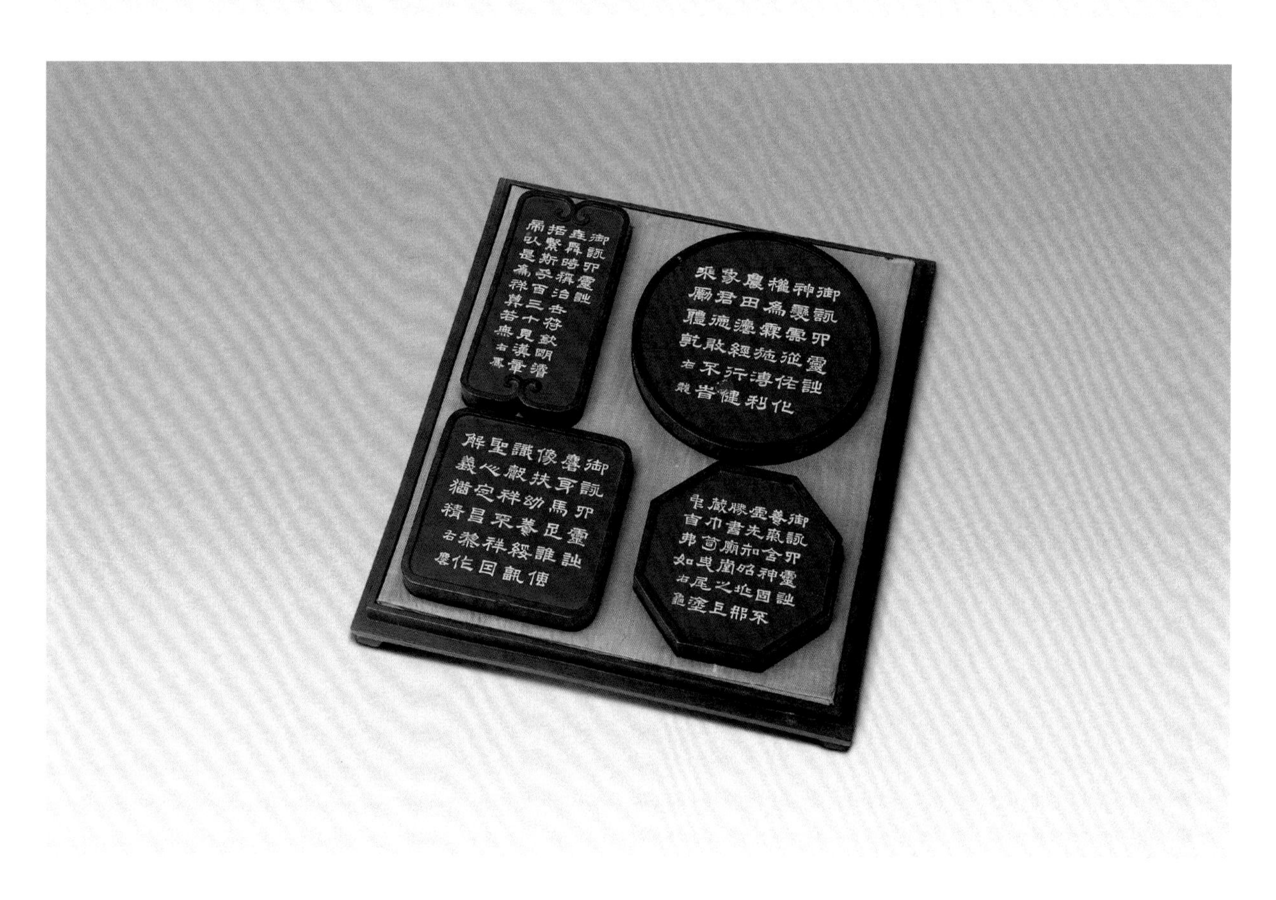

97

天保九如彩花御墨
清乾隆
徑11.25厘米　厚1.6厘米
清宮舊藏

Imperial Inkcake for imperial use with the stamp Tian Bao Jiu Ru and coloured carvings of nine things symbolizing longevity
Qianlong period, Qing Dynasty
Diameter: 11.25cm
Thickness: 1.6cm
Qing Court collection

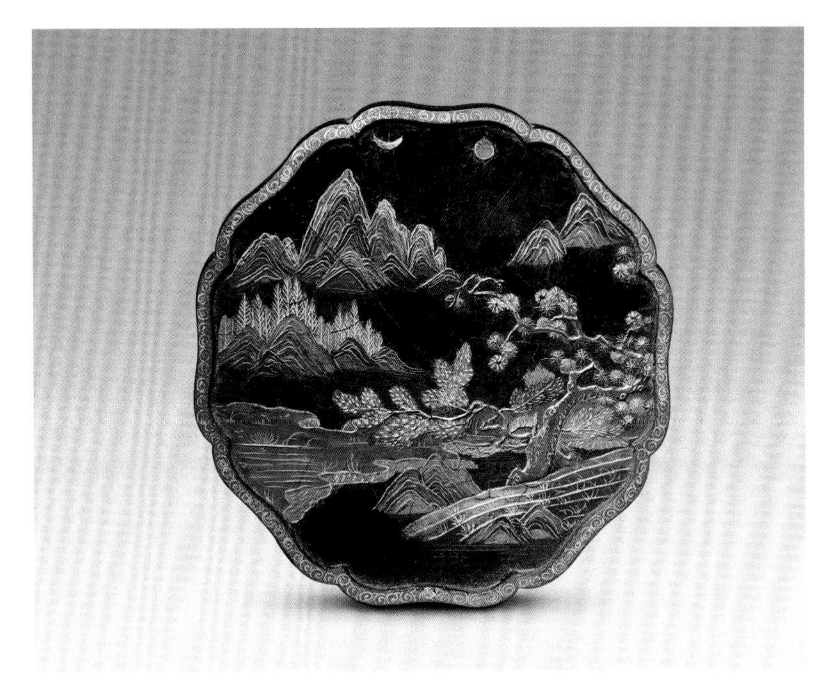

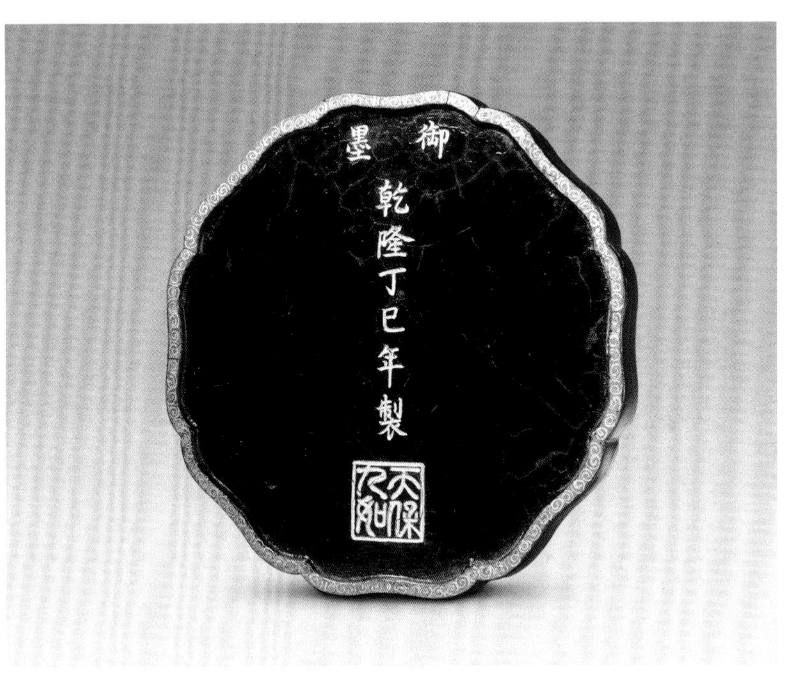

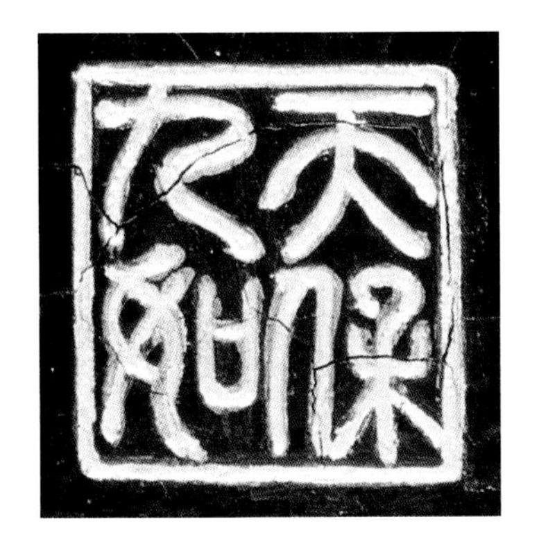

圓花朵形，兩面起邊框，塗朱描金渦紋。面以紅、綠、金、褐等彩雕山川、松柏、日月、河流等天保九如圖。背陰文填金楷書："御墨　乾隆丁巳(1737)年製"，鈐"天保九如"印。

"天保九如"意出《詩經．小雅．天保》，即如山、阜、岡、陵、川、如月之恒、日之升、南山之壽、松柏之茂，後用為祝壽之詞。此墨為乾隆帝祝壽而製的御墨。墨為二十六錠一套，此為其一。

御製墨雲室記墨

清乾隆
高28.5厘米　寬7.2厘米　厚1.9厘米
清宮舊藏

Inkstick with characters Yu Zhi Mo Yun Shi Ji, presented by Zhu Gui to the emperor

Qinglong period, Qing Dynasty
Height: 28.5cm　Width: 7.2cm　Thickness: 1.9cm
Qing Court collection

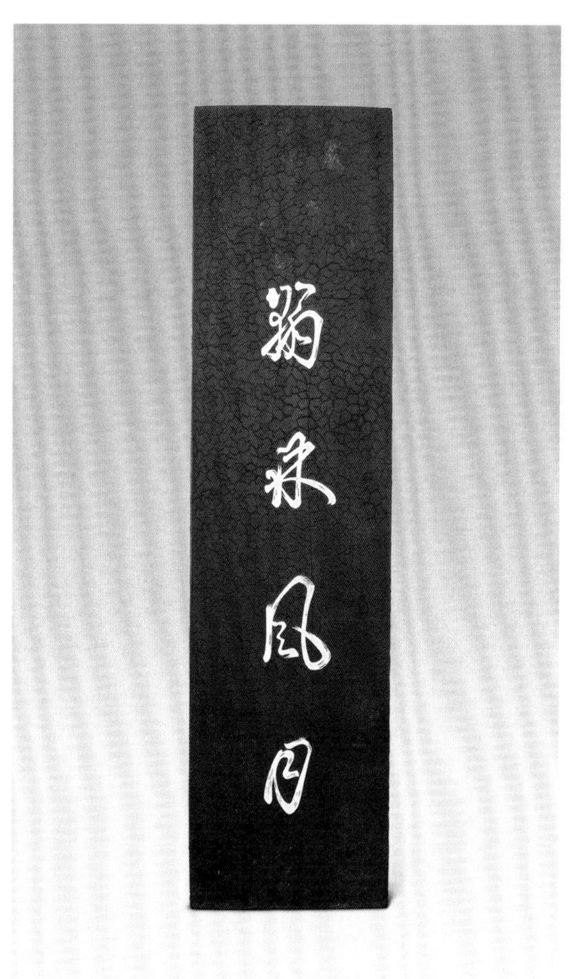

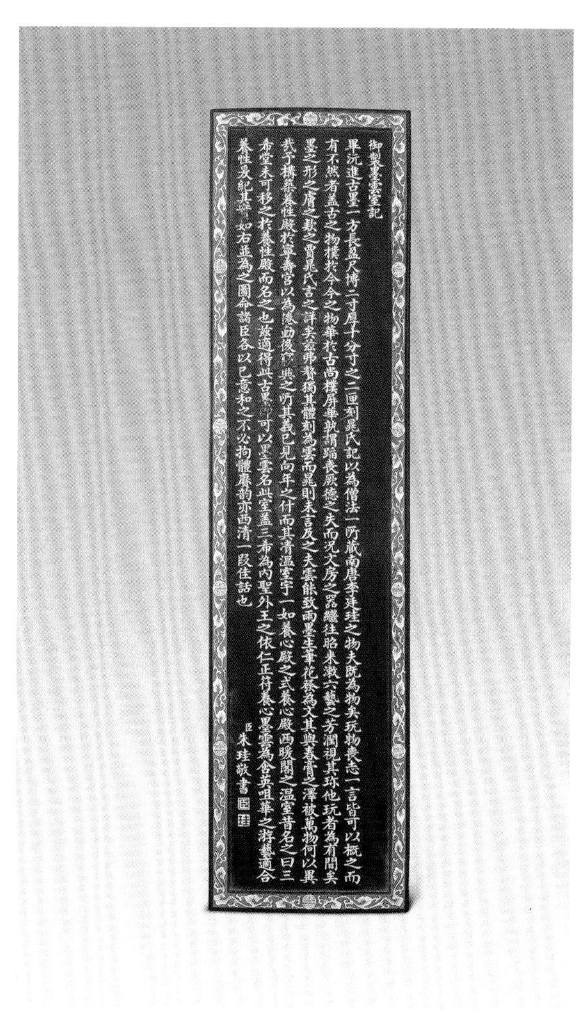

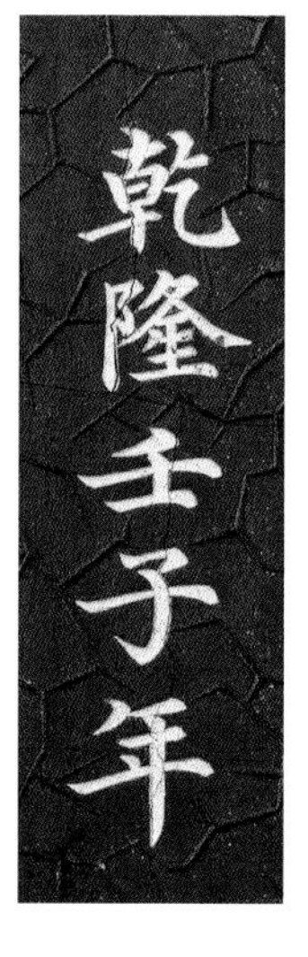

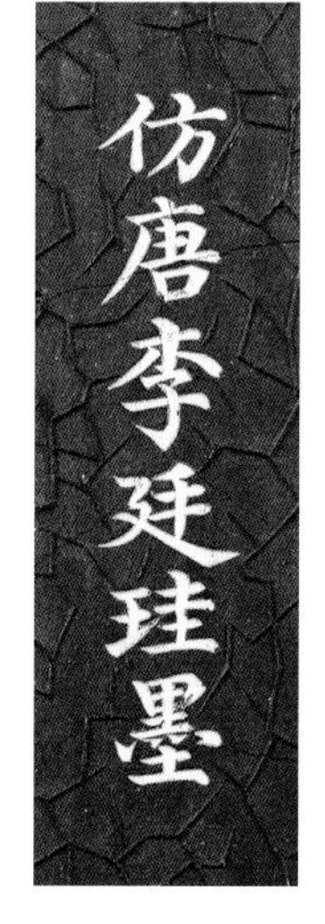

長方形，通體飾凸起冰裂紋。面填金草書：“翰林風月”。背填金楷書“御製墨雲室記”，款署：“臣朱珪敬書”。兩側面分書“仿唐李廷珪墨”、“乾隆壬子年(1792)”。

“墨雲室”為寧壽宮內養性殿溫室，因畢沅進古墨，故名。李廷珪，五代時製墨家。朱珪，乾隆晚期安徽巡撫。此墨形制巨大，墨色黝黑，質堅精良，為朱珪進貢墨。

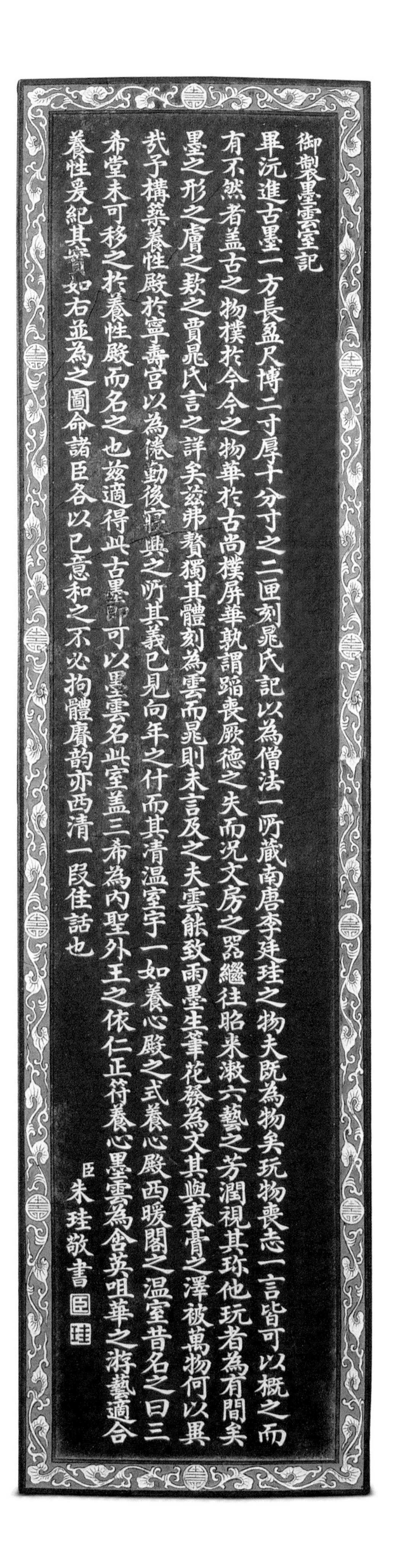
御製墨雲室記
畢沅進古墨一方長盈尺博二寸厚十分寸之二匣刻晁氏記以為僧法一所蔵南唐李廷珪之物夫既為物矣玩物喪志一言皆可以概之而
有不然者蓋古之物樸於今今之物華於古尚樸屏華孰謂蹈喪厥德之失而況文房之器繼往昭來潄六藝之芳潤視其珍他玩者為有間矣
墨之形之膚之款之貫晁氏言之詳矣茲弗贅獨其體刻為雲而晁則未言及之夫雲能致雨墨生筆花發為文其與春膏之澤被萬物何以異
哉予構築養性殿於寧壽宮以為倦勤後宴息之所其義已見向年之什而其清溫室宇一如養心殿之式養心殿西暖閣之溫室昔名之曰三
希堂未可移之於養性殿而名之也茲適得此古墨即可以墨雲名此室蓋三希為內聖外王之依仁正符養心墨雲為含英咀華之游藝適合
養性爰紀其實如右並為之圖命諸臣各以己意和之不必拘體賡韵亦西清一段佳話也
臣朱珪敬書
臣
珪

99

御製四庫文閣詩集錦墨

清乾隆
最高15.65厘米　寬6.1厘米　厚1.9厘米　5錠
清宮舊藏

A set of five Inksticks entitled Yu Zhi Si Ku Wen Ge Shi (poems on ode to the imperial libraries, by Emperor Qianlong)

Qianlong period, Qing Dynasty
Maximum height: 15.65cm　Width: 6.1cm　Thickness: 1.9cm
Qing Court collection

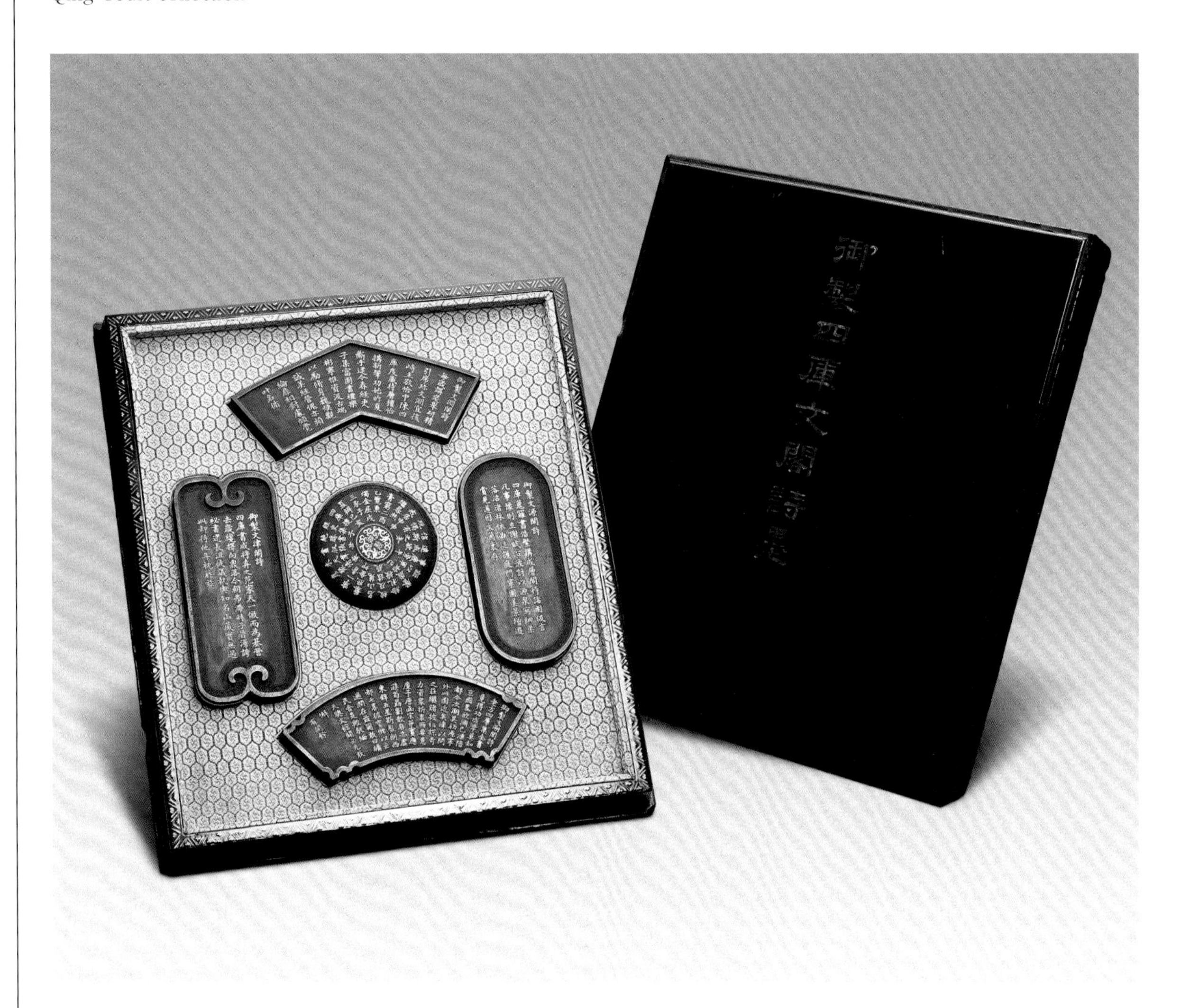

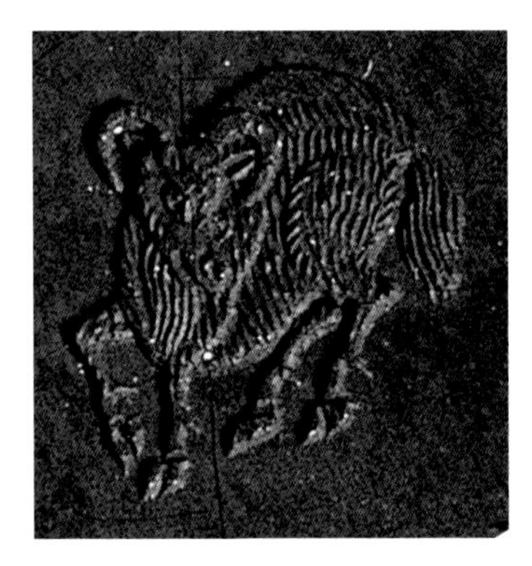

圓形、磬式、長圓形、雙聯長圓形、璜式。墨面雕十二生肖、文淵閣、文源閣、文津閣、文溯閣圖。背填金楷書乾隆御製詩。墨側陽文楷書"乾隆年製"款及墨名。合裝於黑漆匣內，匣面嵌螺鈿隸書："御製四庫文閣詩墨"。

清乾隆年間，朝廷組織編纂大型叢書《四庫全書》，書成後分抄七套，專門建造了南北七座書閣收貯，即清宮文淵閣、圓明園文源閣、瀋陽文溯閣、承德文津閣、揚州文匯閣、杭州文瀾閣、鎮江文宗閣，稱四庫文閣。此套墨表現的為北四閣，製作、裝潢精美，是乾隆御製墨的代表作，由汪近聖鑑古齋承造。

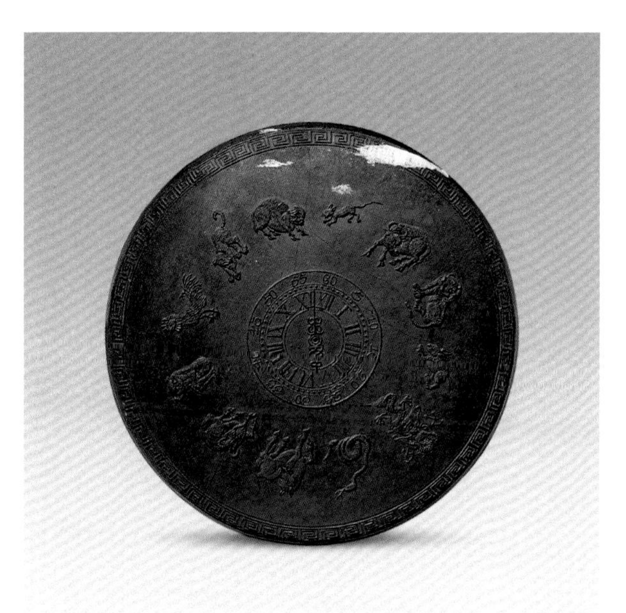

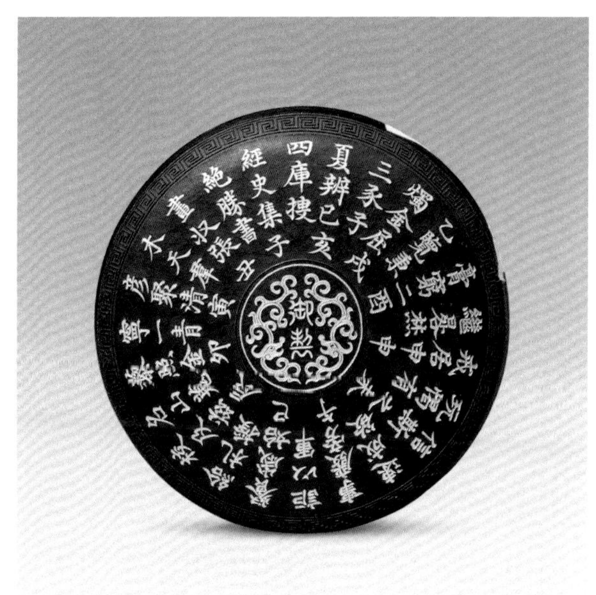

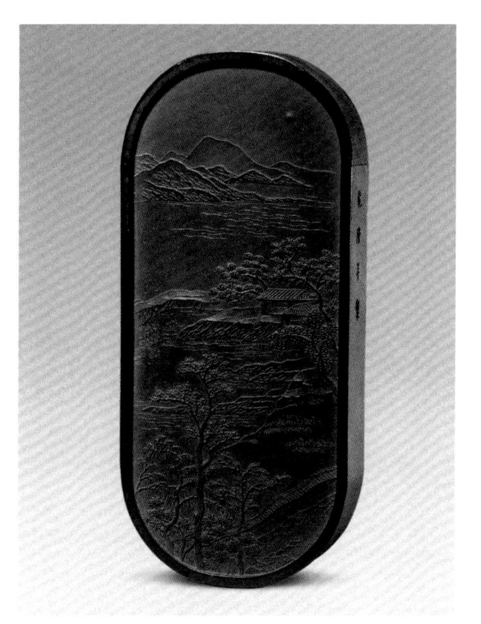

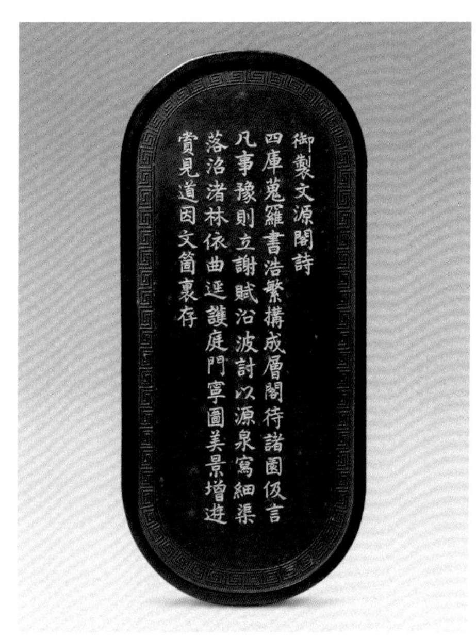
御製文源閣詩
四庫蒐羅書浩繁構成層閣待諸園伋言
凡事豫則立謝賦沿波討以源泉寫細渠
落洽渚林依曲逕護庭門寧圖美景增遊
賞見道因文簡裏存

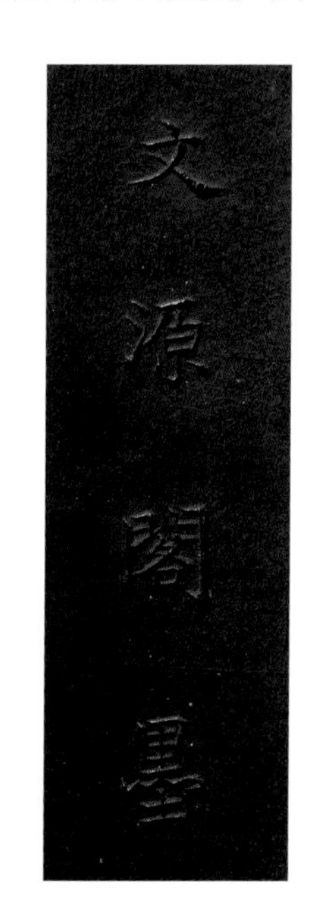
文源閣墨

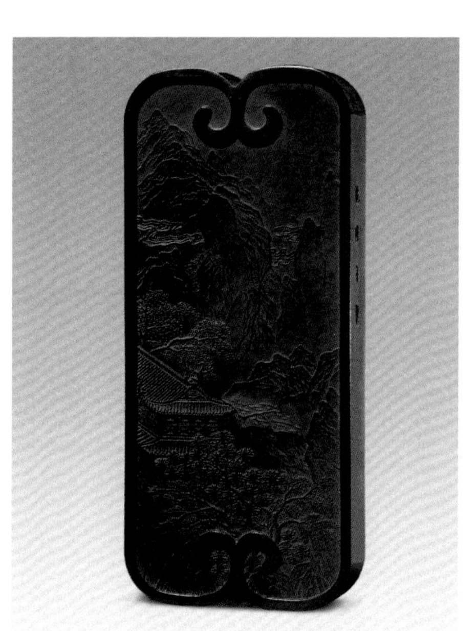

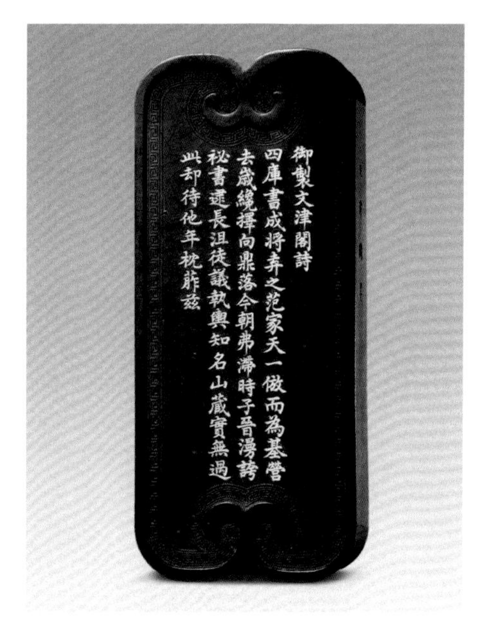
御製文津閣詩
四庫書成將弆之范家天一倣而為基營
去歲鐫擇向鼎落今朝弗滯時子晉湯誇
秘書選長沮徒識執輿知名山藏實無過
此却待他年挽簏茲

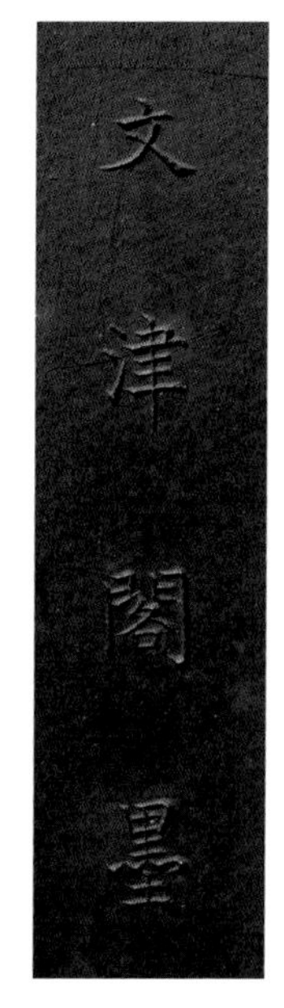
文津閣墨

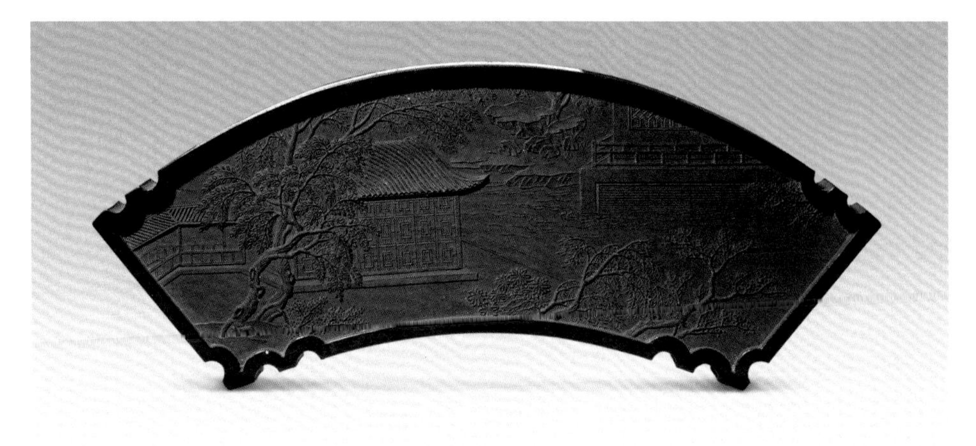

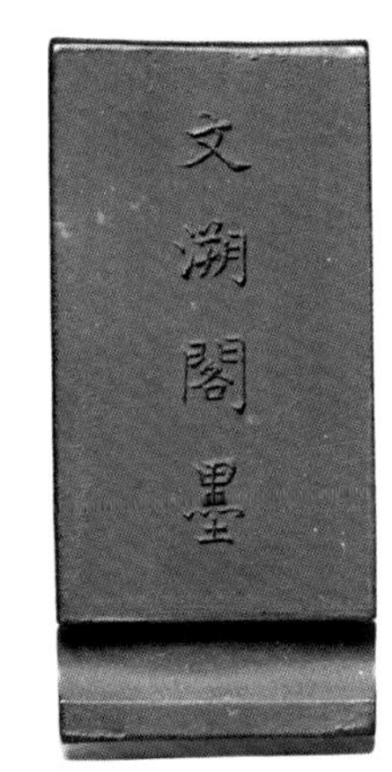
文溯閣墨

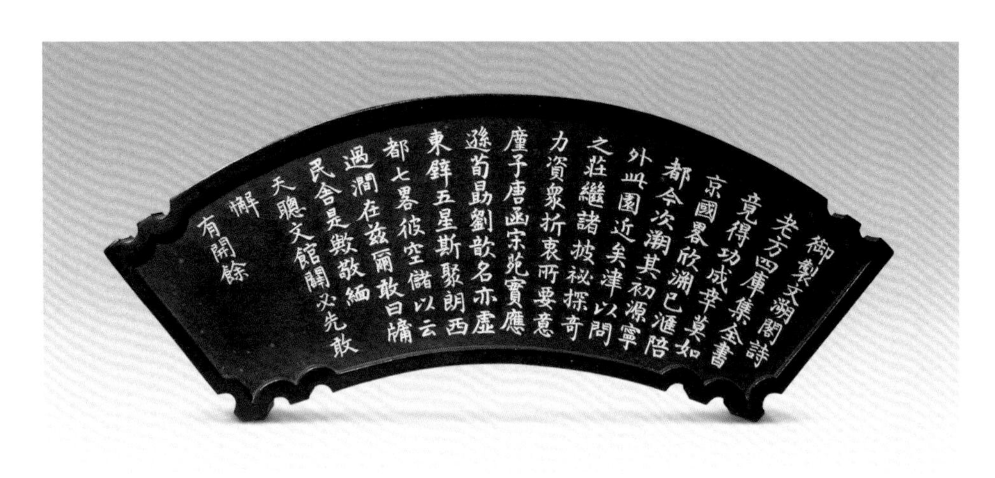
御製文溯閣詩
老方四庫集全書
竟得功成幸莫如
京國畧欣淵已滙陪
都今次溯其初源寧
外此園近矣津以問
之莊繼諸披祕探奇
力資衆折衷所要意
廑予唐函宋苑實應
遜荀勗劉歆名亦虛
東壁五星斯聚朗西
都七畧彼空儲以云
過潤在茲爾敢曰牖
民舍是歟敢緬
天聰文館闕必先敢
懈
有閑餘

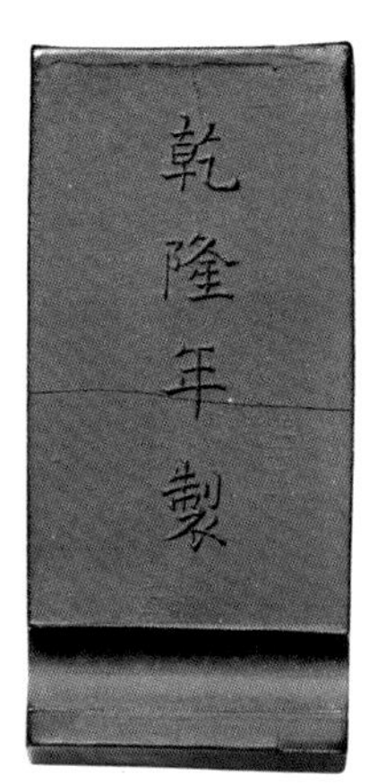
乾隆年製

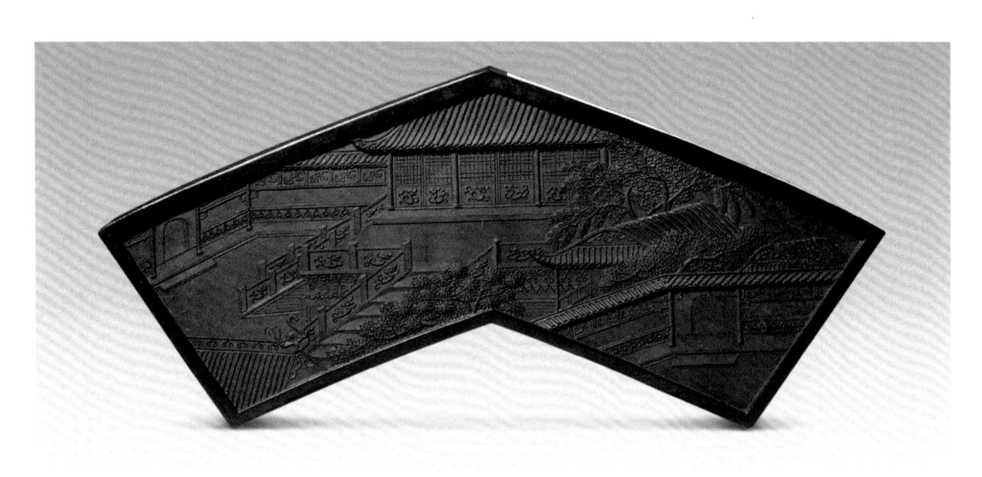

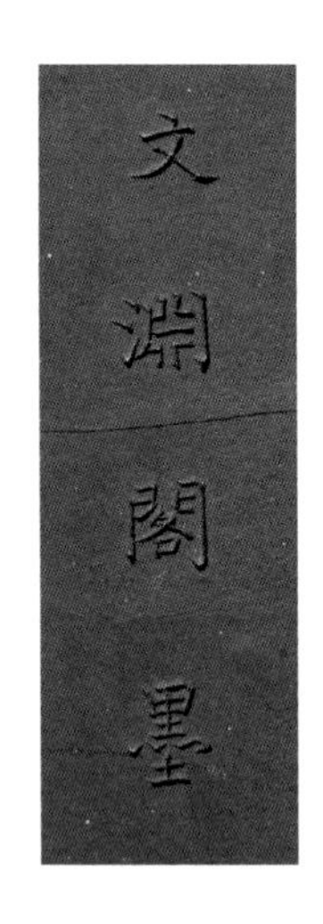
文淵閣墨

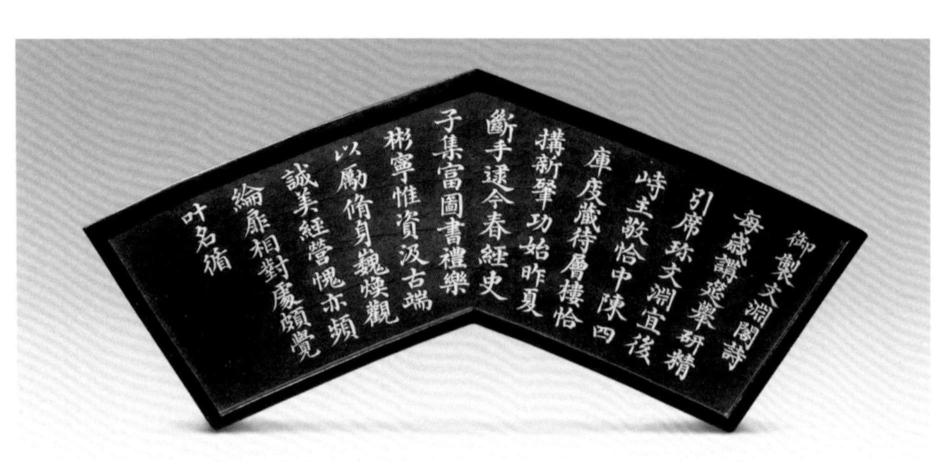
御製文淵閣詩
每歲講筵舉研精
引席珎文淵宜後
峙主敬恰中陳四
庫度藏待層樓恰
搆新肇功始昨夏
斷手逮今春經史
子集富圖書禮樂
彬寧惟資汲古端
以勵脩身巍煥觀
誠美經營愧亦頻
綸扉相對處頻覺
叶名循

100

御筆題畫詩集錦墨

清乾隆
最高16.5厘米　寬12厘米　厚1.5厘米　9 錠
清宮舊藏

A set of nine Inksticks with Emperor Qianlong's poems on paintings

Qianglong period. Qing Dynasty
Maximum height: 16.5cm　Width: 12cm　Thickness: 1.5cm
Qing Court collection

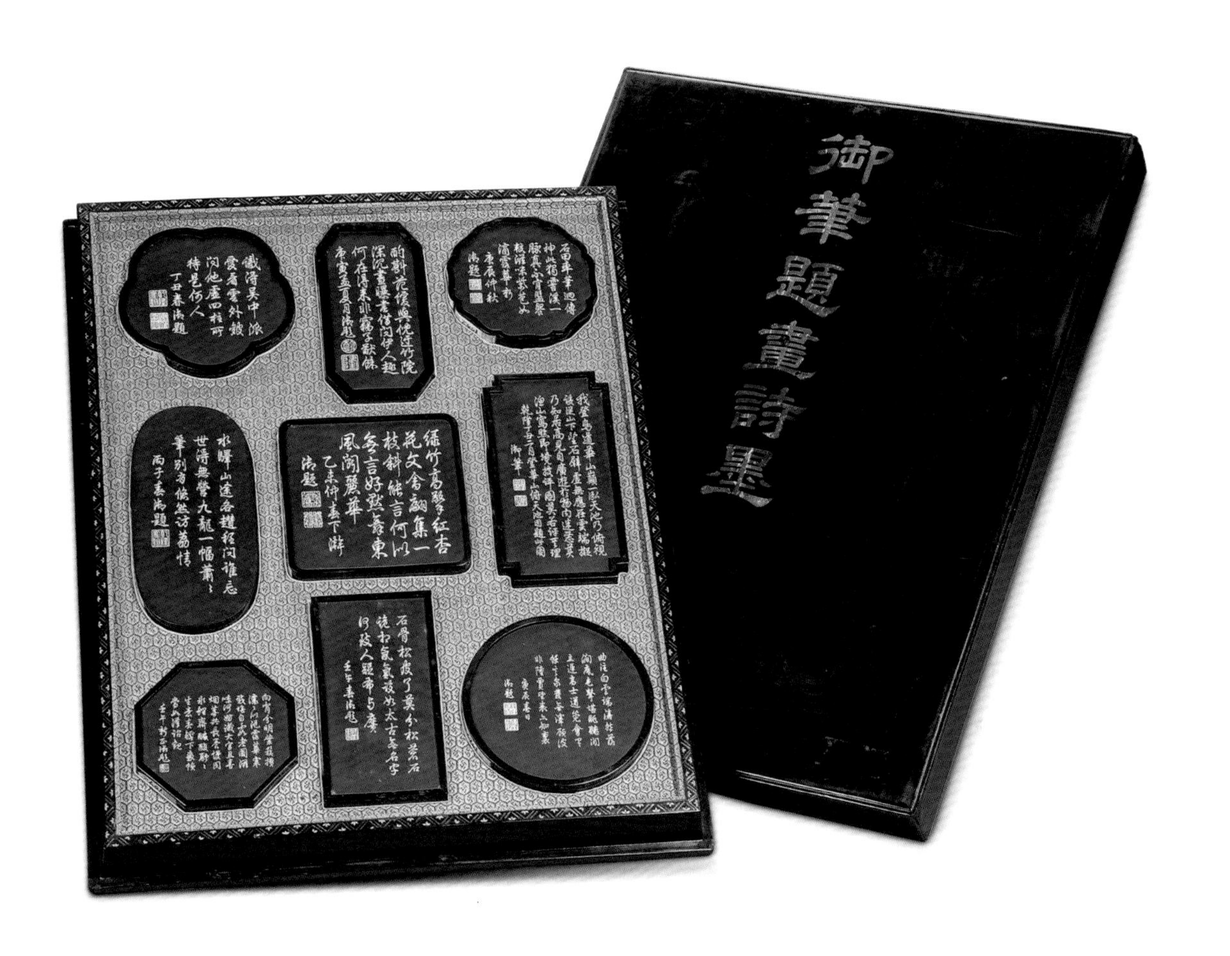

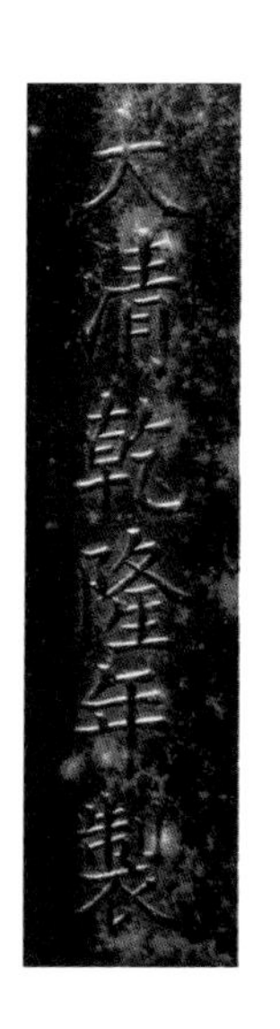

葵瓣形、十字形、圓形、長圓形、長方形、委角長方形、八邊形不等。墨面摹刻沈周《茄萊圖》、吳曆《山水圖》、王蒙《林壑雲泉圖》、《竹趣圖》、黃筌《花鳥圖》、文徵明《松石圖》、王寵《山水圖》、王紱《春流出峽圖》、方從義《葉菜圖》。背陰文填金乾隆皇帝御筆題畫詩。側陽文楷書款："大清乾隆年製"。合裝於黑漆長方匣內，蓋面嵌螺鈿隸書："御筆題畫詩墨"。

此套墨製作精良，裝潢考究，頗具觀賞價值。為汪近聖鑑古齋承造。

101

御製石鼓文集錦墨

清乾隆
高3厘米　徑4厘米　10錠
清宮舊藏

A set of ten Inkstickes made by imperial order with inscription Shi Gu Wen (Stone Drum Script in Warring States period)

Qianlong period, Qing Dynasty
Height: 3cm　Diameter: 4cm
Qing Court collection

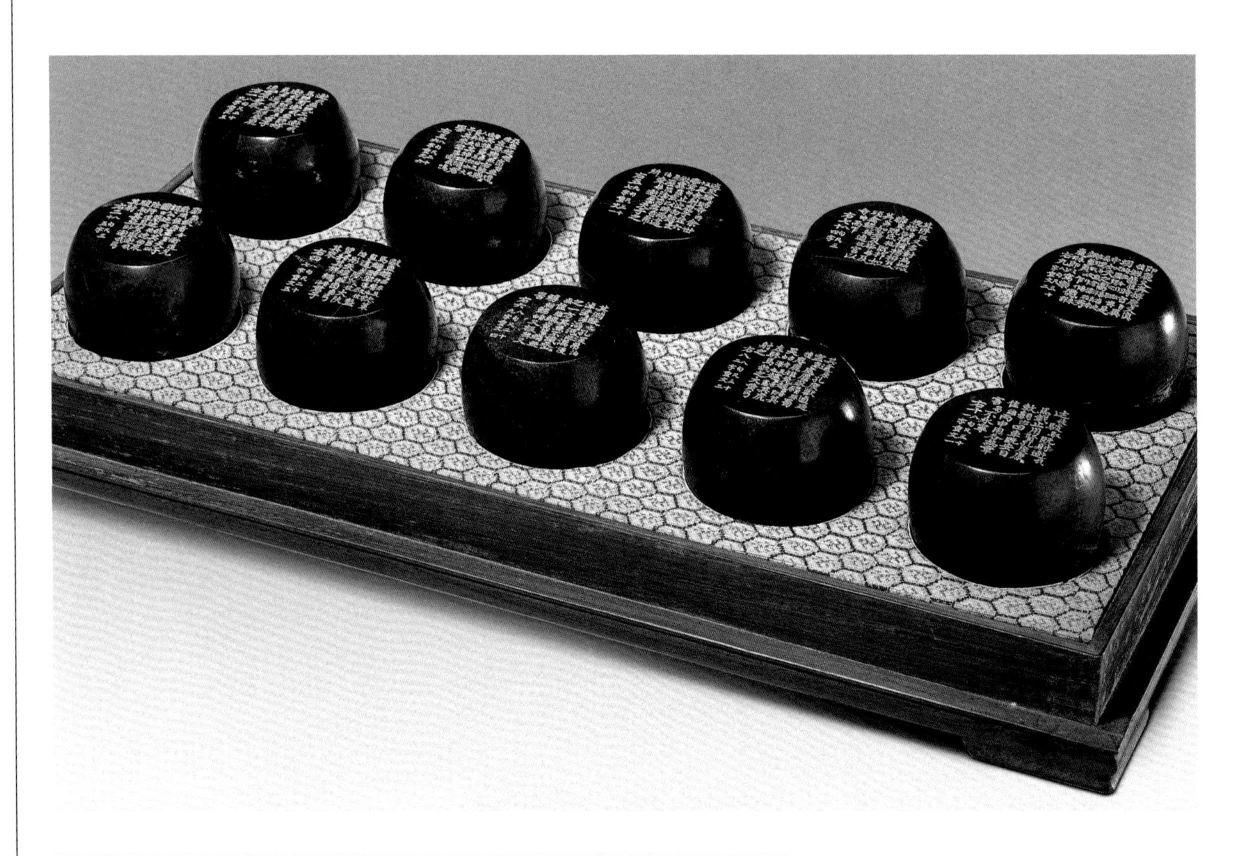

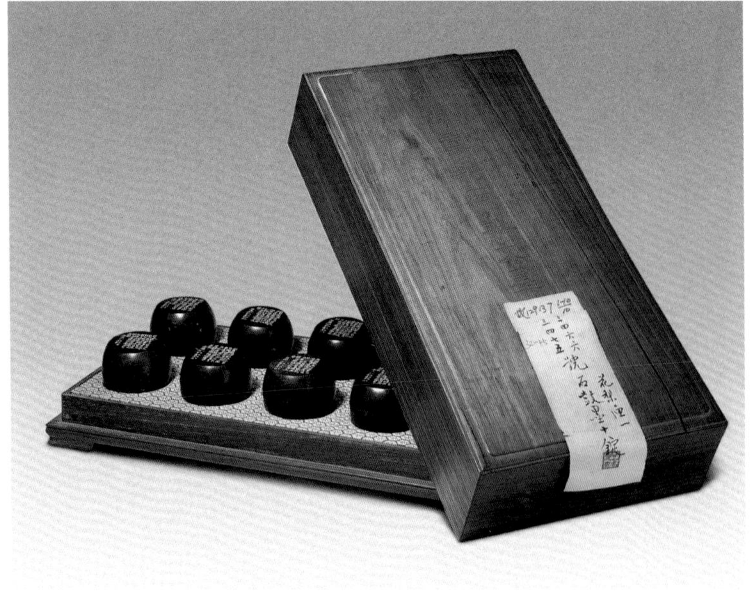

仿石鼓形。鼓身陰文填金臨書石鼓文。鼓面一面填金篆書天干次序，一面填金楷書釋文，署款："乾隆甲辰(1784)三月歙巴慰祖縮臨"。共裝於花梨木匣內，蓋填綠隸書："御製重排石鼓文墨"。

石鼓，為春秋時期刻石，因形似鼓，故名。共十石，每石刻四言詩一篇，書法渾厚。巴慰祖(1744—1793)，清歙縣人，工書畫，喜收藏。

此墨將古器入墨形，形式獨特，製作精良，為乾隆時期御製墨精品。

102

御製月令七十二候詩集錦墨

清乾隆

最高16.7厘米　寬9.9厘米　厚2.2厘米　72錠

清宮舊藏

A set of seventy-two Inksticks with Emperor Qianlong's poems on 72 hou and corresponding scenes (A year divided into 72 hou in ancient China, one hou equivalent to five days)

Qianlong period, Qing Dynasty

Maximum height: 16.7cm　Width: 9.9cm　Thickness: 2.2cm

Qing Court collection

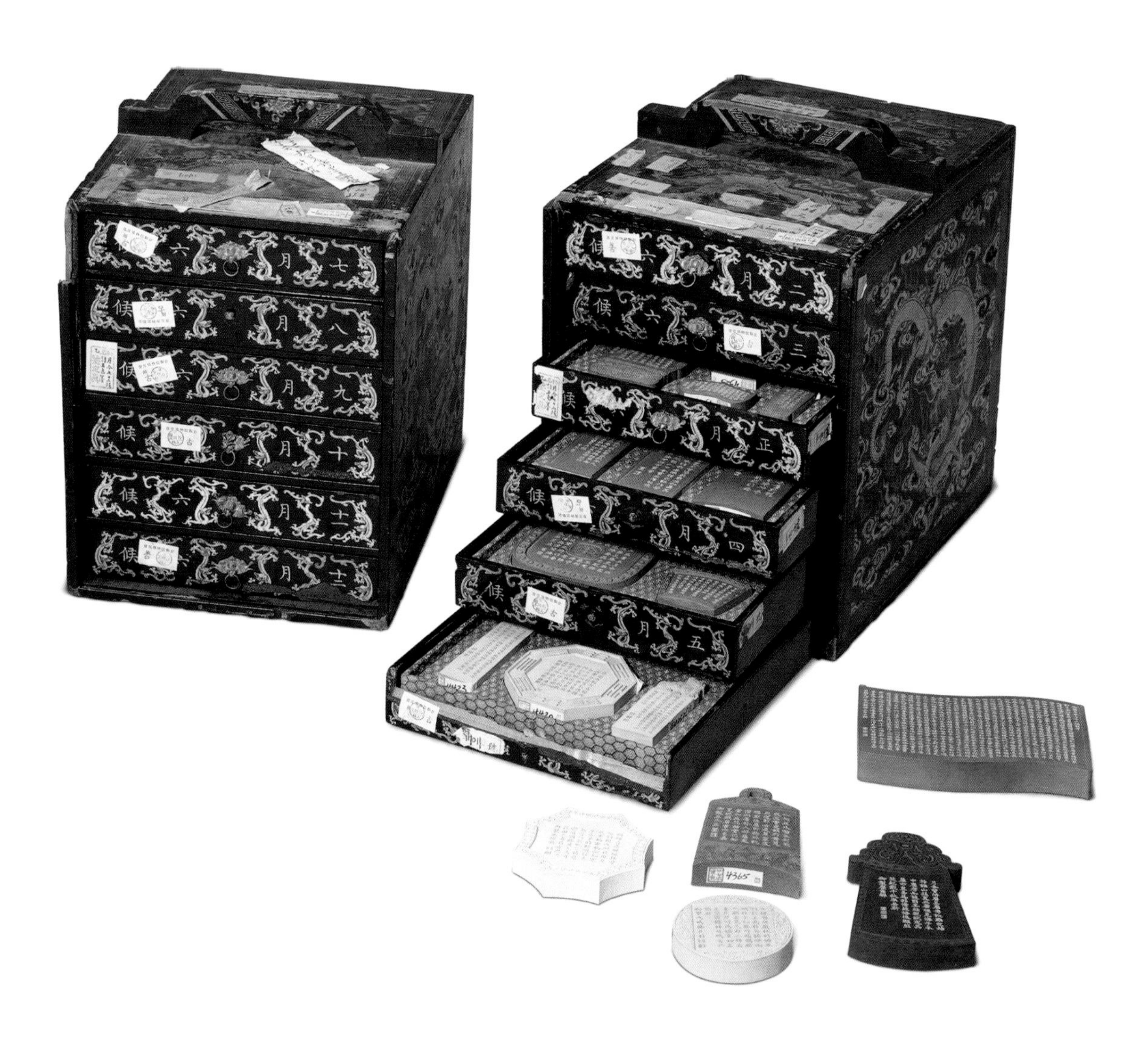

正方形、長方形、圓形、玦形、璜形、鐘形、磬形不等，綠、黃、紅、藍、白五色。墨面刻各時氣候圖，背填金曹文埴楷書乾隆御製七十二候詩。分屜裝於兩個黑漆描金龍紋匣內。

中國古代以五日為一候，三候為一節氣，二節氣為一月，三月為一季，四季為一年，一年共計七十二候，農事依據物候進行。此套墨製作精緻，圖文相得益彰，裝潢華麗，特別是一套多達72錠，可稱巨製，為乾隆御製墨精品。

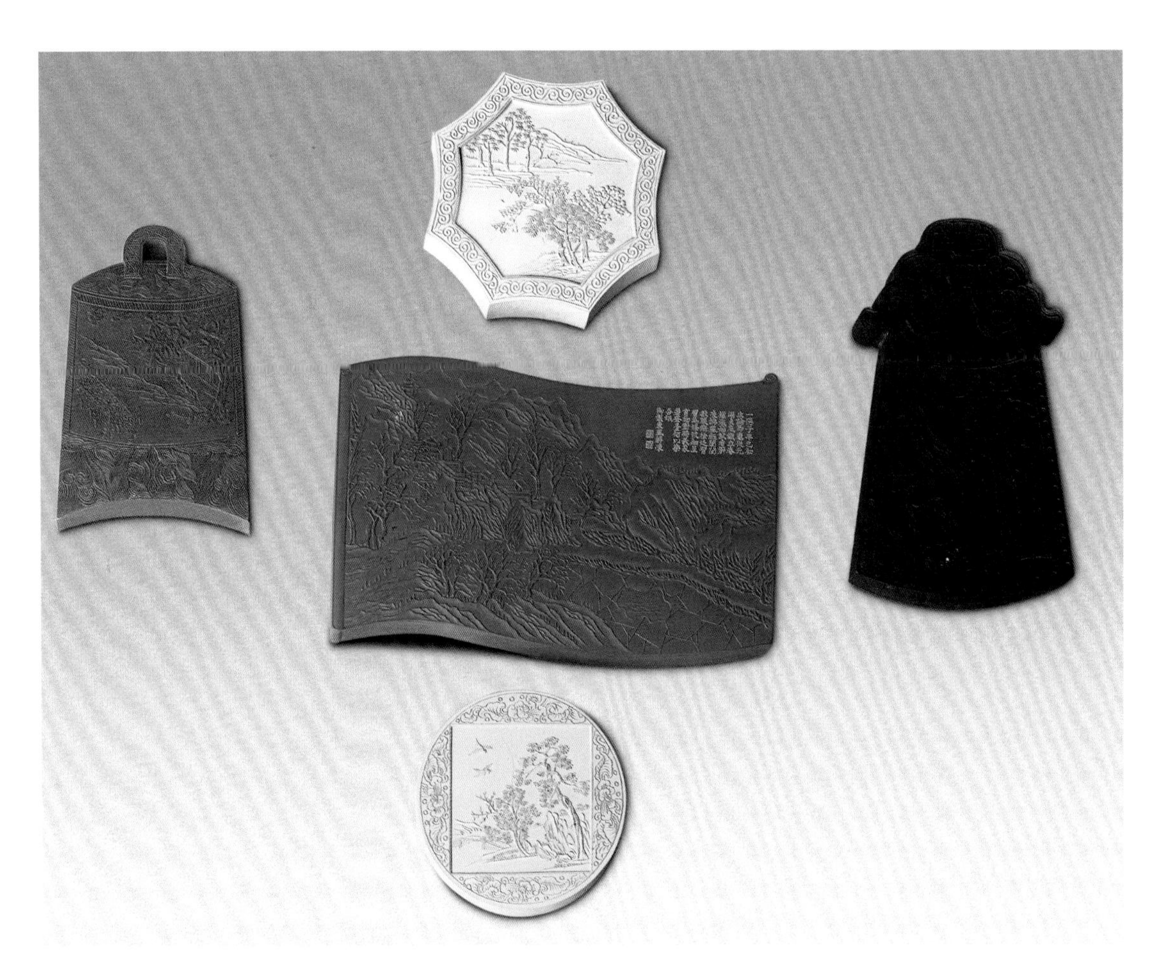

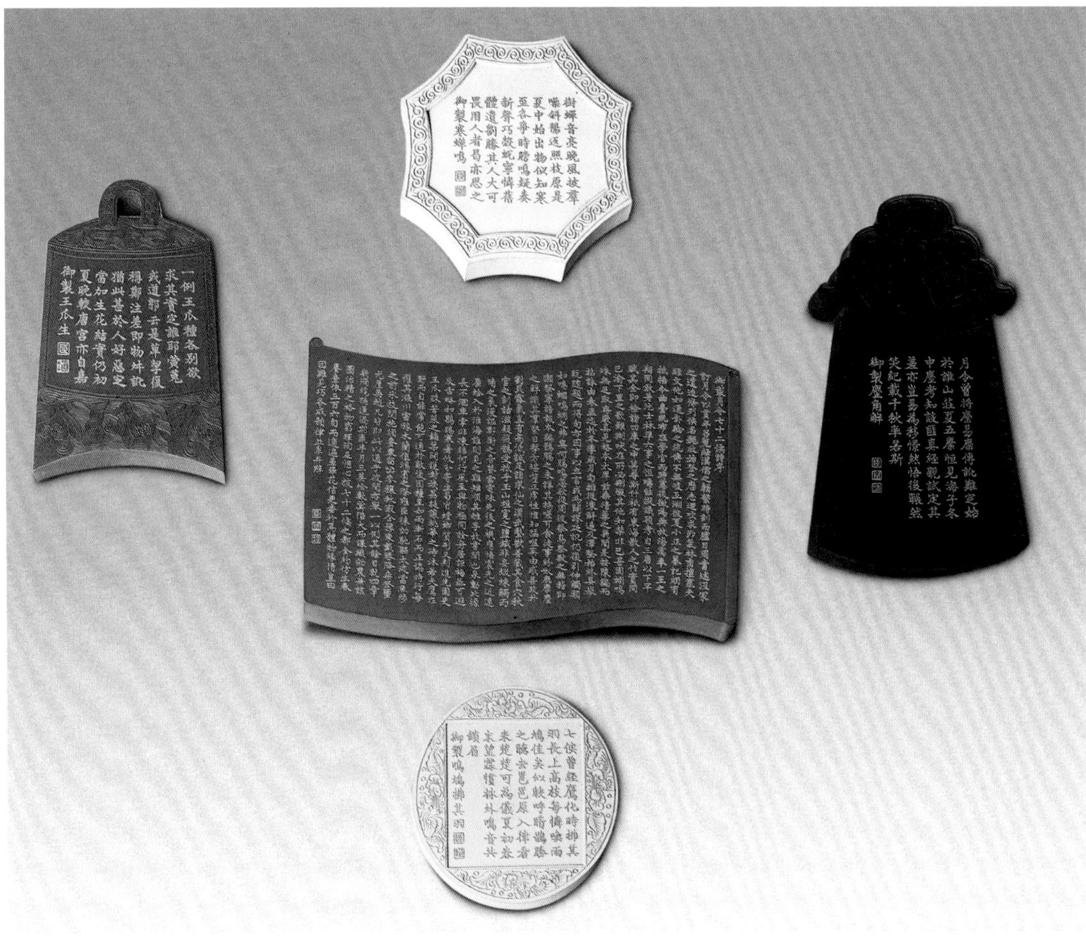

樹蟬音奏曉風披羣
噪斜陽送照枝原是
夏中始出物似知寒
至各爭時聽鳴疑奏
新聲巧發蛻寧憐舊
體遺劉勝其人大可
畏用人者曷亦思之
御製寒蟬鳴
御製王瓜生
御製麈角解
御製鳴鳩拂其羽

103

御製淳化軒硃墨
清乾隆
高10.3厘米　寬3厘米　厚0.7厘米
清宮舊藏

Cinnabar Inkstick with characters Qian Long Yu Zhi Chun Hua Xuan Mo, made by imperial order
Qianlong period, Qing Dynasty
Height: 10.3cm　Width: 3cm　Thickness: 0.7cm
Qing Court collection

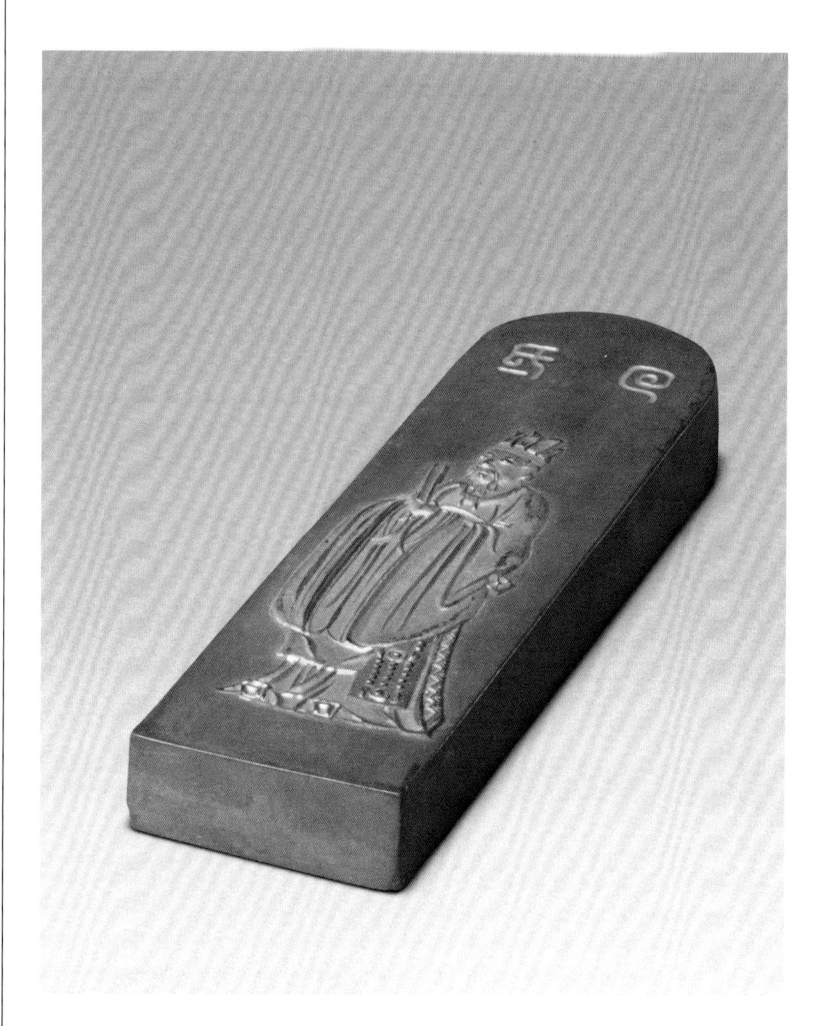

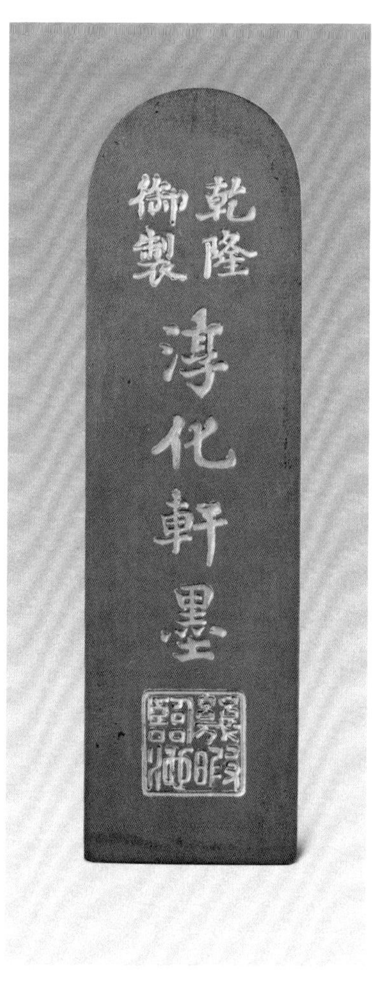

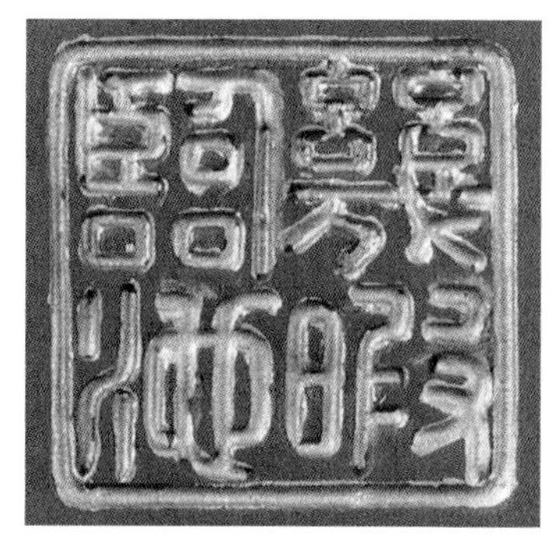

碑形，硃砂墨。面填金楷書："乾隆御製　淳化軒墨"，下鈐"幾暇臨池"印。背面雕塗金拱手人物像，填金篆書："回氏"。

清乾隆三十四年(1769)，敕命于敏中、錢維城等人摹刻宋代《淳化閣帖》，刻石砌於圓明園蘊真齋廊下，名淳化軒。"回氏"為傳說中的墨神。

104

御製棉花圖詩墨

清乾隆

高12厘米　寬3.5厘米　厚1.2厘米　16錠

清宮舊藏

A set of sixteen Inksticks with design of cotton processing from sowing seeds to weaving cloth and Emperor Qianlong's poems on the pictures

Qianlong period, Qing Dynasty

Height: 12cm　Width: 3.5cm　Thickness: 1.2cm

Qing Court collection

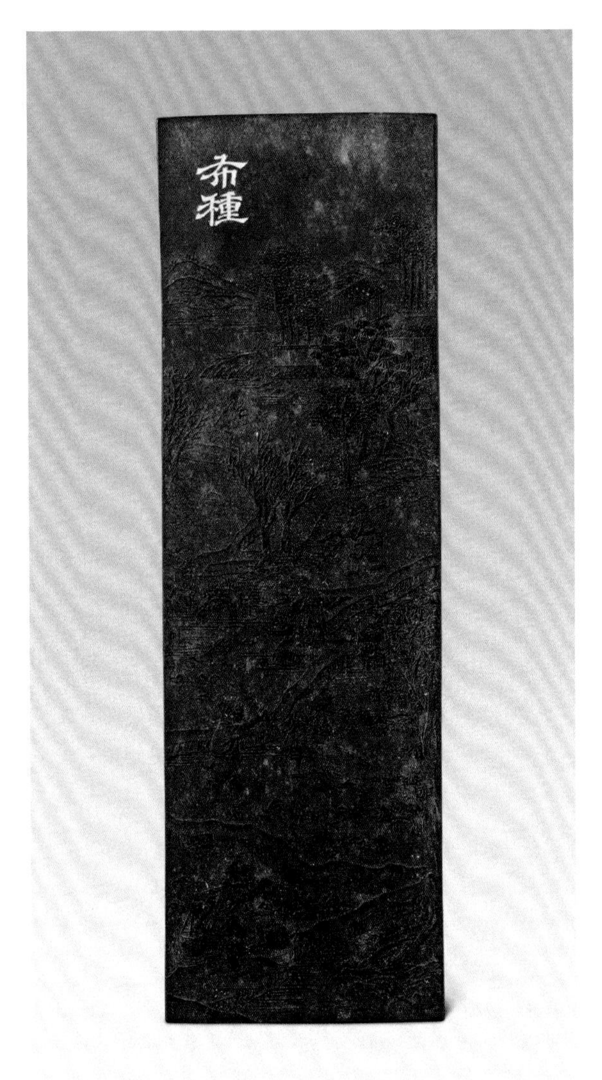

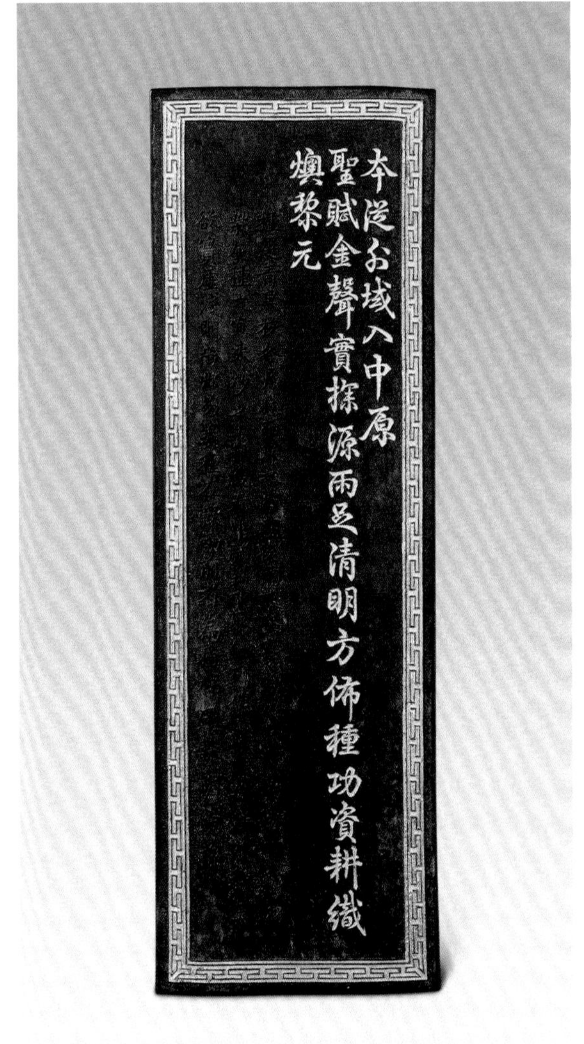

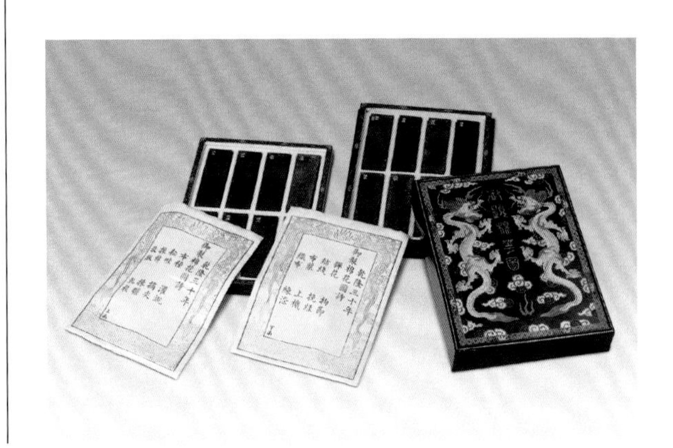

均為長方形。墨面分飾棉花從佈種到織布的十六道工序圖，填金隸書工序名。背填金行書乾隆皇帝御製詩。分兩函裝於黑漆描金雲龍紋盒內，附黃綾籤，書："乾隆三十年（1765）御製棉花圖詩"及每墨名。

此套墨製作精緻，墨色黝黑清馨，裝潢考究，為乾隆御製墨佳品。

105

御製國寶五色墨

清乾隆

高18.5厘米　寬7.3厘米　厚1.8厘米　5錠

清宮舊藏

A set of five Inksticks in different colours with characters Guo Bao and design of dragons and clouds

Qianlong period, Qing Dynasty

Height: 18.5cm　Width: 7.3cm　Thickness: 1.8cm

Qing Court collection

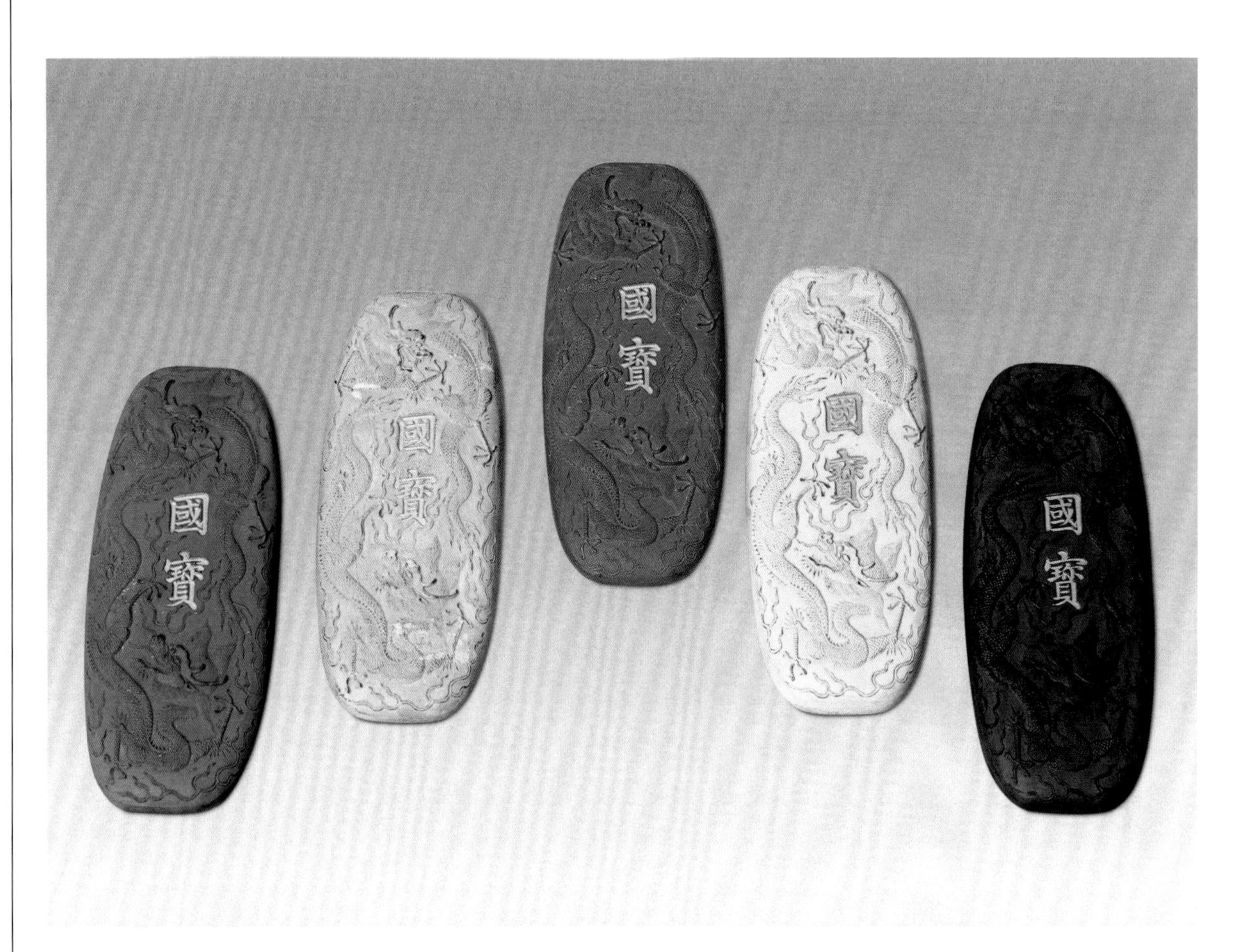

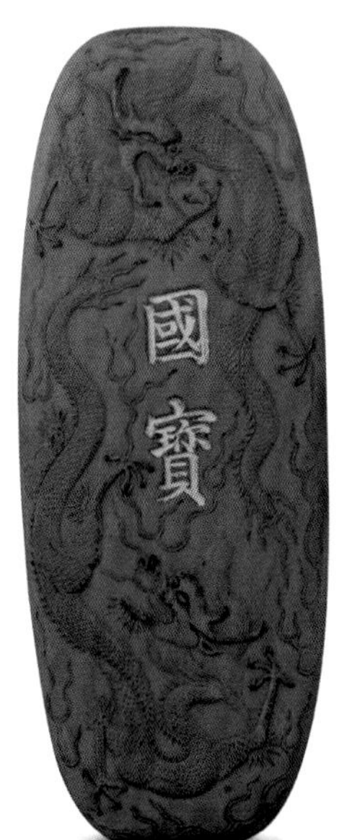

舌形，朱、黃、藍、綠、白五色。造型、紋飾相同，面飾雲龍紋，填金陰文楷書："國寶"。背填金陰文楷書"大清乾隆年造"款，邊飾雲紋。

此套墨質堅、厚重，圖文精美，為乾隆御製墨精品。

106

蒼璧御墨

清嘉慶
高8厘米 寬1.7厘米 厚0.9厘米
清宮舊藏

Imperial Inkstick with characters Cang Bi

Jiaqing period, Qing Dynasty
Height: 8cm Width: 1.7cm Thickness: 0.9cm
Qing Court collection

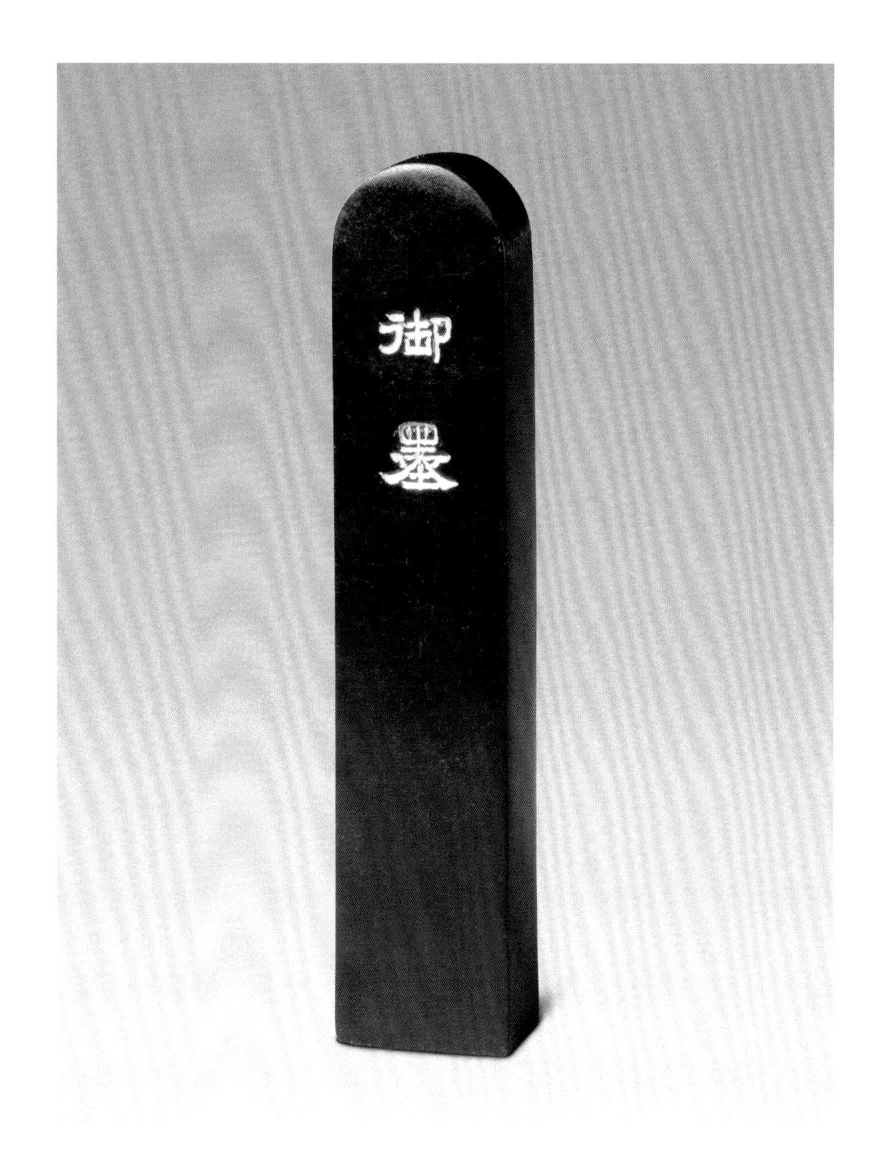

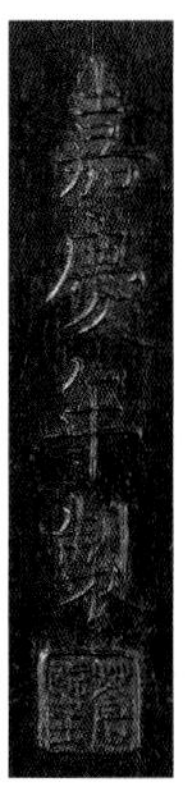

碑形，通體漆衣。面填金隸書："御墨"。背陽文楷書"嘉慶年製"款，下鈐"蒼璧"印式墨銘。

"璧"為古代玉禮器，以玉名墨，喻其性潤質堅。此墨為清嘉慶時期御製墨。

107

金棫清嘯閣集錦墨

清嘉慶

高9.4厘米　寬2.4厘米　厚0.9厘米　4錠

A set of four Inksticks with inscription Qing Xiao Ge, collected by Jin Yu

Jiaqing period, Qing Dynasty

Height: 9.4cm　Width: 2.4cm　Thickness: 0.9cm

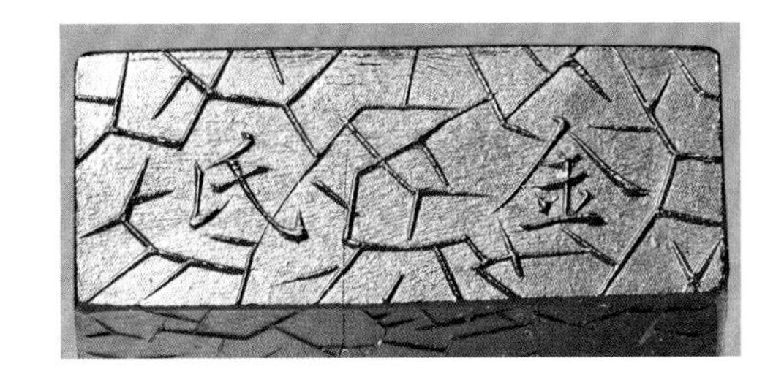

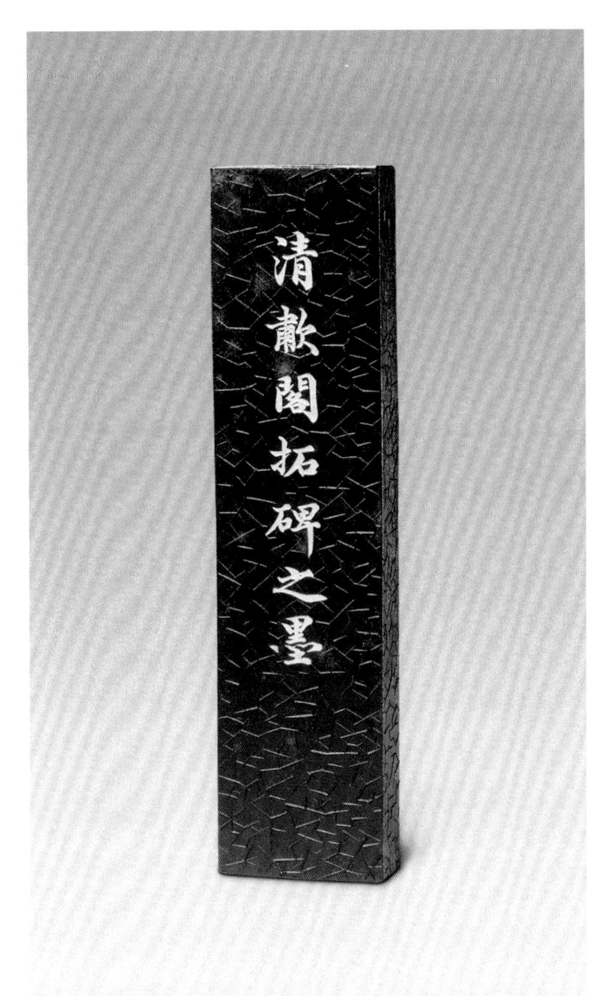

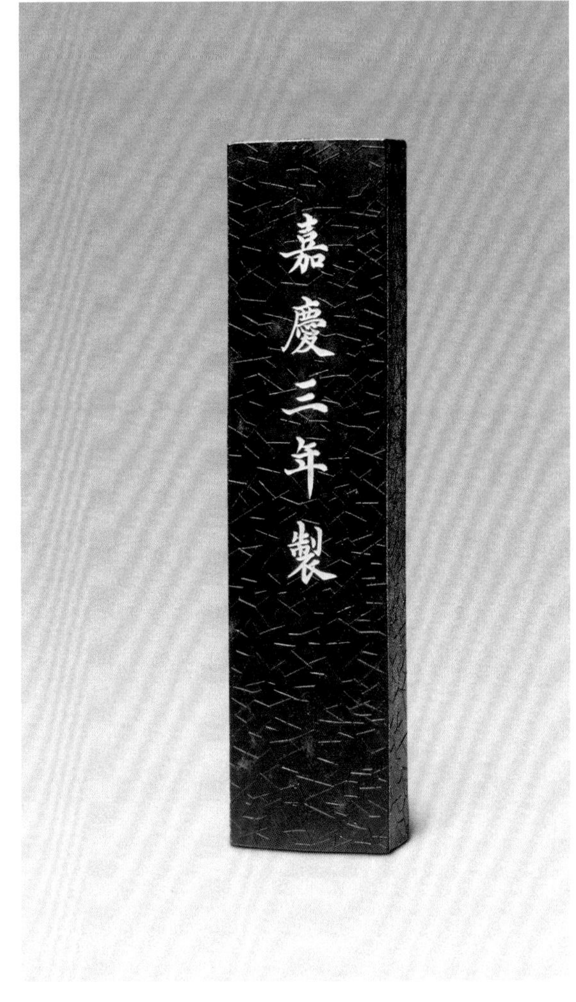

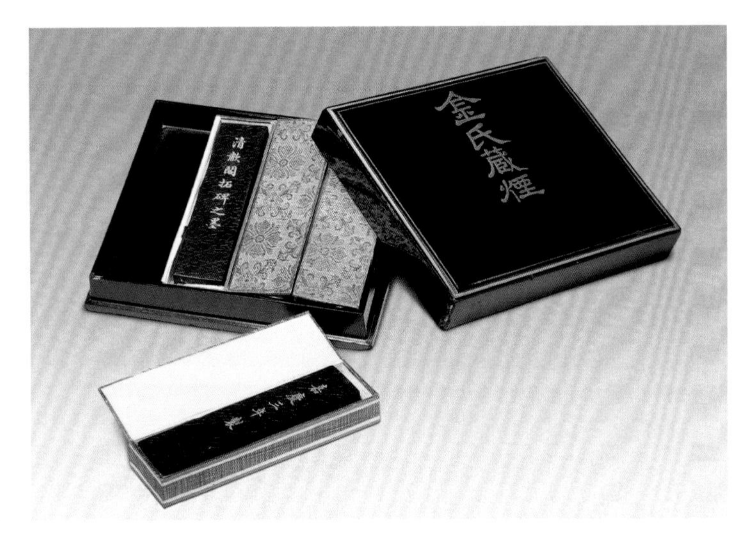

均為長方形，通體雕飾凸起的冰裂紋。墨面陰文填金行書：“清嘯閣拓碑之墨”。背陰文填金楷書款：“嘉慶三年(1798)製”。墨頂陽文楷書：“金氏”。共置一黑漆描金匣內，蓋描金隸書：“金氏藏煙”。

金棫即金松崖，堂號清嘯閣，富收藏。此套墨質密精堅，猶如新製。為汪節菴代製。

108

曹堯千五老圖集錦墨

清嘉慶
最高8.2厘米　寬5.4厘米　厚1厘米　5錠

A set of five Inksticks with design of five reverend elders, by Cao Yaoqian

Jiaqing period, Qing Dynasty
Maximum height: 8.2cm　Width: 5.4cm　Thickness: 1cm

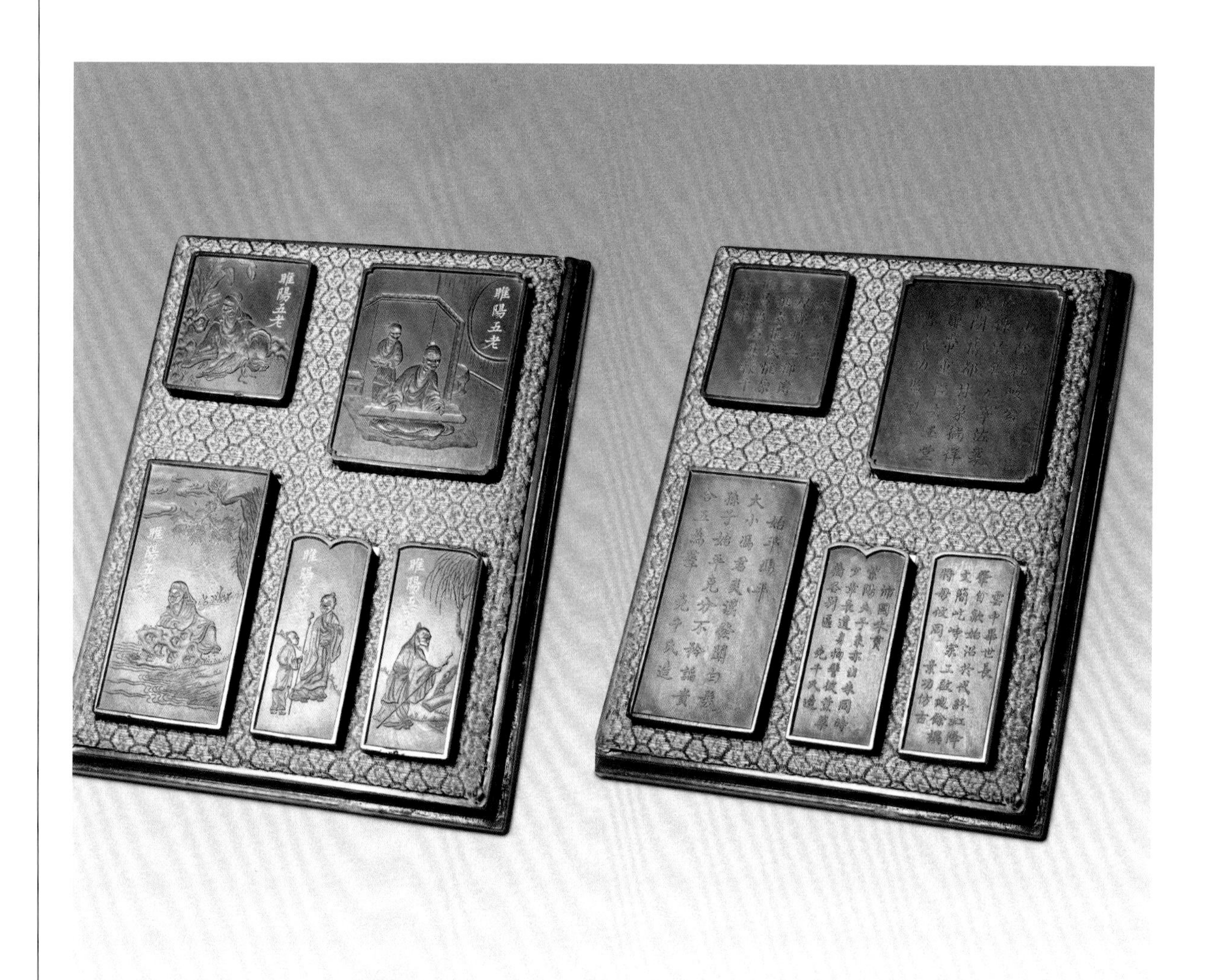

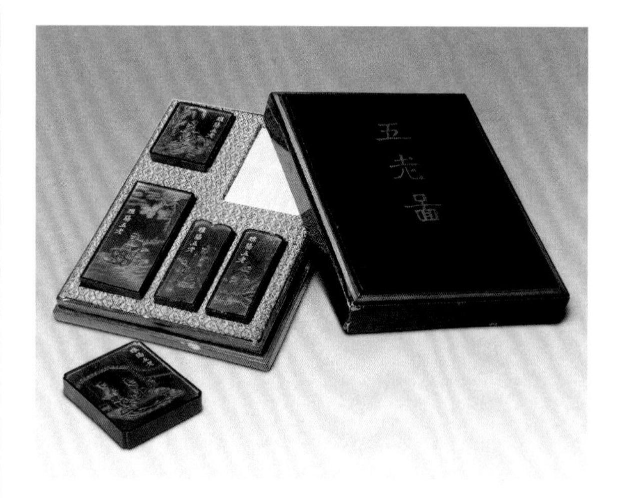

方形、長方形不等，兩面起邊框。墨面分雕五位老者像，圖右填金楷書："睢陽五老"。墨背陽文楷書詩贊。款署："曹素功監製"、"素功仿古"、"堯千氏造"。

曹堯千，曹素功六世孫，繼承祖業，造墨亦頗負盛名。"睢陽五老"是指北宋慶曆末年的杜岐(祁)公、王漁、畢世長、朱貫、馮平五人，均為官清廉、政績昭著，引退後居睢陽(今河南商丘縣南)，時相往來。五人皆年過八旬，世人稱為"睢陽五老"。

109

程怡甫黃金不易集錦墨

清嘉慶

高6.05厘米　寬1.5厘米　厚0.4厘米　10錠

A set of ten Inksticks with characters Huang Jin Bu Yi, by Cheng Yifu

Jiaqing period, Qing Dynasty

Height: 6.05cm　Width: 1.5cm　Thickness: 0.4cm

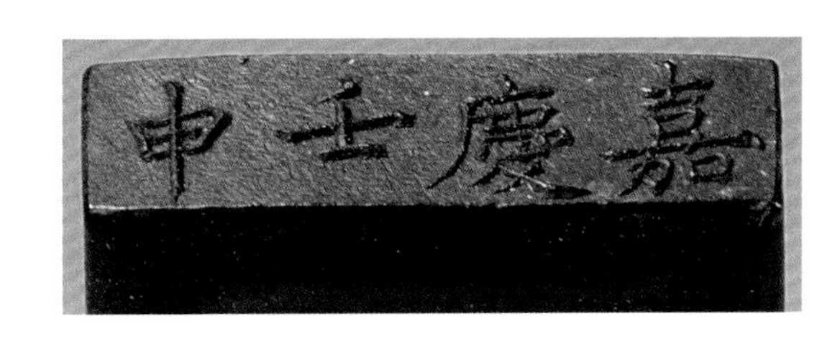

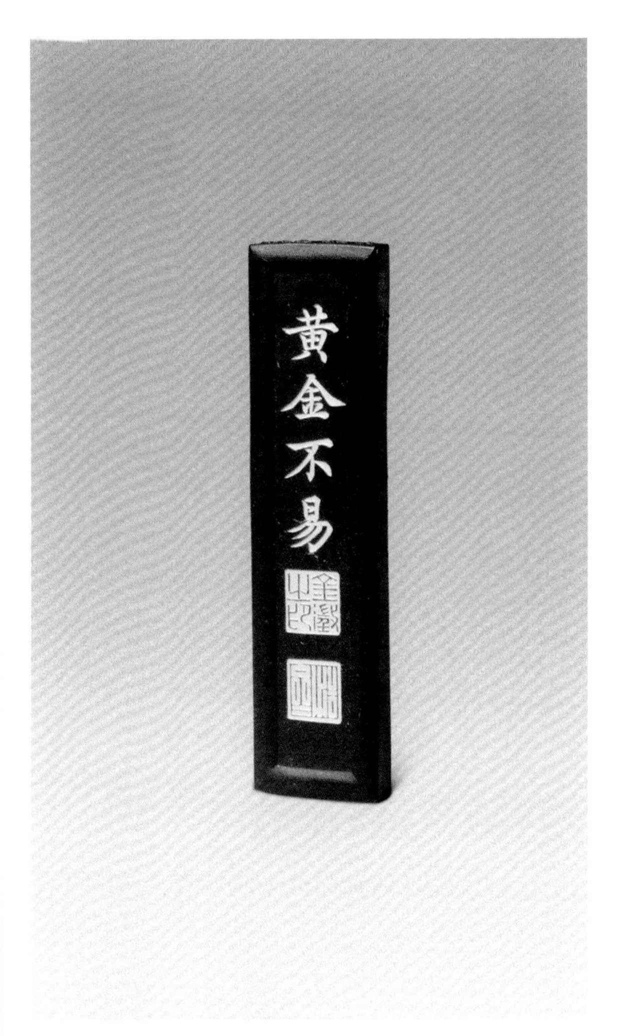

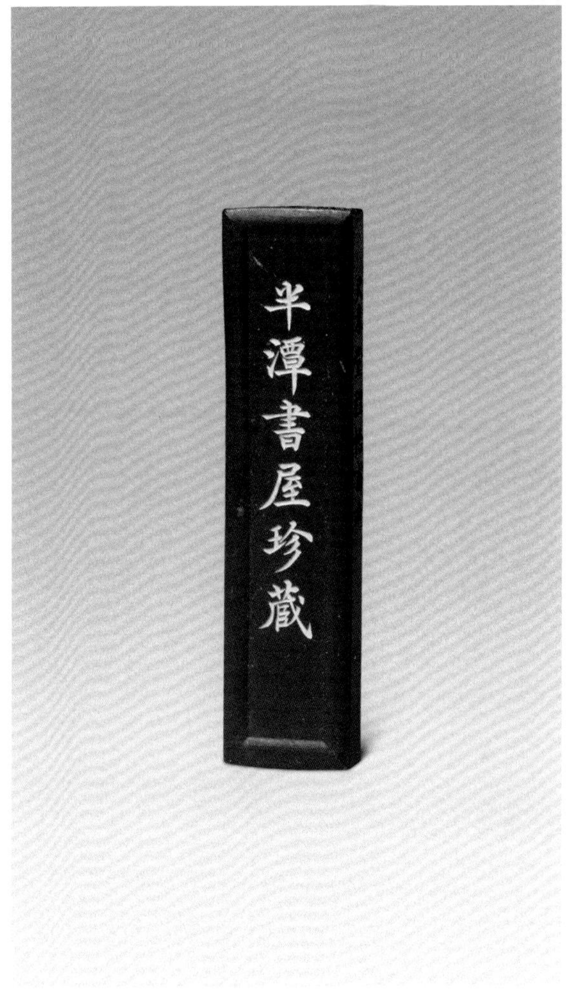

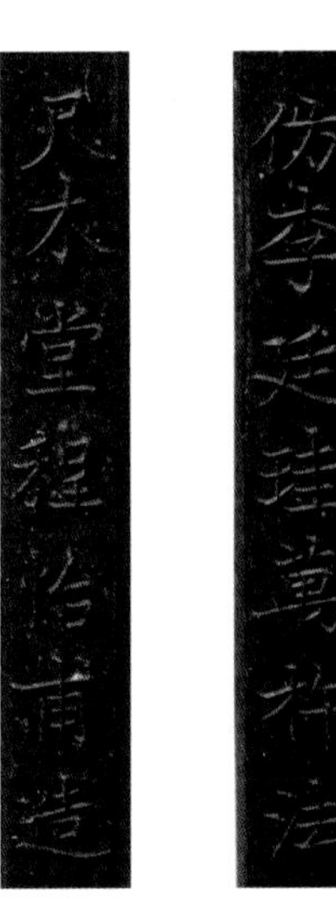

十錠墨造型、紋飾相同，均為長方形，兩面起邊框。墨面陰文填金楷書："黃金不易"，鈐"金黴之印"、"恬齋"印。背陰文填金楷書："半潭書屋珍藏"。頂端陽文楷書年款"嘉慶壬申"(1812)。左側陽文楷書："尺木堂程怡甫造"，右側陽文楷書："仿李廷珪萬杵法"。合裝一黑漆匣中，匣內襯龜背紋錦，匣蓋描金隸書："半潭書屋珍藏"。

程怡甫，清安徽歙縣人，乾隆末至嘉慶間造墨家，自稱為程君房後代，墨肆名尺木堂。造墨受法於族兄程一卿。李廷珪，五代製墨名匠，其墨以松煙一斤，用珍珠三兩，玉屑龍腦各一兩，和以生漆，搗十萬杵，稱"萬杵法"。此墨是程怡甫墨坊為半潭書屋主人金黴所製，十墨同出一模。《清代名墨談叢》著錄。

110

文煥齋雲漢為章墨
清道光
高8.5厘米　徑1厘米

Inkstick with characters Yun Han Wei Zhang, by Wen Huan Zhai
Daoguang period, Qing Dynasty
Height: 8.5cm　Diameter: 1cm

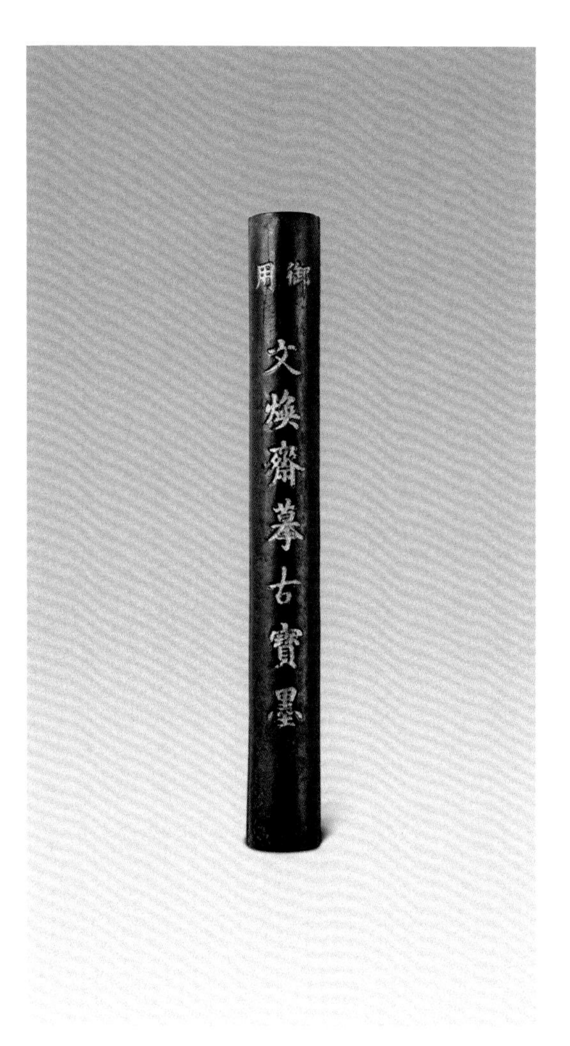

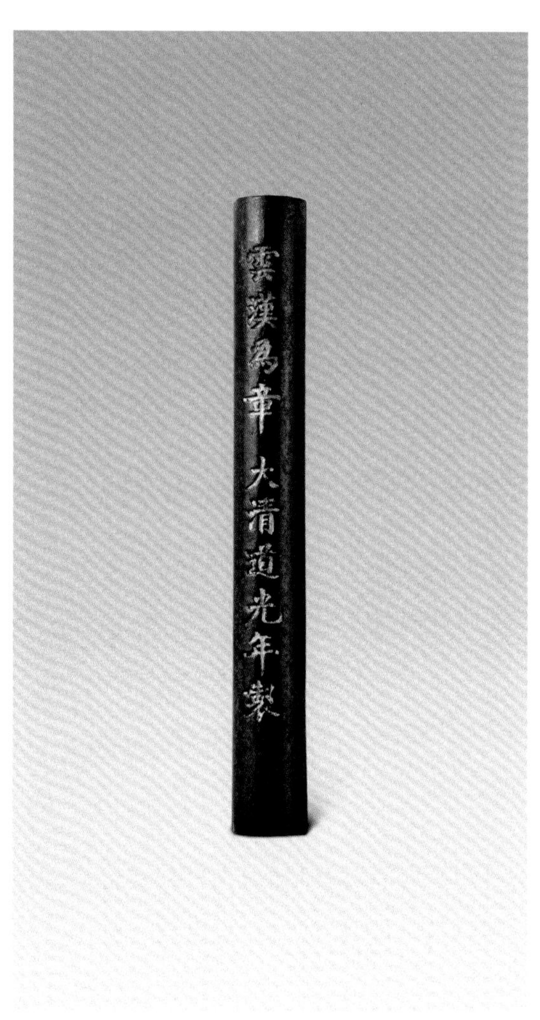

圓柱形，通體漆衣。一面書：“御用　文煥齋摹古寶墨”，一面書：“雲漢為章　大清道光年製”，俱為填金陰文楷書。

此墨漆衣極薄，文圖又欠工整，反映了清代後期宮廷御製墨的衰落。

111

潘怡和千秋光墨

清道光

高9.1厘米　寬2厘米　厚1.1厘米

Inkstick with characters Qian Qiu Guang, by Pan Yihe

Daoguang period, Qing Dynasty

Height: 9.1cm　Width: 2cm　Thickness: 1.1cm

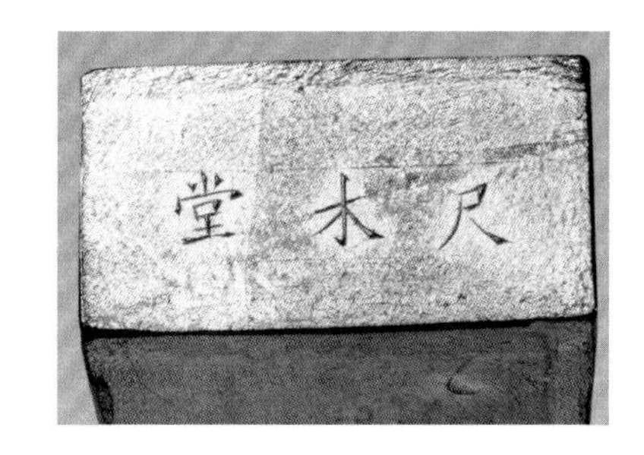

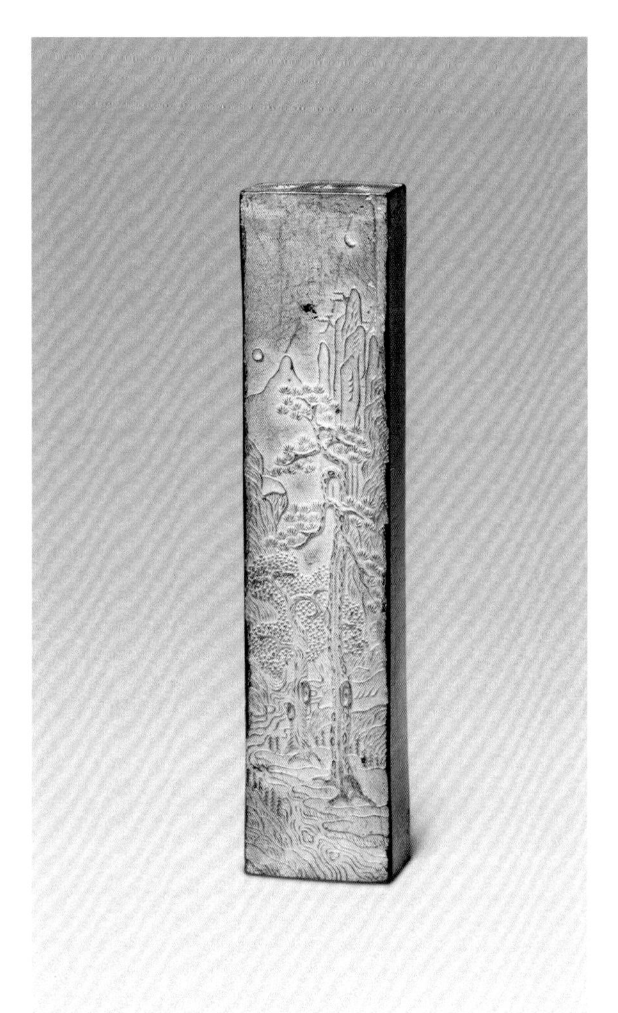

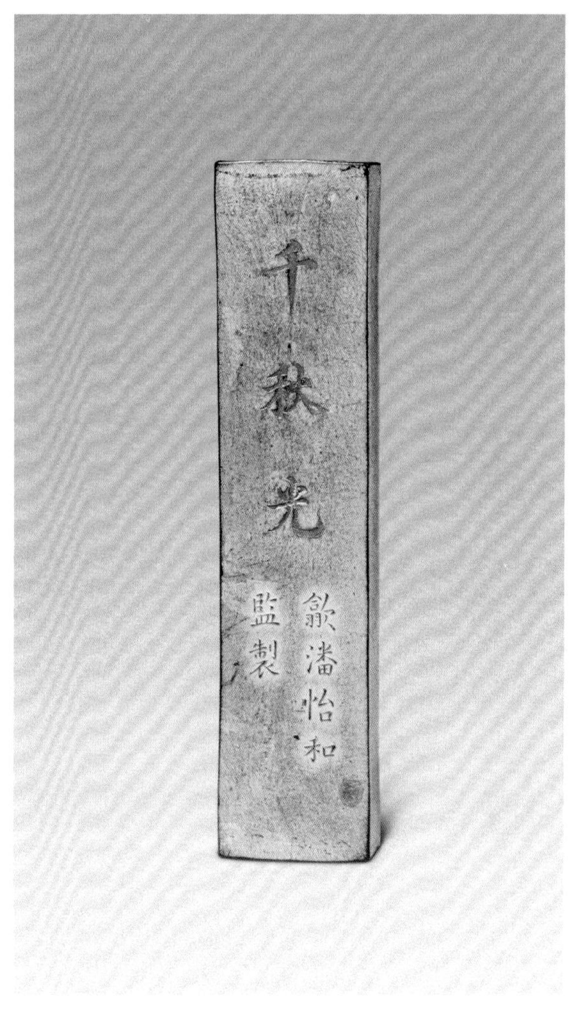

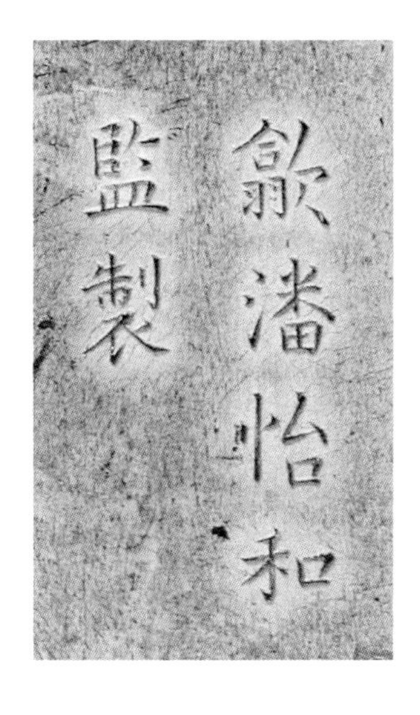

長方形，通體漱金。墨面雕山水圖，溪流潺潺，古樹參天，其後是遠山矗立，高空中日月對照。墨背陰文填藍楷書："千秋光"，下署陽文楷書款："歙潘怡和監製"。頂端陽文楷書："尺木堂"。

潘怡和，清安徽歙縣製墨家，墨肆酣詠齋，兼營尺木堂。製墨善於用金做裝飾，華麗而凝重。此墨為其代表作。

112

曹雲崖八寶龍香劑墨

清咸豐

高6.1厘米　寬1.3厘米　厚0.65厘米

Inkstick with characters Ba Bao Long Xiang Ji, by Cao Yunya

Xianfeng period, Qing Dynasty

Height: 6.1cm　Width: 1.3cm　Thickness: 0.65cm

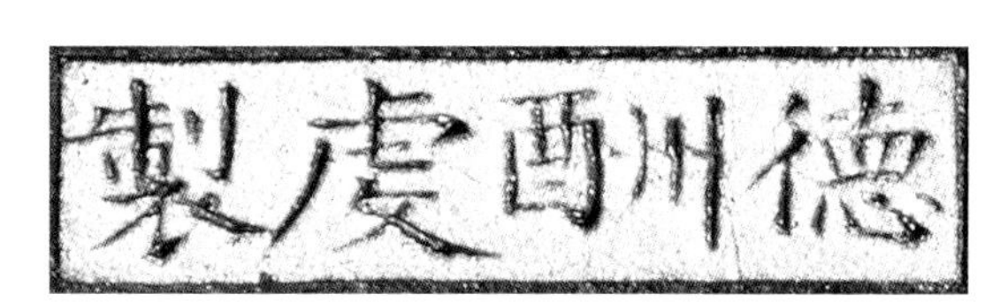

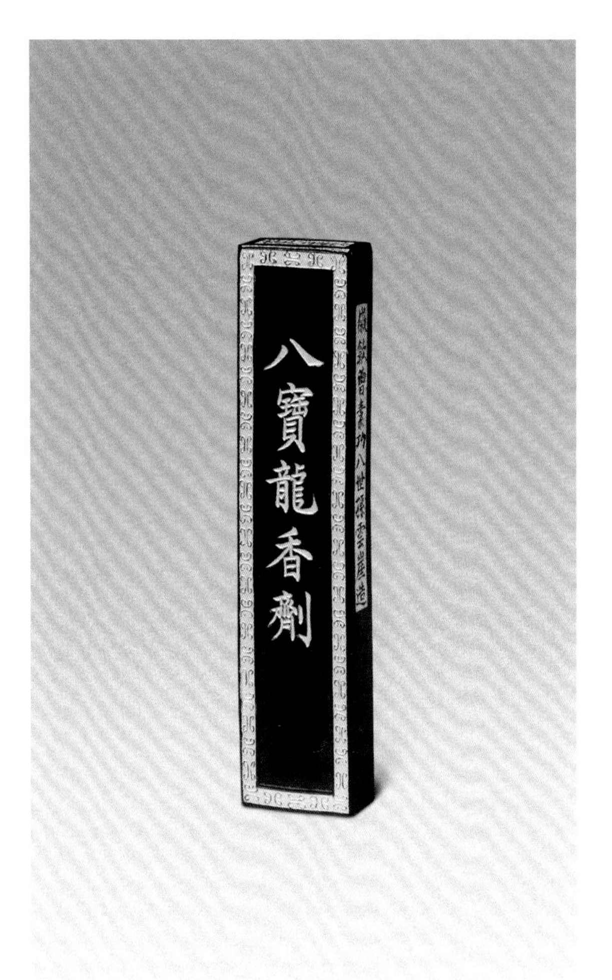

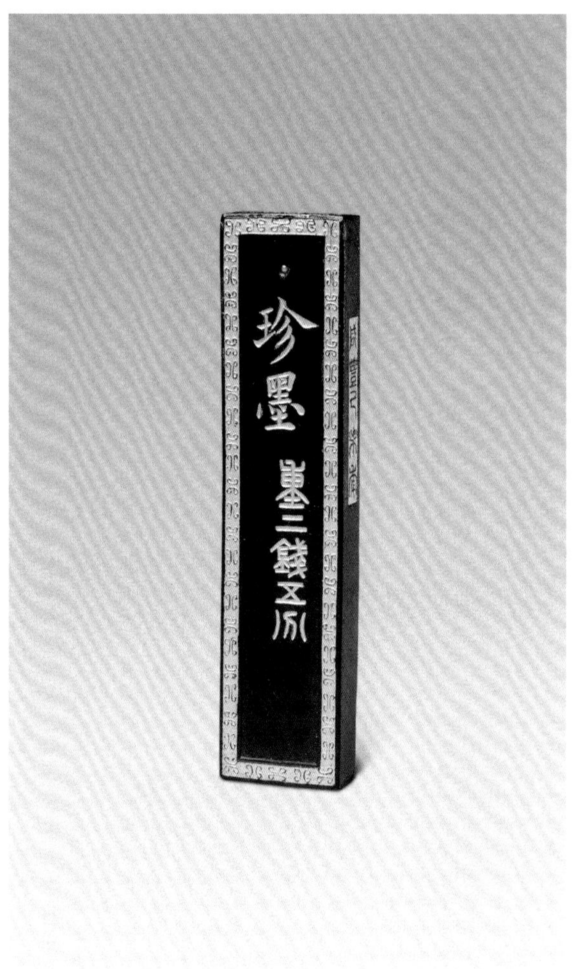

徽歙曹素功八世孫雲崖造

咸豐己未年

長方形。墨面塗金渦紋邊框，填金陰文楷書："八寶龍香劑"。墨背額嵌一米珠，陰文填金楷書："珍墨"，篆書："重二錢五分"。左側面陽文填金篆書："咸豐己未年（1859）"。右側面陽文填金楷書："徽歙曹素功八世孫雲崖造"。墨頂陽文填金楷書："德酬虔製"。

曹雲崖，曹素功八世孫，道光、咸豐時製墨家。"德酬"係曹素功六世孫，為曹雲崖祖父輩。此類墨為藥用墨，標明重量便於藥店配藥時掌握劑量。

筆

Writing Brushes

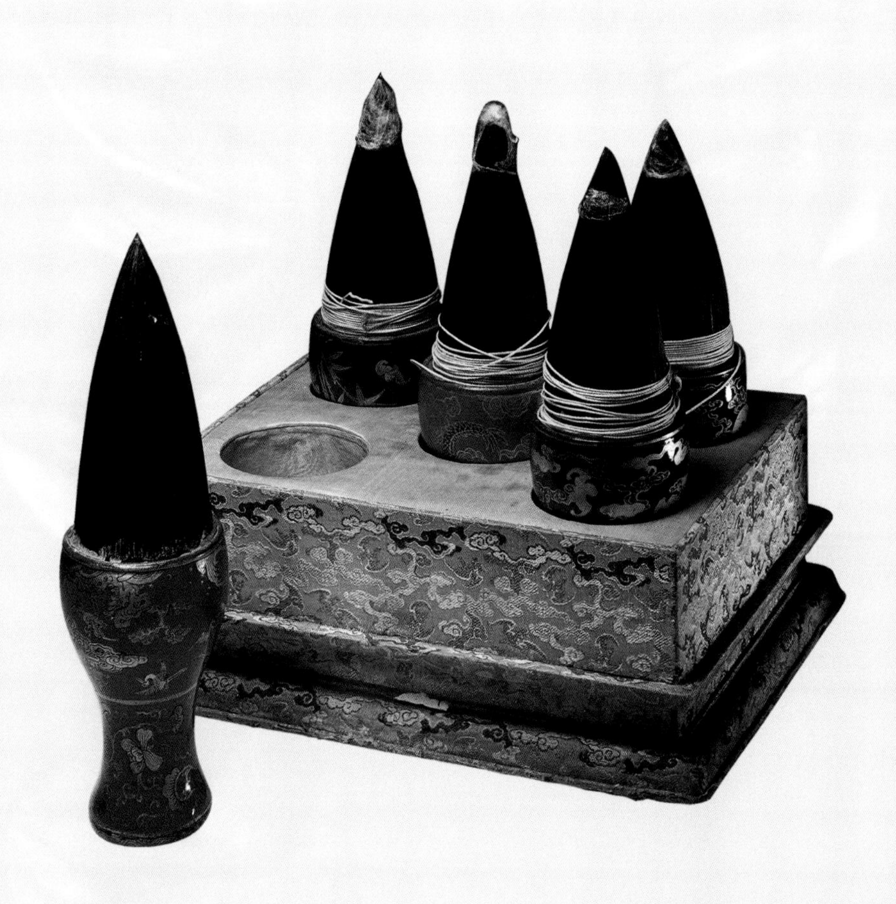

113

彩漆描金雲龍紋管花毫筆

明宣德

管長16.8厘米　管徑1.6厘米　帽長9.6厘米

清宮舊藏

Writing brush made of coloured rabbit's hair with painted lacquer shaft drawn with dragon and cloud design in gold tracery

Xuande period, Ming Dynasty

Length of shaft: 16.8cm　Diameter of shaft: 1.6cm

Length of cap: 9.6cm

Qing Court collection

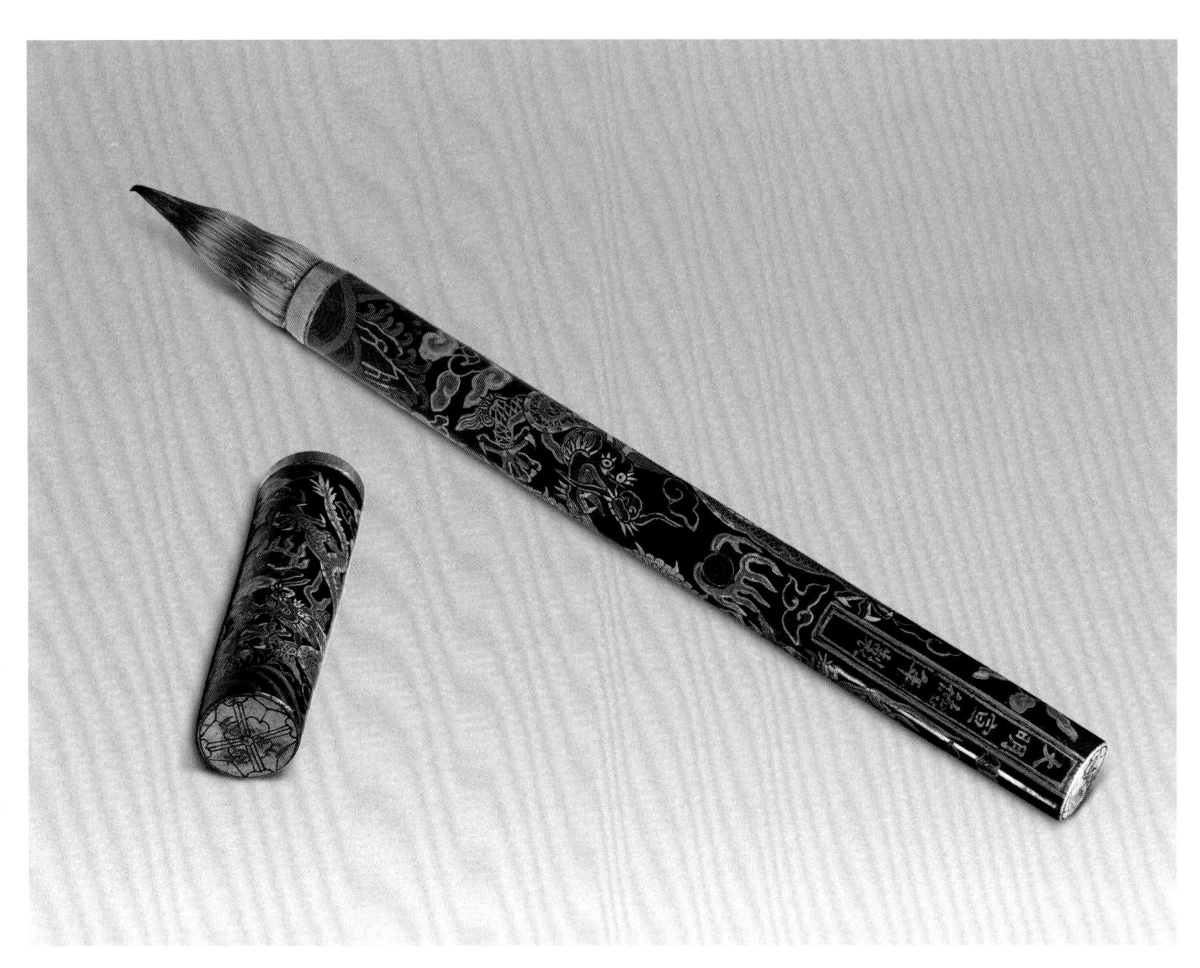

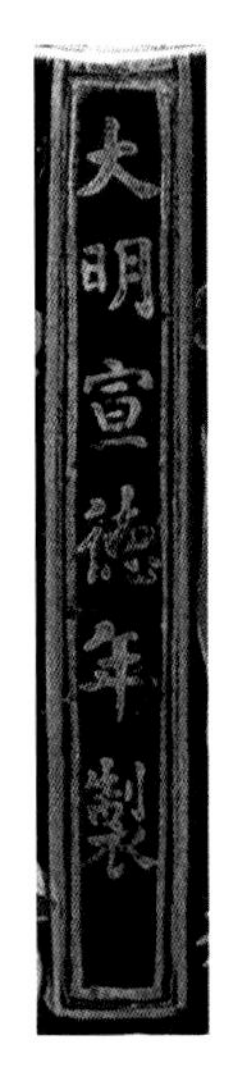

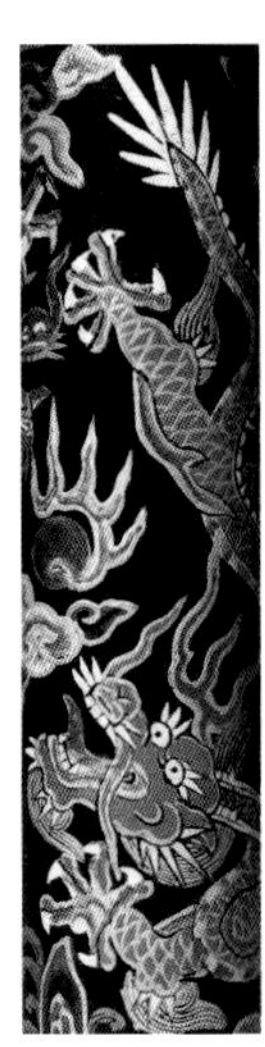

筆管通體黑漆地描金彩漆雙龍戲珠紋，上端雙線框內描金楷書款："大明宣德年製"。筆毫為花毫，腰部內束，形如葫蘆，稱葫蘆式。

花毫是兔毫的一種。據明代項元汴《蕉窗九錄》記載：筆毫有黑、黃、紫、灰等不同顏色，稱為花毫。毫脆而堅勁。此筆花毫為黃、褐色相間，色彩富於變化，過渡自然，搭配和諧。筆管彩漆描金富麗、精美，書有年款，為明代宮廷御用筆。

114

黑漆描金雲龍紋管兼毫筆

明宣德

管長16.9厘米　管徑1.8厘米　帽長9.8厘米

清宮舊藏

Writing brush made of mixed animal's hair with black lacquer shaft drawn with dragon and cloud design in gold tracery

Xuande period, Ming Dynasty

Length of shaft: 16.9cm　Diameter of shaft: 1.8cm

Length of cap: 9.8cm

Qing Court collection

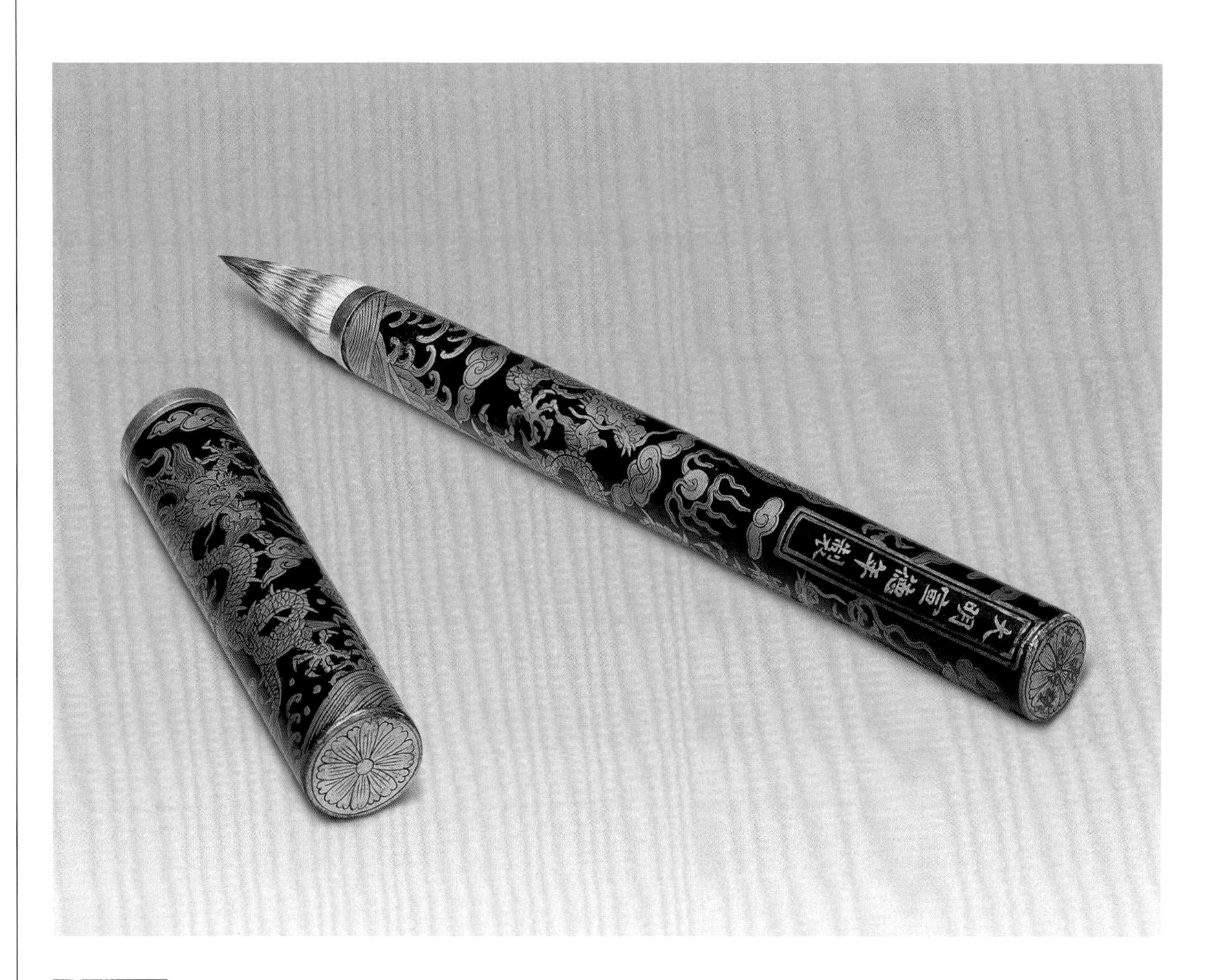

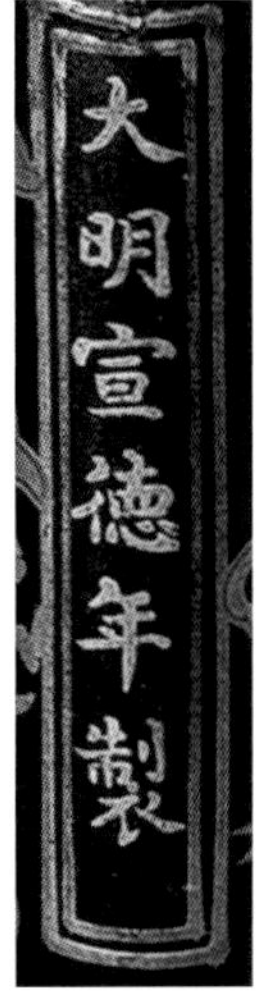

通體黑漆地描金雙龍戲珠紋。筆管上端雙線框內描金楷書："大明宣德年製"。兼毫，毫體飽滿如出土之筍，稱筍尖式。

兼毫是指以兩種以上獸毛製成，多以一種毫為心柱，他種為覆被，具有剛柔適中之特點。明屠隆《考槃餘事》中稱，"筍尖"式筆毫為明代毛筆的標準造型之一。此筆漆工精緻，毫毛潤澤，束擷有力。明代宮廷御用筆。

115

黑漆描金龍鳳紋管花毫筆

明宣德

管長16.8厘米　管徑1.9厘米　帽長9.8厘米

清宮舊藏

Writing brush made of coloured rabbit's hair with black lacquer shaft drawn with dragon and phoenix design in gold tracery

Xuande period, Ming Dynasty

Length of shaft: 16.8cm　Diameter of shaft: 1.9cm

Length of cap: 9.8cm

Qing Court collection

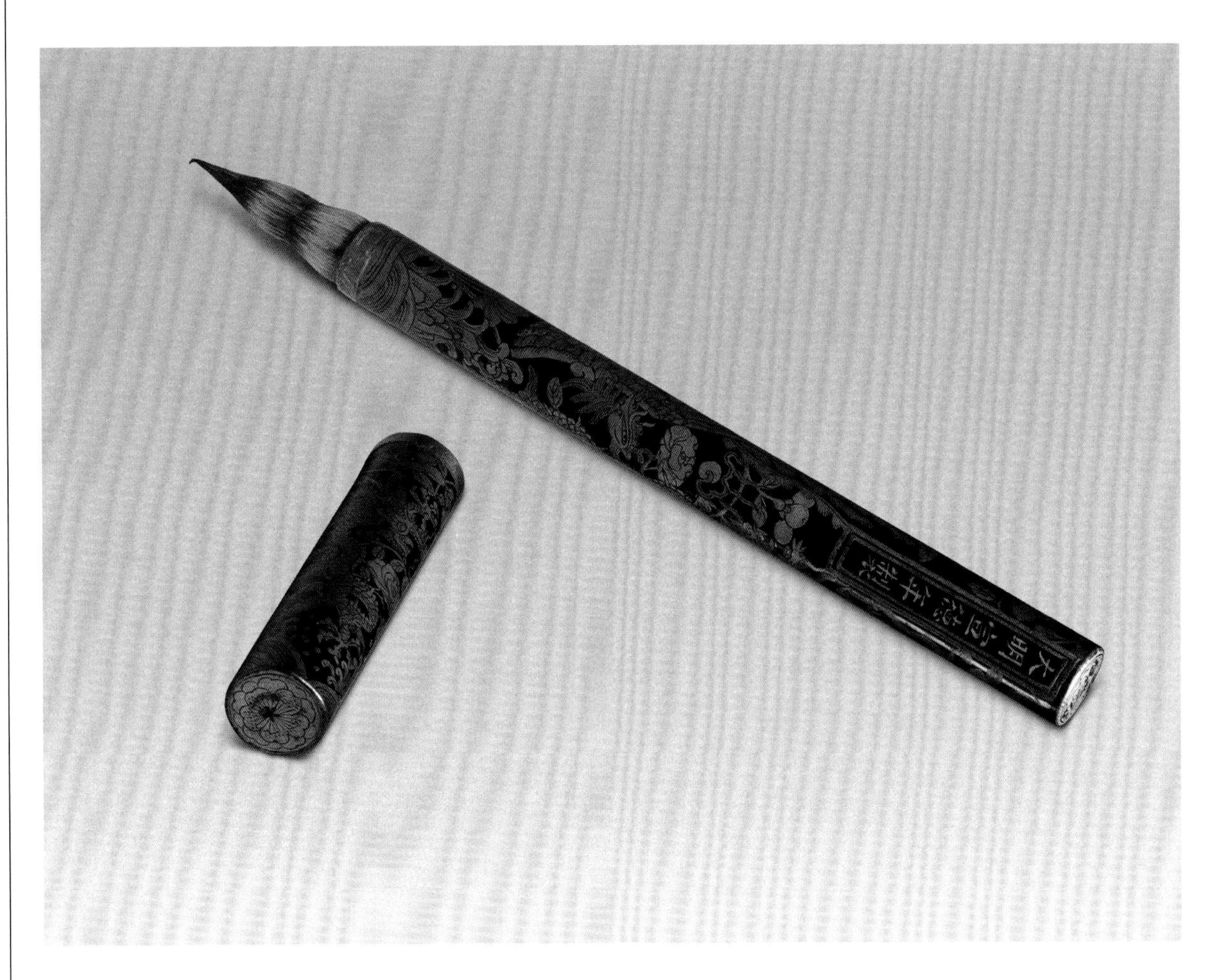

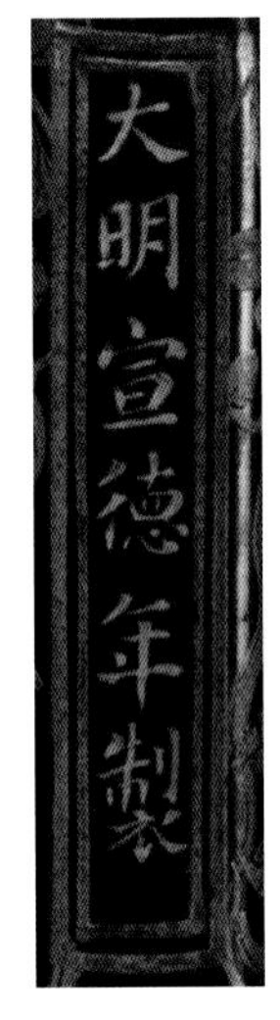

通體黑漆地描金龍鳳紋飾。筆管上端雙線框內描金楷書："大明宣德年製"。葫蘆式花毫。

此筆漆色光潤，紋飾精緻工細。選毫講究，毫色褐、黃相間。為明代宮廷御用精品。

116

紅雕漆牡丹紋管兼毫筆
明宣德
管長18.9厘米　管徑1.6厘米　帽長9厘米
清宮舊藏

Writing brush made of mixed animal's hair with red carved lacquer shaft drawn with peony design
Xuande period, Ming Dynasty
Length of shaft: 18.9cm　Diameter of shaft: 1.6cm
Length of cap: 9cm
Qing Court collection

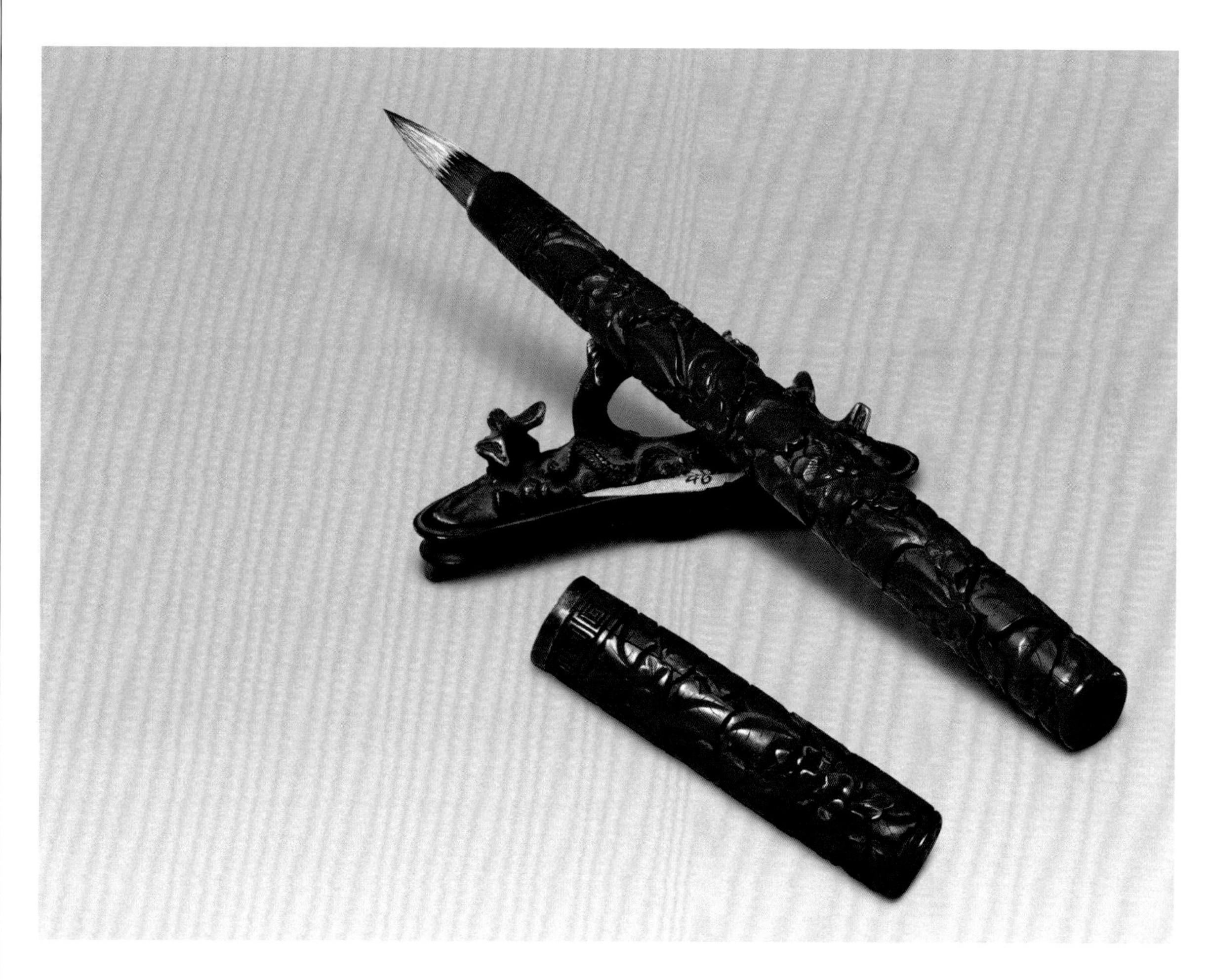

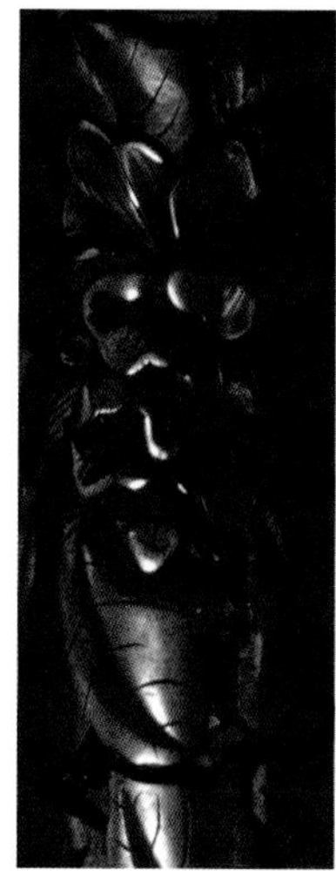

通體紅雕漆牡丹花紋，管、帽插口處各飾迴紋一周。筍尖式紫羊兼毫。

此筆管、帽採用雕漆工藝，刀法嫻熟，花朵飽滿，磨製圓潤，具有顯著的明早期特徵。

117

彩漆描金雙龍紋管花毫筆

明嘉靖

管長16.7厘米　管徑1.7厘米　帽長9.8厘米

清宮舊藏

Writing brush made of coloured rabbit's hair with painted lacquer shaft drawn with double dragon design in gold tracery

Jiajing period, Ming Dynasty

Length of shaft: 16.7cm　Diameter of shaft: 1.7cm

Length of cap: 9.8cm

Qing Court collection

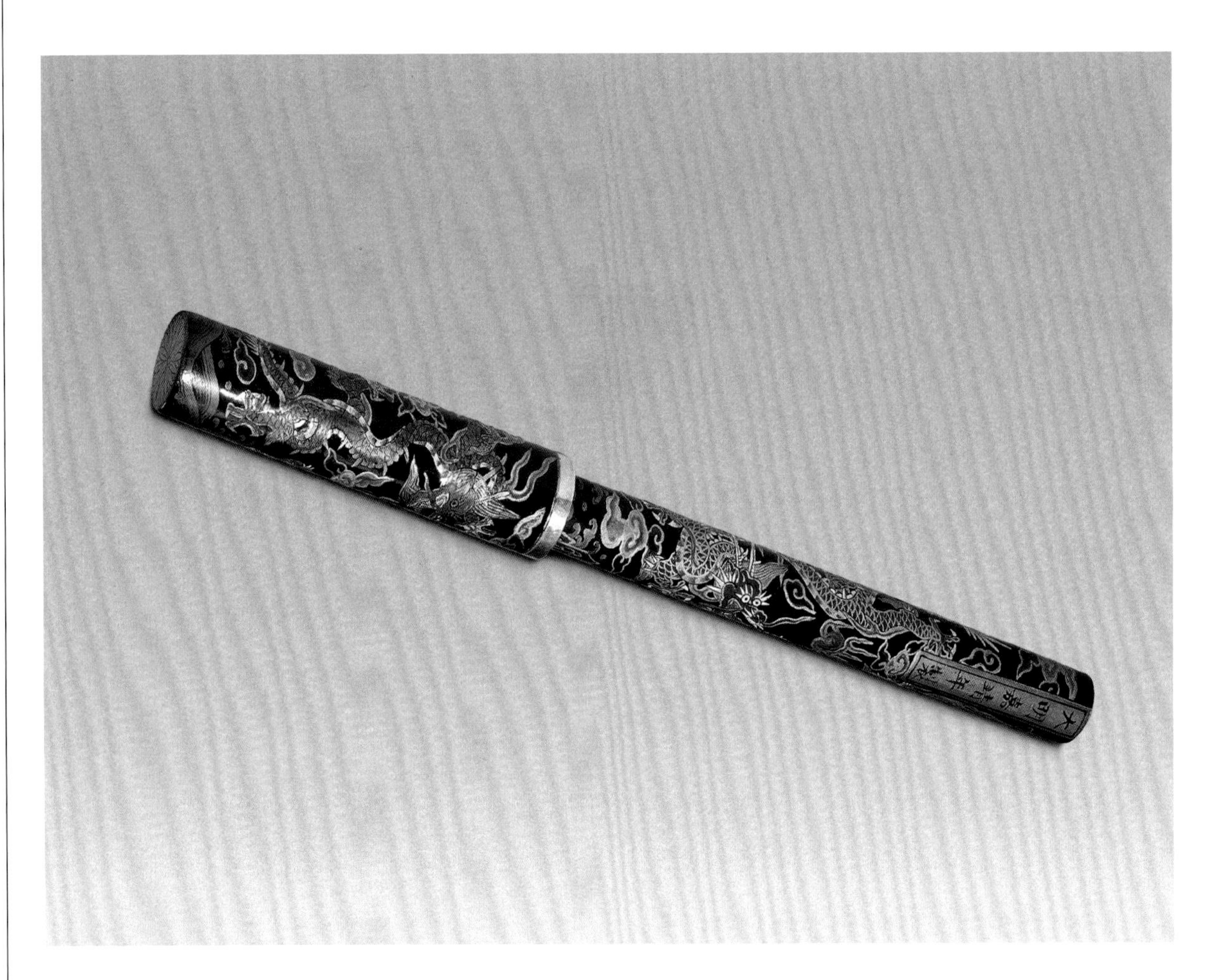

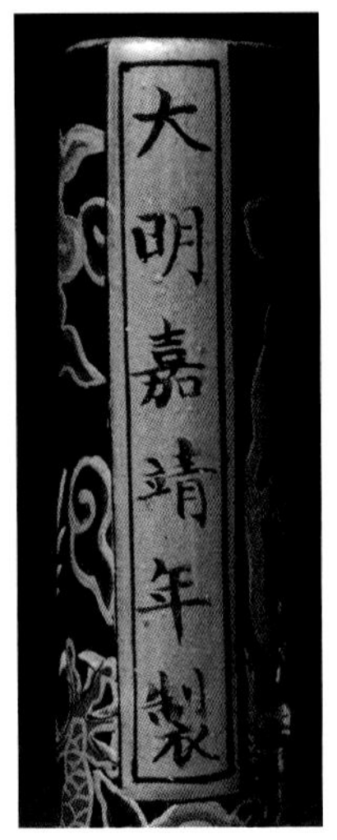

通體彩漆描金雙龍戲珠紋。筆管上端長方形金漆地黑漆楷書款："大明嘉靖年製"。筆帽鑲鎏金銅口。葫蘆式花毫。

此筆彩漆描金裝飾，色彩豐富，金色燦然，具有濃重的宮廷色彩。嘉靖年款殊為少見。

118

雕漆紫檀管貂毫提筆
明嘉靖
管長25厘米　管徑1.6厘米　斗長2.5厘米　斗徑2.9厘米
清宮舊藏

Big writing brush made of marten's hair with carved lacquer red sandalwood shaft
Jiajing period, Ming Dynasty
Length of shaft: 25cm　Diameter of shaft: 1.6cm
Length of brush bowl: 2.5cm
Diameter of brush bowl: 2.9cm
Qing Court collection

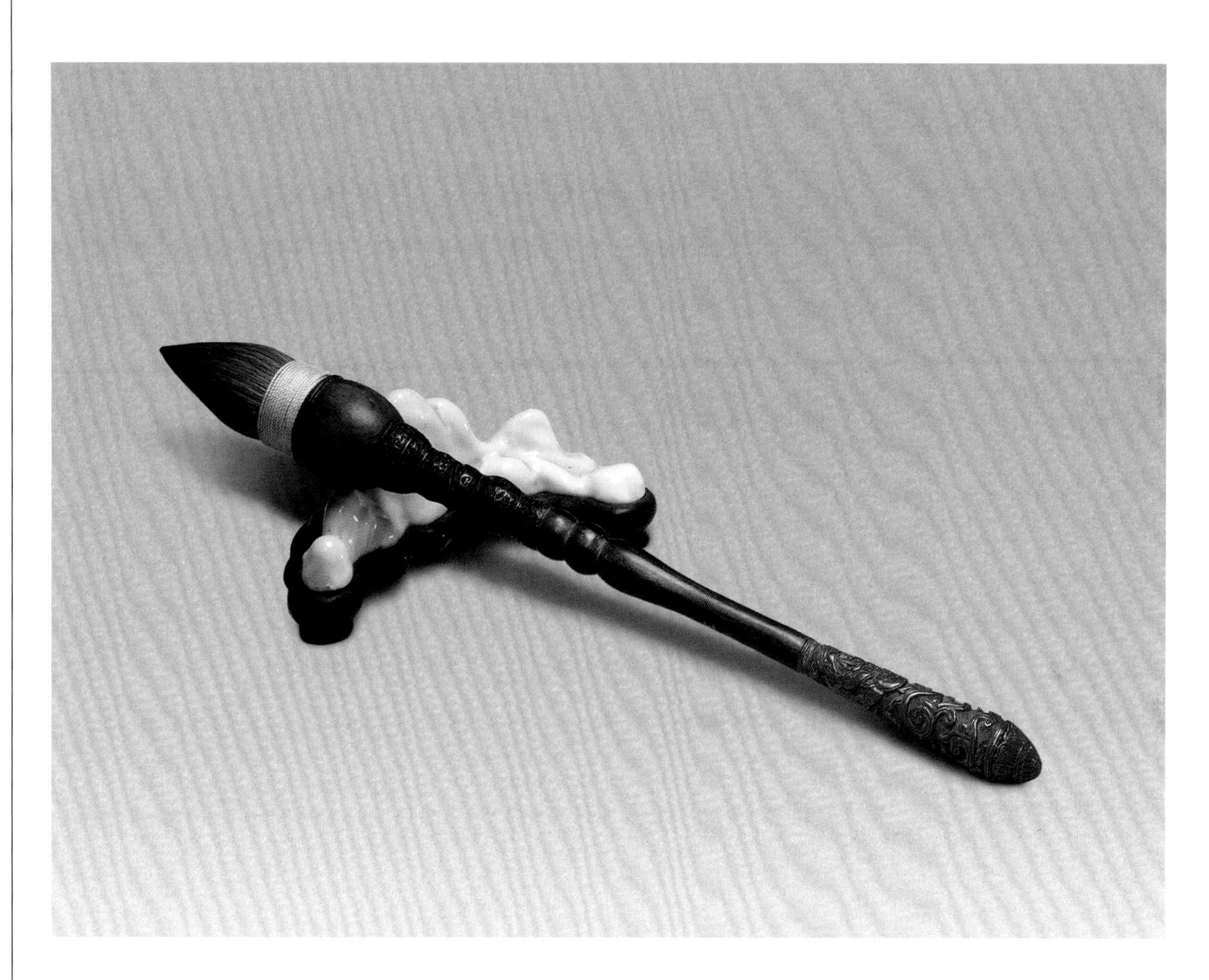

筆管以紫檀木、雕漆三拼而成，有凸束節紋。筆管上端紅雕漆龍紋，下端醬色雕漆錦紋，口沿部雕陽文楷書："大明嘉靖年製"。嵌紫檀木筆斗。貂毫，色澤光潤，體如含苞待放的花蕾，稱花苞式。

貂毫，是以紫貂毛製成的筆毫，硬度與狼毫同。提筆，因筆頭形如斗，又稱斗筆，用於懸肘書寫大字。此筆製作精湛，形制新穎，為傳世的嘉靖年款提筆孤品。

119

彩漆描金龍鳳紋管花毫筆

明萬曆
管長16.7厘米　管徑2厘米　帽長9.8厘米
清宮舊藏

Writing brush made of coloured rabbit's hair with painted lacquer shaft drawn with dragon and phoenix design in gold tracery

Wanli period, Ming Dynasty
Length of shaft: 16.7cm　Diameter of shaft: 2cm
Length of cap: 9.8cm
Qing Court collection

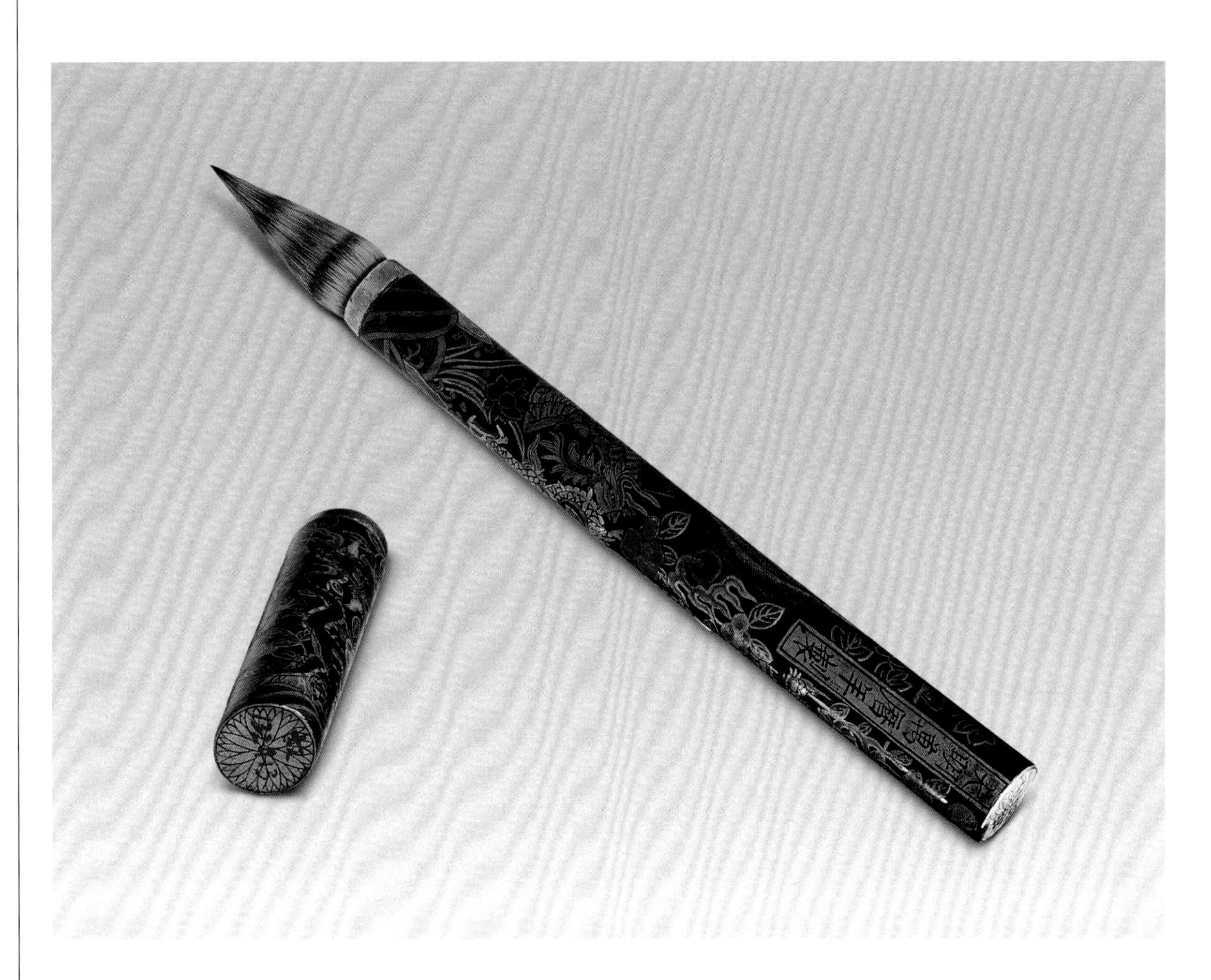

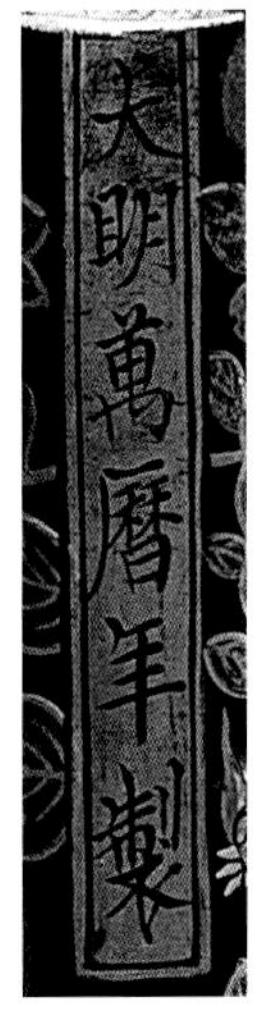

筆管竹胎，通體彩漆描金龍鳳紋，間襯花草紋，上端金地欄框內黑漆楷書："大明萬曆年製"。帽口及管底端鑲嵌鎏金銅口。筍尖式花毫。

此筆運用彩漆描金、鑲嵌等多種工藝技法製作，色彩斑斕，具有華貴的宮廷氣息，為工藝最為考究的明代宮廷御用筆。

120

紅雕漆人物圖管紫毫筆

明

管長21.3厘米　管徑1.3厘米　帽長10.2厘米　一對

清宮舊藏

A pair of writing brushes made of purple rabbit's hair with red lacquer shaft carved with figure design

Ming Dynasty

Length of shaft: 21.3cm　Diameter of shaft: 1.3cm

Length of cap: 10.2cm

Qing Court collection

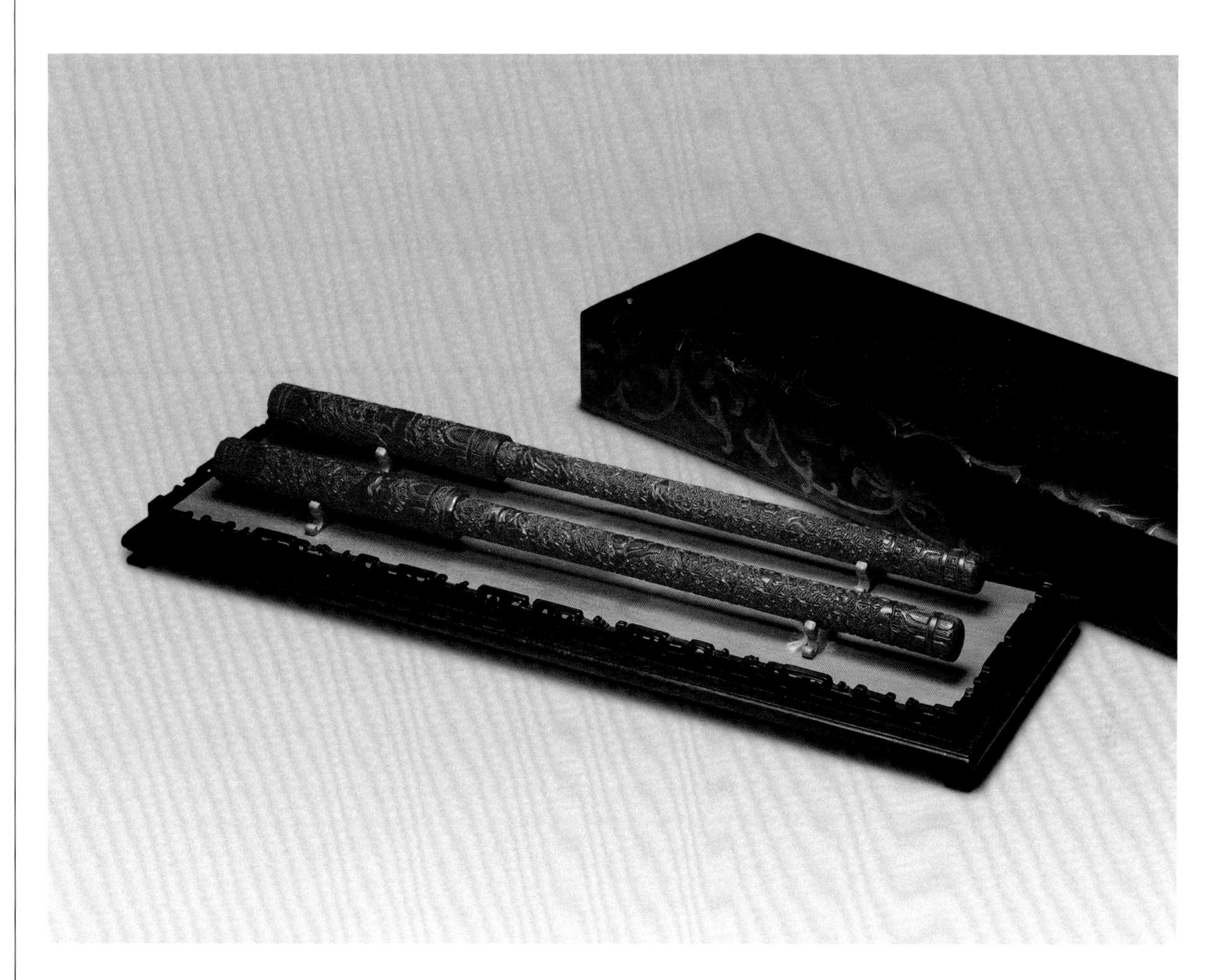

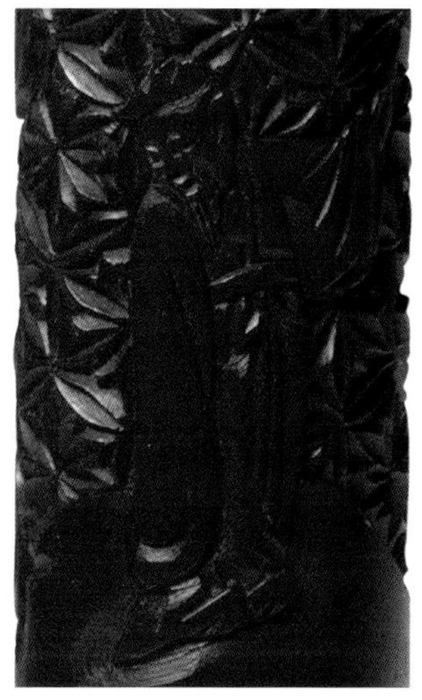

竹胎雕漆管，通體錦紋地雕人物花卉圖，幾位老者或倚秀石，或搖扇而坐，或執杖而行。紫毫。共裝於長方形嵌銀絲蓮花紋木盒內。

此筆在寸管之地上雕刻，紋飾繁複、精美。筆毫短鋒，尖而齊健。製作精緻，裝潢考究，為宮廷御用佳品。

121

紅雕漆松下高士詩句管紫毫筆

明

管長18.3厘米　管徑1.4厘米　帽長9.2厘米　一對

清宮舊藏

A pair of writing brushes made of purple rabbit's hair with red lacquer shaft carved with a noble scholar's poem

Ming Dynasty

Length of shaft: 18.3cm　Diameter of shaft: 1.4cm

Length of cap: 9.2cm

Qing Court collection

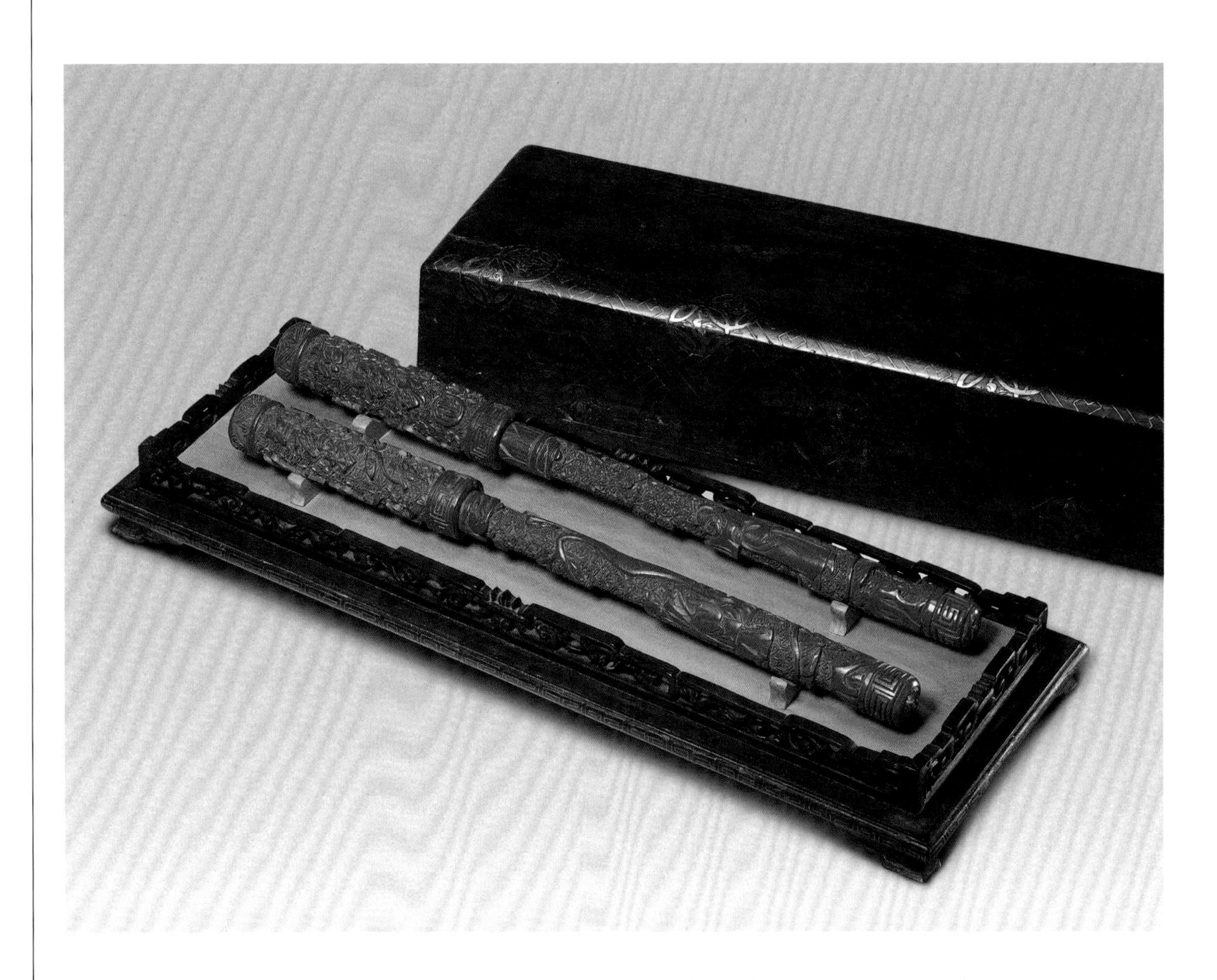

筆管通體錦紋地上浮雕松樹、花草、靈石及隱居的高士。筆帽在錦紋地上雕行書詩句。筍尖式紫毫。共裝一長方形嵌銀絲花卉木盒內。

紫毫，以兔脊毛製成的筆毫，彈性強，堅長健利，較為名貴。此筆紋圖層層雕飾，人物圖案及行書雕刻嫻熟、流暢。筆毫細而修長，適宜書寫行楷書。

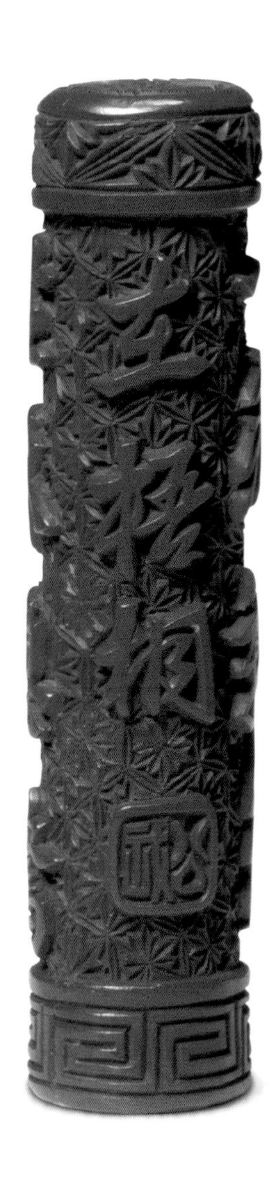

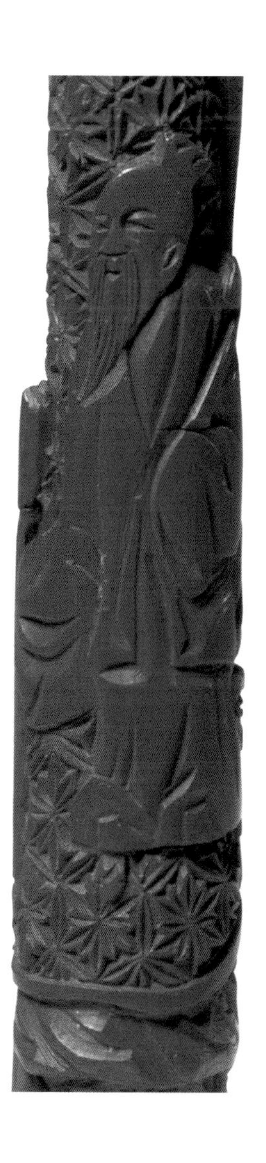

122

剔犀雲紋管筆

明

管長11.7厘米　管徑1.6厘米　帽長7.9厘米

Writing brush with black lacquer shaft carved with cloud design

Ming Dynasty

Length of shaft: 11.7cm　Diameter of shaft: 1.6cm

Length of cap: 7.9cm

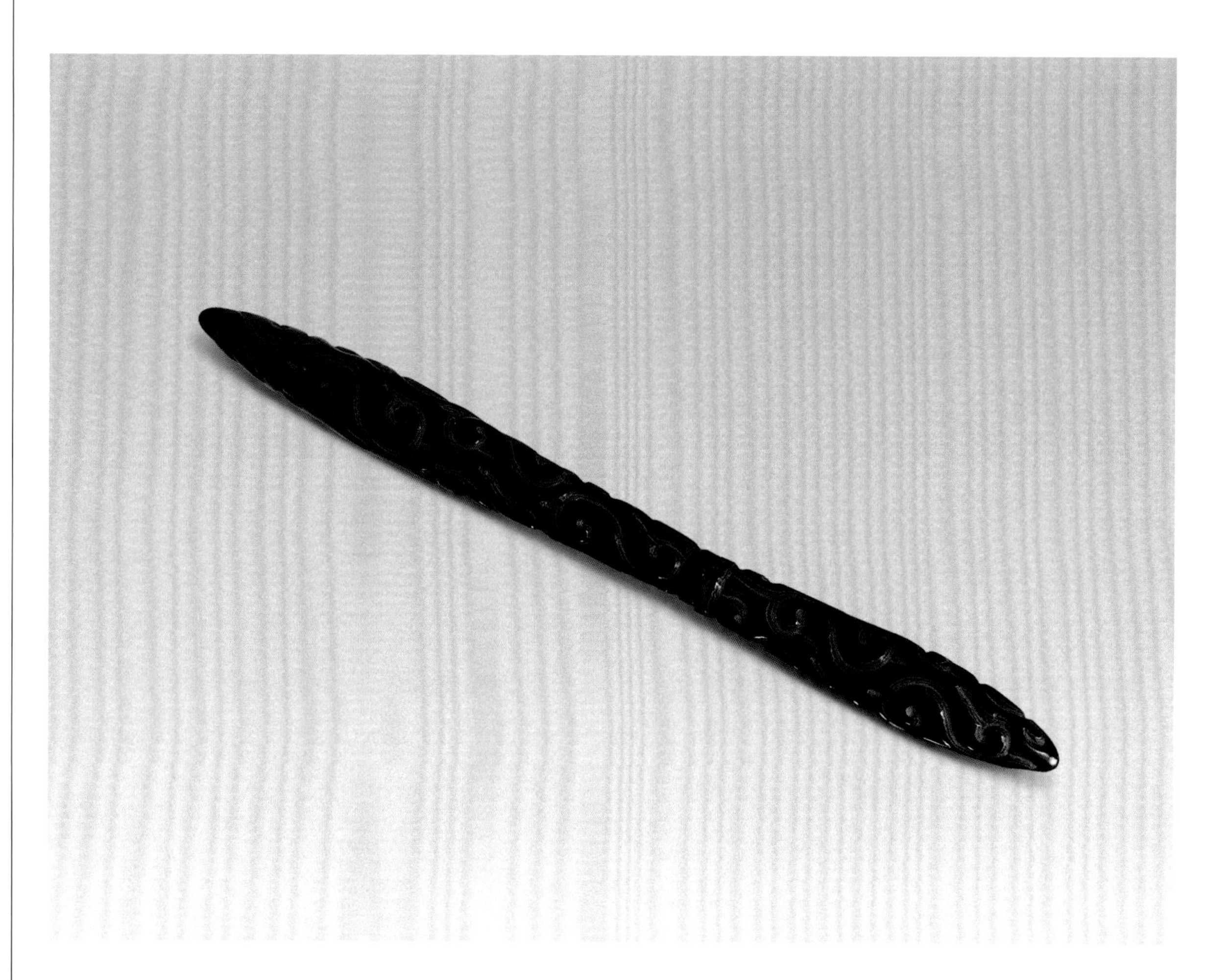

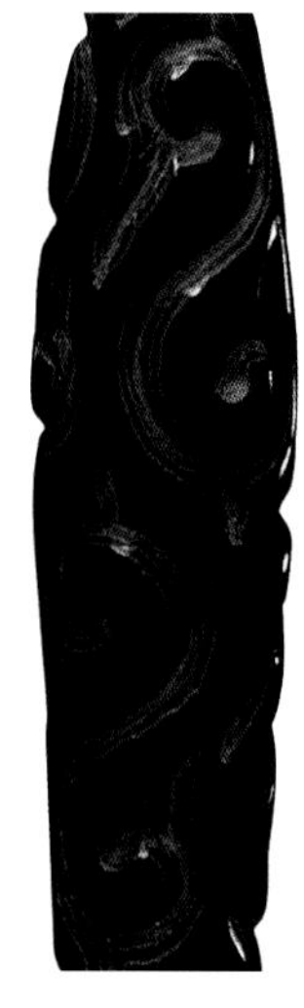

管與帽合成柱式，兩端呈尖形，中部束腰為插筆毫處。通體剔犀雲紋，漆層黑、紅相間。筆毫落脱，留有銅製圓口。

剔犀，為一種雕漆技法，是用兩或三種色漆逐層堆積，然後剔刻花紋，刀口斷面顯出不同的色層。此筆造型獨特，製作精緻，為明代筆中罕見者。

123

朱漆描金夔鳳紋管兼毫筆

明
管長19.8厘米　管徑1厘米　帽長9.6厘米
清宮舊藏

Writing brush made of mixed animal's hair with red lacquer shaft drawn with dragon like monopode and phoenix design in gold tracery

Ming Dynasty
Length of shaft: 19.8cm　Diameter of shaft: 1cm
Length of cap: 9.6cm
Qing Court collection

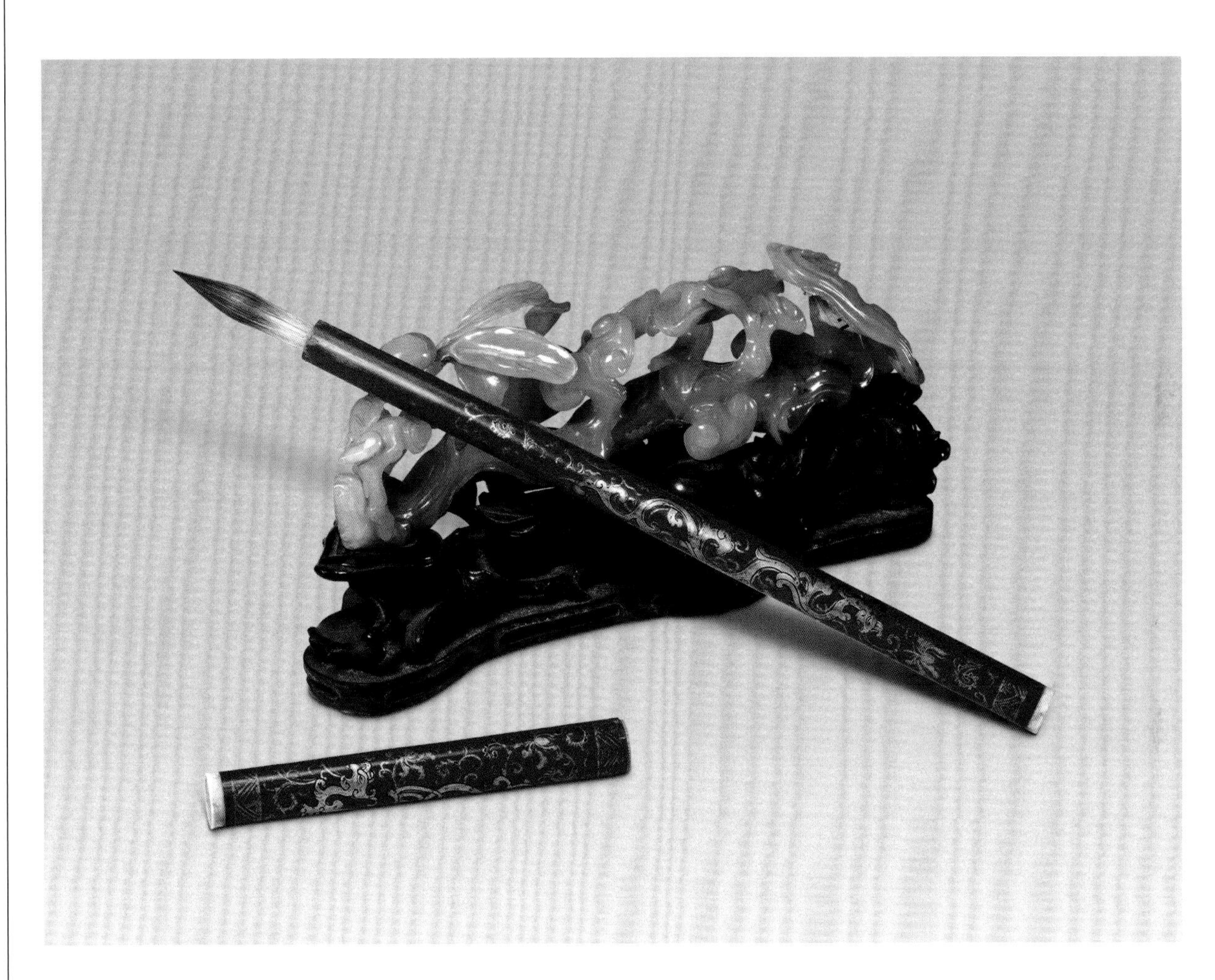

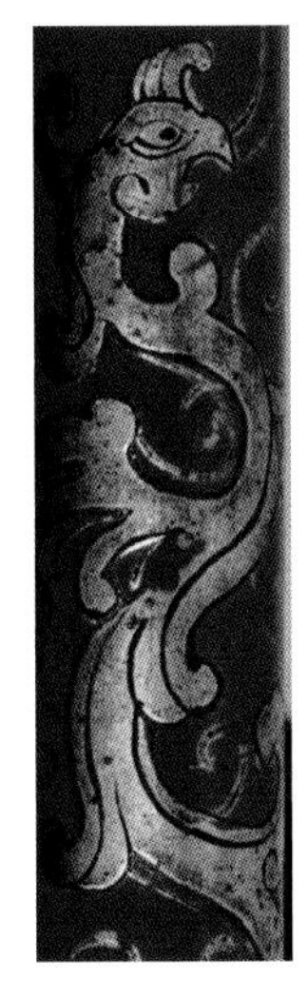

竹胎，通體朱漆描金夔鳳紋，間飾纏枝蓮紋，黑漆勾邊。羊毫為柱，紫毫為被，腰部凸隆若蘭花蕊，稱蘭蕊式。

此筆紋飾線條流暢、精細，色彩鮮麗，筆鋒尖齊圓健，製作精緻，為宮廷御用佳品。

124

黃檀木雕龍鳳紋管花毫筆

明萬曆

管長16.1厘米　管徑1.9厘米　帽長9.6厘米

清宮舊藏

Writing brush made of coloured rabbit's hair with sandalwood shaft carved with dragon and phoenix design

Wanli period, Ming Dynasty

Length of shaft: 16.1cm　Diameter of shaft: 1.9cm

Length of cap: 9.6cm

Qing Court collection

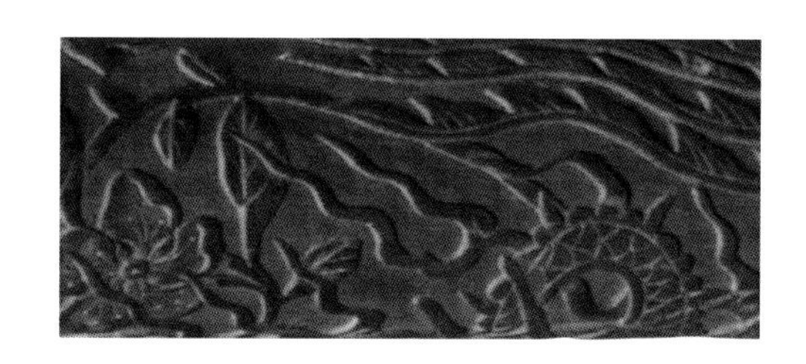

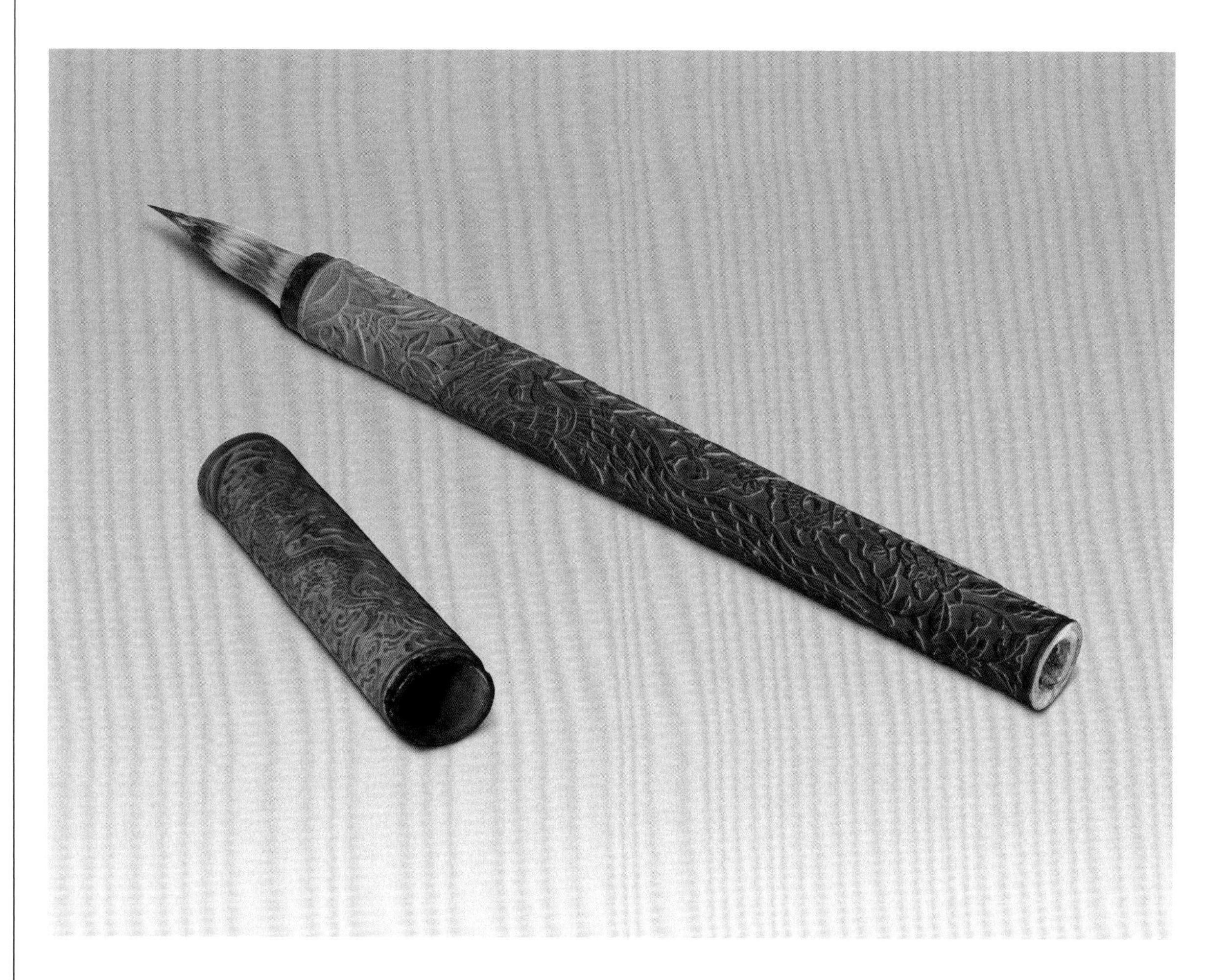

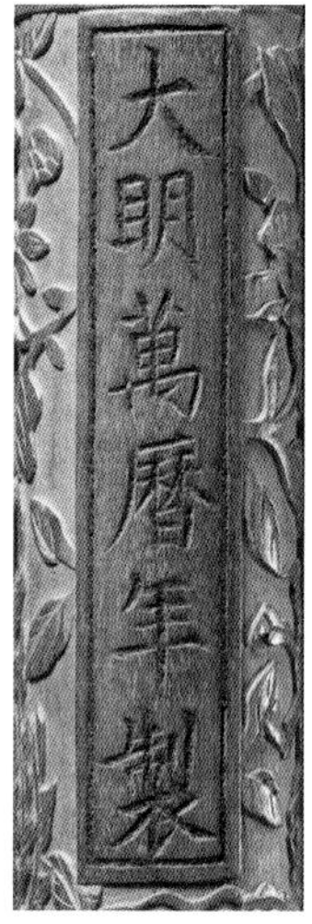

筆管淺浮雕龍鳳紋，襯以秋葵、菊花等花卉紋，上端長方形框內陰文填藍楷書："大明萬曆年製"。筆帽雕雙龍紋，頂端嵌螺鈿，葫蘆式花毫。

此筆雕刻精美，螺鈿裝飾，含光蘊彩。為珍貴的明代宮廷御用筆。

125

檀香木雕龍鳳紋管花毫筆

明萬曆

管長16.1厘米　管徑1.5厘米　帽長 9 厘米

清宮舊藏

Writing brush made of coloured rabbit's hair with sandalwood shaft carved with dragon and phoenix design

Wanli period, Ming Dynasty

Length of shaft: 16.1cm　Diameter of shaft: 1.5cm

Length of cap: 9cm

Qing Court collection

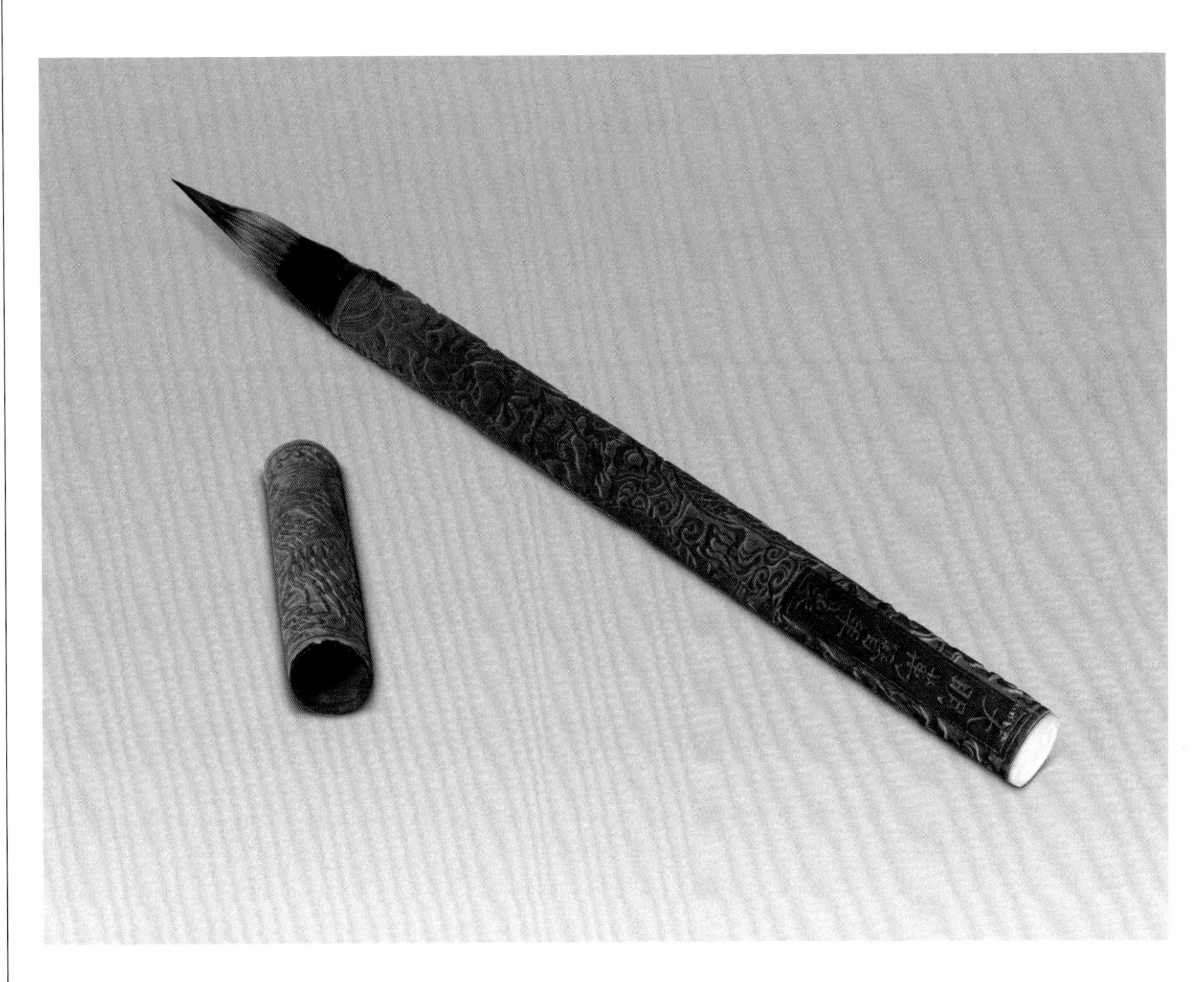

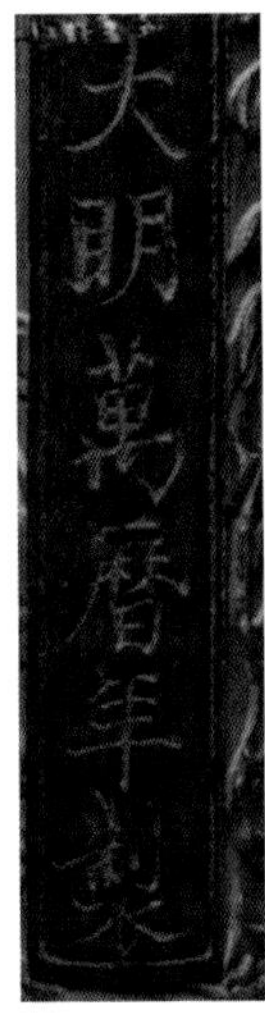

通體淺浮雕龍鳳紋，間襯纏枝花卉紋。筆管上端填藍楷書："大明萬曆年製"，管頂嵌螺鈿，填藍楷書："萬曆年製"。葫蘆式花毫。

此筆製作精工，雕刻精美，反映了明代製筆的工藝水平。明代宮廷御用筆。

126

留青竹雕文林便用管貂毫筆

明萬曆

管長9.1厘米　管徑1.6厘米　帽長6.3厘米

清宮舊藏

Writing brush made of marten's hair with green bamboo shaft carved with design of two dragons playing with a pearl and inscribed with characters Wen Lin Bian Yong

Wanli period, Ming Dynasty

Length of shaft: 9.1cm　Diameter of shaft: 1.6cm

Length of cap: 6.3cm

Qing Court collection

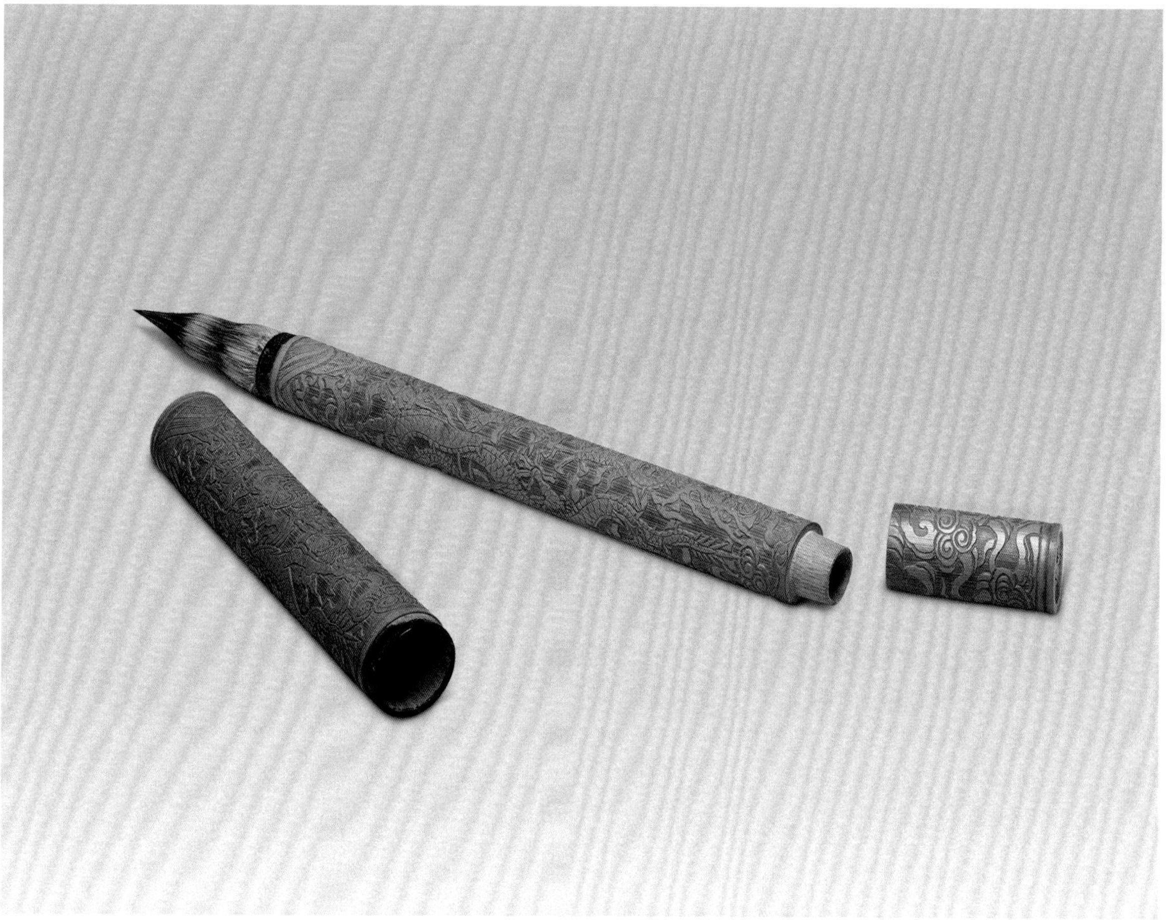

通體留青竹雕二龍戲珠紋，筆管上端隸書："文林便用"，管頂嵌螺鈿，陰文楷書款："萬曆年製"。葫蘆式貂毫。

留青為一種竹刻工藝，即用竹子表層青筠雕刻花紋，然後去地，留出花紋。此筆雕刻精湛，運刀如筆，反映明代竹雕工藝的水平，為明代宮廷御用毛筆珍品。

127

玳瑁管紫毫筆

明

管長18.9厘米　管徑1.4厘米　帽長8.5厘米

清宮舊藏

Writing brush made of purple rabbit's hair with tortoise shell shaft

Ming Dynasty

Length of shaft: 18.9cm　Diameter of shaft: 1.4cm

Length of cap: 8.5cm

Qing Court collection

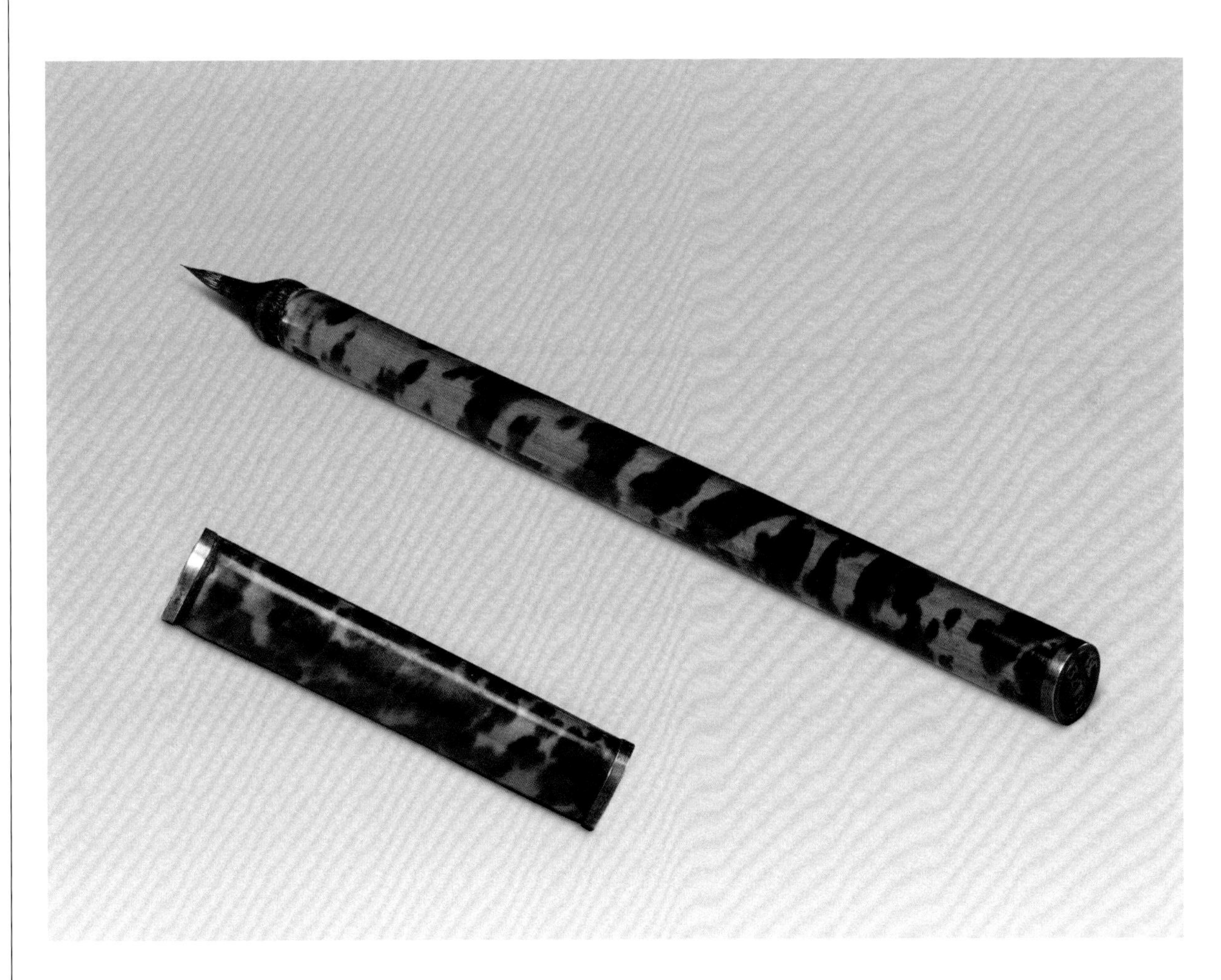

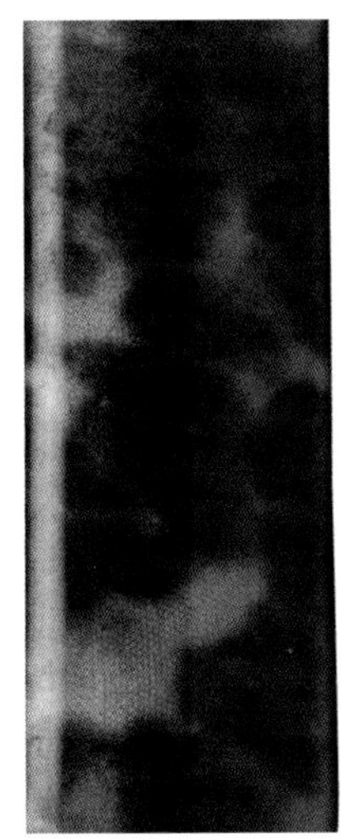

筆管內為輕薄竹胎，外鑲玳瑁。通體紋理黑、黃、褐相間，自然天成，有玻璃光澤。葫蘆式紫毫，長鋒出尖。

玳瑁是指經過處理加工後的海龜甲，因產量較少，被視為珍寶。此筆造型質樸，玳瑁紋理自然亮麗，製作精細，筆毫為明代流行樣式，適宜書寫小楷書。

128

竹管大霜毫筆

清早期
管長18.5厘米　管徑1.1厘米　帽長9.3厘米　50支
清宮舊藏

Fifty writing brushes made of white rabbit's hair with bamboo shaft inscribed with characters Da Shuang Hao

Early Qing Dynasty
Length of shaft: 18.5cm　Diameter of shaft: 1.1cm
Length of cap: 9.3cm
Qing Court collection

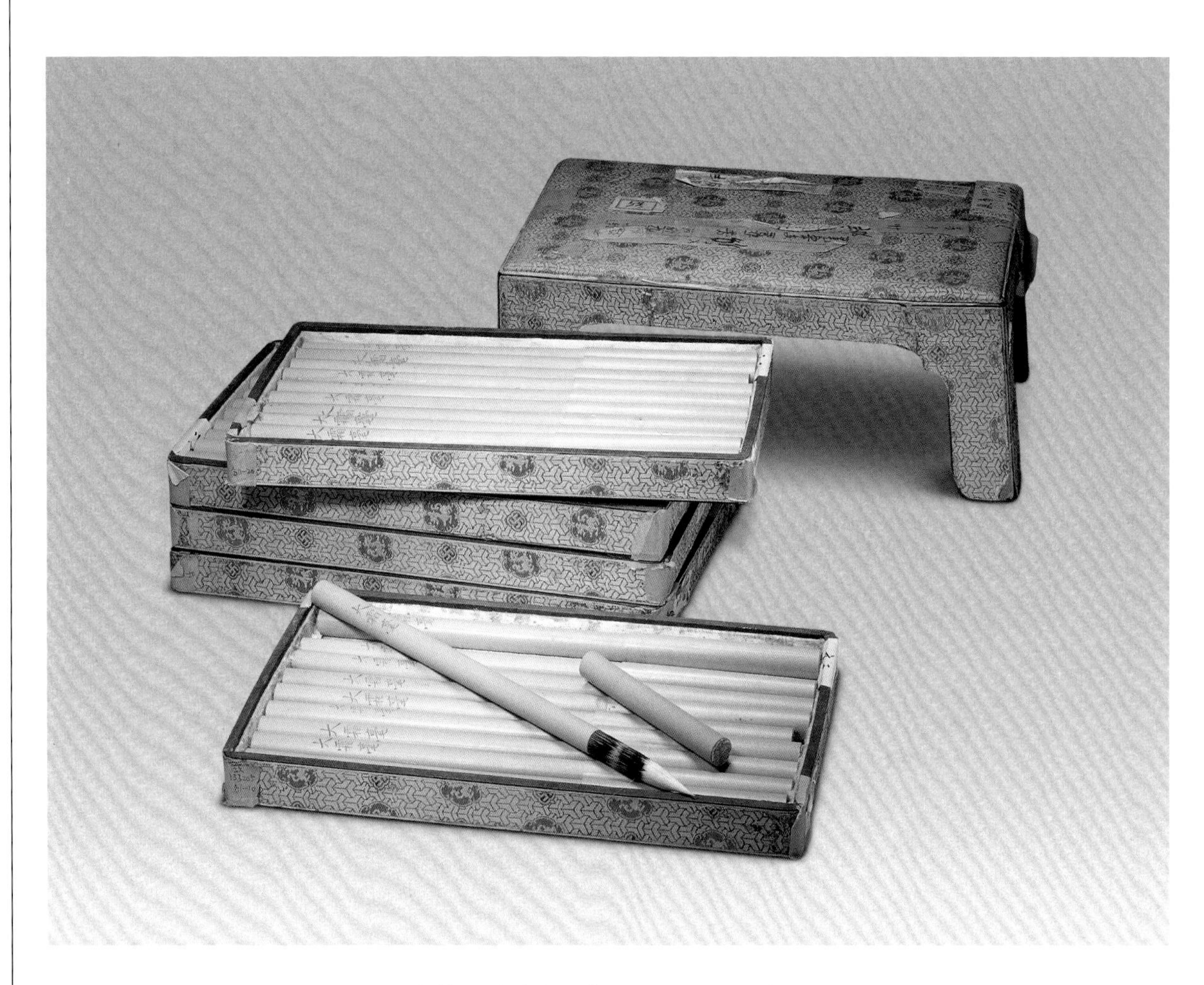

筆管上端填藍楷書：“大霜毫”。筆帽頂部貼錦。霜毫根部飾彩毫，筆鋒長碩飽滿。分裝五個錦匣，疊置於桌几式錦蓋中。

霜毫是以白色兔毛製成的筆毫。此套筆質樸、簡潔，以毫精見長，為清早期實用筆的代表。

129

竹管白潢恭進天子萬年紫毫筆

清康熙

管長18.8厘米　管徑1.3厘米　帽長9.6厘米　26支

清宮舊藏

Twenty-six writing brushes made of purple rabbit's hair with bamboo shaft carved with characters Tian Zi Wan Nian, presented by Bai Han to the emperor

Kangxi period, Qing Dynasty

Length of shaft: 18.8cm　Diameter of shaft: 1.3cm

Length of cap: 9.6cm

Qing Court collection

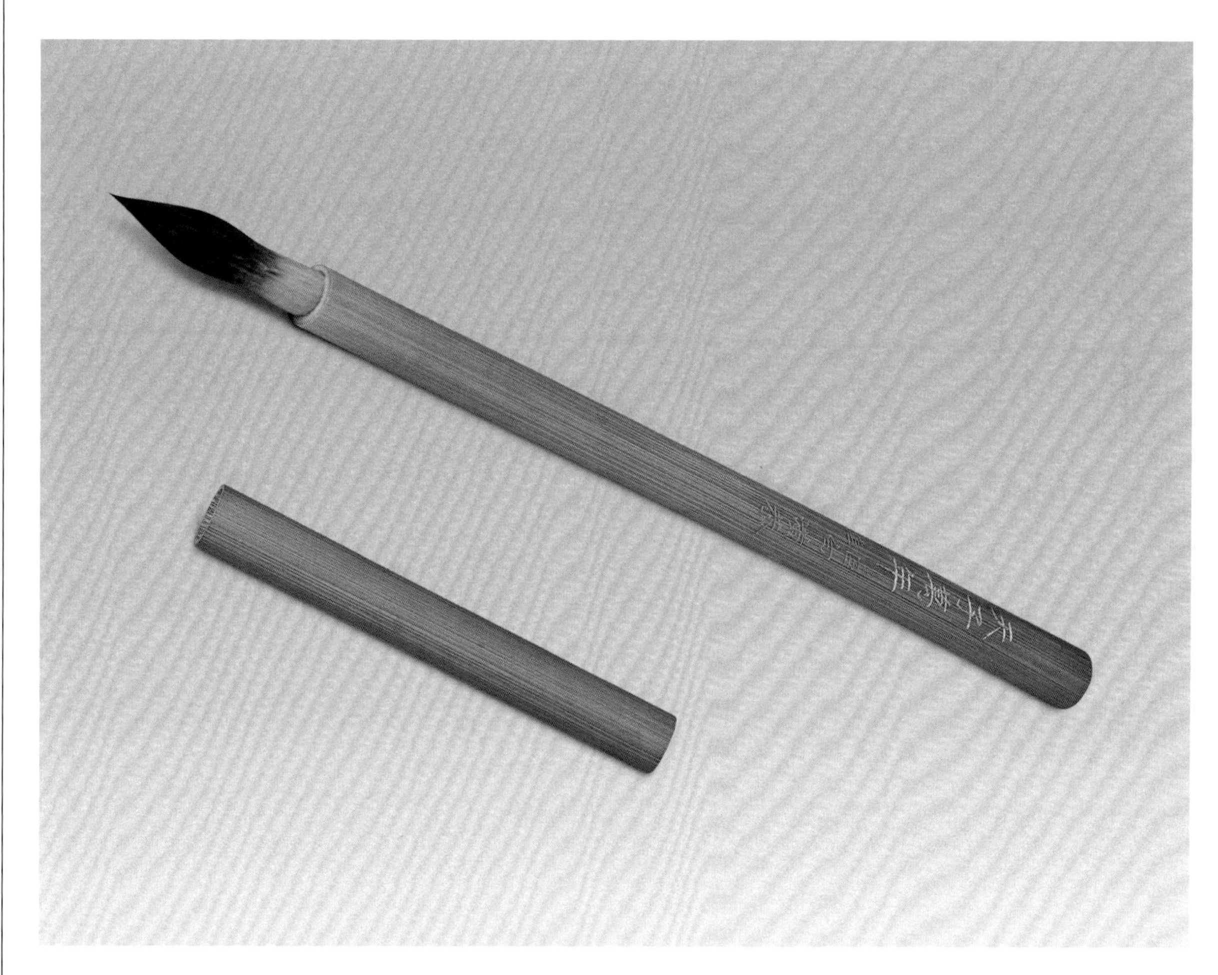

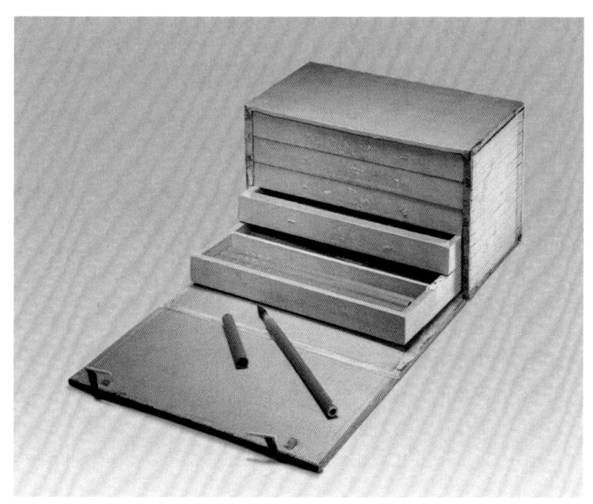

筆管上端填金楷書："天子萬年"，填藍楷書："臣白潢恭進"。筆帽頂貼金黃色紙。蘭蕊式紫毫，另有數支為長鋒羊毫，筆毫根部用紅、藍、黃、褐諸色彩毫裝飾。共裝於書函式匣內，函套中的筆屜若書本，設計精妙。

白潢，康熙時曾任貴州、江西巡撫。

此筆為地方官員進貢宮廷者，帶有進恭者款識，可推斷出較為確切的製作年代。

130

竹管大書畫紫毫筆

清康熙

管長18.7厘米　管徑1.1厘米　帽長9.5厘米　10支

清宮舊藏

Ten writing brushes made of purple rabbit's hair with bamboo shaft carved with characters Da Shu Hua Bi (used for painting and calligraphy)

Kangxi period, Qing Dynasty

Length of shaft: 18.7cm　Diameter of shaft: 1.1cm

Length of cap: 9.5cm

Qing Court collection

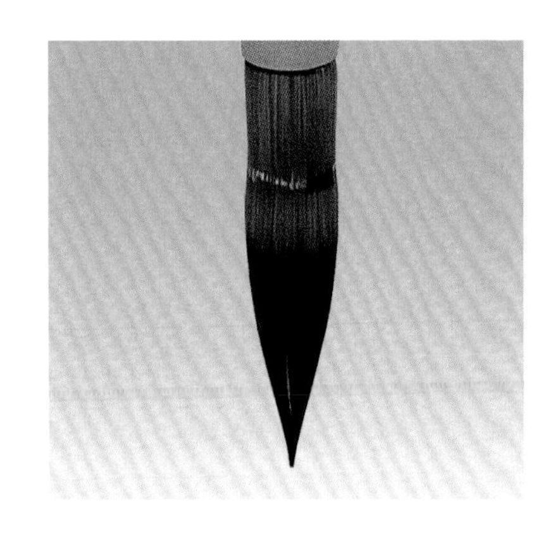

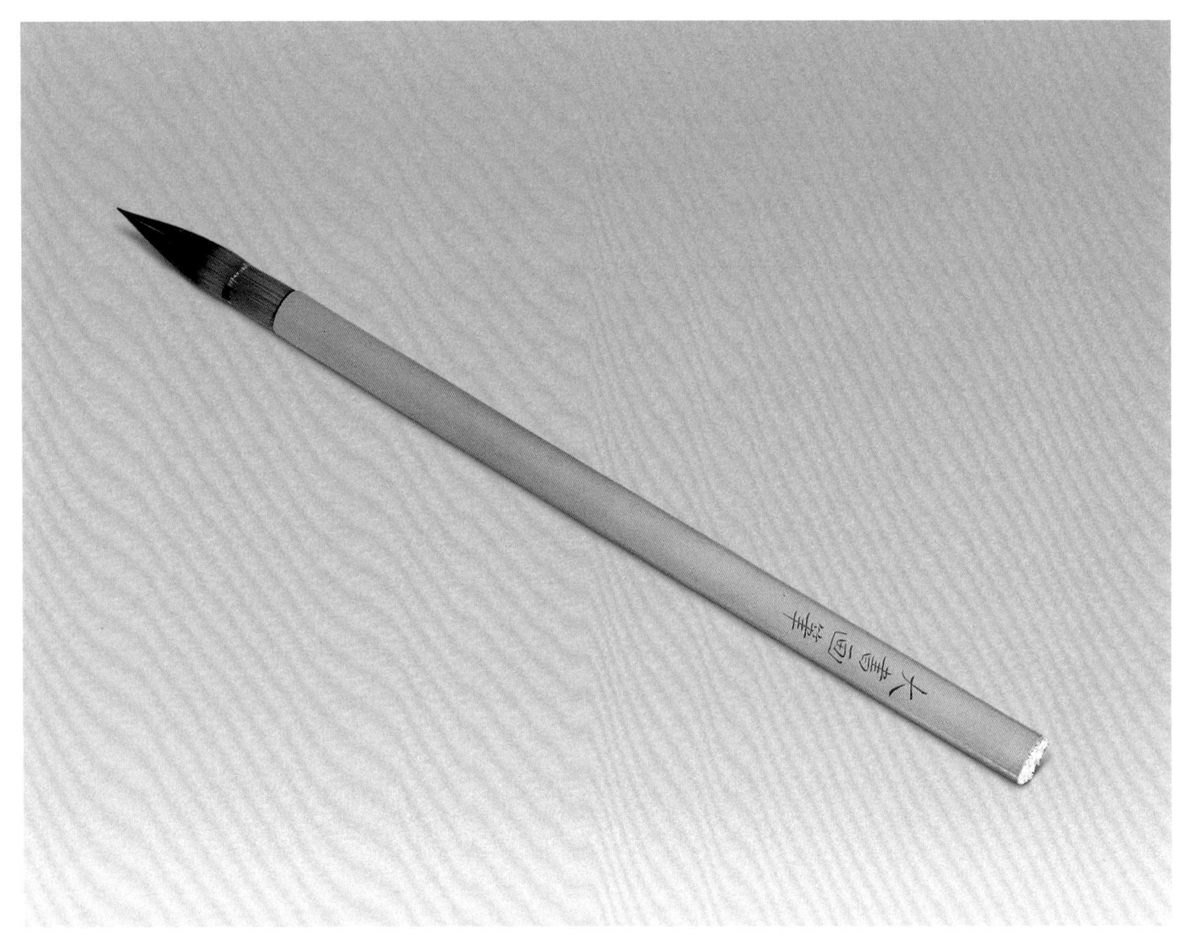

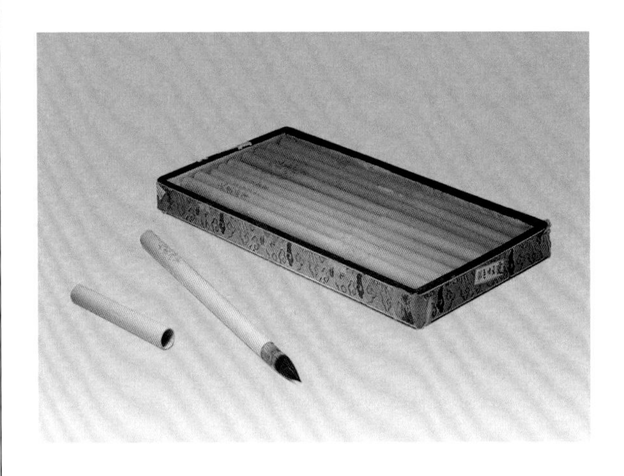

筆管上端填藍楷書："大書畫筆"。筆帽頂貼錦。紫毫根部以彩毫為裝飾。共裝於雲紋錦匣中。

清代流行在筆管刻書筆毫性質、用途。此套筆少加裝飾，以選毫精緻為其特點，特別是彩毫，為筆中精彩之處。

131

青花團龍紋管羊毫提筆

清康熙
管長19.5厘米　管徑2.7厘米　斗長4.5厘米　斗徑4.4厘米
清宮舊藏

Big writing brush made of goat's hair with blue-and-white porcelain shaft decorated with round dragon design

Kangxi period, Qing Dynasty
Length of shaft: 19.5cm　Diameter of shaft: 2.7cm
Length of bowl: 4.5cm　Diameter of bowl: 4.4cm
Qing Court collection

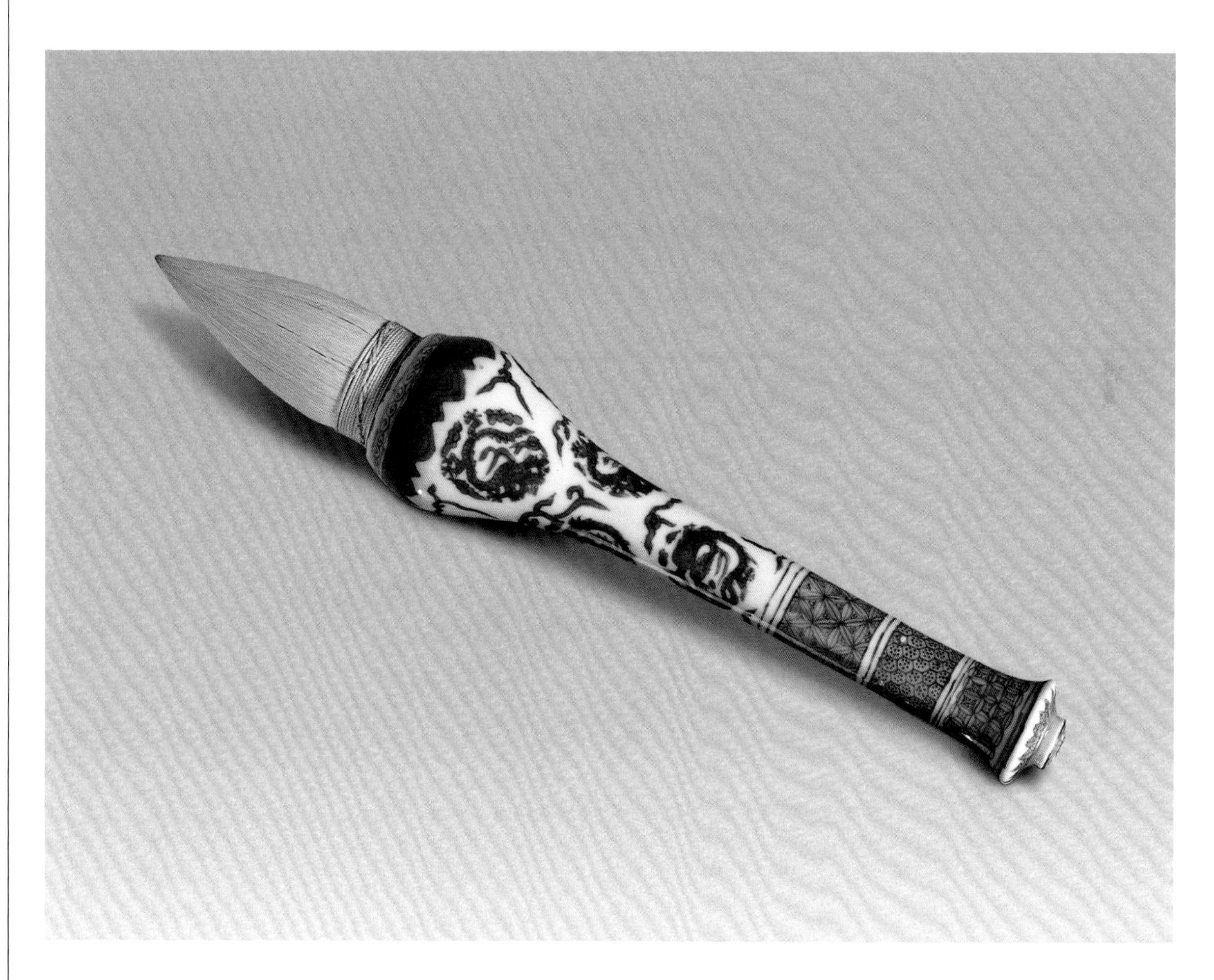

筆管頂端外奓，筆斗腹部渾圓飽滿，口沿內斂。筆管中部至筆斗腹部繪團龍紋，筆斗口沿繪如意雲紋，管上端繪三組錦紋，頂繪盛開的蓮花紋。筍尖式羊毫。

羊毫是以羊毛製成，有宿羊毫、乳羊毫、子羊毫、陳羊毫多種，質柔軟。

132

彩漆纏枝蓮紋管紫毫筆
清乾隆
管長18.7厘米　管徑0.9厘米　帽長9.1厘米
清宮舊藏

Writing brush made of purple rabbit's hair with painted lacquer shaft drawn with design of winding lotus leaves
Qianlong period, Qing Dynasty
Length of shaft: 18.7cm　Diameter of shaft: 0.9cm
Length of cap: 9.1cm
Qing Court collection

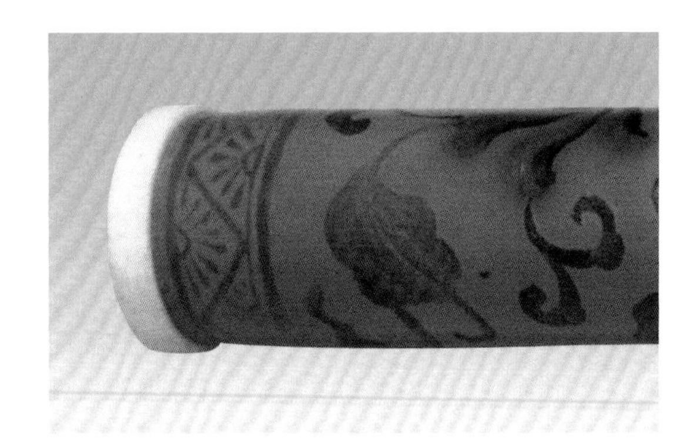

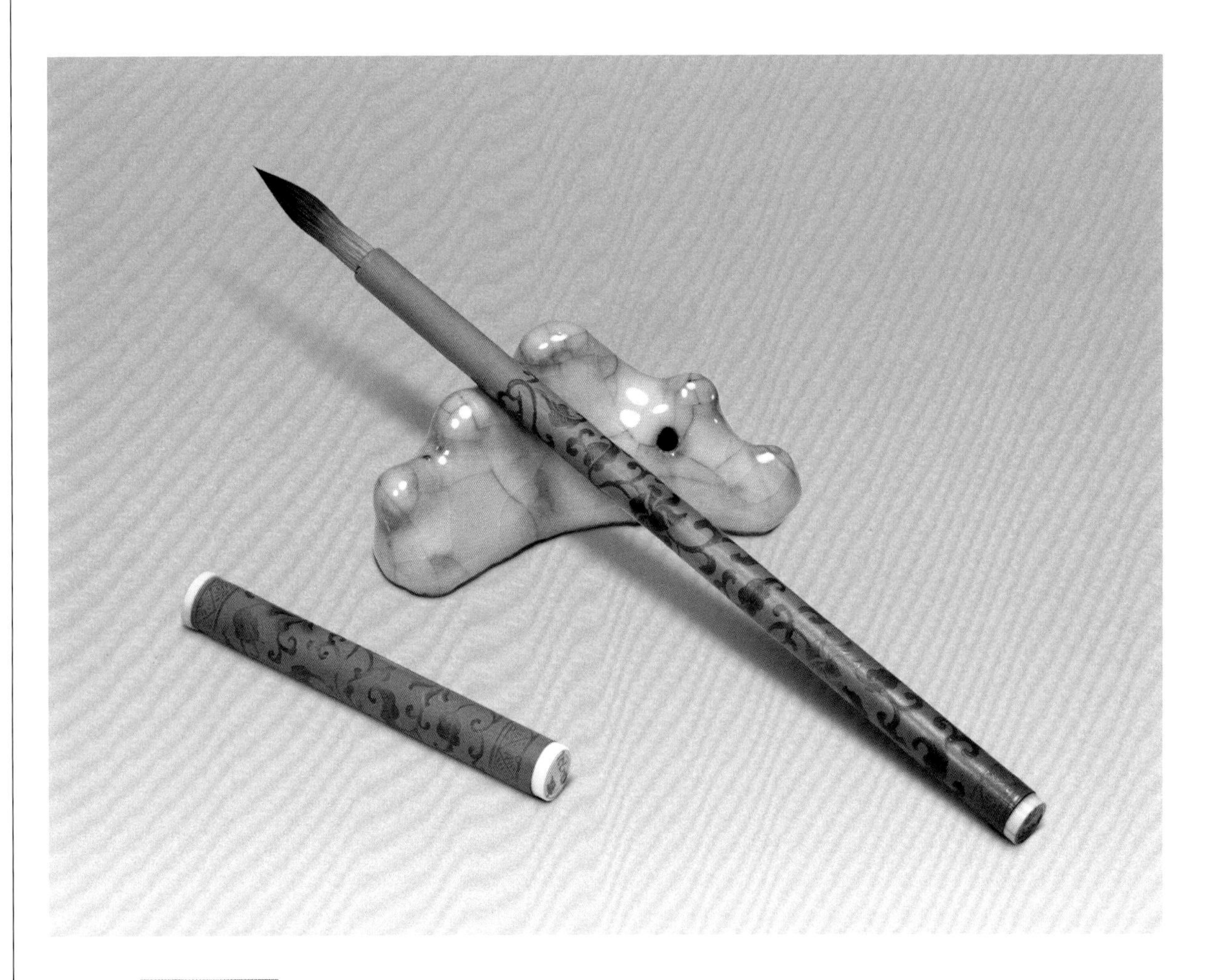

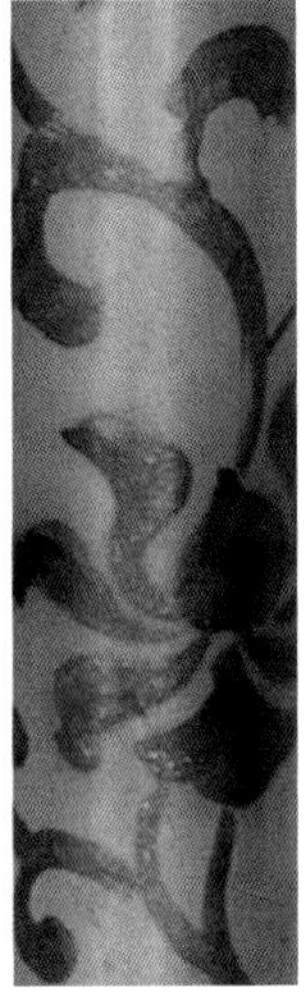

竹胎，通體朱、綠彩漆繪纏枝蓮紋，枝葉漫捲，疏密有致。管上端及筆帽兩端分別描朱幾何紋一周。管頂及帽口嵌象牙。蘭蕊式紫毫，根部有淺黃色彩毫裝飾。

此筆製作工細，選毫精緻，實用、觀賞俱佳。

133

彩漆雲龍紋黃流玉瓚管紫毫筆

清乾隆

管長16.8厘米　管徑0.8厘米　帽長8.8厘米

清宮舊藏

Writing brush made of purple rabbit's hair with painted lacquer shaft drawn with dragon and cloud design and characters Huang Liu Yu Zan in gold tracery

Qianlong period, Qing Dynasty

Length of shaft: 16.8cm　Diameter of shaft: 0.8cm

Length of cap: 8.8cm

Qing Court collection

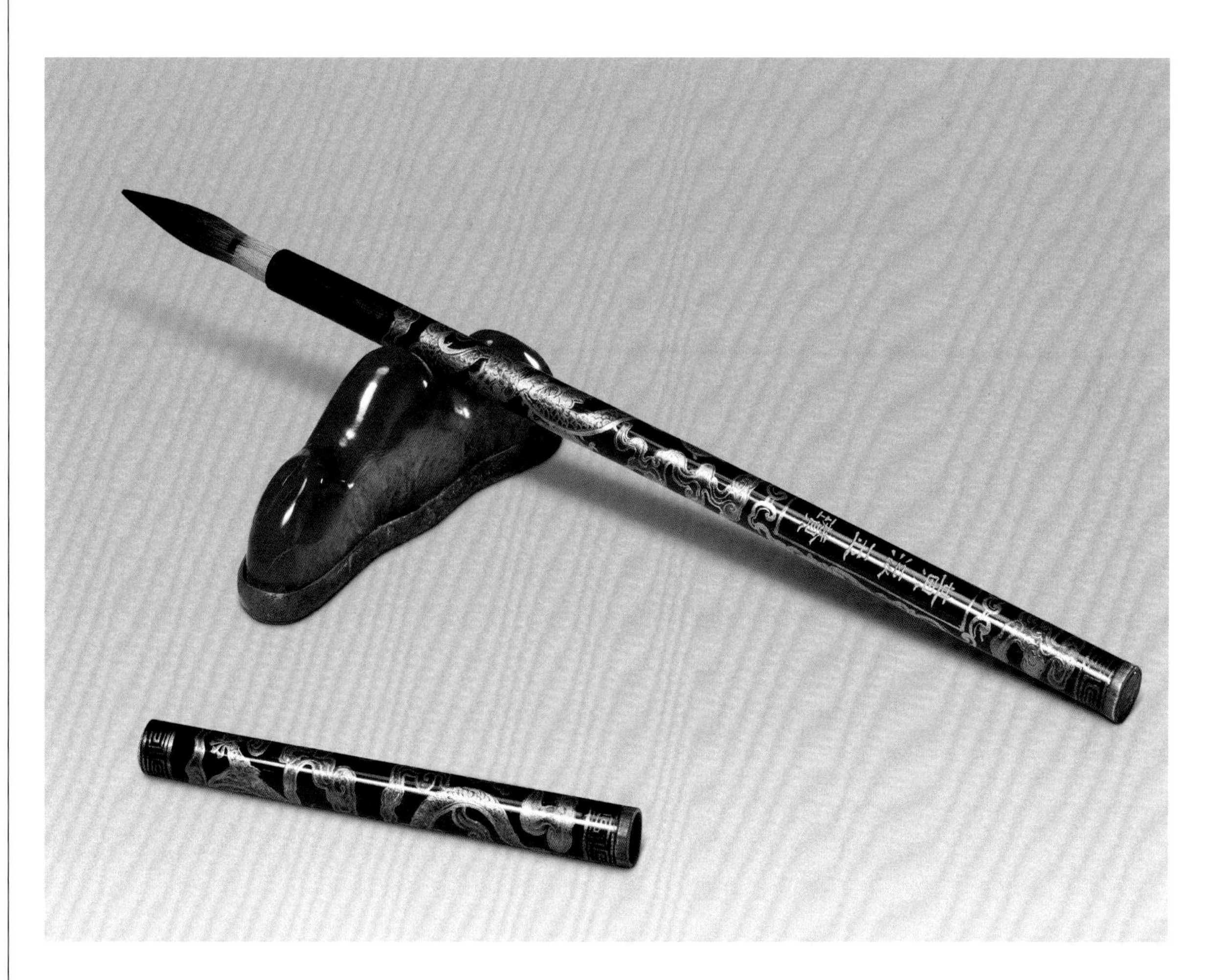

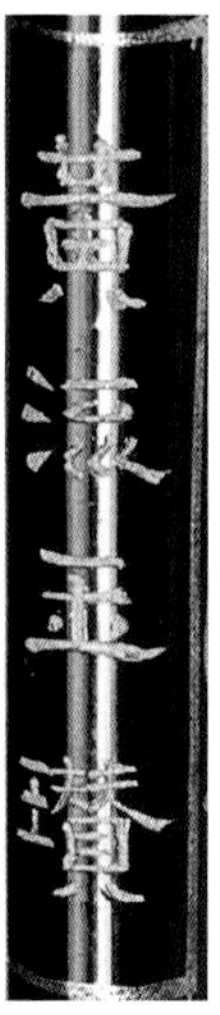

竹胎，通體黑漆地彩漆描金雲龍紋。筆管上端描金欄框內隸書："黃流玉瓚"。管上端及筆帽兩端分別描金迴紋一周。蘭蕊式紫毫，根部有黃色彩毫裝飾。

古人釀秬黍為酒，以鬱金草為色，故稱酒為"黃流"，在神祭中用於灌地。"玉瓚"，是指神祭活動中用於舀酒的禮器。此筆金漆燦爛，裝飾華美，極具宮廷色彩。

134

雕填彩漆花卉紋管兼毫筆
清乾隆
管長20.3厘米　管徑1.1厘米　帽長9.3厘米
清宮舊藏

Writing brush made of mixed animal's hair with painted lacquer shaft carved and filled-in with floral design
Qianlong period, Qing Dynasty
Length of shaft: 20.3cm　Diameter of shaft: 1.1cm
Length of cap: 9.3cm
Qing Court collection

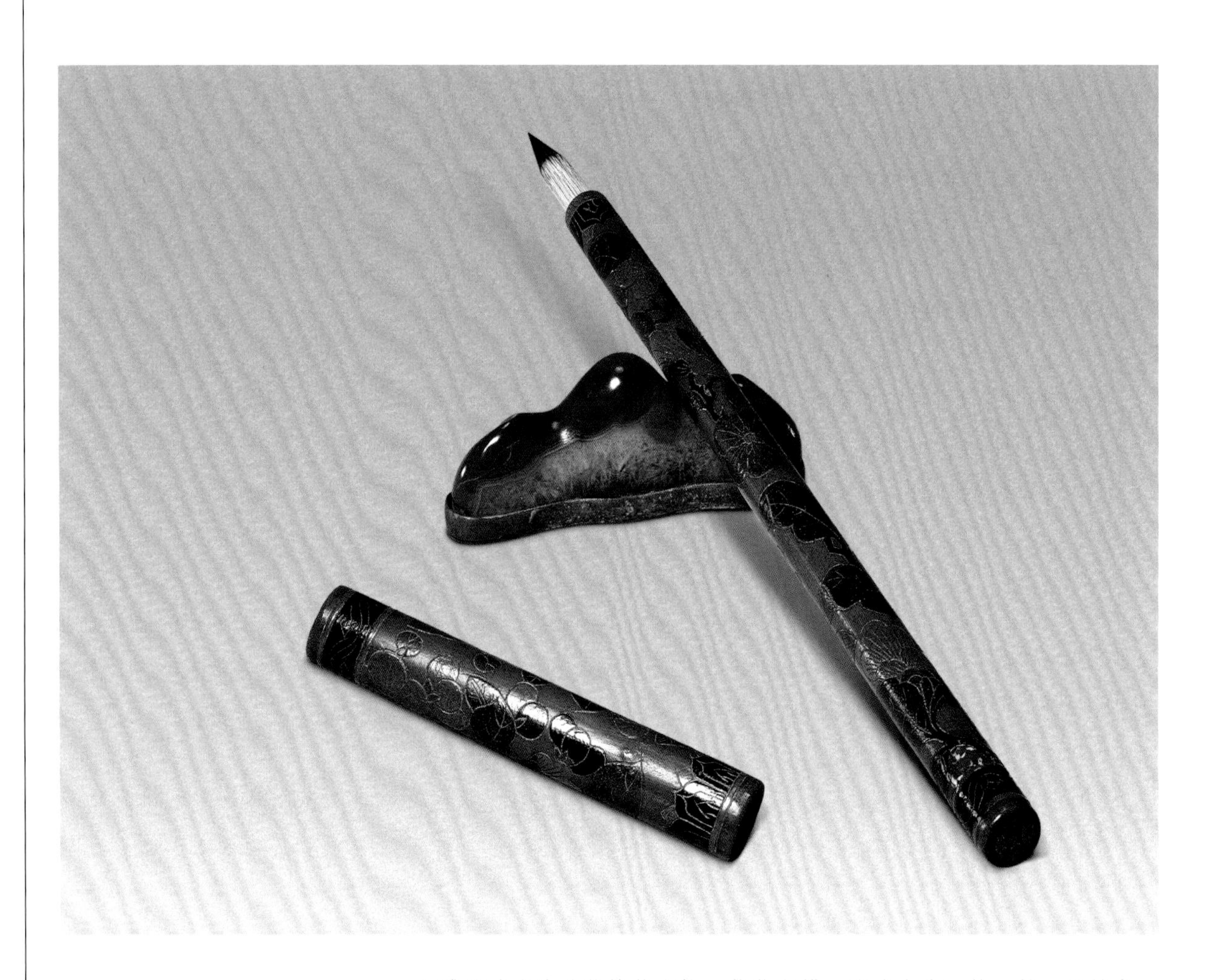

通體雕填彩漆秋葵等花卉紋，花葉交錯，彩漆有朱、綠、棕、黑諸色。筆管、筆帽兩端各飾蓮瓣紋一周。以紫毫為柱，羊毫為被，筆鋒修長。

雕填又稱款彩，為一種漆工藝，即在漆地上陰刻花紋，內填色漆。此筆漆色協調柔美，紋飾精工、雅致。

135

墨漆描金百壽圖管紫毫提筆

清乾隆
管長22.5厘米　管徑2.1厘米　斗長4厘米　斗徑3.6厘米
清宮舊藏

Big writing brush made of purple rabbit's hair with black lacquer shaft inscribed with one hundred characters Shou (longevity) in gold tracery

Qianlong period, Qing Dynasty
Length of shaft: 22.5cm　Diameter of shaft: 2.1cm
Length of bowl: 4cm　Diameter of bowl: 3.6cm
Qing Court collection

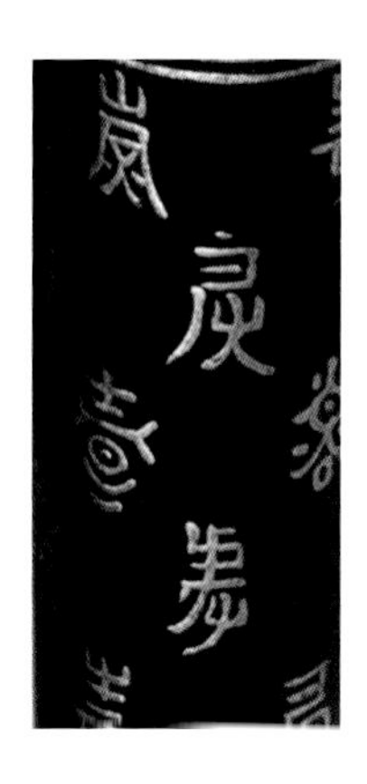

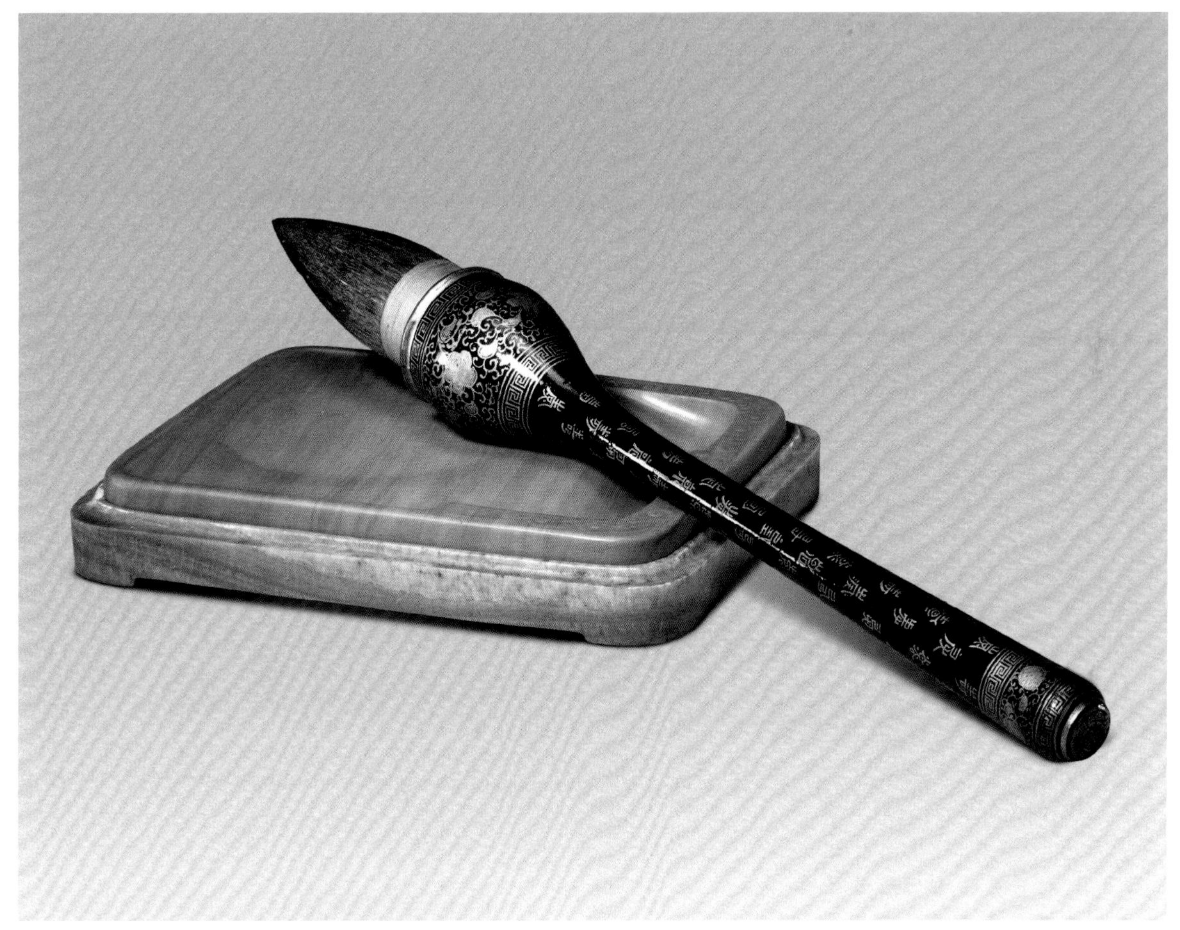

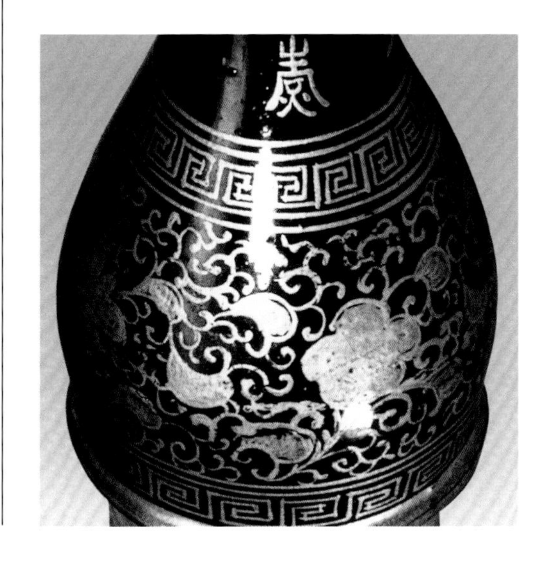

筆管自下而上漸粗，通體黑漆描金篆書百壽圖，筆管上端與筆斗分別繪兩組迴紋相間的纏枝蓮紋，管頂部為蝠(福)壽紋。筍尖式紫毫。

此筆管金漆亮麗，紋飾為傳統的福壽主題，是乾隆時期典型的宮廷用筆。

136

彩漆靈仙紋管黃楊木斗紫毫提筆

清乾隆
管長17.1厘米　管徑1厘米　斗長2.1厘米　斗徑1.8厘米
清宮舊藏

Big writing brush made of purple rabbit's hair with boxwood bowl and painted lacquer shaft drawn with design of flowers and fruits

Qianlong period, Qing Dynasty
Length of shaft: 17.1cm　Diameter of shaft: 1cm
Length of bowl: 2.1cm　Diameter of bowl: 1.8cm
Qing Court collection

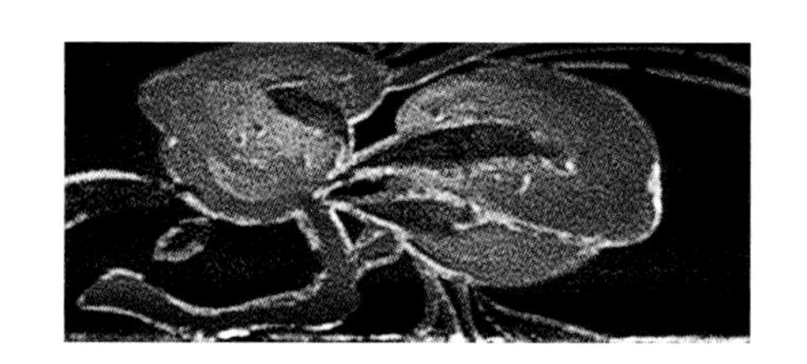

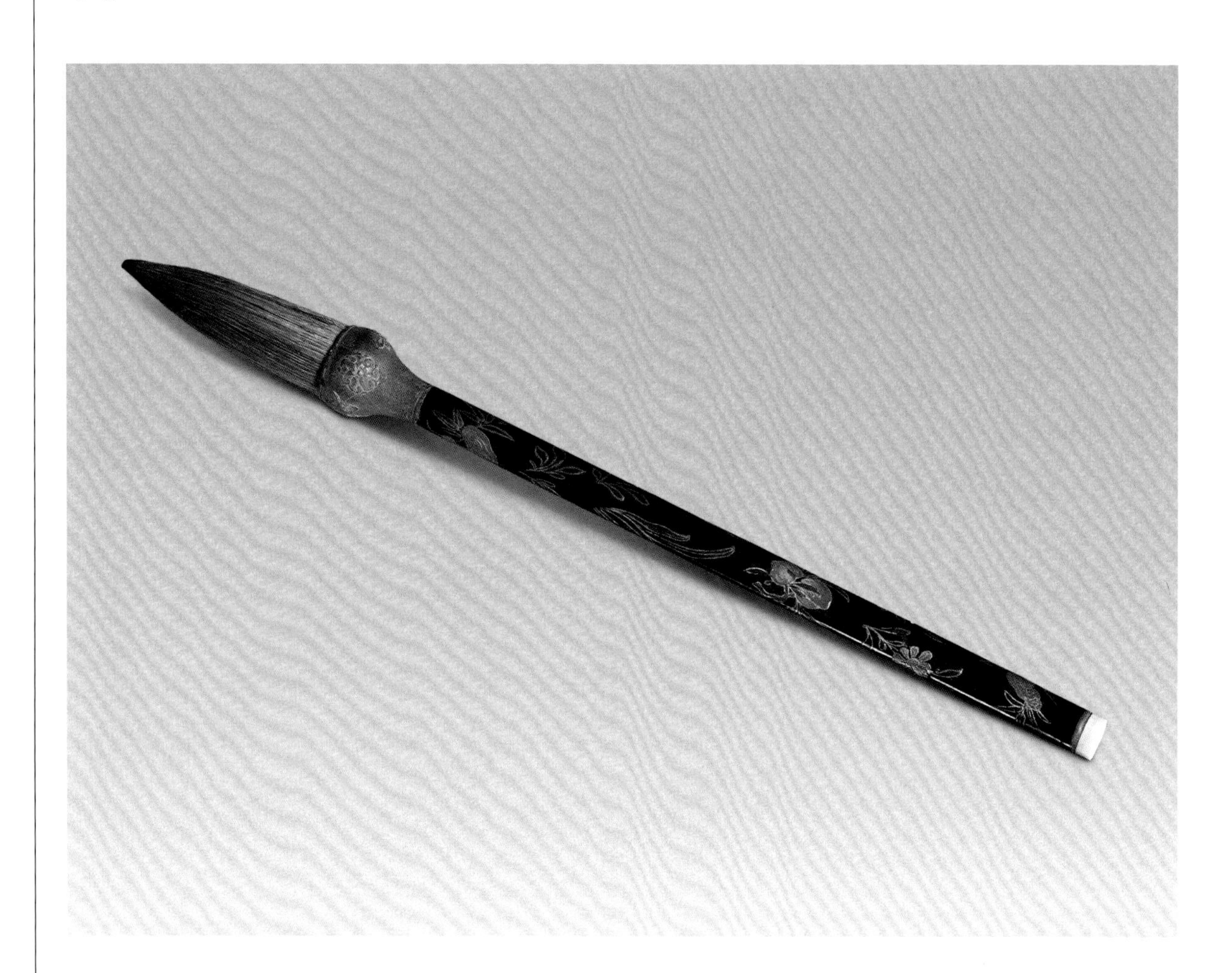

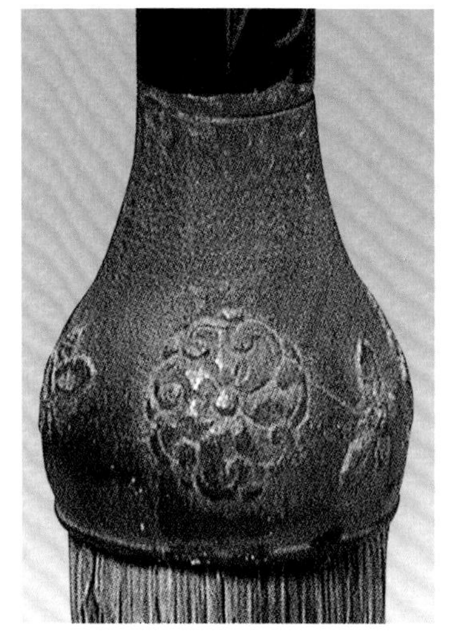

筆管竹胎，通體黑漆地彩漆繪菊花、靈芝、壽桃、竹子等紋，喻意長壽、吉祥。管頂嵌象牙。筆斗為黃楊木質，細膩光滑，肩部淺浮雕蝴蝶、團花相間的紋飾。紫毫。

137

彩漆雲蝠紋管牙雕蟠螭紋斗紫毫提筆

清乾隆
管長18.2厘米　管徑1厘米　斗長2.3厘米　斗徑0.8厘米
清宮舊藏

Big writing brush made of purple rabbit's hair with ivory bowl carved with coiling dragon design and painted lacquer shaft drawn with bat and cloud design

Qianlong period, Qing Dynasty
Length of shaft: 18.2cm　Diameter of shaft: 1cm
Length of bowl: 2.3cm　Diameter of bowl: 0.8cm
Qing Court collection

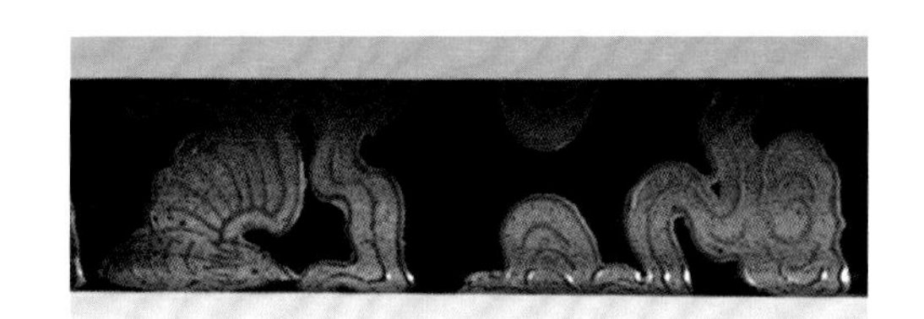

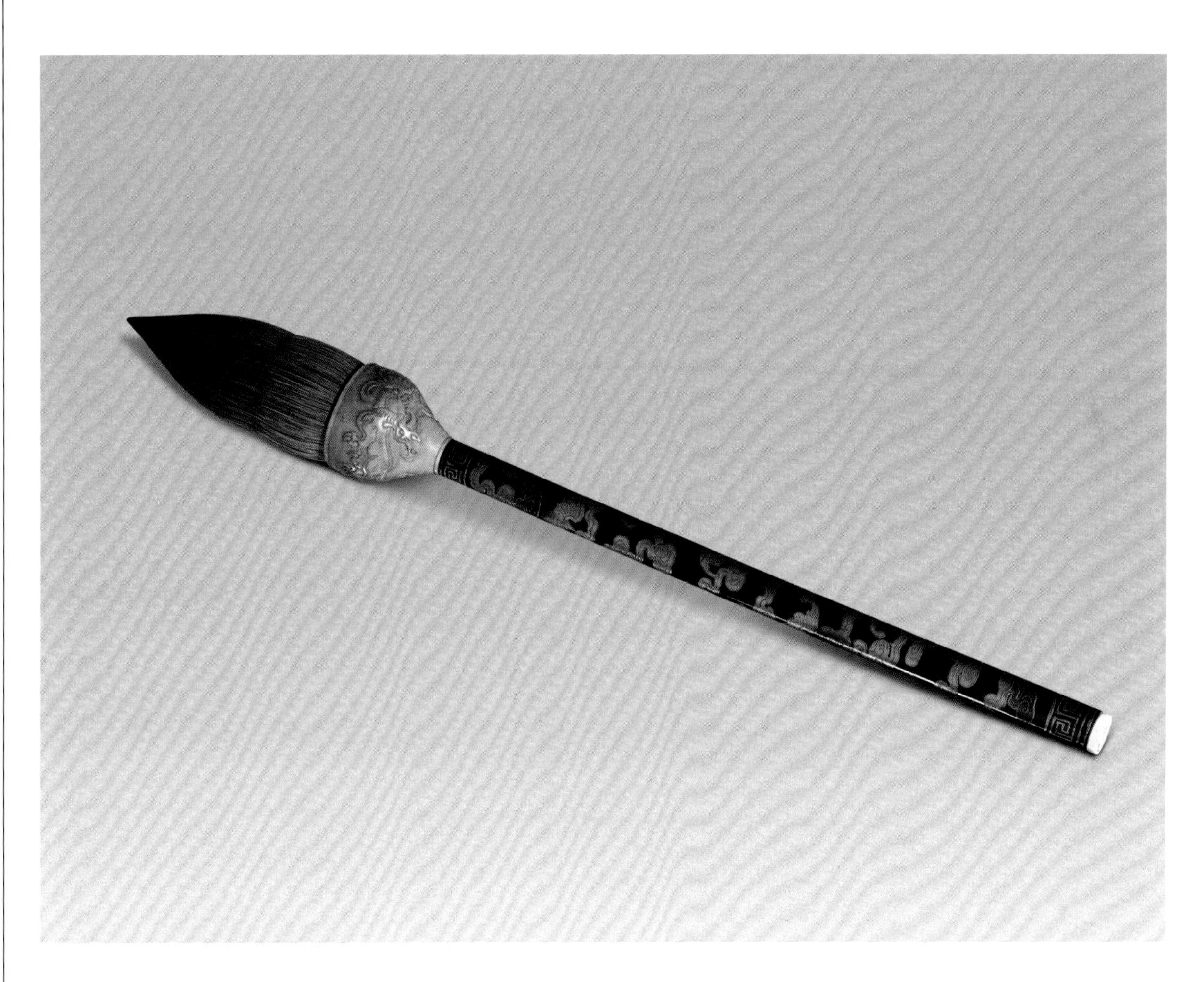

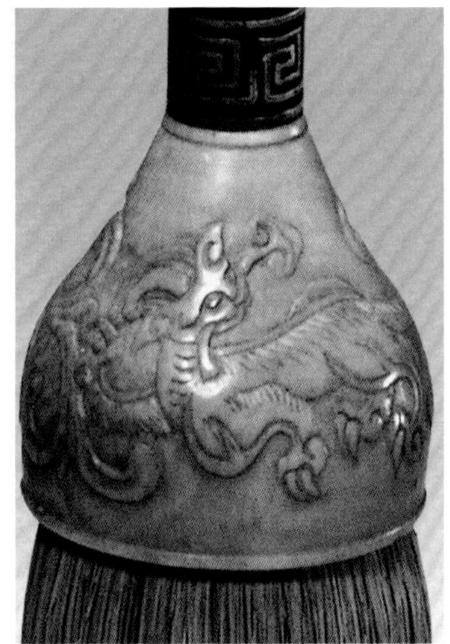

筆管竹胎，通體黑漆地描金雲蝠紋，朱漆勾邊，管兩端各飾描金迴紋一周。象牙筆斗，凸雕首尾相接雙螭銜枝紋。紫毫。

此筆裝飾精美，色彩亮麗華貴。筆毫豐滿，為清代提筆流行樣式。

138

黑漆灑螺鈿管竹絲迴紋斗狼毫提筆

清乾隆
管長16.6厘米　管徑0.8厘米　斗長2.5厘米　斗徑2厘米
清宮舊藏

Big writing brush made of weasel's hair with black lacquer shaft inlaid with mother-of-pearl and bamboo bowl with rectangular spiral design

Qianlong period, Qing Dynasty
Length of shaft: 16.6cm　Diameter of shaft: 0.8cm
Length of bowl: 2.5cm　Diameter of bowl: 2cm
Qing Court collection

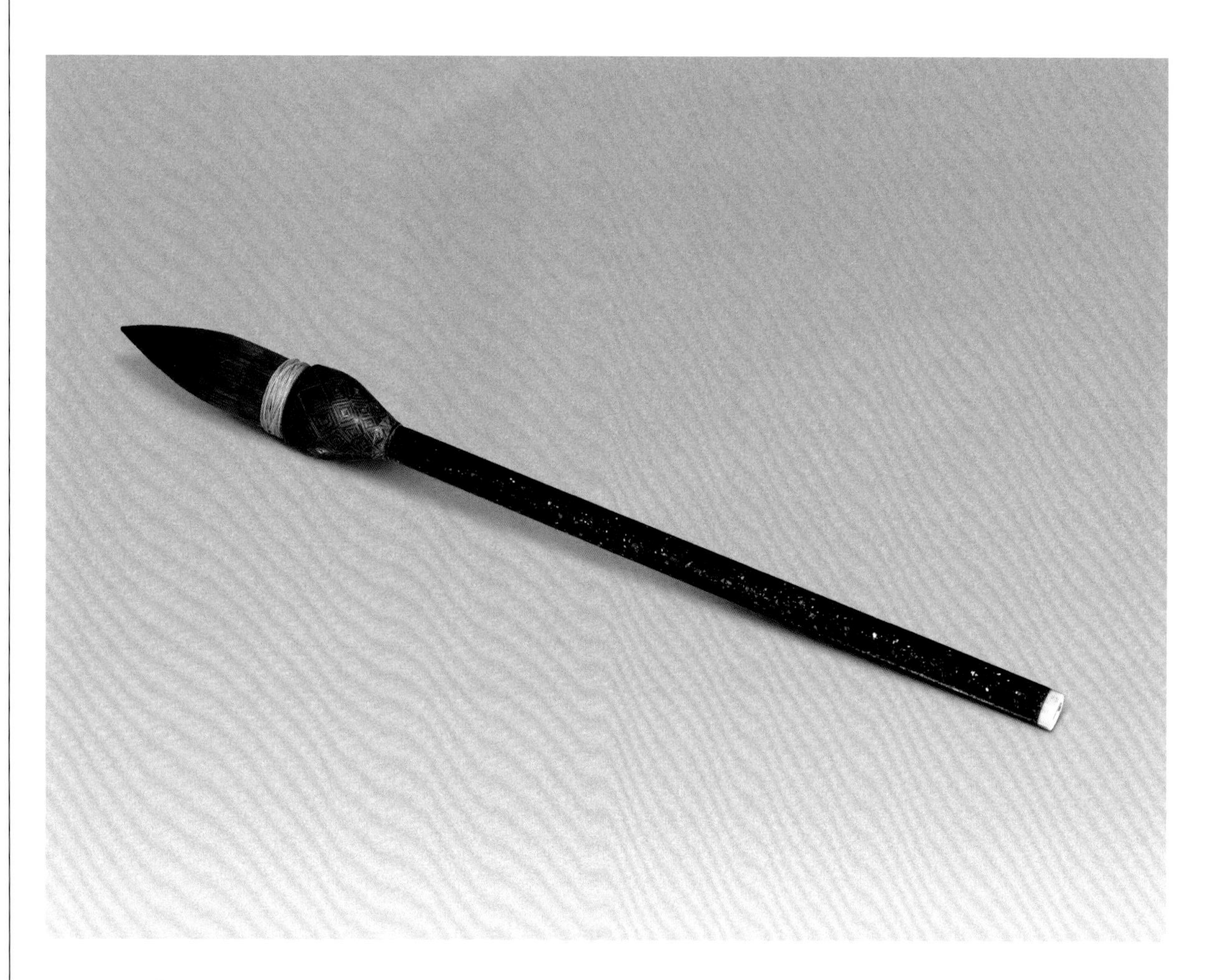

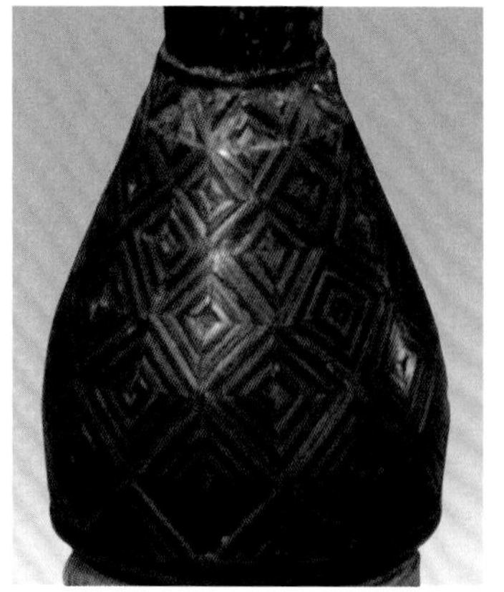

筆管黑漆地灑細碎螺鈿裝飾，流光溢彩，管頂嵌象牙。竹絲迴紋斗，編製精細。狼毫飽滿、圓健。

清代筆在筆管製作上琳琅滿目，工藝多樣，以漆工藝最為繁多，但嵌螺鈿並不多見，顯得稀少珍貴。

139

彩漆描金管鬃毫抓筆

清乾隆
管長11.4厘米　斗徑7.1厘米　5支
清宮舊藏

Five big writing brushes made of pig's hair with painted lacquer shaft drawn with patterns in gold tracery

Qianlong period, Qing Dynasty
Length of shaft: 11.4cm　Diameter of bowl: 7.1cm
Qing Court collection

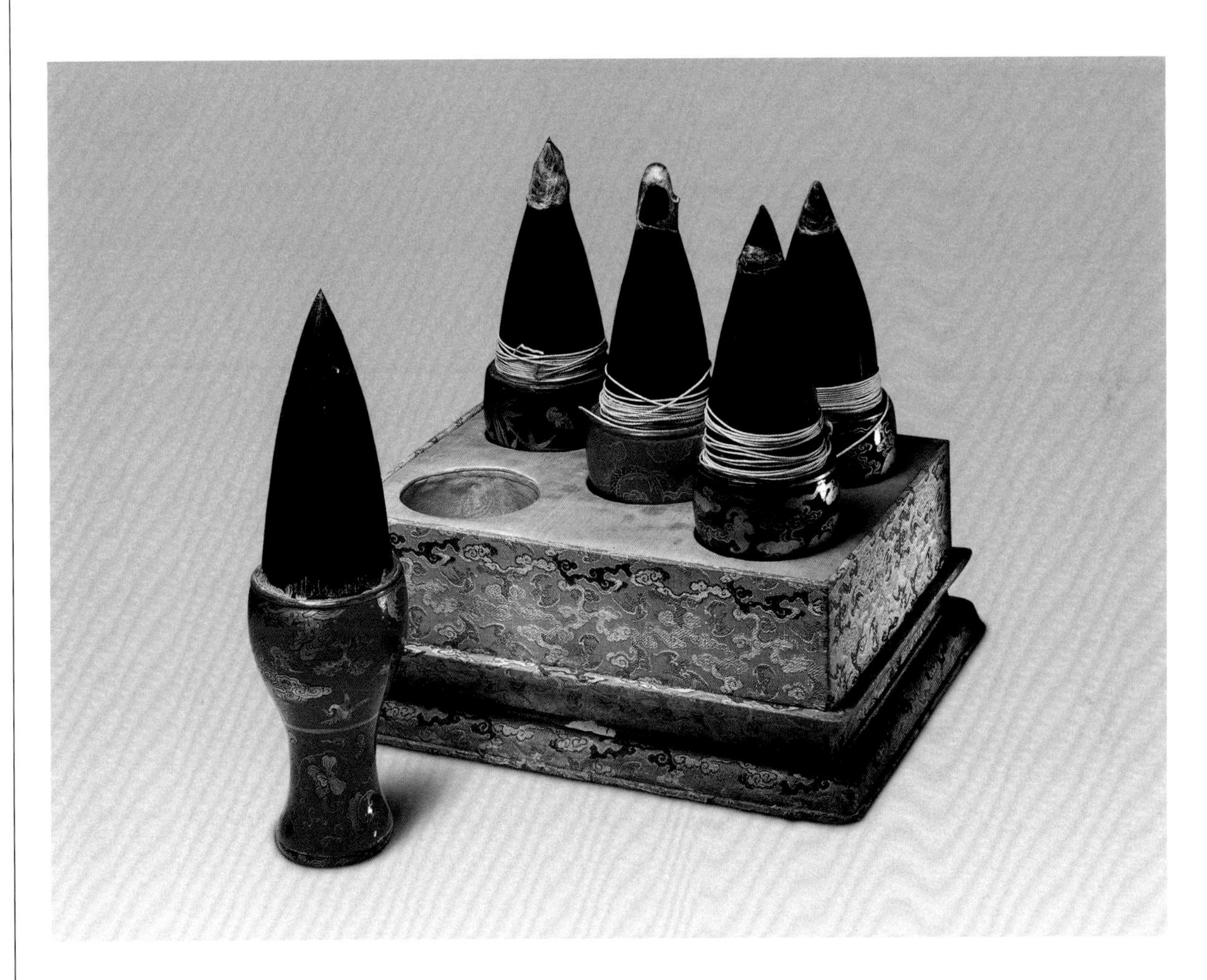

五支筆形制相同，筆管短粗、束腰，筆斗豐圓。通體彩漆描金裝飾，紋飾各異，主題紋飾有雲蝠紋、龍鳳紋、雲龍紋、靈芝蝙蝠紋、仙山樓閣等，襯以纏枝蓮紋。鬃毫。共裝於雲蝠紋錦匣內。

抓筆又稱揸筆，筆管短粗，以五指抓握，專為書寫榜書大字。此筆製作精工，鋒毫挺健，長穎豐滿。

140

彩漆百壽圖管鬃毫提筆

清乾隆
管長18厘米　管徑1.4厘米　斗長5.8厘米　斗徑4.5厘米
清宮舊藏

Big writing brush made of pig's hair with painted lacquer shaft inscribed with one hundred characters Shou (longevity)
Qianlong period, Qing Dynasty
Length of shaft: 18cm　Diameter of shaft: 1.4cm
Length of bowl: 5.8cm　Diameter of bowl: 4.5cm
Qing Court collection

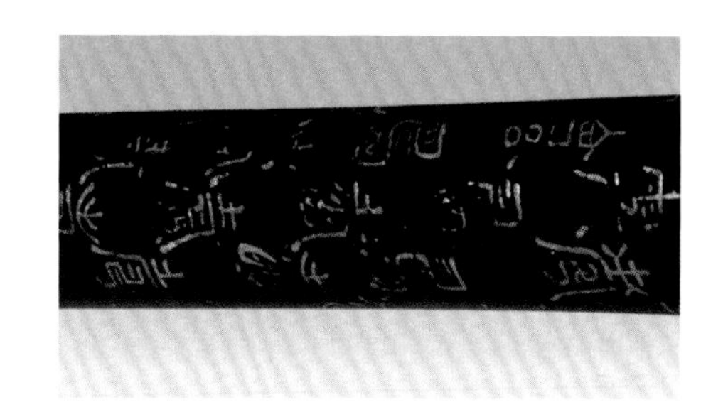

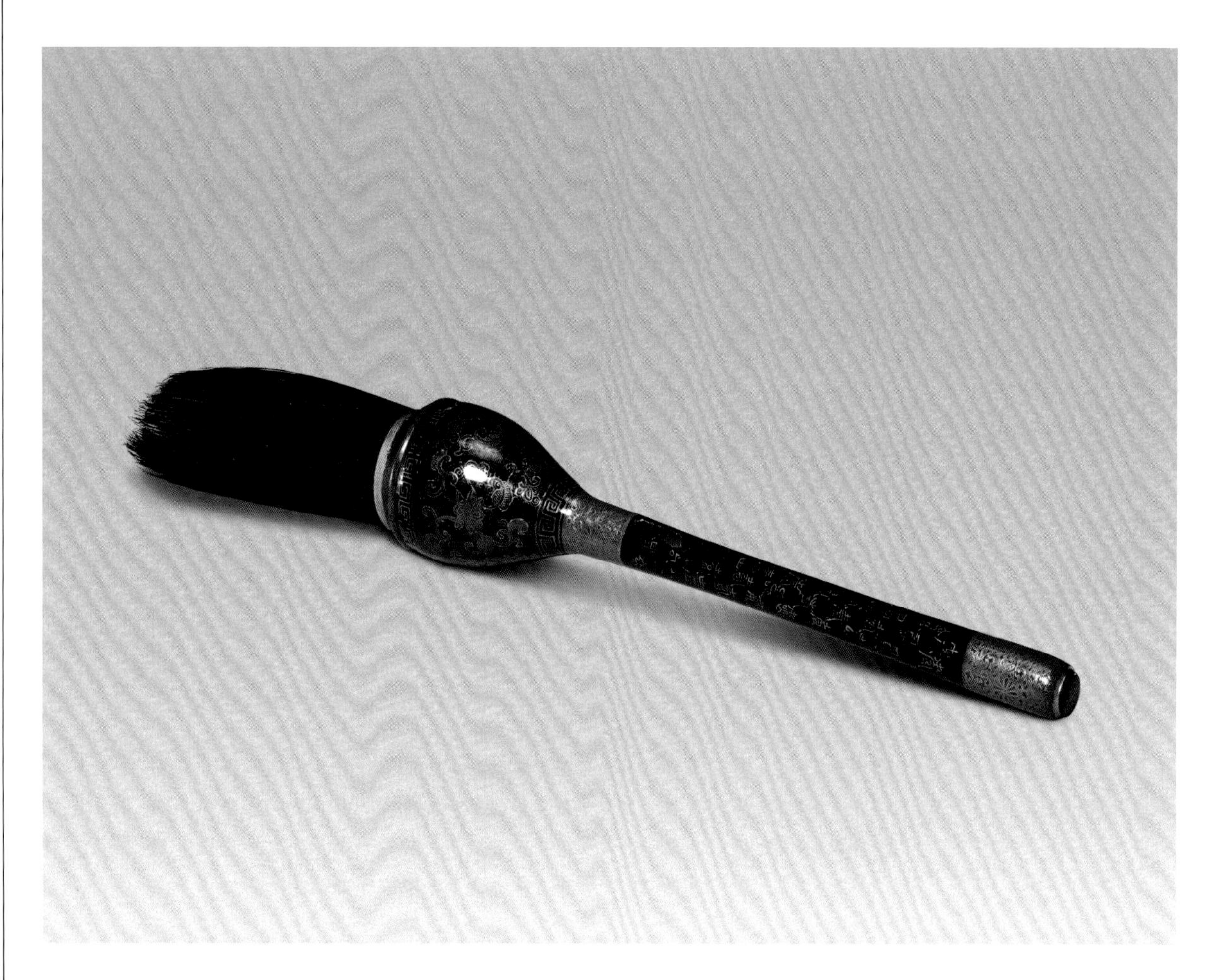

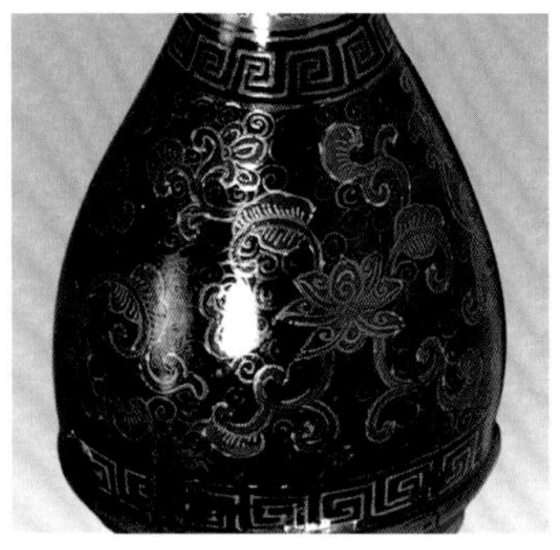

筆管黑漆地描金百壽圖，兩端朱漆描金纏枝蓮紋。筆斗黑漆描金地上飾朱漆纏枝蓮紋，兩端各飾一周迴紋。鬃毫，毫厚鋒長，根根剛健挺勁，毫根部以黃色絲線纏繞加固。

鬃毫是以豬鬃或馬鬃製成的筆毫，粗獷、勁健，書字蒼勁、豪放。此筆筆管黑漆光亮，金漆燦然，華麗精美。

141

留青竹雕百壽圖管紫毫筆

清乾隆

管長19.4厘米　管徑1厘米　帽長9.4厘米

清宮舊藏

Writing brush made of purple rabbit's hair with green bamboo shaft carved with one hundred characters Shou (longevity)

Qianlong period, Qing Dynasty

Length of shaft: 19.4cm　Diameter of shaft: 1cm

Length of cap: 9.4cm

Qing Court collection

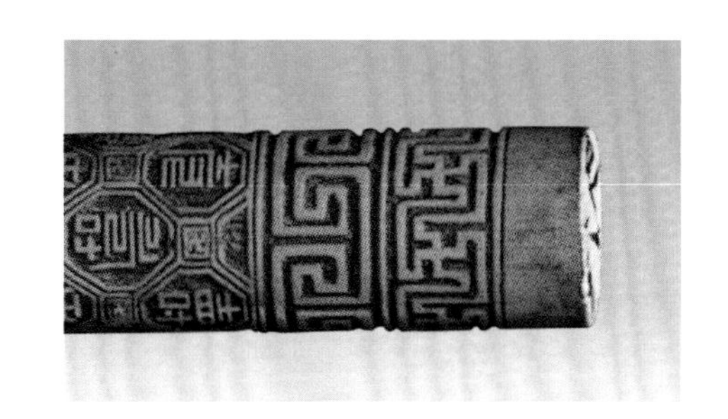

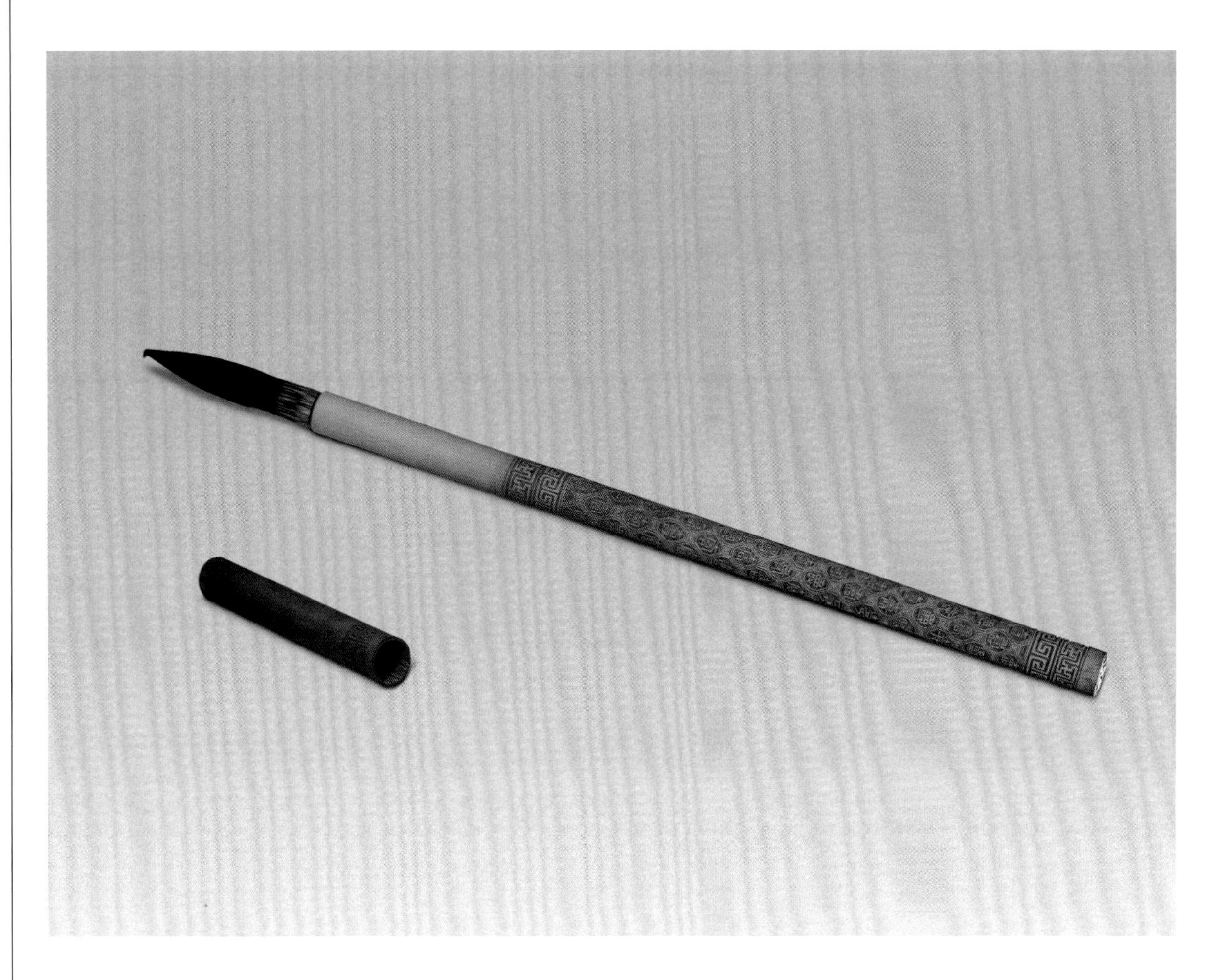

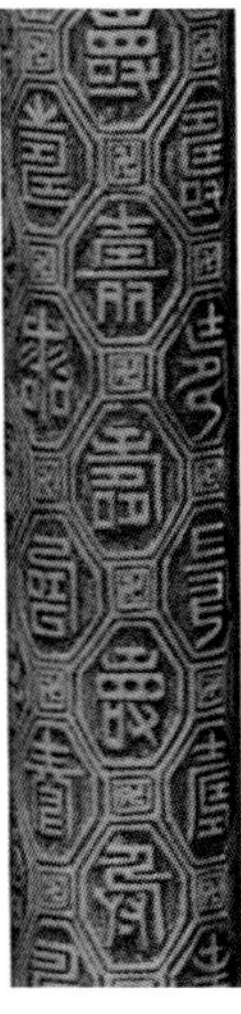

筆管以留青填藍雕龜背紋，紋中雕壽字，組成百壽圖。筆管、筆帽上下兩端各雕一周卍字紋和迴紋。蘭蕊式紫毫。

此筆管採用留青竹雕，刻紋猶如織錦，工藝細膩，手法新穎。

142

斑竹留青花蝶紋管紫毫筆

清乾隆
管長20.1厘米　管徑1.1厘米　帽長9.8厘米
清宮舊藏

Writing brush made of purple rabbit's hair with green mottled bamboo shaft carved with design of flowers and butterflies

Qianlong period, Qing Dynasty
Length of shaft: 20.1cm　Diameter of shaft: 1.1cm
Length of cap: 9.8cm
Qing Court collection

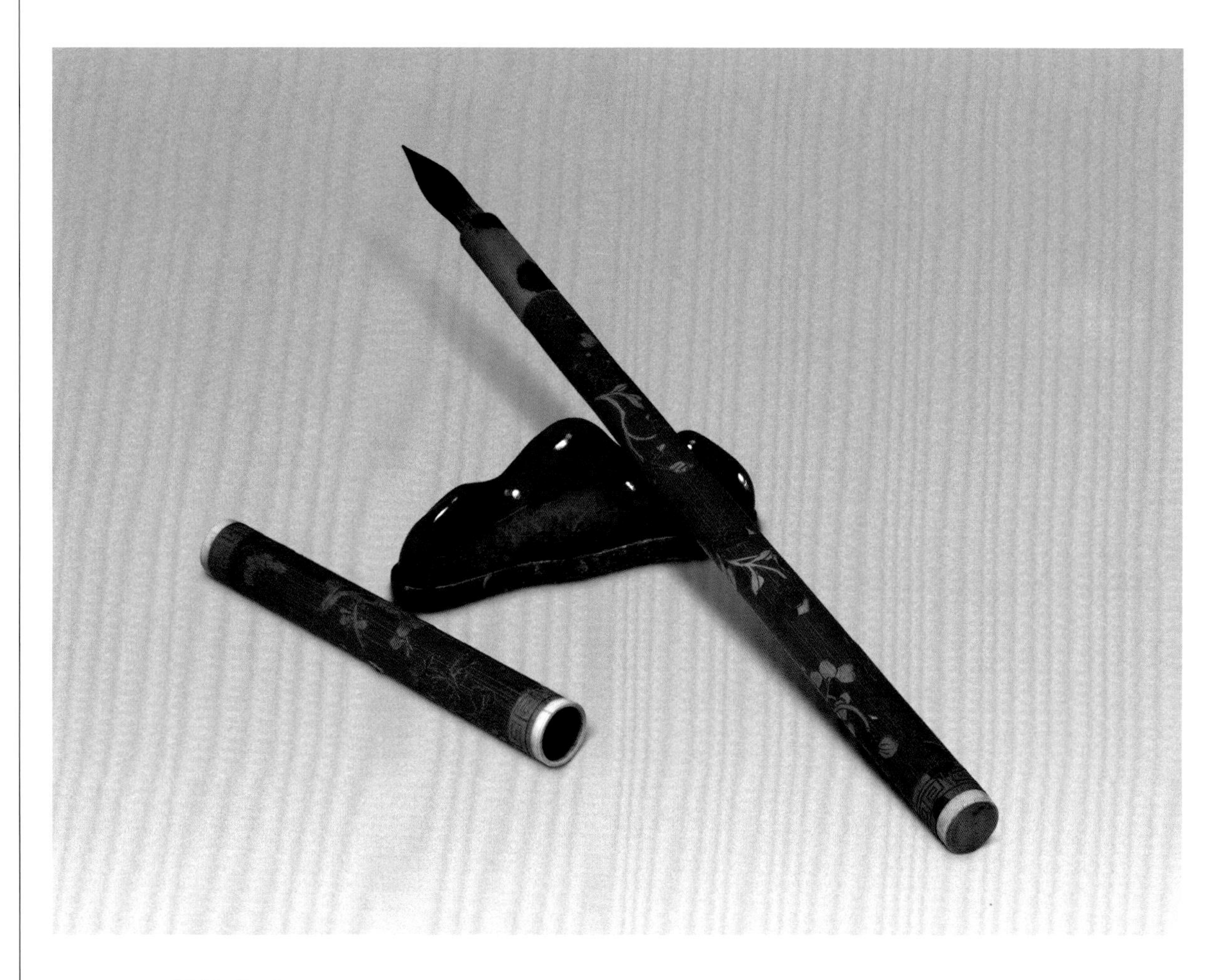

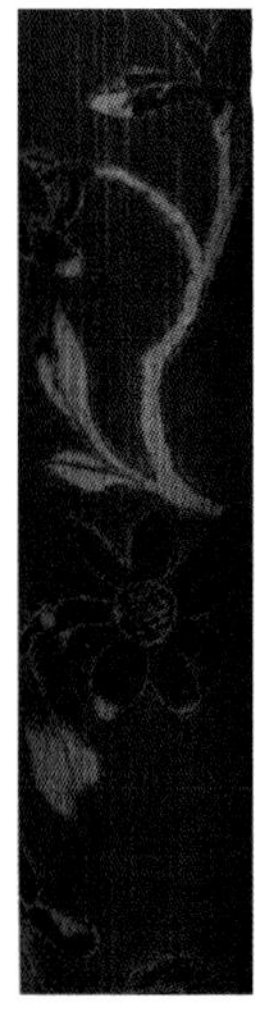

筆管通體留青竹雕折枝花卉紋，有菊花、梅花、飛蝶等，花枝挺秀，豎條紋地子反襯出淡雅的紋飾。蘭蕊式紫毫。

此筆以留青竹刻工藝雕刻圖紋，深色的竹肌與淺色的竹筠相映襯，效果獨特。筆毫長鋒尖而齊健，挺拔秀麗，是典型的清代筆毫特點。

143

留青竹雕鳳紋管紫毫筆

清乾隆
管長19.6厘米　管徑1厘米　帽長9.8厘米
清宮舊藏

Writing brush made of purple rabbit's hair with green bamboo shaft carved with phoenix design

Qianlong period, Qing Dynasty
Length of shaft: 19.6cm　Diameter of shaft: 1cm
Length of cap: 9.8cm
Qing Court collection

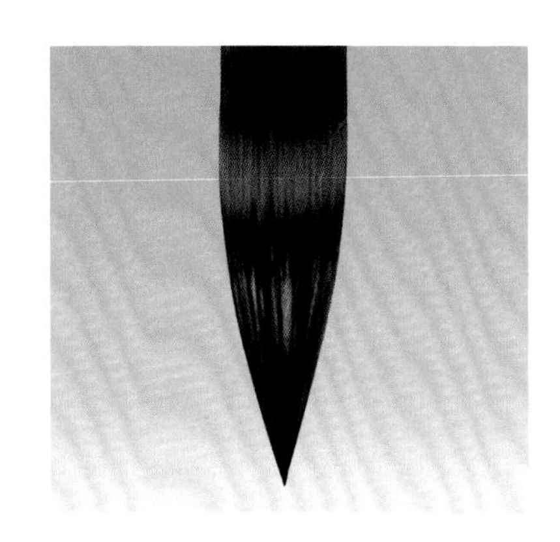

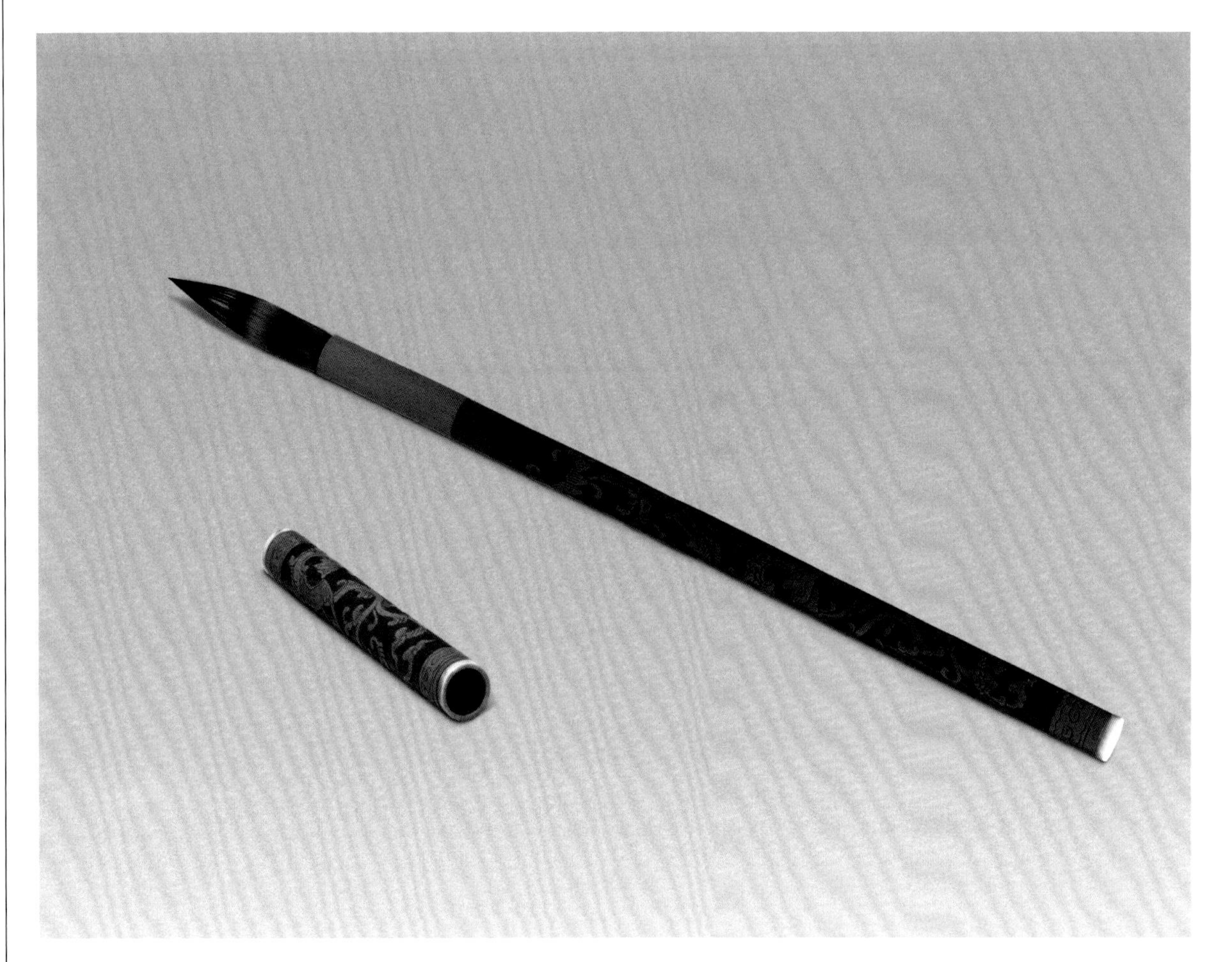

通體留青竹雕夔鳳紋，尾羽翻捲高高揚起，身下為花葉紋。管端、帽兩端分飾一周捲雲紋。蘭蕊式紫毫，毛色棕、黃、紫、白相間，富有裝飾性。

此筆雕刻運刀如筆，空間雖小，細節刻畫從容、流暢。竹肌地子年久色深，使紋圖突出如浮雕，極具立體感。

144

竹絲管紫毫筆

清乾隆

管長17.6厘米　管徑0.8厘米　帽長8.9厘米

清宮舊藏

Writing brush made of purple rabbit's hair with bamboo shaft in natural veins

Qianlong period, Qing Dynasty

Length of shaft: 17.6cm　Diameter of shaft: 0.8cm

Length of cap: 8.9cm

Qing Court collection

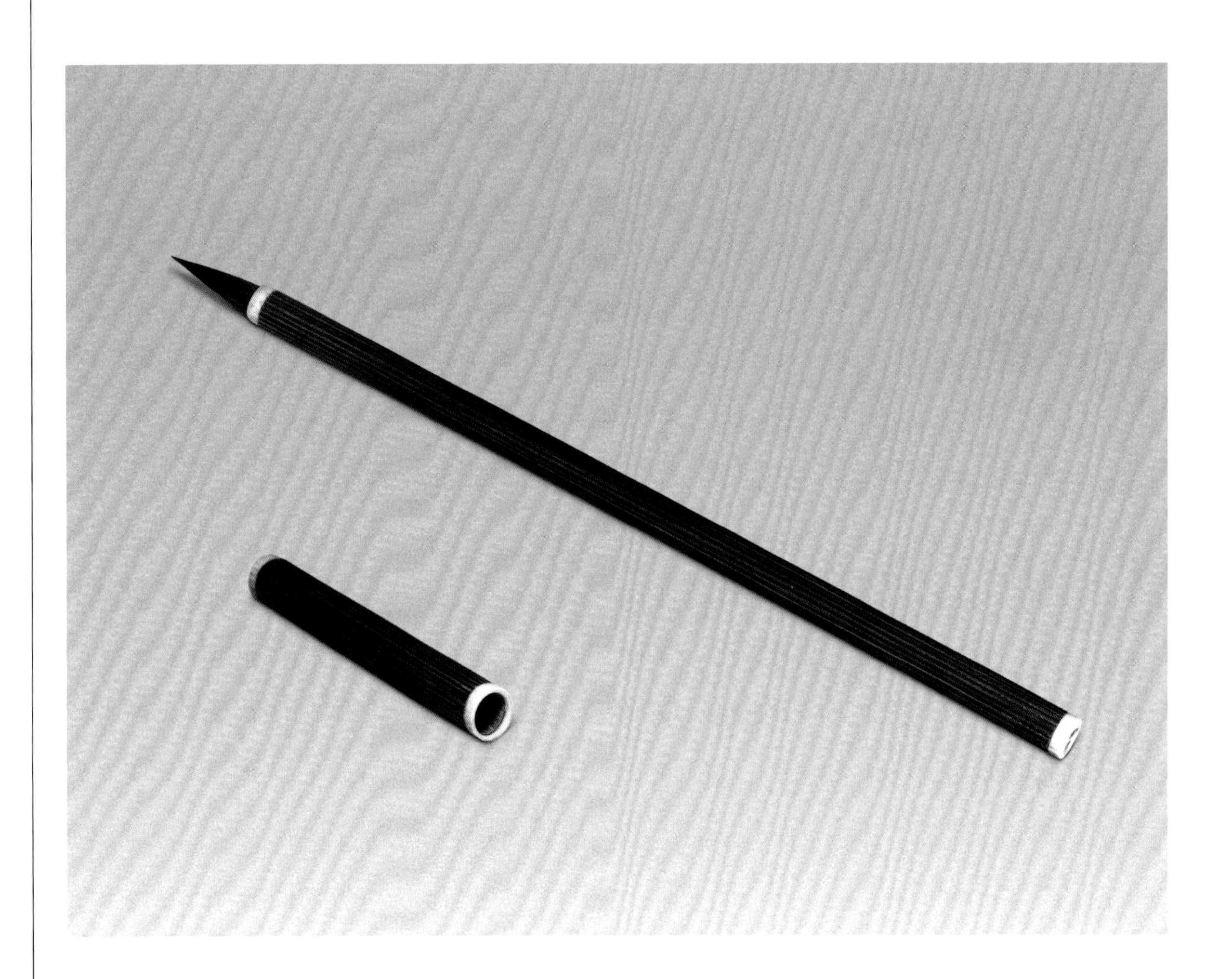

竹絲編筆管、筆帽，通體修長、光潤，呈相間黃褐色豎條紋，顯現出自然天成的紋理。管、帽兩端嵌象牙，既可加固筆管，又起裝飾作用，為清代中期製筆的特點。紫毫。

此筆竹製工藝新穎，筆毫選料精細，短穎細潤，尖而齊健，製作簡潔大方，為清代竹管筆中獨特者。

145

竹雕珠圓玉潤管兼毫筆

清乾隆

管長19.5厘米　管徑1.5厘米　帽長11.9厘米　一對

清宮舊藏

A pair of writing brushes made of mixed animal's hair with bamboo shaft carved with characters Zhu Yuan Yu Run

Qianlong period, Qing Dynasty

Length of shaft: 19.5cm　Diameter of shaft: 1.5cm

Length of cap: 11.9cm

Qing Court collection

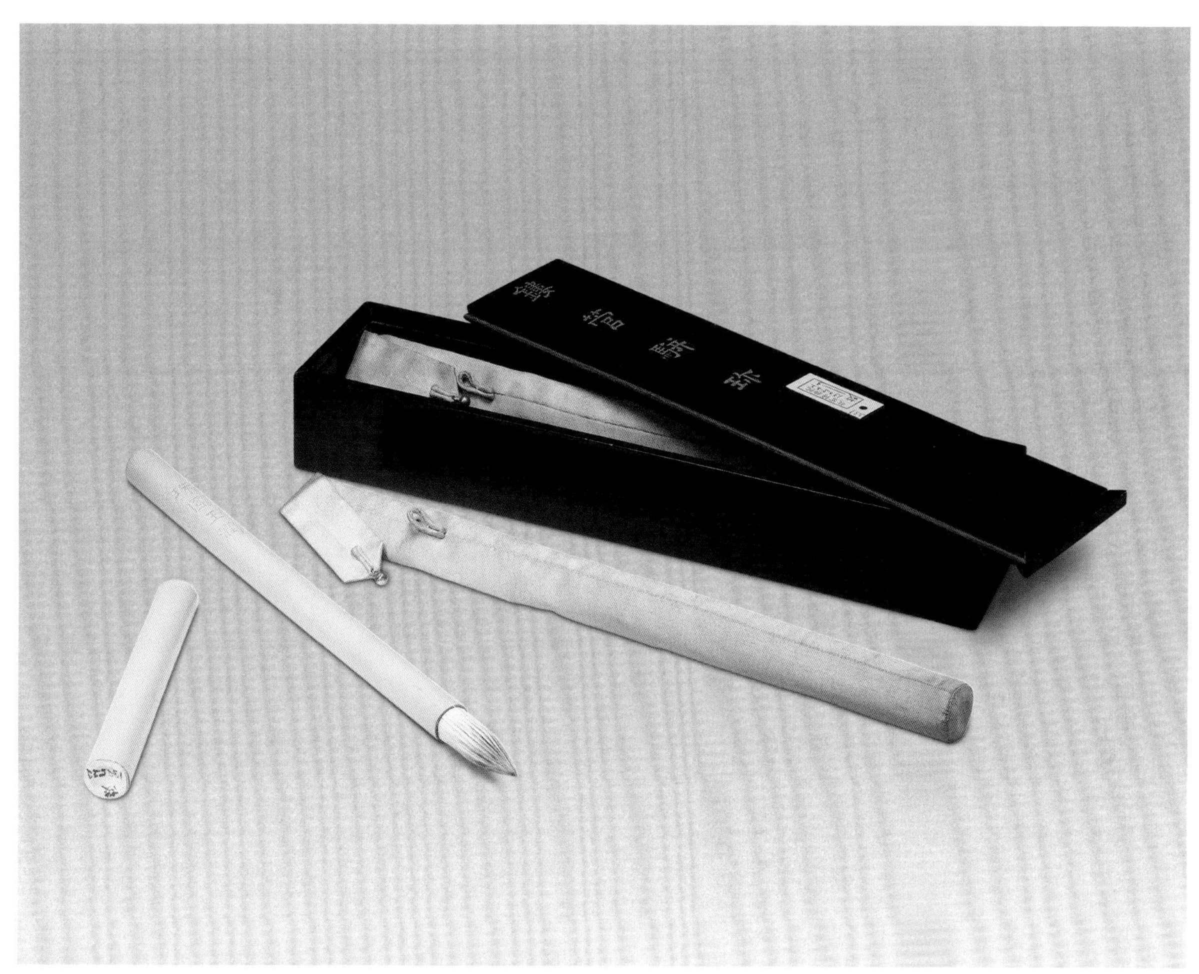

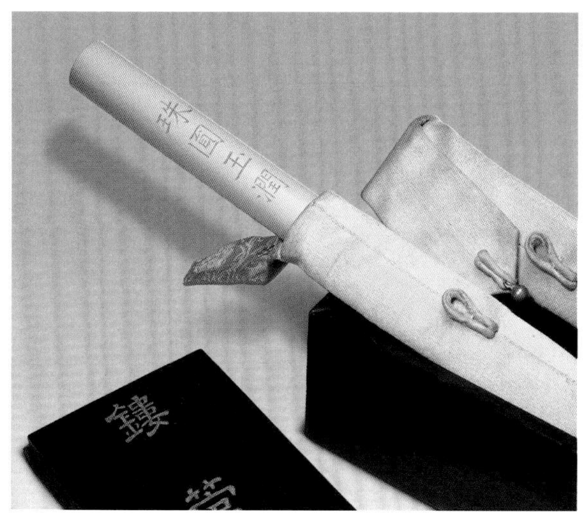

管身壁薄質輕，通體光滑圓潤。管、帽體長，仿唐筆風格。管端陰文填藍楷書："珠圓玉潤"，既有文詞流暢之意，又喻書寫效果。兼毫。外為精緻的黃綾套，裝於長方形紫檀木匣內，匣面填金隸書："鏤管駢珍"。

此套筆形制簡潔，裝潢精美。精選毫毛，短鋒豐滿，束毫緊密。為宮廷御用筆。

146

竹管牙斗兼毫提筆

清乾隆
管長16.4厘米　管徑0.75厘米　斗長1.8厘米　斗徑1.2厘米
25支
清宮舊藏

Twenty-five big writing brushes made of mixed hair with bamboo shaft and ivory bowl

Qianlong period, Qing Dynasty
Length of shaft: 16.4cm　Diameter of shaft: 0.75cm
Length of bowl: 1.8cm　Diameter of bowl: 1.2cm
Qing Court collection

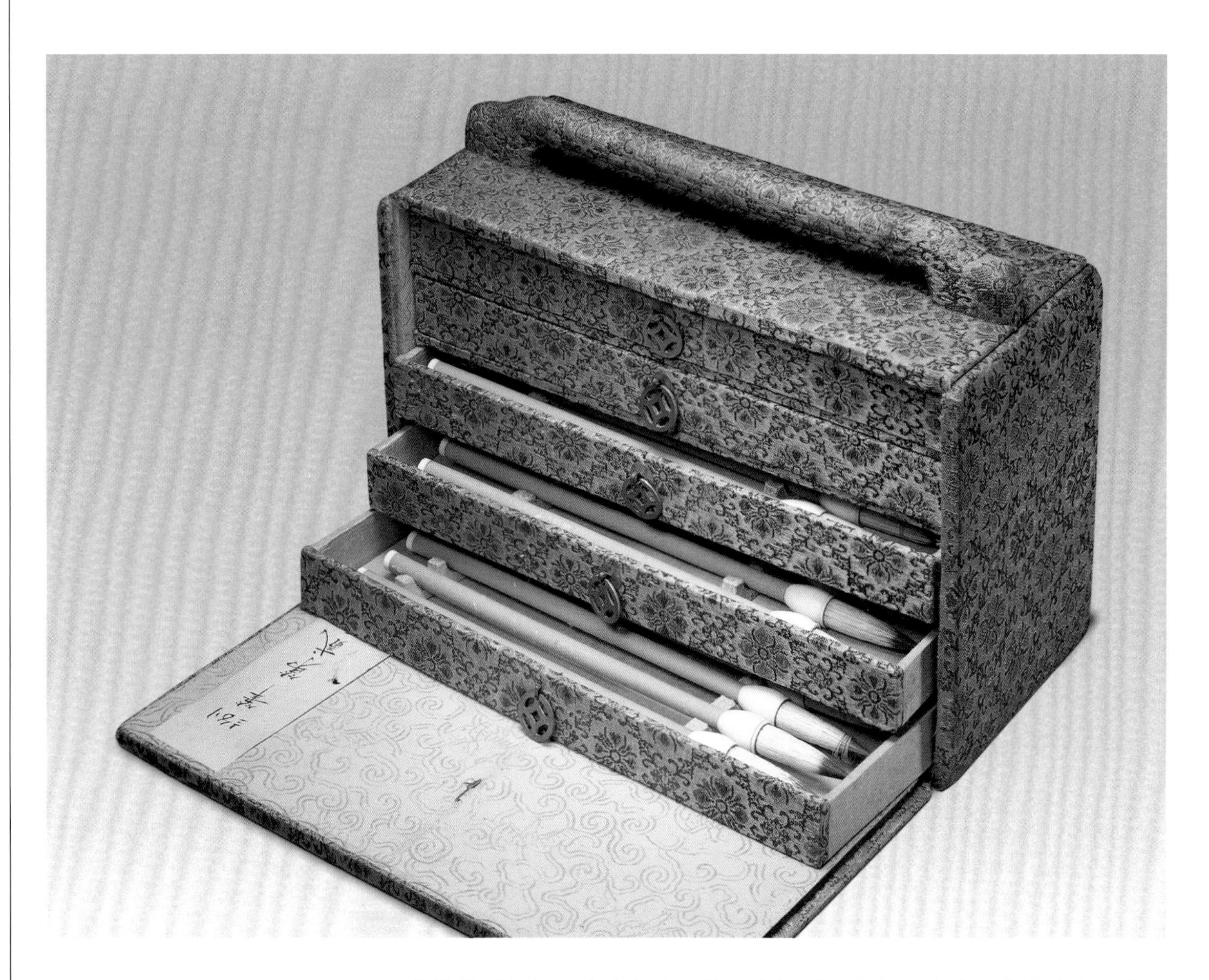

筆管精選細竹，光素無紋，管頂嵌象牙。嵌象牙小斗，紫羊兼毫。分五屜裝於提梁錦匣內。

此套筆長穎細潤，尖而挺健，筆管裝飾簡潔而不失精緻，為宮廷御用佳品。

147

竹雕靈仙祝壽管紫漆斗紫毫提筆
清乾隆
管長17.2厘米　管徑0.9厘米　斗長2厘米　斗徑2.1厘米
清宮舊藏

Big writing brush made of purple rabbit's hair with purple lacquer bowl and bamboo shaft carved with floral design
Qianlong period, Qing Dynasty
Length of shaft: 17.2cm　Diameter of shaft: 0.9cm
Length of bowl: 2cm　Diameter of bowl: 2.1cm
Qing Court collection

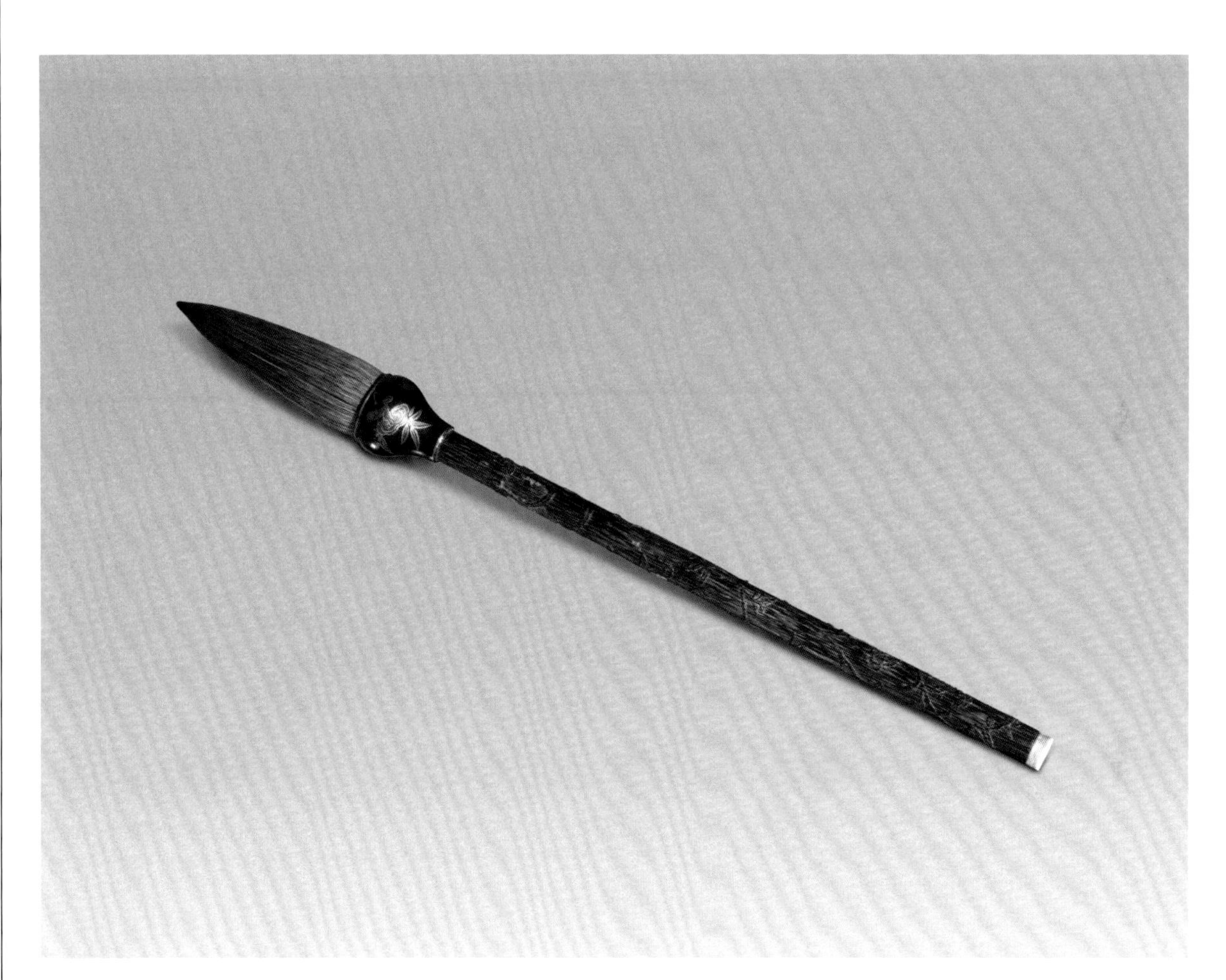

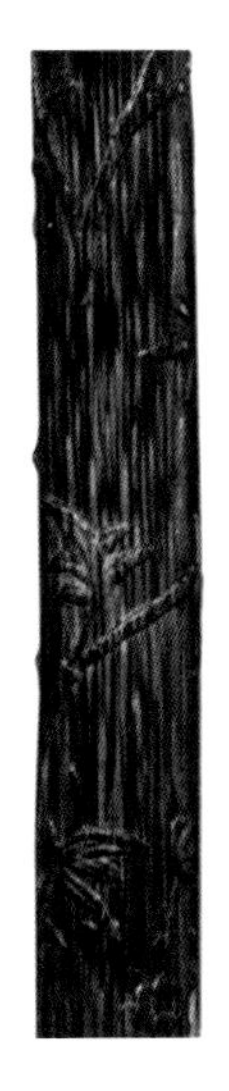

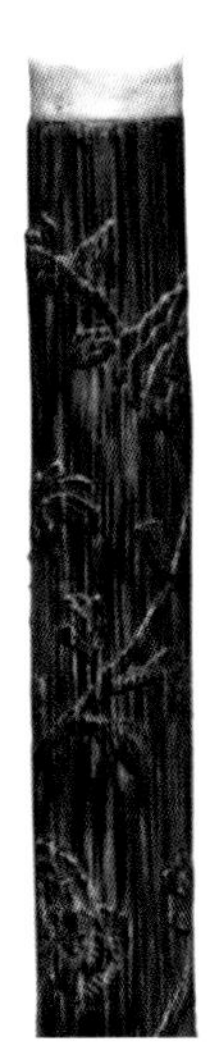

棕竹筆管，在黃褐相間的自然紋理地上浮雕牡丹、靈芝、叢竹等花卉紋。紫漆描金靈芝紋筆斗。紫毫。

此筆管裝飾獨特，自然天成的斑駁紋理，加之層層環雕，具有古樸、蒼勁的效果。筆斗彩漆描金，裝飾精美。筆毫長而豐滿，鋒齊圓健，適於書寫。

148

烏木彩漆雲蝠紋管紫毫筆

清乾隆

管長19.5厘米　管徑0.95厘米　帽長9.65厘米

清宮舊藏

Writing brush made of purple rabbit's hair with ebony shaft carved with bat and cloud design in painted lacquer

Qianlong period, Qing Dynasty

Length of shaft: 19.5cm　Diameter of shaft: 0.95cm

Length of cap: 9.65cm

Qing Court collection

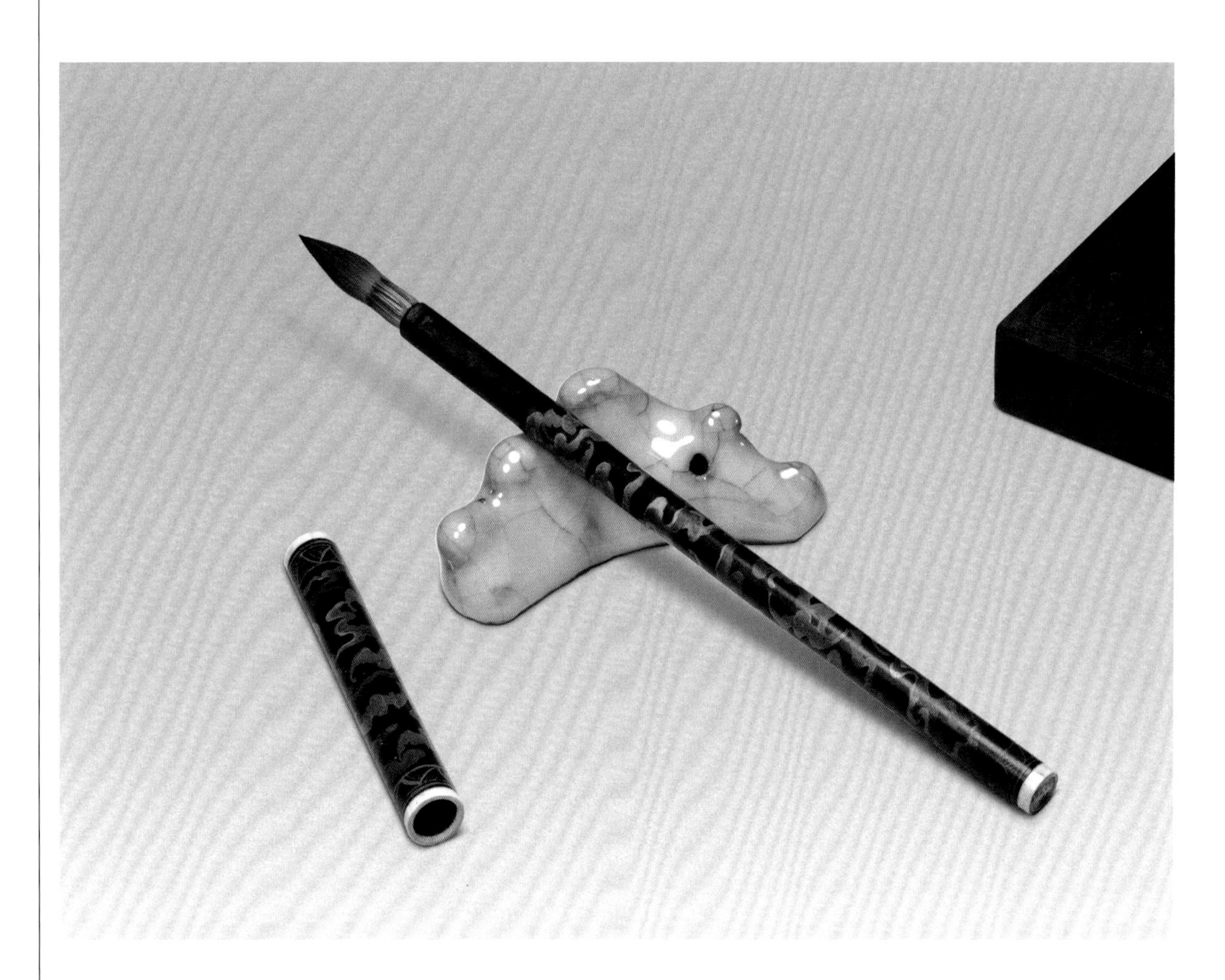

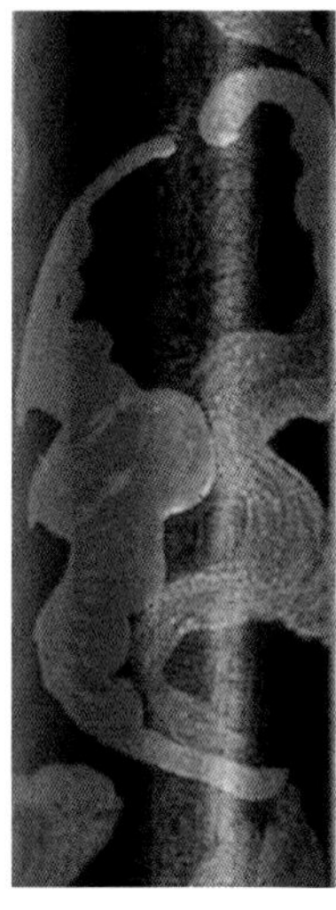

筆管通體彩漆紋飾，朱漆繪蝙蝠紋，綠、絳、土黃色描繪雲紋，使蝙蝠更加醒目突出。管頂、帽口嵌象牙。蘭蕊式紫毫，根部有藍色彩毫裝飾。

此筆以烏木製管、帽，彩漆紋飾靈動飄逸，色彩濃麗而不浮艷，對比強烈，頗具觀賞性。

149

紫檀木雕蟠螭紋管紫毫筆

清乾隆
管長19.8厘米　管徑1厘米　帽長9.7厘米
清宮舊藏

Writing brush made of purple rabbit's hair with red sandal-wood shaft carved with interlaced hydra design

Qianlong period, Qing Dynasty
Length of shaft: 19.8cm　Diameter of shaft: 1cm
Length of cap: 9.7cm
Qing Court collection

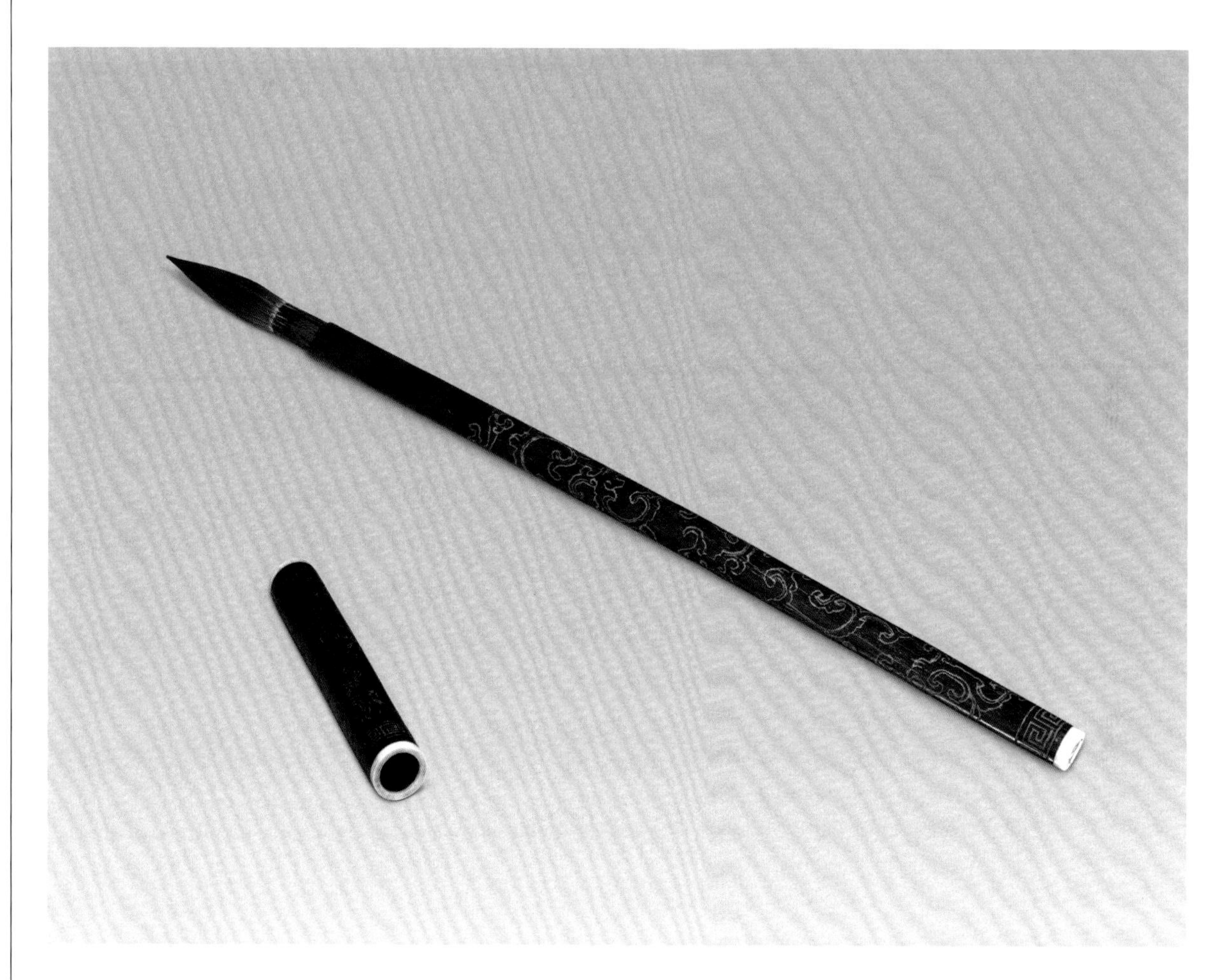

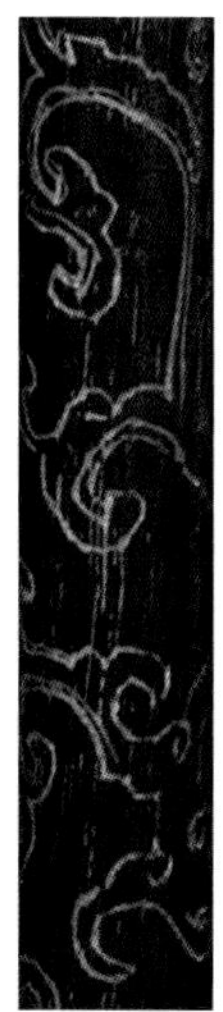

筆管通體陰刻蟠螭紋，管端、筆帽兩端各雕一周迴紋。管頂、帽口嵌象牙。蘭蕊式紫毫，鋒穎堅挺修長，根部飾藍色附毫裝飾。

清代製筆，取材廣泛，以紫檀木製筆管，其色深沉凝重，其質持久耐用。

150

紫檀木剛健中正管貂毫筆

清乾隆
管長19.4厘米　管徑1.1厘米　帽長9.4厘米
清宮舊藏

Writing brush made of marten's hair with red sandalwood shaft inscribed with characters Gang Jian Zhong Zheng

Qianlong period, Qing Dynasty
Length of shaft: 19.4cm　Diameter of shaft: 1.1cm
Length of cap: 9.4cm
Qing Court collection

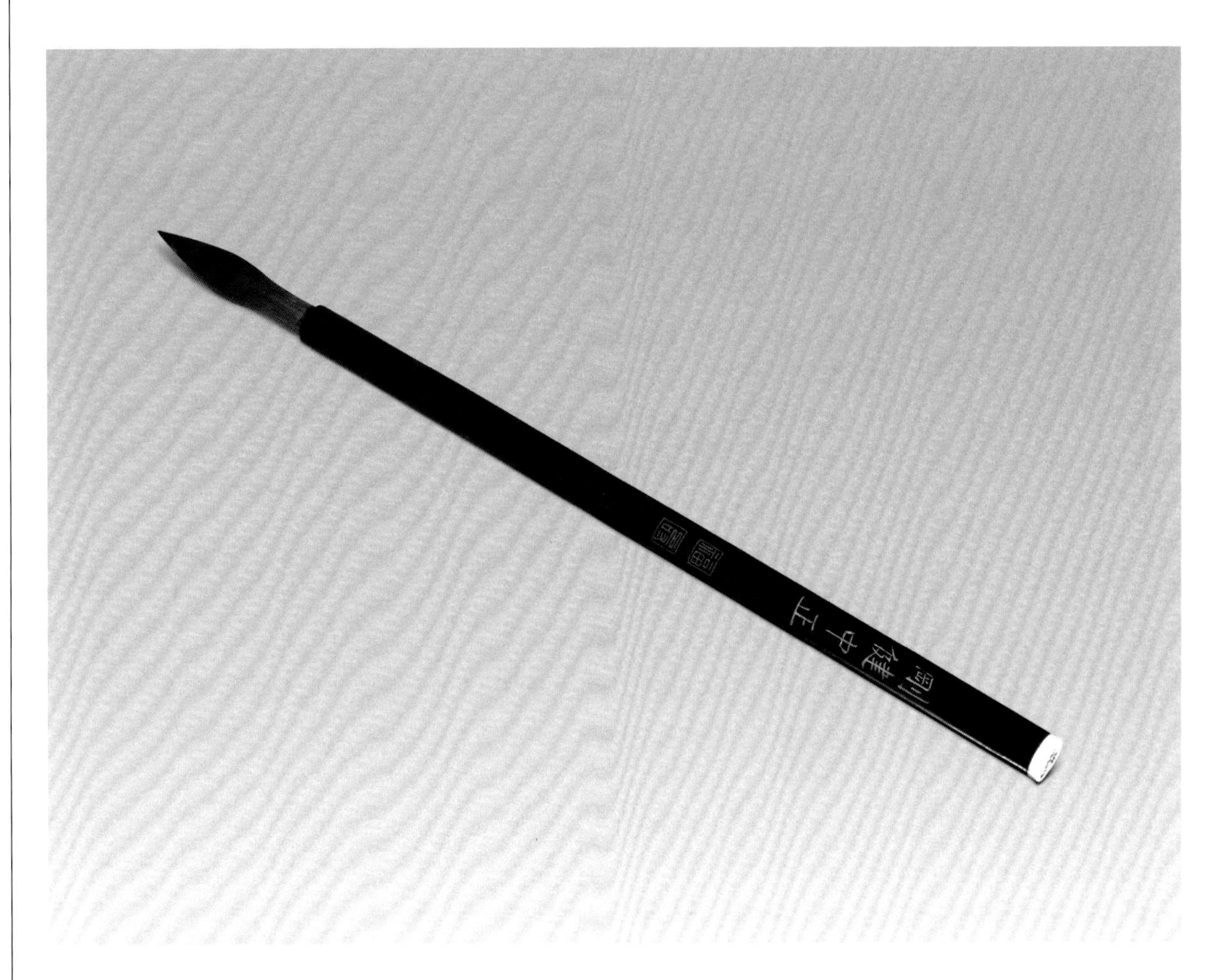

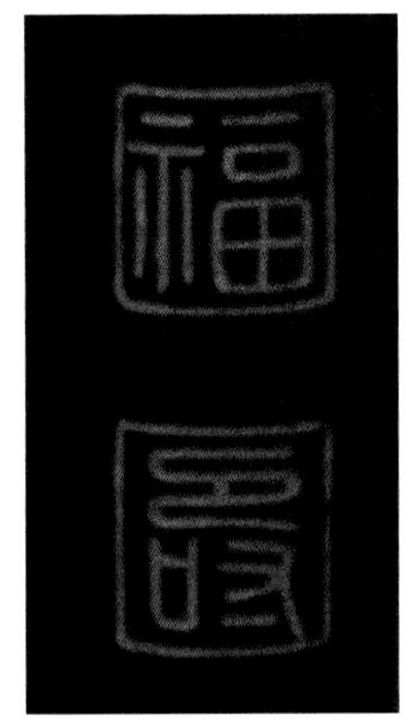

筆管質地細膩光亮，上端陰文楷書："剛健中正"，鈐"福"、"壽"朱文連珠印。管頂、帽口嵌象牙。蘭蕊式貂毫。

此筆用材考究，以名貴的紫檀木為管，製作精緻，裝飾簡約，長鋒飽滿，書字舒展有力，揮灑自如。

151

紫檀木嵌玉管鬃毫抓筆
清乾隆
管長11.6厘米　斗徑7.7厘米
清宮舊藏

Big writing brush made of pig's hair with red sandalwood shaft inlaid with jade
Qianlong period, Qing Dynasty
Length of shaft: 11.6cm　Diameter of bowl: 7.7cm
Qing Court collection

筆管為整塊紫檀木料雕成，表面光滑，色澤凝重，管壁外鑿有一斜伸單孔，可懸掛勾。筆管頂部嵌一五蝠捧壽青玉圓環。鬃毫，豐滿健碩，毫端以繩束結，納入筆腔，堅固耐用。

此筆製作考究，為宮廷御用特製珍品，適宜書寫巨擘大字。

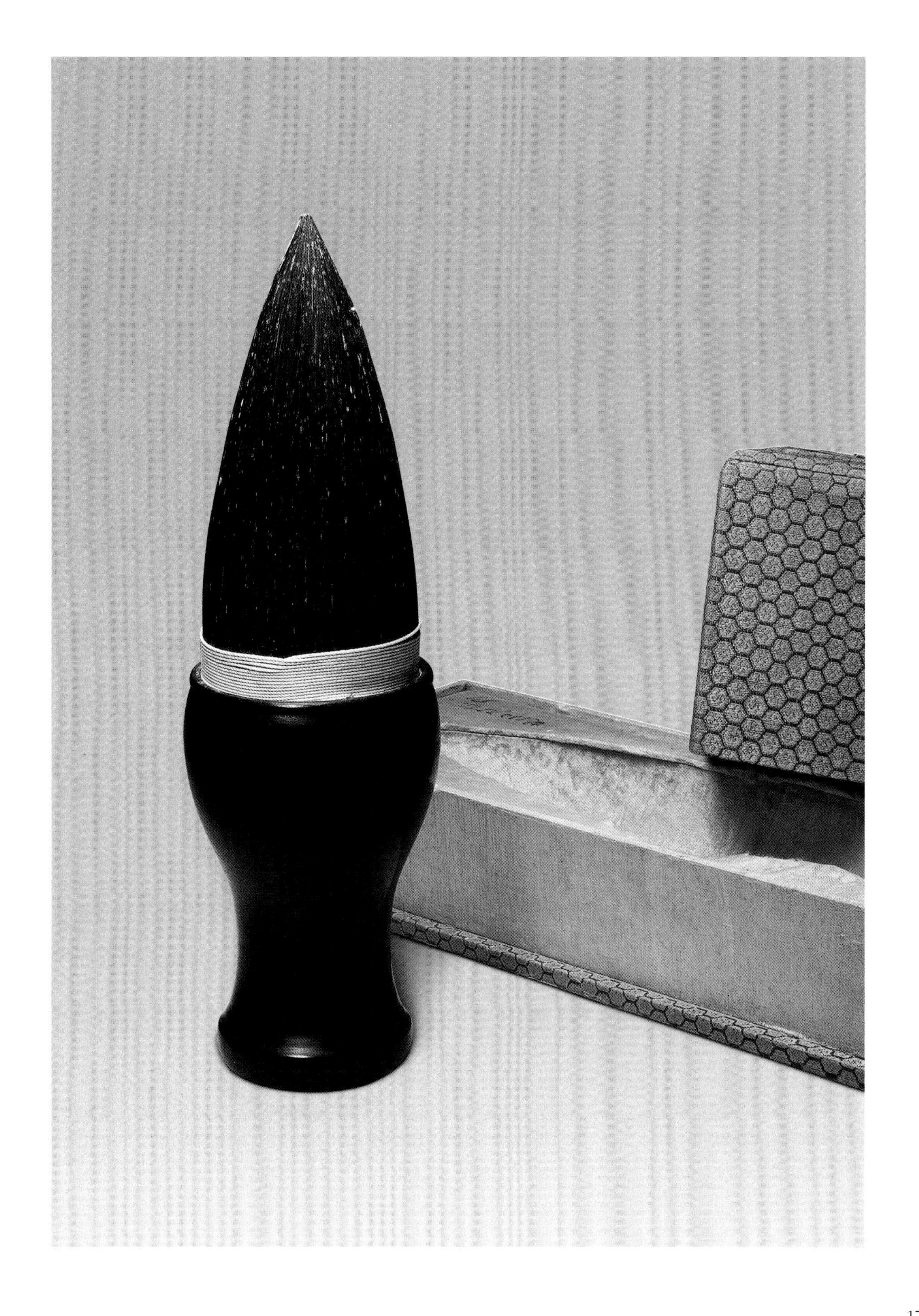

152

紫檀木管嵌牙刻花填金斗紫毫提筆

清乾隆
管長16.3厘米　管徑0.9厘米　斗長3.4厘米　斗徑2.6厘米
清宮舊藏

Big writing brush made of purple rabbit's hair with red sandalwood shaft and ivory bowl carved with floral design and filled-in with gold

Qianlong period, Qing Dynasty
Length of shaft: 16.3cm　Diameter of shaft: 0.9cm
Length of bowl: 3.4cm　Diameter of bowl: 2.6cm
Qing Court collection

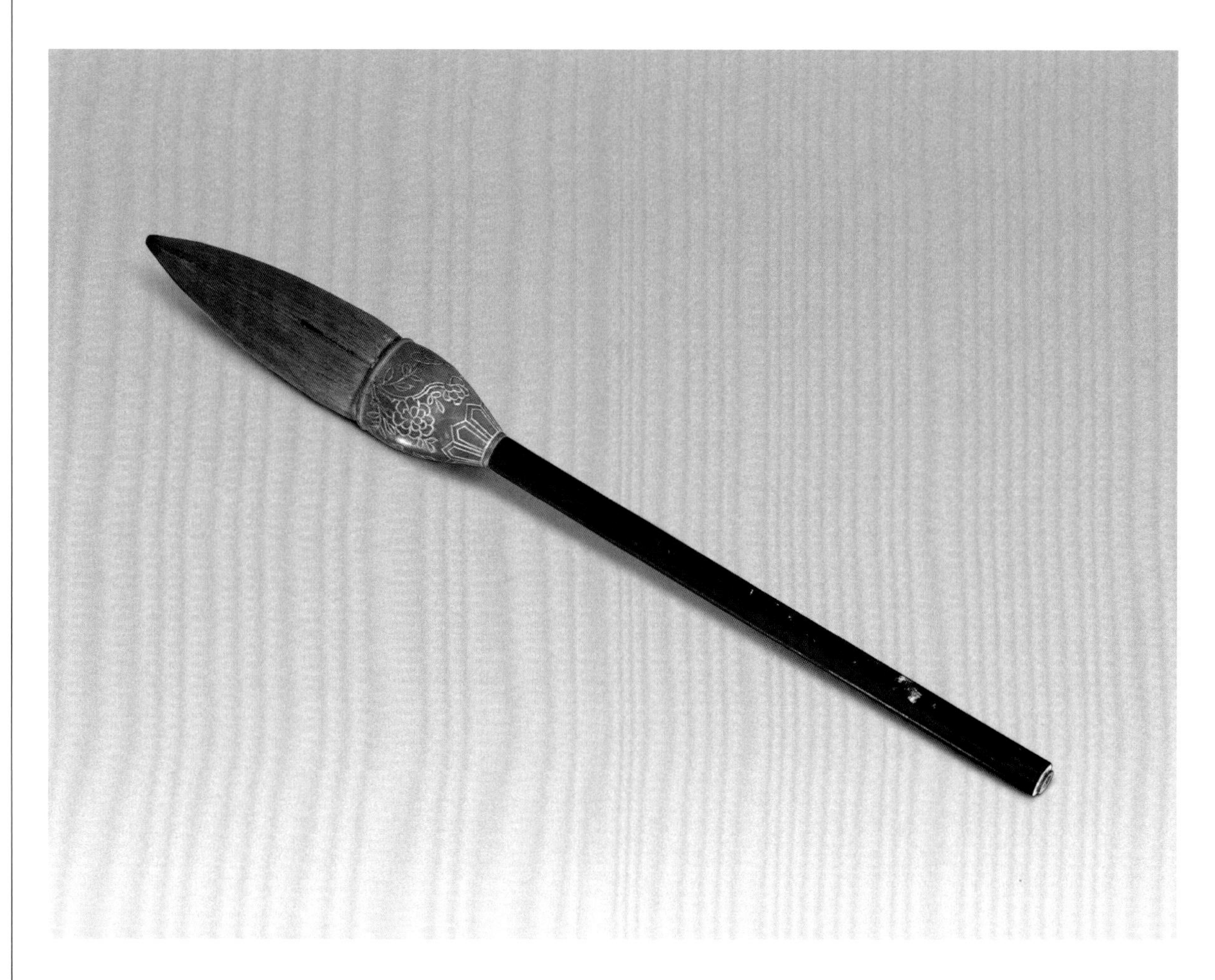

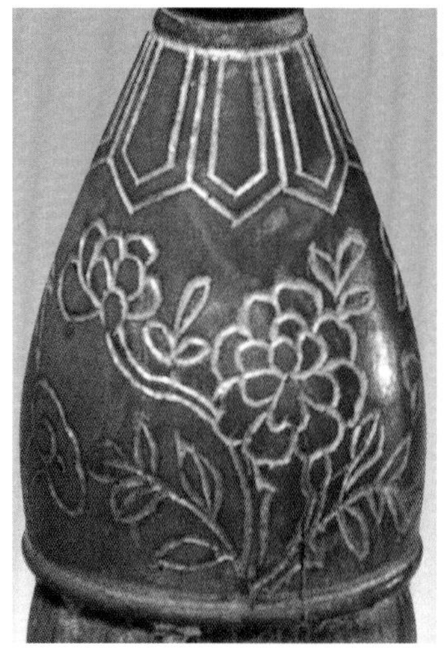

筆管通體光素。染牙筆斗，呈翠綠色，陰刻填金叢竹、靈芝、蘭花、菊花等紋飾，斗頸環飾填金仰蓮瓣紋。紫毫。

此筆管不加雕飾，體現紫檀木的自然紋理、光澤，筆斗紋飾雕刻精細。長鋒飽滿，適宜書寫大字。

153

檀香木雕纏枝花紋管紫毫筆

清乾隆
管長20厘米　管徑1厘米　帽長9.75厘米
清宮舊藏

Writing brush made of purple rabbit's hair with sandalwood shaft carved with design of twining flowers

Qianlong period, Qing Dynasty
Length of shaft: 20cm　Diameter of shaft: 1cm
Length of cap: 9.75cm
Qing Court collection

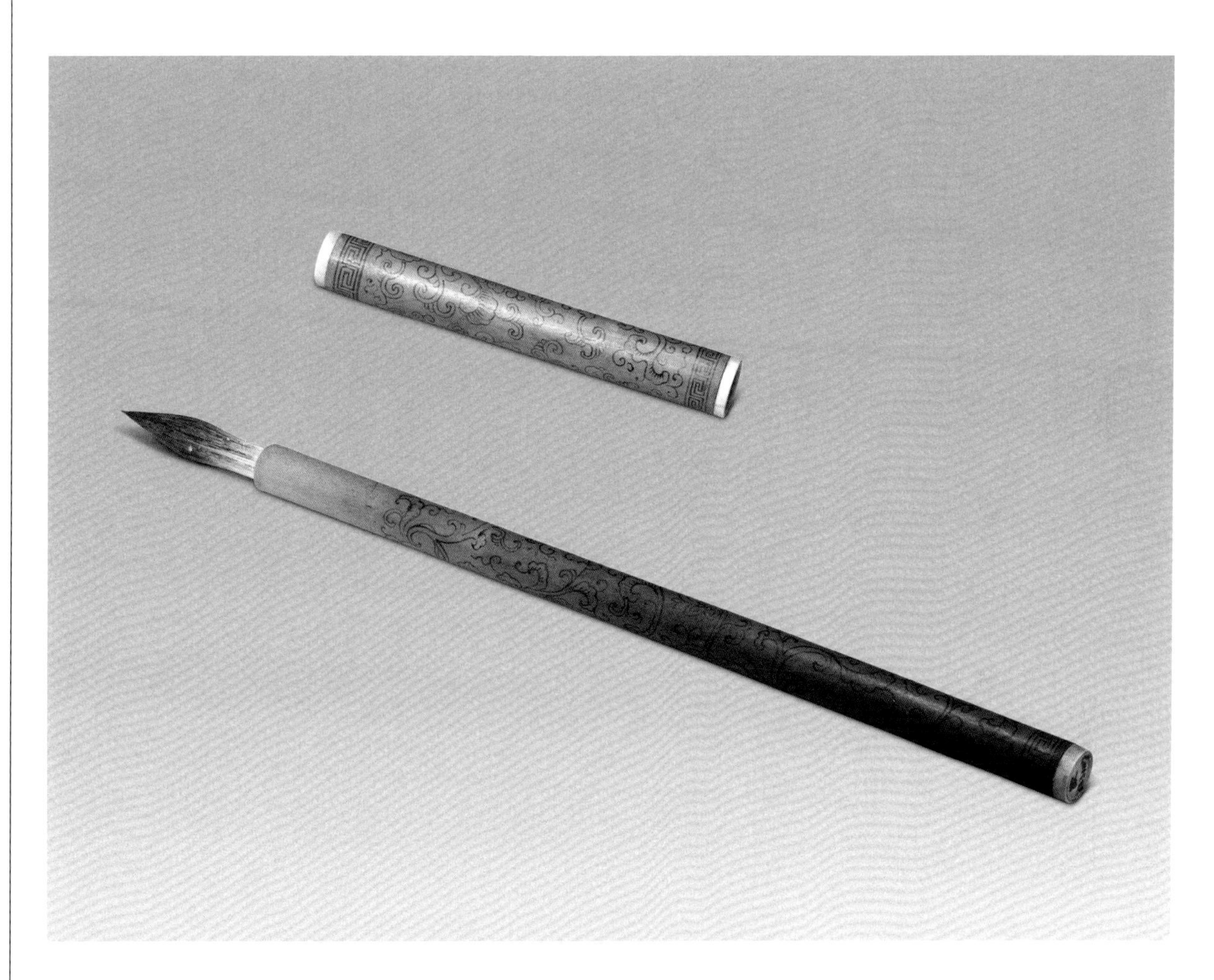

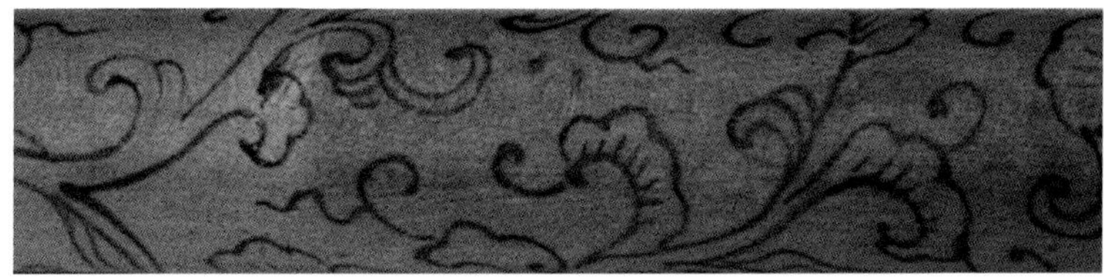

筆管通體綠漆描繪纏枝花卉，蓮花、石榴花等，管端及筆帽兩端飾工整的迴紋。管頂、帽口嵌象牙。蘭蕊式紫毫。

此筆選毫精細，飽滿細潤，長鋒挺健，為宮廷御用佳品。

154

檀香木彩繪福壽紋管紫毫筆

清乾隆
管長17.2厘米　管徑1厘米　帽長9厘米
清宮舊藏

Writing brush made of purple rabbit's hair with sandalwood shaft painted with patterns symbolizing happiness and longevity

Qianlong period, Qing Dynasty
Length of shaft: 17.2cm　Diameter of shaft: 1cm
Length of cap. 9cm
Qing Court collection

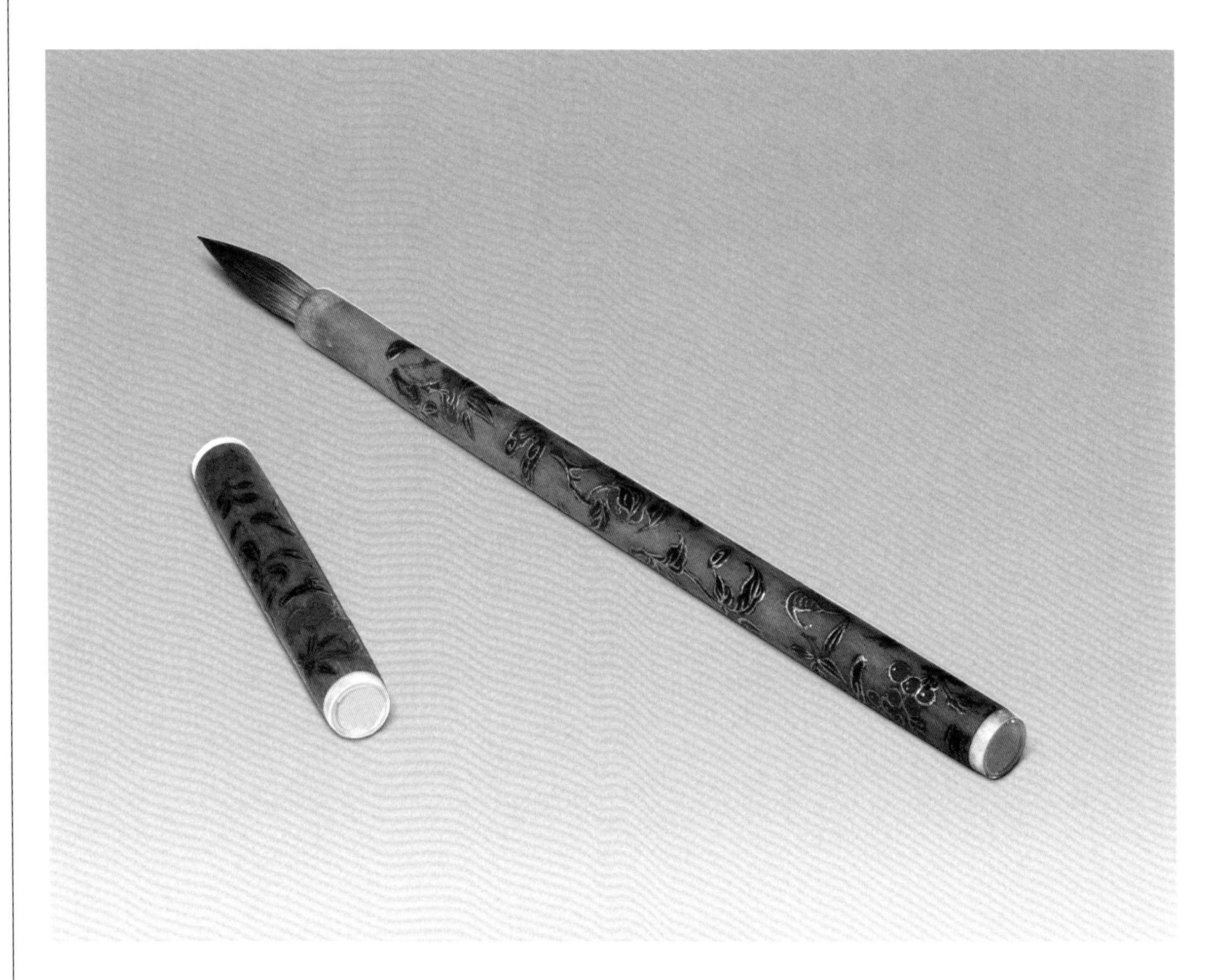

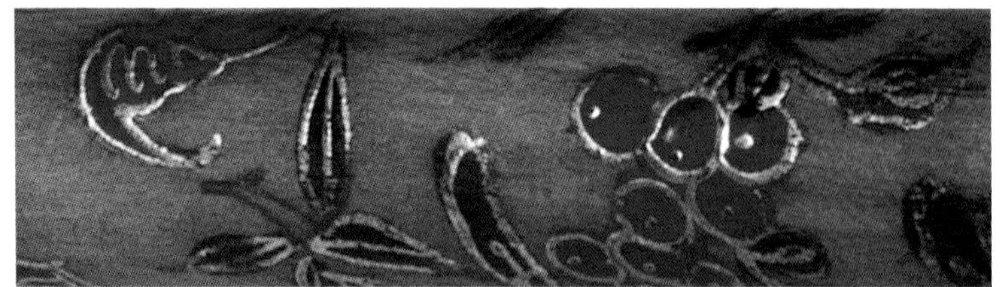

筆管通體彩繪描金紋飾，有靈芝、蝙蝠、壽桃等，均以金漆勾勒，寓意福壽吉祥。管頂、帽口兩端嵌飾象牙。紫毫。

此筆彩繪精美，裝飾華麗，色彩鮮麗。筆毫選料精細，鋒銳挺健，飽滿圓潤。

155

檀香木雕百壽圖管紫毫提筆

清乾隆
管長16.3厘米　管徑0.9厘米　斗長1.9厘米　斗徑2厘米
清宮舊藏

Big writing brush made of purple rabbit's hair with sandalwood shaft carved with one hundred characters Shou (longevity)

Qianlong period, Qing Dynasty
Length of shaft: 16.3cm　Diameter of shaft: 0.9cm
Length of bowl: 1.9cm　Diameter of bowl: 2cm
Qing Court collection

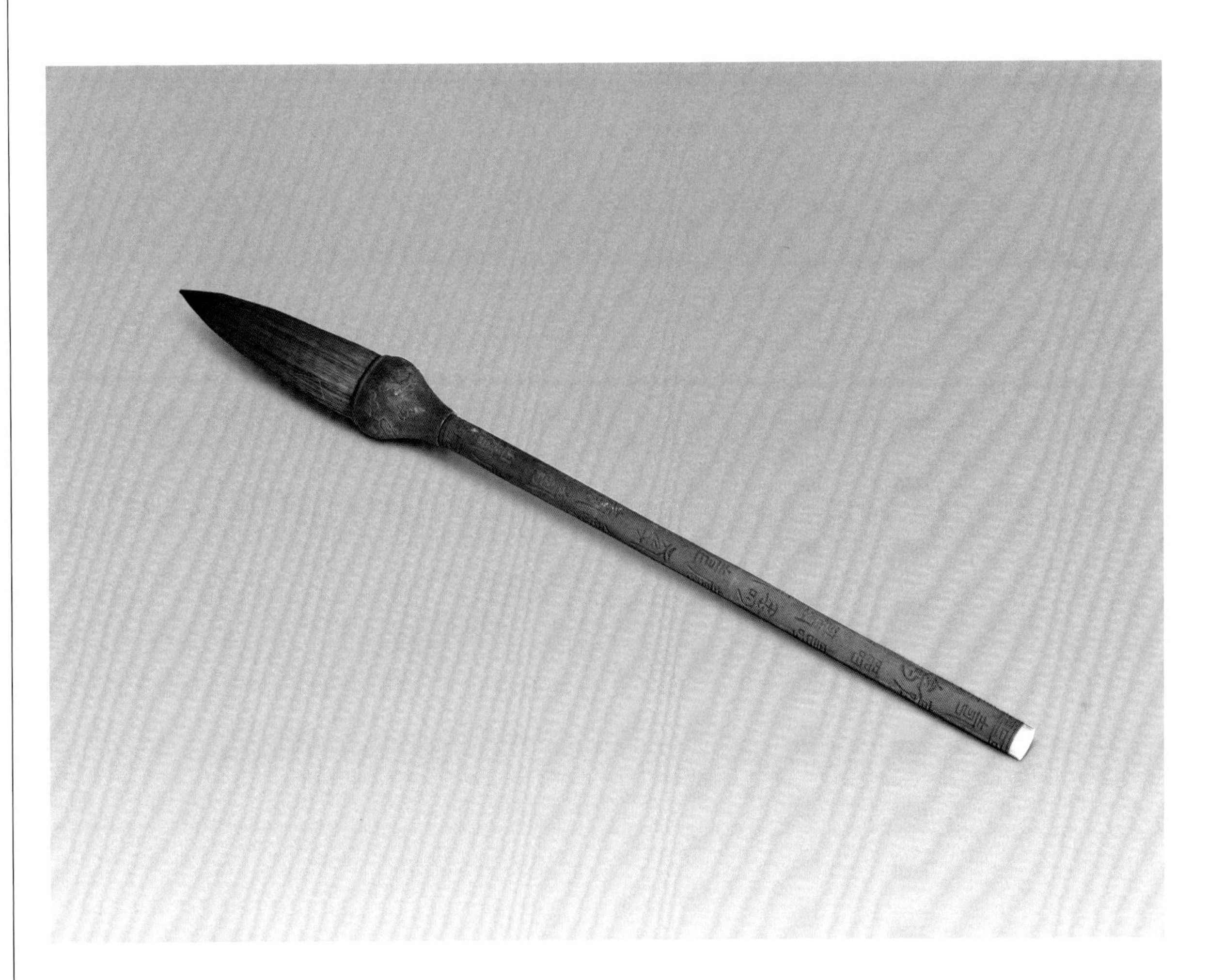

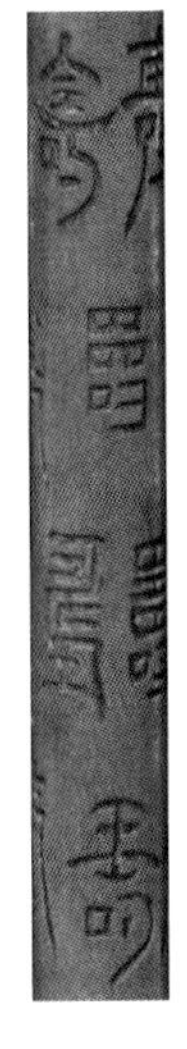

管身滿雕陰文填藍百壽圖，兩端各飾丁字紋一周，管頂嵌象牙。筆斗凸雕飛蝶紋，間飾朵花。紫毫。

此筆裝飾典雅，筆斗小巧精緻，鋒穎飽滿，適宜書寫匾額大字。

156

雞翅木萬邦作孚管兼毫筆

清乾隆
管長19.6厘米　管徑1.1厘米　帽長9.6厘米
清宮舊藏

Writing brush made of mixed hair with Jichimu wood shaft carved with characters Wan Bang Zuo Fu

Qianlong period, Qing Dynasty
Length of shaft: 19.6cm　Diameter of shaft: 1.1cm
Length of cap: 9.6cm
Qing Court collection

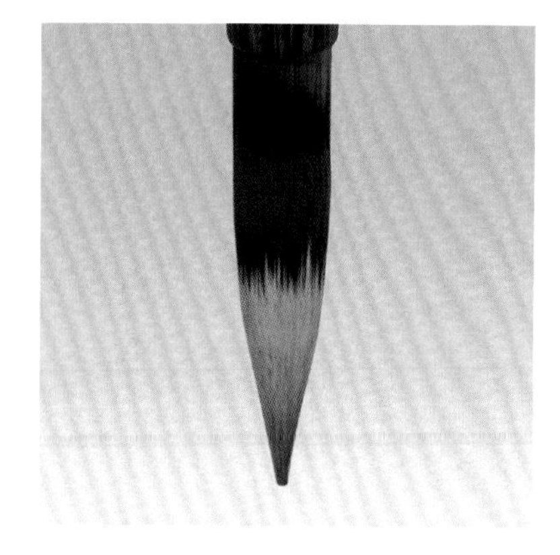

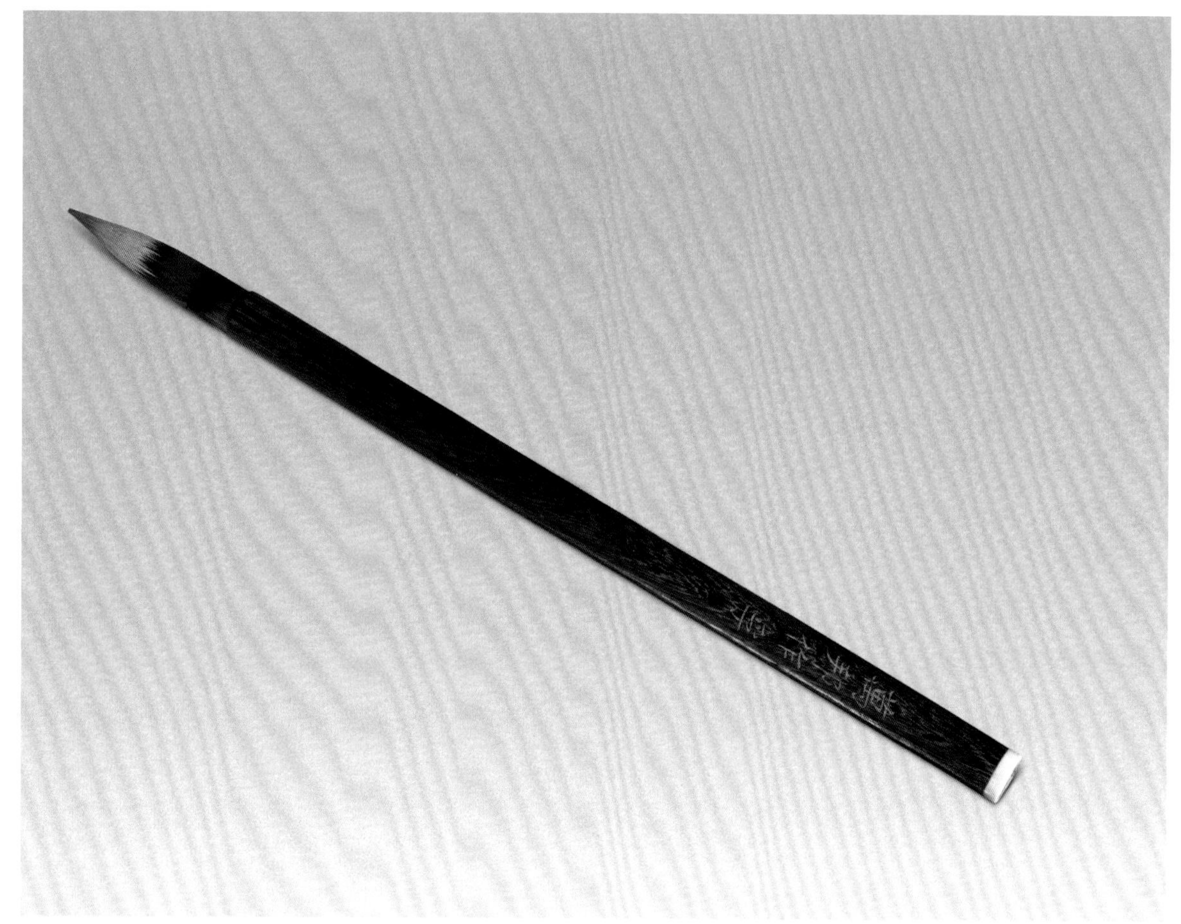

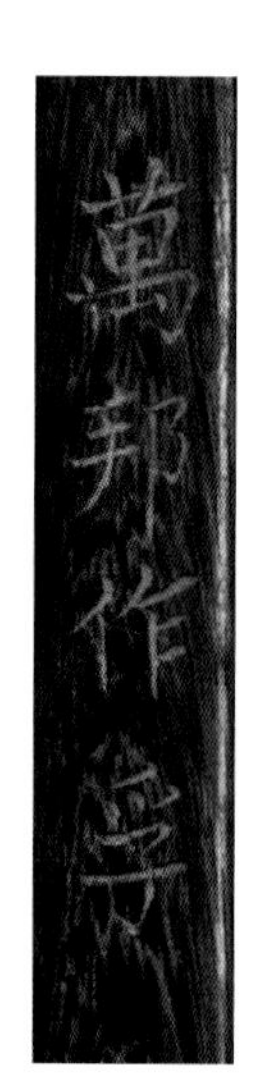

筆管通體光素，呈現出自然美觀的木質紋理。管端陰刻填藍楷書：“萬邦作孚”。管頂嵌象牙。兼毫，以藍、紅、黑、白相間染色。

此筆用材講究，不事雕琢，以木質自然紋理作裝飾，效果獨特，與色彩斑斕的筆毫相得益彰。為清宮御用筆精品。

157

花梨木管鬃羊毫抓筆
清乾隆
管長10.7厘米　斗徑5.5厘米
清宮舊藏

Big writing brush made of mixed pig's and goat's hair with rosewood shaft
Qianlong period, Qing Dynasty
Length of shaft: 10.7cm　Diameter of bowl: 5.5cm
Qing Court collection

筆管以整塊花梨木雕成，通體光素，只在兩端雕出數道弦紋，突顯出木質自然天成的紋理。鬃羊毫，粗細兼雜，納毫粗獷，長鋒飽滿，適宜書寫榜書大字。清宮廷御用筆。

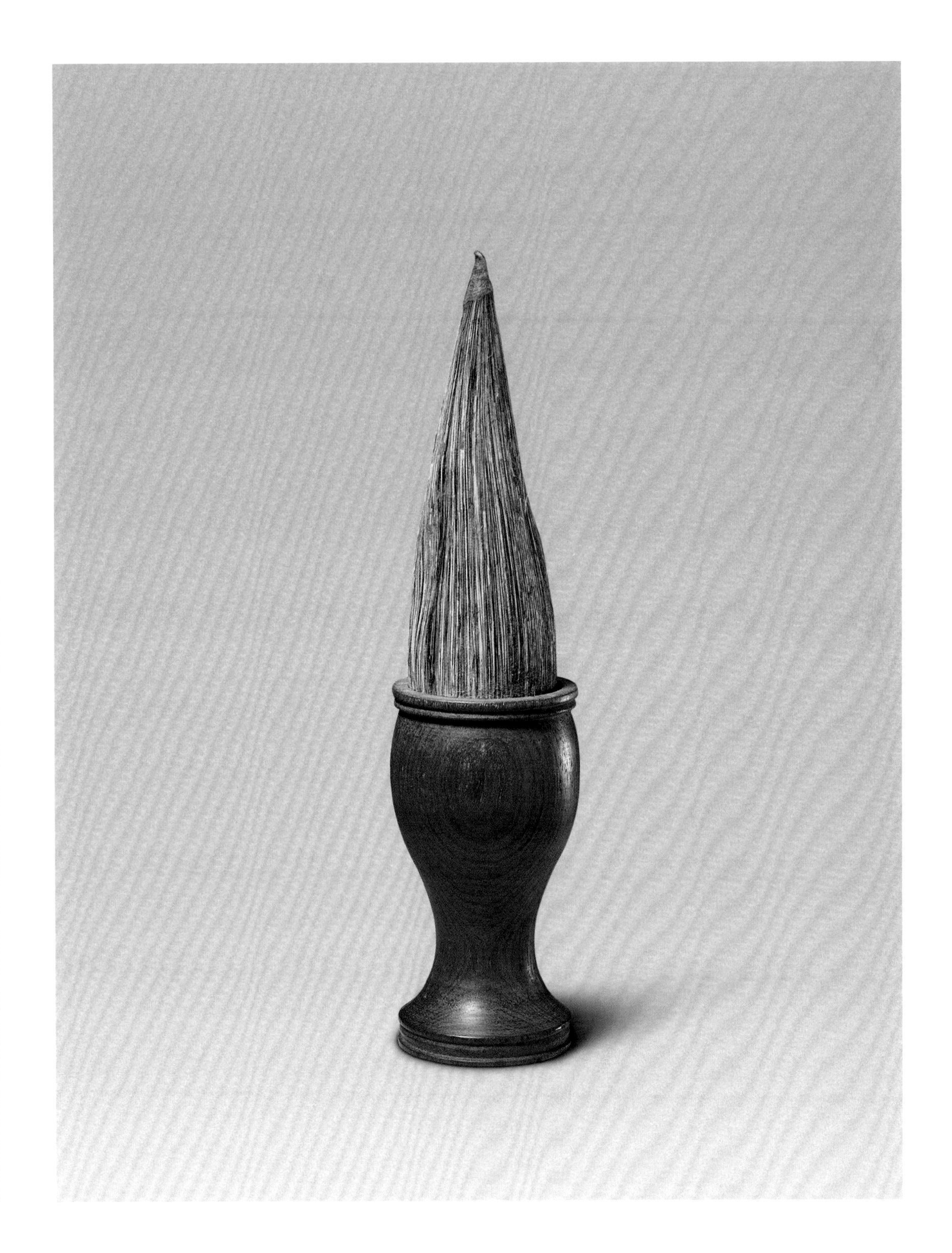

158

青玉管碧玉斗紫毫提筆

清乾隆

管長17.2厘米　管徑1.3厘米　斗長2.3厘米　斗徑2.5厘米

清宮舊藏

Big writing brush made of purple rabbit's hair with jasper bowl and sapphire shaft

Qianlong period, Qing Dynasty

Length of shaft: 17.2cm　Diameter of shaft: 1.3cm

Length of bowl: 2.3cm　Diameter of bowl: 2.5cm

Qing Court collection

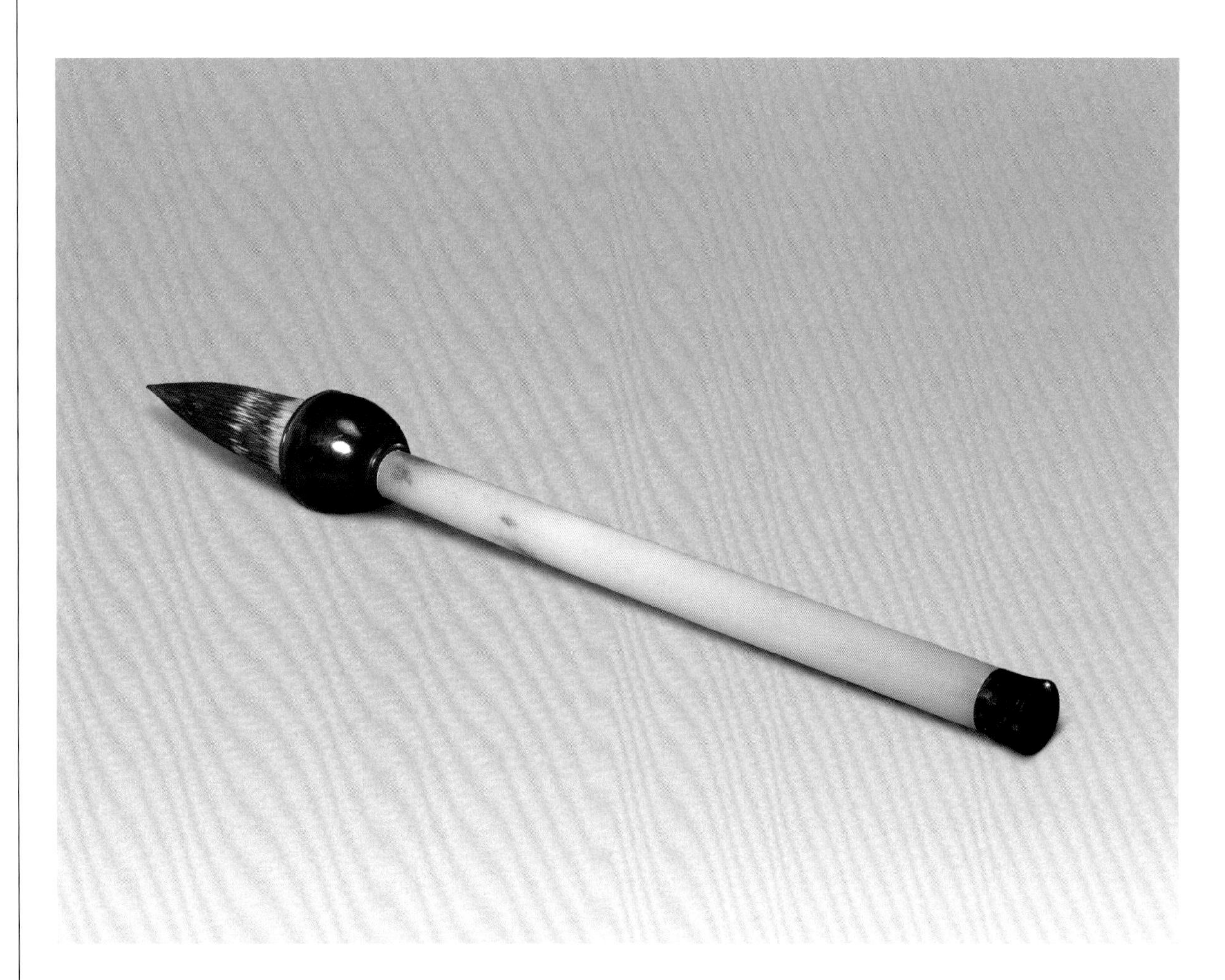

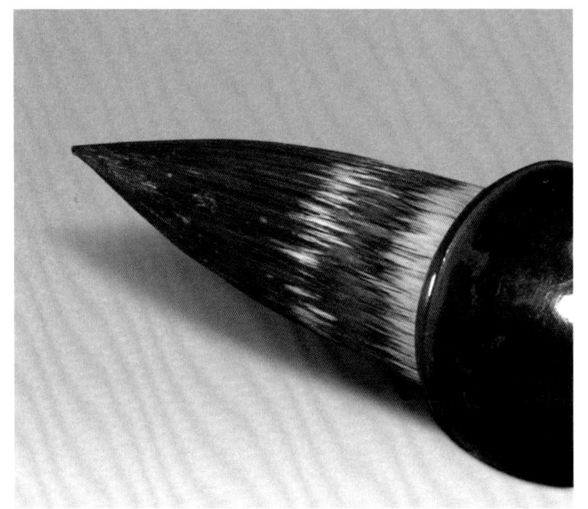

筆管光素，管頂鑲青金石。鼓形碧玉筆斗。紫毫，根部染黃、紅、藍、白等多層彩毫，美如霓裳。

此筆玉材瑩潤，筆毫色澤豐富，色彩搭配和諧，極有觀賞價值。

159

青玉雕龍紋管琺琅斗狼毫提筆

清乾隆

管長24.6厘米　管徑1.8厘米　斗長2.9厘米　斗徑3.8厘米

清宮舊藏

Big writing brush made of weasel's hair with enamel bowl and sapphire shaft carved with dragon design

Qianlong period, Qing Dynasty

Length of shaft: 24.6cm　Diameter of shaft: 1.8cm

Length of bowl: 2.9cm　Diameter of bowl: 3.8cm

Qing Court collection

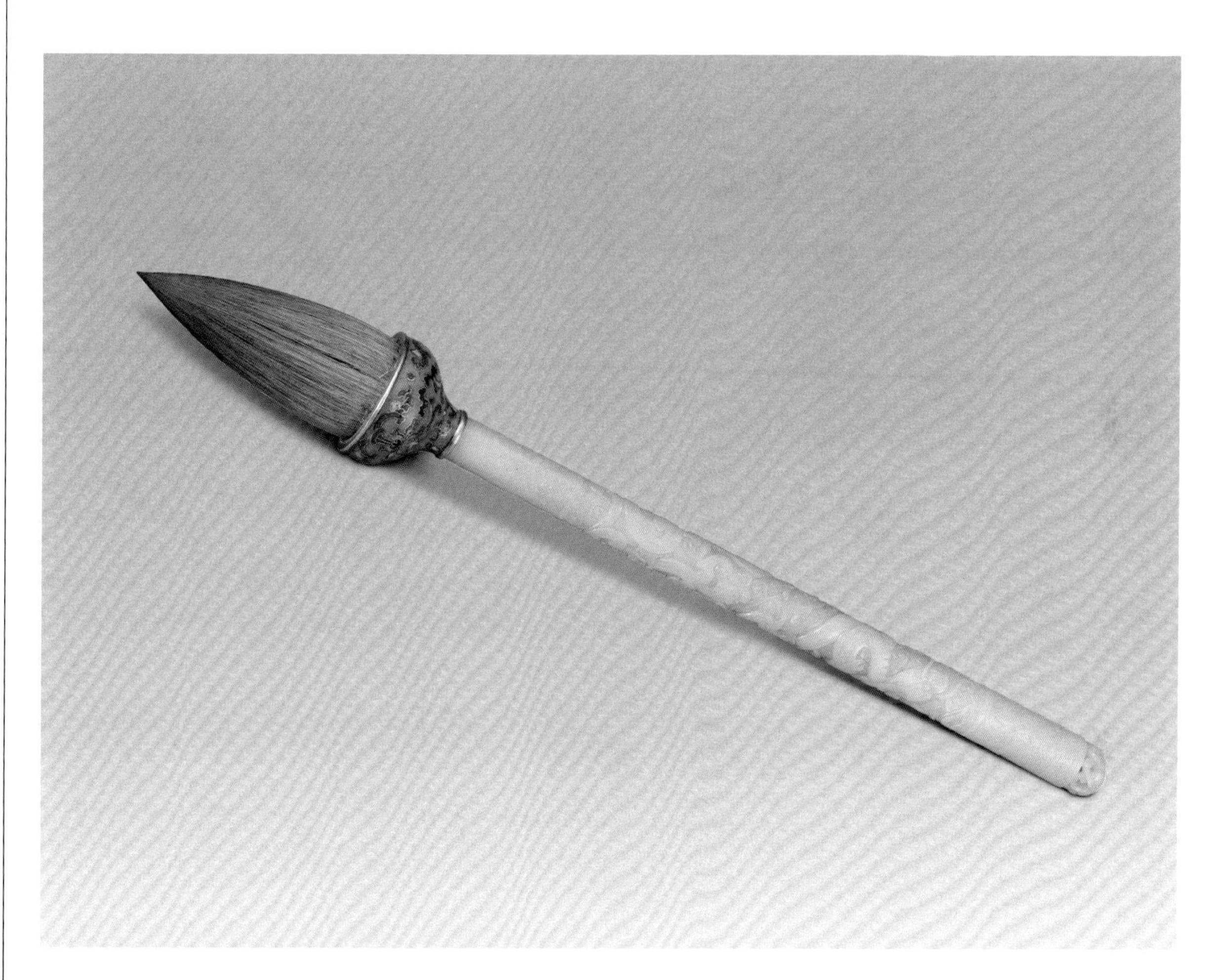

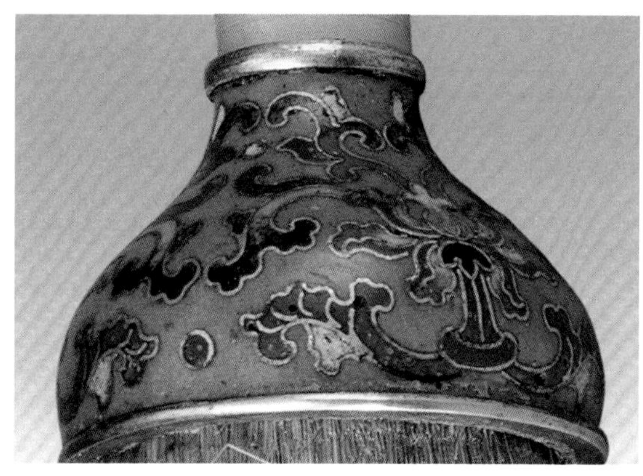

管身雕雲龍戲珠紋，兩端環以迴紋及纏枝蓮紋，管頂鏤雕蟠螭紋。掐絲琺琅花卉紋喇叭形筆斗。花苞式狼毫。

“筆之所貴者在毫”，毫的好壞直接影響使用，此筆毫用十分講究的正冬黃狼尾毛製成，毫長8厘米，為最佳上品，毫長堅勁、耐用，富有彈性，毛質光澤，成毫飽滿。筆管選玉上等，雕鏤精緻，堪稱筆中絕品。

160

青玉雕繩紋管嵌寶石斗狼毫提筆

清乾隆

管長19.8厘米　管徑1.2厘米　斗長3.3厘米　斗徑2.9厘米

清宮舊藏

Big writing brush made of weasel's hair with sapphire shaft carved with string design and bowl inlaid with precious stones

Qianlong period, Qing Dynasty

Length of shaft: 19.8cm　Diameter of shaft: 1.2cm

Length of bowl: 3.3cm　Diameter of bowl: 2.9cm

Qing Court collection

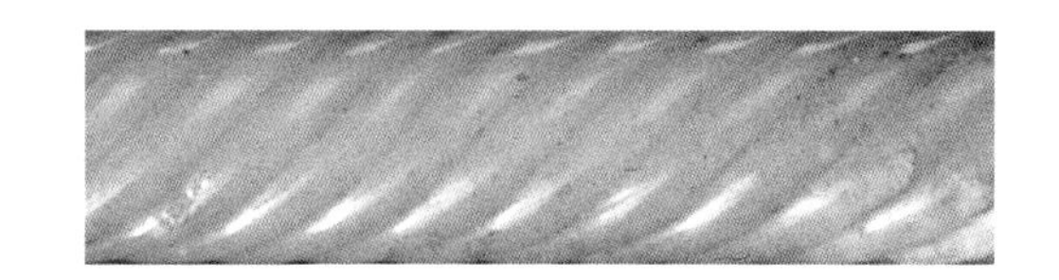

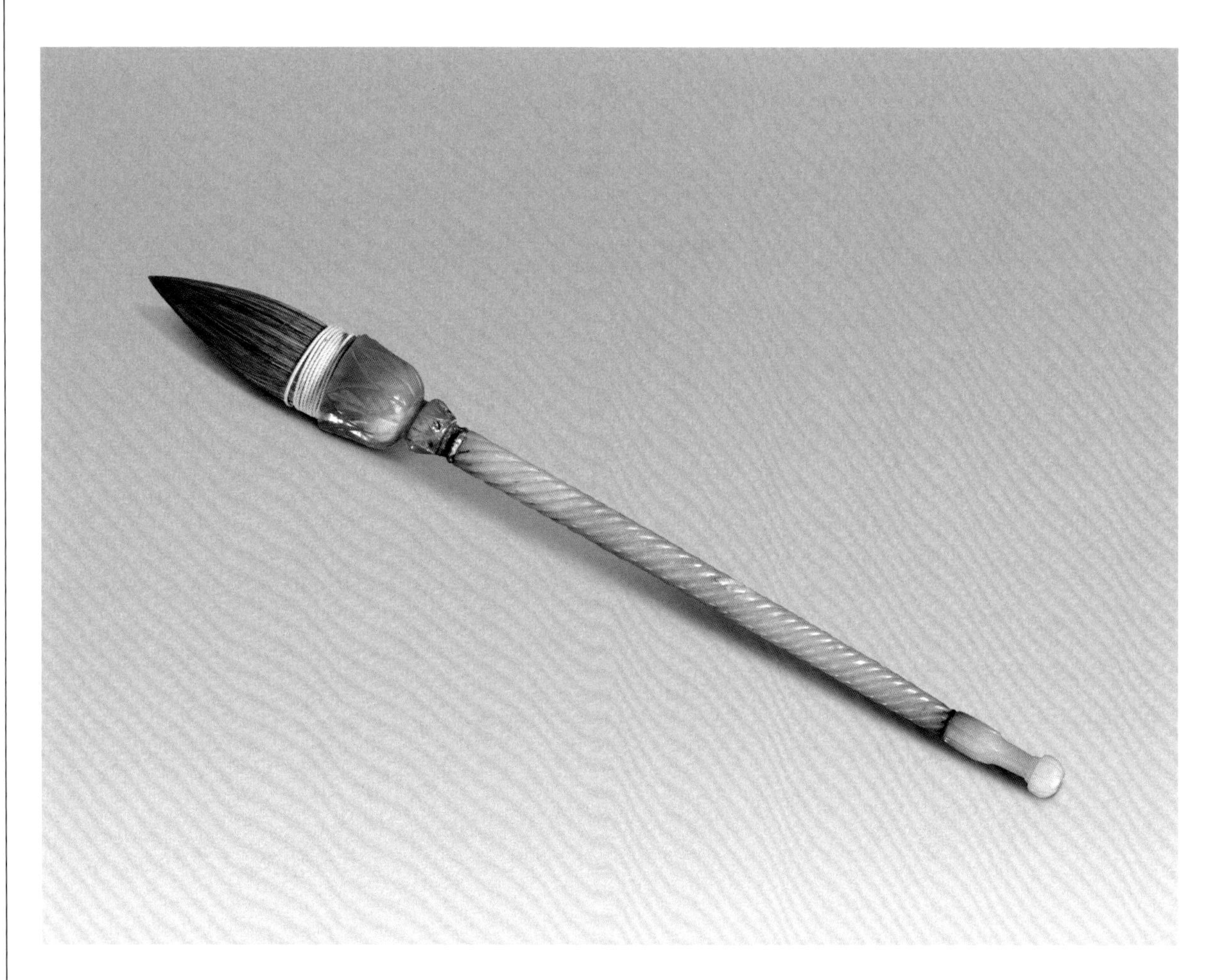

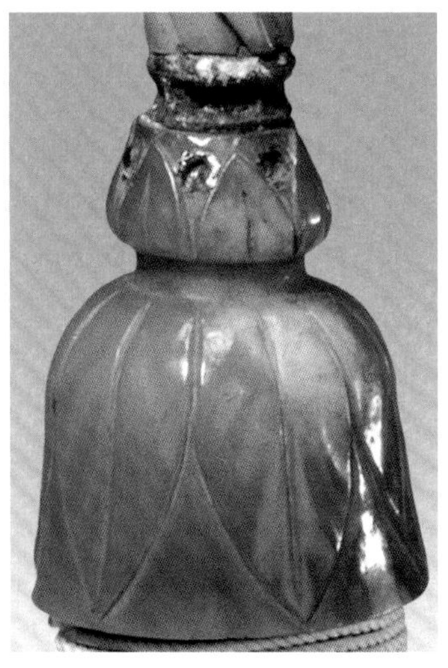

筆管通體雕飾弦繩紋，管頂圓形長束腰，雕飾蓮瓣紋。筆斗呈蓮花形，陰刻蓮瓣紋。斗上有蓮花托，雕蓮瓣紋嵌寶石。狼毫，根部束繩，毫毛光亮潤滑，短鋒齊整、飽滿。

此筆以玉作管，鑲嵌寶石，體現了宮廷用筆精美、華貴的風格。

161

白玉雕夔鳳紋管碧玉斗紫毫提筆

清乾隆

管長22.5厘米　管徑1.75厘米　斗長5厘米　斗徑4.25厘米

清宮舊藏

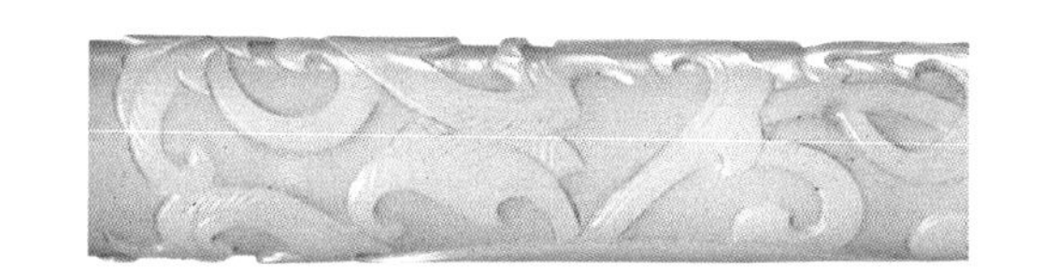

Big writing brush made of purple rabbit's hair with jasper bowl and white jade shaft carved with dragon like monopode and phoenix design

Qianlong period, Qing Dynasty

Length of shaft: 22.5cm　Diameter of shaft: 1.75cm

Length of bowl: 5cm　Diameter of bowl: 4.25cm

Qing Court collection

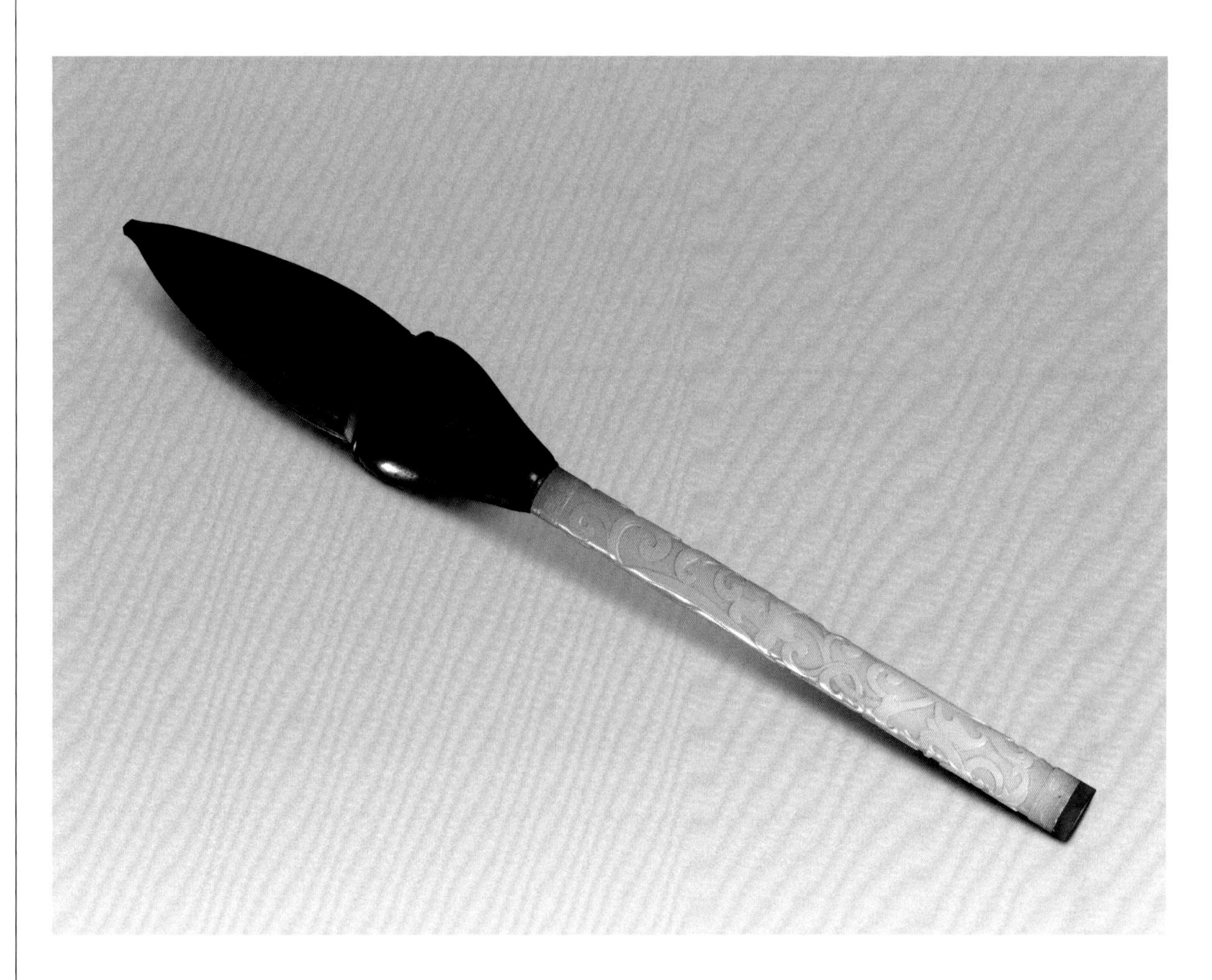

筆管通體淺浮雕夔鳳紋，間飾纏枝蓮紋，兩端各雕一周迴紋。管頂嵌翠。碧玉筆斗，光素無紋。紫毫。

此筆玉雕紋飾精細，線條流暢，為清代中期玉雕毛筆精品。

162

碧玉管狼毫提筆

清乾隆

管長17厘米　管徑1.3厘米　斗長2厘米　斗徑2.7厘米

清宮舊藏

Big writing brush made of weasel's hair with jasper shaft

Qianlong period, Qing Dynasty

Length of shaft: 17cm　Diameter of shaft: 1.3cm

Length of bowl: 2cm　Diameter of bowl: 2.7cm

Qing Court collection

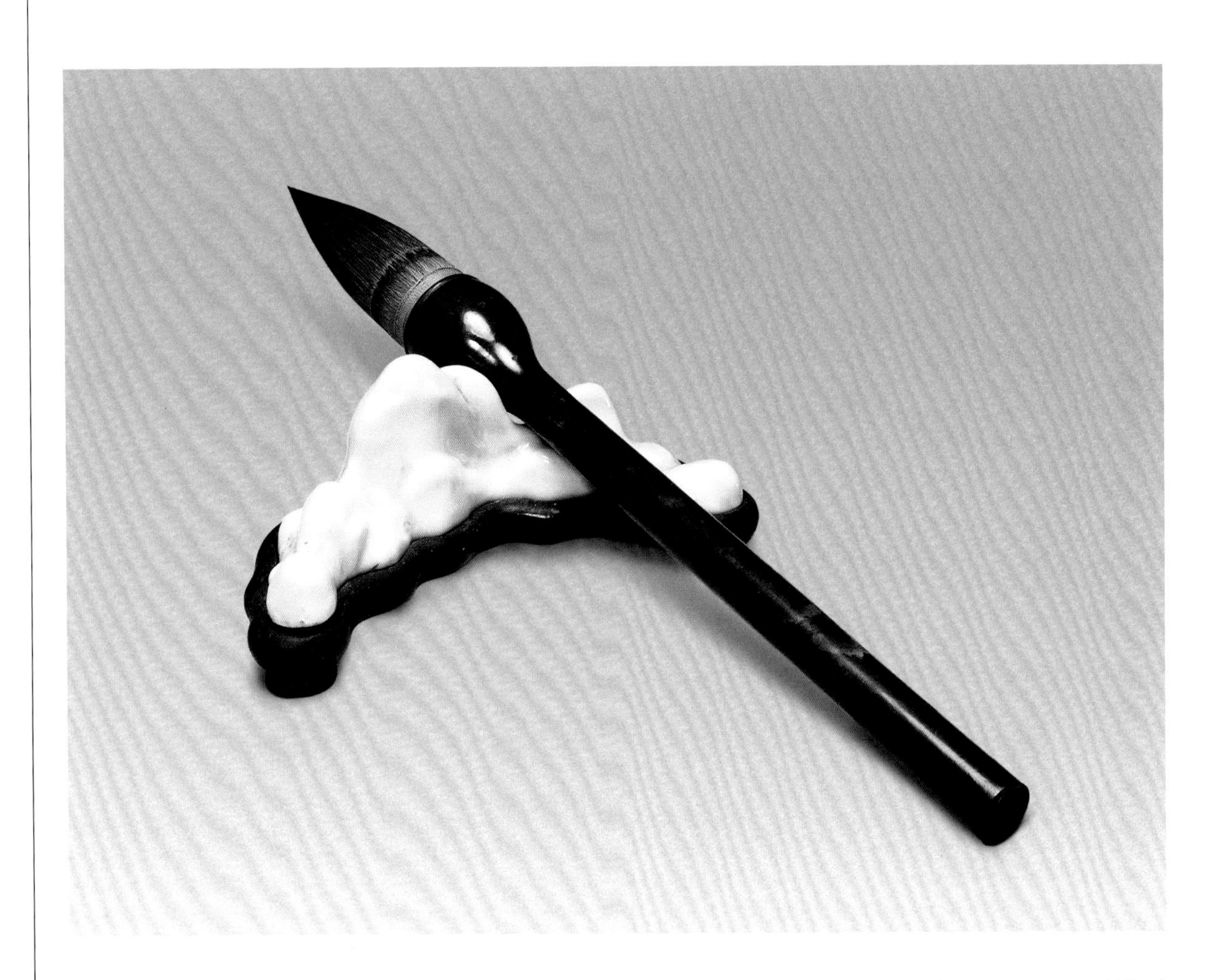

以整塊碧玉雕琢成筆管、筆斗，通體光素無紋，表面光滑潤澤。長鋒狼毫，根部附毫染成紅、藍、黃等色。

清代宮廷玉材豐富，玉製工藝發達，常見以玉作筆。此筆玉材上乘，毫毛粗健，束擷緊密，修削整齊，色彩豐富、美觀。

163

牙雕錢紋管紫毫筆

清乾隆
管長18.3厘米　管徑0.9厘米　帽長8.7厘米
清宮舊藏

Writing brush made of purple rabbit's hair with ivory shaft carved with coin design in openwork

Qianlong period, Qing Dynasty
Length of shaft: 18.3cm　Diameter of shaft: 0.9cm
Length of cap: 8.7cm
Qing Court collection

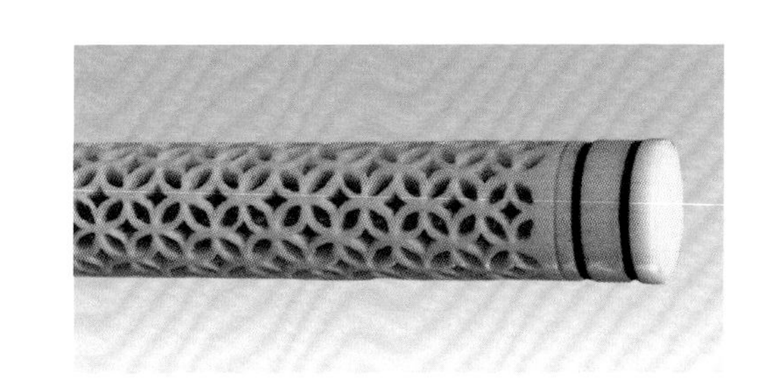

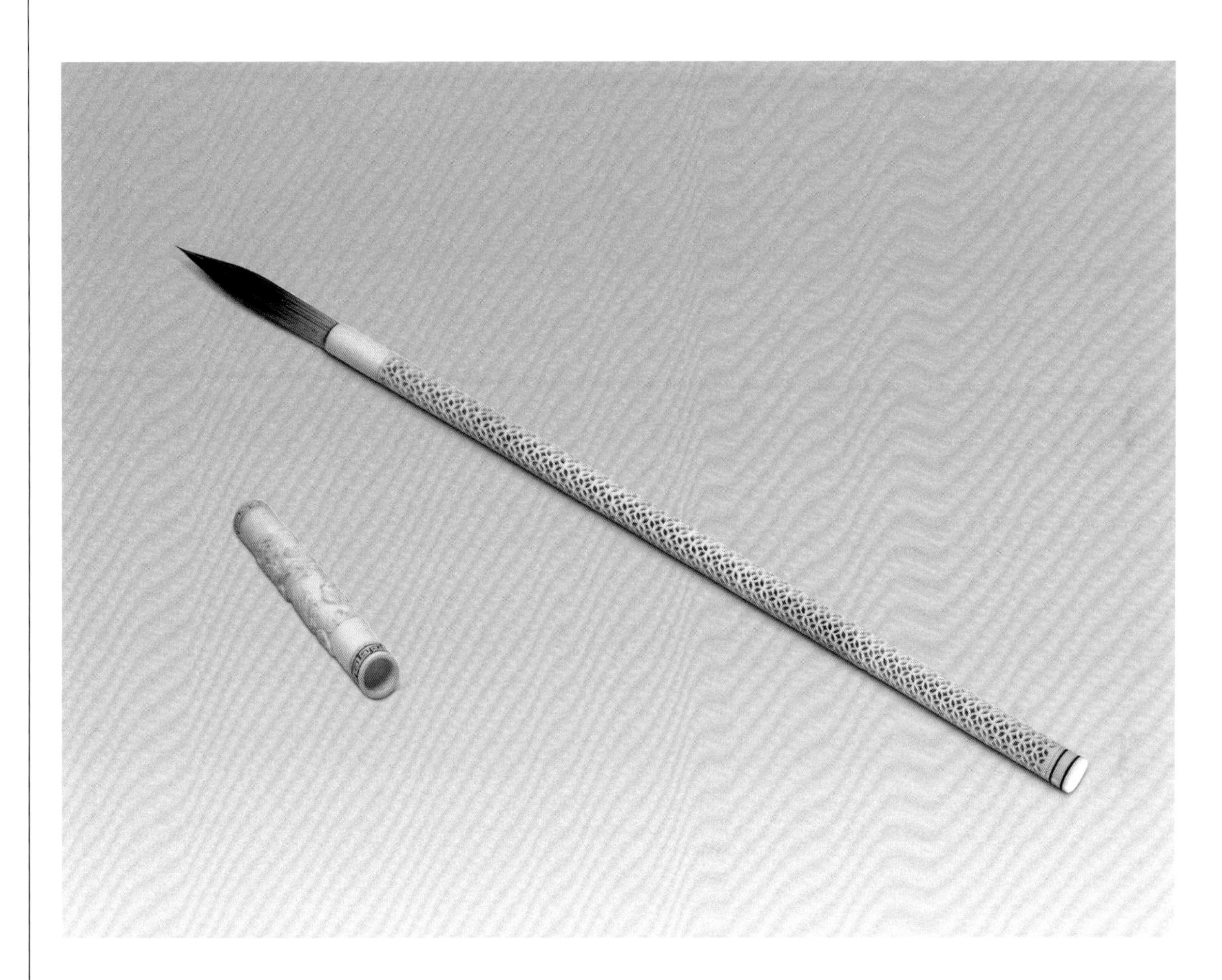

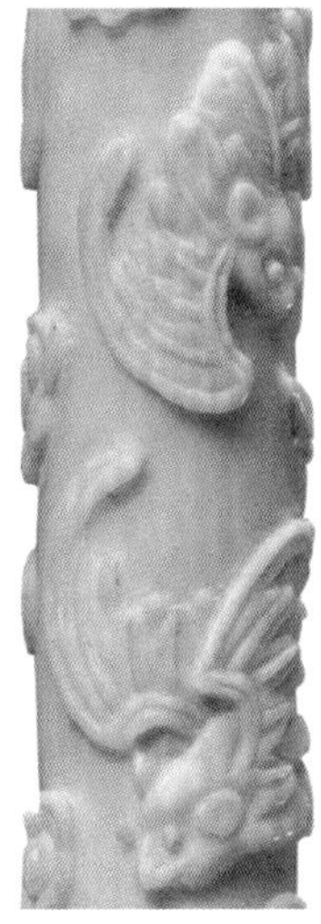

管身鏤雕古錢紋，紋細若網，上端裝飾兩道陰文填藍線。筆帽浮雕五隻飛翔的蝙蝠，間飾雲朵紋，兩端雕飾陰文填藍迴紋。蘭蕊式紫毫。

此筆質地勻淨，紋飾繁複、精美，採用鏤刻與浮雕兩種技法，磨工光潤，體現了清乾隆時期雕刻與製筆工藝高度發展的水平，是一件管美毫精的佳品。

164

青花紅彩雲龍紋管鬃毫提筆

清乾隆
管長15.5厘米　管徑2.5厘米　斗長4厘米　斗徑6厘米
清宮舊藏

Big writing brush made of pig's hair with blue-and-white porcelain shaft decorated with red dragon and clouds design

Qianlong period, Qing Dynasty
Length of shaft: 15.5cm　Diameter of shaft: 2.5cm
Length of bowl: 4cm　Diameter of bowl: 6cm
Qing Court collection

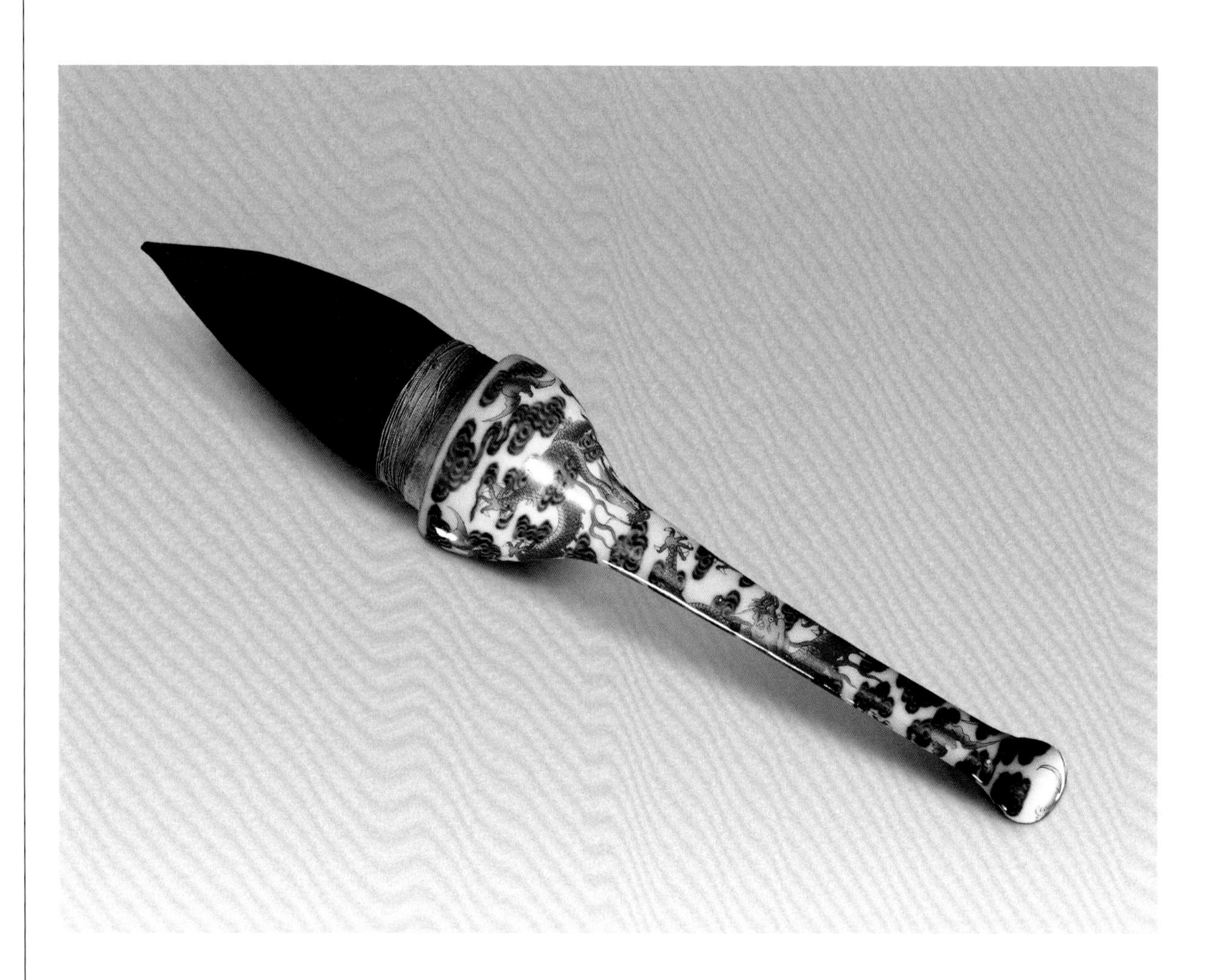

筆管由下至上漸細，管頂球形，敞口筆斗。通體青花雲紋，紅彩龍及蝙蝠紋。長鋒鬃毫，根部以黃色絲線緊束加固。

此筆釉色鮮明亮麗，紋飾流暢工緻，具有乾隆時期青花紅彩瓷器的典型特點，為此時期瓷製筆的代表作品。

165

牙雕八仙人物圖管狼毫筆

清乾隆

管長18.6厘米　管徑0.9厘米　帽長8.8厘米

Writing brush made of weasel's hair with ivory shaft carved with figures of the eight immortals

Qianlong period, Qing Dynasty

Length of shaft: 18.6cm　Diameter of shaft: 0.9cm

Length of cap: 8.8cm

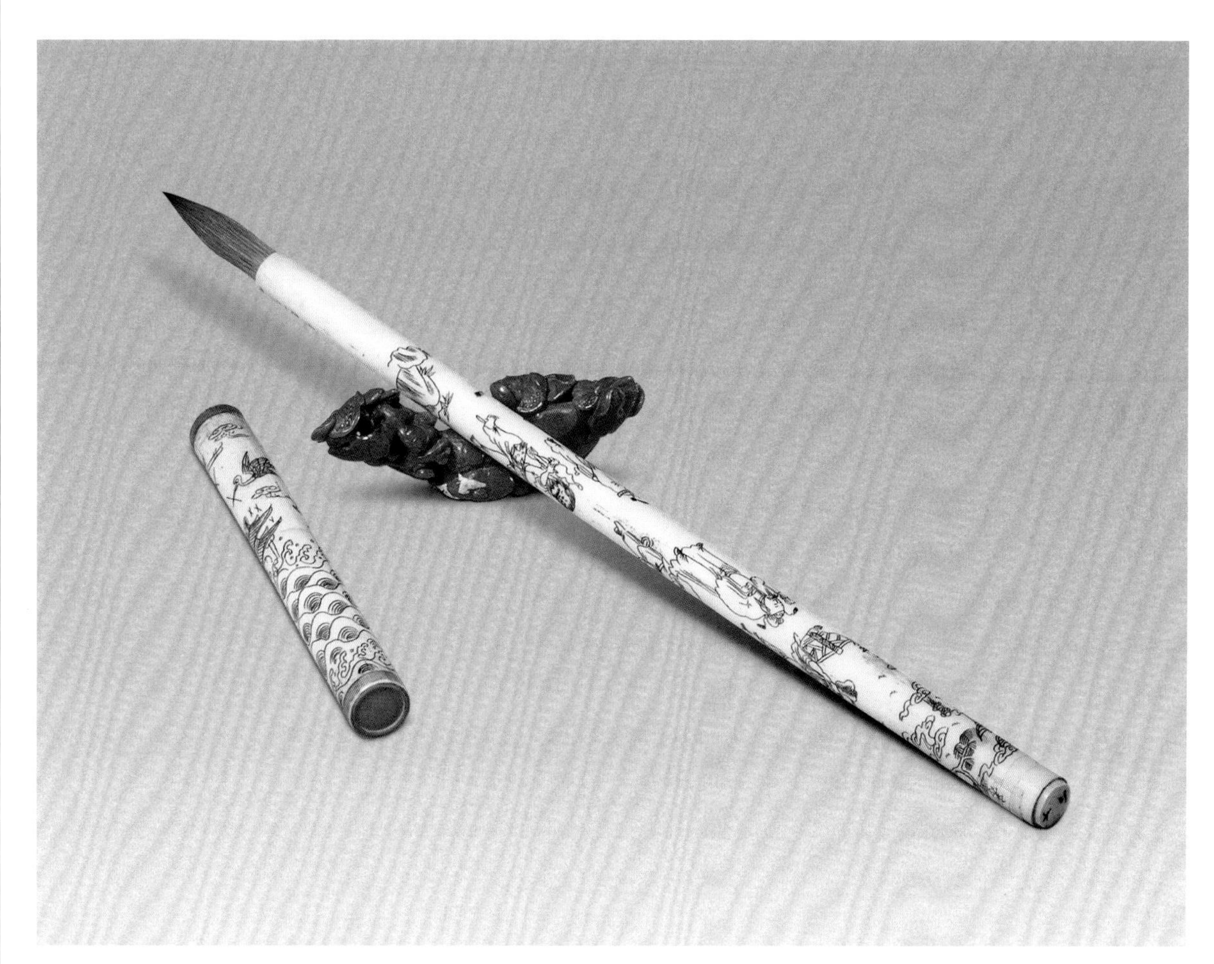

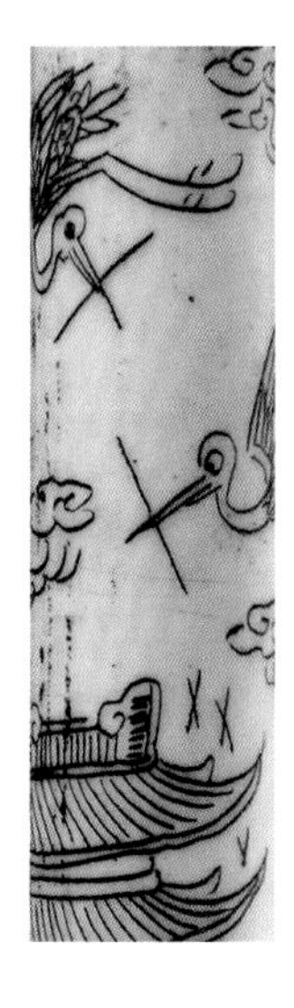

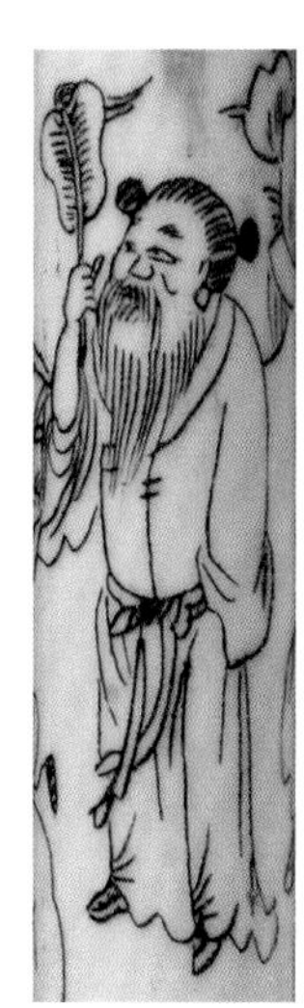

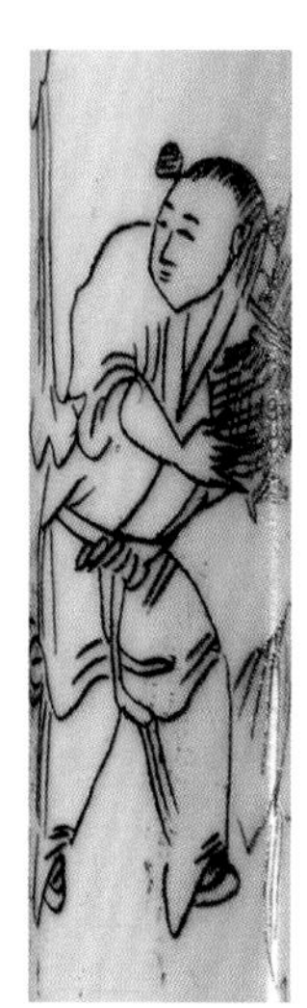

筆管陰刻填墨八仙人物圖，姿態各異，神情生動。筆帽陰刻填墨海屋添籌圖，帽頂及口染為紅色。狼毫。

此筆在方寸之間雕刻眾多人物圖紋，刻畫細緻、生動。筆毫色澤光亮、油潤，選毫精緻。

166

牙雕寶翰宣綸管狼毫筆

清乾隆
管長15.6厘米　管徑0.85厘米　帽長8.1厘米　27支
清宮舊藏

Twenty-seven writing brushes made of weasel's hair with ivory shaft carved with characters Bao Han Xuan Lun

Qianlong period, Qing Dynasty
Length of shaft: 15.6cm　Diameter of shaft: 0.85cm
Length of cap: 8.1cm
Qing Court collection

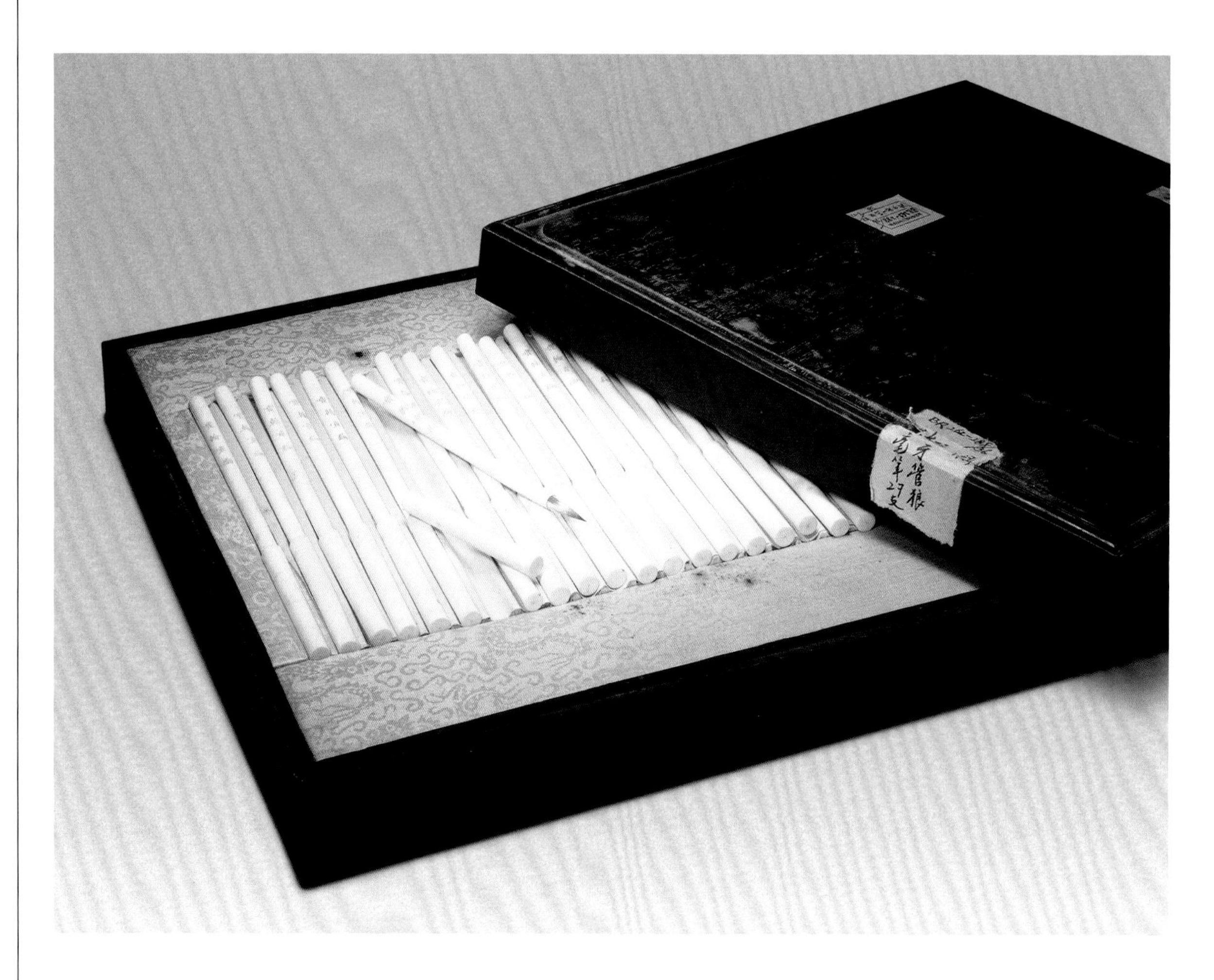

筆管製作精細，表面光素無紋，潔白溫潤。管端陰刻楷書："寶翰宣綸"。狼毫。每支筆有卧囊，共裝於紅木匣內。

《禮．緇衣》："王言如絲，其出如綸；王言如綸，其出如綍"，後人稱皇帝詔書為"綸"。此筆毫細均勻，製作規整，短鋒尖而挺健，適宜書寫小楷書。為特供宮廷的御用品。

167

牙雕花卉紋管紫檀嵌銀絲斗紫毫提筆

清乾隆
管長18.5厘米　管徑1.1厘米　斗長4厘米　斗徑3.1厘米
清宮舊藏

Big writing brush made of purple rabbit's hair with ivory shaft carved with floral design and red sandalwood bowl inlaid with silver filament design of bats, clouds and lotus petals

Qianlong period, Qing Dynasty
Length of shaft: 18.5cm　Diameter of shaft: 1.1cm
Length of bowl: 4cm　Diameter of bowl: 3.1cm
Qing Court collection

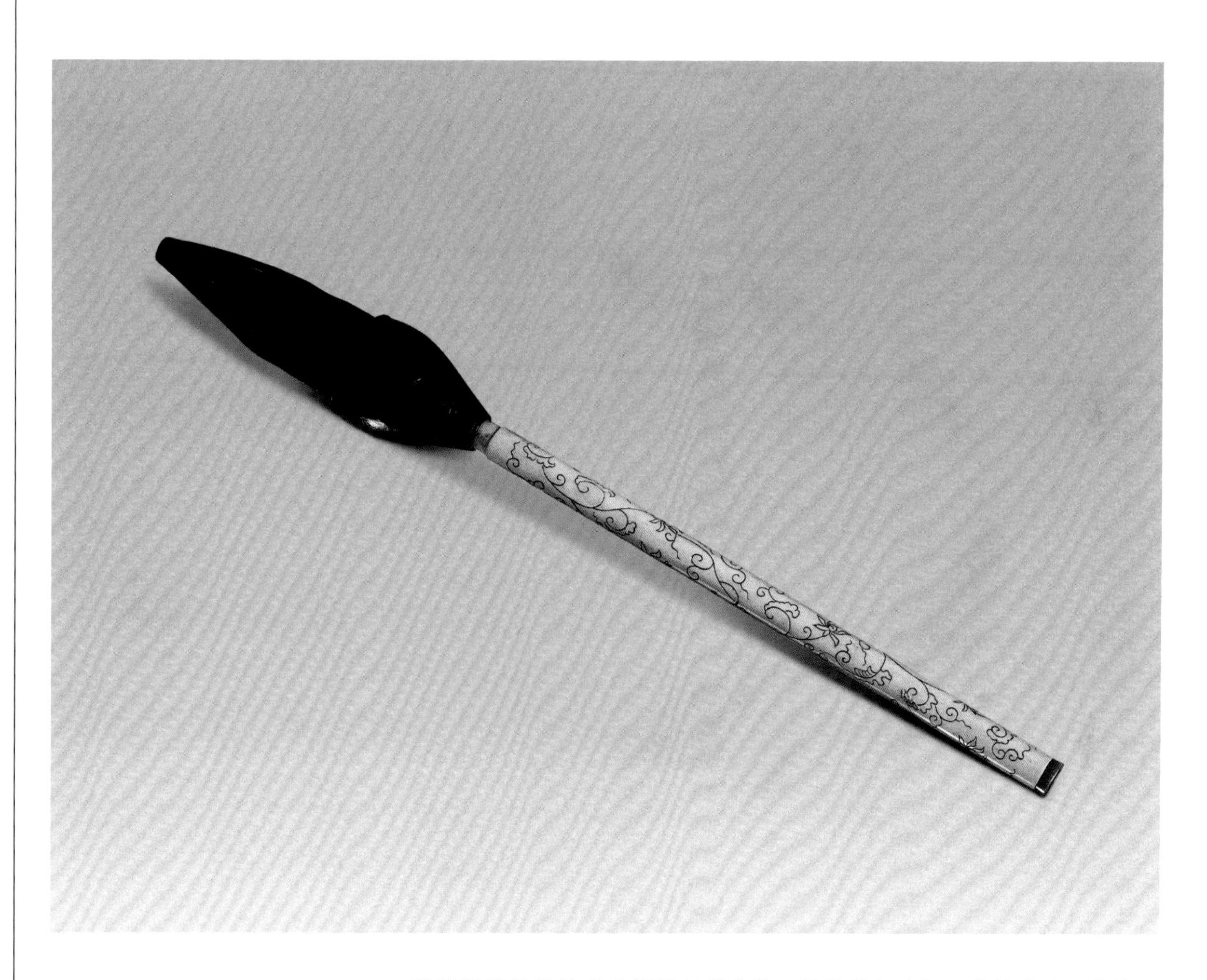

筆管通體陰線填藍雕刻纏枝蓮花紋，線條纖細流暢，裝飾淡雅。紫檀木斗嵌飾銀絲蝙蝠雲紋、蓮瓣紋，纖細如針刻。紫毫。

此筆雕刻、鑲嵌工藝精美。筆毫短鋒豐滿，適宜書寫大字，為清代流行的提筆形式。

168

牙雕管紅木斗羊毫提筆

清乾隆
管最長17.2厘米　斗長4.5厘米　斗徑1厘米　9支
清宮舊藏

Nine big writing brushes made of goat's hair with carved ivory shaft and red wood bowl

Qianlong period, Qing Dynasty
The largest-sized one:
Length of shaft: 16.7cm
Length of bowl: 4.5cm　Diameter of bowl: 1cm
The medium-sized one:
Length of shaft: 17.2cm
Length of bowl: 4.1cm　Diameter of bowl: 0.9cm
The smallest-sized one:
Length of shaft: 17.8cm
Length of bowl: 3.6cm　Diameter of bowl: 0.85cm
Qing Court collection

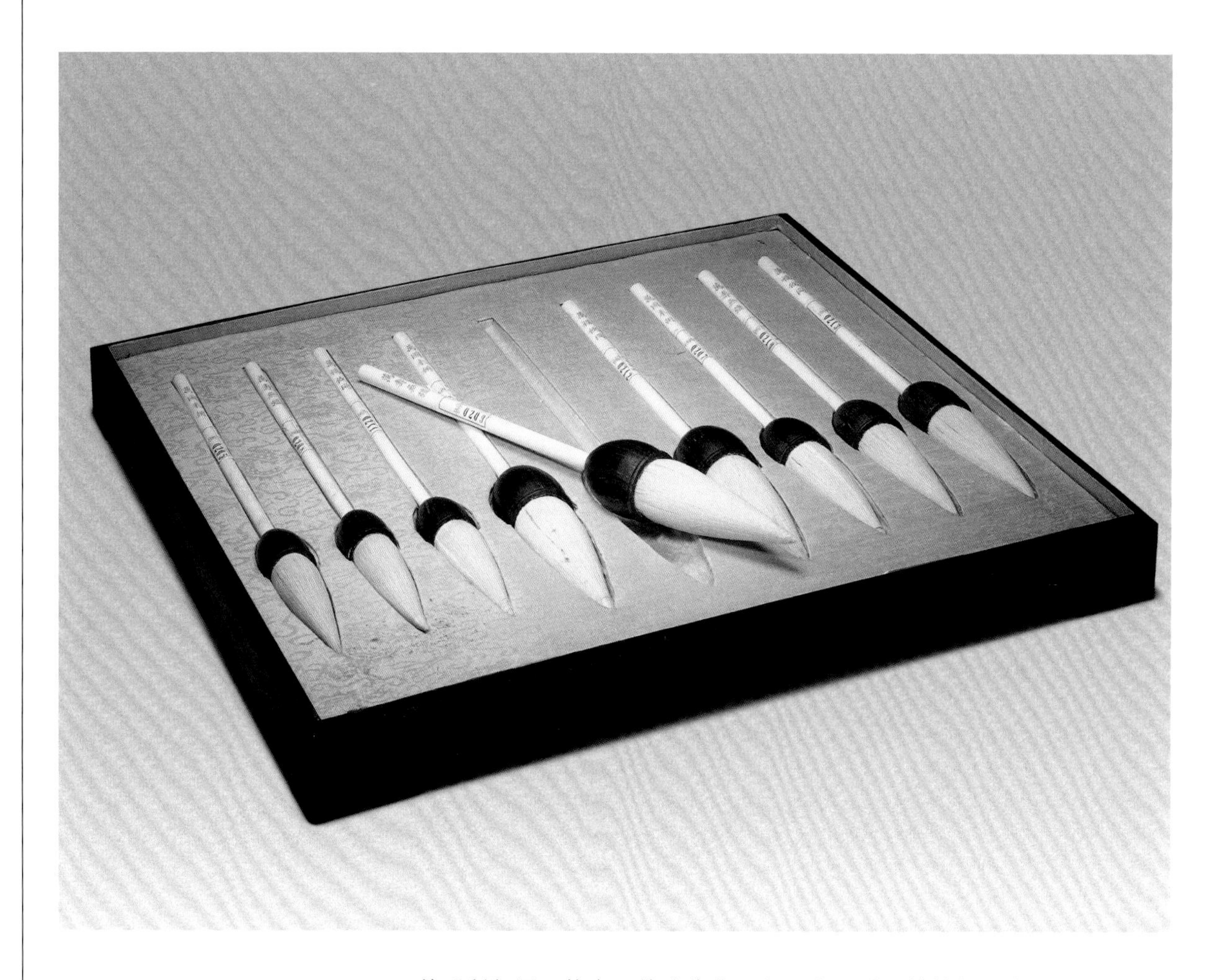

筆形制相同，管身、筆斗分大、中、小三種。筆管細長潔白，管端分別陰刻楷書“萬壽無疆”、“萬福攸同”、“萬國來朝”。光素紅木斗。長鋒羊毫。共裝於木匣中，每筆有卧囊。

此套筆選材名貴，做工考究，精選筆毫，光潤挺健。為乾隆時期製筆精品。

169

牛角管紫毫筆

清乾隆
管長17.5厘米　管徑0.85厘米　帽長9.05厘米
清宮舊藏

Writing brush made of purple rabbit's hair with ox horn shaft

Qianlong period, Qing Dynasty
Length of shaft: 17.5cm　Diameter of shaft: 0.85cm
Length of cap: 9.05cm
Qing Court collection

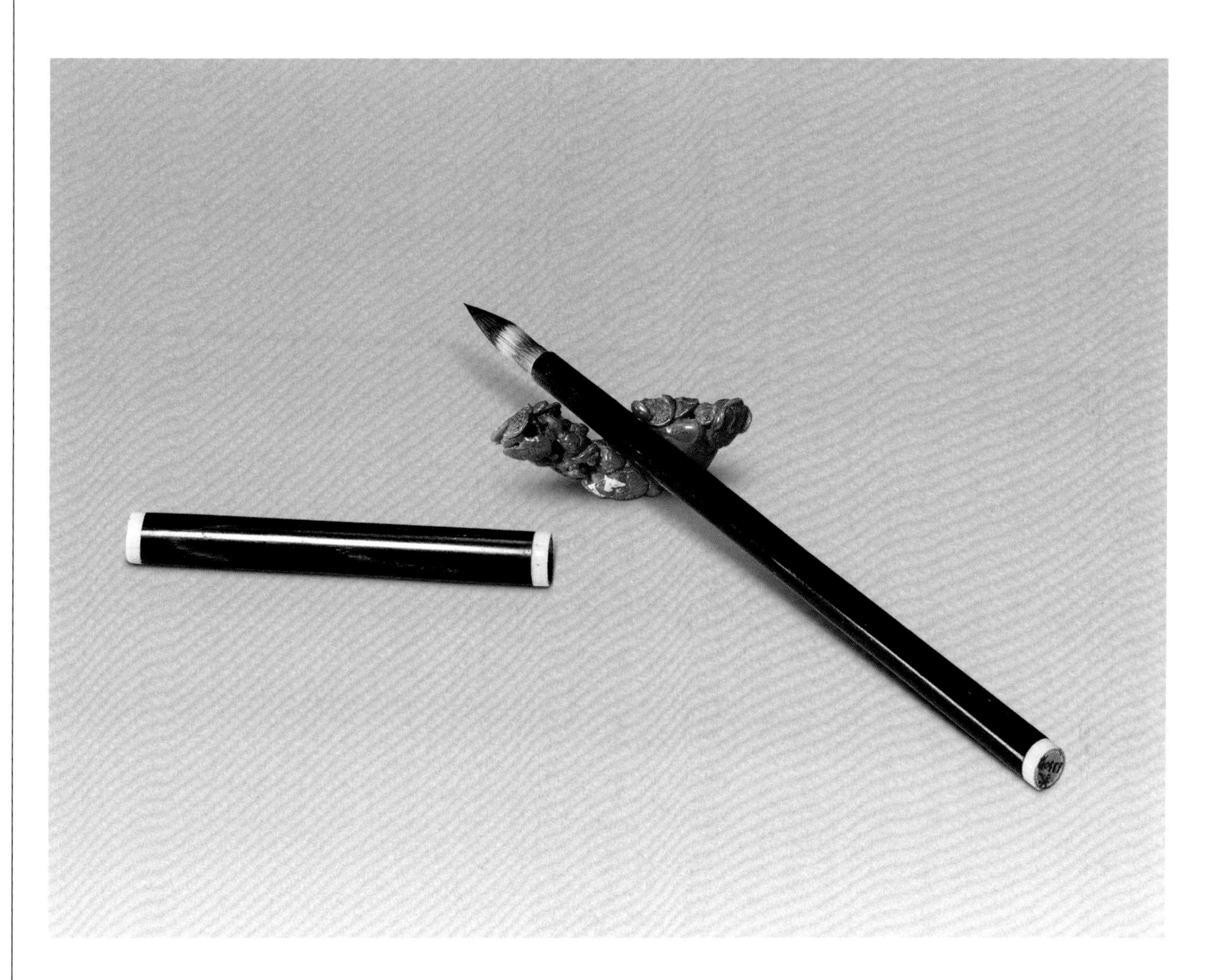

通體光素，烏黑光亮，隱現自然紋理。管頂、帽口嵌象牙，與黑色管身形成對比，頗為悅目。蘭蕊式紫毫，根部選用花毫裝飾。

清代製筆管材廣泛，但以牛角製管並不多見。

170

玳瑁雕錢紋管紫毫筆

清乾隆

管長17.2厘米　管徑1厘米　帽長8.3厘米

清宮舊藏

Writing brush made of purple rabbit's hair with tortoise shell shaft carved with coin design in openwork

Qianlong period, Qing Dynasty

Length of shaft: 17.2cm　Diameter of shaft: 1cm

Length of cap: 8.3cm

Qing Court collection

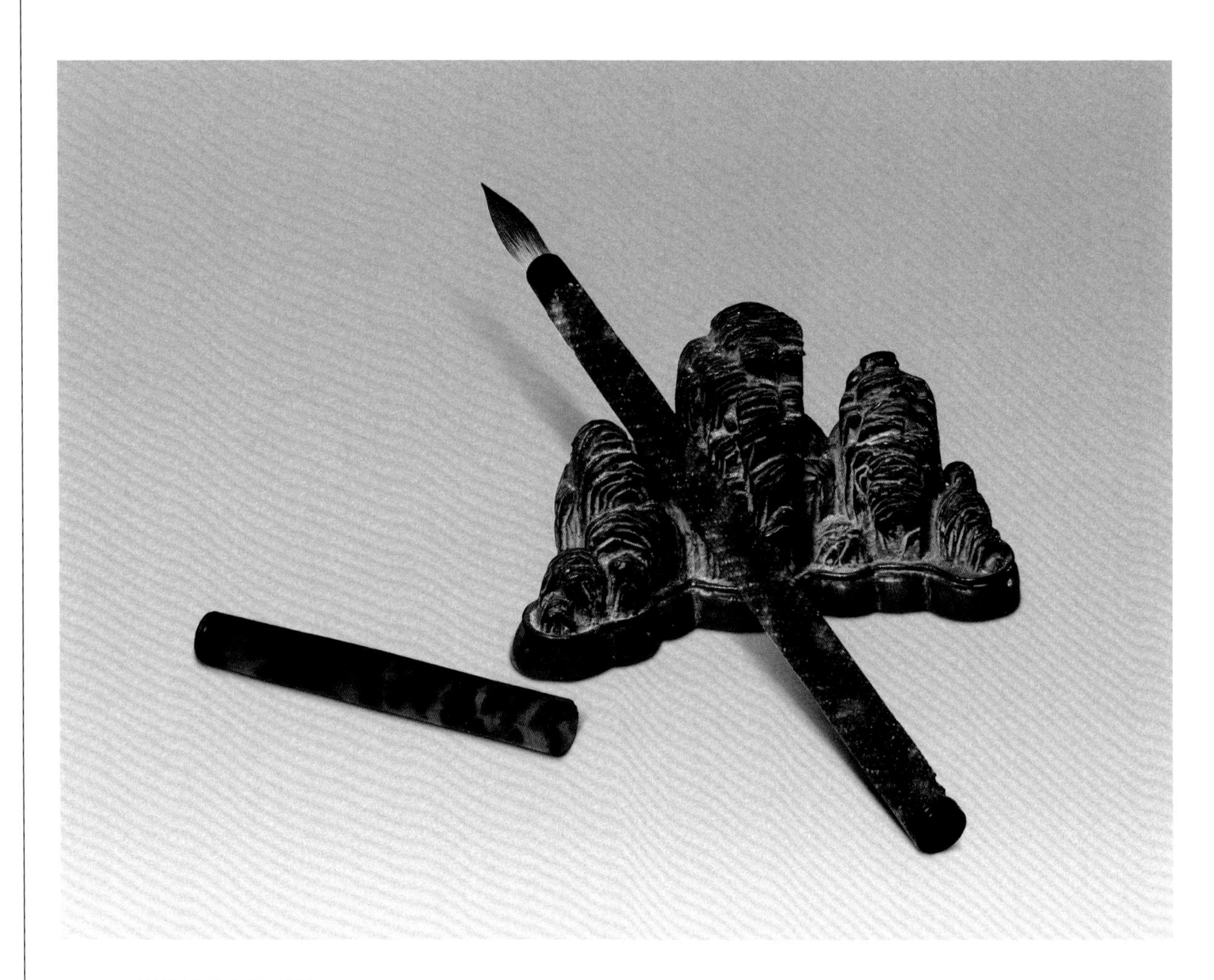

筆管通體鏤雕古錢紋，紋細如網。筆帽光素，以自然的黃褐斑紋為飾。蘭蕊式紫毫。

此筆製作精美，精細的雕工與自然紋理相映成趣，為清代毛筆佳品。

171

玳瑁經文緯武管羊毫筆
清乾隆
管長17.8厘米　管徑0.8厘米　帽長9.7厘米
清宮舊藏

Writing brush made of goat's hair with tortoise shell shaft carved with characters Jing Wen Wei Wu
Qianlong period, Qing Dynasty
Length of shaft: 17.8cm　Diameter of shaft: 0.8cm
Length of cap: 9.7cm
Qing Court collection

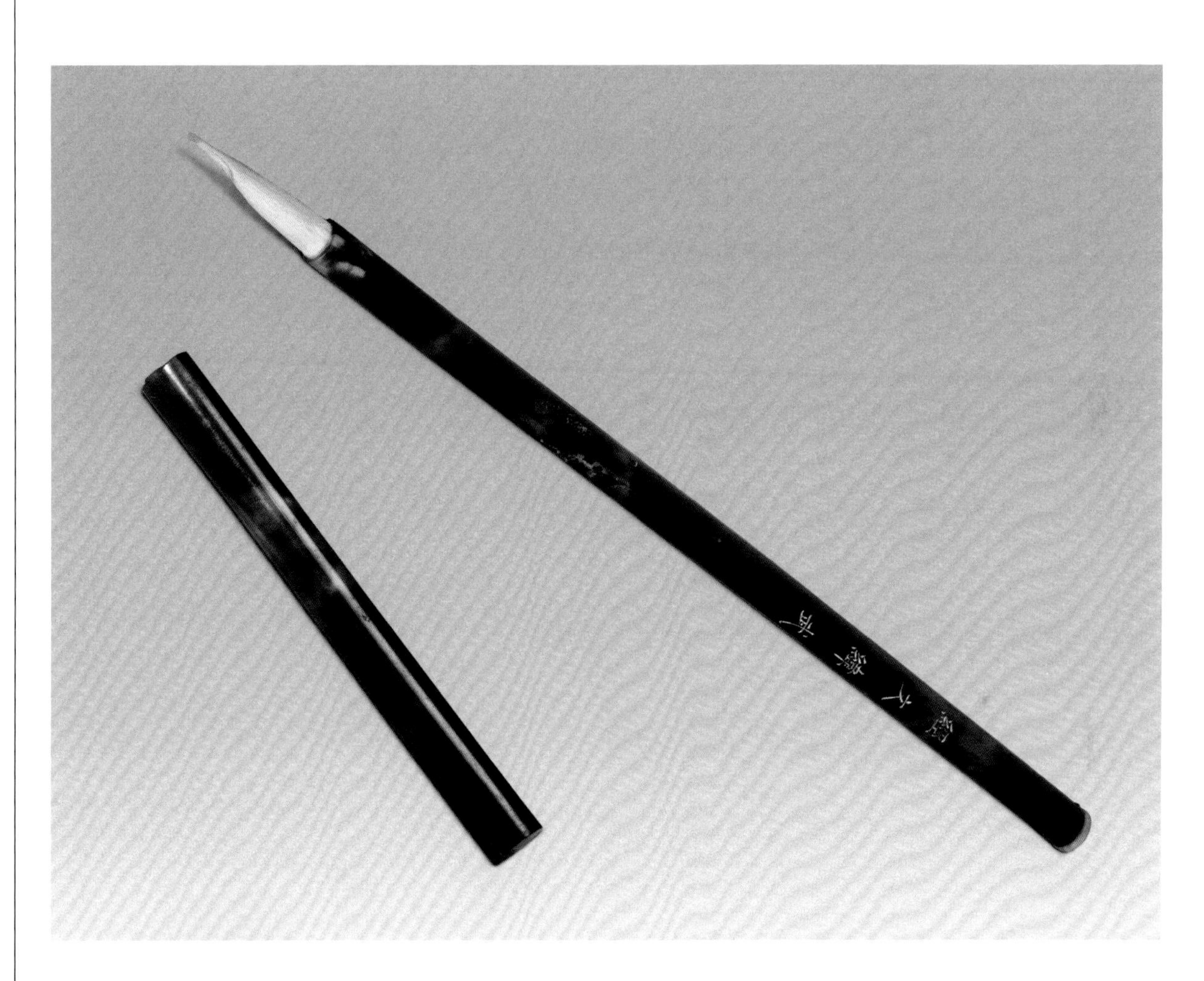

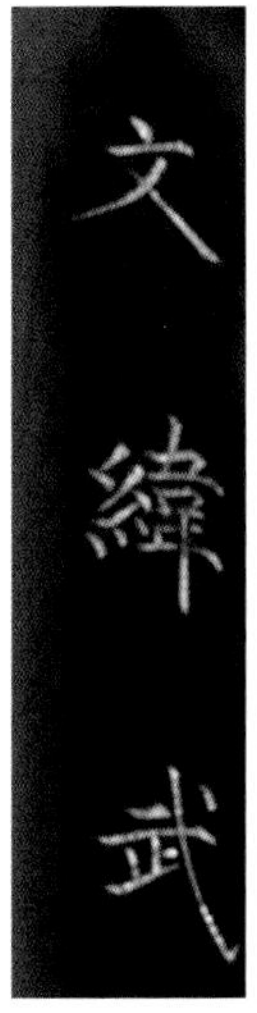

筆管通體光素，以黑、黃、褐相間的自然紋理為飾，呈半透明狀。管端陰刻楷書："經文緯武"。長鋒羊毫，尖而齊健。

此筆製作精細，為清宮御用筆。

172

御製詩花卉紋各式管紫毫筆
清乾隆
管長17.3厘米　管徑0.9厘米　帽長9.8厘米　50支
清宮舊藏

Fifty writing brushes made of purple rabbit's hair with different shafts each inscribed with Emperor Qianlong's poem, and caps carved with floral design
Qianlong period, Qing Dynasty
Length of shaft: 17.3cm　Diameter of shaft: 0.9cm
Length of cap: 9.8cm
Qing Court collection

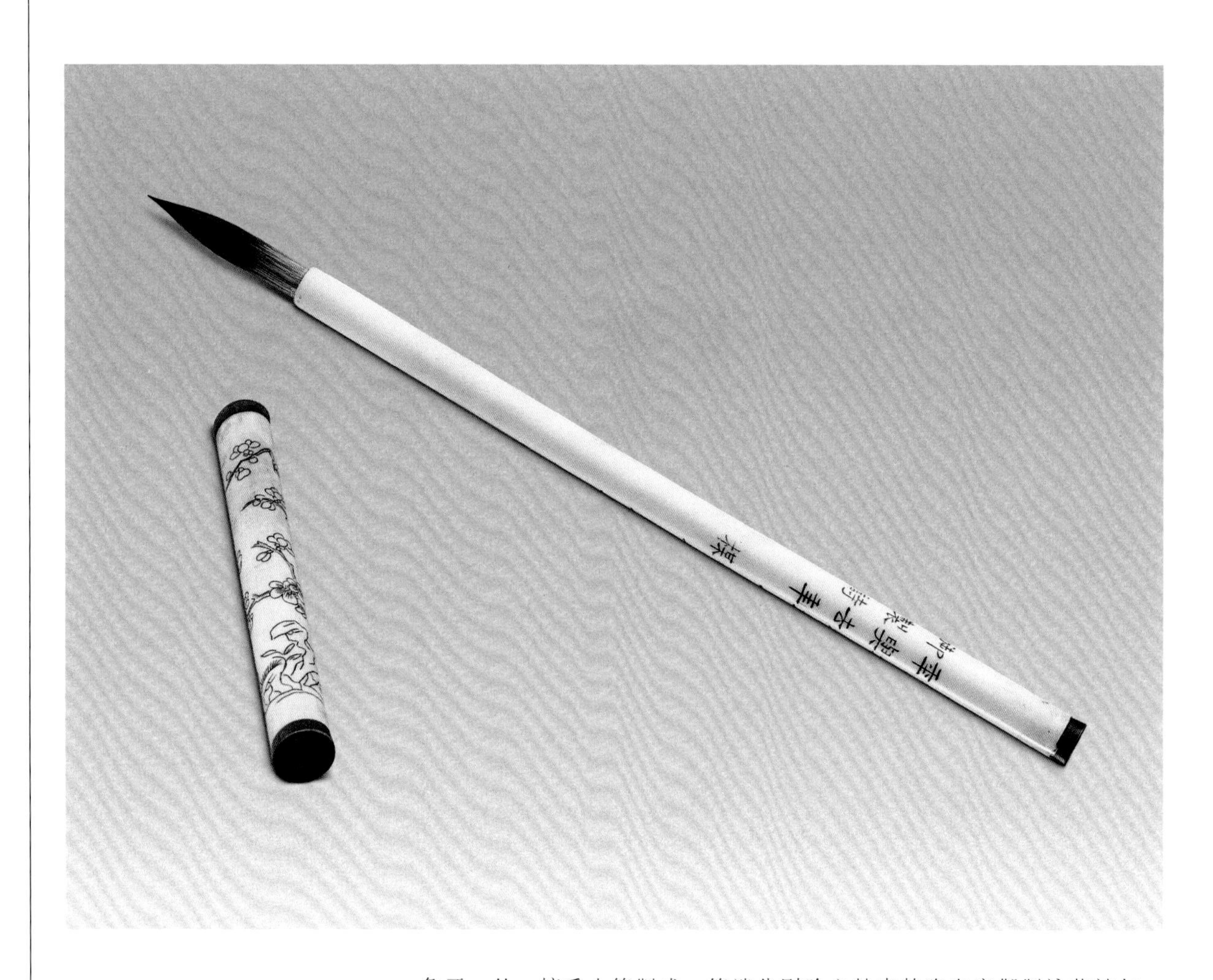

象牙、竹、檀香木等製成。管端分別陰文隸書乾隆皇帝御製詠花詩句，筆帽刻飾相應的花卉紋，有牡丹、山茶、芙蓉、秋葵、梅花、桃花、菊花、梔子花等。蘭蕊式紫毫。筆以精美的紅雕漆箱盛裝，通體雕飾山水圖景，天板中央嵌長方形白玉板，陰刻隸書："天葩垂露"。箱內設五層屜，每屜有十個置筆凹槽。

此套筆及外裝箱製作十分考究，箱體漆色鮮艷，雕刻深峻，鋒芒畢露，具有典型的乾隆時期雕漆風格。將多種工藝集於一體，融實用和觀賞於一器，體現了乾隆時期御製筆豪華精美、不惜工本的特點。筆毫油亮細潤，富有彈性，為精選紫毫。

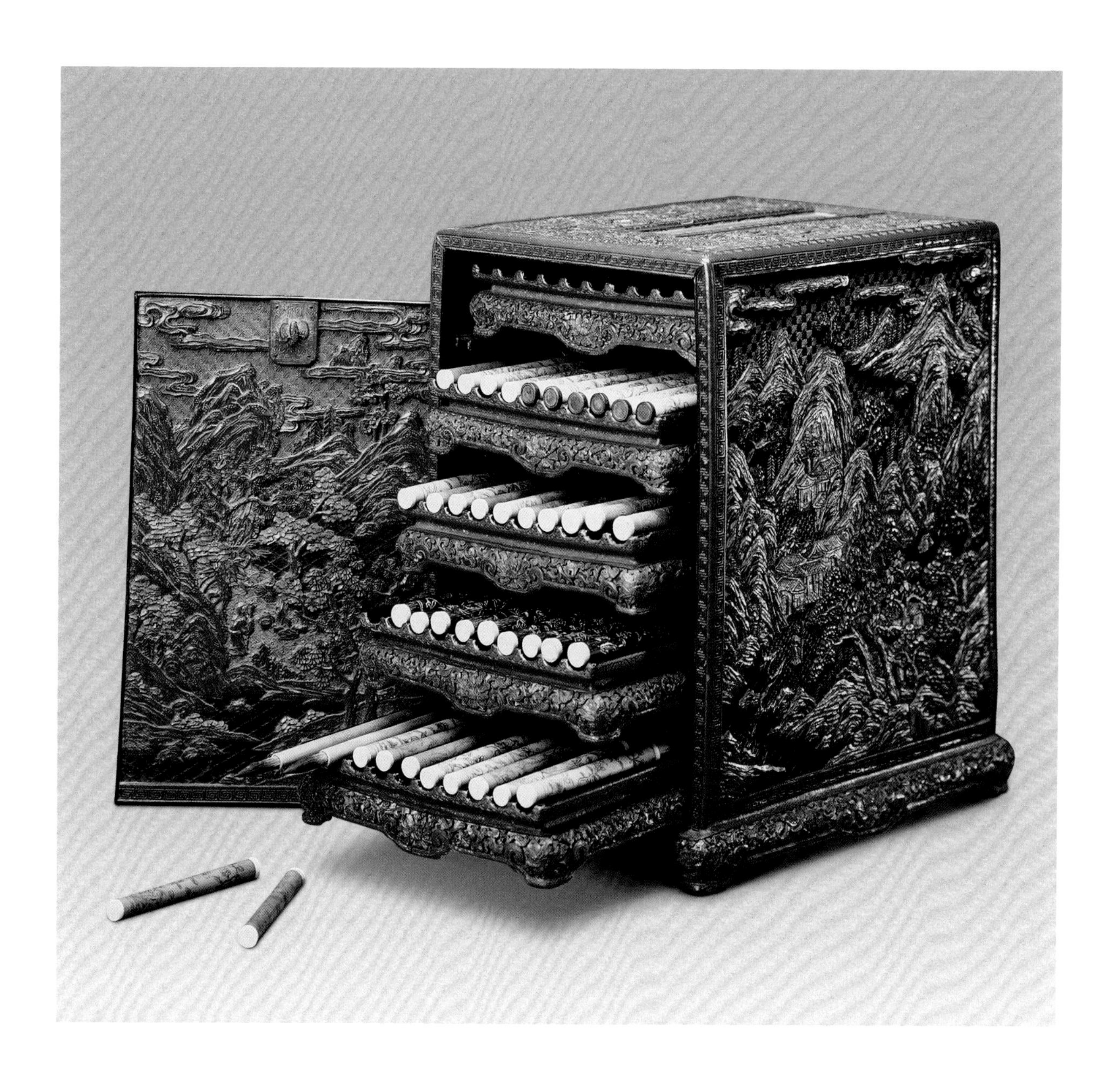

173

竹雕河清海宴管紫毫筆

清中期
管長17.6厘米　管徑0.9厘米　帽長9.1厘米
清宮舊藏

Writing brush made of purple rabbit's hair with bamboo shaft carved with characters He Qing Hai Yan

Middle Qing Dynasty
Length of shaft: 17.6cm　Diameter of shaft: 0.9cm
Length of cap: 9.1cm
Qing Court collection

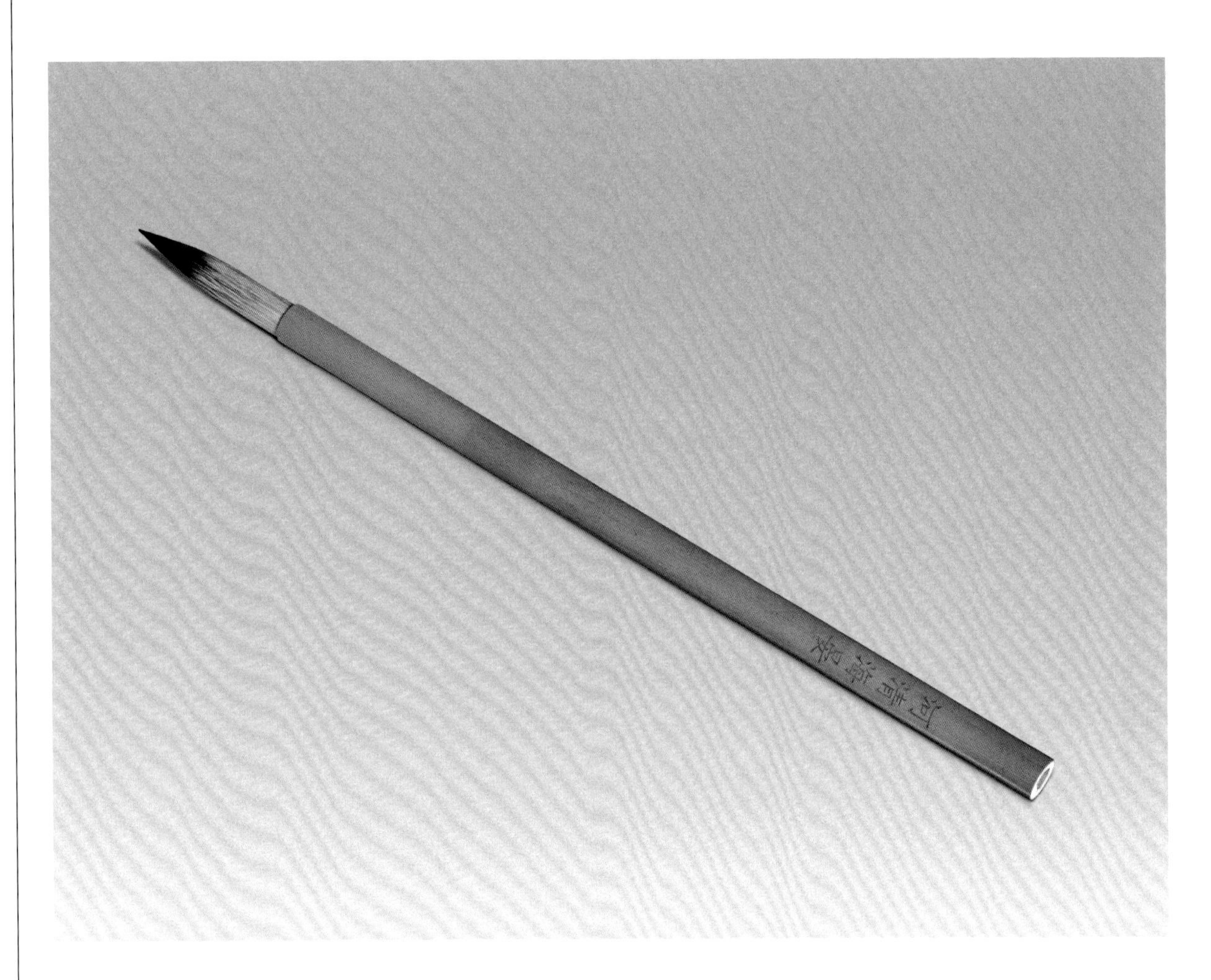

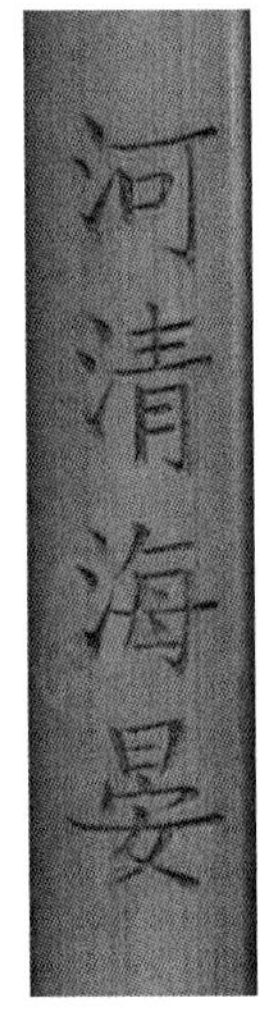

筆管光素，管端鐫刻陰文填藍楷書："河清海晏"。紫毫。

"河清海晏(宴)"指水清海不揚波，喻時世太平。此筆毫黑而潤澤，均勻細長，選料精細，為上等佳品。清宮御用品。

174

青玉管紫毫筆

清中期
管長17.3厘米　管徑1.5厘米　帽長9.2厘米
清宮舊藏

Writing brush made of purple rabbit's hair with sapphire shaft

Middle Qing Dynasty
Length of shaft: 17.3cm　Diameter of shaft: 1.5cm
Length of cap: 9.2cm
Qing Court collection

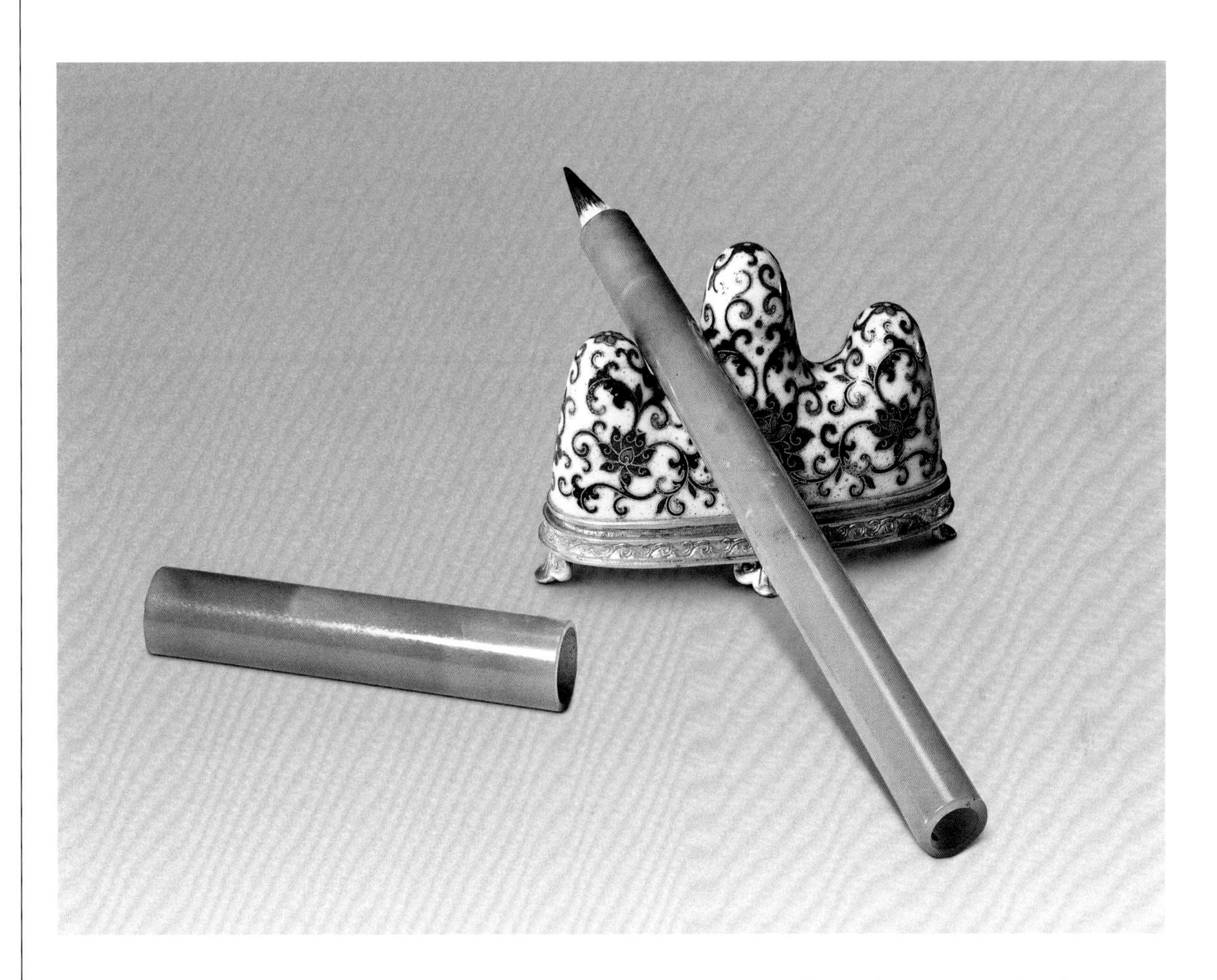

管身空腔，通體光素，打磨光滑。筍尖式紫毫，根部有白色附毫一周。

此筆管、帽不作任何裝飾，極為簡潔，玉質溫潤，有雅逸清新之感。

175

青玉管紅木斗鬃毫提筆

清中期
管長16.7厘米　管徑1.6厘米　斗長5厘米　斗徑5厘米
清宮舊藏

Big writing brush made of pig's hair with sapphire shaft and red wood bowl

Middle Qing Dynasty
Length of shaft: 16.7cm　Diameter of shaft: 1.6cm
Length of bowl: 5cm　Diameter of bowl: 5cm
Qing Court collection

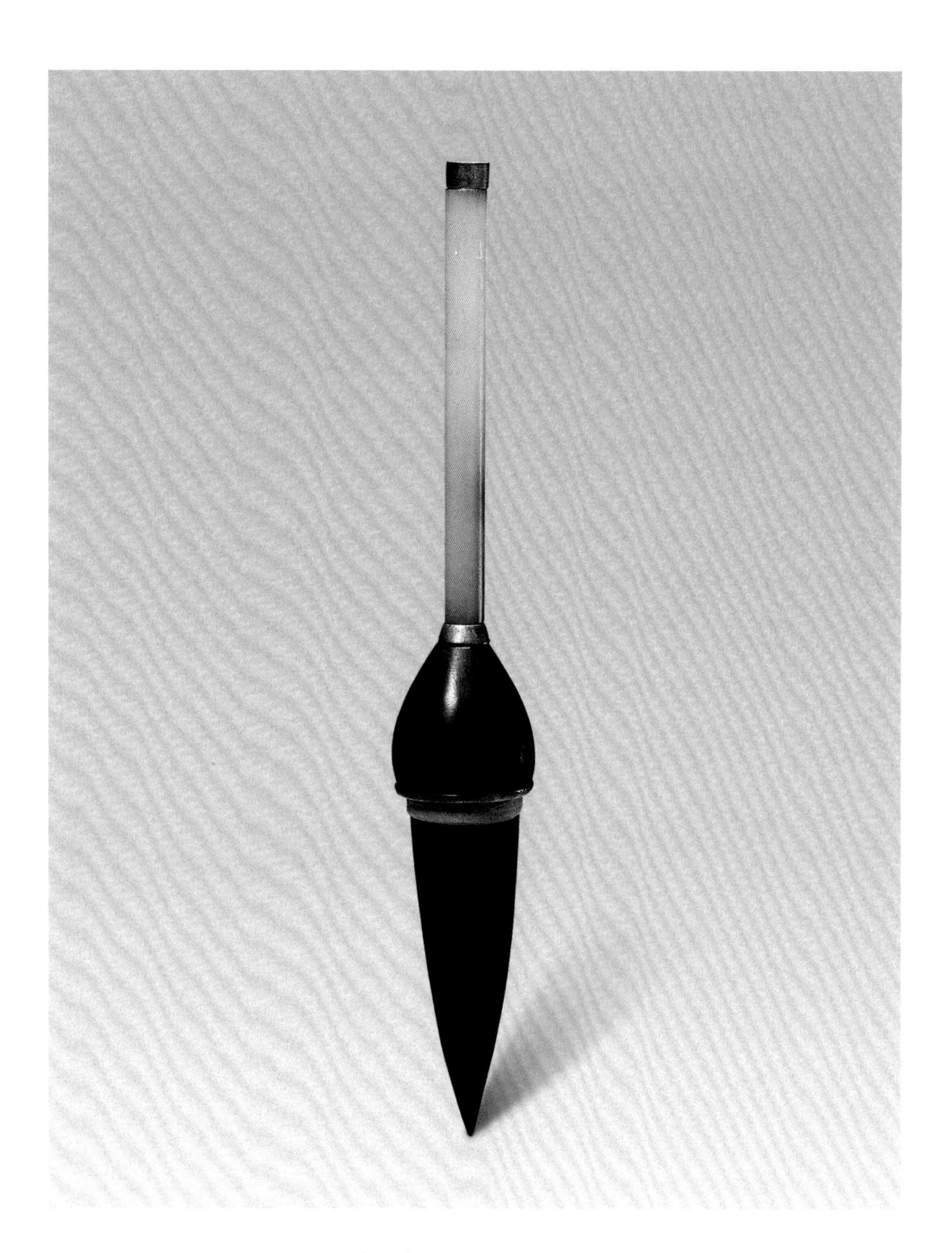

筆管通體光素，兩端嵌金箍。紅木筆斗，束毫處嵌金口。長鋒鬃毫。

此筆用料考究，製作精細。筆毫堅勁健利，渾圓飽滿，為書寫匾額大字的佳筆。

176

牙雕御用加料純羊毫提筆

清中期
管長15.4厘米　管徑0.65厘米　斗長2.1厘米　斗徑1.1厘米
6支
清宮舊藏

Six big writing brushes reinforced with pure goat's hair with ivory shaft carved with characters Yu Yong (imperial use) Jia Liao Chun Yang Mao

Middle Qing Dynasty
Length of shaft: 15.4cm　Diameter of shaft: 0.65cm
Length of bowl. 2.1cm　Diameter of bowl; 1.1cm
Qing Court collection

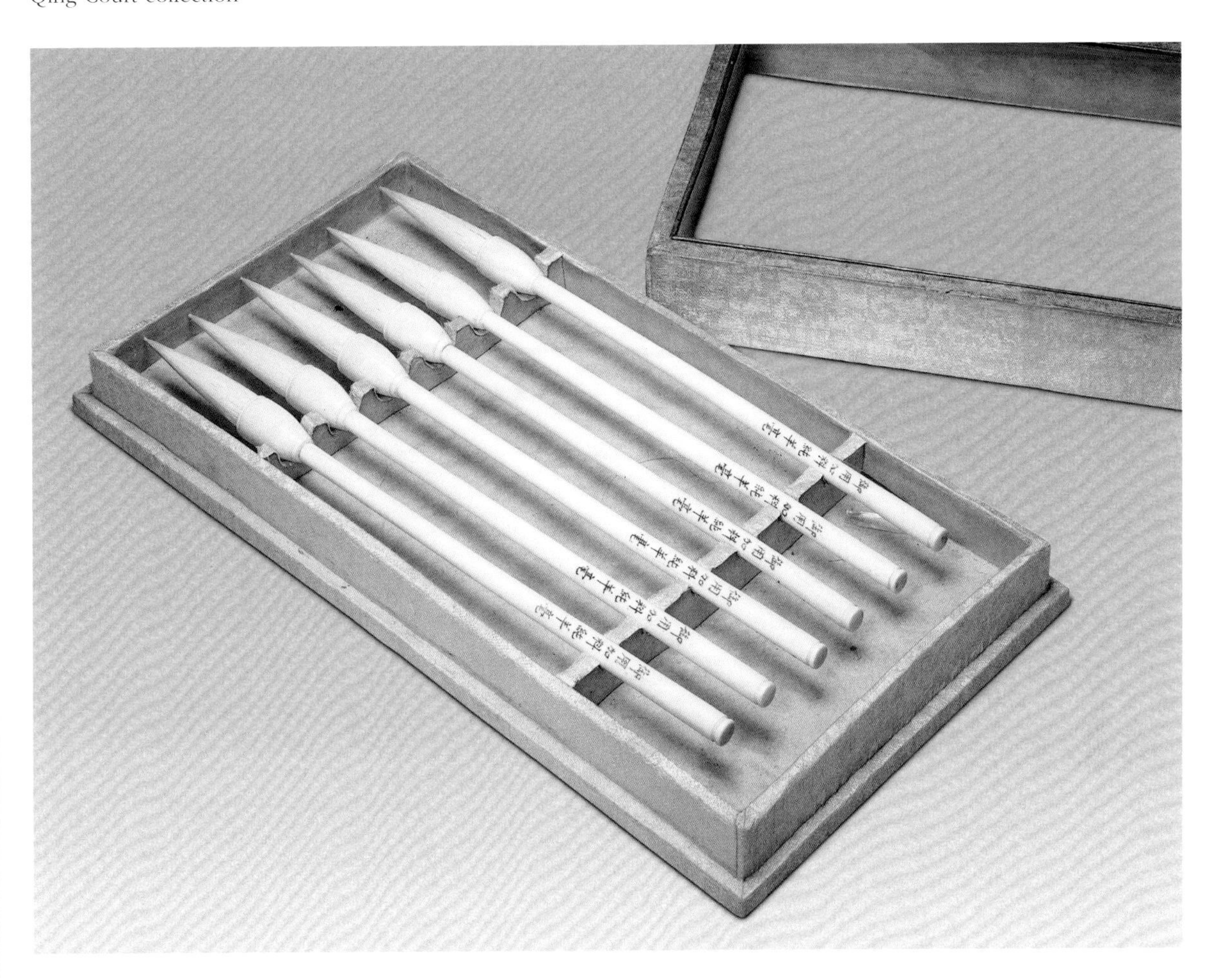

筆管通體磨製光潤，色澤潔白，管端陰刻填朱楷書："御用"，填藍楷書："加料純羊毫"。長鋒羊毫。共貯於長方玻璃蓋盒內。

此筆鋒穎細長，潤澤通順，為精選純羊毫。清宮藏筆，大部分為御用，但明確署有"御用"二字的，僅見於此。

177

牙雕纏枝花紋管牛角斗紫毫提筆

清中期

管長17厘米　管徑1厘米　斗長2.6厘米　斗徑2.5厘米

清宮舊藏

Big writing brush made of purple rabbit's hair with ox horn bowl and ivory shaft carved with design of twining flowers

Middle Qing Dynasty

Length of shaft: 17cm　Diameter of shaft: 1cm

Length of bowl: 2.6cm　Diameter of bowl: 2.5cm

Qing Court collection

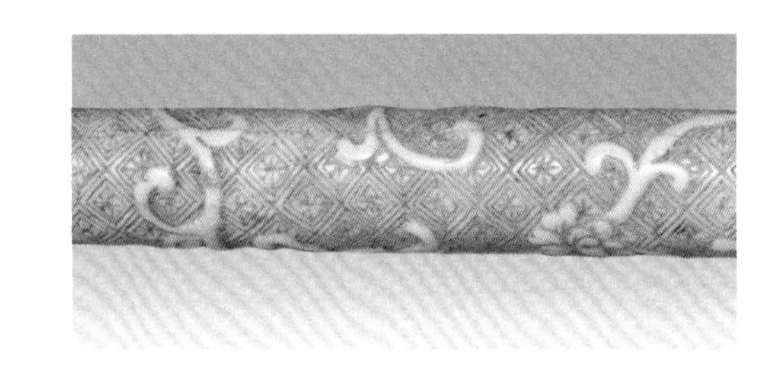

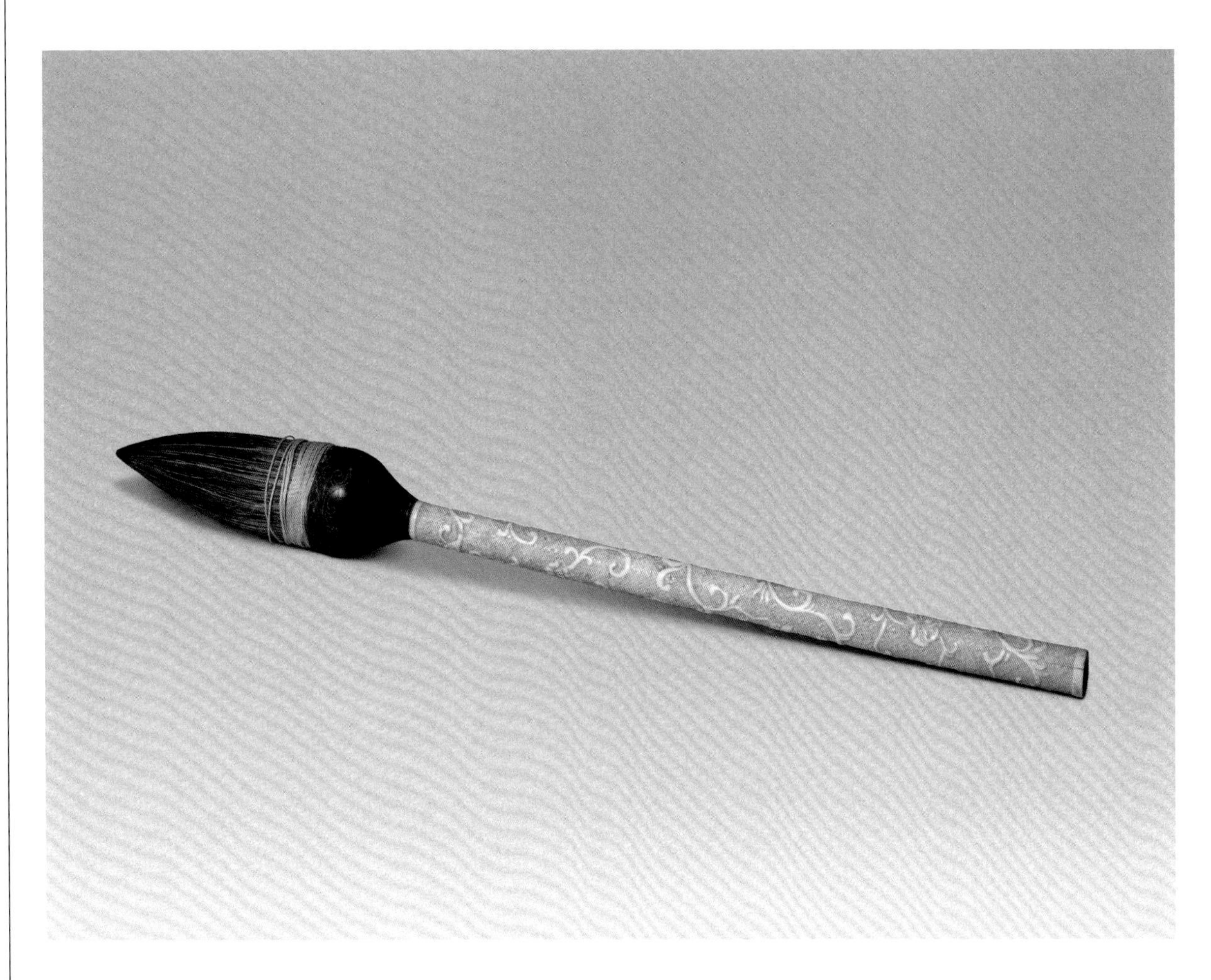

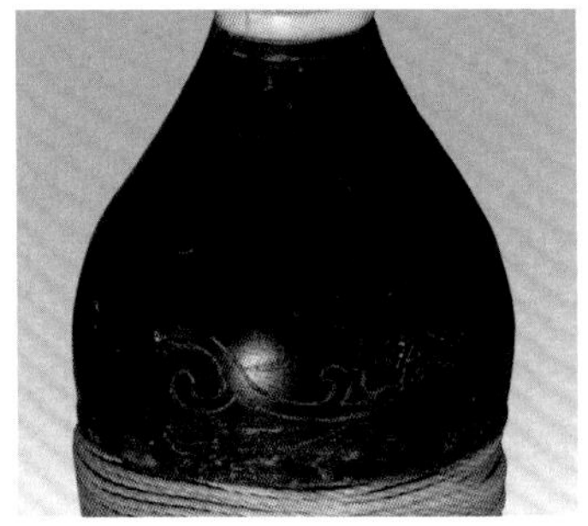

筆管通體飾迴紋錦地，上浮雕六朵纏枝花紋。直口牛角筆斗，雕纏枝花紋。紫毫，根部以白色絲線纏繞加固。

此筆管雕刻細緻、精工。筆毫長鋒，勁健齊整，鋒芒畢露。

178

牙管染牙雕螭紋斗狼毫提筆

清中期

管長17.8厘米　管徑1厘米　斗長3.5厘米　斗徑3.6厘米

清宮舊藏

Big writing brush made of weasel's hair with ivory shaft and stained ivory bowl carved with hydra design

Middle Qing Dynasty

Length of shaft: 17.8cm　Diameter of shaft: 1cm

Length of bowl: 3.5cm　Diameter of bowl: 3.6cm

Qing Court collection

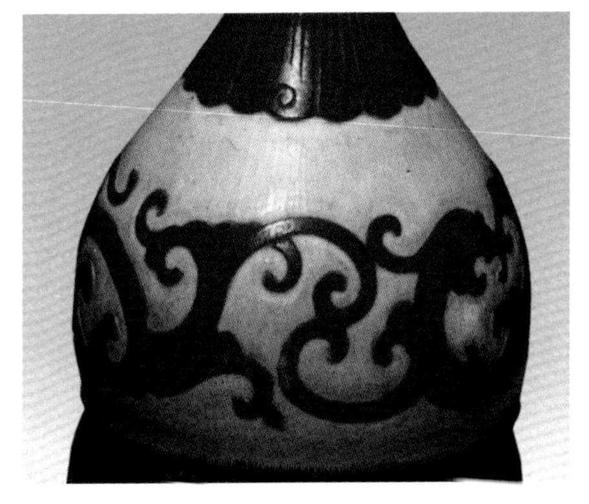

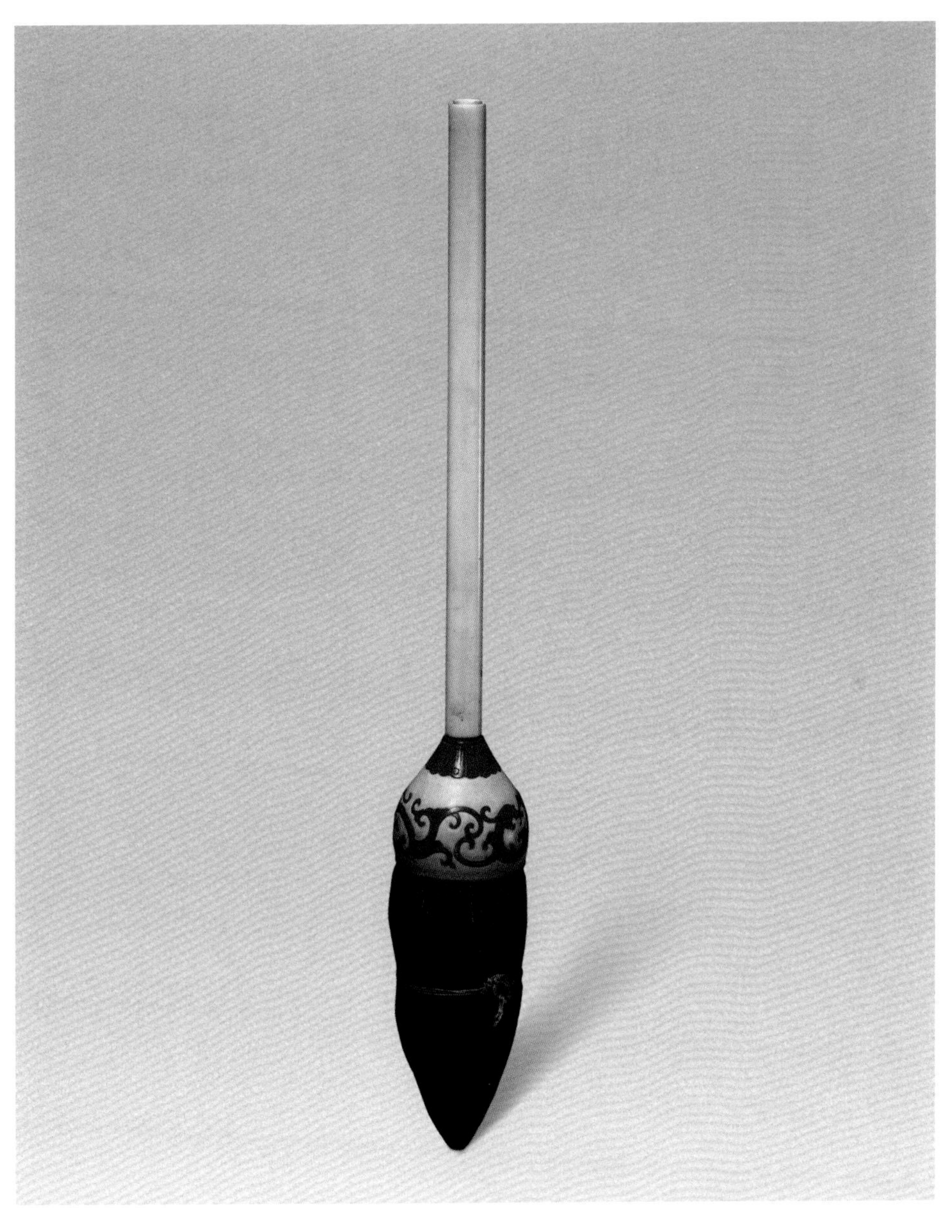

筆管光素無紋飾。筆斗染牙雕雙螭紋，蜿蜒生動，頸部雕一周蓮瓣紋。狼毫。

此筆以染牙雕刻裝飾，具有濃郁的宮廷色彩。筆毫飽滿豐厚。

179

染牙雕福壽紋管兼毫提筆

清中期
管長17.4厘米　管徑1.1厘米　斗長2.7厘米　斗徑3厘米
清宮舊藏

Big writing brush made of mixed animal's hair with stained ivory shaft carved with patterns symbolizing happiness and longevity

Middle Qing Dynasty
Length of shaft: 17.4cm　Diameter of shaft: 1.1cm
Length of bowl: 2.7cm　Diameter of bowl: 3cm
Qing Court collection

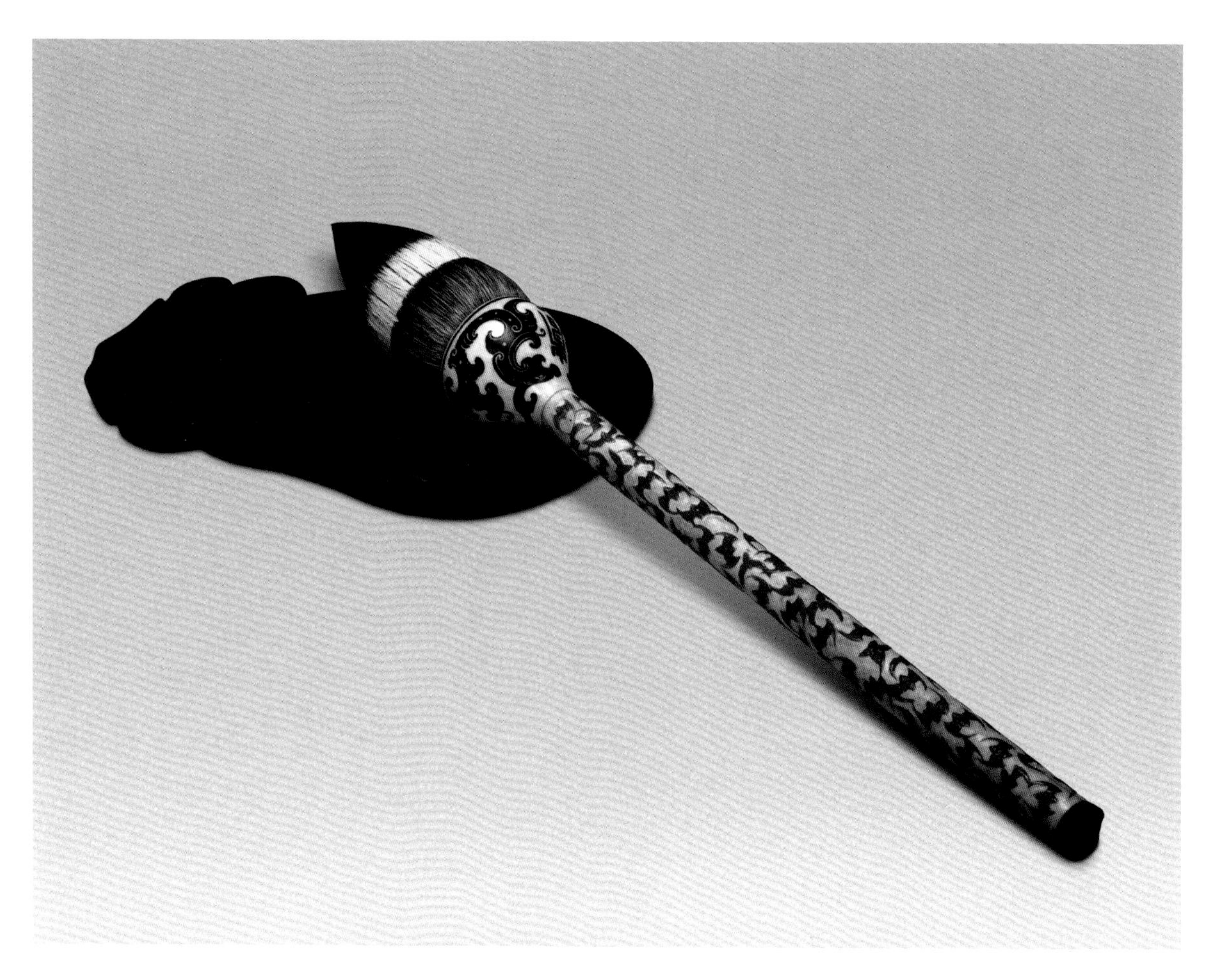

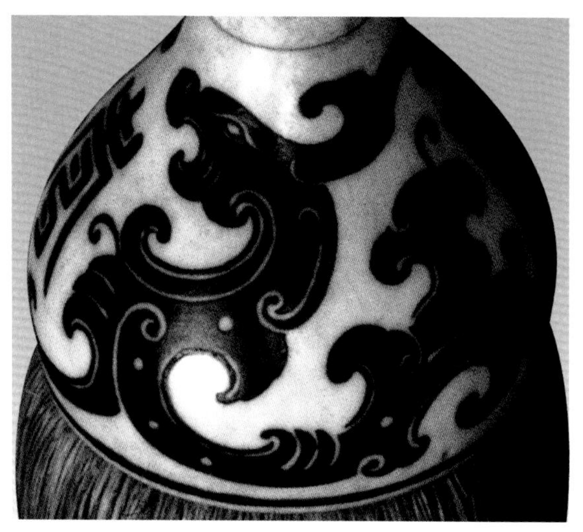

筆管通體雕飾飛翔的蝙蝠，染為紅色，姿態各異，動感極強。筆斗雕飾染成黑色的夔鳳紋，頭尾間飾篆書"壽"字。兼毫，以紫毫為心，根部到腰間有羊毫附着其外，棕、白色相間。

此筆雕刻精美，色彩鮮麗，筆毫飽滿，剛柔相濟，為筆中精品。

180

牙雕百蝠流雲管鬃毫抓筆

清中期

管長11.8厘米　斗徑6.6厘米

清宮舊藏

Big writing brush made of pig's hair with ivory shaft carved with one hundred bats and clouds

Middle Qing Dynasty

Length of shaft: 11.8cm　Diameter: 6.6cm

Qing Court collection

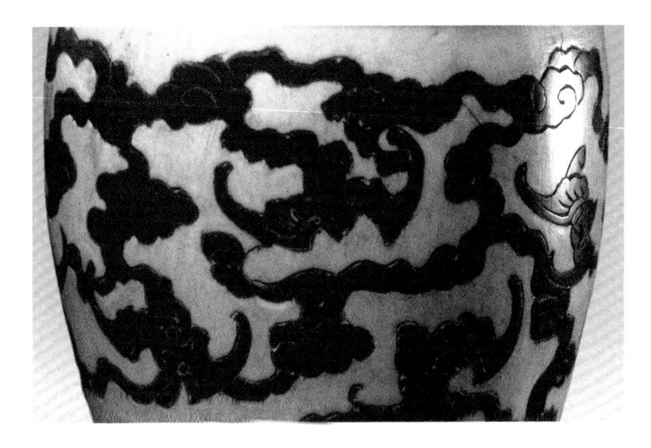

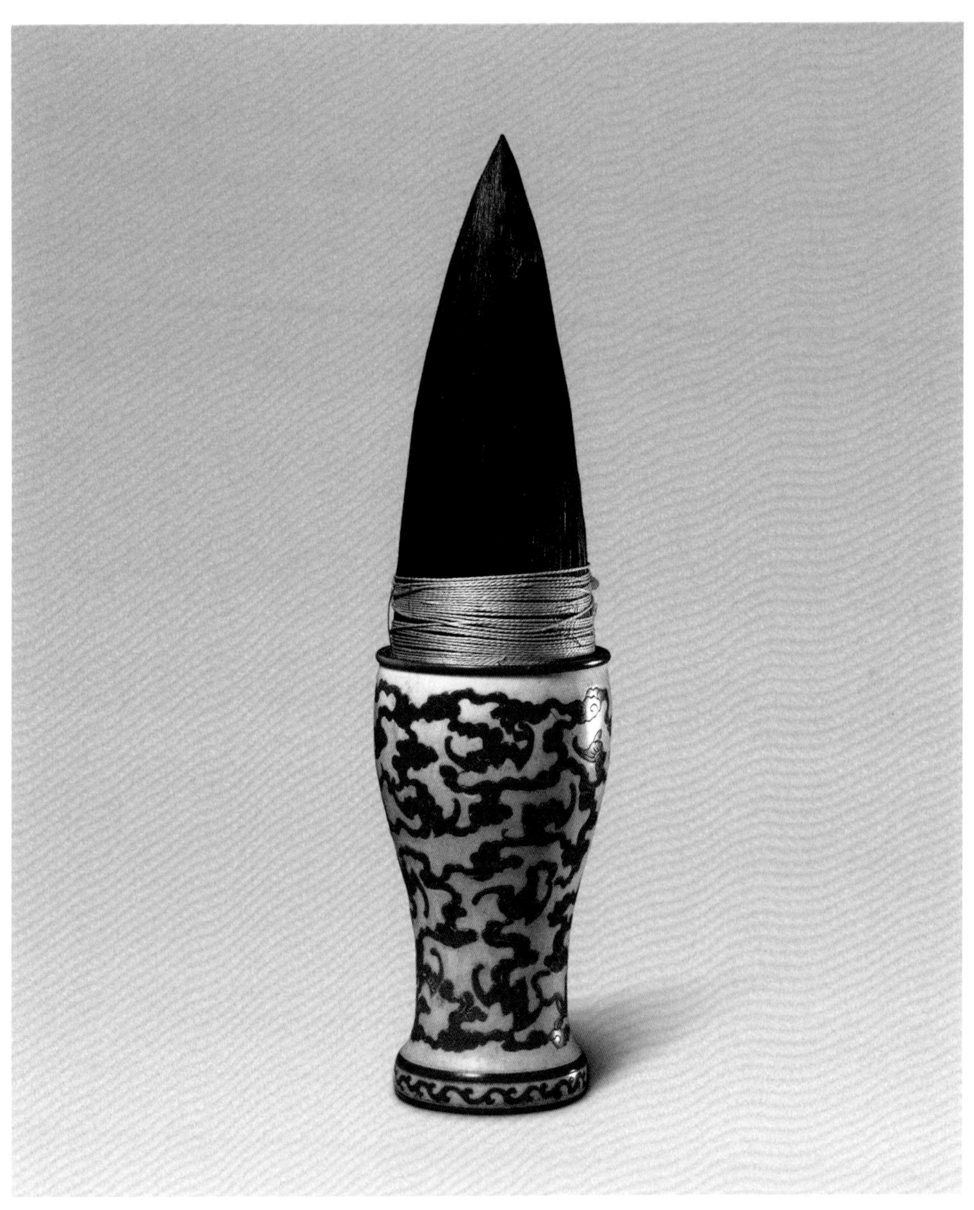

筆管通體雕飾染成紅色的蝙蝠和流雲紋，管頂端面中間刻篆書“壽”，寓意“福壽雙全”。鬃毫，根部用黃色絲線纏繞加固。

抓筆是毛筆中最大的品類，毫料多取用羊鬚、馬鬃、馬尾等稍硬而長的獸毛，適於書寫擘窠大字。此筆毫飽滿挺利，粗獷勁健。

181

斑竹管牛角斗羊毫提筆

清晚期

管長18.5厘米　管徑0.8厘米　斗長2.2厘米　斗徑1.2厘米

清宮舊藏

Big writing brush made of goat's hair with mottled bamboo shaft and ox horn bowl

Late Qing Dynasty

Length of shaft: 18.5cm　Diameter of shaft: 0.8cm

Length of bowl: 2.2cm　Diameter of bowl: 1.2cm

Qing Court collection

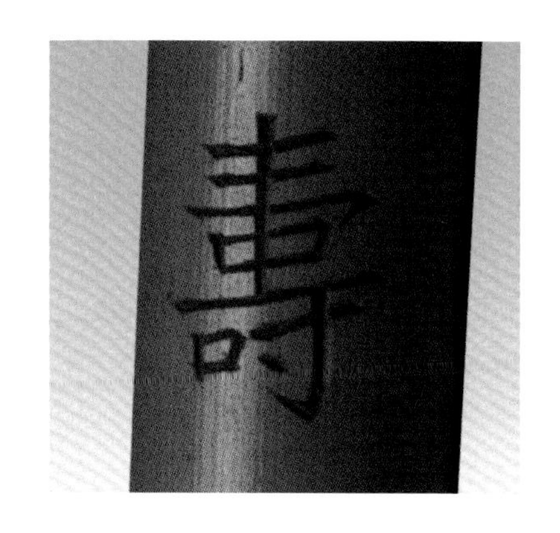

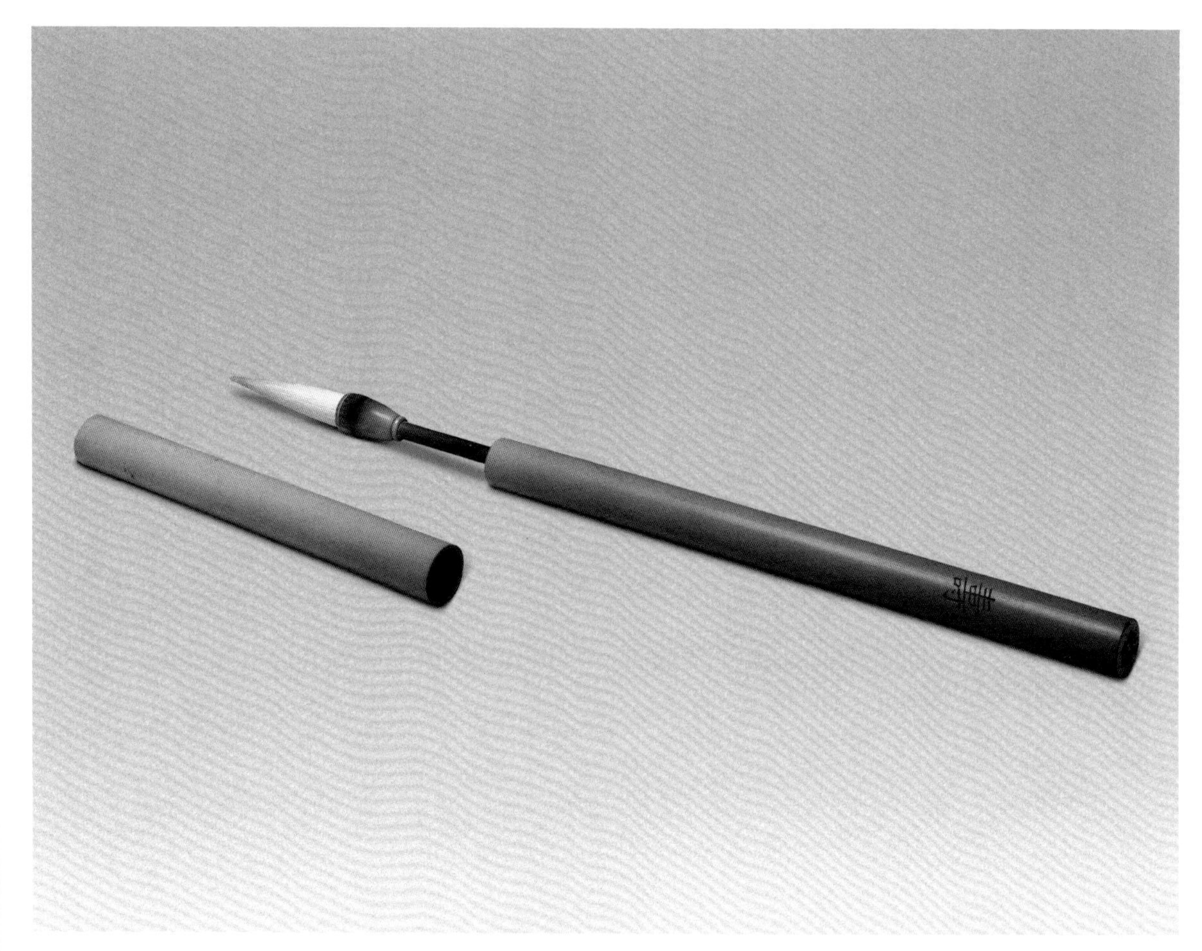

筆管纖細，管頂嵌象牙。牛角筆斗，光潤透明，頸部飾綠色染牙環。長鋒羊毫。筆裝於竹套筒內，筒端陰文填朱楷書"壽"字。

此筆管修長輕盈，毫鋒齊健，收攏緊密。裝於竹套筒內，較為獨特。保存完好，猶如新製。

182

琺琅花卉紋管羊毫抓筆
清晚期
管長12.2厘米　斗徑3厘米
清宮舊藏

Big writing brush made of goat's hair with enamel shaft decorated with floral design
Late Qing Dynasty
Length of shaft: 12.2cm　Diameter of shaft: 3cm
Qing Court collection

管身修長，通體銅胎畫琺琅藍色地花朵紋，管頂端香爐形。長鋒羊毫。

此筆琺琅色彩豐富，明亮絢麗，裝飾性很強。精選羊毫，整齊、飽滿。

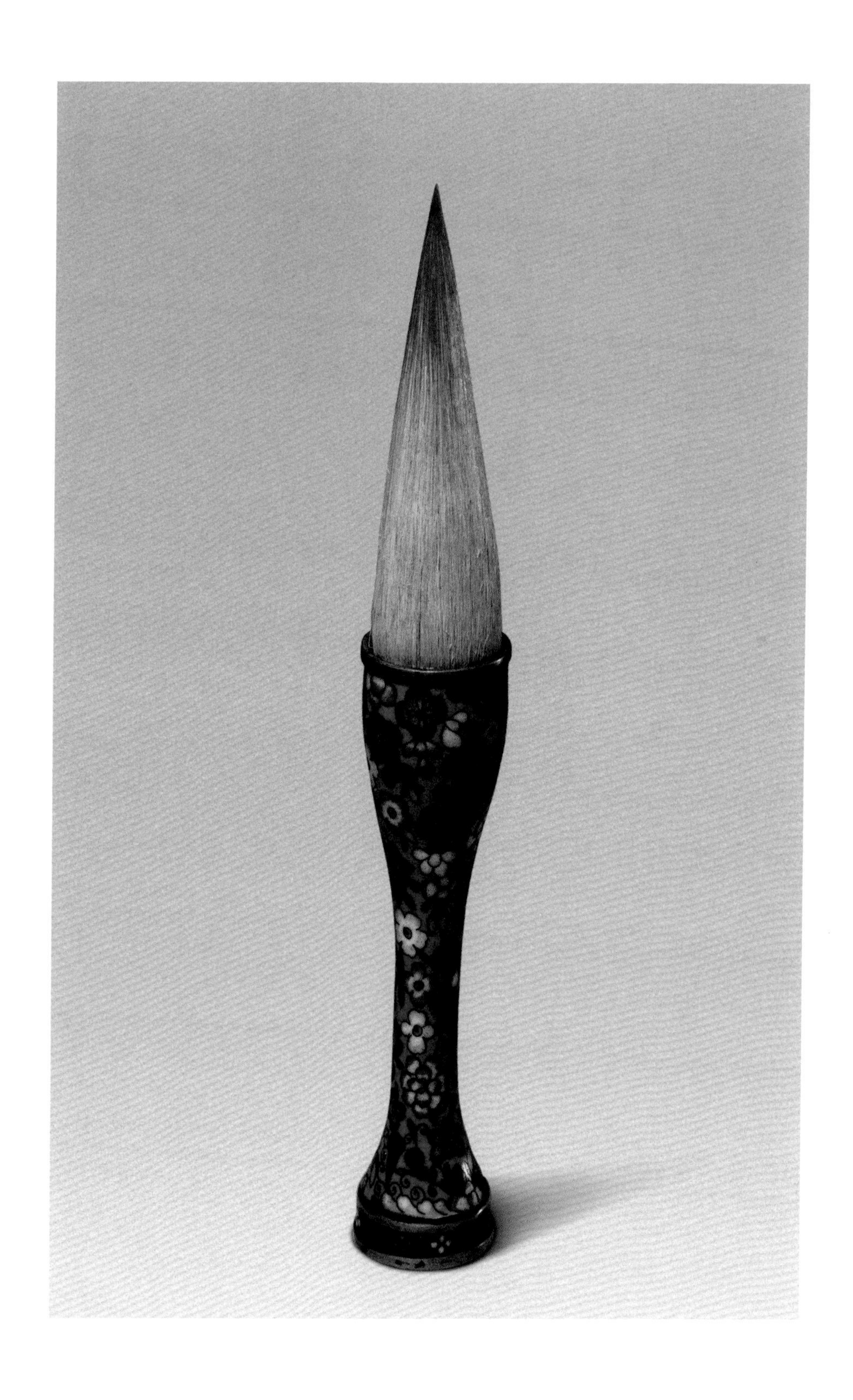

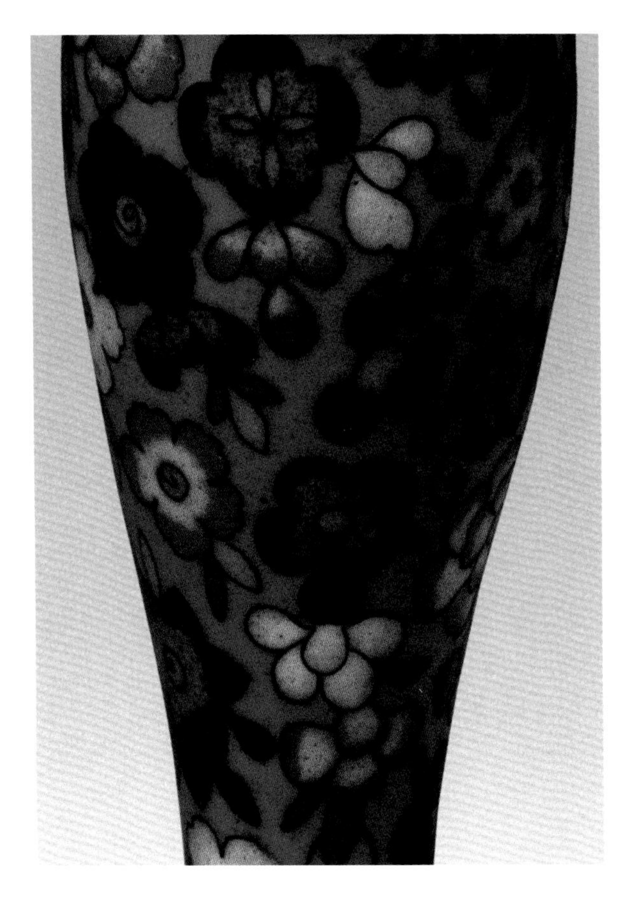
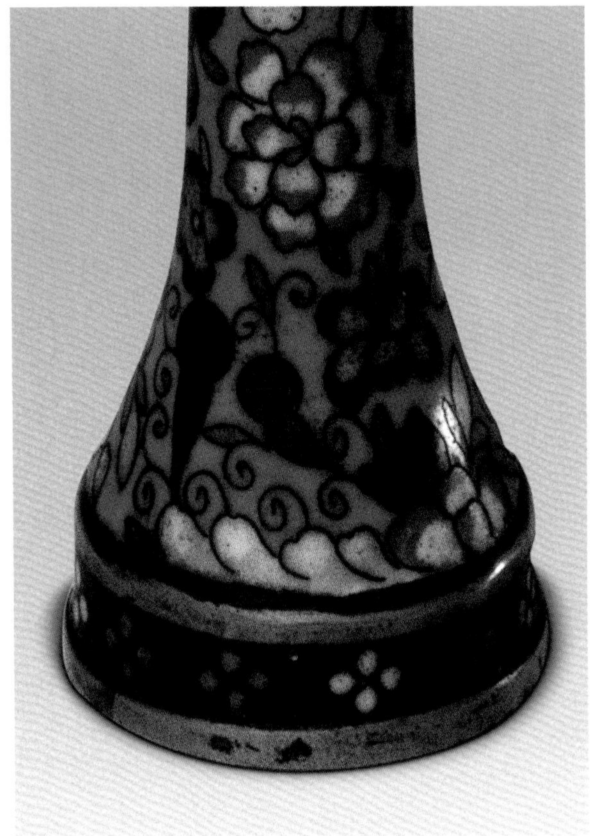